Der amerikanische Traum

Der amerikanische Traum

Mit GreenCard oder Visum in die USA

Aktuelle Informationen zu
GreenCard
Arbeitsvisa
Besuchervisa
Studium
Praktikum
Jobsuche
Umzug
Alltag
Formalitäten
Firmengründung

5. komplett überarbeitete Auflage

DER AMERIKANISCHE TRAUM –
Mit GreenCard oder Visum in die USA

Herausgeber: Holger Zimmermann, Marcus Sieber, Alexander Kos

Alle Rechte, insbesondere das Recht der Vervielfältigung und Verbreitung sowie der Übersetzung, vorbehalten. Kein Teil des Buches darf ohne schriftliche Einwilligung der Herausgeber in irgendeiner Form (Fotokopie, Mikrofilm oder anderes Verfahren), auch nicht für Zwecke der Unterrichtsgestaltung, reproduziert oder unter Verwendung elektronischer Systeme gespeichert, verarbeitet, vervielfältigt oder verbreitet werden.

ACHTUNG!
Dieses Buch enthält keine rechtlichen Ratschläge. Es ist kein Ersatz für professionellen rechtlichen Rat. Haftung für etwaige Personen-, Sach- und Vermögensschäden ist in jeder Beziehung ausgeschlossen.

Die Informationen in diesem Buch sind sorgfältig überprüft worden und es ist beabsichtigt, aktuelle und genaue Informationen zu den einzelnen Themen bereitzustellen. Es liegt jedoch in der Materie, dass sich einige Umstände ändern können und insbesondere andere Vorschriften für die Verwendung von abgedruckten Formularen oder Richtlinien in Kraft gesetzt werden können. Bevor Sie sich auf die Informationen in diesem Buch verlassen, sollten Sie professionellen Rat einholen.

5. Auflage 2016
Redline Wirtschaft
ISBN 978-3-86881-636-5

© 2016 by The American Dream – US GreenCard Service GmbH,
Danckelmannstr. 9, 14059 Berlin
Tel.: 030-511 0 511, Fax: 030-611 05 338
E-Mail: *info@americandream.de*
www.americandream.de

Titelgestaltung: The American Dream – US GreenCard Service GmbH, Berlin

Printed in Germany

Alle Angaben ohne Gewähr!

INHALT

Einführung 9

Teil I: Basisinformationen 11

Kapitel 1: Allgemeines über die USA 11

1.1 Bestimmungsort USA 11
1.2 Besiedlungsgeschichte 13
1.3 Das politische System 26
1.4 Wirtschaft 34
1.5 Bevölkerung 41
1.6 Religion 41
1.7 Sprache 43

Kapitel 2: Aufbruch in die Neue Welt 45

2.1 Vorbereitung des Umzugs 45
2.2 Einreisebestimmungen/Zölle 56
2.3 Soziale Absicherung in der Übergangsphase 59
2.4 Immobilienmarkt USA 63

Kapitel 3: Alltag in den USA 79

3.1 Soziales System 79
3.2 Steuerwesen 90
3.3 Zahlungsverkehr 99
3.4 Wissenswertes rund um Telefon, Post und Umrechnungstabellen 104

Kapitel 4: Arbeitssuche 141

4.1 Jobsuche und Auswahl von Arbeitsangeboten 143
4.2 Tipps für eine erfolgreiche Bewerbung 150

Kapitel 5: Markteinstieg und Unternehmensgründung .. 173

5.1 Unternehmensgründung in den USA 173
5.2 Marketing in den USA 179
5.3 US-amerikanische Unternehmensformen 181

Kapitel 6: Aus- und Weiterbildung in Amerika 193

6.1 Das Schul- und Ausbildungssystem in den USA 193
6.2 Allgemeines für deutsche Studenten 206
6.3 Das Bewerbungsverfahren 207
6.4 Zulassungstests 215
6.5 Anerkennung von Studienleistungen und akademischen Graden 220
6.6 Wahl des Studienplatzes 224
6.7 Finanzierungsmöglichkeiten 229

Mit Visum in die USA –
Einwanderungsrechtliche Bestimmungen 237

Teil II: Nichteinwanderungsvisa 239

Einleitung 239

Kapitel 7: Visa für Urlaubs- und Geschäftsreisen 241
7.1 B-1/B-2 Visum (Business/Tourist):
     Geschäftsreisende und Touristen 241
7.2 Visumfreie Einreise im Rahmen des
     Visa Waiver Programs (VWP) 249
7.3 Global Entry Program 255

Kapitel 8: Visa für temporären Arbeitsaufenthalt 259
8.1 C-1/D Visum (Crew Member):
     Besatzungsmitglieder von Schiffen und Flugzeugen 259
8.2 E-1 Visum (Treaty Trader)/E-2 Visum (Treaty Investor):
     Visum für Handeltreibende und Investoren 262
8.3 H-1B Visum (Specialty Occupation Workers):
     Chance für hochqualifizierte Arbeitnehmer 278
8.4 H-2B Visum (Temporary Non-Agricultural Workers):
     Chance für „durchschnittlich" qualifizierte Arbeitnehmer 289
8.5 H-3 Visum (Nonimmigrant Trainee or Special Education
     Exchange Visitor): Aus- und Weiterbildung 296
8.6 I-Visum (Representative of Foreign Media):
     Journalisten und Vertreter aus dem Bereich Medien 301
8.7 L-1 Visum (Intracompany Transferee):
     Unternehmensinterner Mitarbeitertransfer 304
8.8 L-1 Blanket Visum (Intracompany Transferee): Vereinfachtes
     Verfahren für unternehmensinternen Mitarbeitertransfer 312
8.9 O-1 Visum (Extraordinary Ability):
     Personen mit außergewöhnlichen Fähigkeiten 317
8.10 P-Visum (Internationally Recognized Athlete/Entertainment
     Group/Artist): Sportler, Künstler und Entertainer 324
8.11 R-1 Visum (Temporary Nonimmigrant Religious Workers):
     Mitarbeiter von Kirchen und Glaubensgemeinschaften 330

Kapitel 9: Visa für Bildung und Kulturaustausch 335
9.1 J-1 Visum (Exchange Visitor):
     Praktika, Forschungsaufenthalte und Austauschprogramme 335
9.2 F-1 Visum (Student): Highschool, College, Universität 351
9.3 M-1 Visum (Non-academic & Vocational): Nicht-akademische
     oder berufsbezogene Bildungseinrichtungen 358

Kapitel 10: Wichtige Hinweise zum Nichteinwanderungsvisum . . 361
10.1 Antragsverfahren bei den US-Konsulaten 361
10.2 Visa für Familienangehörige 368
10.3 Änderung des Nichteinwanderungsstatus (Statuswechsel) 370
10.4 Gültigkeit von Nichteinwanderungsvisa 374
10.5 Ablehnung eines Visumantrags beim US-Konsulat 377

Teil III: Einwanderungsvisa (GreenCards) 385

Einleitung 385

Kapitel 11: GreenCard durch die Arbeitsstelle 387
11.1 EB-1 Priority Workers:
      Personen von hohem nationalen Interesse für die USA 388
11.2 EB-2 Members of Professions Holding Advanced Degrees
      or Aliens of Exceptional Ability: Personen mit höherem
      Bildungsabschluss oder besonderen Fähigkeiten 396
11.3 EB-3 Professionals, Skilled Workers or Other Workers:
      Akademiker, qualifizierte Fachkräfte und sonstige Arbeitnehmer.. 402
11.4 EB-4 Special Immigrants/Religious Workers:
      Spezielle Einwanderer, Mitarbeiter von Kirchen und
      Glaubensgemeinschaften 405
11.5 EB-5 Immigrant Investor Program: Investoren-GreenCard 409
11.6 Voraussetzung für arbeitsplatzbezogene Einwanderung:
      Labor Certification 413
11.7 Visa Bulletin – Warteliste für Einwanderer 419

Kapitel 12: GreenCard durch Heirat oder Verwandtschaft 421
12.1 Familienbürgschaft durch einen US-Staatsbürger 421
12.2 Familienbürgschaft durch einen GreenCard-Inhaber 427
12.3 Einwanderungsverfahren 428
12.4 Besondere Vorschriften für Ehepartner 429
12.5 Vorzugskategorien der Familieneinwanderung/Visa Bulletin 439

Kapitel 13: GreenCard-Lotterie 445
13.1 Überblick 445
13.2 Die formalen Bestimmungen 449
13.3 Beauftragung einer Agentur 451
13.4 Ergebnisse 453
13.5 Das Visainterview 455

Kapitel 14: Ausstellung des Einwanderungsvisums
und Gültigkeit 467
14.1 Bearbeitung durch das Konsulat:
      Erhalt des Einwanderungsvisums außerhalb der USA 467
14.2 Anpassung des Status in den USA 475
14.3 Beantragung der US-Staatsbürgerschaft 481
14.4 Gültigkeit der GreenCard 486
14.5 Ablehnung eines Antrags auf ein Einwanderungsvisum 492

Teil IV: Allgemeine Tipps, Adressen, Formulare ... 495

Kapitel 15: Schwierigkeiten mit US-Behörden vermeiden ... 495
15.1 Ausschlussgründe für eine Visumerteilung bzw. Einreise in die USA ... 495
15.2 Einreisesperren bei illegalem Aufenthalt in den USA ... 499
15.3 Tipps zum Verhalten an der Grenze ... 502

Kapitel 16: Weitere Informationsquellen ... 509
16.1 Konsulate und Vertretungen ... 509
16.2 Weitere Organisationen ... 513
16.3 Internet-Links ... 518

Kapitel 17: Formulare ... 523
17.1 Einführung ... 523
17.2 Standard Nonimmigrant Visa Application (DS-160) ... 525

Danksagung ... 534

Stichwortverzeichnis ... 535

Einführung

Die Globalisierung der Unternehmen und Kapitalmärkte hat Politik, Wirtschaft und Gesellschaft ein Phänomen weitgehend übersehen lassen – die Globalisierung der Arbeitsmärkte. Für den Einzelnen in der heutigen Gesellschaft bedeutet dies, dass er bereit ist, seinen Lebensmittelpunkt immer öfter auch abseits der Heimat zu suchen. Eine Auswanderung ist dabei eine zwar immer noch folgenschwere, aber nicht mehr unbedingt endgültige Entscheidung, wie es noch bis vor wenigen Jahrzehnten der Fall war.

Spitzenreiter unter den begehrten Zielländern sind traditionell die USA. Das Interesse dort zu arbeiten, ob kürzer oder dauerhaft, ist seit jeher groß. Nach seriösen Schätzungen bemühen sich weltweit 9 bis 15 Millionen Menschen jährlich, ein arbeitsbezogenes Visum zu erhalten.

Auch für viele Deutsche ist ein längerer Auslandsaufenthalt in den USA immer noch der größte Wunschtraum. Dies bemerkt man nicht nur im Bekanntenkreis oder durch die äußerst beliebten „Auswanderer-Soaps" im Fernsehen. Auch offizielle Zahlen belegen es: Im Jahr 2015 wanderten insgesamt 138.273 Personen aus Deutschland aus, davon fast jeder Zehnte (13.483 Personen) in die USA, die damit das beliebteste Auswanderer-Fernziel bleiben. Mehr Auswanderer zog es in den letzten Jahren nur in die benachbarte Schweiz.

Im Schlepptau der umfassenden Berichterstattung über Auswanderer in die Vereinigten Staaten hat sich eine in unseren Augen leider recht verfälschende und problematische Darstellung des Themas in den Boulevard-Medien breitgemacht. In den bereits erwähnten „Auswanderer-Soaps" wird meist entweder ein zu rosiges, unkritisches Bild der Situation der Protagonisten gemalt oder es muss „mit vielen Tränen" einfach alles schiefgehen. Eine tiefgreifende seriöse Auseinandersetzung mit dem Thema lässt das oberflächliche Medium Fernsehen anscheinend nicht zu, das Thema „Visum" wird dort zu allem Ungemach sogar fast immer gänzlich ausgeblendet.

Was auch immer jeden Einzelnen zur Auswanderung in die USA bewegen mag: Wir möchten Sie mit diesem Ratgeber perfekt auf Ihren „Amerikanischen Traum" vorbereiten und Ihnen praktische Wege aufzeigen, wie Sie selbst Ihren Weg gehen können. Dabei wollen wir Ihr Augenmerk auf einen Umstand richten, welchen auch die meisten „Fach"-Bücher im deutschsprachigen Raum, die sich mit dem Thema Auswanderung beschäftigen, entweder völlig unter den Tisch fallen lassen oder nur unzureichend darstellen: die Visa- und Arbeitserlaubnisverfahren sowie den Umgang mit den hierfür zuständigen Behörden der USA im In- und Ausland. Denn ohne Visum und Arbeitserlaubnis: Keine Arbeitsaufnahme in den USA. Es ist die *conditio sine qua non* Ihres Auslandsaufenthaltes.

Für Personalabteilungen und Consultants von Personal- und Unternehmensberatungen kann dieses Buch in der Praxis helfen, den Auslandsaufenthalt ihrer Mitarbeiter besser vorzubereiten. Auch auf die besondere Situation der mitreisenden Familienangehörigen wird eingegangen. In dieser Ausgabe richten wir erstmals auch ein Augenmerk auf den Markteinstieg in den USA und den damit verbundenen Chancen und Risiken.

Sie erhalten einen Überblick der unterschiedlichen US-amerikanischen Unternehmensrechtsformen mit Empfehlungen für eine geeignete Auswahl sowie erste Hinweise zu den Themen Personalauswahl und Marketing, die bei einer Gründung zu beachten sind.

In den USA sind auch 15 Jahre nach dem kollektiven Trauma des 11. September 2001 die Nachwehen noch immer deutlich zu spüren. Dazu sind weitere sicherheitspolitische Bedrohungen gekommen, wie etwa die weltweit steigende Angst vor Terrorismus. Gewachsen ist damit auch der psychologische Druck, keine Fehlentscheidungen zu treffen, der auf den Grenzbeamten und den Beschäftigten der US-Konsulate lastet. Eine solche kann schnell Job und Karriere kosten! Haben Sie daher auch etwas Verständnis für die „andere Seite" und berücksichtigen Sie dies bei Ihrer Visumbeantragung. Hiermit soll keine Behördenwillkür gerechtfertigt werden, ob jede Sicherheitsüberprüfung der US-Dienste sinnvoll ist, ist natürlich ein ganz anderes Thema.

In jedem Fall erwarten und hoffen wir, dass Sie aus der Lektüre den größtmöglichen Nutzen ziehen werden, gleich in welchem Stadium Ihrer Planungen Sie sich gerade befinden. Auch wenn dieses Buch umfangreiche Anleitungen enthält, sollten Sie bei individuellen visarechtlichen Fragen nicht auf Beratung verzichten. Gerne stehen Ihnen auch unsere Visa Consultants zu allen einwanderungsrechtlichen Fragen zur Verfügung und helfen Ihnen konkret bei der Antragstellung der verschiedenen US-Visa.

Für die vorliegende fünfte Auflage wurden alle Kapitel von Grund auf überarbeitet und aktualisiert, sodass Ihnen das komprimierte Wissen aus 20-jähriger Erfahrung in Sachen US-Einwanderungsrecht hochaktuell zur Verfügung steht.

Wir wünschen Ihnen einen reichen Erkenntnisgewinn und viel Freude bei der Lektüre dieses Buches. Leben Sie Ihren „amerikanischen Traum", aber bereiten Sie sich gut vor!

Für Kritiken, aktuelle Informationen und Verbesserungsvorschläge sind wir stets dankbar und freuen uns bereits jetzt auf Ihre freundlichen Anregungen. (*info@americandream.de*, Tel: 030-511 0 511)

Ihr
Marcus Sieber, Holger Zimmermann, Alexander Kos
The American Dream, Berlin
(staatlich zugelassene Auswanderungsberatungsstelle für die USA, §1 AuswSG)

> **Unser besonderer Service für Sie:**
> Abonnieren Sie unsere Newsletter und bleiben Sie immer auf dem Laufenden in Sachen US-Einwanderungsrecht.
> Für Privatpersonen: *www.americandream.de/news*
> Für Unternehmen/Personalabteilungen: *www.usvisaservice.de/news*

Teil I: Basisinformationen

1 Allgemeines über die USA

1.1 Bestimmungsort USA

Kein anderes Land ist in unserem Leben so präsent wie die Vereinigten Staaten von Amerika. Tagtäglich kommen wir mit dem amerikanischen Lebensstil oder dem, was wir dafür halten, bewusst oder unbewusst in Berührung. Viele meinen zu wissen, wie die Amerikaner sind, was sie essen, wie sie leben, sich kleiden, denken und fühlen. Wir kaufen amerikanische Produkte in Supermärkten und Einkaufszentren, sehen amerikanische Filme und Serien im Fernsehen, hören amerikanische Musik im Radio, und wenn wir ins Kino gehen, sind die Filme zumeist Hollywoodproduktionen. Wir schmunzeln über die heranwachsende Generation, die für unser Dafürhalten den amerikanischen Lebensstil mehr oder weniger gut kopiert und die Fast Food allemal unseren Kochkünsten vorzieht. Was von der anderen Seite des Teiches zu uns gelangt, ruft unsere Bewunderung hervor, versetzt uns oft in Erstaunen, zuweilen stößt es uns ab. Doch immer sind wir fasziniert. Kein anderes Land wirkt auf uns so widersprüchlich. Kein anderes Land dominiert in einer derartigen Weise unsere Medien- und Kulturlandschaft und somit unser Denken. Selbst unsere Sprache ist infiltriert von einer Flut von Anglizismen und Amerikanismen, die wir augenzwinkernd als neudeutsche Wörter bezeichnen.

Amerika ist ein niemals sterbender Mythos. Es hat nach wie vor nichts von seiner Anziehungskraft auf Aussteiger, Abenteurer oder Menschen, die den politischen oder ökonomischen Zwängen ihrer Heimatländer entfliehen wollen, verloren. Und doch – das Land steckt voller Widersprüche. Die hohen Ideale von Freiheit und Gleichheit eines jeden Individuums kollidieren oft mit unseren Auffassungen darüber und allzu oft auch mit der harten Realität. Amerika hat eine der höchsten Kriminalitätsraten auf der Welt. In dem Land, das sich gern als Hort der Freiheit und Demokratie sieht, kann jeder x-Beliebige Waffen kaufen, so wie unsereiner Obst im Supermarkt. Seit 1976 gab es über 1.400 Hinrichtungen, von denen einige sogar auf dem Bildschirm verfolgt werden konnten. Auch das ist Amerika. Trotz der Tatsache, dass die Einwanderungsgesetze mit die schärfsten in der Welt sind und es zunehmend schwieriger wird, Zutritt zum „Land der unbegrenzten Möglichkeiten" zu erlangen, gibt es immer wieder einige, denen der Neuanfang gelingt, die sich erfolgreich hocharbeiten und die ihren Weg gehen. Für sie wird der American Dream zur Wirklichkeit. Es sind diese Erfolgsgeschichten, die man sich weitererzählt und über die man redet. Und so lebt der Mythos weiter.

Mythos „USA"

Während Amerikaner mit Europa vor allem geschichtsträchtige Schauplätze, ein reiches kulturelles Erbe und zuweilen auch überholte Traditionen verbinden, die sie belächeln, aber um die sie uns in Wahrheit auch beneiden, assoziieren Europäer mit Amerika vor allem eins: Flexibilität, Bewegung, Veränderung, Anpassung. Keine andere Nation hat binnen so kurzer Zeit das Gesicht eines Kontinents und der ganzen Welt derart geprägt. Amerika ist das Land der Superlative. Es ist das viertgrößte Land auf der Erde. Es ist zweifelsohne das mächtigste Land. Amerika ist das Land mit den höchsten Häusern, den neuesten Produkten auf dem Markt, der Inbegriff alles Modernen und Innovativen. Trends werden dort gemacht, neue Entwicklungsrichtungen dort zuerst eingeschlagen. Amerika ist ein Land der Gegensätze. Man bräuchte Jahre, um auch nur annähernd behaupten zu können, Land und Leute zu verstehen. Die Fläche Amerikas ist weitaus größer als die Fläche Europas, das Klima weist stärkere Gegensätze auf und es gibt viele weitere Kontraste, die in einer verallgemeinerten Darstellung niemals Platz finden würden. Jeder einzelne Bundesstaat ist ein Land für sich, so wie Deutschland, Italien oder Frankreich in Europa. Kalifornien ist schon allein größer als Deutschland, Texas ist größer als Frankreich. Für einen Texaner mag Maine genauso fremd und andersartig sein, wie für einen Spanier Finnland. Das Leben in einer südlichen Region der USA mit subtropischen Wäldern unterscheidet sich drastisch vom Leben im Norden der Staaten, wo die Winter strenger sind als irgendwo in Europa. El Paso ist nicht weniger amerikanisch als Boston oder New York. Es gibt keinen typischen amerikanischen Ort, es gibt keinen typischen Amerikaner.

Schmelztiegel verschiedener Kulturen

Die Verschiedenartigkeit der dort lebenden Menschen ist immens. Ein Chicano ist ebenso ein Amerikaner, wie ein *Cherokee*, ein Afro-Amerikaner oder ein Nachfahre der alten WASP-Familien (*White Anglo-Saxon Protestants*). Ein Martin Luther King darf ebenso wenig in einem amerikanischen Geschichtsbuch fehlen wie ein George Washington oder ein Al Capone. Hinzu kommen die Unterschiede zwischen den Generationen. Und doch sind die kulturellen Unterschiede zwischen den einzelnen Regionen im Vergleich zu den europäischen Ländern verschwindend gering, denn die ethnischen Gruppen sind überall verteilt und mit anderen vermischt, sodass es nur relativ wenige Konzentrationen ethnischer Gruppen gibt. Und Amerika ist atemberaubend schön. In seiner riesigen Fläche beherbergt das Land fast alle dem Menschen bekannten physischen Bedingungen. Hitze und Kälte, arktische Schneewüste und tropische Sümpfe, endlose Wälder, Gebirge, unendliche Ebenen, karge Sandwüsten sowie das weltweit größte Flusssystem. Wo sonst gibt es diese scheinbar niemals endenden Straßen, die sich irgendwo am Horizont in nichts auflösen? Wo sonst gibt es so riesige Nationalparks, dass Sie tagelang darin umherwandern können, ohne einer anderen Menschenseele zu begegnen? So divers die Bevölkerung des Landes ist, so vielfältig ist seine Natur und Tierwelt. Amerika kann niemals zu flach oder zu gebirgig, seine Menschen niemals zu gleichgültig oder zu neugierig sein. Das Land ist wie ein riesengroßes buntes Mosaik. Darin liegt seine überwältigende Faszination. Es bietet für jeden Geschmack etwas.

Amerikaner selbst fühlen sich stolz und privilegiert, in diesem faszinierenden Land leben zu dürfen. Sie lassen uns gern an dieser Freude teilhaben und sind berühmt für ihre lockere und freundliche Art, die von manchem reservierten Europäer gern als Oberflächlichkeit abgestempelt wird, die aber nichts anderes ist, als Ausdruck dieses besonderen Lebensgefühls, das sie für kurze oder längere Zeit mit uns teilen.

1.2 Besiedlungsgeschichte

Amerikanische Geschichte?

Ein bekanntes Vorurteil besagt, Amerika hätte keine Geschichte. Doch will man das moderne Amerika verstehen, muss man dieses Vorurteil beiseite legen. Zugegeben, die amerikanische Geschichte kennt keine endlosen Annalen von Herrscherhäusern, die mit ihren Machtspielen und ihrem Interagieren den Geschichtsverlauf prägten. Amerika kann mit keinen legendären Geschichtsgrößen wie einer Johanna von Orléans oder einem Richard Löwenherz aufwarten. Es gibt kein amerikanisches Pendant zu einem Admiral Nelson oder einem Napoleon. Es gibt keinen amerikanischen Dante, keinen Shakespeare, keinen Goethe. Die Herausbildung der neuen Nation erfolgte in atemberaubender Geschwindigkeit. Wenn einige behaupten, die Amerikaner hätten keine Geschichte, dann sprechen sie also nur in zeitlichen Dimensionen. Was die amerikanische Geschichte ausmacht, sind letztendlich keine kriegerischen Auseinandersetzungen, Revolutionen oder andere vergleichbare Ereignisse, auch wenn es sie hier ebenfalls in der einen oder anderen Form gegeben hat. Doch die eigentliche Geschichte Amerikas ist von anderer Qualität, die Hauptprotagonisten sind ganz einfache Leute. Die Geschichte der Vereinigten Staaten von Amerika ist hauptsächlich die Geschichte eines Prozesses, indem zunächst einige wenige Hunderte, dann Tausende, dann Millionen in ein ihnen unbekanntes Land kamen und entsprechend ihren Idealen eine neue Gesellschaft errichteten. Sie machten sich die natürlichen Ressourcen des Landes nutzbar und schufen ein politisches System, das in den über 200 Jahren seiner Existenz nicht nur genug Stabilität zeigte, um fortzudauern, sondern das auch andererseits genug Flexibilität aufwies, um auf neue Gegebenheiten zu reagieren und sich dementsprechend anzupassen. All die vielen Menschen, die aufbrachen, um den politischen, sozialen oder wirtschaftlichen Schwierigkeiten in ihren Ländern zu entfliehen, die einfach nur Abenteuer suchten oder neue Geschäftsmöglichkeiten, all die Neuankömmlinge, die ein paar ihrer wertvollsten Habseligkeiten aus ihrer Heimat und ihrer Kultur mitbrachten, trugen ein winziges Stück zu dieser Geschichte bei.

Dieses vorwegnehmend, was ist dann letztendlich die amerikanische Geschichte? Sie ist die Geschichte des *American Dream* – ein Destillat aus den Träumen von Millionen.

Die Kolonialperiode

Im Gegensatz zu den Kolonisierungen im Süden des amerikanischen Kontinents durch die Spanier und Portugiesen erfolgten die ersten Besiedlungsversuche im Norden nur zögerlich und unkontrolliert und wurden vor allem von West- und Nordeuropäern getragen. Die ersten Besiedlungsversuche Ende des 16. Jahrhunderts scheiterten zunächst. So ließen sich einige französische Hugenotten an der Atlantikküste Floridas nieder, wurden jedoch von einer spanischen Seeexpedition aufgerieben. Die Gefangenen wurden gekreuzigt oder gehängt. Danach errichteten die Spanier dort ein Fort und gründeten im Jahre 1565 die Stadt St. Augustine, die nunmehr, obwohl mehr als 200 Jahre im spanischen Besitz, als älteste Stadt Amerikas angesehen wird.

Ein gebürtiger Italiener namens Giovanni Caboto (John Cabot) unternahm schon 1497–1498 zwei Pionierfahrten für die britische Krone über den Atlantik. Er wurde von Henry VII. sowie Kaufleuten aus Bristol unterstützt und finanziert. Cabot nahm Neufundland und die angrenzenden Küstenstriche für Englands Krone in Besitz, stieß auf Ureinwohner und tauschte mit ihnen europäische Waren gegen Felle. Doch kurz nach seiner zweiten Reise starb er und es trat zunächst niemand in seine Fußstapfen. So gehörte das Land jetzt zwar pro forma England, aber es vergingen noch viele Jahrzehnte bis weitere Expeditionen durchgeführt wurden.

Englische Seefahrer wie Sir Walter Raleigh, Francis Drake, John Hawkins, Martin Frobisher, Thomas Cavendish und Sir Humphrey Gilbert wurden die englischen Gegenspieler zu den spanischen und portugiesischen Konquistadoren. Ihr Wagemut fand im Volk frenetischen Beifall. Königin Elizabeth I. unterstützte ihre Unternehmungen finanziell. Im Jahre 1583 erfolgte ein erster Ansiedlungsversuch durch Sir Humphrey Gilbert in dem von John Cabot in Besitz genommenen Teil des Landes. Die ersten Siedler blieben jedoch nicht länger als ein Jahr. Die ein Jahr später von Sir Walter Raleigh initiierte Errichtung einer Kolonie auf Roanoke Island (1584–1587), die er zu Ehren der unvermählten Königin Virginia nannte, endete in einer Tragödie. Alle Beteiligten kamen ums Leben und man fand nie eine Spur von ihnen, weshalb sie als *lost colony* (verlorene Kolonie) traurige Berühmtheit erlangte.

Die Ausbeutung und Erforschung Südamerikas durch die Kolonialmächte Spanien und Portugal schritt im 16. Jahrhundert so schnell voran, dass spanische Entdecker auch bald die gesamte westliche und südliche Küste Nordamerikas erkundeten und bis zum Jahre 1600 dort schon einzelne Niederlassungen errichteten. In der Tat gehörten zwei Drittel des heutigen Gebiets der USA westlich des Mississippi, ausgenommen einiger Teile, die zeitweise in der ersten Hälfte des 18. Jahrhunderts von Frankreich kolonisiert waren, zum spanischen Kolonialreich. Zu verschiedenen Zeitpunkten in der ersten Hälfte des 19. Jahrhunderts gelangten sie in den Besitz der USA, aber noch heute erinnern die Namen der Städte an die spanischen und französischen Kolonialherren.

Die südlichen Kolonien

Die eigentliche Besiedlungsgeschichte begann Anfang des 17. Jahrhunderts. Das im Jahre 1607 in Virginia gegründete Jamestown war die erste dauerhafte Ansiedlung. Hierbei handelte es sich um eine Gründung der *Virginia Company of London*, einer Handelsgesellschaft reicher Aristokraten und Kaufleute aus der Londoner Gegend. Captain John Smith (1580–1631) führte die Unternehmung an. Er hatte mit seinen Reiseberichten die Neubesiedlung Amerikas bereits in England erfolgreich propagiert. Unter den Neusiedlern waren auch viele Kriminelle, die auf diese Weise dem Galgen entkamen, sich dafür aber zu jahrelanger Zwangsarbeit (*indentured service*) verpflichteten.
Gesetzliche Grundlage für die Kolonisierung waren königliche Freibriefe (*Royal Charters*), die an Handelskompanien und Einzelpersonen vergeben wurden und die die Ausdehnung der jeweiligen Kolonie sowie deren Beziehung zum englischen Mutterland festlegten. Die Todesrate war in dem ungesunden, feuchten Klima sehr hoch, zumal die Kaufleute und Investoren, in der Hoff-

nung ähnlich fündig zu werden wie die Spanier und Portugiesen, zunächst auf Goldsuche gingen, anstatt Äcker zu bestellen.

Als die Goldfunde ausblieben, bildete sich schließlich eine auf den Tabakanbau spezialisierte Plantagenwirtschaft heraus. Die einzelnen Pflanzungen waren im Schnitt rund 200 Hektar groß. Virginia und Maryland (nach Mary – *Queen of Scots*, die Katholikin war) gehörten zu einem Charta-Gebiet, das 1632 von König James I. an den Katholiken Lord Baltimore vergeben wurde, nachdem sich die *Virginia Company* daraus zurückgezogen hatte. Bald kamen weitere Kolonien hinzu. Acht englische Handelspartner erwarben 1663 von Charles II. eine weitere Charta und benannten ihm zu Ehren die neue Kolonie Carolina, die 1691 in North und South Carolina aufgeteilt wurde. In North Carolina gab es vor allem kleine und mittlere Farmen. In South Carolina überwogen die großen, von den schwarzen Sklaven bewirtschafteten Plantagen. Die Stadt Charleston wurde bald wichtigster Ausfuhrhafen. Zunächst als militärischer Puffer gegen das spanische Florida gedacht, kam im Jahre 1732 die Kolonie Georgia (nach George II.) hinzu.

Die politische und gesellschaftliche Macht konzentrierte sich auf die Plantagenbesitzer, aus denen eine Eliteschicht, die sogenannte *Virginia Aristocracy*, entstand. Die Monokultur des Tabakanbaus ließ die Böden bald unfruchtbar werden. Viele Plantagenbesitzer dehnten daraufhin die Anbaufläche aus und/oder kauften neues Land. Einige unternahmen sogar riskante Landspekulationen in den Westgebieten, was viele von ihnen bald in die chronische Verschuldung trieb. Als Alternative sahen in Maryland und Virginia viele Farmer und Pflanzer schließlich den Getreideanbau. Reis, Indigo und Baumwolle gediehen hier ebenfalls.

Kurz vor Ausbruch des Unabhängigkeitskrieges gab es durch diese neue Entwicklung schon einen deutlichen strukturellen Unterschied zwischen dem sogenannten *Upper South* (Delaware, Maryland, Virginia), in dem die Sklaverei ihre Bedeutung nach und nach verlor, und dem *Lower South* (die Carolinas und Georgia), der den Sklavenkolonien der Karibik ähnelte. Die südlichen Kolonien waren wirtschaftlich fest an das Mutterland und die europäischen Märkte gebunden. Am Vorabend des Unabhängigkeitskrieges lebte rund die Hälfte der Bevölkerung der neuen Kolonien im Süden. Städte und größere Ortschaften blieben jedoch in der von Plantagen- und Farmwirtschaft geprägten Region die Ausnahme.

Die Neuengland-Kolonien

Denken Amerikaner heute an die Anfänge ihrer Nation, denken sie weniger an die erfolglosen Goldsucher von Jamestown, als vielmehr an die *Pilgrim Fathers*. Diese waren strenggläubige Kalvinisten, die in Opposition zur englischen Staatskirche standen. Unter Führung von William Brewster (1567–1644) flohen sie vor religiöser Verfolgung zunächst ins holländische Exil. Nachdem ihr Versuch, dort eine Existenz aufzubauen, gescheitert war, kehrten sie zunächst nach England zurück und erwirkten dort finanzielle Unterstützung bei puritanischen Kaufleuten. Im Besitz eines Patents der *Virginia Company* brachen im September des Jahres 1620 18 Familien mit insgesamt 102 Personen (nicht alle waren Pilgrims) an Bord der Mayflower auf und landeten am 11. November am Cape Cod in der Massachusetts Bay.

Die Pilgrim Fathers

Kapitel 1.2

Das erste Thanksgiving

Die *Pilgrim Fathers* gründeten in der Nähe des heutigen Boston eine Kolonie, die sie nach dem englischen Ausgangshafen Plymouth benannten. Noch vor der Landung unterzeichneten die 41 erwachsenen männlichen Passagiere an Bord des Schiffes den *Mayflower Compact*, worin sie sich verpflichteten, sich gegenseitig beizustehen und den Anordnungen der gewählten Amtsinhaber Folge zu leisten. Gemäß ihres Wunsches nach Selbstbestimmung und religiöser Autonomie schufen sie sich damit eine Art erstes Regierungssystem für ihre neue Kolonie Plymouth Plantation, deren oberster Souverän aber nach wie vor König James I. war. Im Gefolge der *Glorious Revolution* 1688 in England (Restitution der Monarchie) wurde diese Kolonie mit ihren rund 7.500 Einwohnern Massachusetts angegliedert. Die in sogenannten *brotherhoods* (Bruderschaften) nach strikten religiösen Regeln lebenden Menschen lehnten jegliches Streben nach materiellem Wohlstand und weltlicher Macht ab. Nur durch die Unterstützung der Indianer überstand die Kolonie die Anfangsjahre. Die Hälfte der ersten Siedler starb im ersten Winter und schon sah es so aus, als wäre auch diese Kolonie verloren. Die Nahrungsmittelvorräte waren bald zur Neige gegangen und als der Frühling hereinbrach, hatten die überlebenden Siedler schon einige Zeit gehungert. Viele Amerikaner berichten, dass erste *Thanksgiving* wurde gefeiert, weil ein paar Siedler zufällig die ihnen damals noch fremdartigen Truthähne erspähen und fangen konnten und dies auch der Grund sei, warum der riesige *turkey* heute noch ein Muss bei allen Erntedankfesten ist. Andere Stimmen berichten wieder, dass ein Jahr nach der Mayflower ein weiteres Schiff landete und man die Ankunft der Landesbrüder beim Verzehr der ersten spärlichen Ernteerträge feierte. Die Wahrheit liegt vielleicht in einer Mischung aus beidem. Tatsache ist, dass der Jahrestag des ersten *Thanksgiving* im November noch heute von allen Amerikanern als öffentlicher Feiertag begangen wird. *Thanksgiving* und der *Independence Day* sind die beiden herausragenden Ereignisse, derer die Amerikaner jedes Jahr gedenken: Gründung und Unabhängigkeit.

Besiedlung durch die Puritaner

Im Jahre 1628 folgten die Puritaner (eine gemäßigte kalvinistische Glaubensrichtung), von der Krone mit einer Charta ausgestattete Angehörige der *Massachusetts Bay Company*. Sie ließen sich in Salem und in dem Gebiet um Boston nieder, von wo aus sie weitere Gebiete besiedelten. Es waren überwiegend Farmer und Handwerker. Ihr Führer, John Winthrop, plante die Errichtung einer *City upon a Hill*, einer dem Rest der Welt als leuchtendes Vorbild dienenden Stätte des wahren christlichen Glaubens. Nachdem der vermögende und gebildete Winthrop von König Charles I. eine Charta erwirkt hatte, verließen 900 Puritaner auf elf Schiffen England in Richtung Massachusetts Bay. In den nächsten Jahrzehnten folgten weitere Landsleute. Im Nordosten entstanden Connecticut (1634), Rhode Island (1636) und New Haven (1638). Diese später zeitweilig zur Kronkolonie New England zusammengefassten Kolonien, gaben dem Gebiet seinen heute noch üblichen Namen. Da fast alle Siedler aus England kamen, boten die Neuengland-Kolonien in ethnischer Hinsicht ein homogenes Bild.

Im Jahre 1640 gab es eine erste größere Einwanderungswelle, in der über 20.000 Puritaner in die neue Kolonie kamen. Danach dehnte sich ihr Siedlungsgebiet rasch bis zum Connecticut River, nach Maine und New Hampshire aus. Die Puritaner glaubten an göttliche Gnade und Auserwähltheit. Im Gegensatz zu den *Pilgrims* waren sie machtbewusst und strebten nach wirtschaftlichem

Erfolg, den sie als göttliche Bestätigung ihrer auserwählten Rolle werteten. Die Überzeugung, eine spezielle Mission zu erfüllen, erfasste bald alle Amerikaner. Puritanische Ordnung hieß Unterordnung des Einzelnen unter die Gemeinschaft. Tugenden wie Gottesfurcht, Fleiß, Rechtschaffenheit, Bescheidenheit und Disziplin sollten dem Nutzen aller Gemeindemitglieder und nicht allein dem individuellen Erfolg gewidmet sein. Zur Durchsetzung dieser Ideale wurde ein striktes Kontrollsystem geschaffen. Tyrannische und diktatorische Entgleisungen waren damals keine Seltenheit. Für einige Zeit hatte Massachusetts eine Regierung, in der religiöser Eifer in Fanatismus gipfelte. Die Ergebnisse dessen waren Hexenverfolgungen, Prozesse und Hinrichtungen, wie sie noch in den 1690er-Jahren in Salem an der Tagesordnung waren.

Die Mittelatlantik-Kolonien

Das Gebiet der Mittelatlantik-Kolonien war zunächst von Niederländern und Skandinaviern besiedelt worden und ging erst Mitte des 17. Jahrhunderts in englischen Besitz über. Vertreter der niederländischen Westindien-Gesellschaft erforschten die Mündungsverläufe des Hudson und Delaware, um sich dort eine Handelsbasis für den Pelzhandel mit den Indianern zu schaffen. Sie nannten die Kolonie New Netherland mit der Hafenstadt New Amsterdam auf der Insel Manhattan (von den Manhattan-Indianern, eine Untergruppe der Lenni Lenape, 1626 für ein wenig Schmuck im Wert von 60 Gulden erworben). Im Gefolge der niederländisch-englischen Seekriege fiel die Kolonie 1664 an England. König Charles II. vermachte sie seinem Bruder James, Herzog von York und Albany, als königliches Lehen. New Netherland hieß fortan New York, New Amsterdam hieß New York City und aus Fort Orange im Hudson-Tal wurde nunmehr Albany. New Jersey gehörte ebenfalls zu diesem ehemals niederländisch-skandinavischen Einflussgebiet. James trennte es 1664 aus seinem Lehen heraus und vermachte es zweien seiner Gefolgsmänner. Ziel war es, neue Siedler anzulocken, weshalb das Land zu sehr günstigen Konditionen zum Kauf stand. East Jersey entwickelte sich ähnlich den Neuenglandstaaten, doch im Süden von West Jersey siedelte zunächst die religiös-radikale Sekte der Quäker unter William Penn.

Gründung der Stadt New York

Im Jahre 1682 gründete der Anführer der Quäker William Penn dann die „Stadt der Brüderliebe" Philadelphia. Philadelphia entwickelte sich zur größten Stadt und zum geistigen Zentrum der neuen Kolonien. Sie hatte beim Ausbruch des Unabhängigkeitskrieges bereits 40.000 Einwohner. Ihr renommiertester Bürger war Benjamin Franklin. Der Name der Kolonie Pennsylvania erinnert noch heute an ihren Gründer. Ermöglicht wurde die Gründung, weil Penns vermögender Vater gute Beziehungen zum englischen Parlament hatte und Charles II. ihm sehr viel Geld schuldete. William erhielt das bis dahin noch freie Gebiet zwischen New York und Maryland als Lehen, ein Gebiet, das so groß wie England war. Die Quäker waren eine der radikalsten Sekten, die sowohl kirchliche Institutionen, festgefahrene Rituale als auch den Klerus ablehnten. Sie waren Pazifisten und Gegner jeglicher weltlicher Autorität, verweigerten sowohl den Kriegsdienst als auch die Abgabe von Steuern, lehnten jeglichen Treueeid ab und setzten sich für soziale Reformen ein – kurzum; sie konnten aufgrund ihrer Überzeugungen gar nicht anders als mit den Staats- und Kirchenbehörden in Konflikt geraten. Übrigens gehörten die Quäker zu-

Quäker in Pennsylvania

sammen mit den deutschen Mennoniten zu den ersten Befürwortern der Sklavenbefreiung.

Mennoniten: die ersten deutschen Einwanderer

Die Wirtschaft gedieh in den Mittelatlantik-Kolonien rasch. Die Böden waren sehr fruchtbar und ließen hohe Erträge zu. New York City wurde schon in diesen Anfangsjahren wegen seines Hafens zum wichtigen überregionalen Handels- und Finanzzentrum. Das ausgewogene Verhältnis an Farmern, Handwerkern und Kaufleuten, eine gute geografische Lage und günstige Steuerbedingungen führten dazu, dass Pennsylvania bald zum bedeutendsten kolonialen Wirtschaftszentrum aufstieg. Dorthin zog es auch viele Einwanderer aus anderen Teilen Europas, insbesondere viele Deutsche, die ebenfalls wegen ihrer religiösen Ansichten in ihrem Heimatland der Verfolgung und wirtschaftlicher Not ausgesetzt waren. Die ersten deutschen Einwanderer waren 13 Mennoniten-Familien aus Krefeld unter Leitung des Theologen und Juristen Franz Daniel Pastorius, die nach 75 Tagen auf See an Bord der Concord 1683 im Hafen von Philadelphia anlegten. Pastorius und Penn waren befreundet und Penn ernannte ihn zum Bürgermeister der Siedlung Germantown, die sich bald zu einer Stadt entwickelte und lange Jahre das Zentrum für deutsche Einwanderer blieb.

In ethnischer, religiöser und kultureller Hinsicht boten die Mittelatlantik-Kolonien ein farbenfrohes Bild. Während der Anteil der Engländer nach der ersten Volkszählung bei 81% lag, waren es in New York nur 52% und in Pennsylvania sogar nur 35%. New York und New Jersey wiesen einen hohen Anteil an Holländern auf (17,5% und 16,6%). Außerdem lebten hier auch viele Skandinavier, insbesondere Schweden. New York hatte zudem einen hohen Sklavenanteil (rund 16.000). Aber auch in New Jersey, Pennsylvania und Delaware gab es einige tausend Sklaven. Pennsylvania hatte den höchsten Anteil an Deutschen, der bis zum Unabhängigkeitskrieg auf ein Drittel anstieg. Insgesamt lebten in allen 13 Kolonien rund 10% Deutsche. Iren, Schotten, Iro-Schotten sowie französische Hugenotten siedelten vor allem im Hinterland von New York und Pennsylvania.

Unabhängigkeit!

Die 1670 gegründete *Hudson Bay Company* versuchte die an die Hudson Bay angrenzenden Territorien unter Kontrolle zu bringen, geriet aber mit den dort ansässigen Franzosen in Konflikt. Frankreich hatte in der Zwischenzeit weitere Gebiete entlang des St.-Lorenz-Stroms besetzt und seinen Besitzungen 1663 den Namen *La Nouvelle France* gegeben. Als Robert Cavalier de La Salle außerdem 1682 für König Ludwig XIV. das gesamte Mississippibecken in Besitz genommen und ihm zu Ehren Louisiana genannt hatte, sahen sich die Engländer plötzlich von zwei Seiten von den Franzosen bedroht. Der *French and Indian War* 1754–1760 war letztendlich der Höhepunkt einer Reihe kriegerischer Auseinandersetzungen zwischen den beiden Kolonialmächten. England besiegte Frankreich und im Friedensvertrag von Paris von 1763 traten die Franzosen ihr gesamtes Kolonialgebiet in Nordamerika außer zwei kleiner Inseln im St.-Lorenz-Golf ab. Nun konnten sich die englischen Siedler auch in den Gebieten westlich der Appalachen niederlassen. Bekanntlich gipfelten die vielen wirtschaftlich bedingten Auseinandersetzungen zwischen dem britischen Mutterland und den 13 atlantischen Kolonien 1775 im offenen Militärkonflikt, der in die Geschichte als Unabhängigkeitskrieg (1775–1783) eingegangen ist. Die Ko-

Besiedlungsgeschichte | *Kapitel 1.2*

Die ersten 13 Kolonien

NH = New Hampshire
MA = Massachusetts
NY = New York
RI = Rhode Island
CT = Connecticut
PA = Pennsylvania
NJ = New Jersey
DE = Delaware
MD = Maryland
VA = Virginia
NC = North Carolina
SC = South Carolina
GA = Georgia

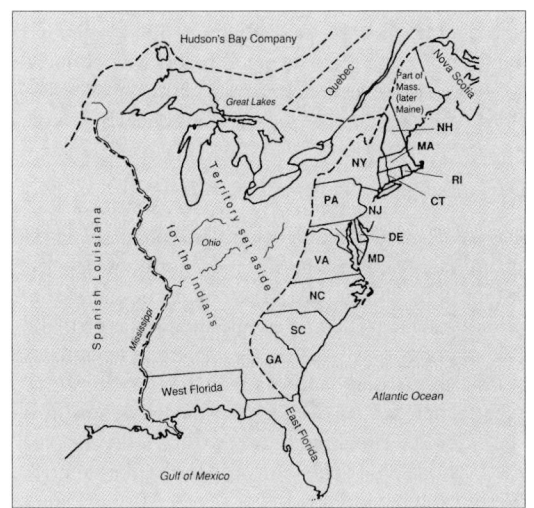

lonien erklärten als Sieger ihre Unabhängigkeit von der englischen Kolonialmacht, während die Kolonien auf dem Gebiet des heutigen Kanada weiterhin in britischer Herrschaft verblieben.

Die ersten Niederlassungen der *Pilgrim Fathers* wie auch der anderen Siedler sind ein wichtiger Schlüssel zum Verständnis des amerikanischen Mythos. Der protestantische Unternehmergeist, die Ideale von Freiheit und Selbstverwirklichung, der Mut und die Zähigkeit dieser ersten Pioniere wurden zum Idealbild stilisiert. Es ist ein Bild, das den Amerikanern noch heute als beispielhaftes Symbol für den ursprünglichen Sinn und Zweck der Gründung der Vereinigten Staaten von Amerika dient. Die ersten Siedler waren höchst religiöse Menschen, wenn auch religiöse Gründe nicht alleinige Inspirationsquelle für ihre Unternehmungen war. Nichtsdestotrotz ist sie ein wichtiges Element in einer ganzen Reihe von Motiven, in denen wir aus unserer heutigen Perspektive Zeichen von Dauerhaftigkeit erkennen. Viele Neusiedler wollten der einengenden religiösen und sozialen Atmosphäre in England entfliehen. Bei den meisten von ihnen handelte es sich um Protestanten, die nicht bereit waren, die Doktrin und religiösen Praktiken der Anglikanischen Staatskirche zu akzeptieren. In England wurden sie wegen ihrer Überzeugungen verfolgt. Ihr Individualismus richtete sich auch gegen soziale und ökonomische Zwänge. Sie waren die gefährlichsten Kritiker des damaligen Musters der englischen Gesellschaft. Die Idee, nach Amerika überzusiedeln, war in vielen Fällen für diese Menschen die einzige Alternative. Dorthin brachten sie den Willen zur Errichtung einer neuen Gesellschaft, frei von den alten Zwängen, während sie gleichzeitig die guten Aspekte bewahren wollten. Die ersten Gemeinden bestanden aus tief religiösen und hart arbeitenden Menschen. Sie suchten nach einer neuen Freiheit und ließen bei ihrer Suche gleichzeitig ihre eigenen Forderungen an Konformität mit einfließen. Auch sie konnten, wie die Geschichte zeigte, sehr intolerant gegenüber Anders-

Amerikanischer Mythos

denkenden sein. Dennoch, ihr Unternehmergeist und ihre Ideale sind noch heute für die Amerikaner stetige Inspirationsquelle.

Von direkten bevölkerungspolitischen Eingriffen in den Zuwanderungsprozess kann im 17. und 18. Jahrhundert jedoch noch nicht gesprochen werden, auch wenn die Kolonien teilweise verstärkt um Neusiedler warben, um den rasch steigenden Bedarf an Arbeitskräften decken zu können.

Die großen Besiedlungswellen 1820-1920

Sieg über Frankreich und Spanien

Die nationale Unabhängigkeit hatte nicht sofort den großen Einwanderungsstrom nach sich gezogen. Im Zeitraum zwischen 1789 und 1820 haben sich wahrscheinlich nur ca. 150.000 Menschen in den USA niedergelassen, was einer Zahl von ca. 5.000 Neuankömmlingen pro Jahr entsprechen würde. Nach Beendigung des Unabhängigkeitskrieges nahm die Eroberung des Westens stürmisch zu und wurde zum wichtigsten Faktor im politischen und wirtschaftlichen Leben der jungen Nation. Schon in der Kolonialperiode hatten sich kleinere Siedlergruppen westlich der Appalachen niedergelassen, wie z. B. schottisch-irische Einwanderer, über Pennsylvania kommend, in den Westgebieten Virginias sowie von North und South Carolina. Die Fläche der USA reichte bis zu jenem Zeitpunkt bekanntlich nur bis zum Mississippi. Das Land dahinter war zweimal so groß und gehörte zum spanischen Kolonialreich. Das Gebiet um den Mississippi herum war noch wenig erkundet. Die Franzosen errichteten im 18. Jahrhundert dort ihre Stadt New Orleans und planten des Weiteren einen Zusammenschluss des Gebietes in Louisiana mit Französisch-Kanada. Das Gebiet in Louisiana hatte Frankreich jedoch 1762 an Spanien abgetreten, gewann es 1800 aber wieder zurück, um ein neues französisches Kolonialreich in Nordamerika zu schaffen. Diesen Teil erwarben die USA 1803 im sogenannten *Louisiana Purchase*, womit die Amerikaner nun Nachbar des inzwischen unabhängigen Mexiko wurden. Im Jahre 1810 nutzten die USA Spaniens Schwäche und annektierten West-Florida zwischen dem Mississippi und dem Perdido River. Im Krieg 1812–1814 unterwarfen die USA die noch von England beanspruchten Regionen an der nördlichen Grenze, die 1818 entlang des 49. Längengrades vom Lake of the Woods zu den Rocky Mountains festgelegt wurde. Im selben Jahr zwangen sie auch Spanien zur Abtretung East-Floridas und konnten ihre Annektionen 1819 im Adams-Onis-Vertrag offiziell rechtlich geltend machen. Den USA gehörte bald der gesamte westliche Teil des Mississippi-Missouri-Beckens. Damit war das Tor frei zur Besiedlung der Gebiete westlich des Mississippi. Bis 1837 wurden die folgenden neuen Staaten den USA angegliedert: Vermont 1791, Kentucky 1792, Tennessee 1796, Ohio 1803, Louisiana 1812, Indiana 1816, Mississippi 1817, Illinois 1818, Alabama 1819, Maine 1820, Missouri 1821, Arkansas 1836, Michigan 1837.

Sieg über Mexiko

1846–1848 führten die Amerikaner einen Krieg gegen Mexiko, mit dem Resultat, dass letzteres das Gebiet der heutigen Bundesstaaten Kalifornien, New Mexico und Arizona an die USA verlor, nachdem sich ihnen bereits 1845 das ebenfalls zu Mexiko gehörende Texas angeschlossen hatte. Als man 1848 in Kalifornien Gold entdeckte, lockte das einen gewaltigen Zustrom von Einwanderern aus aller Welt, so auch erstmalig aus China, ins Land. In dieser Zeit wurden folgende neue Staaten in die Union eingegliedert: Florida 1845, Texas

1845, Iowa 1846, Wisconsin 1848, Kalifornien 1850, Minnesota 1858, Oregon 1859 und Kansas 1861.

Während in dem Jahrzehnt zwischen 1790 und 1800 rund 50.000 Neusiedler in die USA kamen, waren es zwischen 1870 und 1880 bereits 2.812.000. Die starke Ausdehnung des Territoriums war ein wesentlicher Faktor, der zum Anstieg der Einwanderung führte. Expansion, Besiedlung und Einwanderung erhielten durch die industrielle Revolution und die damit verbundene allumfassende Entwicklung des Transportsystems ganz neue Impulse. Der Bau der transkontinentalen Eisenbahn lockte zusätzlich Tausende von Einwanderern, vor allem Iren und Chinesen als Arbeitskräfte ins Land.

Der Anteil der Sklaven am Einwanderungszustrom darf keineswegs vernachlässigt werden. Bis zum Ausbruch des Unabhängigkeitskrieges wurden ca. 300.000 Sklaven auf das nordamerikanische Festland gebracht. Die Zahl der Europäer, die im gleichen Zeitraum als freie Einwanderer, Zwangsarbeiter oder Sträflinge kamen, betrug 500.000. Um 1770 bestand rund ein Drittel der Bevölkerung des Südens aus Sklaven. Die Sklaverei wurde von Anbeginn im Norden abgelehnt (wenn auch einige Siedler dort selbst Sklaven hielten), während man sie im Süden nicht nur als etwas Selbstverständliches betrachtete, sondern deretwegen sich die Südstaaten aus der Union lösten. Im Jahre 1861 gipfelten die wirtschaftlichen und politischen Spannungen zwischen den Südstaaten und den Nordstaaten, die ideologischen Ausdruck im Kampf um die Sklaverei fanden, im amerikanischen Bürgerkrieg. Elf Südstaaten traten aus der Union aus und bildeten eine Konföderation. Das löste 1861 den Krieg aus, der mit dem Sieg der Nordstaaten endete. Vier Jahre hat es gedauert, bis die Konföderierten wieder in die Union zurückgegliedert und die Sklaven befreit waren. Dennoch, die Ungleichheit dauerte an. Zwei wichtige Gesetze wurden jedoch während des Bürgerkriegs erlassen, die für die weitere Bevölkerungsbewegung entscheidend waren. Durch das erste Gesetz, der sogenannten *Emancipation Proclamamation*, wurde 1862 die Sklaverei abgeschafft, was den Schwarzen den Weg in die Industriezentren des Nordens (New York, Philadelphia, Detroit) öffnete. Sie ließen sich dort seit 1910 in besonders großer Zahl nieder und lebten in ghettoähnlichen Wohngebieten.

Civil War: Sieg gegen die Sklaverei

Beim zweiten Gesetz handelte es sich um das sogenannte *Homestead Law* von 1862, wodurch die kostenlose Landnahme in den Westgebieten ermöglicht wurde, was der Westbewegung enorme Impulse verlieh.

Aufgrund der Siedlerbewegung und der Erschließung weiterer Regionen, die von den Indianern und Mexiko annektiert wurden, entstanden nach 1865 bis kurz vor Ausbruch des Ersten Weltkriegs folgende weitere Bundesstaaten: Nebraska 1867, Colorado 1876, North Dakota 1889, South Dakota 1889, Montana 1889, Washington 1889, Idaho 1890, Wyoming 1890, Utah 1896, Oklahoma 1907, New Mexico 1912, Arizona 1912.

In den Jahren zwischen 1840 und 1880 kamen fast 10 Millionen Immigranten, d.h. rund 250.000 jährlich. Mitte des 19. Jahrhunderts hatten die USA bereits mehr Einwohner als jedes Land in Europa. Bis 1880 erreichte die Gesamtbevölkerungszahl 50 Millionen. Die Hauptherkunftsgebiete der Einwanderer wech-

Große Einwanderungswellen Ende des 19. Jh.

selten im Laufe der Zeit. Zwischen 1776 und 1890 kamen 85% aus West-, Mittel- und Nordeuropa. Die Mehrheit kam nach wie vor aus England, Irland und Schottland, viele auch aus Deutschland (darunter auch viele politisch Verfolgte der gescheiterten Revolution 1848 in Preußen) und Skandinavien, die Übrigen aus Kanada und China. (Mit dem *Chinese Exclusion Act* von 1882 verfügte die US-Regierung erstmalig eine Einwanderungsbeschränkung gegen eine bestimmte Bevölkerungsgruppe.) In den Jahren 1881–1890 brach ein Zehntel der Bevölkerung Schwedens und Norwegens in Richtung Amerika auf. Auch sie ließen sich wie die Deutschen vornehmlich im Mittelwesten nieder. Bald schon wurden diese Zahlen jedoch von den Einwanderungszahlen aus Ländern Ost- und Südeuropas übertroffen. Von den 12 Millionen Menschen, die zwischen 1900 und 1914 nach Amerika kamen, stammten kurz vor Ausbruch des Ersten Weltkriegs drei Viertel aus Osteuropa und Italien. Unter den osteuropäischen Auswanderern strömten vor allem verfolgte Juden aus Russland und Polen zu Millionen über Hamburg und Bremerhaven in die USA.

Einwanderung seit 1920

Erstes Einwanderungsgesetz

Nach dem Ersten Weltkrieg gab es einen drastischen Einbruch der Einwanderungszahlen aus Europa. Grund waren neue, im Jahre 1921 verabschiedete Quotengesetze, die eigentlich zunächst nur als Übergangsregelung gedacht waren und auf die Drosselung der nach Kriegsende rapide anwachsenden Einwanderungsströme aus Europa abzielten. Mit 115.431 deutschen Migranten erreichte die deutsche Auswanderung trotzdem im Jahr 1923 ihren absoluten Höhepunkt. Doch bereits im Jahre 1924 folgte mit dem *Johnson-Reed Act* eine neue Quotenregelung, die alle Länder Süd- und Osteuropas eindeutig zugunsten der Länder Mittel- und Nordeuropas benachteiligte. Der Zustrom aus mittel- und nordeuropäischen Ländern wurde daher erst durch den Ausbruch der Weltwirtschaftskrise gestoppt. So durften z.B. in diesem Zeitraum nur 6.000 Italiener pro Jahr in die USA einreisen, gegenüber 60.000 Briten. Auf dem Höhepunkt der Depression 1933 erreichte die Einwanderungszahl aus allen europäischen Ländern erstmalig einen absoluten Tiefststand als nur rund ein Zehntel der Einwanderungsrate von 1907 erreicht wurde. In den Jahren 1931–1940 sank die Einwanderungsrate auf den niedrigsten jemals in den USA gemessenen Stand.

Seit Hitlers Machtübernahme in Deutschland, insbesondere aber nach dem Anschluss Österreichs, wurden in den USA vermehrt Stimmen laut, die eine Lockerung der Quoten für jüdische Flüchtlinge und andere Verfolgte des Nazi-Regimes forderten. Die Geschichte hat gezeigt, dass die damalige US-Regierung dieser Forderung nicht nachkam sondern an dem 1924 eingeschlagenen Kurs festhielt. Das änderte sich erst im Jahre 1948 und auch nur aufgrund des von der UNO ausgeübten Drucks mit dem unter Präsident Truman erlassenen *Displaced Persons Act*, in welchem die Aufnahme von 410.000 Vertriebenen im Laufe von vier Jahren beschlossen wurde. Für etliche Verfolgte des Nazi-Regimes kam dieses Gesetz viel zu spät.

Die McCarthy-Ära

Im Jahre 1952 wurde in der Phase der antikommunistischen Hysterie der McCarthy-Ära der sogenannte *McCarran-Walter Act* erlassen – ein weiterer trauriger Meilenstein in der US-amerikanischen Einwanderungspolitik. Denn neben den rassistischen Vorurteilen des Johnson-Reed Quotengesetzes enthielt dieses

Gesetz ganz detaillierte Regelungen und Kriterien zur Feststellung der politischen Unbedenklichkeit potentieller Einwanderer. Ausländer, die bereits in den USA lebten und als „subversiv" eingestuft wurden, konnten nun wieder deportiert werden. Zusätzlich enthielt das Gesetz eine Subquotenregelung für europäische Kolonien der westlichen Hemisphäre, mittels derer vor allem nichtweiße Personen aus den britischen Kolonien im Karibikraum von der Einwanderung ferngehalten werden sollten.

Ein Jahr darauf wurde der sogenannte *Refugee Relief Act* erlassen. In diesem Gesetz sind erstmalig die noch heute gültigen politischen Richtlinien bei der Flüchtlingsbehandlung deutlich geworden. Damaligen Flüchtlingen des Ungarn-Aufstands von 1956 und kubanischen Flüchtlingen der 60er-Jahre wurde vorübergehend auf dem Gnadenweg der Exekutive (*presidential pardon*) die Einreise erlaubt. Danach wurde ihnen ein spezieller Bewährungsstatus (*parole*) zugesprochen. Der Kongress entschied dann, ob die jeweilige Gruppe zu aufenthaltsberechtigten Ausländern (*residential aliens*) zu erklären und ihnen damit die Chance zur Einbürgerung zu geben sei.

Erst 1965 wurde unter Präsident Johnson erstmalig ein liberales Einwanderungsgesetz erlassen. Die bis dato immer noch eine nordische Abstammung favorisierenden Einwanderungsbestimmungen waren politisch einfach nicht mehr länger tragbar. Außerdem hatten die bisherigen Regelungen sich negativ auf Amerikas Wirtschaft ausgewirkt, denn durch sie wurde auch der Zuzug hochqualifizierter Arbeitskräfte gebremst. Die Quotenregelung wurde aufgehoben und an ihre Stelle trat ein Präferenzsystem. Maßgebliche Kriterien waren nun nicht mehr die Herkunft des Bewerbers, sondern dessen Verwandtschaftsbeziehungen zu US-Bürgern bzw. seine berufliche Qualifikation. Darin wurde eine Maximaleinwanderungszahl von 170.000 pro Jahr für Personen aus der östlichen Hemisphäre (Europa und Asien) und eine unterschiedslos für alle dortigen Staaten gültige Begrenzung von je 20.000 festgesetzt. Im Jahre 1976 wurde ein Maximum von 120.000 Personen für die Gesamteinwanderung aus der westlichen Hemisphäre (Kanada, Karibik, Mittel- und Südamerika) gesetzlich verankert.

1965: Erstes faires Einwanderungsgesetz

Einwanderung seit 1965

Unmittelbar nach der Gesetzesreform von 1965 stiegen die Einwanderungszahlen aus asiatischen Ländern sprunghaft an. So verzehnfachte sich die Zahl der Einwanderer aus den Philippinen im Zeitraum 1965 bis 1970 und nur fünf Jahre später erreichten die Zahlen für Korea eine ähnliche Wachstumsrate. Bei den Ländern Lateinamerikas, insbesondere Mexiko, gab es förmlich eine Einwanderungsexplosion. Bekanntlich kamen und kommen heute noch viele Menschen aus diesen Ländern illegal über die Grenze, d.h. viele von ihnen werden gar nicht statistisch erfasst. Die (offizielle) Einwanderungszahl für Kolumbien und die Dominikanische Republik verdoppelte sich zwischen 1967 und 1976.

Bei den jüngeren Einwanderungswellen handelte es sich vornehmlich um Zuströme aus mittelamerikanischen Ländern wie El Salvador, Guatemala, Nicaragua und Honduras. Nun kamen aber auch Einwanderer aus bis dahin kaum an der Einwanderung beteiligten Ländern, wie z.B. aus dem arabischen Raum.

Seit der ersten statistischen Erfassung im Jahre 1820 bis heute kamen über 80 Millionen Menschen in die USA.* Offiziellen Zahlen zufolge kamen in den 80er-Jahren ca. eine halbe Million Einwanderer pro Jahr, zweimal so viel wie in den 50er-Jahren, aber nur halb so viel wie am Anfang des Jahrhunderts. 1987 wurde eine neue indirekte Form der Einwanderungskontrolle eingeführt. Für amerikanische Arbeitgeber ist es fortan strafbar, Leute ohne gültige Papiere einzustellen. Inzwischen können Menschen, die fünf Jahre legal (mit der GreenCard) in den USA gearbeitet haben, die amerikanische Staatsbürgerschaft beantragen.

Einwanderungsstatistik 2010-2014

Im Fiskaljahr 2014 wurden insgesamt 1.016.518 neue GreenCards ausgestellt, d.h. ebenso vielen Personen wurde die legale Niederlassung in den USA ermöglicht. Im Jahr 2010 wurden zum Vergleich 1.042.625 bzw. im Jahr 2011 1.062.040 neue GreenCards ausgestellt. 2013 sank die Zahl auf 990.553 ab.**
Die neuen Einwanderer im Fiskaljahr 2014 kamen aus folgenden Gruppen: nahe Verwandte von US-Bürgern (416.456), andere Familienangehörige (229.104), Flüchtlinge/Asylbewerber (134.242), GreenCard durch Arbeitsstelle (151.596), GreenCard-Lotterie (53.490) und Andere (25.601).
Die Mehrheit aller neuen GreenCard-Besitzer (52.6%) lebte bereits vor deren Erhalt mit einem anderen Visum in den USA. Die meisten Einwanderer stammen aus Mexiko (134.052), China (76.089), Indien (77.908), den Philippinen (49.996) und der Dominikanischen Republik (44.577). Auf diese Bevölkerungsgruppen fällt ein großer Anteil an anderen GreenCard-Kategorien, wie z.B. GreenCard durch Heirat, daher sind Personen aus diesen Ländern von der GreenCard-Verlosung ausgenommen. Diese fünf Länder hatten im Jahr 2014 einen Anteil von fast 38% aller neuen GreenCard-Besitzer.

Einwanderung in die USA nach Herkunftsland 1820-1930/in Millionen

Deutschland	7,1
Italien	5,3
Großbritannien	5,2
Irland	4,8
Österreich	2,7
Ehemalige UdSSR	3,6
Alle Länder	60,7
Gesamt Europa	37,5
Gesamt Latein-Amerika	15,1
Gesamt Asien	7,2

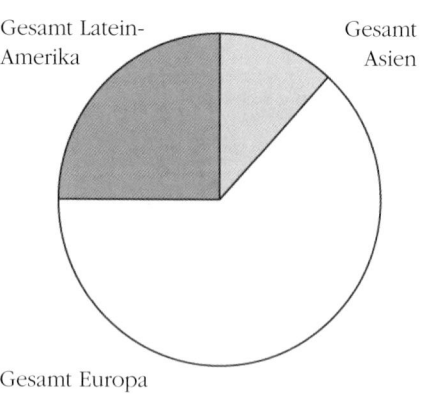

---

* Quelle: *www.migrationpolicy.org/programs/data-hub/charts/Annual-Number-of-US-Legal-Permanent-Residents*

** Quelle: *www.dhs.gov/sites/default/files/publications/ois_yb_2013_0.pdf*

Im gleichen Zeitraum wurde die US-Staatsbürgerschaft insgesamt 653.416 Personen zugesprochen. Damit haben 2014 über 100.000 weniger Personen als 2013 ihren Eid auf die Verfassung geleistet und wurden damit zu US-Bürgern. In den Jahren 2010–2013 ist die Zahl der US-Einbürgerungen insgesamt aufsteigend. 2008 waren es noch 1.046.539 Anträge auf Einbürgerung und 2010 nur noch 619.913.*

Eingliederungsverhalten

Zu bemerken ist, dass sich die teilweise ethnisch und sprachlich deutlich zu unterscheidenden Einwanderergruppen unterschiedlich schnell und bereitwillig in die US-amerikanische Gesellschaft einfügten. Natürlich assimilierten sich englischsprachige Einwanderer ohne große Mühe. Viele Einwanderer mit einer anderen Muttersprache erkannten schnell, dass beruflicher und sozialer Aufstieg in Amerika ohne die Beherrschung des Englischen unmöglich sind. Deutsche und Skandinavier assimilierten sich ebenfalls sehr schnell. Ein gutes Indiz dafür ist die Tatsache, dass sie oft schon in der zweiten Generation Englisch als Primärsprache benutzten. Abgesehen von Pennsylvania, Wisconsin und Minnesota konzentrierten sie sich nicht auf bestimmte Gebiete sondern verteilten sich gleichmäßig aufs ganze Land.

Im 19. Jahrhundert waren Missernten, Überbevölkerung, politische Krisen etc. in Europa verstärkte Auslöser für erneute Zuwanderungsströme. Die Einwanderer erhofften in den USA bessere Bedingungen vorzufinden und der amerikanische Arbeitsmarkt war zu jener Zeit tatsächlich unbegrenzt aufnahmefähig. Dennoch kam es im Verlauf des 19. Jahrhunderts aufgrund von konjunkturellen Schwankungen zu ersten Erscheinungen von Fremdenfeindlichkeit. Betroffen waren in erster Linie irische und deutsche Katholiken, die in den 1840er und 1850er Jahren in großen Gruppen nach Amerika kamen. Mit dem *Chinese Exclusion Act* von 1882 schlug sich Fremdenfeindlichkeit in Kalifornien dann auch erstmalig in legislativer Form nieder, d.h., per Gesetz wurde eine bestimmte Gruppe ausgegrenzt.

Im Jahre 1905 wurde erstmalig die Millionengrenze bei den Einwanderungszahlen erreicht. In den folgenden zehn Jahren wurde diese Einwanderungsquote noch fünfmal übertroffen. Noch im Jahre 1860 kamen rund 50% aller Einwanderer aus dem englischen Sprachraum, im Jahre 1910 jedoch lag ihr Anteil gerade noch bei 10%. Während der Anteil deutscher Einwanderer zwischen 1892 und 1907 abnahm (von ca. 250.000 auf 37.000), stieg der Anteil russischer und italienischer Einwanderer im selben Zeitraum beträchtlich (aus Italien von 32.000 auf 285.000, aus Russland von 17.000 auf 260.000). Es kamen jetzt auch Zuwanderer aus bislang nicht an der Einwanderung beteiligten Regionen wie z.B. aus dem Habsburger Reich, Polen, Rumänien, Bulgarien, aus fast dem gesamten Mittelmeerraum sowie dem zerfallenen Osmanischen Reich. Bei diesen Einwanderergruppen handelt es sich in der Mehrheit um verarmte Angehörige kleinbäuerlicher Landbevölkerung handelte (insbesondere bei den Einwanderern aus Süd- und Osteuropa), zum Teil aber auch um

---

* Quelle: *U.S. Department of Homeland Security, www.dhs.gov/yearbook-immigration-statistics*

Verfolgte aus ethnischen oder religiösen Gründen, kam es nun zu drastischen Veränderungen im wirtschaftlichen, kulturellen und gesellschaftlichen Bild der USA. Diese Einwanderer tendierten zur Ansiedlung in großen Einwandererghettos als Ausdruck ihrer Gruppensolidarität. Ihre alten Gesellschaftsformen, ihre Sprache und Kultur behielten sie bei, teilweise bildeten sich auch neuartige Mischanpassungsformen heraus. Doch auf die alteingesessenen Amerikaner wirkte dies so oder so zum größten Teil bedrohlich und die Fremdenfeindlichkeit verstärkte sich. Zu diesem Zeitpunkt war Amerikas Assimilationsfähigkeit bereits ausgeschöpft.

Sehr zögerlich verlief folglich die Eingliederung dieser Immigranten aus Süd- und Osteuropa, später aus Lateinamerika sowie aus Asien. Sie siedelten zumeist in großen Gruppen und hielten aufgrund ihrer Religion stark an heimatlicher Sprache und Kultur fest. Die Juden aus Osteuropa ließen sich z.B. an der New Yorker East Side nieder, wo die Mehrheit von ihnen in der Textilindustrie beschäftigt war. Ebenfalls in New York, doch auch in anderen großen Städten der mittelatlantischen Staaten und Neuenglands siedelten große Gruppen von Italienern. Sie tendierten dazu, sich auf ein bestimmtes Wohngebiet, das sogenannte *Little Italy* zu konzentrieren, hielten zudem noch sehr engen Kontakt zu ihrer Heimat und kehrten oftmals wieder dorthin zurück, wenn sie zu Wohlstand gelangt waren. Am stärksten entzogen sich dem Assimilationsdruck die Nachfahren der in die USA eingegliederten spanischsprachigen Bevölkerung im Südwesten der USA sowie Einwanderer aus Lateinamerika, die zusammengefasst als Hispanic Americans (kurz Hispanics) bezeichnet werden. Ursache sind die teilweise noch engen Kontakte mit ihren Herkunftsländern sowie die nach wie vor starke Zuwanderung, insbesondere aus Mexiko und Puerto Rico, das 1898 von Spanien an die USA überging und heute den Status eines *commonwealth in free association with the USA* (assoziierter Freistaat der USA) hat.

1.3 Das politische System

Die Verfassung

Älteste Verfassung der Welt

Die amerikanische Verfassung ist die älteste noch immer gültige Verfassung der Welt. Viele andere Staaten haben ihre Verfassungen nach diesem Modell gestaltet. Sie ist das stärkste Verbindungsglied eines Landes, dessen Vertreter fast aller Nationen dieser Welt entstammen. Was alle Amerikaner miteinander vereint, ist ihr Glaube an die Freiheit und die Gleichheit eines jeden Individuums, wie er in der Verfassung verankert ist. Damit ist die Verfassung nicht nur Quelle des Patriotismus, sondern auch außerordentlich wichtig für das Bild, was die Amerikaner von sich selbst haben. Die Verfassung stellt somit nach der Erringung der Unabhängigkeit den wichtigsten Meilenstein in der Herausbildung der amerikanischen Nation dar. Schon seit über 200 Jahren ohne größere Abänderungen in Kraft, ist die Verfassung gleichzeitig ein Symbol an politischer Stabilität und Kontinuität. Im Jahre 1787 entworfen und am 2. Juli von den 13 Gründerstaaten ratifiziert, ersetzte sie die sogenannten *Articles of Confederation* von 1781, ein allgemeines Vertragswerk, das der neuen Zentralregierung zu wenig Macht über die einzelnen Regierungen der Bundesstaaten gegeben und sich damit als wenig effektiv erwiesen hatte. Die 13 Gründerstaaten waren: New Hampshire, Massachusetts, Rhode Island, Connecticut, New York, Pennsylvania, New Jersey, Maryland, West Virginia, Virginia, North Carolina, South Carolina und Georgia. In der amerikanischen Verfassung sind die Einflüsse des englischen Parlamentarsystems (zwei Kammern) und des englischen Common Law (Prinzipien in der *Bill of Rights*) sehr gut erkennbar. Ursprünglich bestand die Verfassung aus einer Präambel und 7 Artikeln, worin die zentralen Institutionen sowie die Prinzipien der bundesstaatlichen Ordnung festgehalten sind. Heute enthält sie weitere 26 Zusätze, die sich im Laufe der Zeit als notwendig erwiesen. Wer heute die US-Staatsbürgerschaft erlangen möchte, muss auf die Wahrung der Verfassung schwören, sowie eine Reihe von Fragen beantworten können, die sich mit der Bedeutung einzelner Verfassungsgrundsätze sowie deren Zweck beschäftigen.

Verfassungsziele

Die Verfassung wurde entworfen, um eine effektive Zentralregierung für das Volk der gesamten Union und nicht allein für die einzelnen Bundesstaaten zu schaffen. Ziel der Delegierten war die Etablierung von Respekt für die Rechte des einzelnen Individuums, Volksherrschaft, Trennung von Staat und Kirche und die Vormachtstellung einer Zentralregierung. Bei der neu geschaffenen Union handelte es sich nunmehr um eine repräsentative Demokratie, was bedeutet, dass ihre Repräsentanten vom Volk gewählt werden, um im Sinne des Volkes zu regieren. Außerdem manifestiert sich in der amerikanischen Verfassung der Glaube an die Grundrechte der Menschen, wie sie in der *Bill of Rights* zum Ausdruck kommen. Dies war ein grundsätzlicher Mangel des englischen Common Law, da dort keinerlei explizite Aussagen zu den Grundrechten der Menschen gemacht wurden. Die Verfassungsgründer glaubten an das Herrschaftsrecht der Mehrheit, doch wollten sie ebenso die Rechte von Minderheiten gewahrt wissen. Dies sollte nicht zuletzt durch Gewaltenteilung und Mächtegleichgewicht innerhalb der Regierung erreicht werden. Neu war das durch die Verfassung etablierte föderale System, wodurch eine Gewaltentrennung zwischen nationaler und bundesstaatlicher Regierung erfolgte, was letztendlich bedeutet, dass alle Bundesstaaten gleichgestellt wurden und die Zentralregierung keiner einzelnen bundesstaatlichen Regierung irgendwelche speziellen Privilegien einräumen durfte. Außerdem wurde durch die Verfassung auch eine Gewaltenteilung innerhalb der Zentralregierung zum Schutz gegen Machtmissbrauch garantiert. Sie etablierte eine Gewaltenteilung in drei Zweige – Exekutive, Legislative und Judikative. Durch das implantierte System der *Checks and Balances* der drei Regierungsbereiche wurde die Gewalt der Regierung per Verfassungsrecht begrenzt. Die Verfassung unterstreicht den Zweck der Zentralregierung und beschreibt, wie die Legislative (Kongressmitglieder), das Staatsoberhaupt (Präsident) und die Bundesrichter auszuwählen sind. Außerdem wurde die neue Verfassung flexibel gestaltet, was bedeutet, dass sie durch Zusätze abgeändert und juristische Neuinterpretation verändert werden konnte.

Checks and Balances: Die Gewalten, die einem jeden Regierungszweig zugeteilt werden, werden durch die Gewalten der jeweils anderen beiden sorgfältig ausgeglichen. Also dient ein jeder Regierungszweig als Check gegenüber den anderen. Damit soll verhindert werden, dass ein Regierungszweig zu viel Macht bekommt.

Grundrechte und Gewaltenteilung

Verfassungszusätze: Diese können entweder vom Kongress eingeleitet werden (bedarf der Zweidrittelmehrheit von beiden Häusern), oder durch die Legislative von zwei Dritteln aller Staaten. Sie werden durch Zustimmung von drei Vierteln aller Staaten wirksam.

Verfassungszusätze

Bill of Rights: Die ersten zehn Verfassungszusätze wurden 1791 zugefügt. Die *Bill of Rights* ist ein Grundrechtskatalog zum Individualschutz der einzelnen Bürger gegen den Machtmissbrauch seitens der Regierung. Dieser Katalog entstand teilweise aufgrund konkreter Erfahrungen mit Machtmissbräuchen von Regierungsorganen in der Kolonialzeit. Zu den bekanntesten Grundrechtsgarantien gehören die im 1. Verfassungszusatz aufgezählten Rechte auf Religions-, Rede-, Presse- und Versammlungsfreiheit. Die Mehrheit der in der *Bill of Rights* festgehaltenen Garantien bezieht sich auf die Sicherung rechtsstaatlicher Prozeduren in der Entdeckung, Verfolgung und Sühnung von Rechtsverbrechen, wie z.B. das Verbot willkürlicher Hausdurchsuchungen und Beschlagnahmungen ohne richterlichen Durchsuchungsbefehl (4. Verfassungszusatz), das Recht auf Zeugnisverweigerung gegen sich selbst (in Straffällen) im 5. Verfassungszusatz, das Recht auf einen schnellen und öffentlichen Prozess vor einem Geschworenengericht des Staates oder Bezirkes, in dem das Verbrechen stattfand, das Recht auf Gegenüberstellung mit Zeugen und auf Anwaltsbeistand (6. Verfassungszusatz) und das Verbot von „grausamen und ungewöhnlichen" Strafen (8. Verfassungszusatz). Spätere Zusätze betrafen z.B. die Rechte aus Staatsbürgerschaft und Wahlrecht für Schwarze (1865–1870), das Wahlrecht für Frauen (1920), ein Bann auf Kopfsteuer in nationalen Wahlen (1964), das Herabsetzen des Wahlalters auf 18 (1971) und ein Zusatz zu den Diäten, der besagt, dass eine jegliche Änderung nur auf die nächsten Senatoren und Repräsentanten Anwendung findet (1992). Eines der wohl umstrittensten Rechte ist das Recht Waffen zu tragen. Es gibt in den USA tatsächlich mehr Handfeuerwaffen als Fernsehgeräte. Bei der letzten Zählung waren es 270 Millionen.

Die Amerikaner berufen sich gern und häufig auf die verschiedensten Gesetze, um Gerichtsprozesse anzustrengen. Sie sind geradezu prozesssüchtig. In keinem anderen Land der Welt gibt es so viele Rechtsanwälte pro Kopf der Bevölkerung wie hier. Da fällt einem doch immer gleich das schöne Beispiel von der Frau ein, die einen Mikrowellenhersteller verklagte, weil sie ihre Katze in der Mikrowelle trocknen wollte und ja leider nicht ahnen konnte, dass ihre Katze das nicht überleben würde.

Selbstständigkeit der Bundesstaaten

Verfassungen der Einzelstaaten: Die Einzelstaaten haben nur die Macht, die ihnen von der Verfassung gewährt bzw. nicht verwehrt wird. Es gibt daher eine Gewaltenteilung zwischen der Zentralregierung und den Regierungen der Einzelstaaten. Die Verfassungen der Einzelstaaten entsprechen im Grunde der Verfassung der Union.

So hat jeder Bundesstaat einen Gouverneur, dessen Rolle ähnlich der des Präsidenten ist, einen Kongress und einen Obersten Gerichtshof. Jeder einzelne Bundesstaat ist berechtigt, seine eigenen Steuern zu erheben und seine eigenen Gesetze zu erlassen, wobei diese jedoch nicht mit der Bundesgesetzsprechung kollidieren dürfen. Aber kein Bundesstaat darf Verträge mit anderen

Staaten außerhalb der Union abschließen, eigenes Papiergeld drucken oder Münzgeld herausbringen.

Die Bundeslegislative – der Kongress

Der Kongress besteht aus zwei Kammern, dem Repräsentanten- oder Abgeordnetenhaus (*House of Representatives*) und dem Senat (*Senate*). Die Abgeordneten werden auf zwei Jahre, Senatoren auf sechs Jahre gewählt, wobei alle zwei Jahre ein Drittel des Senats zur Wahl steht. Dabei liegt die Wahlbeteiligung meist nur bei etwa 35% der berechtigten Wähler. Kongressmitglieder dürfen kein Staatsamt bekleiden und kein Bundesbeamter darf, solange er im Amt ist, Mitglied des Kongresses sein. Dem Abgeordnetenhaus gehören 435 Kongressabgeordnete an. Die Zahl der Kongressabgeordneten eines Bundesstaates richtet sich nach seiner Einwohnerzahl. So hat Texas zurzeit 38 Abgeordnete aber Montana nur drei. Der Senat besteht aus 100 Senatoren, zwei aus jedem Bundesstaat.

Die wichtigsten Gesetzgebungskompetenzen sind:

- Kriege erklären und Frieden schließen
- Regulierung des Handels mit anderen Staaten und zwischen den einzelnen Bundesstaaten
- Mobilisierung der Armee zur Verteidigung der Nation, um Gesetze des Bundes durchzusetzen und Aufstände zu unterdrücken
- Steuern und Zölle erheben
- Verabschiedung von Einwanderungsgesetzen
- Verabschiedung aller Gesetze, die zur Umsetzung der erwähnten Ermächtigungen notwendig und angebracht *(necessary and proper)* sind.

Diese Kompetenzzuweisung gilt für beide Häuser gleichermaßen. Jede Gesetzesvorlage bedarf der Zustimmung einer Zwei-Drittel-Mehrheit in beiden Häusern.

Der Senat hat in einigen Bereichen zusätzliche Kompetenzen, die nicht in den legislativen Bereich fallen. Alle Verträge bedürfen der Zustimmung von zwei Dritteln der anwesenden Senatoren. Auch die Ernennung von Botschaftern, Bundesrichtern und fast allen Mitgliedern der Exekutive erfordert die Zustimmung einer Mehrheit des Senats. In einem Ausnahmefall übernimmt der Kongress Aufgaben der Judikative, und zwar beim Verfahren der Amtsanklage (*Impeachment*), wo mit Mehrheitsbeschluss eine Liste von Anklagepunkten (*Articles of Impeachment*) verabschiedet und an den Senat weitergeleitet wird. Dieser übernimmt dann die Gerichtsbarkeit. Eine Verurteilung bedarf der Zwei-Drittel-Mehrheit der anwesenden Senatoren. Gründe für Amtsenthebung sind in der Verfassung spezifiziert wie z.B. Hochverrat, Bestechung oder andere Verbrechen und Vergehen (*felonies and misdemeanors*).

Der Kongress schafft die Ministerien (*Departments*) und Behörden (*Administration, Authorities, Agencies*), definiert ihre Aufgaben und Organisationsstrukturen und bewilligt Gelder, die für die Durchführung ihrer Aufgaben erforderlich sind. Ebenso obliegt ihm die Reorganisation exekutiver Strukturen. Jüngstes

Beispiel ist das nach den Anschlägen vom 11. September 2001 eingerichtete Ministerium für Heimatschutz (*U.S. Department of Homeland Security*).

Die Exekutive – der Präsident

Der Präsident führt die Exekutive. Er ist zugleich Staatsoberhaupt, Regierungschef und Oberbefehlshaber der Streitkräfte. Er muss mindestens 35 Jahre alt, in den USA geboren worden sein und muss für mindestens 14 Jahre in den USA gelebt haben. Präsidentschaftswahlen werden in jedem Schaltjahr abgehalten, und zwar am Tag nach dem ersten Montag im November. Seit 1951 darf jeder Präsident nur einmal wieder gewählt werden. Der Präsident wird zusammen mit einem Vizepräsidenten gewählt, der das Amt übernimmt falls der Präsident stirbt, aus dem Amt entlassen wird oder aus irgendeinem Grund unfähig zur weiteren Amtsausübung ist. Das letzte Mal war das der Fall, als Gerald Ford für Richard Nixon das Amt übernahm, als dieser nach dem Watergate-Skandal zurücktrat. Das Prinzip der Gewaltenteilung kommt darin zum Ausdruck, dass der Präsident mit der exekutiven Gewalt ausgestattet und für eine festgelegte Amtszeit von vier Jahren gewählt wird. Er ist von der Legislative unabhängig, d. h., er muss keinesfalls für seine Amtsausübung das Vertrauen einer Mehrheit im Kongress besitzen. Diese gegenseitige Unabhängigkeit wird durch das separate Wahlverfahren sowie die (formale) Abwesenheit des Präsidenten noch verstärkt.

Veto des Präsidenten

Allerdings steht dem Prinzip der Gewaltentrennung das der Gewaltenverschränkung gegenüber. Wie ist das zu verstehen? Das bedeutet, dass getrennte Institutionen gemeinsame Aufgaben durchführen. Ersichtlich wird dies an der Teilnahme (*advice and consent*) des Senats an Personalentscheidungen und die erforderliche Zustimmung zu Verträgen, sowie durch bestimmte Eingriffsrechte des Präsidenten in die legislative Funktion. Letzterer hat ein eingeschränktes Vetorecht gegenüber allen Gesetzen. Dieses kann aber wiederum mit Zwei-Drittel-Mehrheiten beider Häuser überwunden werden. Nur im Ausnahmefall des sogenannten Taschenvetos (*pocket veto*), wenn kurz vor Ende der Sitzungsperiode der Präsident ein Gesetz nicht unterschreibt, kann der Kongress nichts mehr dagegen tun. Der Präsident kann allerdings nur gegen ein ganzes Gesetz sein Veto einlegen und nicht gegen einzelne Punkte. Der Präsident darf formal keine Gesetze im Kongress einbringen. Doch laut Verfassung hat er die Aufgabe, den Kongress über den Zustand der Nation (*state of the union*) zu unterrichten und ihm Verbesserungsvorschläge zur Behebung von Missständen zu unterbreiten. Der Präsident ist außerdem Oberbefehlshaber der Streitkräfte. Er hat zudem das Recht, Verträge zu verhandeln, Botschafter zu ernennen und Botschafter anderer Staaten zu empfangen. Als Chef der Exekutive ist ausschließlich er für die Implementierung der Gesetze verantwortlich. Mit Zustimmung des Senats ernennt er die Mitglieder seiner Administration und entlässt sie wieder.

Judikative

Gerichtssystem

Die Judikative besteht aus einem Bundesgerichtssystem und einem Staatsgerichtssystem. Die Bundesgerichte entscheiden alle die USA als Gesamtstaat betreffenden Fälle, die Gerichte der Bundesstaaten Fälle zwischen Privatpersonen sowie zwischen Privatpersonen und der Lokal- bzw. Bundesstaatsregierung.

Nur einem Obersten Gerichtshof (*Supreme Court*) wird laut Verfassung die richterliche Gewalt zugewiesen. Alle weiteren unteren Bundesgerichte werden durch den Kongress eingerichtet. Der Supreme Court hat eine Doppelfunktion. Er ist nicht nur Gericht der höchsten Instanz sondern hat auch die Autorität, vom Kongress erlassene Gesetze als verfassungswidrig (*unconstitutional*) zu erklären. Seine Hauptaufgabe liegt demzufolge in der Bewahrung und der Interpretation der Verfassung. Der Oberste Gerichtshof besteht aus 9 Richtern, einem *Chief Justice* und *8 Associate Justices*. Diese werden vom Präsidenten auf Lebenszeit ernannt, was der Zustimmung einer Zwei-Drittel-Mehrheit des Senats bedarf. Mit dieser ist nicht unbedingt zu rechnen. Da Präsidenten natürlich gern Richter ihrer eigenen politischen Gesinnung einstellen, ist ihre Ernennung stets von höchster politischer Brisanz. Will man sie aus dem Amt entfernen, so ist das nur durch ein Impeachment-Verfahren möglich. Entscheidungen des Supreme Court bedürfen einer einfachen Mehrheit. In der Regel wird die Mehrheitsentscheidung sowie die abweichende Meinung der Minderheit vom Supreme Court veröffentlicht.

Der *Supreme Court* ist im Normalfall Berufungsgericht für alle Fälle, die unter Rechtsprechung des Bundes fallen, d.h. in denen es um die Verfassung, Bundesgesetze und Verträge geht. Nur in einigen Ausnahmefällen hat der *Supreme Court* Funktion als Gericht der ersten Instanz (*original jurisdiction*), so z.B. in Verfahren zwischen einzelnen Staaten und Verfahren, die ausländische hohe Beamte involvieren. Alle anderen Fälle kommen als Berufungsfälle von unteren Bundesgerichten bzw. von den obersten Gerichten der Bundesstaaten.

Supreme Court

Rechtsprechung auf Bundesebene und in den einzelnen Bundesstaaten

Durch die föderale Struktur der USA wurde auch das Rechtssystem entscheidend beeinflusst. Die 13 Gründerstaaten beharrten von Beginn an darauf, innerhalb ihrer eigenen Grenzen, ihre nur für ihre Bürger bestimmten eigenen Gesetze erlassen zu können. Der Text der Bundesgesetzgebung musste demzufolge allgemeiner gehalten werden, sodass genügend Möglichkeit für eine Gesetzgebung einzelner Bundesstaaten blieb. In den Einzelstaaten besteht neben der Bundesrechtsprechung ein eigenes Rechtssystem. Hier werden alle die Fälle bearbeitet, die nicht unter die in der Verfassung festgelegten Kompetenzbereiche des Bundes fallen. Dies gilt vor allem für die sogenannte *police power*. Die Aufgabe, für öffentliche Ordnung, Gesundheit und Moral zu sorgen, ist den Organen der Einzelstaaten vorbehalten. Laut Verfassung müssen die Einzelstaaten ihre Gesetze, Verordnungen und richterlichen Entscheidungen bei aller Unterschiedlichkeit gegenseitig anerkennen, sodass eine in einem bestimmten Staat gefällte Gerichtsentscheidung auch in einem anderen Staat anerkannt werden muss. Unterschiede betreffen z.B. Altersgrenzen für den Kauf und Genuss von Alkohol, Zigaretten, das Heiratsalter etc. Der auffälligste Unterschied besteht in der Tatsache, dass noch einige Bundesstaaten die Todesstrafe haben, während diese in den meisten Staaten abgeschafft ist.
Einen Fortschritt hingegen gibt es hinsichtlich der gleichgeschlechtlichen Eheschließung. Seit 2015 dürfen gleichgeschlechtliche Partner in allen Bundesstaaten der USA heiraten. Vor dem Jahr 2015 war dies nur in 36 von 50 Bundesstaaten sowie im Hauptstadtbezirk Washington möglich. Demnach ist es nun auch gleichgeschlechtlichen Ehepartnern möglich, auf diesem Wege die GreenCard

Unterschiedliche Rechtsprechung je nach Region

zu erhalten, sofern die Ehe außerhalb Amerikas von den US-Behörden anerkannt wird. Leider ist es so, dass eingetragene Lebenspartner kein Anrecht auf den Erhalt der GreenCard haben, da diese Partnerschaft in Amerika nicht akzeptiet wird.

Parteiensystem

Demokraten und Republikaner

Amerika hat ein Zwei-Parteien-System. Die Demokraten und Republikaner gehören zu den ältesten Parteien der Welt. Die Demokraten gründeten sich 1827, die Republikaner (bekannt als GOP für *Grand Old Party*) 1854 als Sklavereigegner, mit Abraham Lincoln als ersten Präsidenten. Beide Parteien sind keine Mitglieder- oder Programmparteien, wie wir sie kennen. Es handelt sich bei ihnen vielmehr um Dachverbände, innerhalb derer organisierte Fraktionen der Rechten und Linken konkurrieren. Sie werden hauptsächlich durch Spenden und nicht vom Steuerzahler finanziert. Ebenso wenig verfügen sie über einen hauptamtlichen Verwaltungsapparat. Während der Startphase jeder Präsidentschaftswahl (*Primaries*) treten Kandidaten aus derselben Partei gegeneinander an. 1980 verlor George Bush Senior als gemäßigter Republikaner die *Primaries* gegen Ronald Reagan, der an der extremen Rechten der Partei stand. Innerhalb der Partei gibt es verschiedene Fraktionen. Eine der bekanntesten ist Jesse Jacksons *Rainbow Coalition*, eine andere ist die *Christian Coalition* – eine mächtige Lobby, die sich wiederum aus verschiedenen Gruppierungen zusammensetzt. Es gibt viel weniger ideologische Gegensätze zwischen den beiden Parteien als man für gewöhnlich annimmt, dafür durchaus verschiedene politische Tendenzen. Ein rechtsgerichteter Demokrat könnte auch mit einem linksgerichteten Republikaner verwechselt werden. Es ist durchaus nichts Ungewöhnliches, dass Parteimitglieder die Parteien wechseln oder dass bestimmte Gesetze mit Stimmen der Opposition durchgebracht werden. Die Gründe hierfür sind vielfältig. Beide Parteien repräsentieren nahezu alle Wählergruppen. Die Parteien haben keine grundlegende Ideologie. Die Diversität der Parteien ist für Middle-of-the-road-Kandidaten zugeschnitten. Aufgrund des föderalen Charakters der Parteien, ist eine jede Partei in den einzelnen Bundesstaaten autonom, es gibt keinen Parteiführer und keine Interessen- oder Glaubensidentität. Es gibt keine Parteiloyalität, die Kongressmitglieder können frei nach ihren Interessen entscheiden, selbst wenn sie damit gegen ihre offizielle Parteilinie verstoßen. Die Parteien treffen zumeist bei Wahlen zusammen und sind die meiste Zeit mit Problemen auf regionaler und lokaler Ebene beschäftigt. Die amerikanische Parteienlandschaft ist durch die Existenz einer „geografischen" Wahl gekennzeichnet.

Die Geschichte der Parteiensymbole

Parteiensymbole

Beide großen Parteien haben ein Maskottchen. Für die Demokraten ist es der Esel, der *Democratic Donkey*, für die Republikaner der *Republican Elephant*. Der Esel wurde zum ersten Mal 1828 mit den Demokraten in Verbindung gebracht. Die Gegner des demokratischen Präsidentschaftskandidaten Andrew Jackson versuchten, ihn mit der Bezeichnung *Jackass* (männlicher Esel) zu diskreditieren. Jackson aber kehrte das zu seinem Vorteil um und ließ Wahlkampfplakate mit einem Esel darauf drucken. Der sollte seine Standfestigkeit repräsentieren.

Im Jahr 1874 griff der damals berühmte politische Cartoonist Thomas Nast (übrigens auch ein deutscher Einwanderer) das Thema wieder auf, wohl ohne die Vorgeschichte zu kennen. Die Demokraten streuten damals das Gerücht, der amtierende Präsident Grant strebe eine dritte Amtszeit an – das wäre eine ungeheuerliche Premiere für die USA gewesen. Die in der Zeitschrift *Harper's Weekly* zur selben Zeit erschienene Zeitungsente, im New Yorker Zoo seien die Tiere ausgebrochen – das war frei erfunden – animierte Nast zu dem Cartoon, in dem ein Esel verkleidet als Löwe einen Elefanten erschreckt. In der folgenden Zeit etablierten sich die Symbole und wurden nach und nach mit den Parteien in Verbindung gebracht.

Heute stellen die Demokraten ihren Esel als bescheiden, freundlich, klug, mutig und liebenswert dar, die Republikaner finden ihn stur, dumm und lächerlich. Ihren Elefanten dagegen beschreiben sie als würdevoll, stark und intelligent. Für die Demokraten ist er ungeschickt, dumm, aufgeblasen und natürlich viel zu konservativ.

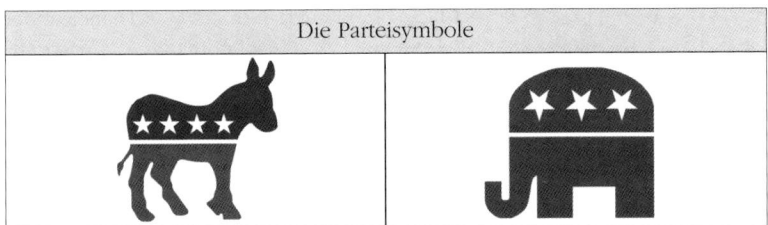

The Democratic Donkey   The Republican Elephant

Weitere Parteien

In Amerika gibt es keine wirklich sozialistische Partei. Der Begriff an sich impliziert schon staatliche Intervention, und es gibt nichts, was die Amerikaner mehr verabscheuen. Bei den Präsidentschaftswahlen im Jahr 2012 hat die grüne Partei (*Green Party*) ebenfalls eine Kandidatin ins Rennen geschickt. Letztendlich erreichen die kleineren Parteien bei den Präsidentschaftswahlen allerdings nur wenige Stimmen und können danach doch nur wieder fast ausschließlich bei Kommunalwahlen Erfolge verzeichnen. Als weitere mehr oder weniger überregional bedeutende Parteien seien die *Constitution Party*, die *Libertarian Party* und die *Reform Party* erwähnt.

Hin und wieder erringt außerdem ein unabhängiger Kandidat das Interesse der Wählerschaft, insbesondere dann, wenn die Unzufriedenheit mit der Regierung gerade sehr stark ist. 1992 gewann der Texaner Ross Perot 19% der Wählerstimmen als unabhängiger Kandidat. 1912 gewann Theodore Roosevelt 27% der Wählerstimmen, das bislang höchste Ergebnis eines unabhängigen Kandidaten. Das könnte sich jedoch bald ändern, denn in den USA ist Parteizugehörigkeit weniger wichtig als bei uns. Die Wähler votieren lieber für eine bestimmte Person als für eine Partei. Die individuelle Persönlichkeit und einzelne Themen erwecken das Interesse der Wähler. Die Meinung eines Politikers zu Themen wie Kriminalitätsbekämpfung, Homosexualität, Abtreibung etc. sind viel wesentlicher. In der Vergangenheit war die Wählerschaft entweder den Republikanern oder Demokraten treu, doch gibt es inzwischen mehr und mehr unabhängige Kandidaten. Ein Problem der unabhängigen Kandidaten ist aber natürlich die notwendige Finanzierung des Wahlkampfes. Bei der notwendigen Lobbyarbeit um Spendengelder tun sich die beiden großen Parteien natürlich leichter und nicht jeder kann sich, wie der Multimillionär Ross Perot, seinen Wahlkampf einfach selbst finanzieren.

Die Präsidentschaftswahl 2008 – ein historisches Ereignis

Zum ersten Mal in der amerikanischen Geschichte zog mit Barack Obama ein afroamerikanischer US-Präsident ins Weiße Haus und so ging für viele Menschen ein amerikanischer Traum in Erfüllung. Der 44. Präsident der Vereinigten Staaten, der die Wahl 2008 haushoch gegen die Republikaner gewann, galt bereits seit 2004 als Star der Demokratischen Partei. Obama verkörperte mit seiner Kandidatur Wandel und Hoffnung und bewirkte eine immense Wahlbeteiligung. Obwohl er nach der Bush-Ära vor vielen Herausforderungen stand, steckte sein Optimismus an und sein Wahlleitspruch „Yes, we can" drang nicht nur in das amerikanische Bewusstsein ein, sondern bescherte ihm Fans auf der ganzen Welt. Die Medien sprachen von den Beginn einer neuen Ära. Erste Änderungen und Maßnahmen die während Obamas ersten Amtszeit erfolgten waren beispielsweise das Verbot von Folter, die Schließung von Geheimgefängnissen sowie die Aufhebung des Military Commissions Act und damit die Wiederherstellung fundamentaler Grundrechte. Ein weiteres Beispiel wäre ein Gesetz aus dem Jahr 2009, welches die Durchsetzung von Rechtsvorschriften für gleiche Entlohnung für Frauen und ethnische Minderheiten erleichtert. (Barack Obama erhielt 2009 zudem den Friedensnobelpreis für „außergewöhnliche Bemühungen, die internationale Diplomatie und die Zusammenarbeit zwischen den Völkern zu stärken". Neben Theodore Roosevelt und Woodrow Wilson ist er damit der dritte US-Präsident dem diese Auszeichnung zuteilwurde.)

Bei der Präsidentschaftswahl im Jahr 2012 konnte sich Barack Obama gegen den Republikaner Mitt Romney durchsetzen und trat eine zweite Legislaturperiode an. Diese war von vielen Höhen und Tiefen geprägt. Das Schusswaffenproblem in den Staaten und ein Aufschrei von Rassismus gegenüber der schwarzen Bevölkerung dominieren die letzten Jahre. Nichtsdestotrotz konnte Barack Obama die Feindschaft mit Kuba beilegen und einen Atomabkommen mit Iran schließen. Zudem wurde die gleichgeschlechtliche Ehe in der zweiten Legislaturperiode Obamas landesweit legalisiert.
Wie viel von Obamas Politik übrig bleibt, wird sich in den nächsten Jahren zeigen: Am 8. November 2016 wählt die amerikanische Bevökerung den 45. Präsidenten der Vereinigten Staaten.

1.4 Wirtschaft

Amerikas Entwicklung zur Wirtschaftsmacht Nummer eins wurde durch zahlreiche Faktoren begünstigt. Zum einen durch die immense Größe des Landes und seine reiche Ausstattung an natürlichen Ressourcen, des Weiteren durch die günstige Bevölkerungsentwicklung aufgrund der Einwanderungsbewegungen. Hierdurch entstand ein schier endloses Potential billiger Arbeitskräfte. Die Amerikaner zeichnen sich traditionell durch einen hohen Grad an Mobilität sowie Flexibilität und nicht zu vergessen durch eine puritanische Arbeitsethik aus. Zusätzlich brachten die Neusiedler neue Dynamik in die jeweiligen Regionen, wo sie sich niederließen. Der Zuzug von Fachkräften brachte neue Impulse in die Forschung, wodurch stets neue Innovationen und die maximale Ausbeutung neuer Methoden und Materialien möglich wurden.

Amerika kann sich mit allen wichtigen Hauptprodukten, außer Petroleum, Chemikalien und einigen Fertigerzeugnissen, selbst versorgen. Die USA verfügen über die größten Kohlevorkommen der Erde. Ein Viertel der in der Welt abgebauten Kohle stammt von hier (Wyoming, Colorado). Die Kohlereserven werden auf 255,7 Milliarden Tonnen (2015) geschätzt. Zudem produziert man ca. 9% des Weltöls. Das entspricht allerdings nur etwas mehr als einem Drittel des Eigenbedarfs, denn die USA haben ihre Ölproduktion aus ökonomisch-strategischen Gründen gedrosselt. Dafür sind die USA aber mittlerweile wieder größter Erdgasproduzent, knapp vor Russland. Zusätzlich verfügt das Land über reiche Vorkommen an Bauxit, Blei, Eisenerz, Gold, Kali, Kupfer, Molybdän, Phosphat, Salz, Schwefel, Silber, Uran und Zink. Ein Vorwurf, der den USA oft gemacht wird, ist ihr hoher Energieverbrauch. Unter Präsident Obama wurden der Klimaschutz und erneuerbare Energien anhand verschiedener Förderprogramme vorangetrieben und ein Wandel Richtung „grüne" Lebensweise initiiert.

Amerika ist „Selbstversorger"

Trotz des stetigen Wirtschaftswachstums konnten die USA ihre Überlegenheit in der Weltproduktion und am Welthandel nicht in allen Bereichen bewahren. Seit Ende des Zweiten Weltkriegs schrumpfte der Weltmarktanteil der US-Exporte von 40% auf 8,6% in 2014. Damit liegen die USA hinter China nur noch auf Rang zwei. Hohe Produktionskosten in der Industrie und geringere Produktionsraten haben Amerikas internationale Wettbewerbsfähigkeit verringert. In den letzten zwei Jahrzehnten haben die USA mehr importiert als exportiert, wodurch ein immenses Handelsbilanzdefizit entstand (rund US$ 736 Milliarden in 2015). Im Vergleich dazu betrug dieses im Jahr 2013 rund US$ 688 Milliarden und im Jahr 2009 rund US$ 503 Milliarden.* Seit 2013 verhandeln die USA mit der EU über eine Transatlantische Handels- und Investitionspartnerschaft *(Transatlantic Trade and Investment Partnership, TTIP)*. Dadurch soll eine weltweite Freihandelszone mit Zollerleichterungen entstehen. Die großen Haushaltslöcher der früheren US-Administrationen haben vernünftige Wachstumsraten und eine größere Wettbewerbsfähigkeit verhindert. Der Strukturwandel hin zu einer Dienstleistungsindustrie legt die Betonung auf den Service-Sektor und weniger auf die Güterproduktion. Andere Industrienationen, insbesondere Deutschland und Japan sind im Vergleich zu den USA wettbewerbsfähiger. Dass Amerika ein Land der Widersprüche ist, zeigt sich eben auch in seiner Wirtschaft. Obwohl immer noch stärkste Wirtschaftsmacht Nummer eins, ist Amerika auch gleichzeitig der größte Schuldner auf der Welt. Um sich die Gunst der Wählerschaft zu erhalten, haben die verschiedenen US-Regierungen sich stets gescheut, Staatsausgaben durch Besteuerung auszugleichen. Das Ergebnis dieser jahrelangen Politik war eine Wirtschaft, die mit einem ständigen Haushaltsdefizit belastet war. Erst der Clinton-Regierung gelang es, aus diesem Loch herauszukommen. Unter Clinton

Haushaltsdefizit

---

* Quelle: *U.S. Department of Commerce; www.gtai.de/GTAI/Navigation/DE/Trade/Recht-Zoll/Zoll/ freihandelsabkommen,t=ushandelsbilanz-rutscht-2014-wieder-tiefer-ins-minus,did=1187250. html*

schrumpfte das Haushaltsdefizit von 1992 bis 1996 um 63%. 1998 bis 2001 wurde sogar ein Überschuss erwirtschaftet. Nach den Anschlägen vom 11. September 2001 hat sich dieser Trend allerdings wieder ins Gegenteil verkehrt. Die Regierung unter Präsident Bush stockte die Ausgaben für das Militär und die Heimatverteidigung zum Zwecke der Terrorbekämpfung und der inneren Sicherheit stark auf. Auch unter Präsident Obama gelang bisher kein Trendwechsel trotz einer ambitionierten handelspolitischen Agenda. Ganz im Gegenteil: es kamen zu Beginn seiner Amtszeit sogar noch außergewöhnliche Belastungen z. B. durch die Rettungspakete in Höhe von US$ 700 Milliarden zur Bekämpfung der Finanzkrise 2008 dazu, sodass in den darauffolgenden Jahren so hohe Defizite wie noch nie nach dem Zweiten Weltkrieg zu Buche standen. Zur Veranschaulichung: 2001 gab es noch einen geringen Haushaltsüberschuss in Höhe von US$ 127 Milliarden. 2002 sprang das Defizit dann bereits auf US$ 158 Milliarden. Trotz der guten Wirtschaftslage wurden die Haushaltsjahre 2004–2006 auch wieder mit einem Haushaltsdefizit beendet. In den letzten Jahren hat sich das Staatsdefizit noch einmal erheblich vergrößert: Den absoluten Tiefpunkt zeigt das Haushaltsjahr 2009 mit einem Defizit von US$ 1.413 Milliarden, danach lässt sich wieder ein leichter Rückgang verzeichnen; 2012 waren es geschätzt „nur" noch US$ 1.327 Milliarden und 2015 sank die Summe erheblich auf geschätzte US$ 667 Milliarden im Haushaltssaldo (Quelle: *United States Census Bureau*).

Besondere Wirtschaft

Dabei ist die Wirtschaftskraft des Landes phänomenal. 2015 lag das Bruttoinlandsprodukt (BIP) bei rund US$ 18 Billionen (pro Kopf US$ 55.805), ca. viermal höher als in Deutschland und ca. fünfmal höher als in Großbritannien. Mit einem Anteil von 5% an der Weltbevölkerung und 6% der Gesamtfläche der Welt produziert Amerika nahezu ein Fünftel des Welteinkommens. Die Wirtschaft kann von einem riesigen Binnenmarkt profitieren. Der Großteil der in den USA produzierten Produkte wird dort auch konsumiert. Als Folge der Wirtschafts- und Finanzkrise schrumpfte die US-Wirtschaft 2009 zwar um 3,5%, doch eine Erholung ließ sich schon im darauffolgenden Jahr registrieren (2010 +3%). Das Wirtschaftswachstum betrug im Jahr 2015 immerhin 2,6%.

Strukturwandel

In den letzten Jahrzehnten erfuhr die amerikanische Wirtschaft einen doppelten Strukturwandel. Zum einen erfolgte eine Transformation von einer Industriegesellschaft hin zu einer Dienstleistungsgesellschaft, zum anderen erfolgte eine geografische Verschiebung der Wirtschaftszentren vom Nordosten des Landes in die Regionen des Westens und Südens.

Arbeitsmarktlage

Arbeitslosenquote unter 5%

Die Arbeitslosenquote war zunächst auch in den USA im Zuge der weltweiten Rezession von 2007–2010 stark gestiegen (von 4,6% auf 9,6%). Innerhalb der letzten fünf Jahre hat sich die Situation jedoch erheblich gebessert und die Arbeitslosenquote ist jährlich stetig gesunken – im Frühjahr 2016 waren es nur noch ca. 4,9% –, denn der US-Arbeitsmarkt wächst wieder. Damit liegt die Arbeitslosenquote der USA derzeit noch knapp über der Arbeitslosenquote Deutschlands (4,6% im Jahr 2015)und sogar unter der Arbeitslosenquote der Europäischen Union 10,9% im Jahr 2015). Der Mindestlohn liegt seit Januar 2015 bei US$ 10,55. Tätigkeiten, die in der Regel zu Einnahmen durch Trinkgeld führen, dürfen aber mit geringeren Stundensätzen entlohnt werden. Andererseits werden gerade hochqualifizierte Arbeitnehmer (z.B. in der Finanz-/Computer-/IT-Branche) außerordentlich gut bezahlt. Generell ist es leider ein Problem der USA (wie auch vieler anderer westlicher Staaten), dass die Diskrepanz zwischen Arm und Reich relativ schnell wächst. Es wird vermutet, dass heutzutage nur 1% der Bevölkerung im Besitz von mehr als der Hälfte des nationalen Reichtums ist. Dennoch ist es auch heute noch fast jedem Arbeitnehmer in den USA relativ schnell möglich, eine neue Arbeitsstelle zu finden – abhängig von der Qualifikation jedoch mit sehr unterschiedlicher Bezahlung.

Der Dienstleistungssektor

Heutzutage ist er das Hauptstandbein der Wirtschaft. Hier werden mehr als drei Viertel des Bruttoinlandsprodukts erwirtschaftet (2015 war der Anteil des Dienstleistungssektors am BIP rund 67%). Im Dienstleistungssektor sind ca. 80% aller Arbeitnehmer oder acht von zehn Erwerbstätigen beschäftigt (2008 waren es 78,6%). Die Dienstleistungsbilanz (alle Käufe und Verkäufe von Dienstleistungen zwischen In- und Ausländern) ist in den letzten Jahren stetig angestiegen und betrug 2014 ca. US$ 236,7 Milliarden (zum Vergleich: 2010 waren es US$ 166,2 Milliarden). Insbesondere im Handel, Verkehr, Nachrichtenwesen, bei den Banken, Versicherungen, im Bildungs-, Kommunikations- und Informationswesen gab es ein Wachstum zu verzeichnen. Beim Versicherungs- und Bankenwesen gab es nach der Finanzkrise hingegen signifikante Rückgänge zu vermerken: 2008 gab es 30 Bankenpleiten, 2009 waren es schon 148, 2010 erreichte der Wert einen Höhepunkt von 157, bevor 2011 die Anzahl mit 92 Bankenpleiten wieder etwas zurückging. 2015 waren lediglich noch acht Bankpleiten in den USA zu verzeichnen. Im Bildungswesen und in der Forschung sind die USA nach wie vor absolute Weltspitze. Die besten Hochschulen und Forschungsuniversitäten befinden sich laut internationaler Rankings in den USA. Die Kooperation zwischen Forschung und Industrie ist dabei vorbildlich. Woran es in Deutschland immer noch mangelt, der erfolgreichen Umsetzung von Ergebnissen der Grundlagenforschung zu leistungsstarken Produkten, wird in den USA aufs Beste vorexerziert. Vielversprechend ist ebenso das Fremdenverkehrswesen. Hierbei dominierte traditionell der Binnenhandel, wobei der Auslandstourismus in den letzten Jahren mehr und mehr an Bedeutung gewann. 2015 verzeichnete die USA mit rund 77,9 Millionen internationalen Besuchern eine Rekordzahl (2,9 Millionen mehr als im Vorjahr). In allen Branchen ist Service ein wichtiger Faktor um Wachstumsraten anzukurbeln und Wachstum zu generieren!

Service ist wichtig

Industrie

Als zweitwichtigstes Standbein der Wirtschaft wurden im industriellen Sektor 2014 rund 20,6% des Bruttoinlandsprodukts erarbeitet. Die Hauptsektoren der verarbeitenden Industrie sind Maschinenbau und Transportwesen, die auch den Hauptanteil der US-Exporte ausmachen. Ein genauerer Blick auf die Exportgüterverteilung aus dem Jahre 2015 zeigt, dass das wichtigste Exportgut mit einem Anteil von 35,5% aus allen Exporten Kapitalgüter (z.B. Autoteile, Computer, Flugzeuge, Telekommunikationsanlagen, Transistoren u.a.) waren, danach folgten mit 28,2% industrielle Güter (z.B. organische Chemikalien u.a.),

13% fielen auf Konsumgüter (z.B. Automobile, Medizin u.a.) und schließlich machten die landwirtschaftlichen Produkte (z.B. Getreide, Obst, Sojabohnen u.a.) 9% der Exporte aus.*

Seit 2011 kann die Industrie nach den Tiefpunkten der Wirtschaftskrise nun wieder Wachstum verzeichnen. Der Produktionsindex stieg seitdem stetig um wenige Prozent an.**

Der Index lag Anfang 2011 bei 60,8% (zum Vergleich: 2008 gab es einen Tiefpunkt von 33,3%) und da Werte über 50 Wachstum anzeigen, ist es durchaus berechtigt von einem Aufschwung zu sprechen. Es gab wieder mehr Aufträge im Inland und entsprechende Entwicklungen im Export, es entstanden neue Arbeitsplätze, die Arbeitsproduktivität stieg an und so ist die US-Industrie trotz Anteilsverlust in den letzten Jahren nach wie vor weltweit die Nummer 1. Die USA hat einen Anteil von 20% an der Weltindustrieproduktion. Dies steht allerdings jährlich im stetigen Wettbewerb zu China, welches sich auch rege an der Weltindustrieproduktion um die 20% beteiligt.

Obwohl die Inlandindustrie immer noch sehr stark ist, wurden einige weniger profitable Produktionen, wie Spielwaren, Textilien, Heimelektronik oder Lederwaren, in Regionen mit niedrigeren Löhnen ausgelagert. Hohe Gewinnmargen im Inland gibt es aber immer noch in Produktionsbereichen wie der Automatisierungstechnik, Agrartechnikproduktion, Klima- und Heiztechnik, Chip- und Softwareindustrie, in Baumaschinen und Bergbauausrüstungen, der Medizintechnik, der chemischen, petrochemischen und pharmazeutischen Industrie, der Erzeugung von Förderanlagen für Erdgas und Erdöl, im Bereich Spezialmaschinenbau, in der Luft- und Weltraumindustrie, Verteidigungsindustrie, Getränke- und Nahrungsmittelindustrie, im Fahrzeugbau usw.

Zusammenfassend kann man sagen, dass die Stahlindustrie, Raumfahrtindustrie, Telekommunikation, chemische Industrie, Elektro- und Computertechnik, der Fahrzeugbau sowie eine ganze Reihe an Konsumgüterproduktionen die stärksten Industriesektoren sind. Weitere führende Sektoren sind die Arzneimittelproduktion sowie die Unterhaltungs- und Medienindustrie. Traditionell sind diese Zweige im Nordosten angesiedelt, was wiederum mit der Besiedlungsgeschichte zusammenhängt. Das schnelle Bevölkerungswachstum in den geografisch am dichtesten an Europa liegenden Gegenden sicherte nicht nur die Nachfrage nach produzierten Gütern, sondern auch die für die Produktion benötigten Arbeitskräfte. Mit der Westexpansion wurde auch die Industrialisierung des Hinterlandes vorangetrieben. Die nordöstliche Region hat mittlerweile aufgrund des Strukturwandels ihre Vormachtstellung in der Wirtschaft verloren.

Rust Belt

Die größte Industriedichte hat der sogenannte *Rust Belt* bzw. *Manufacturing Belt*, zwischen New York, Chicago und St. Louis. Die Produktionsschwerpunkte liegen hier, im ältesten (Eisen-)Industriegebiet der USA, auf Metallverarbeitung, Maschinen- und Werkzeugbau, Fahrzeugbau, Bau von Flugzeugteilen, Schiffs- und Eisenbahnbau, Raumfahrtausrüstung, Elektronik und Elektrotechnik. Obwohl im Strukturwandel begriffen, kommt dem *Rust Belt* nach wie vor immense Bedeutung zu. Hier sind auch die Standorte der traditionellen Stapelindustrien, vor allem der Stahl- und Automobilindustrie, deren Bedeutung je-

---

* Quelle: *www.thebalance.com/u-s-exports-top-categories-challenges-opportunities-3306282*
** Quelle: *http://de.tradingeconomics.com/united-states/indicators*

doch stetig sinkt. Dieser Entwicklung zum Trotz ist die Automobilindustrie mit ihren drei größten Konzernen General Motors, Ford und Chrysler (offiziell Fiat Chrysler Automobiles, FCA), nach wie vor einer der wichtigsten Industriezweige. Auch die Automobilindustrie wurde von der globalen Wirtschaftskrise, insbesondere von 2008–2010, schwer getroffen. Die Krise beeinträchtigte zwar auch europäische und asiatische Automobilhersteller, traf aber primär die amerikanische Autoindustrie. In diesem Zusammenhang spielte auch die Energiekrise eine Rolle, die wiederum an den Anstieg der Kraftstoffpreise geknüpft ist. Dadruch wurden weniger Geländewagen (*SUVs*) und Lieferwagen (*pickup trucks*) gekauft, die bis dahin sehr populär waren und den drei großen zuvor genannten Autokonzernen hohe Gewinne einbrachten. Die rückläufigen Verkaufszahlen führten schließlich dazu, dass General Motors, Ford und Chrysler/FCA finanzielle Rettungspakete von der US-Regierung benötigten und Pläne für Umstrukturierungsmaßnahmen aufstellen mussten, um nicht Konkurs zu gehen. Über US$ 80 Milliarden wurden laut der *International Organization of Motor Vehicle Manufacturers (OICA)* investiert. Seit 2012 kann die Automobilindustrie wieder ein beständiges Wachstum vorweisen. Dies hat zur Folge, dass viele der weltweit führenden Automobilhersteller auf dem nordamerikanischen Kontinent vertreten sind. Im Jahr 2015 wurden 12,1 Millionen Fahrzeuge dort produziert und insgesamt fast 17 Millionen Fahrzeuge neu zugelassen. Die großen 3 aus Detroit (GM, Ford und Chrysler/FCA) hatten daran einen Anteil von fast 45%.

Neben den traditionell ansässigen Industrien haben sich im Gebiet des Rust Belt auch sogenannte Wachstumsindustrien herausgebildet. Hierzu zählen z. B. die Elektronik und High-Tech-Industrie, die seit den 50er-Jahren im Raum um Boston entstanden sind. Beeinflussend war hier wieder die Zusammenarbeit mit den Forschungsstätten, denn in der Nähe befinden sich bedeutende Forschungsstätten und Universitäten. Auch im sogenannten Sun Belt, der sich von Georgia über Florida, Alabama, Texas, New Mexico, Colorado bis Kalifornien erstreckt, gibt es einige neue Wachstumsindustrien. Die Hälfte aller in der Industrie beschäftigten Arbeitnehmer hat ihren Arbeitsplatz in dieser Region. Hier befinden sich wichtige Stützpunkte der Luft- und Raumfahrtindustrie, der Elektronikindustrie, der petrochemischen, chemischen und pharmazeutischen Industrie. Die größten Wachstumsraten werden derzeit in der High-Tech-Industrie erzielt. Aber auch Bereiche wie Luft- und Raumfahrtindustrie, Elektronikindustrie, petrochemische Industrie, Chemiefaserproduktion, Reifenindustrie, Textil- und Bekleidungsindustrie, Nahrungs- und Genussmittelindustrie sowie Papier- und Zelluloseindustrie haben große Wachstumsraten zu verzeichnen.

Seit den 70er-Jahren zieht sich die Industrie mehr und mehr aus den Regionen des Nordens zurück. Die Sunbelt-Regionen, mit ihrer hohen Konzentration an Leichtindustrie und High-Tech-Industrie, sind attraktiver geworden. Das Gebiet um Raleigh-Durham in North Carolina weist die höchste Wachstumsrate auf. Die wirtschaftliche Entwicklung in den einzelnen Staaten nimmt dabei einen recht unterschiedlichen Verlauf. Kalifornien ist natürlich bekannt für die große Unterhaltungsindustrie um Los Angeles, aber auch für seine High-Tech-Industrie, insbesondere das *Silicon Valley*. Hier sind außerdem Landwirtschaft und Fertigwarenherstellung angesiedelt. Kalifornien ist nach wie vor der größte und reichste Bundesstaat der USA, obwohl jetzt auch mehr und mehr Firmen ihren

High-Tech Industrie

Sitz ostwärts nach Arizona oder nordwärts nach Oregon verlagern, da in diesen Bundesstaaten günstigere Steuerbestimmungen gelten. Durch die Schließung vieler Militärbasen in den Jahren 1994 und 1995 erhielt Kaliforniens Wirtschaft schwere Rückschläge, doch das änderte sich seit 1996, als das Pro-Kopf-Einkommen um 5,4% stieg. Kalifornien, der *Golden State*, war lange Jahre die erste Adresse für Unternehmer und Firmengründer, doch gerade letztere bevorzugen nun viel lieber billigere Gebiete mit größeren Wachstumsraten. Andere Staaten mit hoher Prosperität sind Minnesota Utah und Nebraska. Die derzeit unproduktivsten Staaten sind Wyoming, South und North Dakota, Iowa und Mississippi. Ein anderes Bild bietet sich dar, wenn man die Prosperität der Staaten an ihren Entwicklungsraten misst. Letzte Zahlen über neugeschaffene Arbeitsplätze zeigen, dass North Dakota, Texas, West Virginia, Wyoming und Colorado sich ökonomisch am schnellsten entwickeln.

Der Niedergang

Der Niedergang der Schwerindustriebasis im Nordosten (*Rust Belt*, von Pennsylvania nach Iowa) begann in Neuengland durch die Erweiterung der Dienstleistungsindustrie. Boston hat einen einzigartigen sogenannten „*Cyber District*", welcher sich im Bereich Computerservice dort als Pionier dieser Art etabliert hat. Doch generell haben diese Staaten keinen großen Anteil am Wirtschaftsboom der vergangenen Jahre. In New York und Neuengland ist kaum ein Anstieg in der Beschäftigungsquote zu verzeichnen. (Eine Ausnahme bildet New York City durch die Aktivitäten an der Wall Street und allgemein sinkender Kriminalitätsraten). Das nach wie vor höchste Durchschnittseinkommen verdient man in Maryland mit US$ 70.000. Texas durchlebt ebenfalls einen wirtschaftlichen Aufschwung. Statt früher auf Öl basiert die texanische Wirtschaft nun primär auf High-Tech und Computer. Außerdem profitiert Texas von der Nachbarschaft zu Mexiko, da das 1994 abgeschlossene Freihandelsabkommen NAFTA zwischen Kanada, Mexiko und den USA den Grenzhandel stimuliert. Auch Florida ist ein Bundesstaat, der vom Handel mit den lateinamerikanischen Ländern profitiert. Atlanta, Heimat von Coca-Cola, hat dank der 1996er-Olympiade einen wirtschaftlichen Aufwind erlebt.

Land- und Forstwirtschaft

Mittlerer Westen

Die USA besitzen das größte landwirtschaftliche Produktionsgebiet der Welt. Dabei handelt es sich um die sogenannten *plains* – die großen Ebenen im Mittelwesten – die sich zwischen den Großen Seen nahe der kanadischen Grenze, Mississippi und den Rocky Mountains erstrecken. Von der Gesamtfläche der USA werden 30% forstwirtschaftlich, 27% als Weideland und 18% als Ackerland genutzt. Die USA exportieren einen großen Teil des Weltsojaexports, des Weltmaisexports, des Weltweizenexports, des Weltbaumwollexports, der Weltzitrusfruchternte und des Weltreisexports. Auch ein stattlicher Teil des auf der Welt produzierten Fleisches kommt aus den USA. Das Produktionsniveau ist aufgrund maschineller Bewirtschaftung enorm hoch. Die USA haben in den letzten Jahrzehnten mehr produziert als die Nation verbrauchen kann. Dieser Überschuss ist einer der Gründe, warum die USA zu den reichsten Ländern der Welt gehören. Nichtsdestotrotz sinkt der Beitrag der Land- und Forstwirtschaft am Bruttoinlandsprodukt ständig, ebenso wie, aufgrund des hohen Automatisierungsgrades, die Zahl der Beschäftigten in diesem Sektor ständig fällt. Der Anteil der Beschäftigten liegt hier gerade mal bei 2%. Während man in der Landwirtschaft früher eher zum Anbau von Monokulturen tendierte, ist heute eher ein Trend zur Differenzierung zu verzeichnen. Aber die alten charakteristischen Produktionsregionen existieren nach wie vor, wie z.B. der *Corn Belt* (Maisgürtel in den großen Ebenen), der *Cotton Belt* (Baumwollgürtel im Südosten der USA) oder der *Dairy Belt* (Milchwirtschaftsgürtel an der kanadischen Grenze). Die USA besitzen zudem reiche Fischgründe, können damit allerdings nur die Hälfte ihres Eigenbedarfs decken.

1.5 Bevölkerung

In den Vereinigten Staaten leben mehr als 320 Millionen Menschen. 23,1 % der Bevölkerung sind unter 18 Jahren, 14,8 % sind über 65. Wie in den meisten europäischen Ländern wird auch die amerikanische Bevölkerung immer älter. Mit 37,2 Jahren wurde im Jahr 2010 das höchste Durchschnittsalter aller Zeiten erreicht. Die Geburtenrate liegt bei 12,5 Geburten auf 1.000 Einwohner, die Sterberate bei 8,26 Todesfällen. 50,8 % der Bevölkerung sind Frauen. Eine Mehrheit von 77,4 % bezeichnet sich selbst als weiß, oder, wie die Amerikaner es nennen, als kaukasisch. Etwa 17,4 % der Bevölkerung sind hispanischer Abstammung, 13,2 % sind Afroamerikaner und 5,4 % Asiaten. Der Bevölkerungsanteil der amerikanischen Ureinwohner beträgt nicht einmal mehr 1%.
Es wird vermutet, dass sich 5–12 Millionen Menschen illegal in den USA aufhalten und in jedem Jahr ca 250.000 dazukommen.

Multikulturelle Gesellschaft

Schon seit jeher ist Amerika natürlich ein Einwanderungsland, auch heutzutage kommen jedes Jahr etwa 1 Million neue Immigranten in den Vereinigten Staaten an. Dennoch sind nur etwa 12% der derzeitigen Bevölkerung außerhalb der USA geboren, eine Quote, die durchaus auch derjenigen der meisten westeuropäischen Länder entspricht. Größtenteils liegt dies daran, dass heutzutage eben nicht mehr jeder ins Land gelassen wird, wie das zurzeit der großen Besiedlungswellen noch der Fall war. In den letzten Jahren wird die Einwanderungspolitik immer restriktiver gehandhabt, ein Grund auch, warum im zweiten Teil dieses Ratgebers ausführlich auf die noch immer möglichen Einwanderungsmethoden eingegangen wird.
Eine ständig aktualisierte Datenbank mit den Bevölkerungszahlen auch einzelner Regionen und Städte findet sich im Internet unter: ☞ *www.census.gov*

INTERNET

1.6 Religion

Die meisten Religionspraktiken der amerikanischen Urbevölkerung haben in Amerika seit dem ersten Kontakt mit Europäern große Abwandlungen erfahren. Aber traditionelle religiöse Rituale werden in manchen Reservaten noch heute praktiziert. Religion war immer ein treibendes Motiv in den frühen Kolonialzeiten, ob es sich nun um die Missionen der katholisch ausgerichteten Spanier und Portugiesen oder die der Abweichlergruppen der Anglikanischen Staatskirche, wie z.B. im Falle der *Pilgrim Fathers* handelte. In der amerikanischen Verfassung ist die Trennung von Staat und Kirche verankert und im ersten Verfas-

Völlige Religionsfreiheit

sungszusatz wird bestätigt, der Kongress „*will make no law respecting an establishment of religion*", woraus folgt, dass völlige Glaubensfreiheit herrscht. Gebete in staatlichen Schulen sind aus diesem Grunde verboten, weil dadurch eine bestimmte Religion unterstützt werden würde. Nichtsdestotrotz bezieht sich der Treueeid, den die Amerikaner auf die amerikanische Flagge schwören auf: „*One nation under God*" und in der Nationalhymne findet sich das Motto: „*In God we trust*". Natürlich ist dies mit den kolonialen Anfängen Amerikas und seiner Herausbildung als Nation erklärbar, die hauptsächlich von Angehörigen christlich-protestantischer Glaubensrichtungen getragen wurde.

Zahlenmäßig und kulturell dominieren in den USA die Christen. Rund 70% der Amerikaner sind Angehörige einer der unzähligen christlichen Glaubensrichtungen (wovon 40%–45% regelmäßig in die Kirche gehen), 47% sind Protestanten, 23% Katholiken. Daneben gibt es noch 2% Juden und 6%, die anderen Religionen angehören, 22% der Bevölkerung gehören gar keiner Konfession an. Die wichtigsten protestantischen Glaubensrichtungen sind die Baptisten, die Methodisten, die Lutheraner, die Presbyterianer und die Episkopalen. Seit den 80er Jahren ist ein Machtzuwachs der evangelischen Gemeinden zu verzeichnen und viele Menschen beschreiben sich als „wiedergeborene" Christen. „Tevangelismus", d.h. Predigten, die wie Fernsehshows aufgezogen werden, sind heute etablierter Bestandteil des amerikanischen Lebens. Über 1.600 lokale Fernsehsender und Radiosender haben sich in den USA bereits einzig und allein dem Zweck verschrieben, Predigten zu verbreiten und Spenden einzusammeln.

Zwischen Protestanten und Katholiken gibt es keinerlei Feindseligkeiten oder Ausgrenzungsversuche, wie wir sie beispielsweise aus Nordirland kennen. Viele Katholiken befürworten sogar so umstrittene Themen wie Scheidung oder Abtreibung, und gemeinsame Gottesdienste mit den Protestanten sind durchaus nichts Ungewöhnliches. Es gibt in den USA einen sogenannten Bible Belt, der sich ungefähr durch Oklahoma, Arkansas, Mississippi, Tennessee und Kentucky zieht. Dies ist das Kerngebiet der fundamentalistischen *Southern Baptist Church*, mit rund 16 Millionen Anhängern, die bekannt sind für ihre wortwörtliche Auslegung der Bibel, ihre Gottesdienste mit sehr betontem Körpereinsatz und ihre Pech-und-Schwefel-Predigten. Viele christliche Glaubensrichtungen haben fast nur afroamerikanische Mitglieder, wie z.B. die *African Methodist Episcopal Church* (ca. 3,5 Millionen Mitglieder), die National Baptist Convention (ca. 7,5 Millionen) und die *National Baptist Convention of America* (ca. 3,5 Millionen). Die Kirchen der Schwarzen spielten und spielen noch heute eine enorm wichtige Rolle in der Verbreitung der afroamerikanischen Kultur. Die Zahl der in den USA lebenden Moslems liegt schätzungsweise bei 3,3 Millionen, davon etwa 100.000 als Mitglieder der „*Nation of Islam*", einer rein schwarzen Bewegung deren bekanntestes Mitglied wohl Malcolm X war. Sie nennen sich selbst „*Bilalians*" und tragen sehr auffällig farbige Kleidung und Kappen. Es gibt eine Vielzahl kleiner Religionsgemeinschaften oder spirituelle *New Age* Gruppen, deren Mitglieder aller ethnischen Gruppierungen entstammen. Erwähnenswert sind z.B. die *Shakers*, von denen es nur noch einige wenige in Maine gibt, die *Amish* in Pennsylvania und Ohio, die *Latter Day Saints* (Mormonen) aus Salt Lake City und Utah, die *Christian Scientists*, die *Scientologists*, die *Seventh-day Adventists* und *Jehovah's Witnesses*, die sich alle in den USA gegründet haben.

1.7 Sprache

Wussten Sie eigentlich, dass es eine offizielle Sprache in Amerika im Grunde genommen, also im gesetzlichen Sinne, gar nicht gibt? Natürlich, Englisch werden Sie meinen, denn Englisch wird im ganzen Land gesprochen. Aber in der Verfassung ist keine Bemerkung zur offiziellen Sprache des Landes berücksichtigt, sodass wir heute sagen: Englisch ist zwar de facto die offizielle Sprache, sie ist es aber nicht de jure. Angesichts der starken Verbreitung und Verwendung des Spanischen drängen deshalb viele Amerikaner auf einen Verfassungszusatz, der Englisch zur offiziellen Sprache der USA erklärt. Es gibt einige Regionen, in denen andere Sprachminderheiten dominieren, z.B. das Französische in Louisiana und im oberen Teil New Yorks nahe der Grenze zu Quebec, in Pennsylvania das sogenannte *Pennsylvania Dutch* (ein deutscher Dialekt), Chinesisch (hauptsächlich Kantonesisch) in den Chinatowns der Großstädte, das Yiddish der orthodoxen Juden in New York und das Gullah, eine Kreolsprache, die sich ursprünglich aus der Pidginsprache der schwarzen Sklaven auf den Inseln vor North Carolina herausgebildet hat, weshalb es auch mitunter Sea Island Creole genannt wird.

Keine offizielle Sprache

Angesichts der Weite des Landes weist das amerikanische Englisch im hochsprachlichen Bereich einen erstaunlich geringen Grad an regionaler Differenzierung auf. Zwar gibt es in den wenigen Regionalformen vom Norden zum Süden markante Unterschiede hinsichtlich der Aussprache, in der Lexik existieren jedoch nur geringe, in der Grammatik kaum Unterschiede. Die regional markierten Aussprachevarianten sind, wie in Deutschland auch, mit mehr oder weniger negativen Assoziationen verbunden. So gilt die schleppende Aussprache des Südens als charakteristisch für schwerfällige, zurückgebliebene und reaktionäre Menschen, während man den Sprechern des Raumes Neuengland Kälte, Hochmut, aber auch Intelligenz nachsagt. Hier spielen, wie man sieht, wieder typische Vorurteile eine entscheidende Rolle und es erübrigt sich eigentlich der Hinweis, dass diese nicht den Tatsachen entsprechen. Danach befragt äußert die Mehrheit der Amerikaner und Dialektforscher die Überzeugung, dass diese regionalen Varianten jedoch gleichwertig sind. In der Tat sind diese in keiner Weise derart stigmatisiert, wie die Regionalformen in Deutschland. (Stellen Sie sich doch nur einen Politiker im Bundestag vor, der einen hitzigen Monolog im sächsischen Dialekt hält und die Reaktionen darauf vor allem in der Unterhaltungsbranche!).

Dialekte

Doch gerade viele jüngere Sprecher in den USA, die beruflich sehr mobil sind und eine höhere Bildung genossen, geben fast ausnahmslos ihre heimatliche Regionalform zugunsten einer überregionalen Variante auf. Je mehr man ins Landesinnere der USA kommt, gehen die ohnehin schon in geringer Zahl vorhandenen Regionalformen mehr und mehr in Ausgleichsformen auf. Diese bilden die Basis für die Entstehung einer überregionalen Quasi-Standard-Variante, dem General American English auch als Network English bezeichnet, da sie von den Sprechern überregionaler Fernsehgesellschaften verwendet wird. Im Gegensatz zu England wird die hochsprachliche Norm in den USA nicht von einer kleinen Eliteschicht, sondern von einer viel breiteren sozialen Basis getragen, weshalb sie auch viel offener für Einflüsse von „unten" ist und somit einen weitaus stärkeren „Demokratisierungsgrad" aufweist. Auch im nichthochsprachlichen Bereich gibt es erstaunlich wenig regionale Unterschiede. Es gibt viele Stadtmundarten, kaum jedoch ländliche Dialekte, da es in den USA kaum zur Herausbildung einer Dorfstruktur kam. Stellvertretend für einen der ländlichen Dialekte sei hier das *Appalachian English* genannt. Wichtig zu erwähnen sind im nichthochsprachlichen Bereich die ethnisch bedingten Varianten, deren bedeutendste das *Black English* ist, gefolgt vom *Hispanic American English* (setzt sich, entsprechend der drei Hauptgruppen der Hispanic Americans, aus den Subvarianten *Chicano English, Puertoriqueno English* und *Cubano English* zusammen) und dem *American Indian English*.

Bemerkenswert ist das amerikanische Englische vor allem hinsichtlich seines Wortreichtums, der sich durch die zahlreichen Entlehnungen aus anderen Sprachen ergibt. Hier einige Beispiele für Sie:

- Entlehnungen aus den Indianersprachen: canoe, caucus, hickory, hominy, igloo, kayak, moccasin, moose, oppossum, persimmon, pow wow, raccoon, skunk, squaw, toboggan, tomahawk, totem, wigwam etc.
- Entlehnungen aus dem Spanischen: alfalfa, adobe, arroyo, bastos, bonanza, bronco, buckaroo, carajo, cockroach, coyote, creole, desperado, fiesta, filibuster, hacienda, hombre, huelga, loco, marijuana, mustang, paisano, plaza, poncho, sierra quirt, wrangler etc.
- Entlehnungen aus dem Französischen: bayou, bureau, butte, cent, coulee, crevasse, depot, dime, gopher, lagniappe, levee, lacrosse, picayune, prairie, pumpkin, rapids, saloon etc.
- Entlehnungen aus dem Niederländischen: boss, caboose, cookie, kermis, nitwit, stoop, vendue etc.
- Entlehnungen aus dem Deutschen: fest (filmfest, funfest, gabfest), hex, liverwurst, loafer, hoodlum, kindergarten, wiener (wurst) etc.
- Entlehnungen aus dem Jiddischen: schmuck, schlock, schmaltz etc.

Nicht zu vergessen ist die immense Anzahl an Neuschöpfungen für Produktbezeichnungen aller Art, Sportarten, imaginäre neue Begriffe, Beschreibungen des amerikanischen Lebensgefühls etc., die ihren unbeirrten Siegeszug in den Sprachgebrauch der gesamten Erdbevölkerung hielten.

2 Aufbruch in die Neue Welt

2.1 Vorbereitung des Umzugs

Mit der Planung des Umzugs sollten Sie erst beginnen, wenn Sie tatsächlich von behördlicher Seite die Genehmigung der Aufenthalts- und Arbeitserlaubnis erhalten und die notwendigen Formalitäten erledigt haben. Unternehmen Sie keine voreiligen Schritte und lassen Sie sich dafür sehr viel Zeit. Schließlich ziehen Sie nicht einfach nur in ein anderes Stadtgebiet, sondern in ein anderes Land, das sich noch dazu auf der anderen Seite des Atlantiks befindet. Allerdings sollten Sie sich schon im Vorfeld ein ausreichendes finanzielles Polster zugelegt haben, denn mit den Umzugskosten ist es ja keineswegs getan. Falls Sie nicht gerade ein Rockefeller sind und sich über derartige Dinge ohnehin nicht den Kopf zerbrechen brauchen, müssen Sie die Finanzreserven für die Flugkosten, Bewerbungskosten, den Unterhalt in der ersten Zeit, in der Sie noch erwerbslos sind, Mietzahlung plus Kaution sowie eventuelle Hotelkosten und Kosten einer Reisekrankenversicherung mit einkalkulieren.

Keine Eile

Ideal wäre es, wenn Sie noch Resturlaub hätten, denn so könnten Sie diesen für Vorbereitungen vor Ort nutzen.
Um folgende Dinge sollten Sie sich idealerweise bereits im Vorfeld kümmern:

- *Social Security Card*
- amerikanischer Führerschein
- Konto bei einer amerikanischen Bank
- Krankenversicherung
- Wohnung/vorübergehende Unterkunft

Social Security Card

Neben der Wohnungssuche und dem Erwerb des amerikanischen Führerscheins, sollte die Beantragung der *Social Security Card* ganz weit oben auf Ihrer Prioritätenliste stehen. Das hat einen ziemlich plausiblen Grund. Erstens müssen alle Einwanderer (laut Gesetz) eine Sozialversicherungsnummer beantragen und zweitens dienen in den USA der amerikanische Führerschein oder die *Social Security Card* zur Identifizierung Ihrer Person. Die Karte ist nicht nur einfach ein Sozialversicherungsausweis, sondern übernimmt auch mehr oder weniger die Funktion eines Personalausweises, den es in der Form, wie wir ihn in Deutschland kennen, dort nicht gibt. Ohne diese Karte können Sie in den USA nicht arbeiten, kein Konto eröffnen und keine Steuerabwicklungen tätigen. Auch Geldtransfers in die USA werden dadurch sehr erleichtert. Beantragen können Sie die *Social Security Card* in dem *Social Security Office*, welches Ihrem Wohnsitz am nächsten liegt. Die Adressen der jeweiligen Social Security Offices finden Sie entweder im regionalen Telefonbuch unter der Rubrik „*United States Government*" oder im Internet unter ⚡ *www.ssa.gov/locator*. Zur Beantragung benötigen Sie für sich und Ihre Familienangehörigen folgende Dokumente:

Social Security Card

INTERNET

- Reisepass
- Aufenthaltserlaubnis (d.h. GreenCard oder entsprechendes Visum)
- Geburtsurkunde

Beim Ausfüllen der Formulare wird Ihnen ein Angestellter des *Social Security Office* helfen. Bei der Beantragung ist es übrigens unerheblich, wenn Sie zunächst nur eine vorübergehende Ferienadresse angeben können, da in Amerika ein häufiger Wohnortwechsel ohnehin die Regel ist. Sie erhalten die *Social Security Card* dann ca. zwei Wochen nach Antragstellung. Weitere Infos auch unter: ↗ *www.ssa.gov*

Amerikanischer Führerschein

Ihren deutschen Führerschein können Sie zwar noch vorübergehend nutzen (wie lange genau, ist von Bundesstaat zu Bundesstaat verschieden), auf keinen Fall jedoch länger als zwölf Monate. Es ist daher ratsam, bereits gleich nach Ihrer Ankunft (besser jedoch schon im Vorfeld) die amerikanische Führerscheinprüfung zu bestehen. Wie in Deutschland auch, müssen Sie dazu sowohl eine Theorie- als auch Praxisprüfung ablegen. Der Theorieteil besteht aus Multiple-Choice-Fragen, von denen jeweils immer nur eine als richtig anzukreuzen ist. Deutsche halten diese Theorieprüfung zumeist für sehr einfach, doch möchten wir von übertriebener Nachlässigkeit abraten. Immerhin unterscheiden sich die amerikanischen Verkehrszeichen von den unsrigen, sodass Sie auf diese ein besonderes Augenmerk richten sollten. Der amerikanische Führerschein dient, wie die *Social Security Card* auch, zur Identifizierung Ihrer Person und enthält daher alle möglichen Daten über Sie. Anders als in Deutschland, müssen Sie einen Wohnortwechsel nicht bei einer Art Landeseinwohneramt, sondern bei der Behörde, die für die Ausstellung von Führerscheinen verantwortlich ist, bekannt geben. Normalerweise ist diese Behörde das DMV (*Department of Motor Vehicles*). Sollten Sie keinen Führerschein besitzen oder machen wollen, so können Sie beim DMV auch eine einfache ID-Card (*Identity Card*) ohne Führerscheinfunktion beantragen. Auf der jeweiligen Internetseite der regionalen DMV-Büros, finden Sie in der Regel die genauen Voraussetzungen, um in dem jeweiligen Bundesstaat den Führerschein zu beantragen. Eine Auflistung aller regionalen DMV-Webseiten, geordnet nach Bundesstaaten, finden Sie z. B. unter: ↗ *www.dmv-department-of-motor-vehicles.com*

Merke: Der Besitz des amerikanischen Führerscheins und der Social Security Card kann bei allen möglichen Behördengängen nur vorteilhaft sein. So erhalten Sie bei Versicherungen günstigere Tarife. Bei einigen Versicherungen ist sogar der US-Führerschein Grundvoraussetzung, um Sie als Kunde zu akzeptieren. Es wird für Sie auch grundlegend leichter, Kredite zu bekommen.

Wohnungssuche

Falls Sie keine Familienangehörige oder Freunde haben, bei denen Sie vorübergehend wohnen können, ist es ratsam, bereits vor Ihrem Umzug in die USA eine passende Unterkunft zu organisieren. Mieten oder kaufen Sie eine Wohnung bzw. Immobilie. In den USA gestaltet sich die Wohnungssuche relativ leicht und die Mietpreise für Wohnungen, vergleichbarer Qualität, sind niedriger als in Deutschland. Allgemein lässt sich sagen, dass der amerikanische Immobilienmarkt inzwischen weitestgehend von den Folgen der Finanzkrise erholt hat. Die Entwicklung der Preise lässt sich zwar nicht genau vorhersagen, aber vieles spricht für eine Stagnation der aktuellen Lage.

Allerdings kommt es auch hier auf den Bundesstaat an, d.h. es gibt natürlich regionale Unterschiede. Wohnungen in beliebten Städten können vergleichsweise teuer sein und auch die Ostküste kann sich von der Westküste deutlich unterscheiden. Wenn Sie zunächst mieten, lassen Sie sich auf keine monatelangen oder jahrelangen Vertragsbindungen ein, wie das bei einem Leasing-Vertrag der Fall wäre. Wählen Sie einen *Month-to-Month*-Vertrag, der monatlich erneuert werden muss. So können Sie, falls Ihnen ein besseres Angebot ins Auge springt, flexibel reagieren. Rechnen Sie mit einer Kaution. Auch in den USA ist es normal, dass sich der Vermieter dadurch vor eventuellen Schäden oder Mietrückständen absichert. (Lesen Sie zu diesem Thema Kapitel 2.4 „Immobilienmarkt USA".)

Natürlich können Sie auch vorübergehend in ein Hotel ziehen, was aber mit erheblichen Mehrkosten verbunden wäre. Ihr Umzugsgut können Sie selbstverständlich nicht mit ins Hotel nehmen. Aber in den USA gibt es überall *Self Storage*-Parzellen jeder beliebigen Größe, wo Sie Ihre Möbel vorübergehend einlagern können. Firmen wie U-Store finden Sie in den *Yellow Pages* unter dem Stichwort „Storage" oder im Internet z.B. unter: *www.uhaul.com* (auch Umzugstipps!), *www.cubesmart.com* oder *www.extraspace.com*

INTERNET

Aufgabe der Wohnung in Deutschland?

Generell stellt sich die Frage (besonders bei befristetem Aufenthalt), ob es notwendig ist, Ihre Wohnung in Deutschland aufzugeben. Eine Rückkehr nach Deutschland sollte, zumindest in der Eingewöhnungsphase, mit einkalkuliert werden. Sie können zu diesem Zeitpunkt noch nicht mit Sicherheit davon ausgehen, dass Sie erfolgreich in den USA Fuß fassen werden. Unter diesem Aspekt wäre also auch zu überdenken, ob Sie sofort Ihren gesamten Hausrat mitnehmen sollten.

Haben Sie in Deutschland eine Mietwohnung, ist eine Kündigung nicht unbedingt zu empfehlen. Entwickeln sich die Dinge gemäß Ihren Vorstellungen, können Sie das ja immer noch tun (z.B. wenn Sie Familienangehörige oder Freunde in Deutschland besuchen). Unser Rat wäre, die Wohnung unter zu vermieten, es sei denn, dies sollte aus irgendwelchen Gründen nicht möglich sein (z.B. weil sich Ihr Vermieter querstellt). Sind Sie Eigentümer einer Wohnung bzw. eines Hauses, stellt sich diese Frage nicht. Da können Sie ohnehin schalten und walten wie Sie wollen. Hier stellt sich eher eine andere Frage, nämlich ob Sie auf den Verkauf der Wohnung oder des Hauses aus finanziellen Gründen angewiesen sind oder nicht. Untervermietung bzw. Weitervermieten ist deshalb von Vorteil, weil Sie im Fall der Fälle wieder an den alten Wohnort zurück können, sich außerdem Ihre Postadresse in Deutschland (für Post deutscher Behörden, Institutionen, Banken etc.) nicht ändert und Sie Ihr Bankkonto in Deutschland beibehalten können, was ohnehin anzuraten ist. Durch Beibehalt Ihres Bankkontos, können Sie die in Deutschland weiterhin anfallenden Einnahmen bzw. Ausgaben zu- und abbuchen lassen, womit wir aber schon beim nächsten Thema wären.

Untervermietung

Geldangelegenheiten

Ganz unabhängig davon, ob Sie nur einen vorübergehenden oder dauerhaften Aufenthalt in den USA anstreben, empfehlen wir Ihnen dringend, Ihr Konto bei einer deutschen Bank beizubehalten. Mieteinnahmen, Renten- oder Pensionsbezüge, Zinsen aus Anlagen, Steuern etc. können auf diese Weise weiterhin mühelos zu- bzw. abgebucht werden. Das gilt insbesondere bei festen Geldanlagen, da Sie durch vorzeitige Aufkündigung dieser, mit finanziellen Verlusten rechnen müssen.

Kontoeröffnung

Möglichst schon vorher (während eines Amerika-Urlaubs) oder zumindest gleich nach Ihrer Ankunft in den USA, sollten Sie ein Bankkonto bei einer amerikanischen Bank eröffnen. Wie bereits erwähnt, ist es dabei von großem Vorteil, wenn Sie bereits im Besitz einer *Social Security Card* sind. Mit einem eigenen amerikanischen Bankkonto können Sie leichter Geld dorthin transferieren. Achten Sie darauf, dass Sie bei Ihrer Ankunft genügend amerikanische Dollar bei sich haben. Es gibt nur sehr wenige Banken, die ausländische Währungen wechseln. Außerdem ist der Besitz einer internationalen Kreditkarte unbedingt zu empfehlen, da diese in den USA das verbreiteteste Zahlungsmittel ist. Mit dieser können Sie dann auch direkt Geld vom Geldautomaten abheben, wobei der zugrunde liegende Wechselkurs für Sie sehr vorteilhaft sein kann. Auch europäische Bankkarten mit dem Maestro- oder Visa Electron-Symbol werden mittlerweile von den meisten Bankautomaten und sogar von vielen Geschäften akzeptiert.

Credit History

Credit History: Sehr wichtig in den USA!

Versuchen Sie aber sobald wie möglich, auch eine amerikanische Kreditkarte bzw. Kundenkarten von Kaufhäusern zu beantragen. Anfangs wird Ihr Wunsch wohl meist noch abgelehnt werden. Allerdings werden Sie nicht umhin kommen, sich mit der Zeit eine eigene *credit history* (Kreditgeschichte) aufzubauen. Sollte Ihnen keine amerikanische Bank eine Kreditkarte ausstellen wollen, bieten Sie an, den Gegenwert des Kreditrahmens auf einem Unterkonto als Sicherheit sperren zu lassen. So sollten Sie relativ leicht an Ihre erste amerikanische Kreditkarte kommen. Weitere lassen sich dann meist wesentlich leichter beantragen. Eine Institution wie die deutsche SCHUFA gibt es in Amerika nämlich nicht. Daher wird bei der Vergabe von Krediten, aber auch bei Immobilienkauf oder -miete, Autoleasing etc. jeweils Ihre credit history angeschaut. Sogenannte *credit reporting agencies* listen dem Anfragenden dabei auf, welche (nationalen) Kreditkarten Sie besitzen und ob Sie eventuell früher aufgenommene Kredite ordnungsgemäß zurückgezahlt haben. Von Vorteil ist dabei nicht etwa, möglichst keine Kredite aufgenommen zu haben, sondern im Gegenteil möglichst hohe Kredite aufgenommen und ordnungsgemäß abgezahlt zu haben. Dies führt paradoxerweise dazu, dass viele junge amerikanische Familien Kredite aufnehmen, die sie gar nicht brauchen, nur um sich eine gute *credit history* aufzubauen. Eine vorzeitige Abzahlung der Kredite kann dabei genauso negative Auswirkungen haben, wie eine verzögerte Zahlung. Sollten Sie jemals ernsthafte Probleme mit Ihrer Kreditwürdigkeit (z. B. durch Kündigung eines Kredites) bekommen, so kann es Jahre dauern, bis diese Tatsache wieder aus Ihrem Register gestrichen wird. In dieser Zeit werden Sie es schwer haben, irgendwo an Kredite, Kreditkarten, ja selbst an eine Mietwohnung ohne zusätzliche Bürgen zu kommen.

Drei große *credit reporting agencies* sammeln Informationen bezüglich Ihrer *credit history*. Je nachdem, wo der potentielle Kreditgeber anfragt, kann die

Antwort leicht unterschiedlich ausfallen. Um sich auch selbst ein Bild davon machen zu können, welche Daten zu Ihrer Person gespeichert sind, sind Sie berechtigt, auch selbst Kopien Ihres *credit reports* anzufordern. Die Adressen lauten:

TransUnion LLC
2 Baldwin Place
P.O. Box 1000
Chester, PA 19022
Tel.: +1-800-888-4213
↗ *www.transunion.com*

KONTAKT

Equifax Credit Information Services, Inc./Equifax Disclosure Department
P.O. Box 740241
Atlanta, GA 30374
Tel.: +1-800-685-1111
↗ *www.equifax.com*

Annual Credit Report Request Service
P.O. Box 105283
Atlanta, GA 30348-5283
↗ *www.annualcreditreport.com*

Experian
P.O. Box 2104
Allen, TX 75013
Tel.: +1-888-397-3742
↗ *www.experian.com*

Unterstützung beim Aufbau der Credit History

Man kann auf verschiedene Weise in den USA starten, aber jeder Start basiert am Ende auf zwei wesentlichen Voraussetzungen: der *Social Security Number* (SSN) und der credit history. Die SSN kann einfach beantragt werden, die credit history muss man sich erarbeiten. Klarheit in den Dschungel, der die credit history umgibt, bringen die Experten von Jumpstart USA, die beim Start in den USA und dem Aufbau der credit history unterstützen. Das Dienstleistungsspektrum reicht von Autokauf bis Hauskauf, von Banking bis zu Versicherungen und bietet hiermit einen echten Jumpstart für die USA: ↗ *www.jumpstart-usa.com*

INTERNET

Der Umzug – was soll mit, was ist unnötiger Ballast?

Zwei grundsätzliche Ratschläge vorweg!

1. Unternehmen Sie keine endgültigen Schritte (z.B. Kündigung des Arbeitsplatzes und der Wohnung), bevor Sie kein grünes Licht für Ihre vorübergehende bzw. dauerhafte Auswanderung erhalten haben.

2. Haben Sie die Gewissheit, dass Sie ausreisen, sollten Sie bereit sein, sich von etlichem Hausinventar zu trennen. Es wird bei vielen Dingen billiger

sein, sich diese in den USA neu oder gebraucht zu beschaffen, als sie zu importieren. Daher verkaufen Sie im Vorfeld so viel wie möglich. Ein Umzug ist mit immensen Kosten verbunden. Nachfolgende Informationen sollen Ihnen bei der Entscheidung helfen, was Sie lieber nicht mitnehmen sollten.

Elektrogeräte

Elektrogeräte möglichst in Amerika neu kaufen

In den USA gibt es ein anderes Stromversorgungssystem mit 110 Volt Wechselstrom und einer Frequenz von 60 Hertz (Schwingung der Netzspannung pro Sekunde). In Deutschland werden demgegenüber 220 Volt Wechselstrom bei 50 Hertz in die Leitungen eingespeist. Sollten Sie also elektrische Geräte aus Deutschland mitnehmen wollen, müssen diese auf 110 Volt umschaltbar sein und benötigen außerdem einen Adapter. In der Regel nicht umschaltbar sind: Waschautomat, Geschirrspüler, Mikrowelle, Herd, Staubsauger, Heizlüfter, Kaffeemaschine, Sonnenbank, Bügeleisen, Fernseher etc. Für derartige Geräte bräuchte man in den USA zusätzlich einen Transformator (transformiert von 110 Volt auf 220 Volt). Dieser ist jedoch erstens sehr teuer, zweitens nimmt er unnötig viel Platz weg und drittens macht er trotzdem viel Ärger, weil es oftmals zu Betriebsstörungen kommt. Die andere Netzfrequenz, die die Drehzahl der Motoren (und bei Fernsehern den Bildlauf) bestimmt, verursacht nämlich häufig ein Brummen, Heißlaufen und schließlich Durchbrennen der Elektromotoren. (Lediglich Geräte zur Wärmeerzeugung wie Heizkörper, Öfen oder Herde u. Ä. sind davon ausgeschlossen, denn bei ihnen spielt die Netzfrequenz keine Rolle.) Generell wird es bei aus Deutschland importierten Geräten sehr schwierig, im Falle notwendiger Reparaturen Ersatzteile aufzutreiben. Wenn diese gar extra aus Europa eingeführt werden müssen, ist das mit immensen Extrakosten verbunden. So oder so empfehlen wir Ihnen, sich von Ihren alten Elektrogeräten zu trennen.

MERKE

Achtung: Eine Ausnahme bilden Geräte, die auch per Batterie/Akku betrieben werden können, also MP3-Player, Smartphones, Notebooks, Rasierapparat, etc. Diese sind sehr häufig zwischen 110 und 220 Volt umschaltbar und können in diesem Fall problemlos in den USA verwendet werden.

Unterschiedliche TV-Normen

Auch die amerikanische Fernsehnorm ist von der europäischen abweichend. Während in Deutschland die CCIR-Norm gilt (das sogenannte PAL-System mit 625 Zeilen und 50 Halbbildern), existiert in den USA das sogenannte NTSC-System mit 525 Zeilen und 60 Halbbildern. Lediglich einige neuere LED-Fernseher können ohne Probleme beides, PAL und NTSC, dekodieren. Mittlerweile wurde in fast allen amerikanischen Metropolen der ATSC-Standard eingeführt, der vergleichbar zum DVB-T Standard ebenfalls über HD-Auflösungen mit 1.920 × 1.080 Pixeln verfügt.

Küchenbereich

Zurücklassen: Küchenmöbel, Elektrogeräte (amerikanische Wohnungen und Häuser sind in den allermeisten Fällen mit einer Einbauküche inklusive Geschirrspüler ausgestattet. Der Vermieter wird Ihnen kaum erlauben, die Einbauküche herauszunehmen und gegen Ihre einzutauschen. Selbst wenn Sie eine

Eigentumswohnung bzw. ein Haus kaufen, wäre von dieser sehr unwirtschaftlichen Option abzuraten.)

Mitnehmen: Hochwertiges Kristall, Porzellan, Vasen, sowie normales Küchengeschirr und mechanische Küchengeräte (Kristall, Porzellan sind in den USA wesentlich teurer als in Deutschland, wenn es sich um Markenartikel handelt).

Schlafzimmer

Zurücklassen: Schlafzimmerschränke: Amerikanische Schlafzimmer haben in der Regel in die Wand eingebaute, begehbare Schränke.
Betten/Bettutensilien: Amerikanische Betten haben abweichende Maße. Zwar können Sie Ihre Betten problemlos unterbringen, bräuchten aber, falls ein Neukauf von Matratzen oder Bettwäsche ansteht, kostspielige Sonderanfertigungen. Wirklich sinnvoll, Ihre Bettgestelle, Matratzen, Bettwäsche und Decken mitzunehmen, wäre es tatsächlich nur, wenn es sich um kostbare antike oder relativ neuwertige Ware handelt, womit sich Neukäufe von Bettutensilien in der näheren Zukunft erledigen würden. Die Aufwand-Nutzen-Frage lässt hier doch eher zum Neukauf raten. In südlicheren Gegenden der USA sind die bei uns beliebten Federbetten unangebracht, weil es dort einfach viel zu warm ist. Wie in mediterranen Ländern werden dort in der Regel Überschlaglaken als Bettdecke benutzt. Wem das zu ungewohnt ist, der kann auf Steppdecken zurückgreifen. In den nördlichen Regionen, mit ausgeprägten Wintern, sind Federbetten sogar zu empfehlen.

Mitnehmen: Wertvolle alte Kleiderschränke, Truhen etc.: Für diese müssten Sie allerdings einen anderen Stellplatz finden, z. B. im Wohn-, Speise-, Kinder- oder Gästezimmer, dort gelten keine Einschränkungen.

Keller

Oft sind die bereits erwähnten *Storage*-Häuser die einzige Möglichkeit, größeres Sperrgut unterzubringen, da die meisten Wohnungen in den USA keinen Keller haben. Dies gilt ebenso für die Mehrzahl von Apartmenthäusern, wo auch meistens keine Böden oder anderweitige Abstellflächen vorhanden sind. In einigen Gegenden werden viele Einfamilienhäuser, wegen des hohen Grundwasserspiegels, ebenfalls nicht unterkellert. Daher übernimmt dort oft die Garage die Funktion des Kellers und ist deshalb so geräumig angelegt, dass zwei (oder sogar noch mehr) Autos, Waschautomat, Trockner, Tiefkühlautomat, Gerätschaften etc. Platz finden.

Keller sind in den USA nicht üblich

Spediteure

Haben Sie die schwierige Frage entschieden, was mitgenommen wird und was zurückbleibt, suchen Sie nach einem geeigneten Spediteur. Dieser sollte auf jeden Fall einem internationalen oder zumindest einem deutschen Spediteurverband angehören, da sie hinsichtlich ihrer Geschäftspraktiken und finanziellen Sicherheit Kontrollen unterliegen, sowie durch Transportgarantien und Obligationen gedeckt sind, falls sie Bankrott gehen, während Ihr Umzugsgut noch irgendwo auf dem Atlantik umherschwimmt. Fragen Sie auch nach, ob die ent-

Beauftragung eines Spediteurs für Ihren Umzug in die USA

sprechende Speditionsfirma eine bestimmte Anzahl von Wochen freier Lagerzeit bietet. Adressen von Spediteuren erfahren Sie bei den Spediteurverbänden. Nehmen Sie sich vorab die Zeit und stellen Sie Preisvergleiche an.

Haben Sie sich für einen bestimmten Spediteur entschieden, schickt dieser Ihnen einen Berater, der die von Ihnen benötigte Containergröße festlegt. Die Kosten variieren enorm. Der Umzugspreis setzt sich zusammen aus: Containergröße, Entfernung des alten und neuen Wohnortes vom Hafen in Deutschland bzw. den USA, sowie der Grad Ihrer Eigenbeteiligung. Sie können den Umzug komplett vom Spediteur durchführen lassen oder sich für die billigere Variante entscheiden und Ihren Container selbst beladen und Ihr Umzugsgut in den USA von einem örtlichen Spediteur vom Hafen an Ihren Zielort transportieren lassen. Wollen Sie Ihr Umzugsgut versichern lassen, müssen Sie sich für die Komplettvariante entscheiden. Es ist üblich, den Spediteur im Voraus in Dollar zu bezahlen.

Vergessen Sie nicht, eine Packliste (*Goods to Follow*) in englischer Sprache zu erstellen, worin das gesamte Umzugsgut nach Zweckbereichen aufgelistet wird (*bedroom furniture, bathroom furniture, books, shoes* etc.). Fertigen Sie mehrere Kopien dieser Liste an. Eine benötigt der Spediteur und eine sollten Sie bei sich führen. Zu Ihrer eigenen Sicherheit sollten Sie für sich noch eine ganz detaillierte Liste mitführen. Bei der Zollabfertigung im amerikanischen Hafen müssen Sie (oder eine von Ihnen bevollmächtigte Person) zugegen sein. Beim Eintreffen des Umzugsguts übergibt Ihnen der Spediteur ein *Bill of Lading*. Diese, sowie Ihre Packliste, halten Sie für die Zollabfertigung bereit. Wenn Sie zunächst nur einen Teil des Umzugsgutes mit sich nehmen wollen, weil Sie z. B. zunächst bei Verwandten oder Freunden wohnen, können Sie den Rest zunächst von der Spedition lagern lassen. Das verursacht allerdings wieder Extrakosten, weshalb es ratsam ist, bereits vor Ihrem Umzug eine Wohnung bereit zu haben.

INTERNET

Internationale Speditionen und im Internet:
- www.allied.com
- www.compas-movers.com
- www.globalvanlines.com
- www.hertling.com
- www.schenker.de

Umzug und Relocation Service:
- www.brauns-international.de
- www.uts-germany.de

Haustiere

Falls Sie vorhaben Ihr Haustier mitzunehmen, informieren Sie sich genau über die Einfuhrbestimmungen. Diese sind unter folgenden Links zu finden:

INTERNET
- www.aphis.usda.gov/import_export/animals/live_animals.shtml
- www.cdc.gov/animalimportation/BringingAnimalToUs.html

Alternativ erhält man auch unter folgender Hotline Informationen über die Bestimmungen der *Centers for Disease Control and Prevention (CDC)*: +1-800-

232-4636. Außerdem sollten Sie sich nicht nur über die bundesrechtlichen Vorschriften informieren, sondern auch bei den lokalen Behörden über die Bestimmungen auf bundesstaatlicher Ebene, da diese oftmals noch strikter sein können. Der Import von Tieren wird aus Gesundheitsschutzgründen und zum Wohlergehen der Tiere, streng reguliert. Es gibt Einschränkungen und Verbote, welche das Mitbringen verschiedener Tierarten regeln.

Benötigte Dokumente und Quarantänevorgaben

Alle Tiere benötigen ein Gesundheitszertifikat vom Tierarzt, das nicht älter als 30 Tage sein darf. Es muss in Englisch bzw. englischer Übersetzung vorliegen. Außerdem muss ein Impfausweis für die Tiere mitgeführt werden. Die Tollwutimpfung darf nicht mehr als ein Jahr zurückliegen. Tiere, die nicht älter als drei Monate sind, brauchen noch keine Tollwutimpfung. Alle Haustiere werden bei Ihrer Ankunft von einem Veterinär noch einmal untersucht. Bei dieser Untersuchung muss das Gesundheitszertifikat vorgelegt werden. Besteht der Verdacht auf eine Krankheit und werden deshalb weitere Tierarztkonsultationen notwendig, hat der Tierhalter die Kosten selbst zu tragen.

Ferner wird vom *U.S. Department of Agriculture* Folgendes verlangt: eine Einfuhrgenehmigung (*Veterinary Services [VS] Form 17-129*), ein aktuelles Gesundheitszertifikat, welches vom Veterinäramt des Ausfuhrlandes ausgestellt wurde, eine 30-tägige Quarantäne in einem *USDA (U.S. Department of Agriculture) Animal Import Center* und (falls nötig) ein Zertifikat vom *Fish and Wildlife Service*.

Katzen: Katzen werden an Einfuhrhäfen inspiziert und ihnen wird die Einreise verweigert, falls es Hinweise darauf gibt, dass sie eine Krankheit haben, die sich auf Menschen übertragen kann. Falls die Katze den Anschein macht, als sei sie krank, wird möglicherweise verlangt, dass sie auf Kosten des Halters von einem Veterinär vor Ort genauer untersucht wird. Katzen brauchen normalerweise keinen Nachweis über eine Tollwutimpfung, um in die USA importiert zu werden, aber es gibt wiederum einzelne Bundesstaaten, die diese Tollwutimpfung verlangen. Deshalb sollten Sie sich hierüber genauestens informieren.

Einfuhrbestimmungen für Hunde und Katzen

Hunde: Für Hunde gelten ähnliche Bestimmungen, wobei es hier noch genauere Bestimmungen für die Tollwutimpfung gibt. Für die Einreise von Hunden gilt generell, dass ein Zertifikat, das die nicht länger als ein Jahr zurückliegende Tollwutimpfung belegt, vorgezeigt werden muss. Dieses Zertifikat sollte den Hund identifizieren, den Tag und den Ablauf der Impfung zeigen und von einem Tierarzt unterschrieben worden sein. Hunde, die aus Ländern kommen, in denen es keine Tollwut gibt, brauchen auch nicht geimpft sein. Hunde, die keinen Nachweis über die Tollwutimpfung haben, inklusiver derer, die dafür zu jung sind (unter drei Monaten), dürfen eingelassen werden, wenn der Tierhalter einem sogenannten *confinement agreement* zustimmt und das Tier dann gemäß den Regelungen impfen lässt bzw. bis dahin in Quarantäne hält.

Andere übliche Haustiere wie z. B. Kaninchen, Frettchen, Hamster oder Meerschweinchen dürfen importiert werden, wenn sie sich in gesundem Zustand befinden. Der Import von Schlangen und anderen wirbellosen Tieren ist sehr beschränkt. In dem Fall sollten Sie sich an den *U.S. Fish and Wildlife Service*

Kapitel 2.1

(☞ *www.fws.gov* – +1-800-344-9453) wenden. Die meisten Schneckenarten dürfen nicht eingeführt werden. Zibetkatzen, afrikanische Nagetiere und Primaten sind nicht zulässig, außer für Forschungs-, Bildungs- oder Ausstellungszwecke. Diese Tierarten dürfen nicht als Haustiere importiert werden. Für weitere Informationen sollten Sie die *Centers for Disease Control and Prevention (*☞ *www.cdc.gov)* kontaktieren.

Einfuhrbestimmungen für Vögel

Vögel: Im Allgemeinen dürfen Vögel als Haustiere importiert werden, solange die Vorgaben von APHIS (*Animal and Plant Health Inspection Service* des *U.S. Department of Agriculture*) und des *U.S. Fish and Wildlife Service* eingehalten werden (siehe auch ☞ *www.aphis.usda.gov* oder ☞ *www.fws.gov*).
Bei den Papageienarten dürfen bis zu drei Vögel ohne Importlizenz eingeführt werden. Für alle anderen Vögel ist eine Importlizenz notwendig.
Auch für Vögel gilt in der Regel., dass die tierärztliche Gesundheitsbescheinigung nicht älter als 30 Tage sein darf. (Diese Regelung variiert zum Teil in einigen Bundesstaaten. Aus New York ist z. B. bekannt, dass das Gesundheitszeugnis nicht älter als zehn Tage sein darf und man bestätigen muss, dass der Vogel in den letzten 30 Tagen nicht krank war.) Als Begleitpapier gehört das Gesundheitszertifikat an den Käfig. Bei Ziervögeln verhält sich die Einfuhr aber generell schwieriger als bei anderen Tieren, da sie zunächst mindestens 30 Tage in Quarantäne müssen. Quarantänestationen gibt es derzeit nur in New York, Miami und Los Angeles. Die Kosten trägt der Besitzer. Die Adressen der dafür zuständigen US-Institute, Informationen über die Kosten, den Transport sowie das notwendige Formblatt zur Beantragung, erhalten Sie bei jedem US-Konsulat. Die Käfige müssen von der entsprechenden Fluggesellschaft anerkannt werden. Klären Sie das rechtzeitig.

USDA Quarantänezentren und Einfuhrhäfen

Alle Vögel ausländischer Herkunft (*non-U.S. origin*) müssen unter Quarantäne gestellt werden und können nur an folgenden Quarantäneeinrichtungen eingeführt werden:

KONTAKT

New York City:
USDA Vet service office JFK airport
230-59 Rockaway Blvd., Suite 101
Jamaica, NY 11413
Tel.: +1-718-553-1727
Fax: +1-718-553-7543

Miami:
Miami Animal Import Center
USDA-APHIS-VS
6300 NW 36 Street
Miami, FL 33122
Tel.: +1-305-526-2926
Fax: +1-305-526-2929

Los Angeles:
Los Angeles International Airport

11850 South La Cienega Blvd.
Hawthorne, CA 90250
Tel.: +1-310-725-1970
Fax: +1-310-725-9119

Hawaii:

Das Gesundheitszertifikat darf beim Abflugdatum nicht älter als 14 Tage sein. Tiere dürfen nur auf den Flughäfen Oahu und Honolulu ausgecheckt werden. Hunde und Katzen müssen einen implantierten Mikrochip haben, der dort vom *U.S. Department of Agriculture* ausgelesen wird. Hunde und Katzen müssen zudem 120 Tage in Quarantäne. Das 120-tägige Quarantäneprogramm kostet US$ 1.080. Das 5-Tage-oder-weniger-Quarantäneprogramm für andere Haustiere hingegen kostet US$ 24 und das Programm für die unmittelbare Freisetzung (direct release program) US$ 165 pro Haustier. Gebühren und Preisänderungen sind jedoch vorbehalten. Weitere Informationen zu den Spezifikationen zur Tierquarantäne von Hawaii findet man auf folgender Webseite:

↗ *www.hawaii.gov/hdoa/ai/aqs*

Sonderregelung für Hawaii

INTERNET

Die Quarantäne kann auch umgangen werden, indem man ein vom Haustierarzt ausgestelltes Transitzertifikat vorzeigt, wenn die Tiere auf dem Direktflug von Europa nach Hawaii gelangen.

Fahrzeuge

Fahrzeuge jeder Art dürfen eingeführt werden, müssen allerdings nach Ablauf eines Jahres auf amerikanische Normen umgerüstet und ordnungsgemäß angemeldet sein. Überlegen Sie sich lieber ganz genau, ob Sie Ihr Fahrzeug wirklich mitnehmen wollen. Gute Gebrauchtwagen sind in den USA sehr billig. Eine Umrüstung hingegen ist mit enormen Kosten verbunden. Günstigenfalls können Sie zwischen US$ 2.000 und US$ 3.000 veranschlagen. Im Vorfeld müssen Sie jedoch Transportkosten zahlen, die sich auf US$ 1.700 bis US$ 2.500 belaufen. Zudem kommen noch die Zollgebühren hinzu. Der Aufwand lohnt tatsächlich nur, wenn es sich um ein neues und sehr hochwertiges Fahrzeug handelt. Aber aufgepasst: bestimmte europäische Fahrzeuge (z.B. Audi A2, Smart, Mercedes A-Klasse), insbesondere Dieselfahrzeuge, werden nicht zugelassen.

Kfz-Überführungen sind nur selten sinnvoll

Falls Sie sich dennoch dafür entscheiden Ihr Fahrzeug zu importieren, in den USA anzumelden und dort ggf. umzubauen, informieren Sie sich vorher über die notwendigen Bedingungen. Dazu müssten Sie sich mit den Bestimmungen der *U.S. Environmental Protection Agency* (Umweltministerium, EPA) vertraut machen, da diese sich mit den Abgasemissionsbestimmungen und den Einfuhrbestimmungen des *U.S. Department of Transportation* (Verkehrsministerium, DOT) befasst. Notwendige Einfuhrdokumente, die von diesen beiden Stellen bei der Einreise benötigt werden, sind die Formulare EPA 3520-1 und DOT HS-7. Folgende Links sind hierzu hilfreich:

↗ *www.epa.gov*
↗ *www.epa.gov/otaq/imports/factmtop.htm*
↗ *www.dot.gov*
↗ *www.nhtsa.gov*
↗ *www.adac.de/infotestrat/fahrzeugkauf-und-verkauf/import-export/Export_USA*

INTERNET

Ferner gibt es Informationsbroschüren wie *Importing or Exporting a Car (CBP)* oder *Automotive Imports Fact Manual (EPA)*, die Sie bei folgenden Adressen oder im Internet bestellen können:

KONTAKT

U.S. Customs and Border Protection
P.O. Box 7407
Washington, D.C. 20044
↗ *www.cbp.gov*

Environmental Protection Agency
Washington, D.C. 20460
↗ *www.epa.gov*

Haben Sie sich für eine Umrüstung entschieden, sollten Sie sich zunächst eine Liste der Vertragshändler und Reparaturwerkstätten im Ausland zusammenstellen. Suchen Sie sich die betreffenden Werkstätten in der Nähe Ihres zukünftigen Wohnortes aus. Lassen Sie einen Kostenvoranschlag machen und fragen Sie bei der Gelegenheit auch gleich nach, ob baugleiche Fahrzeuge Ihres Typs in die USA exportiert werden. Ist dies nicht der Fall, kommt ein weiteres Problem auf Sie zu. Falls Reparaturen an Ihrem Fahrzeug notwendig werden und Ersatzteile gebraucht werden, bekommen Sie große Schwierigkeiten, diese aufzutreiben.

Haben Sie sich trotz alledem für die Einfuhr entschieden, suchen Sie sich einen Spediteur, der dem internationalen Spediteurverband angehört. Das Fahrzeug wird bei Ihnen zu Hause abgeholt und Sie nehmen es dann einfach am amerikanischen Zielhafen in Empfang. Anlaufhäfen sind New York, Baltimore, Jacksonville an der Ostküste (3–4 Wochen Transport), sowie San Francisco und Port Hueneme an der Westküste (6–7 Wochen Transport). Ist Ihr Fahrzeug noch kein halbes Jahr alt, müssen Sie bei der Einfuhr Zoll entrichten. Für Oldtimer gelten wiederum gesonderte Bestimmungen.

2.2 Einreisebestimmungen/Zölle

Sehr hilfreiche und ausführliche Informationen *(Know Before You Go)* zu diesem Thema finden Sie auf der offiziellen Webseite unter ↗ *www.cbp.gov/travel/ us-citizens/know-before-you-go*.
Weitere Informationen dazu erhalten Sie natürlich auch in jedem US-Konsulat. Ein paar allgemeine Bestimmungen zu verbotenen oder eingeschränkten Waren sind im Folgenden aufgeführt.

Lebensmittel: Einfuhrverbot besteht für Frisch-, Trocken- oder Dosenfleisch (alles was Fleischerzeugnisse enthält, also z.B. auch Fleischbrühe oder Tütensuppen), Obst, Gemüse und Fisch in jeglicher Form (außer Fischrogen in Dosen, z.B. Kaviar). Die Einfuhr von Bäckereiprodukten und haltbar gemachtem Käse sind erlaubt. Sonstige Milchprodukte und Eier unterliegen besonderen Beschränkungen und auch das Mitbringen von Reis sollte man möglichst vermeiden. Grundsätzlich erlaubt sind Gewürze, Essig, Öl, Honig, Kaffee oder Tee. Wenn Sie unsicher sind, können Sie sich auch beim *Animal and Plant Health Inspection Service (APHIS)* des *U.S. Department of Agriculture* informieren. Bei nicht angegebenen landwirtschaftlichen Erzeugnissen, droht bei erstmaligem Verstoß eine Geldbuße von US$ 300, beim zweiten sind es schon US$ 500.

Medikamente: Generell gilt: Nehmen Sie nur das mit, was Sie wirklich brauchen, nicht mehr und nicht weniger. Eine spezielle Einfuhrerlaubnis benötigen Sie für alle narkotisierenden Drogen und Medikamente (z.B. Hustenmedizin, Herzmittel, Schlafmittel, Aufputschmittel, harntreibende Mittel, Antidepressiva), die in Deutschland rezeptpflichtig sind. Sind solche Mittel für Ihre Behandlung unerlässlich, benötigen Sie das Rezept oder eine spezielle Bescheinigung vom Arzt (in Englisch), die angibt, wie viel Sie als Patient davon täglich einnehmen müssen. Sie dürfen in diesem Fall dann auch einen Medikamentenvorrat für einige Wochen einführen, damit Sie genügend Zeit haben, sich in den USA einen Arzt zu suchen, der Ihnen dann ein entsprechendes, amerikanisches Medikament verschreibt. Ferner sollten Sie dann diese Medikamente beim Zollbeamten deklarieren, die Medikamente immer in ihren ursprünglichen Behältern (mit dem Beipackzettel) lassen und möglichst die Menge dabei haben, die die Behandlung auch erfordert.

Zusätzliche Informationen finden Sie auf folgenden Webseiten:

☑ *www.cbp.gov/travel/us-citizens/know-before-you-go/prohibited-and-restricted-items*

☑ *www.fda.gov/Drugs/InformationOnDrugs*

INTERNET

Geld/Zahlungsmittel: Hier gelten keinerlei Beschränkungen. Überschreitet der von Ihnen eingeführte Betrag US$ 10.000, müssen Sie das entsprechende Formular 4790 bei der amerikanischen Zollbehörde ausfüllen. Eine Missachtung zieht zivil- und strafrechtliche Sanktionen sowie die Beschlagnahmung der Gelder und Zahlungsmittel nach sich. Zu den Zahlungsmitteln zählen amerikanische und ausländische Münzen, Travellerschecks, Währungen, Geldanweisungen, Anlage- oder Wertpapiere.

Tabakwaren: Steuerfrei eingeführt werden dürfen 200 Zigaretten oder 100 Zigarillos oder 50 Zigarren (aber keine kubanischen!) oder 250 Gramm loser Tabak.

Alkohol: Nur von über 21-Jährigen steuerfrei eingeführt werden darf 1 Liter Alkohol, unabhängig davon, ob es sich um Bier, Wein oder härtere Spirituosen handelt. Zudem sollten neben den Bundesgesetzen auch die Gesetze der jeweiligen Bundesstaaten beachtet werden, da diese restriktiver sein können.

Parfum und Eau de Toilette: Steuerfrei eingeführt werden dürfen 50 Gramm / 50 ml Parfum oder 250 Gramm / 250 ml Eau de Toilette.

Andere Waren/Geschenke: Steuerfrei eingeführt werden darf alles, was nicht einen Wert von US$ 100 übersteigt, ausgenommen pures Gold oder alle Produkte aus Gold. (Ausnahmen sind Goldmünzen, Medaillen und Bullion. Falls diese Artikel aber ursprünglich aus Kuba, dem Iran, Myanmar [Burma] oder dem Sudan stammen, ist die Einfuhr verboten.)

Einfuhrverbote: Es drohen hohe Strafen für den Versuch, illegale Drogen (z.B. Marihuana) einzuführen. Ebenfalls verboten ist der Import von Schokoladenli-

Einfuhrverbote

kören bzw. Pralinen mit Likörfüllung, pornografischen Produkten, Lotterietickets, Produkten mit gefälschten Markenlabeln, sowie von allen Produkten die aus Kuba, dem Iran, Myanmar (Burma) oder aus dem Sudan (Diese Länder stehen auf der aktuellen Embargo-Liste!) stammen. Des Weiteren gehören dazu jegliche Pflanzensamen oder anderes lebendes Pflanzenmaterial. Sie müssen beim Zoll deklariert werden oder wandern sofort bei Ihrer Ankunft in den Müll. (Samen für spezielle Blumen und Gemüsesorten können nur mit besonderem Zertifikat eingeführt werden. Dies kann bei allen US-Botschaften, US-Konsulaten oder beim *U.S. Department of Agriculture* schriftlich angemeldet werden.) Außerdem sind die USA, wie 175 weitere Länder, Unterzeichner der *CITES (Convention on International Trade in Endangered Species)*. Als solches verbieten die USA den Im- und Export von Produkten, die aus gefährdeten Tierarten (für eine Liste der geschützten Arten siehe auch *www.cites.org*) hergestellt sind, wie z. B. Produkte aus Elfenbein, Schildplatt, Koralle, viele Pelzarten, Häute und Federprodukte. Falls Sie Ihren Pelz, Ihren Gürtel aus Schlangenhaut, eine Knochenschnitzerei oder Ähnliches mit in die USA nehmen wollen, kann es sein, dass Sie ein Zertifikat vorlegen müssen, das besagt, dass das Produkt nicht aus einer gefährdeten Tierart hergestellt wurde. Die einfachste Lösung ist, nichts von dem, was auch nur den leisesten Verdacht auslösen könnte, mitzubringen. Die CITES-Restriktionen beziehen sich auch auf die Produkte, die Sie eventuell wieder aus den USA ausführen wollen. Cowboystiefel aus Alligatorhaut mögen ja ein tolles Geschenk sein, aber Sie müssten dann erst einmal die Zollbeamten davon überzeugen, dass sie nicht aus gefährdeten Alligatoren hergestellt wurden.

INTERNET

Eine aktuelle Liste aller Einfuhrverbote erhalten Sie im Internet unter:
www.cbp.gov/travel/us-citizens/know-before-you-go/prohibited-and-restricted-items

Spezielle Erlaubnis: Eine spezielle Einfuhrerlaubnis benötigen Sie für Feuerwaffen, explosives Material, geschützte Tierarten und geschützte Pflanzen. Feuerwaffen dürfen nur von Militärs eingeführt werden. Gehören Sie nicht zum Militär, müssen Sie unter einem speziellen Formular (AE 2075) registriert sein. Informieren Sie sich beim *Bureau of Alcohol, Tobacco, Firearms and Explosives (www.atf.gov)*, das für sämtliche Sondergenehmigungen solcher Art zuständig ist.

In den USA angekommen, wenden Sie sich an den Beamten des *Immigration Service*. Der *Visitor Service* ist den Touristen, der *Citizen Service* amerikanischen Staatsbürgern, vorbehalten. Beim Eintreffen Ihrer persönlichen Habe, muss diese zunächst durch den Zoll. Sie erhalten sofort eine Benachrichtigung, wenn Ihr Container angekommen ist. Holen Sie diesen nicht sofort ab, müssen Sie für jeden Tag Lagerung im Hafen, Lagergebühren bezahlen. Umzugsgut ist generell zollfrei, wenn es älter als sechs Monate ist. Haben Sie noch Rechnungen, nehmen Sie diese also als Beleg mit. Sollten Sie Ihre persönliche Habe erst etwas später in die USA einführen, lassen Sie sich vom Zollbeamten einen entsprechenden Vermerk in Ihre Einreisepapiere eintragen.

2.3 Soziale Absicherung in der Übergangsphase

Die persönliche soziale Absicherung ist ein wichtiges, wenn zugleich auch oft vernachlässigtes Thema bei der Vorbereitung auf den USA-Aufenthalt. Wer denkt auf dem Weg ins Land der unbegrenzten Möglichkeiten schon gern an Krankheit oder Arbeitslosigkeit? Dennoch empfiehlt es sich, die soziale Absicherung gut zu bedenken, um bei einer Rückkehr nach Deutschland nicht womöglich durch das soziale Netz zu fallen.

Grundsätzlich gilt, wer seinen Wohnsitz in Deutschland aufgibt, ist hierzulande auch nicht mehr sozialversicherungspflichtig, sondern unterliegt bei einem Umzug in die Vereinigten Staaten den dort vorherrschenden Regelungen zur Sozialversicherung. Zwar hat Deutschland mit den USA ein sogenanntes Sozialversicherungsabkommen geschlossen, aber dieses betrifft nur den Zweig der Rentenversicherung. Das liegt daran, dass ein bundeseinheitliches Sozialsystem in den USA bisher nur im Rentensektor existiert. Für alle anderen Sozialversicherungszweige (Kranken-, Pflege-, Unfall- und Arbeitslosenversicherung) gibt es je nach Bundesstaat unterschiedliche Regelungen. Umso mehr gilt es, den vom Abkommen nicht erfassten Zweigen besondere Aufmerksamkeit zu widmen.

Krankenversicherung

Ein bedeutender Aspekt bei Ihren Planungen ist die Sicherstellung Ihres Krankenversicherungsschutzes in der Übergangsphase. Ein nahtloser Übergang in Ihrem Krankenversicherungsschutz ist vor allem für Sie, aber natürlich auch für Ihr Portemonnaie wichtig. Es könnte Ihnen nämlich passieren, dass Sie nach Verlassen Ihres Landes weder in Ihrer gesetzlichen oder privaten Krankenversicherung noch in einer adäquaten US-amerikanischen Krankenversicherung versichert sind, d.h. dass Sie keinerlei Versicherungsschutz hätten.

Gesetzlich Krankenversicherte verbleiben im Regelfall noch maximal einen Monat in ihrem System versichert, Privatversicherte maximal noch zwei Monate. Leider gilt dieser Grundsatz nicht für gesetzlich Versicherte, die in die USA auswandern. Für Privatversicherte gilt: Prüfen Sie Ihren Versicherungsvertrag dahingehend, ob abweichend vom oben genannten Grundsatz die Versicherungspflicht bei einer Auswanderung sofort endet. Da für gesetzlich Versicherte keine Zuständigkeit Ihrer Krankenkasse mehr besteht und die gesetzliche Krankenkasse grundsätzlich nicht ins Ausland versichern kann (Sie haben kein Wahlrecht über den Verbleib in der gesetzlichen Krankenversicherung), wird es in den meisten Fällen notwendig sein, eine geeignete Auslandskrankenversicherung zu vereinbaren.

Deutscher Versicherungsschutz verfällt bei Umzug in die USA

Seien Sie aber äußerst vorsichtig bei der Wahl Ihres Krankenversicherungsschutzes. Vielfach wird für ehemals gesetzlich Versicherte der Abschluss einer Reisekrankenversicherung als Übergangslösung angeboten. Obwohl es in der Tat eine Gesetzeslücke bezüglich Reisekrankenversicherungen zu geben scheint, sollten Sie den Abschluss einer echten Auslandskrankenversicherung erwägen. Eine Reisekrankenversicherung deckt nur einen Auslandsaufenthalt von maximal sechs Wochen im Jahr ab. Zudem wird sie bei einem US-Aufent-

Reisekrankenversicherungen zahlen nicht unbedingt für Auswanderer!

halt zum Zwecke der Arbeitsaufnahme im Versicherungsfall vermutlich nicht für die Kosten aufkommen, da sie der Natur nach nur für Touristen gedacht ist. Touristen nehmen aber üblicherweise keine Arbeit auf. Sie können nicht ausschließen, dass die vertraglichen Bestimmungen für eine Reisekrankenversicherung, die Sie bei deren Abschluss mit Ihrer Unterschrift automatisch akzeptieren, eine Ausschlussklausel für Erwerbszwecke (explizit eine Ausschlussklausel für den Fall einer zeitlichen oder dauerhaften Niederlassung in den USA) beinhaltet.

Auslandskrankenschutz

Abschluss eines Vertrags in Deutschland für den Schutz im Ausland

Auslandskrankenversicherungen haben dagegen den offensichtlichen Vorteil, dass Sie in der Regel direkt dem Zweck des Arbeitsaufenthaltes in den USA dienen und umfangreichen Versicherungsschutz gewährleisten. Aber auch hier sollten Sie darauf achten, dass diese keine Ausschlussklausel für eine dauerhafte Niederlassung (Einwanderung) beinhalten. Der Versicherungsschutz besteht in der Regel für maximal 60 Monate. Dies ist keine Willkür der Versicherungen, sondern Vorgabe des Gesetzgebers. Spätestens nach dieser Zeit können Sie sich nach US-amerikanischem Recht versichern (siehe auch Kapitel 3.1 „Soziale Absicherung"). Die maximale Versicherungsabdeckung liegt bei allgemeinmedizinischen Behandlungen bei bis zu 100%, bei zahnmedizinischen Behandlungen bei bis zu 80%. In jedem Fall müssen Sie sich darauf einrichten, dass Sie beim Arzt oder im Krankenhaus in den USA zunächst selbst zahlen müssen, in bar oder per Kreditkarte. Bei umfangreicheren Behandlungen und wegen der überdurchschnittlich hohen Behandlungskosten in den USA sollten Sie auf jeden Fall eine in Englisch verfasste Kostenübernahmeerklärung Ihrer privaten Krankenkasse in Ihrem Heimatland anfordern. Manchmal reicht selbst eine solche dem Krankenhausmanagement oder dem jeweiligen Arzt gegenüber nicht aus, z. B. weil man dort den Namen Ihrer Krankenversicherung nicht kennt. In solchen Fällen sind die Versicherungen häufig bereit, eine Abschlagszahlung auf die zu erwartenden Kosten in kürzester Zeit auch ins Ausland zu leisten. Das ist ohnehin eine der Leistungskriterien, auf die Sie beim Abschluss einer Auslandskrankenversicherung achten sollten. Daneben sollte eine 24-Stunden/7-Tage-Notfallhotline für Sie zur Verfügung stehen.

Einen hochqualitativen und individuell anpassbaren Auslandskrankenversicherungsschutz bietet beispielsweise die Expat Consult GmbH in Hamburg (✉ *www.expat-consult.de*). Die staatlich anerkannte Auslandsberatungsstelle der Expat Consult kümmert sich um Personen, mit ständigem Wohnsitz im Ausland und kann sowohl Privatpersonen als auch Firmenmitarbeitern einen bedarfsgerechten und weltweit gültigen Auslandskrankenversicherungsschutz nach deutschem Recht anbieten. Ein eigens für Unternehmen, die Mitarbeiter ins Ausland entsenden, entwickelter Tarif, bietet auch einen langfristigen Krankenversicherungsschutz im Ausland. Selbst vorübergehende Aufenthalte im Heimatland sind mit abgesichert. Ambulante, stationäre sowie medizinisch notwendige Zahnbehandlungen werden übernommen. Auch notwendige Rücktransporte nach Deutschland werden bezahlt. Allerdings wird keine Übernahmegarantie in andere Krankenversicherungen gegeben, es werden keine Altersrückstellungen gebildet, und der Schutz im Heimatland erlischt mit der Rückkehr. Daher sollten Sie, auch wenn Sie sich mit der Auswanderung noch so sicher sind, für den Fall der möglichen Rückkehr zusätzlich eine Anwartschaftsversicherung bei Ihrer Krankenkasse abschließen (siehe unten).

Achten Sie beim Abschluss der Auslandskrankenversicherung darauf, ob – wie bei privaten Versicherungen durchaus üblich – bestimmte Krankheiten z.B. chronischer Art aus dem Leistungskatalog ausgeschlossen sind. Erfahrungsgemäß empfiehlt es sich, eine Auslandskrankenversicherung mindestens über ein Jahr abzuschließen. Die Mindestversicherungsdauer beträgt zumeist drei Monate. Bei einem Abschluss über die Dauer eines Jahres haben Sie den Vorteil, dass Sie auch einen vorübergehenden Versicherungsschutz von maximal drei Monaten in Ihrem Heimatland genießen. Besondere Vorsicht ist bei den meisten vergleichsweise günstig ausfallenden Versicherungen geboten. Sehr günstige Tarife bieten meist nur einen stark reduzierten Leistungsumfang oder sind ab dem zweiten Versicherungsjahr mit erheblichen Prämiensteigerungen verbunden. Da Sie nach spätestens einem Jahr davon ausgehen können, dass Sie z.B. über Ihren Arbeitgeber in den USA verhältnismäßig gut krankenversichert sind, könnten Sie überlegen, die Auslandskrankenversicherung zu kündigen. Die Kündigungsfristen sind in der Regel konstant. Eine Beendigung des Vertragsverhältnisses sollte jeweils zum Monatsende möglich sein.

Alternativ hierzu könnten Sie überlegen, Ihre Auslandskrankenversicherung vorläufig trotz neu abgeschlossener amerikanischer Versicherung beizubehalten. Warum? Denkbar ist, dass die Versicherung Ihres US-Arbeitgebers keinen vollwertigen Schutz für Sie, Ihren Ehepartner und/oder Ihre Familie gewährleistet. In diesem Fall kann eine in Ihrem Heimatland abgeschlossene Auslandskrankenversicherung de facto als inneramerikanischer Zusatz genutzt werden. Ein Preisvergleich lohnt, denn selbst wenn, wie beschrieben, im zweiten Jahr die Versicherungsprämie steigt, kann diese Aufwendung immer noch günstiger sein, als eine vergleichbare Zusatzversicherung in den USA, zumal US-Versicherungen medizinische und zahnärztliche Leistungen häufig voneinander trennen und getrennte Verträge hierfür abgeschlossen werden müssen.

Deutsche Versicherung zusätzlich zur amerikanischen beibehalten

Gesetzlich Versicherte

Wenn Sie vor Beginn des Auslandsaufenthaltes Mitglied einer gesetzlichen Krankenversicherung waren, können Sie aufgrund der Einführung des GKV-Wettbewerbsstärkungsgesetzes vom 01.04.2007 nach der Rückkehr aus dem Ausland grundsätzlich wieder in die gesetzliche Krankenversicherung aufgenommen werden, und zwar auch dann, wenn Sie keine Anwartschaftsversicherung abgeschlossen haben. Bedenken Sie jedoch, dass Sie später für die KVdR (Krankenversicherung der Rentner) Vorversicherungszeiten nachweisen müssen, die Ihnen durch die Kündigung Ihres gesetzlichen Krankenversicherungsschutzes möglicherweise fehlen könnten. Es wird empfohlen, die gesetzliche Krankenversicherung nach Möglichkeit auf Anwartschaft zu stellen. Die monatlichen Beiträge variieren zwischen € 30 und € 50 pro Monat und stellen sicher, dass Sie jederzeit wieder problemlos in Ihre gesetzliche Krankenversicherung aufgenommen werden. Sollten Sie keine Anwartschaft in Anspruch nehmen können oder wollen, denken Sie aber vor der Kündigung Ihres inländischen Krankenversicherungsschutzes daran, zumindest Ihre Pflegeversicherung auf

Anwartschaft zu stellen. Die monatlichen Beiträge variieren zwischen € 4 und € 7 pro Monat und beinhalten keinen Anspruch auf Leistungen. Sie dienen aber der Sicherung der Zeiten für die Anwartschaft auf Leistungen.

Privatversicherte

Anwartschaftsversicherung: Kein Schutz in Deutschland!

Für Privatversicherte gilt: Sprechen Sie mit Ihrem jetzigen Versicherungsträger über die Frage, ob Ihr bestehender Versicherungsvertrag in einen Vertrag mit Auslandsversicherungsschutz umgewandelt werden kann. Möglicherweise können Sie von Ihrem bisherigen Vertragsverhältnis profitieren, wenn Ihnen Ihr Versicherer günstigere Konditionen für den Auslandsaufenthalt anbietet. Eine Vollversicherung wie bisher verbunden mit einem Auslandsversicherungsanteil wird sich indes nicht lohnen, weil Sie Ihren überwiegenden oder gewöhnlichen Aufenthalt in den USA haben werden und Sie daher bei diesem Modell vermutlich erhebliche finanzielle Verluste in Kauf nehmen müssen. In jedem Fall sollten Sie sich über die Möglichkeit einer Anwartschaftsversicherung informieren, die neben dem Auslandspaket angeboten wird. Eine Anwartschaft garantiert Ihnen bei Ihrer eventuellen Rückkehr die Wiederaufnahme in Ihre bisherige private Versicherung. Die Anwartschaftsversicherung garantiert allerdings keinen Versicherungsschutz in Deutschland während Ihres ständigen Aufenthalts in den USA, wenn Sie z. B. zwischendurch zu besuchsmäßigen Zwecken noch in Ihr Heimatland zurückkehren.

Pflegeversicherung

Keine Vereinbarungen zur Pflegeversicherung

Die Pflegeversicherung ist wie die Krankenversicherung nicht Bestandteil des in diesem Kapitel bereits erwähnten Sozialversicherungsabkommens mit den USA, da eine solche Versicherung in den USA gänzlich unbekannt ist. Im Gegensatz zu den anderen EU-Ländern sind Österreich und die Bundesrepublik Deutschland bei Eintritt eines Pflegefalles in den USA nicht zu Leistungen verpflichtet. Daher können Sie Leistungen aus der Pflegeversicherung nur dann in Anspruch nehmen, wenn Sie a) freiwillige Beiträge für die Dauer Ihres Auslandsaufenthaltes zahlen und b) wenn Sie zur Pflege nach Deutschland oder Österreich zurückkehren.

Arbeitslosenversicherung

Ebenso wie die Kranken- und Pflegeversicherung ist die Arbeitslosenversicherung nicht Bestandteil des Sozialversicherungsabkommens zwischen den USA und Deutschland. Deshalb sollten Sie sich vor Ihrer Ausreise intensiv über Ihre Ansprüche und Pflichten in der Arbeitslosenversicherung informieren. Auch die mögliche Rückkehr gilt es dabei zu berücksichtigen. Denn kehren Sie beispielsweise nach zwei Jahren nach Deutschland zurück, kann der Anspruch auf Arbeitslosengeld schon erloschen sein. Eine wichtige Grundvoraussetzung für den Erhalt von Arbeitslosengeld ist nämlich, dass Sie die sogenannte Vorversicherungszeit erfüllen. Eine solche liegt vor, wenn Sie in den letzten 24 Monaten vor der Antragstellung mindestens zwölf Monate lang in einem sozialversicherungspflichtigen Arbeitsverhältnis gestanden haben. Damit Sie nicht in die Hartz IV-Falle tappen, bietet die Bundesagentur für Arbeit die Möglichkeit, dass sich Auslandstätige freiwillig in der Arbeitslosenversicherung weiter versichern können. Seit Anfang 2011 heißt diese Versicherung offiziell „Versicherungspflichtverhältnis auf Antrag" und bietet zumindest eine kleine finanzielle Absicherung, falls die Rückkehr aus dem Ausland notwendig wird. Voraussetzung für die Versicherung ist eine zwölfmonatige Versicherungspflicht bzw. der Erhalt von Entgeltersatzleistungen in den letzten 24 Monaten.

Die monatlichen Beiträge zur freiwilligen Arbeitslosenversicherung betragen in 2016: € 87,15 (West) bzw. € 75,60 (Ost). Die Höhe des Arbeitslosengeldes bestimmt sich hingegen in Abhängigkeit der Qualifikation und beträgt maximal rund € 1.400 für höchstens 12 Monate. Beachten Sie, dass die Antragspflichtversicherung innerhalb der ersten drei Monate der Auslandsbeschäftigung gestellt werden muss. Ein kleiner Nachteil: Eine Kündigung ist erst nach fünf Versicherungsjahren möglich.

2.4 Immobilienmarkt USA

Amerika ist nach wie vor eines der Top-Auswandererziele. Egal in welche Region es Sie verschlägt, Sie werden stets auf viele Europäer treffen (die Mehrheit der Europäer lebt in New York, Kalifornien, Florida, Colorado und Arizona). Der amerikanische Immobilienmarkt ist hervorragend organisiert. Es gibt mittlerweile so viele Ausländer in den USA, die Immobilien erwerben möchten, dass sich der hiesige Markt darauf eingestellt hat und bereits riesige Netzwerke existieren, die die Kaufprozesse erleichtern.

Immobilienkauf leicht gemacht

Die Immobilienpreise in den USA können innerhalb weniger Jahre extrem schwanken. So erreichten sie 2007 Höchstwerte, die langfristig nicht zu halten waren. Die nächsten fünf Jahre ging es dann aufgrund der Finanz- und Wirtschaftskrise, die eng mit dem Immobilienmarkt verknüpft war, steil bergab. Es kam zu zahlreichen Zwangsversteigerungen, da viele Immobilienbesitzer ihre Kredite aufgrund eines Arbeitsplatzverlustes nicht weiter abzahlen konnten oder wollten, insbesondere wenn die Immobilie plötzlich weit weniger wert war als die aufgenommene Kreditsumme, sodass die Begleichung des Kredites durch einen Verkauf nicht möglich war. 2012 erreichten die Preise ihren tiefsten Stand und seitdem hat sich der Immobilienmarkt erholt und liegt jetzt beinahe wieder auf dem Preisniveau des Jahres 2007.
Der Durchschnittspreis für private Immobilien (Einfamilienhäuser, Reihenhäuser, Eigentumswohnungen und Genossenschaftswohnungen) lag laut National *Association of Realtors (NAR)* im April 2016 bei US$ 232.500 und damit 6% höher als im Vorjahr. Für 2017 wird ein weiterer Anstieg erwartet. Bei diesen Durchschnittszahlen gibt es natürlich erhebliche Unterschiede zwischen den vier Hauptregionen der USA: Northeast: US$ 263.600; Midwest: US$ 184.200; South: US$ 202.800; West: US$ 335.000.
Laut NAR gibt es in den USA rund zwei Millionen unverkaufte Häuser und Wohnungen, sodass der Leerstand nur noch die Hälfte des bisher höchsten Standes von vier Millionen im Jahr 2007 beträgt und die Preise dementsprechend in die Höhe getrieben werden. Der Verkauf zwangsvollstreckter Privatimmobilien (*foreclosure sales*) befindet sich auf dem tiefsten Stand seit der

Jahrtausendwende. Wer jetzt seine Immobilie verkaufen muss, kann das in der Regel gewinnbringend machen. Die Zahl der Schnäppchen auf dem Markt ist daher sehr gering und der Kauf einer Immobilie will wohlüberlegt sein. Sehr wichtig: Denken Sie beim Kauf einer Immobilie auch schon an den Wiederverkauf. Das Vorhandensein einer Garage für zwei Autos, sowie einer Klimaanlage, einer attraktiven Küche und eines schönen Badezimmers sind Faktoren, auf die amerikanische Käufer neben der Lage besonders achten. Häuser mit zwei oder drei Schlafzimmern und mit zwei Bädern sind am beliebtesten und verkaufen sich am leichtesten, da viele Amerikaner Kinder haben.

INTERNET

Aktuelle Informationen zum amerikanischen Immobilienmarkt finden Sie auf folgenden Webseiten:
- *www.huduser.gov*
- *www.realtor.org*
- *www.zillow.com*

Generell variieren die Preise von Bundesstaat zu Bundesstaat und auch innerhalb der Bundesstaaten. Doch gibt es ein paar allgemeine Richtlinien, an die Sie sich halten können:

- Im Landesinneren ist es billiger als in den Küstenregionen.
- In der Stadt ist es teurer als auf dem Land.
- Je näher sich ein Wohnobjekt an einem Ballungszentrum befindet, desto teurer wird es. Die teuersten Objekte befinden sich meistens in den Kerngebieten von Ballungszentren.
- Innerhalb weniger Meilen kann es starke Preisunterschiede geben, die u.a. von der Kriminalitätsrate und dem Ruf der Schulen bestimmt werden.

Am billigsten ist das Wohnen (nach dem Durchschnittspreis) in folgenden Bundesstaaten: Mississippi, Tennessee, Kentucky, Oklahoma, Indiana, Kansas, Nebraska, Alabama, Iowa und Arkansas.
Die erschwinglichsten städtischen Wohngebiete sind: Birmingham (Alabama), Knoxville (Tennessee), Buffalo (New York), Oklahoma City (Oklahoma) und Cincinnati (Ohio).
Die exklusivsten und damit teuersten Wohngegenden liegen in: Washington, D.C., Hawaii, Kalifornien, New York und Massachusetts.
Die teuersten Städte sind San Francisco (Kalifornien), Manhattan (New York), San Jose (Kalifornien), Brooklyn (New York) und Los Angeles (Kalifornien).

Kauffinanzierung

Der Kauf von Immobilien erfolgt in der Regel durch einen Kredit, genauer durch Aufnahme einer Hypothek (*mortgage*). Dabei dient die Immobilie als Sicherheit. Ist der Kreditnehmer zur Abzahlung der Hypothek aus welchen Gründen auch immer nicht mehr in der Lage, kann der Kreditgeber das Objekt zwangsversteigern lassen.

Wie bekommt man ein Finanzierungsdarlehen?

Amerikanische Kreditgeber verlangen in der Regel sehr viele Informationen vom potentiellen Kreditnehmer, bevor sie einen Kredit gewähren. Eine Finanzierung ist in der Regel bei nachweislich ausreichendem Einkommen und mindestens 20% Eigenkapitaleinbringung möglich. Neben den üblichen Standardinformationen müssen Sie alles offen legen, was mit Ihrer Finanzgeschichte *(credit history)* der letzten drei Jahre zu tun hat. Sie müssen u.a. Gehaltsabrechnungen, Steuerbescheide, Kreditkartenkonten – kurzum alles, was Ihre Kreditwürdigkeit beweist, vorlegen. Wie an anderer Stelle bereits erwähnt, ist es von Vorteil, wenn Sie bereits höhere Kredite aufgenommen und diese ordnungsgemäß abgezahlt haben, weil das Ihre Bonität, insbesondere Ihre Langzeitkreditwürdigkeit unterstreicht. Hypotheken haben in der Regel Laufzeiten über 15 oder 30 Jahre.[*] Der Kreditgeber, zumeist eine Bank (Vorsicht vor privaten Kreditgebern!), überprüft alle Aspekte, die dafür notwendig sind. Außerdem wird kontrolliert, ob der Immobilienwert ungefähr der Höhe des hypothekarisch gesicherten Kredits entspricht und damit auch als ausreichende Sicherheit in Frage kommt.[**]

Es gibt auch spezielle Hypothekenvermittler (*mortgage broker*), die einzig und allein für die Vermittlung und Beratung bei der Aufnahme eines Kredits zuständig sind. Hypothekenvermittler verlangen in der Regel 1% von Ihrer Hypothek. Natürlich können Sie sich aber bei einer Bank selbst um einen Kredit bemühen. Es ist ratsam, sich schon vor Beginn der Immobiliensuche bei einer Bank Bescheid zu holen, mit welchem Kreditrahmen man rechnen kann. Das hilft, die Suche nach einem Haus bzw. einer Eigentumswohnung realistisch einzugrenzen. Eine *pre-qualification* kann als Orientierungshilfe dienen und ist oft kostenlos erhältlich, besser jedoch ist ein *letter of pre-approval*, der bereits auf einer genauen Prüfung Ihrer finanziellen Verhältnisse beruht und für den Sie gewöhnlich eine Gebühr zahlen müssen.

Seien Sie nicht überrascht, wenn die Bank, die Ihnen den Kredit gewährt hat, diesen schon nach kurzer Zeit an ein anderes Kreditinstitut verkauft oder ein Unternehmen damit beauftragt, die Ratenzahlungen entgegen zu nehmen. Das ist ein ganz normaler Vorgang und Sie werden schriftlich vom alten und vom neuen Dienstleister darüber informiert. Für Sie ändert sich nichts, außer dass Sie die Raten jetzt an einen anderen *mortgage servicer* zahlen.

Immobiliensuche

Die beste Informationsquelle ist natürlich das Internet. Achten Sie aber auch auf Schilder an den betreffenden Objekten, die Ihnen signalisieren, dass das Haus bzw. die Wohnung entweder zum Kauf oder zur Vermietung frei steht. Natürlich gibt es überall Immobilienmakler, die Ihnen bei der Suche behilflich sein können. Wenn Sie nur eine Wohnung mieten wollen, können Sie einen Makler ruhig umgehen. Beim Immobilienkauf ist die Einschaltung eines Maklers allerdings ratsam, insbesondere wenn man sich nicht mit den amerikanischen Geschäftsgepflogenheiten auskennt. Für den Käufer sind die Leistungen

Makler einschalten?

---

[*] Zwar zahlen Sie bei einer Hypothek mit einer Laufzeit über 15 Jahre höhere Tilgungen, dafür ist aber die Zinsbelastung niedriger und somit wird die Gesamtbelastung wesentlich niedriger ausfallen.

[**] Zur Vergabe eines Kredites verlangen Banken als Bedingung die Bewertung der Immobilie durch einen Gutachter. Hierbei bietet sich eine *comparable market analysis (CMA)*, eine vergleichende Marktanalyse an. (Siehe „US-Immobilienfachbegriffe" am Ende des Kapitels)

des eigenen Maklers (*buyer's agent*) kostenlos, da sich dieser die Provision, die vom Verkäufer gezahlt wird, mit dessen Makler (*seller's agent*) teilt. Qualifizierte Immobilienmakler haben Zugang zu den *Multiple Listing Services (MLS)*, d.h. zu lokalen und nationalen Datenbanken aller zum Kauf stehenden Immobilien, und erfahren so umgehend davon, wenn eine Immobilie, die Ihren Suchkriterien entspricht, auf den Markt kommt.

Immobilienmakler

Makler ist nicht gleich Makler!

Im Normalfall werden bei Immobilientransaktionen Immobilienmakler eingeschaltet. Entweder schalten beide Seiten unabhängig voneinander einen Makler ein oder ein und derselbe Makler ist für beide Seiten tätig. Denken Sie dann aber daran, dass der Makler im Interesse des Verkäufers handelt, da dieser seine Provision zahlt, die natürlich vom Verkaufspreis abhängt. In einigen Bundesstaaten darf ein Makler daher nicht beide Seiten vertreten. Einen guten Makler finden Sie durch Empfehlungen von Kollegen, Freunden oder Bekannten. Es gibt verschiedene Bezeichnungen für Immobilienmakler: *agent* bzw. *broker* sowie *realtor*.

Agent: Hierbei handelt es sich um einen Makler, der zwar bereits eine staatliche Prüfung abgelegt hat, aber noch keine Lizenz für eine eigenverantwortliche Tätigkeit besitzt. Er arbeitet zumeist in Festanstellung in einem Immobilienbüro oder als freier Mitarbeiter für einen *broker*, der seine Tätigkeit beaufsichtigt und der letztendlich die Verantwortung trägt.

Broker: Dieser besitzt eine staatliche Lizenz, mit der er selbständig zur Vermittlung von Immobilienkaufverträgen berechtigt ist.

Realtor: Hierbei handelt es sich um einen *broker* oder *agent*, der ein Mitglied der *National Association of Realtors (NAR)* ist, von der es in den einzelnen Bundesstaaten verschiedene lokale Organisationen (*Board of Realtors*) gibt.

Um Mitglied in der NAR zu werden, aber auch um von den lokalen Aufsichtsbehörden eine Lizenz zu erhalten, müssen Prüfungen in Immobilienrecht, Finanzierung, Inspektion und in anderen Fächern abgelegt werden. Jährliche Fortbildungen sind Pflicht, um die Lizenz und die Mitgliedschaft in der NAR aufrecht zu erhalten.

Die NAR sowie die lokalen Aufsichtsbehörden garantieren für die Referenzen und Zeugnisse ihrer Mitglieder. Jeder, der sich als *realtor* bezeichnet, unterliegt einem strikten *code of ethics* (Verhaltenskodex) und muss mit schweren Strafen rechnen, wenn er diesen bricht.
Alle Bezeichnungen werden im Deutschen mit Makler übersetzt, unterscheiden sich jedoch in rechtlicher Hinsicht ein wenig voneinander. Die Tätigkeit der Immobilienmakler wird in den USA in viel strengerem Maße kontrolliert als in Deutschland. Alle müssen staatliche Prüfungen ablegen und im Falle von Gesetzesübertretungen mit harten Konsequenzen seitens der örtlichen Aufsichtsbehörden rechnen. Aus diesem Grunde arbeitet der amerikanische Immobilienmarkt effizient und vor allem fair. Nichtsdestotrotz sollten Sie als Käufer nie vergessen, dass der Makler auf Provisionsbasis (*commission*) arbeitet und sein

Verdienst umso höher liegt, je höher der erzielte Verkaufspreis ist. Je nach Bundesstaat beläuft sich die Provision auf 5–10% des erzielten Verkaufspreises.

Denken Sie daran, dass Sie in den meisten Fällen Verhandlungsspielraum haben, was den Kaufpreis der Immobilie betrifft. Verkäufer setzen normalerweise den Preis höher an, da sie damit rechnen, dass der Käufer ein niedrigeres Angebot (*offer*) machen wird. Lassen Sie sich von Ihrem Makler beraten, wie Sie hier am besten vorgehen.

Die letzte Formalität besteht dann in der Eigentumsübertragung (*closing*), die etwa vier bis sechs Wochen nach der Einigung über den Kauf stattfindet. Hierbei wird darauf geachtet, dass alle für den Grundstückskauf notwendigen Dokumente (wie z.B. Kaufvertrag, Übergabeprotokoll, Bescheinigungen über Anzahlungen und bereits gezahlte Gebühren etc.) vorhanden und ordnungsgemäß ausgefüllt sind. Ist alles in Ordnung, erhält der Käufer einen *title* (Rechtstitel), in dem er als neuer Eigentümer des betreffenden Objekts ausgewiesen ist. Zudem erfolgt ein *transfer*, eine Eigentumsübertragung bei einer öffentlichen Behörde, die mit unserer Grundbucheintragung gleichzusetzen ist. Beim *closing* sind unter anderem Ihr *real estate agent* sowie ein Vertreter Ihres Kreditinstituts zugegen, die gemeinsam ein wachsames Auge auf die Formalitäten werfen. Lassen Sie sich nicht von dem dicken Formularstapel erschrecken, den Sie unterschreiben müssen! Zum Zeitpunkt des *closing* wurden diese Unterlagen bereits von mehreren Seiten durchgesehen, sodass man sich in Sachen Richtigkeit kaum Sorgen machen muss.

Der Verkäufer ist verpflichtet, Sie vor Vertragsabschluss über eventuelle Mängel der Immobilie zu informieren. In den meisten Bundesstaaten gibt es zu diesem Zweck *disclosure statements*. Seien Sie auf keinen Fall so naiv, nur auf dieses Statement zu vertrauen, sondern machen Sie sich selbst ein Bild über den Zustand der Immobilie. Kennen Sie sich in der Materie nicht genügend aus, sollten Sie auf eigene Kosten einen *home inspector* damit beauftragen, das Haus gründlich auf Mängel zu untersuchen. Das wird Sie einige Hundert Dollar kosten, könnte Ihnen unter Umständen aber Tausende Dollar und sehr viel Ärger ersparen. Falls Sie nämlich im Nachhinein feststellen, dass der Verkäufer Sie betrogen hat, müssen Sie rechtlich gegen ihn vorgehen, was immer unangenehm ist, viel kostbare Zeit und Nerven kostet. Sie müssen den Beweis erbringen, dass die Mängel bereits vor Vertragsabschluss existierten und der Verkäufer darüber Bescheid wusste. Das allein ist schon schwer genug und selbst wenn Sie dies nachweisen können, ist das Risiko, dass der Verkäufer bereits untergetaucht oder zahlungsunfähig ist, sehr groß. Einen guten *home inspector* finden Sie ebenfalls durch Empfehlungen von Bekannten und Freunden.

Achtung beim Hauskauf!

Hypothekenarten

Fixed Rate: Feste Rate vom Anfang bis zum Ende der Laufzeit (je nach Konditionierung), der verbreiteteste Typ, normalerweise mit einer Laufzeit über 15 oder 30 Jahre.

Adjustable Rate Mortgage (ARM): Anpassender Zinssatz, Anfangszahlungen können 2–3% niedriger liegen als die laufende Rate, obwohl die Raten mit

Finanzierungsmöglichkeiten

Zinsanstieg auch schnell ansteigen können. ARMs berücksichtigen die aktuelle, von der amerikanischen Notenbank vorgegebene Leitzinsrate. Die Rückzahlung wird durch ein *cap* (variabler Zinssatz mit Zinsbegrenzung) auf die Hypothek kontrolliert. Lebenslange *caps* setzen Grenzen über die Laufzeit einer Hypothek, jährliche *caps* regulieren ihre Zinsrate über das Jahr und *payment caps* erlauben eine Angleichung pro Jahr.

Convertible Mortgage: Diese kann zu bestimmten Zeiten während der Laufzeit des Kredites konvertiert werden, von einer festen zu einer angeglichenen Rate.

Graduated Payment Mortgage: Diese hat eine niedrigere Anfangsrate, die sich über eine bestimmte Periode erhöht. Der Kreditgeber geht davon aus, dass sich das Einkommen des Kreditnehmers steigt und dieser dann in der Lage ist, die höheren Raten zu zahlen.

Two-Step Loan: Feste oder angleichende Ratenhypothek mit einem eingebauten Ratenanstieg nach 5 oder 7 Jahren. Anfangsraten sind normalerweise niedrig, aber in den späteren Stadien der Hypothek zahlen Sie mehr als die gemein gängige Rate.

Fifteen-Year Mortgage: Diese ist über 15 Jahre abzuzahlen.

Nebenkosten beim Immobilienkauf

Erkundigen Sie sich vor Vertragsabschluss über alle Nebenkosten!

Abhängig vom jeweiligen Bundesstaat können die Nebenkosten beim Immobilienkauf variieren. Einige Staaten verlangen eine notarielle Anerkennung (*documentary stamps*) der Hypotheken- und Übertragungsurkunden (*mortgage and transfer deeds*), oftmals ist diese gebührenpflichtig (z.B. in Florida 35 Cents pro US$ 100 des Hypothekendarlehens und 70 Cents pro US$ 100 des Verkaufspreises). In Staaten, wo eine Grundbucheintragung (*record title documents*) verlangt wird, kommen dafür weitere Gebühren hinzu. Einige Staaten erheben auch immaterielle Steuern (*intangible taxes*) auf den Kreditbetrag (in Florida US$ 2 auf US$ 1.000 des Kredits). Andere Staaten erheben verschiedene Übertragungssteuern (*transfer taxes*) und andere Zölle. In New York belaufen sich z.B. die Übertragungsgebühren auf US$ 2 pro US$ 500 des Preises, und eine Steuer auf die Grundbucheintragung der Hypothek erhebt 1% der Kreditsumme. Es gibt von Bundesstaat zu Bundesstaat viele Abweichungen.

Hinzu kommen die Abschlusskosten, die, abhängig vom jeweiligen Bundesstaat, jeweils die Hypothekeneintragungsgebühren (*mortgage recording fees*), staatliche und lokale Abschlusskosten, Anwaltskosten, Inspektionskosten und andere allgemeine Kosten beinhalten. Die können sich auf zwischen 2% und 6% des Kaufpreises belaufen. Kreditgeber erheben normalerweise ein oder zwei points (Punkte; ein Punkt ist 1% des gesamten Darlehens). Die anderen Hauptkosten entstehen hauptsächlich im Zusammenhang mit dem, was als „PITI" *mortgage payment* bezeichnet wird: *Principal* (Nominalwert), *interest* (Zinsen), *taxes* (Steuern) und *insurance* (Versicherung).

Jährliche Eigentumssteuern (*annual property taxes*) unterscheiden sich oft deutlich von Ort zu Ort, betragen aber immer mehrere Tausend Dollar. Bevor Sie eine Immobilie kaufen, sollten Sie sich bei Ihrem Makler nach diesen Steuern erkundigen.

Von den Abschlusskosten (*closing costs*) sind die meisten Käufer zumeist überrascht, zumal diese schon im Voraus bei Vertragsabschluss fällig und oft sehr hoch sind. Da fallen Kosten in Sachen Kreditbereitstellung, Wertgutachten, Grundbuchüberprüfung, Steuern, Versicherungen und anderen Gebühren an. Sie sollten daher mit einer Summe, die bei 4–6% des Immobilienpreises liegt, rechnen. Das Geld dafür müssen Sie zusätzlich zur Eigenbeteiligung zur Verfügung haben.

Eine Versicherung gegen Rechtsmängel im Grundbesitz (*title insurance*) ist normalerweise eine Grundvoraussetzung für die Hypothek. Der Kreditgeber wird das Geschäft nicht abschließen, bevor Sie ihm nicht beweisen können, dass eine Police abgeschlossen wurde. Stellen Sie sicher, dass Sie eine *owner's policy*, d.h. eine Police über den gesamten Verkehrswert der Immobilie (Hypothek plus Eigenmittel) abschließen. Die wird Ihr Eigenkapital in Form von Anzahlungen absichern. Nehmen Sie nicht einfach eine Versicherung gegen Rechtsmängel, womit sich die Kreditgeber zwar meist zufrieden geben, die aber nur die Hypothek an sich absichert und keinen weiteren Wert für Sie darstellt.

Wichtige Versicherungen

Sie müssen auch eine Risikoversicherung abschließen. Es ist zudem ratsam, eine Hausversicherung (*all-risk policy*) abzuschließen, die auch ein *liability cover* enthält: Es gibt oft Rechtsklagen von Einzelpersonen gegen Hausbesitzer, auf deren Grundbesitz eine Person verletzt wurde. Die Durchschnittsprämie auf ein 120.000-Dollar-Haus liegt zwischen US$ 700 und US$ 800. Auf *www.netquote.com* können Sie *home insurance*-Angebote verschiedener Versicherungen einholen. Wenn Sie die Versicherungen für Ihr Auto und Ihr Haus beim selben Anbieter abschließen, bekommen Sie fast immer einen Preisnachlass.

Vor- und Nachteile beim Kauf von Immobilien

Vorteile: Vorteile beim Immobilienkauf entstehen eher in langfristiger Sicht. Immobilien sind in den USA relativ preiswert, sie stellen oft eine gute Kapitalanlage dar, die Finanzierungsmöglichkeiten sind günstig und Zinsen auf Eigenheime sind sogar von der Steuer absetzbar, vorausgesetzt dass Sie in den USA Einkommensteuer zahlen. Sie haben bei der Gestaltung des Heims weitgehend freie Hand.

Nachteile: Sie müssen einige Jahre lang mit einer stärkeren finanziellen Belastung leben. Falls Sie mit den Zahlungen in Rückstand geraten oder sie gar nicht mehr leisten können, wird Ihr Objekt zwangsversteigert. Müssen Sie plötzlich arbeitsbedingt umziehen, sind Sie nicht so flexibel, wie beispielsweise bei einem Mietobjekt.

Beispiele für Immobilienpreise

Mittlerer Verkaufspreis von Einfamilienhäusern in ausgewählten Großstädten (Stand: Juli 2016):

Nordosten: Pittsburgh US$ 140.000, Boston US$ 576.000, Hartford US$ 113.000, New York US$ 550.000

Mittelwesten: Kansas City US$ 90.000, Detroit US$ 40.000, Chicago US$ 260.000

Westen: Los Angeles US$ 675.000, San Diego US$ 509.000, San Francisco US$ 1.300.000

Süden: Jacksonville FL US$ 158.000, Miami US$ 263.000, Cape Coral US$ 170.000, Washington D.C. US$ 530.000

Wohnungen

Gute Informationsquellen in Sachen Mietwohnungen sind ☑ *www.apartments.com* und ☑ *www.craigslist.org*. Wenn Sie Inserate durchgehen, beachten Sie bitte, dass die Anzahl der angegebenen Räume die Anzahl der Schlafzimmer meint, die Angabe der Fläche in Quadratfuß erfolgt und *first floor* Erdgeschoss bedeutet. Erkundigen Sie sich vorab auch genau, ob und welche Haustiere (*pets*) gestattet sind. Auf ☑ *www.yelp.com* können Sie für viele Apartmentkomplexe Lob und Beschwerden von Mietern finden. Achten Sie besonders auf die Erwähnung von *bed bugs* (Bettwanzen), die in Großstädten wie New York und Chicago ein weit verbreitetes Problem darstellen.

Mietverträge

Für den Abschluss von Mietverträgen benötigen Sie die üblichen Dokumente und Einkommensnachweise. Zusätzlich werden von Ihnen in der Regel Referenzen Ihres Arbeitgebers, Ihrer Bank, mitunter auch persönliche Referenzen erwartet. Zumeist muss ein Standardformular ausgefüllt werden, das Sie vom Vermieter bekommen. Bei Abschluss des Mietvertrages ist eine Kaution (*security deposit*) fällig, die oft eine Monatsmiete beträgt und den Vermieter vor Schäden und bei Mietrückständen schützt. Als Mieter sind Sie in den USA rechtlich nicht sehr gut abgesichert, denn das Gesetz begünstigt eher den Vermieter. Deshalb ist es umso wichtiger, den Wortlaut eines Vertrages ganz genau zu studieren und insbesondere darauf zu achten, ob der Vertrag z.B. eine automatische Verlängerungsklausel enthält oder nicht. Denn ist eine solche im Vertrag enthalten und Sie versäumen es, den Vermieter rechtzeitig (d.h. vor Ablauf des Vertrages) über Ihren Auszug zu informieren, müssen Sie mit einer saftigen Geldeinbuße rechnen. Die Dauer der Mietverträge und die Mietbestimmungen variieren natürlich wieder von Bundesstaat zu Bundesstaat und oft auch von Ort zu Ort. Falls es sich abzeichnet, dass Sie mit den Mietzahlungen in Rückstand geraten werden, z.B. wenn Sie Ihre Arbeit verloren haben, sollten Sie frühzeitig den Dialog mit dem Vermieter suchen.

Es gibt zwei Arten von Mietverträgen:

Mietverträge

1. Lease: Ein Lease-Vertrag gilt normalerweise für ein Jahr und meistens mit der Option zu verlängern. Die Besonderheit bei dieser Art von Mietvertrag besteht darin, dass er bis zum Ende der Laufzeit gültig ist, d.h. Sie können ihn nicht vorher auflösen, wie das bei uns in Deutschland unter Einhaltung einer bestimmten Kündigungsfrist der Fall ist. Einzige Ausnahme: Der Vermieter vernachlässigt eklatant seine Pflichten. Nach Ablauf des Vertrages wird dieser in der Regel nicht automatisch verlängert, d.h., wenn Sie weiter in der Wohnung bleiben wollen, müssen Sie das Einverständnis Ihres Vermieters einholen und mit diesem einen neuen Vertrag abschließen.

Tipp: Bestehen Sie hier grundsätzlich und zu Ihrer eigenen Absicherung auf einen schriftlichen Vertrag.

MERKE

Miete: Hier gibt es genau festgelegte Mietsätze, die in der Regel für die gesamte Dauer des Mietverhältnisses gelten und daher nicht erhöht werden dürfen. Eine Erhöhung kann der Vermieter allerdings bei Vertragsverlängerung verlangen, sofern dies im Wortlaut des Vertrages so festgelegt ist. Achten Sie vorab also auch auf dieses Detail.

Kaution: Kautionen sind wie in Deutschland auch der übliche Weg des Vermieters, sich gegen eventuelle Schäden oder Mietrückstände abzusichern. Hinterlassen Sie die Wohnung bei Auszug in einem ordnungsgemäßen Zustand, erhalten Sie diese wieder zurück.

Miethöhe: Für den Mietpreis gilt dasselbe wie für den Immobilienpreis. Wichtigster Faktor ist die geografische Lage. Hinzu kommen dann auch noch solche Aspekte wie Größe, allgemeiner Zustand, Helligkeit, möbliert, teilmöbliert oder unmöbliert etc. Außerdem ist ausschlaggebend, welche Art des Mietverhältnisses besteht und ob es am jeweiligen Ort eventuell Mietpreisbindungen gibt oder nicht. Die nachfolgend aufgeführte Tabelle bietet natürlich nur einen winzigen Anhaltspunkt, wie hoch die Durchschnittsmieten von Wohnungen in einigen ausgewählten Städten sind. Wieder eine kleine Regel vorab: Für eine Wohnung mit einem Schlafzimmer müssen Sie je nach Stadt und Lage zwischen US$ 800 und US$ 2.000 pro Monat veranschlagen. Dann gibt es natürlich immer die exklusiven Ausnahmen, die die Regel bestätigen. Eine vergleichbare Wohnung in der Upper West Side in Manhattan kostet Sie mindestens US$ 3.000 pro Monat. Bei folgenden Beispielen handelt es sich stets um unmöblierte Wohnungen. Der angegebene Mietpreis ist die Monatsmiete.

Tabelle: Durchschnittliche Monatsmieten in Großstädten für 2-Zimmer-Wohnungen (*www.apartmentlist.com*, Juli 2016)

Etwas außerhalb der Großstädte sind die Mieten oft erheblich billiger!

Bundesstaat	Stadt	Ein Schlafzimmer Preis in US$	Zwei Schlafzimmer Preis in US$
Arizona	Phoenix	840	1.000
Connecticut	Stamford	1.810	2.540
Florida	Miami	1.820	2.300
Illinois	Chicago	1.460	1.800
Kalifornien	LosAngeles	1.930	2.630
	SanFrancisco	3.460	4.650
Michigan	GrandRapids	830	1.000
New York	Rochester	800	990
	New York City	3.500	4.600
Oregon	Portland	1.400	1.600
Texas	Dallas	1.230	1.590
Utah	SaltLakeCity	780	980
Washington	Seattle	1.730	2.250

2. Month-to-Month Rental Agreement: Wie aus der Bezeichnung bereits hervorgeht, handelt es sich um einen Vertrag über eine Dauer von einem Monat. Gebräuchlich sind in diesem Fall mündliche Vertragsabschlüsse. Norm bei dieser Art von Verträgen sind automatische Verlängerungen, d.h. ist ein Monat um und Sie oder der Vermieter haben keinerlei Einwände gegen eine Fortsetzung des Mietverhältnisses geäußert, so läuft der Vertrag automatisch für den nächsten Monat weiter. Bei einer gewünschten Beendigung des Mietverhältnisses, egal von welcher Partei – Mieter oder Vermieter, muss eine Monatsfrist eingehalten werden. Da es sich hier um eine sehr unkonventionelle Form des Mietverhältnisses handelt, eignet sie sich besonders für Personen, die gerne sehr flexibel sein möchten und bei denen abzusehen ist, dass sie wahrscheinlich bald den Wohnort wechseln oder eine eigene Immobilie kaufen werden. Mitunter wird diese Lösung auch gewählt, wenn man einen normalen Mietvertrag abgeschlossen hat und diesen bei Ablauf nicht um ein volles Jahr verlängern sondern nur noch um wenige Monate fortsetzen möchte, z.B. falls ein Umzug an einen anderen Ort vorauszusehen ist. Das setzt allerdings die Bereitwilligkeit des Vermieters voraus.

Miete: Der Vermieter hat das Recht, die Miete monatlich zu erhöhen, muss Sie aber einen Monat im Voraus darüber informieren.

Vor- und Nachteile beim Mieten

Vorteile: Mietverhältnisse sind eher kurzfristiger Natur. Ihnen entsteht keine langfristige hohe finanzielle Belastung, wie beim Kauf. Sie sind flexibler, was einen schnellen Wohnortwechsel angeht und Sie müssen keine oder nur sehr geringe Verantwortung für Instandhaltungen, Reparaturen etc. übernehmen.

Nachteile: Wollen Sie Veränderungen an der Wohnung/dem Haus vornehmen, müssen Sie sich immer erst die Genehmigung des Vermieters einholen. Vernachlässigt der Vermieter seine Pflichten, können Sie nicht viel mehr tun als ausziehen. Und natürlich ist das Geld, das Sie für die Miete zahlen, unwiederbringlich verloren, während Sie mit den Ratenzahlungen für eine Immobilie zumindest teilweise eine Investition vornehmen.

Eigentumswohnungen

<small>Eigentumswohnung mit Gemeinschaftsverwaltung</small>

Condominium: Condominiums entsprechen in etwa unserer Form von Eigentumswohnungen und können im Prinzip alle Formen von Wohnunterkünften sein, also Wohnblöcke (auch Hochhäuser) oder Wohnanlagen mit Reihen- oder Einzelhäusern. Besitzer und Verwalter ist eine *management company*. Sie kaufen direkt eine Wohnung oder ein Haus. Der Kauf kann durch eine konventionelle Hypothek finanziert werden. Einige *Condominiums* können auch in einem sogenannten *Turnkey*-Geschäft erworben werden, d.h., dass die Einrichtungsgegenstände gleich mit gekauft werden, was dann dem Kaufpreis hinzugefügt wird. Gemeinsamer Besitz aller Wohneigentümer sind alle gemeinsam benutzten Flächen und Räume, wie z.B. das Grundstück, Grünanlagen, der Wohnblock, Flure, Tiefgarage etc. Deshalb spricht man in diesem Fall auch von Teileigentum. Die Verwaltungsfirma teilt gemeinschaftliche Anteile an den Flächen und Einrichtungen und ist auch verantwortlich für den Gesamtzustand des Gebäudes und der Flächen.

Durch den Kauf eines *Condominiums* werden Sie Mitglied der Eigentümergemeinschaft, der sogenannten *homeowners association*, die sich aus Ihnen und all den anderen Wohnparteien zusammensetzt. Als ein solches Mitglied besitzen Sie ein Stimmrecht, von dem Sie Gebrauch machen können, wenn auf regelmäßig stattfindenden Versammlungen notwendige Reparatur- und Instandhaltungsmaßnahmen besprochen werden. Zur Deckung der anfallenden Kosten für derartige Maßnahmen müssen Sie regelmäßige Beiträge abführen, *homeowners association due*, *maintenance due* oder *association fee* genannt (alle Begriffe meinen dasselbe). Die Höhe dieser Beiträge variiert von *Condominium* zu *Condominium*. Je nach Größe Ihrer Wohnung kommen dazu noch die an das Grundeigentum gebundenen Steuern, *real estate tax*, die Sie selbst an den Staat abführen müssen.

Cooperative Apartment (Co-op): Hierbei handelt es sich um eine in Deutschland unübliche Form des Kaufs. Sie erwerben nämlich nicht direkt eine Wohnung oder ein Haus, sondern kaufen sich durch den Erwerb von Anteilen quasi in eine Genossenschaft ein, der das Objekt gehört. Wie viele Anteile Sie genau für das von Ihnen gewählte Objekt erwerben müssen, richtet sich nach der Größe und der Lage innerhalb des Wohnblocks/der Anlage. Das von Ihnen bezogene Objekt stellt somit im rechtlichen Sinne kein Eigentum dar. Sie sind anteilig an der Gesellschaft und folglich am ganzen Haus bzw. der ganzen Wohnanlage beteiligt.

> Anteil am Gemeinschaftsbesitz

Die Verwaltung obliegt einem *Board of Directors*, dessen Mitglieder von allen Anteilseignern gewählt werden. Während Sie für Ihre Wohnung und deren Einrichtung selbst verantwortlich sind, obliegt dem *Board of Directors* (oder auch *residents' committee*) die Verantwortung über die Wartung der gemeinschaftlich genutzten Räume und Plätze. Das Volumen der Genossenschaftsanteile bestimmt dabei das Stimmgewicht der einzelnen Board-Mitglieder. Wenn einzelne Anteilseigner ihre Anteile verkaufen wollen, hat das *Board of Directors* Mitspracherecht, d.h. man kann seine Anteile nur verkaufen, wenn das Board mit dem potentiellen Käufer einverstanden ist. Das *Board of Directors* kann ein Veto einlegen, wenn ihm ein bestimmter Käufer nicht zusagt. Dabei lässt sich das Board von Kreditwürdigkeit und Persönlichkeit des potentiellen Käufers leiten. Zuweilen kann dieses Vetorecht auch von einer Mehrheit von Anteilseignern wahrgenommen werden. Das hängt aber wiederum vom genauen Wortlaut des Vertrages ab. Letztendlich handelt es sich um eine Schutzmaßnahme zur Interessenwahrung aller Anteilseigner der Gesellschaft.

Auch hier zahlen Sie regelmäßig Beiträge zur Deckung der Instandhaltungs- und Reparaturkosten. Die Höhe Ihrer Beiträge richtet sich nach Ihrem Anteilvolumen an der Gesellschaft. Da die Gesellschaft Grundstückseignerin und somit steuerpflichtig ist, zahlen Sie hier die anteilig fälligen Grundstücksteuern gleich mit.

Vor- und Nachteile von Condominium und Co-op

Vorteile: Wenn Sie in ein großes Ballungszentrum ziehen, wird es dort kaum erschwingliche Einzelhäuser geben, da dazu die Grundstückspreise viel zu hoch sind. Deshalb baut man dort auch in die Höhe, sodass bei Eigentumswohnungen der Grundstückspreis sowie die Nebenkosten gleichmäßig auf alle Wohnparteien umgelegt wird, was sich günstig auf die Kosten von Eigentumswohnungen im Vergleich zu Einzelhäusern auswirkt. Außerdem müssen Sie sich nicht selbst um die Wartung und Pflege des Hauses und der Anlagen kümmern, da dies von einem Hausmeister bzw. von Arbeitskräften erledigt wird.

Nachteile: Sie sind in Ihren Freiheiten ähnlich eingeschränkt wie ein Mieter. Da es sich zum Teil um Gemeineigentum handelt, müssen Sie bei allem, was Sie tun, stets Rücksicht auf andere Parteien nehmen. Sie können nicht einfach Haustiere halten, weitervermieten oder verkaufen. Dazu ist die Zustimmung der anderen Parteien notwendig. Mitunter können von den anderen Parteien Entscheidungen gefällt werden, die Sie logisch nicht nachvollziehen können oder die ganz einfach durch Sympathie oder Antipathie beeinflusst werden.

MERKE

Tipp: Bevor Sie sich zum Kauf eines Condominiums oder einer Co-op-Wohnung entschließen, schauen Sie sich genauestens den Zustand des Gebäudes bzw. des Komplexes an. Sie wollen sicherlich nicht die Sanierung eines halb verrotteten Hauses mitfinanzieren. Doch wenn Sie erst einmal den Vertrag unterzeichnet hätten, wären Sie dazu verpflichtet. Erkundigen Sie sich auch genau, welche Gesellschaft Besitzerin des Gebäudes/der Anlage ist. Falls Sie einen Makler einschalten, wäre dies seine Aufgabe. Er muss Sie über Bargeldreserven der Firma, ihr Arbeitsbudget und ihren rechtlichen Status informieren. Wissenswert ist auch, wie viele der Wohnungen von den Besitzern selbst bewohnt werden oder vermietet sind. Bei einem hohen Vermietungsgrad sollten Sie in Erfahrung bringen, warum das so ist.

Viele weitere Hinweise zum Hauskauf finden Sie in folgendem Buch:

BUCHTIPP

Immobilien in den USA – Ratgeber für alle zukünftigen Wohnungseigentümer
Conbook Medien
Autor: Kai Blum
ISBN: 978-3-943176-79-7

US-Immobilienfachbegriffe

Wenn Sie vorhaben, in den USA eine Immobilie zu erwerben oder zu mieten, werden Sie mit den verschiedensten Fachbegriffen konfrontiert, die Sie aus Ihrem normalen Englisch-Wortschatz vermutlich zum Teil nicht kennen. Nachstehende Tabelle ist dafür als Hilfestellung gedacht.

Wichtige Begriffe

Acre: Flächenmaß, 1ac. = 4.047qm
Adjustable Rate Mortgage (ARM): veränderliche Ratenhypothek
Agreement of Sale: (schriftlicher) Vertrag zwischen Verkäufer und Käufer, der die Bedingung des Kaufgeschäftes enthält (Kaufvertrag)
Amortization: Tilgung
Annual Percentage Rate (APR): die Finanzierungsrate auf ein Darlehen
Apartment: Wohnung
Appraisal: Wertgutachten
Appreciation: Wertsteigerung
Assessed Value: Veranlagungswert
Assumption of Mortgage: Käufer übernimmt eine Hypothek vom Verkäufer. Diesem Übertrag muss der Kreditgeber zustimmen.

Balloon Payment: größere Zahlungen, die gegen Ende oder während der Laufzeit einiger Darlehen fällig werden
Binder: schriftliches Dokument, das beide Vertragsparteien zur Unterzeichnung des Vertrags bindet/verpflichtet, manchmal durch eine kleine Anzahlung unterstützt (US$ 100–1.000), bekannt als earnest money oder good faith
Buyer's Closing Costs: Kosten des Käufers für Treuhandabwicklung, Rechtsmängelversicherung u. Ä.

Capital Contribution: Kapitaleinlage
Capital Gain: Veräußerungsgewinn
Cap: variabler Zinssatz mit Zinsbegrenzung, nationale Begrenzungen auf Marktzinssatz innerhalb der ARM – festgeschriebener Zinsdeckel
Cap Rate: Verhältnis von Kaufpreis und Mieteinnahmen
Certificate of Occupancy: Bauabnahmeschein der Behörde
Certificate of Title: Urkunde, die Nachweis des Rechtstitels an Grundbesitz enthält, Eigentumsurkunde
Closing: Kaufabschluss
Comparable Market Analysis (CMA): vergleichende Marktanalyse, Übersicht über vergleichbare Immobilien, die derzeit auf dem Markt sind oder kürzlich verkauft wurden. Aus dieser wird ersichtlich, welche Immobilie in welcher Größe und Zustand zu welchem Zeitpunkt welchen Preis pro Quadratfuß erzielte
Comparables: vergleichbare Gebäude oder Grundstücke, die kürzlich verkauft worden sind; ihre Werte geben Hinweis auf den Marktwert eines Gebäudes oder Grundstücks
Condominium: Eigentumswohnung, Teileigentum
Construction Costs: Baukosten ohne Nebenkosten
Construction Loan: Bankkredit zur Bauzwischenfinanzierung

Deed: Übertragungsurkunde, Vertrag
Deed of Trust: Treuhandvertrag, eine Form von Hypothek

Depreciation: Abschreibung
Development Costs: Erschließungskosten
Duplex: Zweifamilienhaus

Earnest Money: Anzahlung auf den Abschluss eines Kaufvertrages, in manchen Bundesstaaten auch als binder bezeichnet
Efficiency/Bachelor: möbliertes Zimmer oder Studiowohnung
Equity: Eigenkapital
Escrow: Hinterlegung von Geld und Verträgen bei einer neutralen dritten Partei (oft Bank oder closing agent) bis zur Erfüllung aller Vertragskonditionen
Escrow Instructions: Anweisungen an den Treuhänder durch Käufer oder Verkäufer

Fair Market Value: Verkehrswert
Federal National Mortgage Association (FNMA, meist Fannie Mae genannt): private Gesellschaft, vom Kongress etabliert, die Hypothekenbriefe von lokalen Kreditgebern kauft. Sie kann auch Richtlinien herausgeben, die von Kreditgebern zur Einschätzung/Überprüfung von Kreditnehmern verwendet werden
Finance Costs: Finanzierungskosten
First Floor: erste Etage, bei den Amerikanern das Erdgeschoss
Flatware: Besteck
Forfeiture: Einziehung, Verwirkung, Verfall
Free and Clear: schuldenfreier Grundbesitz

Gap Financing: Überbrückungskredit, Wochenfinanzierung

Interest: Anteile an einem Unternehmen, Zinsen
Interest Rate: Zinssatz
Internal Revenue Service (IRS): Amerikanische Steuerbehörde

Landlord: Vermieter
Lease: Miet- oder Pachtvertrag
Lease Purchase: Mischung von Miet- und Kaufvertrag
Lease with Option to Buy: Mietvertrag mit Vorkaufsrecht
Legal Description: Genaue juristische, auf amtlicher Landvermessung beruhende Beschreibung der Immobilie
Lender: Darlehens-, Hypotheken- oder Kreditgeber
Lessee: Mieter oder Pächter
Lessor: Vermieter, Verpächter
Liability Insurance: Haftpflichtversicherung
Lien: Gesetzliches oder vertragsrechtlich vereinbartes Pfandrecht
Loan Commitment: Darlehenszusage
Loan Fee: Gebühr für Herausgabe eines Darlehens
Long Term Debts: Langfristige Verbindlichkeit

Market Value: Verkehrswert, Marktwert
Mortgage: Hypothek, Grundpfandrecht

Net-Net-Net Lease, Triple Net Lease: Vereinbarung, in der der Pächter alle Nebenkosten tragen muss
Net Worth: Eigenkapital

Operating Expense: Betriebskosten
Origination Fee: Abschlussgebühr, Bearbeitungsgebühr
Overhead: Allgemeine Verwaltungskosten, Gemeinkosten

PITI (Principal, Interest, Tax, Insurance): Basis der monatlichen Tilgungszahlungen
Promissory Note: Schuldschein, Eigenwechsel
Percentage Lease: Miet- oder Pachtvertrag, der eine umsatzabhängige Miet- oder Pachtvergütung beinhaltet
Property: Eigentum, Grundbesitz
Property Management: Grundstücksverwaltung
Purchase Option: Kaufoption
Real Estate: Immobilie
RESPA (Real Estate Settlement Procedures Act): Aufschlüsselung der Kaufabschlusskosten

Sale and Lease Back: Kaufvertrag mit anschließender Rückmietung durch den bisherigen Eigentümer
Square Foot: Flächenmaß, entspricht etwa einem Zehntel Quadratmeter
Subdivision: Parzellierung

Tenant: Mieter
Title: Eigentumsrecht, Rechtstitelanspruch
Title Insurance: Versicherung gegen Rechtsmängel im Grundbesitz
Title of Land: Eigentumsurkunde
Title Search: Ermittlung des Eigentums und der Belastung am Grundstück, detaillierte Überprüfung der Eigentumsverhältnisse in der Vergangenheit – Unbedenklichkeitserklärung, d.h. es gibt keine Ansprüche Dritter auf das Grundstück
Townhouse: Reihenhaus
Trustee: Treuhänder
Trustor: Treugeber

Utilities: Versorgungsleistungen (Gebühren für Gas, Strom etc.)

Vacancy Ratio: Leerstandsrate

Warranty Deed: Eigentumsübertragungsurkunde, bei der der Verkäufer Zusicherungen hinsichtlich der Rechtsmängelfreiheit des zu übertragenden Eigentums gibt

Zoning: Lokaler Bebauungsplan

3 Alltag in den USA

3.1 Soziales System

Soziale Sicherheit im Blickwinkel der Amerikaner

Die USA gehören zwar zu den reichsten Industrienationen der Welt, aber sie sind wohl kaum das, was wir als einen Wohlfahrtsstaat bezeichnen würden. Ein bundesweit einheitliches Sozialsystem, so wie wir es aus Deutschland kennen, ist in Amerika unvorstellbar. Lediglich hinsichtlich der Rentenregelung gibt es bislang in den USA ein bundesweit einheitliches System. In all den anderen Bereichen bildete sich ein gemischtes System heraus, das von Privatversicherungen dominiert und nur teilweise von staatlicher Seite gelenkt wird. Eine Erklärung dieser Tatsache mit Amerikas geschichtlicher Entwicklung liegt nahe. Die typisch amerikanischen Ideale, die sich bei den ersten Pionieren herauskristallisierten, hinterließen tiefe Spuren, haben sich bis heute zäh gehalten und letztendlich auch das Sozialsystem in Amerika entscheidend geprägt. So konnte sich ein öffentliches Wohlfahrtssystem nur schwer und langsam herausbilden, weil die übermäßige Betonung des Ideals des freien Individualismus dies lange verhinderte. Dieses Defizit an staatlicher Kontrolle ebnete andererseits den Weg für ein breites Spektrum privater Hilfsorganisationen. Eine individuelle Absicherung wurde von den meisten Amerikanern staatlichen Wohlfahrtsprogrammen vorgezogen. Und so weist Amerika noch heute ernsthafte Lücken in seinem Sozialsystem auf und es ist kein Zufall, dass die zweitreichste Nation der Welt den größten Anteil an Armen unter den modernen Industrienationen hat. In dem Land der unbegrenzten Möglichkeiten wurden auch Belange wie Gesundheit und persönliches Wohlergehen als reine Privatangelegenheit und Sache der Eigenverantwortung betrachtet. Staatliche Intervention erschien von jeher suspekt. Harte Arbeit, protestantische Arbeitsethik, war immer oberstes Credo, eines, dem sich all die neuen Einwanderer ebenfalls zu unterwerfen hatten. Wer es hier nicht schaffte, war selber schuld.

Private Vorsorge dominiert

Dass diese Einstellung nicht länger zeitgemäß war, kristallisierte sich deutlich während der Großen Depression heraus, als viele Millionen Amerikaner ohne eigenes Verschulden in den wirtschaftlichen Ruin stürzten. Die Roosevelt-Administration reagierte mit der Politik des *New Deal* und erließ 1935 den ersten *Social Security Act*, ein Gesetz, das erstmalig ein soziales Sicherheitssystem für ältere Menschen etablierte. Fortan wurde es Pflicht, sozialversichert zu sein und Mitgliedsbeiträge zu entrichten.

Wohlfahrtsprogramme

Medicaid: Ein gemeinsames Programm der Bundesregierung und der Bundesstaaten, das die medizinische Versorgung bedürftiger Menschen finanziert.

Medicare: Eine weitere Form der staatlichen Krankenversicherung für Amerikaner ab einem Alter von 65 Jahren oder altersunabhängig bei Amerikanern mit Behinderungen.

Temporary Assistance for Needy Families (TANF): Ein Programm zur finanziellen Unterstützung hilfebedürftiger Familien mit unterhaltspflichtigen Kindern.

Supplemental Security Income (SSI): Ein Programm, das für Menschen über 65, Blinde und Behinderte ein bestimmtes Mindesteinkommen garantiert.

School Meal Programs: Programme zum Erhalt einer kostenlosen bzw. besonders günstigen Mahlzeit am Tag für Schulkinder.

Food Stamp Programs: Programm zur Bereitstellung von Lebensmittelhilfen für bedürftige Familien.

Public Housing Program: Programm zur Bereitstellung von Sozialwohnungen für Bedürftige.

Arbeitslosenversicherung/-unterstützung

In den USA ist die Arbeitslosenversicherung (*unemployment compensation*) nicht einheitlich geregelt. Jeder US-Bundesstaat hat sein eigenes Programm. Die Anspruchsvoraussetzungen, die Höhe der Beiträge sowie die Höhe und Dauer der Leistungen richten sich nach den jeweiligen Bestimmungen des Einzelstaates. In den meisten Staaten wird in der Regel 26 Wochen Arbeitslosengeld gezahlt, wobei die wöchentliche Summe je nach Bundesstaat variiert und generell sehr niedrig ausfällt. Anschließend muss sich der Arbeitslose um Sozialhilfe bemühen.

Das Krankenversicherungssystem der USA

Extrem hohe Gesundheitskosten

Das Gesundheitswesen der USA stellt sich weitaus komplizierter dar als europäische Systeme. Das liegt zum einen daran, dass es im Gegensatz zu den europäischen Gesundheitssystemen stärker marktorientiert ist und es keine allumfassende staatliche Gesundheitsvorsorge gibt. Zum anderen brechen die Amerikaner alle Rekorde, was die Kosten für die Gesundheitsversorgung anbelangt. Die Gesamtausgaben für die Gesundheitsfürsorge liegen hier um 30% höher als in fast allen anderen industrialisierten Ländern (2014 waren es rund 17% des Bruttoinlandprodukts, ca. US$ 9.400 pro Kopf). Nirgendwo sonst verlangen die Ärzte, ganz zu schweigen von den Zahnärzten, so exorbitante Preise, nirgendwo sonst sind die Krankenhäuser auf einem derartigen Hightech-Stand. Dieses Niveau der Krankenhäuser ist zwar beeindruckend, die Zahl derer, die sich diese Versorgung nicht mehr leisten konnten, wuchs in den letzten Jahren jedoch ständig an.

Hohe Schadensersatzansprüche führen zu hohen Versicherungsprämien

Viele Ärzte rechtfertigen die hohen Preise damit, hohe persönliche Haftpflichtversicherungen für eventuelle Fehldiagnosen abschließen zu müssen. Ein amerikanischer Arzt hat, mehr als jeder andere Arzt auf der Welt, zu fürchten, für eine Fehldiagnose zu einer horrenden Geldstrafe verklagt und verurteilt zu werden. Die prozessfreudigen Bürger haben sich mit ihrer „I'm-talking-to-my-lawyer-Mentalität", was die Auswirkungen auf das Krankenversicherungssystem betrifft, tatsächlich ein regelrechtes Kuckucksei ins eigene Nest gelegt. In der Nähe jedes Krankenhauses sind in großer Zahl Anwaltspraxen zu finden, die sich auf *personal injury* und besonders auf *medical malpractice* spezialisiert haben. Leider wurde hier der Bogen überspannt und hat im Gesundheitswesen eine regelrechte Kostenexplosion verursacht. Die Preise steigen stetig weiter. Astronomisch hohe Schadensersatzansprüche führen zu hohen Versicherungsprämien und damit zu schwerwiegenden Folgen für die ärztliche Versorgung. Ärzte und Versicherungen beschuldigen sich gegenseitig, Verursacher dieser hohen Kosten zu sein. Ungeachtet dessen, wer hier wem den Schwarzen Peter in die Schuhe schiebt, eines steht fest: eine Lösung scheint in näherer Zukunft nicht in Sicht.

Andererseits bietet das amerikanische System im Vergleich zu manchen europäischen Systemen auch bemerkenswerte Vorteile. Im Laufe eventuell notwendiger Behandlungen, wird der Patient von dem behandelnden Arzt ständig über jeden einzelnen Behandlungsschritt und deren mögliche Folgen bzw. mögliche notwendige Nachsorgemaßnahmen informiert. Er wird niemals wie ein unwissendes kleines Kind behandelt, wie das in unseren europäischen Systemen allzu häufig der Fall ist. Das oberste Motto im US-amerikanischen System heißt „Service statt Bevormundung".

In den USA wird die medizinische Versorgung durch ein Mischsystem aus überwiegend privaten sowie öffentlichen Anbietern gewährleistet. Es gibt zwei staatlich gelenkte Sozialprogramme zur Krankenversorgung, die aber nur ganz bestimmte Personengruppen erfassen: Medicare und Medicaid. Medicare ist ein einkommensunabhängiges Krankenversicherungsprogramm für Bürger über 65 Jahren sowie für Behinderte oder unheilbar kranke Menschen. Es wird teils durch Beiträge, teils durch Steuern finanziert. Einen Anspruch auf Leistungen haben ältere amerikanische Staatsbürger oder Ausländer mit einer Arbeits- und Aufenthaltsgenehmigung, die mindestens 10 Jahre lang Medicare-Steuern bezahlt haben.

Krankenversicherungspflicht dank Obama-Reform

Medicaid dagegen ist ein staatliches Gesundheitsfürsorgeprogramm für bedürftige Personenkreise wie beispielsweise Familien mit Kindern, Schwangere, behinderte und ältere Menschen. Es wird zur Hälfte durch Steuern der Bundesstaaten, zur Hälfte durch Mittel des Bundes finanziert. Medicaid erschließt aber nur diejenigen, die unter der Armutsgrenze leben. Die Bedingungen und die organisatorische Ausgestaltungen obliegen den einzelnen Bundesstaaten. Rund ein Drittel der Amerikaner ist über Medicare oder Medicaid krankenversichert.

Mit der Verabschiedung des *Patient Protection and Affordable Care Act (PPACA)* führte US-Präsident Barack Obama im Jahr 2010 eine Krankenversicherungspflicht in den USA ein. Grundgedanke der unter dem Namen „*Obama-Care*" bekannt gewordenen Gesundheitsreform ist es, jedem Bürger in den USA den Zugang zu einer bezahlbaren medizinischen Versorgung zu gewährleisten. Das Gesetz trat am 31. Oktober 2013 in Kraft. Damit sind nun alle in den USA steuerpflichtigen Personen, die nicht über ihren Arbeitgeber oder einer der bestehenden staatlichen Krankenversicherungen (Medicaid oder Medicare) versichert sind, verpflichtet eine Krankenversicherung mit bestimmten minimalen Standardleistungen abzuschließen. Dem steht die Verpflichtung der Versicherungsgesellschaften gegenüber, jeden Patienten – auch ohne vorherige Gesundheitsprüfung anzunehmen. Der Versicherungsschutz muss gewisse Mindestanforderungen als Grundsicherung (Bronze) erfüllen und ist an staatlich regulierten Online-Börsen, sogenannten „health insurance marketplaces" zu erwerben.

Der Versicherungsschutz ist ab 2015 rückwirkend nachzuweisen. Personen, die sich weigern eine Krankenversicherung abzuschließen, müssen eine Strafgebühr zahlen. Im Jahr 2016 beträgt die Strafgebühr US$ 695 (2015: US$ 329) pro Person, oder 2,5% (2015: 2%) des Haushaltseinkommens, je nachdem, welcher der höhere Betrag ist. Die Obergrenze für diese Strafe ist die nationale durchschnittliche Prämie für einen sogenannten „Bronze"-Krankenversicherungstarif (Basistarif) von US$ 2.085.

Krankenversicherungen über den Arbeitgeber

Die Mehrheit der amerikanischen Arbeitnehmer ist durch Gruppenkrankenversicherungen über den Arbeitgeber abgesichert. Nach dem *Patient Protection and Affordable Act of 2010* muss jedes Unternehmen mit 50 oder mehr Vollzeitbeschäftigten seit dem 1. Januar 2016 seinen Arbeitnehmern einen erschwinglichen Krankenversicherungsschutz mit bestimmten Mindestanforderungen anbieten, andernfalls wird eine Geldstrafe fällig. Viele US-Großunternehmen und andere Arbeitgeber mit hohem Personalaufkommen sind in der Lage, Gruppenverträge zu vergünstigten Preisen mit Krankenversicherungen auszuhandeln und bieten ihren Arbeitnehmern entsprechende Versicherungspakete an. Je größer die Firmen, desto günstiger sind in der Regel die angebotenen Versicherungspakete (dies ist natürlich im Landesdurchschnitt der USA zu verstehen, denn im Vergleich zu europäischen Konditionen sind sie trotzdem teurer). Vielfach teilen sich der Arbeitgeber und Arbeitnehmer die Prämien.

Je größer ein Unternehmen ist, desto höher ist auch die Wahrscheinlichkeit, dass der Arbeitgeber den Arbeitnehmern eine Krankenversicherung anbietet. Hierbei ist jedoch zu bemerken, dass sich der Anteil der betrieblichen Krankenversicherung rückläufig zeigt, was sicherlich nicht zuletzt auch auf die kontinuierlich steigenden Prämien zurückzuführen ist. Viele kleinere und mittelständische Firmen können es sich einfach nicht leisten, ihren Angestellten eine Krankenversicherung anzubieten. Im Rahmen von ObamaCare soll hier das sogenannte *Small Business Health Options Program (SHOP)* Abhilfe schaffen. SHOP ist ein Online-Service, der kleinen Unternehmen administrative Unterstützung bei dem Kauf von Krankenversicherungen nach PPACA-Standard für Angestellte bieten soll. Dabei können Firmen unter Umständen von Steuergutschriften bis zu 50% der Versicherungsprämien profitieren.

Personen, die nicht über den Arbeitgeber versichert sind und sich bislang keine individuelle Krankenversicherung leisten konnten, haben ebenfalls die Möglichkeit, an staatlich regulierten Online-Börsen Krankenversicherungen zu erschwinglichen Preisen zu erwerben. Wer sich dennoch die Prämien nicht leisten kann, aber noch nicht arm genug ist, um sich für Medicaid zu qualifizieren, nimmt zumeist weiterhin das Risiko in Kauf, sich überhaupt nicht zu versichern. Die Zahl der nicht versicherten Personen ist jedoch durch ObamaCare aktuell auf einem Allzeittief von rund 9%. Für Nichtversicherte bleibt immer noch der tröstliche Gedanke, dass Krankenhäuser im Notfall gesetzlich dazu verpflichtet sind, sie trotzdem zu behandeln. Doch diese Tatsache schlägt sich dann in den erhöhten Krankenhauskosten nieder, die auf alle Versicherten umgelegt werden.

Zahlreiche Versicherungsträger der betrieblichen Krankenversicherung sind *Health Maintenance Organizations (HMO)*. Hierbei handelt es sich um private Organisationen, welche die Erbringung und Finanzierung von medizinischen Leistungen regeln. Die HMOs schließen mit einer bestimmten Anzahl von zertifizierten Leistungsanbietern Verträge über die Behandlung der Mitglieder ab, die dann für eine im Voraus gezahlte Gebühr die gesamte Krankenversorgung der Versicherten übernehmen. Allerdings steht das Prinzip der Wirtschaftlichkeit deutlich im Vordergrund. Die HMOs verfolgen das Ziel der Kostenbegrenzung, indem sie das Verhalten von Ärzten und Patienten direkt beeinflussen. Um die Kosten zu kontrollieren, werden Verträge mit Ärzten und Krankenhäusern ihrer Wahl geschlossen. Daraus resultiert, dass die Versicherten nur dann den vollen Versicherungsschutz genießen, wenn sie sich im Netzwerk ihrer Krankenkasse behandeln lassen. Für Wahlleistungen außerhalb des Netzwerkes kommt der Versicherungsträger nur teilweise oder gar nicht auf. Und auch die freie Arztwahl ist in der Regel nur innerhalb des Netzwerkes möglich. Werden Verträge nicht verlängert, können Patienten zudem ihre vertrauten Ärzte verlieren, was insbesondere für ältere Patienten und chronisch Kranke problematisch sein kann.

Eine weitere Form innerhalb der betrieblichen Krankenversorgung sind die sogenannten *Preferred Provider Organisations (PPO)*, die mit medizinischen Dienstleistern Verträge abschließen, nach denen diese Leistungen für Mitglieder zu reduzierten Gebühren anbieten. Im Gegensatz zu den HMOs lassen die PPOs eine freie Arztwahl zu, sodass Versicherte auch Ärzte konsultieren dürfen, die nicht dem Netzwerk angehören.

Verteuernd wirkt sich beim amerikanischen System die häufige Trennung zwischen allgemein- und zahnmedizinischer Versorgung aus. Man kann diese zwar auch als Gesamtpaket erhalten, das ist dann aber keineswegs weniger kostenintensiv.

Problematisch im amerikanischen Krankenversicherungssystem ist, dass bei Jobverlust ebenfalls die betriebliche Krankenversicherung verloren geht. Nur ein geringer Anteil der entlassenen Arbeitnehmer kann es sich leisten den betrieblichen Krankenversicherungsschutz durch Teilnahme an dem staatlichen COBRA-Programm *(Consolidated Omnibus Budget Reconciliation Act)* aufrechtzuerhalten, das es dem Mitarbeiter erlaubt, auf eigene Kosten für weitere mindestens 18 Monate in der betrieblichen Gruppenversicherung zu verbleiben. Anstelle von COBRA besteht jedoch die Möglichkeit, einen individuellen Krankenversicherungsschutz über die staatlich regulierten Online-Versicherungsbörsen *(health insurance marketplaces)* zu erwerben oder sich ggf. für Medicaid zu qualifizieren.

Amerikanische Versicherungspolicen

Nach der Gesundheitsreform muss jeder Krankenversicherungstarif bestimmten Standards entsprechen, um die Anforderungen von ObamaCare zu erfüllen. Grundsätzlich werden vier verschiedene Deckungsstufen mit unterschiedlichen Prämien und Selbstbeteiligungen angeboten: Es gibt „Bronze"-, „Silber"-, „Gold"- oder „Platin"-Policen, die sich in der Höhe der Selbstbeteiligung des Versicherten unterscheiden. In der Regel deckt eine Bronze-Police 60% der

Kapitel 3.1

Krankheitskosten ab, bei der Platin-Police hingegen sind 90% der Kosten versichert. Jeder Krankenversicherungstarif muss zehn grundlegende Leistungen abdecken, wobei es auf die Basisleistungen keine Jahreshöchstgrenzen geben darf. Zusatzleistungen sind davon ausgenommen. Ein großes Plus für alle Versicherten: Krankenversicherungspolicen dürfen seitens des Versicherers nicht gekündigt werden, weil zu viele Leistungen in Anspruch genommen wurden. Und trotz möglicher Vorerkrankungen haben Patienten endlich Zugang zu einer bezahlbaren medizinischen Versorgung.

Hohes Risiko bei Nichtversicherung

Die bekanntesten US-Versicherungsgesellschaften sind „Blue Cross" und „Blue Shield". Sollten Sie sich nicht versichern und plötzlich ernsthaft erkranken oder sich schwer verletzen, könnte durchaus allein eine Anzahlung zwischen US$ 5.000–15.000 von Ihnen verlangt werden und Sie sich stark verschulden. Als Versicherter würden Sie dieses Geld (zumindest zum größten Teil) zurückerhalten, als Nichtversicherter zahlen Sie die volle Höhe. Haben Sie eine Erkrankung, die eine regelmäßige Medikamenteneinnahme erfordert, so raten wir, sich einen ausreichenden Vorrat in die USA mitzunehmen. Werden Sie von einem deutschen Unternehmen entsandt, wird eine Auslandskrankenversicherung sehr wahrscheinlich Teil des Pakets sein. Studenten unter 25 zahlen niedrigere Beitragssätze. In den meisten Colleges gibt es eigene Kliniken und Gesundheitszentren, die Beratungen und kleinere Behandlungen für Studenten kostenlos anbieten.

MERKE

Achtung: Sollten Sie sich entscheiden, eine amerikanische Krankenversicherungspolice abzuschließen, sollten Sie auf Folgendes achten:

Pre-existing conditions: Um die Anforderungen von ObamaCare zu erfüllen, dürfen Versicherungen Antragsteller nicht länger aufgrund von Vorerkrankungen ablehnen.

Co-payment: Die Versicherungen zahlen unter Vorbehalt. Einige Versicherungen zahlen bis zu einem bestimmten Betrag 100% und auf alles, was darüber hinausgeht 70–80%. Mitunter variiert die Handhabung auch bei verschiedenen Krankheiten.

Specific limits: Einige Versicherungen bestimmen eine Kappungsgrenze für bestimmte Beschwerden und Krankheitsbilder und zahlen Leistungen nur bis zu einem festgesetzten Höchstbetrag aus.

Exclusions: Einige Versicherungen schließen Leistungen für bestimmte Verletzungen und Krankheitsbilder, z.B. bei bestimmten Sportarten oder AIDS, von vornherein aus.

Medical Evacuation: Inhaber eines J-1 Visums (*Exchange Visitor*) müssen in ihren Versicherungen einen eventuell notwendigen Transport nach Hause zum Zwecke der Behandlung berücksichtigen. Dieser Zusatz ist aber nicht teuer und kann in der Regel über Ihre private Auslandskrankenversicherung abgedeckt werden.

Repatriation: Hier wird im Falle des Ablebens des Versicherten in den USA der Transport nach Hause abgesichert. J-1 Visuminhaber benötigen diesen Zusatz ebenfalls.

Behandlungen: Abweisungen an den Krankenhäusern erfolgen bei Notfällen nicht. Ambulanzen lassen Verletzte nicht auf der Straße liegen, weil sie keine Kreditkarte nachweisen können. Dennoch wird mit aller Wahrscheinlichkeit bei Aufnahme in ein Krankenhaus nach Ihrer Bonität sowie einem *deposit* gefragt werden. Letzteres liegt zwischen US$ 5.000 und US$ 15.000. Die Kosten für Krankenhausaufenthalte werden eingetrieben, auch wenn man Ihnen bis ins Ausland folgen muss. Untersuchungen werden auch bei kleineren vergleichsweise harmlosen Erkrankungen sehr intensiv durchgeführt, teilweise mehrfach, oft überflüssig im Einzelfall. Die Ursache sind hier wieder die befürchteten hohen Schadensersatzforderungen im Falle einer Fehldiagnose.

deposit bei Aufnahme

Unser Tipp: Bei kleineren Beschwerden unbekannter Ursache sollten Sie nicht zu lange mit dem Aufsuchen eines Spezialisten warten und zu viele Konsultationen einholen, denn das verteuert sehr schnell die Behandlung. Da die Auswahl an Spezialisten sehr groß ist und man oft nicht weiß, welchen davon man jetzt aufsuchen soll, kann die „Qual der Wahl" schnell auch zur physischen Qual werden. Daher sollten Sie ruhig Freunde oder Kollegen fragen, die eigene Erfahrungen gemacht haben.

MERKE

Neben allgemein praktizierenden Ärzten gibt es für sämtliche Beschwerden Spezialisten und spezielle Kliniken. Zudem existieren für jede Personengruppe zumeist besondere Krankenhäuser (Frauen-, Kinderkliniken etc.) – „Alles in einem" ist nicht weit verbreitet. Unüblich sind Hausbesuche. Es existieren in größeren Städten aber auch sogenannte *house call stations*, die Ärzte gegen ein Entgelt zu Ihnen nach Hause schicken. Für kleinere Beschwerden und Tests gibt es sogenannte *walk-in centers*, teilweise auch *urgent care centers* genannt. Diese befinden sich zumeist in Stadt- und Einkaufszentren. Behandlungen müssen dort zumeist sofort bezahlt werden.

Kurz vor Verlassen des Krankenhauses erfolgt die Präsentation der Rechnung. Sind Sie nicht versichert, überprüfen Sie selbst jeden einzelnen Posten auf seine Korrektheit. Gerade in Krankenhäusern, wo es häufig hektisch zugeht, unterlaufen in dieser Hinsicht oft Fehler.

Kostenkontrolle ist wichtig

Notfälle

Die bundesweite Notfallrufnummer ist 911. Unter dieser erreichen Sie sowohl den medizinischen Rettungsdienst als auch die Polizei. In den meisten großen Städten gibt es darüber hinaus noch private Notfalldienste, die kostenpflichtig, aber dafür zumeist auch etwas schneller sind. Teilweise werden diese auch in den Versicherungspolicen berücksichtigt. Wie bereits erwähnt, müssen Sie im Notfall auch als Nichtversicherter behandelt werden.

Lohnfortzahlung im Krankheitsfall

Anders als in Deutschland existiert bislang kein bundeseinheitliches Gesetz zur Lohnfortzahlung im Krankheitsfall. Zwar hat US-Präsident Barack Obama im September 2015 eine Verordnung erlassen, wonach ab dem Jahr 2017 Mitarbeiter staatlicher Unternehmen im Krankheitsfall für bis zu sieben Tage im Jahr

Lohnfortzahlung erhalten sollen, aber auf lokaler Ebene bestimmen grundsätzlich die einzelnen Bundesstaaten beziehungsweise Städte und Gemeinden per Gesetz, ob Arbeitgeber verpflichtet sind, Lohnfortzahlung im Krankheitsfall zu leisten. Im Jahr 2007 hat San Francisco eine solche Zahlung eingeführt, seitdem sind 26 Städte und fünf US-Staaten dem Beispiel San Franciscos gefolgt.

Dennoch sind ab einer bestimmten Größe Unternehmen dazu verpflichtet, ihre Mitarbeiter im Krankheitsfall bis zu zwölf Wochen im Jahr von der Arbeit freizustellen. Dabei sind Gehaltseinbußen allerdings nicht ausgeschlossen. Ein Arbeitnehmer sollte sich gleich zu Beginn darüber informieren, welche Politik die Firma in dieser Hinsicht vertritt. Viele Firmen haben eine Art Gutschreibesystem, bei dem eine begrenzte Anzahl von Arbeitsstunden durch eine entsprechende Zahl bezahlter Krankheitsstunden gutgeschrieben wird. Ist die Zahl überschritten, muss mit Lohnabzügen gerechnet werden. Es gibt aber auch Firmen, die keinerlei Lohnfortzahlung gewähren. Mutterschaftsurlaub ist bei amerikanischen Firmen ebenfalls häufig unbezahlt.

Das Amerikanische Rentensystem – Social Security

Für's Alter selbst vorsorgen!

Die staatliche Altersvorsorge – *Social Security* – ist das Kernstück der sozialen Absicherung in den USA. Es umfasst eine gesetzliche Renten- und Invaliditätssicherung sowie eine Hinterbliebenenvorsorge (*Old Age, Survivors and Disability Insurance – OASDI*). Die *OASDI* ist die erste Ebene der Alterssicherung in den USA und dient insbesondere der Armutsvermeidung. Das System umfasst alle Erwerbstätigen und ist beitrags- und umlagefinanziert. Wer in den USA angestellt ist und dort lebt, muss prinzipiell Beiträge zur Sozialversicherung leisten. Üblicherweise entrichten Arbeitnehmer und Arbeitgeber jeweils einen Pflichtbeitrag von 6,2% des Bruttolohnes bis zu einer Beitragsbemessungsgrenze von gegenwärtig US$ 118.500 in die Rentenkasse sowie jeweils 1,45% des Bruttolohnes (ohne Beitragsbemessungsgrenze) zur Krankenversicherung nach der Pensionierung (Medicare). Die Leistungen der gesetzlichen Rentenversicherung beliefen sich in 2015 auf monatlich maximal US$ 2.663. Insofern ist es in jedem Fall ratsam, auch in den USA eigene finanzielle Vorsorge zu betreiben.

Flexible Rente

Das Rentenalter erreichen ab 1960 geborene Personen mit 67 Jahren. Eine Inanspruchnahme der Rente ist für Amerikaner grundsätzlich ab dem Alter von 62 Jahren möglich, allerdings mit entsprechenden Abzügen. Es ist jedoch auch durchaus üblich, dass Rentner noch weit über das Renteneintrittsalter hinaus in Lohn und Brot stehen. Bei einem verzögerten Renteneintritt bis zu einem Alter von maximal 70 Jahren erhält der Versicherte stufenweise höhere Rentenbezüge.

Zusatzversorgung

Der 401(k) Plan

Möglichkeiten zur privaten Vorsorge

Wer im Alter neben den Leistungen aus der *Social Security* mehr Rente erhalten möchte, muss privat zusätzlich sparen. Eine der staatlich geförderten Möglichkeiten, die Rente aufzubessern, stellt der sogenannte *401(k) plan* dar, der sich von dem entsprechenden Paragraphen des *Internal Revenue Code* ableitet. Hierbei kann ein Arbeitnehmer je nach seinem Gesamteinkommen einen bestimmten Teil seiner Jahresbezüge steuerfrei in einen Investmentfonds einzahlen. Die Firma füllt den Sparbeitrag mit einem Zuschuss, in der Regel zwischen 3% und 5% des jeweiligen Jahreseinkommens, auf. Die jährlichen Einzahlungen in einen 401(k) Plan dürfen in der Summe von einbehaltenem Lohn und der Zusatzleistung des Unternehmens 10% des zu versteuernden Einkommens des jeweiligen Arbeitnehmers nicht übersteigen. Der Höchstbetrag liegt 2016 bei US$ 18.000 jährlich.

Entnahmen während der Laufzeit, das heißt bis zu einer Altersgrenze von 59,5 Jahren, sind nicht möglich. Sollte eine frühzeitige Auszahlung verlangt werden, muss mit einer Strafgebühr von 10% und sofortiger Besteuerung gerechnet werden.

Die meisten Arbeitgeber machen ihre Zahlung von der Länge der Unternehmenszugehörigkeit abhängig (*vesting*). Erst von einem festgesetzten Zeitpunkt an gehören dem Arbeitnehmer vergangene und künftig geleistete Zahlungen. Mit dieser Methode versuchen US-Arbeitgeber, eine längerfristige Bindung ihrer Arbeitnehmer zu erreichen. Eine verständliche Maßnahme, wenn man bedenkt, dass ein Arbeitgeberwechsel im Laufe eines Berufslebens in den USA häufiger als in Europa üblich ist.

Sollte ein Unternehmen Insolvenz anmelden müssen, so geht das angelegte Geld nicht verloren. Ein *plan administrator*, der die Einzahlungen verwaltet, sorgt dafür, dass das Geld entweder im alten 401(k) Plan verbleiben kann, welches man dann mit dem Erreichen der Altersgrenze abheben kann. Oder aber er überträgt es für den Arbeitnehmer in einen neuen Plan. Diesen Transfer nennt man *roll-over*.

Hinweis: Achten Sie in jedem Fall darauf, dass Ihr Geld im Falle des roll-over auf Ihr neues 401(k) Konto geht und Sie nicht einen Scheck erhalten. Auch in diesem Fall wären die oben genannten Strafmaßnahmen (frühzeitige Auszahlung) vorgeschrieben.

MERKE

Sie sollten sich die jeweiligen 401(k) Broschüren in jedem Fall gründlich durchlesen, um in Erfahrung zu bringen, wie Sie Ihre Investitionen am besten streuen können. Es ist ratsam, niemals mehr als 20% Ihrer Altersvorsorge in die Aktien eines einzelnen Unternehmens zu investieren.

Der Individual Retirement Account (IRA)

Eine weitere Möglichkeit der privaten Vorsorge stellt der *Individual Retirement Account* dar. Jeder, der über ein steuerpflichtiges Einkommen verfügt, kann ein IRA eröffnen, das bis zur Auszahlung steuerfrei bleibt. Insgesamt existieren elf verschiedene Arten von IRAs, von denen die wichtigsten nachfolgend beschrieben werden:

– *Traditional IRA*

Jeder Lohnempfänger unter 70,5 Jahren kann in einen privaten Rentensparplan (IRA) einzahlen. Dabei darf die Höhe der Einzahlung entweder die Höhe des jeweiligen Einkommens oder je nach Alter US$ 5.500 (unter 50 Jahren) oder US$ 6.500 (über 50 Jahre) nicht überschreiten. Die Vorsorgeaufwendungen sind voll steuerabzugsfähig, sofern das Einkommen als Lediger US$ 61.000 nicht übersteigt und/oder keine Zuschüsse zu 401(k) Plänen gewährt wurden. Bei Verheirateten liegt die Einkommensgrenze bei US$ 98.000. Teilweise abzugsfähig sind die Beiträge bei Einkommen zwischen US$ 61.000 (maximaler Abzug) und US$ 71.000 für Ledige sowie US$ 98.000 (maximaler Abzug) und US$ 118.000 für Verheiratete. Sollte das Einkommen des jeweiligen Haushalts darüber liegen, so ist eine steuerliche Freistellung nicht möglich. Analog zu den 401(k) Plänen kann man mit dem Zugriff auf das Vermögen frühestens mit 59,5 Jahren beginnen. Erst dann ist auch die fällige Einkommenssteuer zu bezahlen. Möchte man das Geld früher ausgezahlt bekommen, muss leider auch hier mit Maßnahmen der unter dem 401(k) Plan genannten Art gerechnet werden. Vermieden werden können sie dann, wenn als Grund z.B. der Erwerb eines Hauses oder Behandlungen von Krankheiten schwerer und dauerhafter Art angegeben wird. Bei Hauskäufen kann in den meisten Fällen eine Anzahlung von US$ 10.000 angesetzt werden, um eine Strafgebühr zu vermeiden. Eine weitere Variante sind Zahlungen von Gebühren für den Besuch eines Colleges, die Begleichung von Steuerschulden und die Bezahlung von Krankenversicherungsbeiträgen.

– *Roth IRA*

Seit 1998 gibt es den *Roth IRA*-Rentensparplan, der unabhängig vom Alter abgeschlossen werden kann. Der Unterschied zum *Traditional IRA* ist, dass die Beitragszahlungen zu dieser Form der privaten Altersvorsorge nicht steuerlich absetzbar sind, dafür jedoch die Auszahlungen steuerfrei sind, sofern der Sparplan über mindestens fünf Jahre gehalten wurde und der Sparer bei Auszahlungsbeginn über 59,5 Jahre alt ist. Wer unter US$ 117.000 bei Alleinstehenden und US$ 184.000 bei Verheirateten verdient, kann die gesamten Vorteile des Planes nutzen. Bei darüber liegenden Einkommen bis US$ 133.000 bei Alleinstehenden und US$ 193.000 bei Verheirateten verringern sich die Möglichkeiten deutlich, den Plan optimal für sich einzusetzen. Verdient man mehr als diese Höchstbeträge, besteht leider keinerlei Möglichkeit, diesen Sparplan für sich zu nutzen. Der Vorteil des Roth-Modells liegt im Gegensatz zum *Traditional IRA* aber darin, dass nur für eventuell vorzeitig ausgezahlte Gewinne, nicht jedoch für die beim Zeitpunkt der Einzahlung bereits versteuerten Beiträge Steuern und Strafgebühren gezahlt werden müssen. Alle Gewinne, die aus dem *Roth IRA* erwirtschaftet werden, bleiben also in der Regel bei Ausschüttung steuerfrei. Ähnlich wie beim *Traditional IRA* können bei frühzeitiger Auflösung Ausnahmeregelungen für den Hauserwerb, medizinische Behandlungskosten, die Zahlung von Krankenversicherungsbeiträgen oder Studiengebühren geltend gemacht werden.

– *Educational IRA*

Auch für Kinder gibt es attraktive Vorsorgemethoden. Man nennt den Fonds den *Educational IRA (EIRA)*. *Educational IRA* ist ein anderer Begriff für *Coverdell IRA* oder *Plan 529*. Beim *Coverdell IRA* müssen die Kinder unter 18 Jahre alt sein. Bis zu jährlich US$ 2.000 sind als Investition möglich. Eine steuerliche Geltendmachung ist mit dem *EIRA* leider nicht verbunden. Soweit das entstandene Guthaben inklusive Wertsteigerungen zur Begleichung von Schul- und Studiengebühren wie beispielsweise Gebühren, Bücher, Kost und Logis, Unterricht, PCs etc. dient, kann es steuer- und strafgebührenfrei genutzt werden. Das in Fonds angelegte Geld kann sowohl für die Schulausbildung als auch für die Hochschulausbildung verwendet werden. Die Wahl der Fondsinvestition ist frei. Es ist dabei darauf zu achten, dass die Summe spätestens 30 Tage nach Erreichen des 30. Lebensjahres der Kinder zu diesem Zweck eingesetzt wird. Danach müsste wieder mit Strafmaßnahmen gerechnet werden, die aber umgangen werden können, indem das Geld in den *EIRA* eines Verwandten transferiert wird.

Bei dem *Plan 529* hingegen dürfen die Fonds nur für die Hochschulausbildung verwendet werden. Altersbeschränkungen kennt der Plan nicht. Die Beträge sind unbegrenzt einlegbar. Dabei werden die Anlagemöglichkeiten durch staatliche Fondsmanager angeboten und sind auch zwingend zu verwenden.

Eröffnung eines IRA

Die Eröffnung eines *IRA* bei einer Bank oder einem *discount broker* ist einfach gestaltet. Die Mindestbeiträge und Gebühren variieren je nach Anbieter, sind aber erfahrungsgemäß recht niedrig. Es gelten die oben erwähnten jährlichen Höchstgrenzen für die Einzahlungssummen.

Rentenversicherung

Wer in den USA arbeiten will, wird eventuell auch wissen wollen, wie es sich mit der deutschen Sozialversicherung verhält. Hier kommt das zwischen Deutschland und den USA abgeschlossene Sozialversicherungsabkommen zum Tragen. Dieses bezieht sich allerdings nur auf die Rentenversicherung. Sie sollten sich bei diesem rechtlich komplizierten Thema in einem persönlichen Gespräch mit einem Mitarbeiter der Deutsche Rentenversicherung Bund oder der staatlich genehmigten Auslandsberatungsstelle der Expat Consult GmbH in Hamburg zu Fragen der Rentenversicherung beraten lassen, um die für Sie spezifische Problematik zu klären.

Deutsche Rentenversicherung Bund	Expat Consult GmbH	KONTAKT
Ruhrstr. 2	Auslandsberatungsstelle	
10709 Berlin	Frau Marlis Tiessen	
Tel.: 0800 1000 4800	Wichmannstr. 4, Haus 11	
E-Mail: *drv@drv-bund.de*	22609 Hamburg	
☞ *www.deutsche-rentenversicherung.de*	Tel.: 040-897 26 16-10	
	Fax: 040-897 26 16-16	
	E-Mail: *info@expat-consult.de*	
	☞ *www.expat-consult.de*	

Die Zweige der gesetzlichen Kranken-, Pflege-, Arbeitslosen- und Unfallversicherung sind nicht im Abkommen eingeschlossen. Hier empfehlen wir, ebenfalls die Auslandsberatungsstelle der Expat Consult GmbH in Hamburg zu konsultieren, wo alle relevanten Fragen kompetent beantwortet werden.

Durch das bilaterale Sozialversicherungsabkommen wird eine doppelte Anwendung, sowohl der deutschen als auch der amerikanischen Rechtsvorschriften über die Versicherungspflicht in der gesetzlichen Rentenversicherung verhindert. Spezielle Abgrenzungsnormen legen fest, ob es zur Anwendung der deutschen oder amerikanischen Rentenversicherungspflicht kommt. Das Abkommen gilt für alle Personen, die zu irgendeinem Zeitpunkt Beitragszeiten in der deutschen oder amerikanischen Rentenversicherung erworben haben. Hierzu zählen auch Hinterbliebene dieser Personen.

Freiwillige Weiterversicherung oder Beitragserstattung

Wenn Sie mittel- oder langfristig in die USA gehen, besteht grundsätzlich die Möglichkeit einer freiwilligen Weiterversicherung in der deutschen Sozialversicherung, z.B. um die Wartezeit zu erfüllen und sich Ihre Ansprüche im Rentenalter zu sichern. Andererseits können Sie unter Umständen auch eine Beitragserstattung beantragen, sofern Sie die Mindestversicherungszeit von fünf Jahren nicht erreicht haben sowie eine Wartezeit von 24 Monaten nach dem Ende Ihrer deutschen Rentenversicherungspflicht eingehalten haben. Erfolgt eine Beitragserstattung, so wird das Versicherungsverhältnis automatisch aufgelöst. Ansprüche aus den bis dahin zurückgelegten Zeiten bestehen dann nicht mehr, d.h. eine spätere Rentenzahlung aus deutschen Kassen ist dann nicht mehr möglich. Für eine individuelle Beratung in diesen Punkten wenden Sie sich bitte an eine der beiden oben genannten Organisationen.

3.2 Steuerwesen

Die Vereinigten Staaten von Amerika sind ein föderaler Staat mit einzelnen Bundesstaaten und Gebietskörperschaften (Bezirke, Städte und Gemeinden). Auf allen diesen Ebenen können direkt oder indirekt Steuern erhoben werden auf Einkünfte, Umsätze Vermögen, Erbschaften, Schenkungen und anderes. Sowohl US-Staatsbürger als auch in den USA dauerhaft ansässige Personen unterliegen mit Ihrem gesamten Welteinkommen der Besteuerung in den USA. Die USA hat mit vielen Ländern bilaterale Abkommen zur Vermeidung von Doppelbesteuerungen abgeschlossen unter anderem auch mit der Bundesrepublik Deutschland.
Im Folgenden geben wir Ihnen einen Überblick über die Art der Besteuerung, die Steuersätze, Freibeträge und die sich daraus ergebende Steuerbelastung.

Allgemeine Grundlagen des US-Steuerrechts

Als Auswanderer oder Investor in den US-Markt kommen Sie zwangsläufig mit dem Steuersystem der USA in Berührung. Da falsche steuerliche Weichenstellungen hohe Steuerbelastungen nach sich ziehen können, sollten Sie sich bereits im Vorfeld mit den Grundzügen des US-Steuerrechts befassen.

Das Steuerrecht in den USA ist stark föderalistisch geprägt. Die Steuerhoheit ist aufgeteilt auf mehrere Ebenen staatlicher Stellen und Behörden wie Bundesregierung, Einzelstaaten, Gemeinde-/Stadtverwaltung, Bezirke und Distrikte. Da es keine strikten Trennungen gibt, können hierdurch auch Doppelbelastungen entstehen. Dies führt in vielen Fällen dazu, dass parallel Steuererklärungen auf Bundesebene (*Federal Tax*), auf Bundesstaatenebene (*State Tax*) und auf kommunaler Ebene (*City Tax*) abgegeben werden müssen. Diese Steuererklärungen sind auf amtlich vorgeschriebenen Formularen (*Forms*) mit zugehörigen Anlagen abzugeben.

Die Grundlage für das Bundessteuerrecht ist der *Internal Revenue Code (IRC)*. Der *IRC* regelt das gesamte materielle und formelle Bundessteuerrecht einschließlich des Steuerverwaltungsrechts, des Steuerstrafrechts und der Vorschriften zur Sozialversicherung.

Der Bund erhebt die Bundeseinkommensteuer (*Federal Income Tax*) auf das Einkommen von natürlichen Personen und Körperschaften. Begrifflich existiert keine Unterscheidung zwischen Einkommensteuer und Körperschaftsteuer im *Internal Revenue Code*. Faktisch jedoch wird zwischen *Income Tax on Individuals* und *Corporate Income Tax* unterschieden. Die *Federal Income Tax*, bestehend aus *Individual Income Tax* und *Corporate Income Tax*, stellt die Haupteinkunftsquelle des Bundes dar. Zudem erhebt der Bund Erbschaft- und Schenkungsteuer (*Federal Estate and Gift Tax*), einige Verbrauchsteuern (*Federal Excise Tax*) und Sozialversicherungsbeiträge (*Social Security Tax*), die in den USA zu den Steuern zählen. Der Bund erhebt weder Umsatz- noch Vermögensteuer. Die originäre Steuerhoheit hierfür liegt bei den Bundesstaaten. Bis auf wenige Ausnahmen erheben alle Staaten Umsatzsteuer (*Sales and Use Tax*) mit jeweils unterschiedlichen Steuersätzen. Die meisten Staaten erheben außerdem Grund- und Vermögensteuer (*Property Tax*) und zusätzlich zur Bundessteuer Erbschaft- und Schenkungsteuer sowie Einkommen- und Körperschaftsteuer.

Federal Income Tax

Für die Gemeinden und Städte hat vor allem die örtliche Grund- und Vermögensteuer (*Property Tax*) eine große Bedeutung. Insbesondere von Großstädten, wie z.B. New York City, werden zudem noch lokale Einkommen- und Körperschaftsteuern eingezogen. Des Weiteren gibt es eine Vielzahl von gemeindlichen Umsatz-, Verbrauch- und Aufwandsteuern.

Die nachfolgende Darstellung zeigt die wichtigsten Steuerarten und deren Zuordnung zu Bund, Staaten und Gemeinden/Städten:

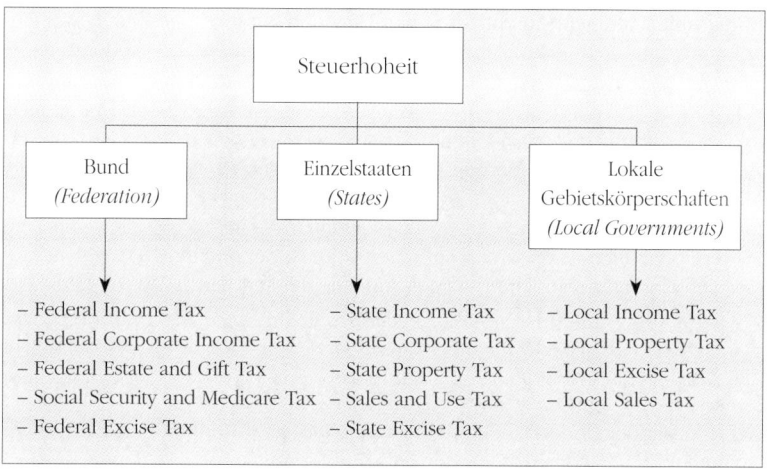

Steuererklärungspflichten

Steuern selbst ermitteln!

Anders als in Deutschland, wo die Veranlagung der Steuern durch das Finanzamt nach Abgabe der Steuererklärung erfolgt, werden die Steuern in den USA generell im Wege der Selbstveranlagung erhoben. Der Steuerpflichtige muss die Steuerschuld selbst berechnen und gleichzeitig mit Abgabe der Steuererklärung den selbst errechneten Betrag zahlen. Das bedeutet für den Steuerpflichtigen, dass er die Steuerbarkeit von Einnahmen sowie die Abzugsfähigkeit von Ausgaben selbst beurteilen und sein zu versteuerndes Einkommen selbst ermitteln muss. Ein förmlicher Steuerbescheid seitens des amerikanischen Finanzamts, dem *Internal Revenue Service (IRS)*, ergeht im Regelfall nicht. Nur wenn der *IRS* von der abgegebenen Steuererklärung abweicht und eine andere Steuerzahlung festsetzt, ergeht ein Steuerbescheid.

MERKE

Merke: Die Pflicht zur Abgabe einer Einkommensteuererklärung besteht, sobald das Einkommen den allgemeinen Grundfreibetrag übersteigt. Die Freibeträge werden jedes Jahr automatisch an die Inflationsrate angepasst.

Die folgende Tabelle zeigt die wichtigsten Freibeträge für das Jahr 2015:

Schwellenwert	Familienstand
US$ 10.300	ledig unter 65 Jahre alt
US$ 11.850	ledig und mindestens 65 Jahre alt
US$ 20.600	zusammen veranlagte Ehegatten, beide unter 65 Jahre alt
US$ 21.850	ein Ehegatte 65 Jahre oder älter
US$ 23.100	beide Ehegatten 65 Jahre oder älter

Steuerpflicht in den USA

Anders als in Deutschland, wo nur das Wohnsitzprinzip (dauernder Aufenthalt) ausschlaggebend ist, knüpft das US-amerikanische Steuerrecht die Steuerpflicht sowohl an die Staatsangehörigkeit als auch an den Wohnsitz bzw. den dauernden Aufenthalt an. US-Staatsbürger und GreenCard-Inhaber sowie ausländische Bürger mit ständigem Aufenthalt in den USA sind mit ihrem gesamten Welteinkommen, egal in welchem Land dies erzielt wird, in den USA steuerpflichtig. US-Staatsbürger und GreenCard-Inhaber sind sogar dann in den USA mit ihren sämtlichen Einkünften steuerpflichtig und zur Abgabe einer jährlichen Steuererklärung verpflichtet, wenn sie im Ausland leben und dort ihre Einkünfte erzielen. Um Doppelbesteuerung zu vermeiden oder zu mindern gibt es die Möglichkeit, im Ausland gezahlte Steuern ganz oder teilweise auf die amerikanischen Steuern anrechnen zu lassen (*Foreign Tax Credit*). Da die deutschen Steuern oft höher als die amerikanischen sind, ist bei noch in Deutschland ansässigen GreenCard-Inhabern wegen Anrechenbarkeit der dort gezahlten Steuern meist effektiv keine US-Steuer zu zahlen. Auch wenn keine Steuer aufgrund des *Foreign Tax Credits* zu zahlen ist, befreit dies jedoch nicht von der Pflicht zur Abgabe der Steuererklärung in den USA!

Auch Ausländer ohne Daueraufenthaltsgenehmigung können bereits ab einer Aufenthaltsdauer von 31 Tagen im Jahr unbeschränkt steuerpflichtig werden, wenn der sogenannte *Substantial Presence Test* positiv ausfällt. Bei diesem Test wird die Summe gebildet aus den Anwesenheitstagen des laufenden Jahres, $1/3$ der Anwesenheitstage des Vorjahres und $1/6$ der Anwesenheitstage des Jahres davor. Ist die Summe größer als 183 Tage, so liegt *Substantial Presence* vor und der Ausländer unterliegt damit der unbeschränkten Steuerpflicht mit allen seinen weltweiten Einkünften in den USA.

Gibt ein US-Bürger seine Staatsbürgerschaft mit dem Ziel auf, der US-Steuer zu entgehen, so bleibt er auch noch zehn Jahre nach Aufgabe der Staatsbürgerschaft mit seinen US-Einkünften steuerpflichtig (erweiterte beschränkte Steuerpflicht), wenn er bestimmte Vermögensgrenzen überschreitet. Dasselbe gilt für Inhaber der GreenCard, wenn sie ihren Status aufgeben und mindestens 8 der letzten 15 Jahre dauernd in den USA gelebt haben.

Nicht in den USA ansässige Ausländer (*Nonresident Aliens*) und ausländische Kapitalgesellschaften (*Foreign Corporations*), die nicht nach dem Recht eines US-Bundesstaates gegründet wurden, sind nur beschränkt steuerpflichtig. Bei ihnen werden nur bestimmte in den USA erzielte Einkünfte steuerlich in den USA erfasst.

Die Steuerpflicht in Deutschland wird nach anderen Kriterien bestimmt. Grundsätzlich hat zwar ein in Deutschland Ansässiger sämtliche Einkünfte – egal in welchem Land er diese bezieht – in Deutschland zu versteuern. Aufgrund des Doppelbesteuerungsabkommens mit den USA werden jedoch bestimmte in den USA erzielte Einkünfte wie z.B. aus Vermietung und Verpachtung von Immobilien, aus nichtselbstständiger Arbeit bei einem Arbeitgeber in den USA und aus einer Betriebsstätte in den USA dort versteuert. Eine Besteuerung dieser US-Einkünfte findet grundsätzlich in Deutschland nicht statt. Diese Einkünfte können sich lediglich aufgrund des Progressionsvorbehaltes (Einbeziehung der US-Einkünfte zur Ermittlung der Höhe des anzuwendenden Steuersatzes) auf die Höhe des Einkommensteuersatzes in Deutschland auswirken. Bei einem hohen deutschen Einkommen wirkt sich dies jedoch nicht gravierend auf die Steuerlast aus, da ohnehin schon der höchste Steuersatz anzuwenden ist.

Doppelbesteuerungsabkommen

Die nachfolgende Darstellung zeigt zusammenfassend die Regelungen zur Steuerpflicht in den USA:

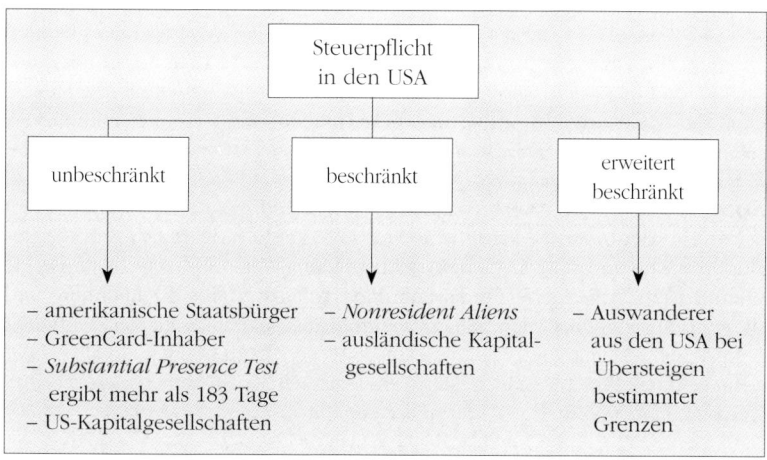

Zuständig für die Bearbeitung der abgegebenen Steuererklärung ist der *Internal Revenue Service (IRS)*. Dort erhalten Sie neben den Formblättern für die Steuererklärung auch alle notwendigen Informationen zum amerikanischen Steuersystem.

Darüber hinaus besteht die Möglichkeit Publikationen und Formulare über die Webseite des *IRS* zu erhalten. Die Webseite informiert ebenfalls zu speziellen Steuerfragen für *Resident* und *Nonresident Aliens*. Informieren Sie sich bei Interesse bitte unter ☛ *www.irs.gov.*

Für *Aliens* und US-Bürger, die im Ausland leben, sind vor allem die folgenden Publikationen des *IRS* von Bedeutung:
Publication 514 behandelt die Anrechnung ausländischer Steuern (*Foreign Tax Credit*).
Publication 54 ist ein Steuerleitfaden für US-Staatsbürger und *Resident Aliens*, die im Ausland leben.

Bis wann muss die Steuererklärung spätestens eingereicht werden?

Abgabetermine

US-Bürger und GreenCard-Inhaber, die in den USA leben, haben ihre Einkommensteuererklärung bis zum 15. April des Folgejahres einzureichen. US-Bürger und *Resident Aliens*, die zum Zeitpunkt der Abgabefrist außerhalb der USA leben, haben eine automatische Fristverlängerung von zwei Monaten und müssen ihre Einkommensteuererklärung bis zum 15. Juni des Folgejahres einreichen. Beide Abgabetermine können sich um ein bis zwei Tage verschieben, wenn sie auf das Wochenende oder einen Feiertag fallen. Es besteht die Möglichkeit, eine Verlängerung um sechs Monate (vier Monate bei der Frist 15. Juni) mit dem Formular 4868 zu beantragen. Die Abgabe des Antrags auf Verlängerung muss spätestens zu den oben genannten Stichtagen, die für die Abgabe der Steuererklärungen gelten, erfolgen.

Sie benötigen zur Anfertigung der Steuererklärung das Formular 1040, wenn Sie ein US-Staatsbürger, GreenCard-Inhaber oder *Resident Alien* sind. Wenn Sie ein *Nonresident Alien* sind, müssen Sie das Formular 1040NR benutzen. Darüber hinaus gibt es je nach individuellem Steuerfall eine Vielzahl von Formularen, die ebenfalls als Teil der Steuererklärung beim *IRS* mit eingereicht werden müssen. Die einzelnen Bundesstaaten haben unterschiedliche Formulare für die Einkommensteuererklärung. Sie erhalten diese beim Steueramt Ihres jeweiligen Bundesstaates bzw. in der Regel über deren Webseite.

Wenn Sie in einem Angestelltenverhältnis stehen, wird die Steuer (*Federal und State Tax*) direkt vom Arbeitgeber einbehalten (*Withholding Tax*) und in Ihrem Namen an den *Internal Revenue Service (IRS)* und an die Steuerbehörde des Bundesstaates, in dem Sie leben oder arbeiten, abgeführt. Zum Jahresende überreicht Ihr Arbeitgeber Ihnen eine Bescheinigung über die Einkünfte und die von ihm einbehaltenen Steuern (Formblatt W-2, entspricht der deutschen Lohnsteuerbescheinigung). Auf Grundlage dieser Daten fertigen Sie als Arbeitnehmer dann Ihre persönliche Einkommensteuererklärungen für die *Federal Tax* und *State Tax* an.

Sie entscheiden – anders als in Deutschland – selbst über Ihre Lohnsteuerklasse, und die Freibeträge (*tax exemptions*). Ihre Daten und gewünschten Freibeträge werden von Ihnen mit der von Ihnen selbst ausgefüllten Form W-4 (*Employee's Withholding Allowance Certificate*) dem Arbeitgeber vorgelegt. Lassen Sie sich dazu bei Bedarf von Ihrem Arbeitgeber oder Steuerberater beraten.

Grundsätzliche Unterschiede bei der Besteuerung von natürlichen Personen, Personengesellschaften und Kapitalgesellschaften

Die unterschiedliche Besteuerung von Einkünften der Kapitalgesellschaften, der Personengesellschaften und der Einzelpersonen ist ähnlich geregelt wie in Deutschland. Das bedeutet, dass Einzelpersonen und Kapitalgesellschaften (*Corporations*) mit ihrem Einkommen selbst steuerpflichtig sind, während Personengesellschaften (*Partnerships*) nicht selbst mit ihren Einkünften der Besteuerung unterliegen, sondern diese Einkünfte an die Gesellschafter, die diese Einkünfte in ihrer persönlichen Einkommensteuerveranlagung zu versteuern haben, weitergeben.

Ähnlich wie in Deutschland die Lohnsteuer und die Sozialversicherungsbeiträge werden auch in den USA die *Income Tax* und die *Social Security Tax* durch den Arbeitgeber vom Arbeitslohn des Arbeitnehmers einbehalten und an die zuständigen Stellen abgeführt.

Wie oben dargestellt sind US-Bürger, GreenCard-Inhaber sowie Ausländer mit dauerndem Aufenthalt (*Resident Aliens*) mit ihrem gesamten Welteinkommen und sonstige Personen mit bestimmten Einkünften aus US-Quellen in den USA steuerpflichtig.

Das Einkommen nach Abzug der Freibeträge und Sonderausgaben (*Taxable Income*) wird im Jahre 2015 mit folgenden Sätzen besteuert:

Zu versteuerndes Einkommen					Steuersatz
Einzelveranlagung		Zusammenveranlagung			
US$	US$	US$	US$		%
von 0,00	bis 9.225	von 0,00	bis 18.450		10
über 9.225	bis 37.450	über 18.450	bis 74.900		15
über 37.450	bis 90.750	über 74.900	bis 151.200		25
über 90.750	bis 189.300	über 151.200	bis 230.450		28
über 189.300	bis 411.500	über 230.450	bis 411.500		33
über 411.500	bis 413.200	über 411.500	bis 464.850		35
über 413.200		über 464.850			39,6

Nicht nur die Steuersätze liegen damit deutlich unter den deutschen Werten, auch die Stufen (*tax brackets*), ab denen ein höherer Steuersatz zur Anwendung kommt, sind größer als in Deutschland.

Niedrige Steuersätze in den USA

Zusätzlich zu den Bundessteuern (*Federal Tax*) erheben auch mit wenigen Ausnahmen die meisten Bundesstaaten Steuern (*State Tax*) auf die Einkommen der dort Ansässigen. Die angewandten Steuersätze variieren dabei sehr stark zwischen den einzelnen Staaten und reichen von 0% bis zu über 10%.

Auch einige größere Städte (z.B. New York City) besteuern zusätzlich das Einkommen der Einwohner und Unternehmen. Die Steuersätze der Städte liegen aber im Regelfall unter denen der Bundesstaaten.

Die Wahl des Wohnsitzes, Arbeitsplatzes oder Standortes kann wegen der oben genannten Zusatzsteuern somit durchaus einen nicht unerheblichen Einfluss auf die Steuerlast haben auch wenn diese Steuern als Sonder- oder Betriebsausgaben abzugsfähig sind.

Besteuerung von Personengesellschaften

Steuereinsparungen

Wie in Deutschland hat auch in den USA nicht die Personengesellschaft selbst ihre Einkünfte zu versteuern sondern die Gesellschafter im Rahmen ihrer persönlichen Einkommensteuererklärung. Die Einkünfte sind in dem Jahr, in dem sie von der Personengesellschaft erwirtschaftet wurden, von den Gesellschaftern zu versteuern. Dabei ist es unerheblich, ob die Gewinne in der Personengesellschaft verbleiben oder von den Gesellschaftern entnommen werden. Es spielt für die Besteuerung auch keine Rolle, ob diese Beträge in den USA belassen oder nach Deutschland transferiert werden. Da diese Einkünfte in den USA zu versteuern sind und nicht in das deutsche Einkommen eingerechnet werden, kann dies zu bedeutenden Steuereinsparungen führen. Die Besteuerung der Gesellschafter erfolgt wie im vorigen Abschnitt dargestellt.

Sind an der Personengesellschaft ausländische Gesellschafter beteiligt, hat die Gesellschaft Steuern (*Withholding Tax*) von 35% des Gewinnanteils einzubehalten und an die US-Finanzbehörde (*IRS*) quartalsweise abzuführen. Diese Abzugssteuer ist wie eine Einkommensteuervorauszahlung auf die Einkommensteuerschuld, die sich aus der späteren US-Einkommensteuererklärung des betreffenden Gesellschafters ergibt, anrechenbar. Im Rahmen der Einkommensteuerveranlagung werden zu viel bezahlte Beträge erstattet, und zu niedrig einbehaltene Beträge müssen nachgezahlt werden.

Besteuerung von Kapitalgesellschaften

Im Gegensatz zu Personengesellschaften unterliegen Kapitalgesellschaften mit ihrem Einkommen selbst der Körperschaftsteuer (*Corporate Income Tax*). Beim Anteilseigner fällt erst Steuer an, wenn Gewinne ausgeschüttet werden. Neben dem Bund erheben auch die meisten Staaten und auch einige Städte/Gemeinden Körperschaftsteuer. Die *State Tax* und die *City Tax* sind als Betriebsausgabe oder als Sonderausgabe in der Einkommensteuererklärung abziehbar.

Im Fall der Gewinnausschüttung an die Anteilseigner ist die auf die Einkommen der Kapitalgesellschaften festgesetzte Körperschaftsteuer (*Corporate Income Tax*) wie in Deutschland nicht auf die Einkommensteuer der Anteilseigner anrechenbar. Die Ausschüttungen unterliegen somit einer doppelten

Besteuerung, einmal auf der Ebene der Gesellschaft und dann bei Ausschüttung nochmals auf der Ebene der Gesellschafter. In den USA werden Dividenden bevorzugt besteuert, um die Doppelbesteuerung abzumildern. Der Steuersatz für *Qualified Dividends* beträgt 15%, wenn der Steuerpflichtige in einer Steuerstufe (*tax bracket*) über 15% liegt und 0%, wenn der Steuerpflichtige in einer Steuerstufe von 0–15% liegt (Rechtsstand 2015). Bei zu versteuernden Einkommen über US$ 413.200 bei Einzelveranlagung und US$ 464.850 bei Zusammenveranlagung erhöht sich der Steuersatz für *Qualified Dividends* auf 20%.

Falls Sie als deutscher Investor in Deutschland unbeschränkt steuerpflichtig bleiben, werden Dividenden aus US-Kapitalgesellschaften in Deutschland wie folgt besteuert: In der Bundesrepublik Deutschland gilt für Dividenden derzeit (Stand 2016) das Abgeltungssteuerverfahren. Danach sind die Steuern auf Dividenden mit einer Pauschalsteuer von 25% zuzüglich Solidaritätszuschlag belegt und damit abgegolten.

Für Kapitalgesellschaften (*Corporations*) gelten folgende Steuersätze und Steuerstufen:

	Zu versteuerndes Einkommen			Steuersatz
	US$		US$	%
von	0,00	bis	50.000	15
über	50.000	bis	75.000	25
über	75.000	bis	100.000	34
über	100.000	bis	335.000	39
über	335.000	bis	10.000.000	34
über	10.000.000	bis	15.000.000	35
über	15.000.000	bis	18.333.333	38
über	18.333.333			35

Umsatzsteuer

Anders als in Deutschland ist die Umsatzsteuer in den USA keine Bundessteuer, sondern eine Steuer, die von den einzelnen Bundesstaaten und teilweise auch von lokalen Gebietskörperschaften erhoben wird. Es besteht kein einheitliches Umsatzsteuersystem. Die Steuersätze und Bemessungsgrundlagen variieren von Staat zu Staat und sogar teilweise innerhalb der Bundesstaaten, Counties und Städte.

Wie in Deutschland soll auch in den USA mit der Umsatzsteuer im Regelfall nur der Endverbraucher belastet werden. Abweichend vom deutschen System handelt es sich in den USA um eine Einphasen-Umsatzsteuer, bei der nur auf Umsätze an den Endverbraucher Umsatzsteuer berechnet wird. Bei Umsätzen zwischen Unternehmen fällt keine Umsatzsteuer auf Waren an.

Keine Umsatzsteuer zwischen Unternehmen

Die US-Umsatzsteuer (*Sales and Use Tax*) ist als Umsatz- und Verbrauchsteuer ausgestaltet. Die Umsatzsteuer ist nur auf Umsätze an Personen in dem Staat, in dem das Unternehmen mit einer Verkaufsstelle ansässig ist, zu berechnen. Werden Umsätze an Personen außerhalb des Ansässigkeitsstaates ausgeführt, so unterliegen diese Umsätze nicht der *Sales Tax*. Der Verbraucher im anderen Staat hat aber *Use Tax* (Gebrauchsteuer) auf das Entgelt für den empfangenen Gegenstand in seinem Staat mit den dort vorgeschriebenen Steuersätzen zu berechnen und anzumelden. Dies wird aber sehr oft von den betroffenen Personen „vergessen" und ist auch kaum kontrollierbar.

Die Steuersätze der Bundesstaaten und Gebietskörperschaften sind nicht einheitlich und bewegen sich zwischen 3% und bis zu 10%. Sie können auch innerhalb eines Staates und Städten regional variieren.

MERKE

Merke: In Verkaufsläden, Supermärkten etc. wird auf Preisetiketten und Preislisten in aller Regel der Nettopreis ohne Umsatzsteuer aufgeführt. Der deutsche Reisende wundert sich daher bei den ersten Einkäufen in den USA oft, dass er an der Kasse nicht den auf der Ware aufgedruckten oder auf der Preisliste ausgewiesenen Preis zahlen muss, sondern einen um die Sales Tax erhöhten Preis.

Erbschaft- und Schenkungsteuer

Der US-Erbschaft- und Schenkungsteuer unterliegen alle US-Bürger und Bürger mit Wohnsitz oder dauerndem Aufenthalt in den USA. Von der Erbschaftsteuer wird für diesen Personenkreis das gesamte in- und ausländische Vermögen erfasst. Nichtansässige (Non Residents) sind nur mit ihrem in den USA belegenen Vermögen dort erbschaftsteuerpflichtig. Erbschaft- und Schenkungsteuer wird neben dem Bund teilweise auch von einzelnen Staaten erhoben. Die Steuer knüpft – anders als in Deutschland – nicht an den Zugang des Vermögens bei dem Erben oder Beschenkten an sondern an das Vermögen, dass der Schenker oder Vererbende überträgt. Dabei ist es grundsätzlich egal, an wen oder wie viel Personen das Vermögen übergeht mit einer Ausnahme: Schenkung/Vererbung an den Ehegatten sind grundsätzlich steuerfrei, wenn beide Personen US-Staatsbürger sind oder Resident Aliens. Das heißt, für die Bemessung der Steuer ist der Status des Vererbenden bzw. Schenkers maßgeblich und nicht der Status oder die Anzahl der Erben/Beschenkten.

In der folgenden Tabelle sind die Freibeträge und Steuersätze nach dem derzeitigen Rechtsstand (2016) aufgeführt. Die Freibeträge beziehen sich auf das insgesamt übertragene Vermögen (= Wert der Schenkung/Erbschaft). Die Anzahl der Vermögensempfänger führt zu keiner Vervielfachung der Freibeträge.

	Freibetrag	Steuersatz
Erbschaftsteuer	US$ 5.450.000	40%
Schenkungsteuer	US$ 5.450.000	40%

Durch geschickte Gestaltung können auch bei größeren Erbschaften, die die Freibeträge übersteigen, Steuerzahlungen vermieden werden. Durch die Einbringung der Erbschaft in einen Trust anstelle der Übertragung an die Erben direkt können Erbschaftsteuern stark reduziert oder sogar ganz vermieden werden.

Zahlungsverkehr *Kapitel 3.3*

MERKE

Tipp: *Das amerikanische Steuerrecht ist ähnlich komplex und unübersichtlich wie das deutsche Steuerrecht. Besonders in der Startphase können falsche Grundlagenentscheidungen oft unrevidierbare, unnötige Steuerbelastungen nach sich ziehen. Daher ist es besonders in diesem Stadium unbedingt empfehlenswert, Rat einzuholen von Personen, die sich sowohl im amerikanischen als auch deutschen Steuerrecht auskennen. Einen Ansprechpartner finden Sie im Folgenden.*

KONTAKT

GATC GmbH
German American Tax Consulting
Salzbergener Str. 25
48431 Rheine
Tel.: 05971-50397
E-Mail: *raekers@ustax.de*
↗ *www.ustax.de*

3.3 Zahlungsverkehr

Banknoten und Münzen

Die Abkürzung für die Landeswährung ist US$ oder $. In der amerikanischen Umgangssprache wird der Dollar auch als *buck* bezeichnet.
Es gibt Banknoten, auch *bills* genannt, im Wert von 1, 5, 10, 20, 50 und 100 US-Dollar. Am gebräuchlichsten sind die Noten bis US$ 20. Alle Banknoten in den USA haben die gleiche Größe und Farbe, deshalb müssen Sie genauer hinsehen, wenn Sie bezahlen oder Banknoten zurückerhalten. Man erkennt die Unterschiede aber auch anhand der verschiedenen abgebildeten US-Präsidenten (US$ 1 = George Washington, US$ 5 = Abraham Lincoln, US$ 10 = Alexander Hamilton, US$ 20 = Andrew Jackson, US$ 50 = Ulysses S. Grant, US$ 100 = Benjamin Franklin). Seit 2003 gibt es von den US-Banknoten 5–100 geänderte Designs mit verschiedenen neuen Sicherheitsmerkmalen, um Fälschungen einzudämmen. Ein US-Dollar entspricht 100 Cents. Die amerikanischen Münzen haben spezielle Bezeichnungen: 1 Cent = *penny*, 5 Cents = *nickel*, 10 Cents = *dime*, 25 Cents = *quarter*, 50 Cents = *half*.

Weltwährung Dollar

Diese Bezeichnungen sollten Sie kennen, da Sie sehr häufig genutzt und beispielsweise auf den Bedienungsanleitungen von Automaten zu finden sind. Es gibt auch Halbdollar- und Dollarmünzen, die allerdings sehr selten und ungebräuchlich sind. Sie werden Schwierigkeiten haben, sie als Zahlungsmittel wieder loszuwerden, weil viele sie nicht akzeptieren. Diese Münzen sind aber beliebte Sammlerobjekte für Münzsammler.
Bis auf den *Penny*, der kupferfarben ist, sind alle übrigen Münzen silbern.

Wenn in Amerika mit Bargeld bezahlt wird, dann eher mit Banknoten als mit Münzen. Sicherlich ist Ihnen in amerikanischen Filmen schon häufig aufgefallen, dass immer ein ganzer Stapel davon aus der Hosentasche geholt wird. Der Grund ist der, dass es in Amerika unüblich ist, mit Banknoten über US$ 20 zu bezahlen. Die wenigsten Amerikaner würden Banknoten über US$ 50 oder gar US$ 100 bei sich tragen. Zwar können Sie eine solche Banknote in einem Supermarkt oder einem großen Kaufhaus wechseln lassen, aber in einem kleine-

Bei Bargeld: Kleinere Scheine

ren Geschäft, im Taxi oder in der U-Bahn ist es durchaus wahrscheinlich, dass man es „kleiner" von Ihnen haben will. Wer viel mit Bargeld zu tun hat, bündelt die Scheine zumeist in der Reihenfolge ihres Wertes, um so die richtigen Scheine in der Hosentasche besser zu finden.

Wenn Sie in den USA noch bar bezahlen wollen, kann es Ihnen durchaus passieren, dass sie komisch angesehen werden, weil es einfach unüblich geworden ist. Die einzigen Orte, an denen Sie unbedingt noch Bares brauchen, sind im Taxi, am Zeitungskiosk, am Imbissstand, bei der Post, an diversen Automaten und beim Betreten öffentlicher Verkehrsmittel.

Mit Bargeld sollten Sie immer sehr vorsichtig umgehen. Wie in anderen Teilen der Welt auch, ist das Stehlen von Brieftaschen und Handtaschen, insbesondere in Großstädten gang und gäbe. Tun Sie's wie die Amerikaner und tragen Sie so wenig Bargeld wie möglich bei sich.

Bankkonten

Es gibt viele lokale Banken in den einzelnen Bundesstaaten, aber auch überregionale für das ganze Bundesgebiet. Die Banken werden entweder als *Savings Bank* oder *Loan Bank* bezeichnet. Sie sollten auf jeden Fall eine größere gut etablierte Bank wählen. Große Banken sind z.B. die *Bank of America*, *Wells Fargo Bank* oder *JPMorgan Chase Bank*.

checking account/savings account

Sie können dort ganz normal ein Girokonto (*checking account*) oder ein Sparkonto (*savings account*) eröffnen, viele Banken bieten eine Kombination aus *checking* und *savings account* an. Einige Banken verlangen die Vorlage Ihrer Sozialversicherungsnummer und besonders wichtig ist es, eine Adresse in den USA zu haben, denn an diese Adresse wird Ihre künftige Bankkarte mit Chip (z.B. *Visa Card*) versandt. Da es für Ausländer grundsätzlich immer schwieriger wird, ein Bankkonto zu eröffnen, empfiehlt es sich bei Schwierigkeiten, mit einem Bekannten zu dessen Hausbank zu gehen, bei der die Berater schon persönlich bekannt sind. Die meisten Banken verlangen eine Ersteinzahlung von US$ 100 oder US$ 200. Bei einigen darf ein bestimmter Mindestbetrag (*minimum daily balance*, meistens zwischen US$ 100 und US$ 500) auf dem Konto nicht unterschritten werden, ansonsten – wie auch im Falle geplatzter Schecks – können hohe Gebühren auf Sie zukommen. Falls Sie diesen Rahmen jedoch einhalten, werden keine Gebühren für ausgestellte Schecks und keine Kontogebühren erhoben. Andere Banken haben diese Regelung nicht, dafür werden aber Scheckgebühren und manchmal auch monatliche Kontoführungsgebühren erhoben. Deshalb fragen Sie vorher lieber nach, wie es sich bei der von Ihnen gewählten Bank verhält. Die meisten Banken bieten jedoch Dispositionskredite an.

ATM

Es gibt im ganzen Land Bankautomaten (*Automatic Teller Machines – ATMs*). Sobald Sie ein Bankkonto eröffnen, wird Ihnen automatisch eine Geldkarte ausgehändigt. Meist können Sie bei amerikanischen Banken die Geheimzahl dazu sogar selbst festlegen. Netzwerke wie *Cirrus*, *Plus* und *Maestro* sind überregional. Es gibt aber auch lokale Netzwerke in großen Städten. Es bietet sich an, ein Bankkonto bei einer Bank zu eröffnen, die Mitglied eines überregionalen Netzwerkes ist. Wie auch bei uns zahlen Sie zusätzliche Gebühren, wenn Sie Geld von einem fremden Kreditinstitut abheben. Das ist ein weiterer Grund, warum Sie gleich bei einer großen Bank ein Konto eröffnen sollten.

Falls Sie die sogenannte Kreditfähigkeit (*credit history*) benötigen, holen Sie sich zusätzlich eine Kundenkreditkarte bei einem großen Kaufhaus wie z. B. *Macy's*. Bereits an anderer Stelle (Kapitel 2.1 „Vorbereitung des Umzugs") wurde erläutert, wie wichtig diese *credit history* für Sie ist, falls Sie längere Zeit in Amerika bleiben wollen. Versuchen Sie also möglichst bald, an US-Kreditkarten oder Kundenkarten zu kommen. Zu Anfang wird dies sicher häufig abgelehnt werden (eben weil Sie noch keine *credit history* besitzen – ein Teufelskreis!), aber sobald Sie die erste Karte Ihr Eigen nennen, kommen Sie sehr schnell an weitere Kundenkarten.

credit history

Ausgezeichnet für Immigranten ist die sogenannte *Open Sky Secured Visa Credit Card* von der *Capital Bank*. Sie ist für jeden, der einen schlechten *credit score* oder noch gar keine *credit history* vorzuweisen hat, gut geeignet.

Schecks von US-Banken

Amerikaner tragen, wie schon erwähnt, grundsätzlich nur sehr wenig Bargeld bei sich. Einkäufe erfolgen in der Regel per Scheck, Kundenkreditkarten oder Kreditkarten. Häufig bezahlt man in den Läden mit den sogenannten Kundenkreditkarten, sogar wenn die Rechnungen klein sind (US$ 5). Obwohl Schecks nicht mehr so oft in Läden benutzt werden, sind sie fast überall akzeptiert. In Amerika werden Schecks immer noch sehr häufig als Bezahlungsmittel bei allen anderen möglichen Rechnungen, z. B. auch Monatsrechnungen für Miete, Strom, Telefon etc benutzt. Selbst Ihren Klempner können Sie damit bezahlen. Einzugsermächtigungen und Überweisungen, wie sie bei uns gang und gäbe sind, sind in den USA so gut wie unbekannt. Zum Monatsende setzt sich der Durchschnittsamerikaner hin und füllt eine Reihe von Schecks aus, die dann dem Vermieter, der Stromgesellschaft, der Telefongesellschaft etc. zugeschickt werden. Richten Sie sich nun ein Girokonto bei einer amerikanischen Bank ein, bekommen Sie automatisch ein Scheckheft. Haben Sie nur ein Konto bei einer lokalen Bank und stellen Sie Schecks im selben Gebiet aus, in der Ihre Bank ihren Sitz hat, werden sie allgemein hin gut akzeptiert. Sie können damit auch in Geschäften, Restaurants etc. bezahlen. Im Zeitalter der Technologie jedoch verlässt sich vermehrt die jüngere Generation auf Ihre Smartphones und führt alles online durch mit Onlinebanking etc.

Schwierig könnte es aber werden, wenn Sie den Bundesstaat verlassen. Gesetzliche Hürden haben bisher verhindert, dass lokale Banken eines Staates Filialen in einem anderen Bundesstaat eröffneten. Denken Sie also immer daran, dass diese Banken räumlich sehr begrenzt ausgerichtet sind. Geschäfte und Restaurants in anderen Bundesstaaten werden also kaum Ihren Scheck akzeptieren. Genauso schwierig kann es für Sie werden, Schecks bei anderen Banken in Bargeld einzulösen. Deshalb eröffnen Sie lieber gleich ein Konto bei einer großen überregionalen Bank, wie z. B. der *Bank of America*. Sollten Sie per Scheck bezahlen, wird man fast immer Ihre Identität überprüfen. Dazu brauchen Sie entweder einen Pass, Ihren amerikanischen Führerschein, oder Ihre Kreditkarte.

Es ist sehr wichtig, dass Sie Ihr Girokonto nicht überziehen. Gebühren für geplatzte Schecks (*bounced or rubber checks*) sind sehr hoch, ca. zwischen US$ 10 und US$ 25 pro Scheck. Außerdem wird der Scheck an den Einreicher zurückgeschickt. Wenn es sich hierbei um ein Geschäft oder eine Organisation han-

Schecks mit Ihrem Porträt!

delt, erheben diese ebenfalls Gebühren in etwa der gleichen Höhe. Ihre Scheckbücher erhalten Sie nicht kostenlos. Wenn Sie diese bei Ihrer Bank bestellen, kostet Sie das normalerweise bis zu US$ 15 pro Scheckbuch. Allerdings gibt es die Möglichkeit, unter vielen hübschen Scheckmotiven auszuwählen. Sie können sogar eine von vielen privaten Firmen mit dem Druck Ihrer Schecks beauftragen. So ist es dann möglich, Schecks mit Ihrem eigenen Konterfei oder zumindest mit Ihrem Sternzeichen, Ihrem Lieblingstier oder Ähnlichem zu besitzen. Die Kosten für diese Schecks sind nur unwesentlich teurer als die Schecks, die Ihnen die Bank direkt anbietet.

Eingelöste Schecks werden immer als *canceled checks* an den Kontoinhaber zurückgeschickt. Sie wissen also genau, wer wann Ihre Schecks eingelöst hat. Ein großer Nachteil ist allerdings, dass ein bereits eingelöster Scheck noch bis zu sechs Monate nach Ausstellung vom Aussteller zurückgebucht werden kann. Scheckbetrug ist daher in Amerika an der Tagesordnung, ein Grund, warum einige Läden, Restaurants etc. generell gar keine Schecks akzeptieren. Doch die Bezahlung mithilfe von Schecks ist in Amerika so gebräuchlich, dass selbst der elektronische Zahlungsverkehr auf der Basis „virtueller" Schecks funktioniert. Im Internet können Sie mittlerweile per Scheck bezahlen, ohne den Scheck per Post schicken zu müssen. Dafür wird nur der Code am Rande eines Ihrer Schecks von Ihnen manuell in das Formular eingetippt, Sie selbst müssen diesen Scheck dann in Ihrem Scheckbuch als erledigt ausstreichen. Einen Scheck kann man übrigens auch direkt am ATM einzahlen, der Betrag wird dann sofort gutgeschrieben.

Überweisungen sind in den USA nahezu unbekannt. Zur Begleichung von Forderungen werden daher ebenfalls Schecks hin und her geschickt. Auch das Wort *„pay check"* (Gehaltscheck) hat dort noch seine ursprüngliche Bedeutung, da Sie in den meisten Fällen am Monatsende von Ihrer Firma per Scheck ausbezahlt werden.

Kreditkarten

Kreditkarten sind in Amerika das gebräuchlichste Zahlungsmittel, weshalb Sie unbedingt eine, besser noch gleich mehrere besitzen sollten. Die verbreitetesten sind die *Mastercard* und die *Visa Card*, die praktisch überall akzeptiert werden. Daneben wird auch häufig die *American Express Card* und die *Diners Card* verwendet. Viele Supermärkte, Einkaufszentren und Versandhäuser bieten eigene Kreditkarten an. In der Regel werden fast alle Einkäufe im Einzel- und Großhandel, Ausgaben in Restaurants, Hotels, Rechnungen für Ärzte, Anwälte, Medikamente, kulturelle Einrichtungen, Fernverkehrsmittel, Autoleasing usw. mit Kreditkarte bezahlt. Mit der Kreditkarte zu bezahlen hat den Vorteil, dass man nicht unnötig viel Bargeld bei sich tragen muss und es damit eine wesentlich sicherere Zahlungsmethode darstellt.

Reiseschecks

traveller's checks

Reiseschecks (*traveller's checks*) eignen sich ebenso gut wie Bargeld. Sie können damit quasi überall bezahlen. Manchmal wird verlangt, dass Sie sich identifizieren. Dazu benötigen Sie entweder Ihren Pass, Ihren amerikanischen Führerschein oder Ihre *Social Security Card*. Allerdings sollten Sie auf Reisen möglichst nicht darauf angewiesen sein, die Reiseschecks gegen Bargeld tauschen zu müssen. Banken nehmen meist exorbitante Gebühren für die Bareinlösung. Billiger ist es dann meist, im Supermarkt für einen 50-US$-Reisescheck z.B. eine Packung Kaugummis zu kaufen, um Wechselgeld in „echten" Dollars zu erhalten. Dies ist fast immer möglich und gegenüber der Bareinlösung bei der Bank sparen Sie sogar noch. Vorsichtshalber bringen Sie lieber auch andere Zahlungsmittel auf die Reise mit. Manchmal ist es schwierig Läden zu finden, die Reiseschecks einlösen oder überhaupt anerkennen.

Internationale Geldtransfers

Die gebräuchlichste Form des Transfers von Europa in die USA ist die Überweisung mit dem SWIFT-System (*Society for Worldwide Interbank Financial Telecommunication*); die vollelektronische, beleglose Datenübertragung. Es geht sehr schnell und durch die 5–8 Stunden Zeitunterschied sind die europäischen Banken in der Lage, die gewünschten Summen zum selben Tageswert/Wechselkurs zu transferieren. Wenn Sie also bestimmte Geldbeträge von Ihrer Bank ordern, wird das Geld zum Wechselkurs desselben Tages und nicht zum Wechselkurs des nächsten Tages gewechselt.

Vorteile einer großen Bank

Fast jede Bank hat das SWIFT-System. Auch hier gilt wieder die Grundsatzregel, lieber bei einer großen Bank ein Bankkonto zu eröffnen, denn die hat wahrscheinlich eine entsprechende deutsche Korrespondenzbank. Deutsche Banken transferieren grundsätzlich nur an Korrespondenzbanken, die dann, falls notwendig, die Gelder zu anderen Banken transferieren. SWIFT macht es möglich, eine Benachrichtigung an die Bank zu schicken, von welcher die Gelder abgehoben werden sollen. Unbegrenzte Beträge können auf diese Art und Weise transferiert werden. Es gibt auch die Möglichkeit von Express-Transfers. Diese sind jedoch recht kostspielig.

Inlandtransfers: Diese können via SWIFT oder via CHIPS zwischen den Banken innerhalb des ganzen Landes erledigt werden. Je nach Entfernung werden Gebühren zwischen US$ 10 und US$ 25 erhoben. Sie sehen daran wieder, wie unüblich Überweisungen im inneramerikanischen Handel sind.

Western Union

Auch über die Büros der *Western Union Company* lässt sich sehr schnell, wenn auch zu einem relativ hohen Preis, Geld in die USA oder zurück transferieren. Ein in Ihrer Nähe gelegenes Büro finden Sie unter ⌕ *www.westernunion.com* und dann im Menüpunkt „Vertriebsstandorte" (*Find a Location*). In Deutschland wickeln fast alle Postämter *Western Union* Ein- und Auszahlungen ab.

INTERNET

Andere Bankdienstleistungen

US-Banken bieten auch ähnliche Dienstleistungen wie z.B. Bausparkassen. Sie arrangieren Hypotheken- oder andere Niedrigzinsdarlehen für Sie. Bei solchen Banken handelt es sich um die sogenannten *Savings Banks*. Festsparverträge mit Laufzeiten über 2–5 Jahre können Sie bei fast allen Banken abschließen. Normalerweise befassen sich die *Savings Banks* nur mit Privatkunden, für Firmen sind zumeist die *Commercial Banks* zuständig.

3.4 Wissenswertes rund um Telefon, Post und Umrechnungstabellen

Telefonieren

Wie überall in den modernen Industrienationen, spielt sich auch ein Großteil des amerikanischen Lebens am Telefon ab. Das Telefon ist Hauptkommunikationsmittel, erhält aber zunehmend Konkurrenz von der E-Mail. Am Telefon werden Geschäfte gemacht, Verabredungen getroffen, eingekauft – Telefone ersparen den Amerikanern viel Zeit und Wege.

Das US-Telefonnetzsystem umfasst mehrere regionale Telefongesellschaften, konkurrierende Ferngesprächsanbieter sowie viele kleinere Mobilfon- und Münzfonanbieter. Technisch gesehen arbeitet das System durchaus effizient, aber es ist hauptsächlich auf die Bedürfnisse lokaler Nutzer zugeschnitten.

Konkurrenz auf dem Telefonmarkt

Lokalgespräche werden in den USA von Lokalmonopolen angeboten, sodass man hier nicht zwischen mehreren Anbietern wählen kann. Es gibt in den USA sieben regional begrenzte Telefongesellschaften, die sogenannten *Baby Bells (Regional Bell Operating Companies).* Jede dieser *Baby Bell*-Gesellschaften bietet Lokalgespräche in dem Gebiet, für das sie zuständig ist. Oft sind die lokalen Gespräche nach Zahlung einer Grundgebühr kostenlos. Ferngespräche werden durch konkurrierende Anbieter für Ferngespräche, die sogenannten *Long Distance Carriers*, wie z. B. *AT&T*, *MCI* oder *Sprint*, angeboten, sodass man hier zwischen mehreren Anbietern auswählen kann. Die Konkurrenz ist auf diesem Gebiet sogar so groß, dass mit allen Mitteln versucht wird, Kunden von der Konkurrenz abzuwerben. Es ist gut möglich, dass Sie eines Tages einen 50-US$-Scheck in Ihrer Tagespost finden werden, mit dessen Einlösung Sie automatisch den Wechsel zu einer anderen Telefongesellschaft akzeptieren. Ein paar Tage später wird Ihnen dann Ihre alte Telefongesellschaft wahrscheinlich ein ähnliches Angebot machen, um diese Entscheidung doch bitte wieder rückgängig zu machen. Alle Telefongesellschaften bieten spezielle Tarife für Gespräche innerhalb des Bundesstaates, innerhalb der USA und für internationale Gespräche.

area code

Telefonnummern: Amerikanische Telefonnummern bestehen aus einem dreiziffrigen *area code* (der Vorwahl) und sieben weiteren Ziffern. Natürlich wird die Vorwahl nur mitgewählt, wenn man aus einem anderen Gebiet anruft. Bei Gesprächen innerhalb der USA kommt vor die Vorwahl immer noch die 1. Die Bundesstaaten haben unterschiedliche Vorwahlen aber auch innerhalb eines Bundesstaates kann die Vorwahl variieren. Dies hängt ganz vom jeweiligen Bundesstaat ab. So hat Kalifornien z. B. über 13 verschiedene *area codes*, Alabama hingegen nur einen. Wenn Sie einen bestimmten *area code* suchen oder zuordnen möchten, gibt es diverse Webseiten hierfür, z. B.: *www.allareacodes.com* oder *www.areacodehelp.com.*

INTERNET
www

INTERNET
www

Auskunft im ganzen Bundesgebiet: Die Nummer der Telefonauskunft *directory assistance*, ist 1 + area code + 555 1212 (dies ist das gleiche als würde man 411 wählen – beides ist kostenpflichtig!). Dies gilt auch für 800er-Nummern. Allerdings kostet ein solcher Anruf bis zu US$ 4. Eine kostenlose Alternative bieten die Seiten *www.whitepages.com* (auch bei den *white pages* muss man sich ggf. registrieren und Gebühren für Auskünfte oder eine Mitgliedschaft bezahlen, wenn man alle Informationen freigeschaltet haben möchte) oder ☑ *www.anywho.com*.

Lokale Auskunft: Wird eine Nummer mit der eigenen Vorwahl gesucht, wählt man die 411 oder schaut unter ☑ *www.411.com*.

Notfälle: Unter der 911 erreichen Sie die Feuerwehr, Polizei oder schnelle medizinische Hilfe. Sind Sie auf der Straße und haben kein Kleingeld bei sich, können Sie auch von einem öffentlichen Telefon aus die 0 wählen und sich vom operator verbinden lassen. — Notruf!

800er Nummern: Alle Nummern, die mit einer 800 anfangen, sind *toll-free*, d.h. gebührenfrei. Auch hier ist noch eine 1 vorzuwählen, also 1-800. Diese Nummern werden von immer mehr Versandhäusern, Reisebüros, Fluggesellschaften, Hotelketten, Autoverleihern, Firmen etc. angeboten. Gebührenfreie Nummern erfährt man unter 1-800-555-1212. Die meisten amerikanischen 800er Nummern sind auch aus Deutschland über die Deutsche Telekom zu erreichen, man wählt dann einfach die 001 vor. Über eine Ansage wird man darauf hingewiesen, dass die Nummer auf diesem Wege allerdings die gleichen Gebühren verursacht wie ein normaler Anruf in die USA.

900er Nummern: Alle Nummern die mit 900 anfangen kosten Sie Extragebühren, denn hierbei handelt es sich um kommerzielle Telefondienste, die wie bei uns in Deutschland die 0900er Nummern, mehr oder weniger nützliche Dienste anbieten. Allerdings gibt es hier keine Höchstgrenzen für die Gebühren wie in Deutschland. Es kann sein, dass Ihnen für ein spezielles Gespräch auf einmal weit über US$ 5 pro Minute in Rechnung gestellt wird. Sehen Sie also ganz genau nach, welche Gebühren bei der Wahl einer Nummer dieser Art anfallen!

Telefonieren ins Ausland: Hierfür muss man 011 + Ländercode + Ortsvorwahl (ohne Null vor der Vorwahl) wählen. Im Falle Kanadas und einiger Karibikinseln ist keine Ländervorwahl notwendig, da diese Länder *area codes* wie ganz normale US-Bundesstaaten haben. Nach Kanada und beispielsweise Puerto Rico wählen Sie also wie für ein inneramerikanisches Gespräch. Nach US-Zeiten ist es vormittags am teuersten, nachmittags wird es etwas billiger und nachts ist es am billigsten.

Telefonieren aus dem Ausland in die USA: Man wählt den Ländercode der USA (001) + *area code* ohne 1 + siebenstellige Rufnummer.

Buchstabennummern: Ein Blick auf die amerikanischen Telefone zeigt, dass jeder Zahl außer der 1 drei Buchstaben zugeordnet sind. 2 = ABC, 3 = DEF, 4 = GHI, 5 = JKL, 6 = MNO, 7 = PRS, 8 = TUV, 9 = WXY. Diese Telefonnummern müssen zwar erst entschlüsselt werden, dafür vergisst man sie aber nicht. Beispiel: Ein bekanntes Blumenversandhaus wirbt mit der Telefonnummer: 1-800-FLOWERS, das heißt Sie wählen 1-800-3569377. Das einfache Wort Flowers ist natürlich wesentlich leichter zu behalten als die umständliche Nummer. Auch in Europa hält diese Methode der Buchstabenwahl in letzter Zeit langsam Einzug.

Öffentliche Apparate: Seit 2007, sind 50% der öffentlichen Telefone in den USA (*payphones*) außer Betrieb. Es gibt aber trotzdem die Möglichkeit in *payphones* mit *nickels*, *dimes* oder *quarters* zu telefonieren. Sollten Sie allerdings nicht Ihr ganzes Guthaben verbrauchen, bekommen Sie es leider auch nicht zurück. Öffentliche Apparate funktionieren oft auch nur noch mit Telefonkarten (sogenannte prepaid *phone cards* oder *calling cards*), die von verschiedenen Telefongesellschaften angeboten werden. Dies hat den Vorteil, dass man kein passendes Kleingeld mehr braucht, um zu telefonieren. Mehr Informationen dazu finden Sie weiter unten unter dem Punkt „Telefonkarten".

operator calls

Haben Sie nicht genügend Münzgeld bei sich, können Sie den *operator* auch durch die Null in die Leitung holen und einen *collect call*, ein R-Gespräch, anmelden. Sie sagen dann „*My name is Olaf Brunei, I would like to make a collect call to Florida, Number 305 127 6594, Mrs. Brunei.*" Der *operator* wählt dann die Nummer und fragt die Zielperson, ob sie die Gebühren übernimmt. Wenn ja, wird die Verbindung geschaltet. Auch über die Wahl der Nummer 1-800-COLLECT (zur Buchstabenwahl siehe oben) kann man ein R-Gespräch (meist etwas günstiger) beantragen.

Für R-Gespräche nach Deutschland können Sie übrigens auch einen deutschsprachigen *operator* unter einer der folgenden Rufnummern anrufen:
1-800-927-0049 (*Sprint*)
1-800-766-0049 (*MCI*)
1-800-292-0049 (*AT&T*)
Allerdings trägt der Angerufene die Kosten, welche ziemlich hoch sind.

Telefonkarten

Empfehlenswert für Reisende

In den USA man kann mit *prepaid phone cards*, auch sogenannten *calling cards*, telefonieren. Diese werden nicht, wie Sie das von Deutschland kennen, in einen dafür vorgesehenen Schlitz geschoben, sondern man tippt die auf diesen Karten zu findene Geheimnummern ganz normal in die Zahlenblock ein.
Eine *prepaid phone card* ist eine gute Alternative für Reisende. Man kann sie überall käuflich erwerben: auf Flughäfen, in Wartehallen, Tankstellen, Zeitungskiosken, Hotels etc. Sie kaufen eine Karte über einen bestimmten Betrag, sagen wir US$ 5, US$ 10, US$ 20 oder US$ 50, dem dann 18, 38, 80 oder 220 Einheiten entsprechen. Auf der Karte ist eine Geheimnummer, die Sie freirubbeln. Um anzurufen, wählen Sie die Anbieterfirma durch eine 800er Nummer an und geben Ihre Geheimzahl ein, worauf Ihnen eine synthetische Stimme sagt, wie viel Inlands- oder Auslandsminuten Ihre Karte beinhaltet. Die Anrufkosten werden dann automatisch abgezogen. Eine Einheit entspricht einer Minute innerhalb der USA und einer halben Minute oder darunter ins Ausland. Die Raten variieren zwischen den einzelnen konkurrierenden Anbietern und die billigsten Anbieter offerieren Preise gleich denen, die normale Telefongesellschaften bei Festnetzanschlüssen verlangen. Benutzen Sie eine solche *prepaid phone card* in einem *pay phone* oder Hotel, werden zu Beginn gleich zwei Einheiten für die Verbindung abgebucht. Müssen Sie mehrere Telefonate hintereinander führen, benutzen Sie die *follow-on*-Option, um die Verbindungsgebühren zu sparen und auch nicht jedes Mal wieder die PIN-Nummer eingeben zu müssen. Amerikaner benutzen allerdings kaum Telefonkarten. Sie bevorzu-

gen, wenn sie denn überhaupt von öffentlichen Apparaten aus telefonieren, nach wie vor die Verwendung von Münzgeld.

Tipp: Anders als in Europa sind die Roaminggebühren für Telefonate mit dem deutschen Handy in den USA immer noch sehr hoch (in der Regel bis ca. 1,50 €/min). Daher ist es empfehlenswert eine amerikanische SIM-Karte zu verwenden. Dadurch können Sie bis zu 90% der Handykosten einsparen.
Alternativ empfiehlt sich auch IP-Telefonie über einen der zahlreichen Messenger-Dienste, da Sie hierbei auf die zahlreichen kostenlosen Wifi-Hotspots zurückgreifen können.

MERKE

Mobil telefonieren: Erstaunlicherweise lagen die USA auf dem Gebiet des mobilen Telefonierens eine Zeit lang noch etwas hinter dem europäischen Standard und waren bei Weitem nicht flächendeckend mit Mobilfunknetzen versorgt. Zudem wurden meist unterschiedliche Standards in unterschiedlichen Regionen eingeführt, so hat New York beispielsweise ein eigenes Stadtnetz. Schaut man sich den gegenwärtigen Trend jedoch an, so kann man bei 272,9 Millionen Handynutzern (bei einer Gesamtbevölkerung von über 321 Millionen Einwohnern) in den USA im Vergleich zu Deutschland (70,4 Millionen Handynutzer bei einer Gesamtbevölkerung von über 80 Millionen Einwohnern, Stand 2015) durchaus von einer Angleichung sprechen. Das *Pew Reserach Center* hat eine Studie veröffentlicht („*U.S. Smartphone Use in 2015*"), die neben vielen anderen interessanten Verhaltensweisen mit dem Mobiltelefon ergab, dass 64% aller amerikanischen Erwachsenen ein Smartphone besitzen. Wenn Sie mit Ihrem deutschen Kartenvertrag in den USA telefonieren möchten, so benötigen Sie normalerweise ein sogenanntes Tripleband- oder Quadband-Handy, da weder der GSM900 noch der GSM1800 Standard in den USA unterstützt wird. Die GSM-Netze senden in den USA auf 1900 MHz. Für das *Universal Mobile Telecommunications System (UMTS)* und dessen Datenübertragung bestehen wiederum andere Frequenzen. In Deutschland sind dies die Frequenzbänder 900 und 2100, in den USA sind es 1900, 1800 oder 850. Diese Angaben gilt es zu beachten, wenn man mit seinem Smartphone unterwegs und mit einem schnellen Internetzugang surfen möchte. Je nach Netzbetreiber entscheidet sich dann welche von den Frequenzen die passende ist. Da es in Deutschland aber noch nicht so viele derartige Geräte für diese Frequenzbänder auf dem Markt gibt, empfiehlt es sich, in den USA ein Handy anzuschaffen. Weitere Tipps zum mobil telefonieren gibt es hier: ☛ *www.americandream.de/mobil-telefonieren*. Eigene Handyvorwahlen gibt es in den USA auch nicht, meist erscheint die Handynummer eines Teilnehmers wie eine normale Telefonnummer mit dem *area code* der Region, in der das Handy freigeschaltet wurde. Reisende können Kosten beim Mobiltelefonieren in den USA durch die Verwendung einer amerikanischen Handykarte einsparen. Unter USA-Reisenden gilt die Prepaid USA SIM-Karte als günstige und ideale Alternative zur deutschen SIM-Karte. So telefoniert und surft man zu besonders günstigen Tarifen, und hat durch das Prepaid-Guthaben volle Kontrolle über die Kosten. Erhältlich ist eine solche Karte auch in Deutschland über den Anbieter ☛ *www.cellion.de*.

USA nur bedingt „mobil"

Kulturtipp: Übrigens, in den USA wird keiner mit dem Begriff „Handy" die Bedeutung „Mobiltelefon" in Verbindung bringen. Wenn man etwas als „handy" in den USA beschreibt, es bedeutet das wörtlich übersetzt „praktisch". Man benutzt dahingegen eher cell phone kurz für cellular phone.

KULTURTIPP

Abkürzungen/area codes

Bundesstaat	Abkürzung	Area Code
Alabama	AL	205, 251, 256, 334, 938
Alaska	AK	907
Arizona	AZ	480, 520, 602, 623, 928
Arkansas	AR	479, 501, 870
Kalifornien	CA	209, 213, 310, 323, 408, 415, 424, 442, 510, 530, 559, 562, 619, 626, 650, 657, 661, 707, 714, 747, 760, 805, 818, 831, 858, 909, 916, 925, 949, 951
Colorado	CO	303, 719, 720, 970
Connecticut	CT	203, 475, 860
Delaware	DE	302
District of Columbia	DC (Washington, D.C.)	202
Florida	FL	239, 305, 321, 352, 386, 407, 561, 727, 754, 772, 786, 813, 850, 863, 904, 941, 954
Georgia	GA	229, 404, 470, 478, 678, 706, 762, 770, 912
Hawaii	HI	808
Idaho	ID	208
Illinois	IL	217, 224, 309, 312, 331, 618, 630, 708, 773, 779, 815, 847, 872
Indiana	IN	219, 260, 317, 574, 765, 812
Iowa	IA	319, 515, 563, 641, 712
Kansas	KS	316, 620, 785, 913
Kentucky	KY	270, 502, 606, 859
Louisiana	LA	225, 318, 337, 504, 985
Maine	ME	207
Maryland	MD	240, 301, 410, 443
Massachusetts	MA	339, 351, 413, 508, 617, 774, 781, 857, 978
Michigan	MI	231, 248, 269, 313, 517, 586, 616, 734, 810, 906, 947, 989
Minnesota	MN	218, 320, 507, 612, 651, 763, 952
Mississippi	MS	228, 601, 662, 769
Missouri	MO	314, 417, 573, 636, 660, 816
Montana	MT	406
Nebraska	NE	308, 402
Nevada	NV	702, 775
New Hampshire	NH	603
New Jersey	NJ	201, 551, 609, 732, 848, 856, 862, 908, 973
New Mexico	NM	505, 575
New York	NY	212, 315, 347, 516, 518, 585, 607, 631, 646, 716, 718, 845, 914, 917, 929
North Carolina	NC	252, 336, 704, 828, 910, 919, 980
North Dakota	ND	701

Wissenswertes rund um Telefon, Post und Umrechnungstabellen Kapitel 3.4

Bundesstaat	Abkürzung	Area Code
Ohio	OH	216, 234, 330, 419, 440, 513, 567, 614, 740, 937
Oklahoma	OK	405, 539, 580, 918
Oregon	OR	458, 503, 541, 971
Pennsylvania	PA	215, 267, 412, 484, 570, 610, 717, 724, 814, 878
Rhode Island	RI	401
South Carolina	SC	803, 843, 864
South Dakota	SD	605
Tennessee	TN	423, 615, 731, 865, 901, 931
Texas	TX	210, 214, 254, 281, 325, 361, 409, 430, 432, 469, 512, 682, 713, 806, 817, 830, 832, 903, 915, 936, 940, 956, 972, 979
Utah	UT	385, 435, 801
Vermont	VT	802
Virginia	VA	276, 434, 540, 571, 703, 757, 804
Washington	WA	206, 253, 360, 425, 509
West Virginia	WV	304, 681
Wisconsin	WI	262, 414, 608, 715, 920
Wyoming	WY	307

Post

Beim *United States Postal Service (USPS)* handelt es sich um ein rein staatliches Unternehmen. Nur im Paketdienst gibt es, wie in Deutschland auch, einige private Anbieter, wovon der *United Parcel Service (UPS)* der bekannteste ist.

Gebühren: Die Portogebühren sind etwas billiger als in den meisten europäischen Ländern. Die letzte Erhöhung war im Januar 2014. Danach liegen die Raten der *First-Class Mail* innerhalb der USA nunmehr bei 49 Cents für normale Briefe mit einem Gewicht von bis zu 1 oz (ca. 28 g). Jede weitere Unze kostet 22 Cents. Postkarten kosten 34 Cents. Die internationalen Luftpostgebühren betragen US$ 1,15 für Postkarten sowie für Briefe mit einem Gewicht bis zu 1 oz. Die aktuellen Preise finden Sie außerdem im Internet unter ☛ *www.usps.com.*

Portokosten

INTERNET

Die Kosten für Paketsendungen per Luftpost innerhalb der USA liegen bei US$ 6–10 für bis zu 2 lbs und erhöhen sich um rund US$ 2 pro *pound*. Bei schwereren Sendungen richten sich die Raten nach der zurückzulegenden Distanz – das Maximalgewicht beträgt 70 lbs. Für die genaue Berechnung der jeweiligen Sendung schaut man am besten unter ☛ *http://postcalc.usps.gov.*

Briefmarken und Briefumschläge: Briefmarken erhält man in den Postämtern, am Schalter oder an Automaten, aber auch in vielen Geschäften. Nur bei den Postämtern bekommen Sie jedoch die Briefmarken zum aufgedruckten Preis. Kaufen Sie woanders, beispielsweise im Supermarkt oder am Automaten, sind sie gleich ein paar Cents teurer. Briefumschläge gibt es in Postämtern, Supermärkten, *drugstores* und *stationaries* (Schreibwarenläden).

Briefe werden folgendermaßen adressiert:

MERKE

Mr. oder Mr.
Olaf Brunei   Olaf Brunei
c/o Southfolk Apartments   825 Lincoln Drive
663-2nd Avenue West Apt.#15   Key West, FL 38562
Cape Coral, Florida 35555   USA
USA

In der untersten Zeile sind immer die Stadt, der Bundesstaat und die Postleitzahl (*zip code*) sowie das Land angeführt. Die Postleitzahl ist immer fünfstellig, manchmal ergänzt durch eine weitere vierstellige Zahl nach einem Bindestrich. Diese dient der noch leichteren Zuordnung innerhalb eines Wohngebiets. Die Bundesstaaten können auch nach dem vorgeschriebenen Abkürzungsmodus (also nicht willkürlich) abgekürzt werden.

Briefkästen: Die amerikanischen Briefkästen sind blau, sehen aus wie „kleine Mülltonnen" und es steht *U.S. Mail* drauf. Die Leerzeiten stehen innen auf der Öffnungsklappe. Sie befinden sich in allen Zonen, die stark von Fußgängern frequentiert werden, vor Postämtern, Supermärkten, auf den Parkplätzen der Einkaufsmeilen etc.

KONTAKT

Es gibt einen Informationsservice der Post. Für weitere Informationen können Sie die +1-800-275-8777 (+1-800-ASK-USPS) wählen (Montag–Freitag 08:00–20:30 Uhr Eastern Time, Samstag: 08:00–18:00 Uhr, Sonn- und an den meisten Feiertagen aber nicht besetzt) oder auf der Internetseite ↗ *www.usps.com* nachschauen. Dort können Sie solche Dinge wie z.B. Postleitzahlen, vorgegebene Paketmaße oder den Standort sowie die Telefonnummer jedes Postamtes der USA erfahren.

Zeit

Standardisierung der Zeit

Über Jahrhunderte haben die Gemeinden in aller Welt ihre eigenen Zeiten nach dem Stand der Sonne festgelegt. So entsprach 12 Uhr mittags, high noon, dem Stand der Sonne im Zenit. Doch wenn es in Chicago *high noon* war, dann war es bereits 12:18 Uhr in Detroit oder erst 11:50 Uhr in St. Louis. Gegen Ende des 19. Jahrhunderts im Zeitalter der industriellen Revolution, als ganz Amerika durch ein Eisenbahn- und Telegrafennetz verbunden wurde, kam dadurch ein Problem auf. Das Problem ergab sich im Zusammenhang mit den Zugfahrplänen. Der Mittagszug von Chicago (dem Zentrum des weltweit größten Eisenbahnnetzes) mochte vielleicht nur sieben Stunden bis nach Detroit brauchen, doch er kam niemals früher als 19:15 Uhr an. So entschieden die US-Eisenbahngesellschaften 1883, die Zeiten im gesamten Bundesgebiet zu standardisieren. Die Eisenbahnen waren zu jener Zeit von so immenser Wichtigkeit, dass die Städte und Bundesstaaten bald diese standardisierten Zeiten übernahmen und sich das System letztendlich im gesamten Bundesgebiet durchsetzte. Das System der Zeitzonen wurde schließlich von der ganzen Welt übernommen.

Und, auch wenn der Nullmeridian in England, Greenwich, verläuft (von wo aus die Längengrade gemessen werden), so hat die Einteilung der Zeitzonen ihren Ursprung jedoch in den USA.

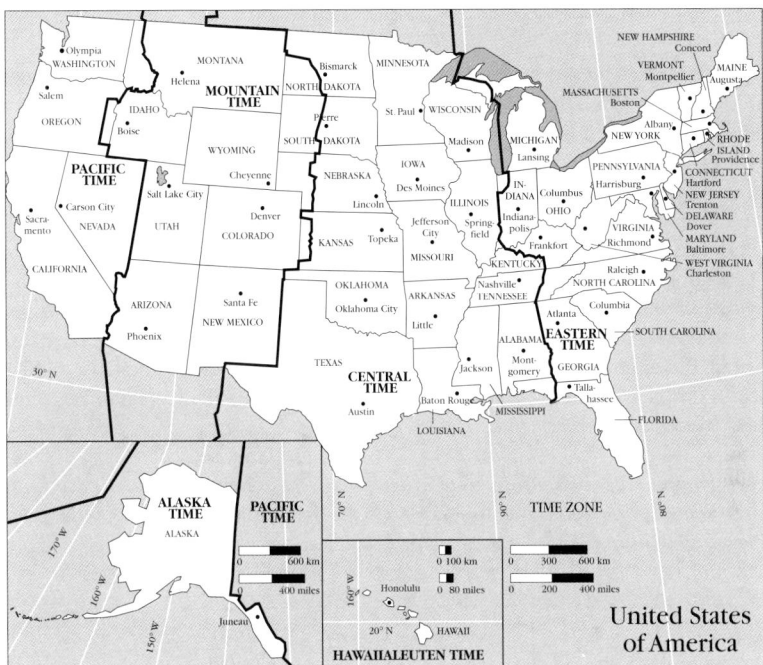

Zeitzonen: Die Vereinigten Staaten von Amerika (Festland) sind in die vier Zeitzonen *Eastern, Central, Mountain* und *Pacific Standard Time* unterteilt. Alaska und Hawaii haben zwei weitere Zeitzonen. Im Folgenden wird die Zeitdifferenz zur mitteleuropäischen Zeit (MEZ bzw. *Central European Time [CET]*) und zur koordinierten Weltzeit (*Universal Time Coordinated [UTC]*) oder auch *Greenwich Mean Time (GMT)* angegeben. Die Weltzeit *(UTC/GMT)* erhält man, indem man von der MEZ eine Stunde (für die Sommerzeit MESZ zwei Stunden) subtrahiert.

Eastern Standard Time (EST): Die Ostküste bis hin zu Michigan, Indiana, Georgia und Florida, sechs Stunden hinter der mitteleuropäischen Zeit (fünf Stunden hinter der Weltzeit).

Central Standard Time (CST): Westlich bis North Dakota und Texas, sieben Stunden hinter der mitteleuropäischen Zeit (sechs Stunden hinter der Weltzeit).

Mountain Standard Time (MST): Südlich von Montana, acht Stunden hinter der mitteleuropäischen Zeit (sieben Stunden hinter der Weltzeit).

Pacific Standard Time (PST): Die Pazifikküste Washington, Oregon, Kalifornien und Nevada, neun Stunden hinter der mitteleuropäischen Zeit (acht Stunden hinter der Weltzeit).

Alaska Standard Time (AST): Zehn Stunden hinter der mitteleuropäischen Zeit (neun Stunden hinter der Weltzeit).

Hawaii-Aleutian Standard Time: Elf Stunden hinter der mitteleuropäischen Zeit (zehn Stunden hinter der Weltzeit).

Der Zeitunterschied von Küste zu Küste beträgt drei Stunden. Wenn es *high noon* in New York, Detroit und Miami ist, ist es 11 Uhr in Chicago, Kansas City und Dallas; 10 Uhr in Salt Lake City, Denver und Albuquerque; 9 Uhr in Seattle, San Francisco und Los Angeles; 8 Uhr in Anchorage und 7 Uhr in Honululu.

Die Sommerzeit (*Daylight Saving Time*), wenn die Uhren eine Stunde vor- bzw. zurückgestellt werden, geht in den USA seit 2007 vom zweiten Sonntag im März 02:00 Uhr bis zum ersten Sonntag im November 02:00 Uhr. Die wenigen Ausnahmen betreffen z. B. Arizona und Hawaii. Die Zeitumstellung von Winter- zu Sommerzeit erfolgt in den USA also zwei Wochen früher als in Mitteleuropa. Durch die unterschiedliche Umstellung von Sommer- auf Winterzeit in Amerika und Europa können zwischenzeitlich auch geringfügig abweichende Zeit- unterschiede auftreten.

KULTURTIPP

Kulturtipp: „Fall back and spring forward" ist eine beliebe Eselsbrücke auf Englisch um sich die Zeitumstellung der Sommer- und Winterzeiten zu merken. Im Herbst stellt man die Uhr eine Stunde zurück und dementsprechend im Frühling eine vor.

Maße

Andere Maßeinheiten

Umstellung auf das metrische System: Trotz der Empfehlungen der *U.S. Metric Study* von 1971 und der geplanten gesetzlichen Umsetzung mit dem *Metric Conversion Act 1975* haben die USA das metrische System noch nicht überall übernommen. Um das durchzusetzen, wären gemeinsame Anstrengungen der Regierungsbehörden notwendig, was bei dem gegenwärtigen Zynismus über staatliche Intervention und die Rolle einer „großen Regierung" unvorstellbar ist. Die freiheitsliebenden Amerikaner sehen dies als eine ihrer letzten Bastionen, wo der Einfluss der restlichen Welt noch stetig ignoriert wird. Selbst die sonst in dieser Beziehung so eigenwilligen Briten haben bereits das metrische System übernommen. Amerikanische Politiker halten sich aus diesem Thema heraus.
Nichtsdestotrotz hat das metrische System bereits in vielen Bereichen der US-amerikanischen Gesellschaft Einzug gehalten. Der größte von ihnen ist das Militär, das es einfach übernehmen musste, um weiterhin wettbewerbsfähig gegenüber anderen NATO-Mächten zu bleiben. Demzufolge werden auch die meisten Industrien aus dem Bereich des Verteidigungssektors das Militär mit Produkten im metrischen System beliefern.

Die ganze Forschungswelt benutzt schon seit Jahren Maße, die fast ausschließlich auf dem metrischen System basieren. Was die Medizin betrifft, so wird in den Labors mit dem metrischen System gearbeitet, nicht jedoch in den Kliniken. Die Patienten werden nach wie vor in *pounds* (Gewicht) und *inches* (Größe), ihre Körpertemperatur wird nach wie vor in Fahrenheit gemessen. Andererseits erfolgt die Messung des Blutdrucks jedoch in Millimeter von Quecksilber (mmHg).

Die meisten Konsumgüter werden in den sogenannten *imperial units* verkauft, wobei das metrische Element aber normalerweise auf der Verpackung angegeben ist, wahrscheinlich ein Zugeständnis an die große Einwanderergemeinde und um Exporte zu erleichtern. Ein Produkt, das immer im metrischen System angegeben ist, ist Wein – die Standardflasche beinhaltet 750 ml.
Es wird Ihnen nichts anderes übrig bleiben, als ein Gefühl für das amerikanische System zu entwickeln. In den USA werden Höhen, Längen und Entfernungen in Zoll (*inches*), Fuß (*feet*, Einzahl *foot*) und Meilen (*miles*) gemessen.

Beispiel: Die höchsten Berge der USA

Berg	Lage	Feet	Meter
Mt. Mitchell	North Carolina	6.684	2.037
Mt. Whitney	Sierra Nevada, CA	14.505	4.421
Mt. McKinley	Alaska	20.320	6.194

Längenmaße *(Linear Measures)*

1 inch (in.)	=	2,54 cm
1 foot (ft.)	=	12 inches
	=	30,48 cm
1 yard (yd.)	=	3 feet
	=	91,44 cm
1 mile (mi.)	=	1,609 km
	=	1.609 m
1 km	=	0,621 miles
1 m	=	1,09 yards
	=	3,28 feet
1 cm	=	0,39 inches

Flächenmaße *(Square Measures)*

1 square inch (sq. in.)	=	6,45 qcm
1 square foot (sq.ft.)	=	0,093 qm
	=	929 qcm
100 square feet	=	9,29 qm
	=	92.903 qcm
1 acre (a.)	=	4.840 square yards
	=	4.047 qm
1 square mile (sq.mi.)	=	640 acres
	=	2,59 qkm

Bier bekommt man in *pints*. Wenn man Getränke einkauft, sind diese in *quarts* oder *fl. oz.* angegeben. Benzin wird in *gallons* verkauft, aber auch Whiskey, Milch oder Trinkwasser kann man in *gallons* kaufen.

Hohlmaße *(Measures of Capacity)*

Trockenmaße:
1 dry pint	=	0,55 l		=	8 pints
1 dry quart	=	1,10 l		=	3,785 l
1 bushel	=	35,24 l	¼ gallon	=	1 quart
				=	2 pints
				=	0,9463 l
Flüssigkeitsmaße:					
1 fluid ounce (fl. oz.)	=	0,029 l	1 barrel beer	=	31 gallons
				=	117,34 l
1 liquid pint	=	0,473 l	1 barrel petrol	=	42 gallons
1 liquid quart	=	0,9461 l		=	158,987 l
1 gallon	=	4 quarts			

Kapitel 3.4

Haushaltsgewichte				
1 grain	= 0,0648 g	1 quarter (qr.)	= 25 pounds	
1 dram	= 27,34 grains		= 11,33 kg	
	= 1,77 g	1 (short)		
1 ounce (oz.)	= 16 drams	hundredweight	= 100 pounds	
	= 28,35 g		= 45,36 kg	
1 pound (lb.)	= 0,453 kg	1 pharmacist		
	= 453 g	(Apotheker) ounce	= 31,104 g	
1 stone (st.)	= 14 pounds	1 pharmacist pound	= 0,373 kg	
	= 6,35 kg			

Körpergrößen: Diese werden in Amerika in *feet* und *inches* angegeben. Die Zahl der *inches* ist dabei sehr wichtig, kann doch 5 *feet* und x *inches* alles zwischen 152,4 cm und 180,3 cm sein.

Körpergrößen			Körpergewichte		Temperaturen	
Ft'	Inches"	cm	Pound	Kilogramm	Fahrenheit	Grad Celsius
4'	2"	127,0	92	41,7	0	-17,8
4'	3"	129,5	96	43,5	5	-15,0
4'	4"	132,1	100	45,4	10	-12,2
4'	5"	134,6	104	47,2	15	-9,4
4'	6"	137,2	108	49,0	20	-6,7
4'	7"	139,7	112	50,8	25	-3,9
4'	8"	142,2	116	52,6	30	-1,1
4'	9"	144,8	120	54,4	35	1,7
4'	10"	147,3	124	56,2	40	4,4
4'	11"	149,9	128	58,1	45	7,2
5'	0"	152,4	132	59,9	50	10,0
5'	1"	154,9	136	61,7	55	12,8
5'	2"	157,5	140	63,5	60	15,6
5'	3"	160,0	144	65,3	65	18,3
5'	4"	162,6	148	67,1	70	21,1
5'	5"	165,1	156	70,8	75	23,9
5'	6"	167,6	160	72,6	80	26,7
5'	7"	170,2	164	74,4	85	29,4
5'	8"	172,7	168	76,2	90	32,2
5'	9"	175,3	172	78,0	95	35,0
5'	10"	177,8	176	79,8	100	37,8
5'	11"	180,3	180	81,6	105	40,6
6'	0"	182,9	184	83,5	110	43,3
6'	1"	185,4	188	85,3	115	46,1
6'	2"	188,0	192	87,1	120	48,9
6'	3"	190,5	196	88,7	125	51,7

°C = (F-32) x 5/9

Fahrenheit und Celsius: Um Fahrenheit in Celsius umzurechnen, subtrahiert man zunächst 32 und multipliziert dann mit 5/9. (F-32) x 5/9 = °C.

Den Unterschieden in der Temperaturskala begegnet man tagtäglich, wenn man den Wetterbericht verfolgt. Es ist ziemlich schwierig, ein Gefühl für Fahrenheit zu entwickeln, deshalb sollte man sich schon möglichst frühzeitig daran gewöhnen. Während unsere Celsiusskala nach physikalischen Aspekten definiert ist, ist die Fahrenheit-Skala rein physiologisch, nach dem Wärmegefühl, definiert. Der Erfinder Dr. Fahrenheit ging dabei von seinem eigenen Wärme-

Kleidergrößen

	US	Europa (Kont.)		US	Europa (Kont.)
Damenkleidung	8	36	Herrenkleidung	34	44
	10	38		36	46
	12	40		38	48
	14	42		40	50
	16	44		42	52
	18	46		44	54
				46	56
Blusen, Pullover	10	38		48	58
	12	40			
	14	42	Hemden	14,5	37
	16	44		15	38
	18	46		15,5	39
	20	48		16	41
				16,5	42
Schuhe	4,5	35,5		17	43
	5	36		17,5	44
	5,5	36,5		18	45
	6	37			
	6,5	37,5	Schuhe	7	39,5
	7	38		8	41
	7,5	38,5		9	42
	8	39		10	43
	8,5	39,5		11	44,5
				12	46
Kinderkleidung	3	98		13	47
	4	104			
	5	110	Kinderschuhe	8	24
	6	116		9	25
	7	122		10	26
				11	27
				12	28
				13	29
				1	30
				2	32
Bei älteren Kindern entsprechen die Größen in der Regel dem Alter.				3	33

empfinden aus, wobei er 0 F (= –17,8 ° C) als sehr kalt definierte und 100 F (= 37,8 ° C) als sehr heiß. Vertraulichen Quellen zufolge sind diese beiden Temperaturen wohl jeweils der kälteste Wintertag, den Fahrenheit messen konnte, sowie seine eigene Körpertemperatur, die er offensichtlich an einem Tag mit erhöhter Körpertemperatur maß.

Kulturtipp: *Natürlich hat man schon von einem „cup of coffee" gehört, aber ein „cup of flour"? Es gibt in den USA extra Messbecher und Messlöffel, die sogenannten cups, tablespoons und teaspoons, welche die US-Einheiten, primär benutzt*

KULTURTIPP

beim Backen, bezeichnen. Die Mengenangaben in US-Rezepten werden im Gegensatz zu deutschen Rezepten nicht in Gewichts- sondern in Volumeneinheiten angegeben.

INTERNET

Nützliche Internetadresse zur Umrechnung diverser Maßeinheiten:
↗ *www.einheiten-umrechnen.de*

Öffentliche Feiertage

Öffentliche Feiertage werden im ganzen Bundesgebiet begangen. Banken, Schulen, Regierungsbehörden (einschließlich Postämter) sind an diesen Tagen geschlossen und die Verkehrsmittel, Museen, etc. operieren wie an Sonntagen. Viele Läden haben jedoch ganz normal geöffnet. Feiertage, die auf ein Wochenende fallen, werden normalerweise am darauffolgenden Montag gefeiert.

Wichtige Feiertage

New Year's Day	1. Januar
Martin Luther King Jr. Day	3. Montag im Januar
President's Day	3. Montag im Februar
Memorial Day	letzter Montag im Mai
Independence Day	4. Juli
Labor Day	1. Montag im September
Columbus Day	2. Montag im Oktober
Veterans' Day	11. November
Thanksgiving	4. Donnerstag im November
Christmas Day	25. Dezember

Andere Feiertage und kulturelle Ereignisse

Nichts kann enttäuschender sein, als an einem Ort einzutreffen und festzustellen, dass das aufregendste Festival des Jahres gerade zu Ende ist. Es lohnt, sich vorher in einem Reisebüro kundig zu machen, bevor Sie innerhalb der USA verreisen. Neben den oben bereits erwähnten Feiertagen, werden in den USA eine Reihe weiterer Ereignisse begangen, von denen die wichtigsten die folgenden sind:

Januar

Chinese New Year (Spring Festival): Das chinesische Neujahrsfest beginnt Ende Januar oder Anfang Februar und dauert zwei Wochen. Der erste Tag dieses Fests wird mit Paraden, Feuerwerkskörpern und Unmengen an Essen begangen. Die größte Feier findet in San Francisco statt, wo die Parade des Goldenen Drachen von einem 75 Fuß langen Drachen angeführt wird.

Tournament of Roses Parade: Dies ist eine Neujahrskavalkade mit riesigen mit Blumen geschmückten Festwagen auf dem Colorado Boulevard in Pasadena, einem Vorort von Los Angeles. Wenn der 1. Januar auf einen Sonntag fällt, findet die Parade am Montag, den 2. Januar statt.

Elvis Presley's Birthday Tribute: Memphis, Tennessee feiert nach wie vor den Geburtstag des King of Rock 'n' Roll (8. Januar).

National Western Stock Show: Der Wilde Westen in Denver, Colorado: Jedes Jahr im Januar messen sich die besten Cowboys bei Rodeowettbewerben, während daneben das beste Vieh prämiert wird.

St. Paul Winter Carnival: Januar – der kälteste Monat im Mittleren Westen. Häufig bleiben die Schulen geschlossen und manche Ortschaften sind völlig eingeschneit. Dem Winter zuliebe rücken die Menschen in St. Paul, Minnesota beim Winter Carnival rund um das Capitol.

Super Bowl: (Zwischen Mitte Januar und Anfang Februar, *Super Bowl Sunday* ist die letzten und nächsten Jahre immer Anfang Februar) Das Endspiel der NFL, das größte Sportereignis im Jahr für die Amerikaner.

Februar

Gasparilla Pirate Festival: Das Festival wird eröffnet von der „Invasion" der Jose Gasparilla, einem alten Piratenschiff mit furchterregender Mannschaft. Das Gasparilla-Event beginnt zwischen Ende Januar und Anfang Februar und besteht aus Paraden und Feste in Tampa, Florida.

Valentine's Day: „*My funny Valentine, sweet comic Valentine, you make me smile with my heart.*" usw. geht der Text einer der Lieblingsnummern. Am 14. Februar ist der große Tag aller Verliebten. Niemand weiß so richtig, warum St. Valentin in den USA mit Romantik in Verbindung gebracht wurde, aber wenn Sie „Schlaflos in Seattle" gesehen haben und noch ein bisschen an Wunder glauben, dann wissen Sie, dass an diesem Tage die seltsamsten Dinge passieren können. Sie finden plötzlich Liebesgrüße von heimlichen Verehrern bzw. Verehrerinnen in Ihrem Briefkasten, überall wimmelt es von roten Herzen und Blumen und sogar das Empire State Building wird von einem riesigen Lichterherz geziert. Aber ob Ihnen auch gleich ein Traummann wie George Clooney oder eine Traumfrau wie Angelina Jolie begegnet?

Speedweeks: Anfang Februar beginnt auch eine dreiwöchige Feier mit dem berühmtesten Stock-Car-Rennen der Welt, die hinauf zur Daytona 500 führt. Sie findet in Florida, im *Daytona International Speedway* statt. Um Unterkunft und Tickets müssen Sie sich mindestens sechs Monate vorher kümmern, besser aber noch früher.

Mardi Gras: Mitte/Ende Februar oder Anfang März findet in New Orleans, Mobile, Alabama und anderen Städten des tiefen Südens immer am Tag vor Aschermittwoch das Mardi-Gras-Fest (Fetter Dienstag) statt. Es ist sozusagen das Ende der Karnevalssaison, die in der *Twelfth Night*, am 6. Januar, beginnt. Drei Wochen lang gibt es dann Paraden mit ausgefallenen Festwagen und Musikkapellen. Im mittlerweile wieder restaurierten French Quarter von New Orleans erreicht an diesem Tage das närrische Treiben in einem unglaublichen Trubel von verrückten Kostümen seinen absoluten Höhepunkt.

März

St Patrick's Day: Am 17. März wird von allen Leuten, die entweder irisches Blut in ihren Adern haben oder einfach nur irisches Bier durch dieselben fließen lassen wollen, der Tag des Schutzheiligen von Irland begangen. Da es sich um ein irisches Volksfest handelt, geht es hier selbstredend sehr feucht, lautstark und lustig zu. Alle Leute müssen in der Nationalfarbe Irlands grün gekleidet sein. Wer aus der Reihe tanzt, wird gezwickt. In New York, Boston und vielen anderen Großstädten finden riesige Paraden statt. In Chicago wird der Fluss eigens zu diesem Zwecke grün gefärbt. Am selben Tag werden ebenfalls die riesigen St.-Patricks-Day-Paraden der *gay Irish groups* durchgeführt.

März-April

Wie bei uns zu Ostern, werden auch hier die weltlichen Rituale des Osterfestes, nämlich das Bemalen bzw. Färben von Ostereiern, die Suche nach denselben, nachdem sie der Osterhase (*easter bunny*) versteckt hat sowie der Genuss riesiger Schokoladenmengen zelebriert. Karfreitag ist übrigens in den USA kein offizieller Feiertag.

Spring Break: Das sind Osterferien (die zwischen Februar und April liegen können, meist in der Osterwoche) der College-Studenten, die normalerweise zwei Wochen dauern und während derer Tausende junger Studenten „schändliche" Rituale wie Alkoholkonsum, Feiern, Tanzen usw. vollführen und wo etliche von ihnen, von den Frühlingsgefühlen gepiesackt und in Paarungsstimmung, in die einschlägigen Gegenden pilgern, die da wären: Palm Springs (Kalifornien), Daytona und Panama Beach (Florida) oder Myrtle Beach (South Carolina). Sind Sie nicht in derselben Stimmung, halten Sie sich zu dieser Zeit besser von diesen Gegenden fern.

April

New Orleans Jazz and Heritage Festival: 7.000 Musiker zieht dieses Festival an. Gespielt wird tagsüber an zwei Wochenenden (das letzte April- und das erste Maiwochenende) auf zwölf Bühnen zwischen Ständen, an denen für das leibliche Wohl gesorgt wird. Größen wie Aretha Franklin, Bob Dylan, Patti LaBelle, Joe Cocker, Bon Jovi u.v.m. sind hier aufgetreten.

Mai

Cinco de Mayo: Am 5. Mai begehen die Mexikaner ein Fest anlässlich des Sieges über die französische Armee im Jahre 1862. Da sehr viele Amerikaner mexikanischer Abstammung in Amerika leben, genießen an diesem Tage alle Amerikaner das leckere mexikanische Essen und nehmen dazu eine Margarita, oder auch zwei, oder drei ...

Mother's Day: Am zweiten Sonntag im Mai wird Mutti endlich mal wieder angerufen. Sie bekommt Karten und schöne Blumen und die meisten Restaurants sind an diesem Tage überfüllt.

Carnaval: Rund einen Monat nach dem Karneval in Rio findet in San Francisco ein riesiges Ereignis selbiger Natur statt, also mit viel Musik und Getanze und allerlei verrückten Kostümen. Die *Carnival Parade* findet am vierten Sonntag im Mai statt.

Indianapolis 500 (Indy 500): Ende Mai pilgert rund eine halbe Million Amerikaner nach Indianapolis, um sich das große Rennen anzuschauen und die damit verbundenen Festivitäten zu besuchen.

Juni

Father's Day: Dieser wird am dritten Sonntag im Juni zelebriert, nur diesmal zu Ehren des anderen Elternteils. Der Feiertag wird von Familie zu Familie anders gefeiert, mal beim Grillen mit der Familie und mal beim Angeln mit den Freunden.

Chicago Blues Festival: Dieses findet an einem Wochenende Anfang Juni im Grant Park statt und dauert drei Tage.

A Taste of Chicago: Ein gigantisches Schlemmerfest, das Sie nicht verpassen sollten. Es findet jedes Jahr im Juni oder Juli statt. Dabei bewirten die besten Restaurants Chicagos so an die vier Millionen Menschen mit ihren schönsten Spezialitäten.

San Francisco Pride: Die *San Francisco Lesbian, Gay, Bisexual, Transgender Pride* steigt jedes Jahr an einem Wochenende Ende Juni. Neben dem Festival zählen die *Pink Saturday Party* auf der *Castro Street* und die *San Francisco Pride Parade* am Sonntag, die rund eine halbe Million Menschen in die Market Street lockt, zu den Höhepunkten. Danach folgen eine Riesenparty und ein Fest im Rathaus. Auch andere große Städte auf der ganzen Welt haben diese Parade übernommen, wie z.B. Berlin (und viele andere deutsche Städte), wo jedes Jahr die *Christopher Street Day Parade*, benannt nach dem legendären Vorbild aus New York, stattfindet.

Juli

Independence Day Concert & Fireworks Show: In der Nacht zum 4. Juli wird in Chicago der Unabhängigkeitstag mit einem endlosen Feuerwerk und der „1812 Overture" im Grant Park zelebriert. Auch in Washington, D.C. ist dann immer eine Menge los.

Boston Pops Fourth of July Concert: Eine der tausenden Festivitäten zum Independence Day, die sehr bewegend sein kann.

Kutztown Folk Festival: In Kutztown, Pennsylvania findet jährlich ein Volksfest statt, das die Kultur der Pennsylvania Dutch, einer besonderen Volksgruppe, zelebriert.

Cheyenne Frontier Days: In Cheyenne, Wyoming findet in der letzten Juliwoche das größte Rodeo-Ereignis der Welt statt.

Summerfest: Elf Tage lang (Ende Juni bis Anfang Juli) ist Milwaukee, Wisconsin fest in Händen der *Summerfest*-Gäste. Jedes Jahr treten auf diesem Musikfestival auf elf Bühnen Musikgrößen auf, während rundherum kulinarische Spezialitäten und Kunsthandwerk angeboten werden.

August

In den USA ist der August *National Back to School Month*, da in den meisten Schulbezirken nach den Sommerferien in diesem Monat die Schule wieder beginnt.
Außerdem gilt der August als *American Adventures Month*, also ein Monat der den Urlaub sowohl in Süd- und Mittelamerika wie auch in Nordamerika zelebriert und Touristen dazu anregt diese Gebiete zu erforschen und ihre nächste Reise zu planen.

Lollapalooza: Dieses populäre Musikfestival, welches anfangs noch als Festivalreihe durch die USA und Kanada tourte, findet seit 2005 in Chicago statt und hat inzwischen weltweit erfolgreiche Ableger. Auf dem „Lolla" geben sich seither die besten Rockbands, Indie-Künstler und größten Rapper die Klinke in die Hand.

September

U.S. Open Tennis Tournament: Ein Leckerbissen für alle Tennisfreunde. Die U.S. Open finden zwei Wochen lang (Ende August bis Anfang September, in den beiden Wochen vor und nach *Labor Day*) im National Tennis Center im Flushing Meadows Park, Queens, New York City, statt.

Pioneer Days: In Fort Worth, Texas, feiern die guten alten Jungs in kernigen Westernoutfits und beschwören die Zeiten des undressierten Mannes à la John Wayne wieder herauf. Eine Menge Testosteron, die sich da zusammenballt!

Mississippi Delta Blues and Heritage Festival: In Greenville, Mississippi, steigt eines der besten Blues-Events des Landes.

Oktober

The State Fair of Texas: Dieses riesige Volksfest, welches Millionen von Besucher nach Dallas lockt, ist ein Nationaldenkmal im Lone Star State. Bei den über dreiwöchigen Festivitäten (beginnend am letzten Freitag im September, Dauer: 24 Tage) werden Preisverleihungen für Rindviecher abgehalten und es laufen wieder ein paar gute alte Jungs in Westernmontur herum.

Halloween (All Hallows' Evening): Die Nacht des 31. Oktober ist eine spaßige Zeit für alle Kinder und Erwachsene im ganzen Land. Alle versuchen, sich mit ihren eigens ausgedachten gruseligen Kostümen zu übertrumpfen. Wenn das nicht mehr zieht, klebt man sich ekelhafte Kunstwarzen ins Gesicht oder verunstaltet sich auf jede andere erdenkliche Art und Weise. Erwachsene gehen auf eine Party, können jetzt endlich wieder einmal ihr Alter Ego voll zur Geltung kommen lassen und laufen ihren Kindern im Wettstreit „Wer denkt sich die gemeinsten Dinger aus" den Rang ab. Für Kinder ist Halloween deshalb immer ein beliebter Spaß, weil sie beim *trick or treat* (Süßes sonst gibt's Saures) ganze Jahresvorräte an Süßigkeiten erbeuten. Und pünktlich zu jedem Halloween läuft auch bei uns im Fernsehen die x-te Wiederholung der gruseligen Halloween-Filme.

Ganz verrückt geht es bei der Village Halloween Parade in New York zu. Seit 1979 gibt es einen Umzug, welcher jedes Jahr an Halloween durch lower Manhatten zieht. Der Umzug dreht sich immer um ein bestimmtes Motto wie z.B. *„Shine a Light"*, welches von Jahr zu Jahr unterschiedlich ist. Alle sind willkommen und können über die Kreativität der Kostüme staunen und sich von ihnen inspirieren lassen. Der Vorteil an der Maskerade zu Halloween ist, dass man sich vor seinem Chef oder Nachbarn verstecken kann.

November

Day of the Dead: Von 1.–2. November zelebrieren Mitglieder der mexikanischen Gemeinden diesen Tag, um ihre verstorbenen Verwandten zu ehren. Sie tragen Masken, tanzen, backen Brote und fertigen Naschwerk, das zufällig eine markante Ähnlichkeit mit Gerippen, Totenschädeln usw. hat.

Election Day: Die Wahlen finden am Dienstag nach dem ersten Montag im November statt. Bundesämter (Präsident, Vizepräsident und Kongress) werden nur in geraden Jahren gewählt.

Macy's Thanksgiving Day Parade: Am 4. Donnerstag im November steigt auf dem Broadway in New York immer die von *Macy's* gesponserte Parade – ein gigantisches Volksfest, mit Karnevaltieren, Luftballons und Festwagen, die sich den ganzen Tag lang durch die *canyons of Manhattan* von *86th Street* und *Central Park West* bis zum *Macy's* Kaufhaus in der *34th Street* und *7th Avenue* schlängeln.

Kulturtipp: Machen Sie sich keine Sorge wenn Amerikaner im November vom „Black Friday" sprechen. Der Tag hat nichts mit dem Börsencrash zu tun, sondern dieser besondere Freitag ist mitunter der größte Einkaufstag des Jahres. Jedes Jahr direkt nach Thanksgiving bieten alle Einkaufläden besondere Rabatte an und Menschenmassen kämpfen sich durch die Türen, um die günstigen Produkte zu kaufen. Überlegen Sie sich also gut, ob Sie an diesem Tag wirklich einkaufen gehen wollen.

KULTURTIPP

Dezember

Chanukka: Auch Hanukkah oder Chanukah – Fest des Lichts, ein Datum, das durch den hebräischen Kalender festgelegt ist. Es handelt sich hier um ein acht Tage dauerndes Fest, in dem die Juden den Sieg der Makkabäer über die syrischen Armeen feiern. Traditionell wird an jedem Abend eine Kerze auf dem Chanukka-Leuchter angezündet. Dazu werden Lieder gesungen, Gebete gesprochen oder Geschichten erzählt.

Kwanzaa: Hier handelt es sich um ein afrikanisch-amerikanisches Erntedankfest, das vom 26. Dezember bis zum 1. Januar gefeiert wird.

The National Christmas Tree Lighting/Pageant of Peace: In Washington, D.C., steigt Anfang Dezember ein Festival, das mit dem Beleuchten des Präsidentenbaums auf dem Rasen vor dem Weißen Haus beginnt.

Christmas: Dem eigentlichen Weihnachtsfest geht auch in Amerika ein mindestens vier Wochen andauerndes Konsumrauschfest voran. Auch hier laufen sich die Menschen wochenlang die Hacken auf der Suche nach originellen Geschenken für die Lieben ab, um dann abends, bepackt mit tausend Einkaufsbeuteln, völlig abgekämpft und entnervt in den heimatlichen Sessel zu plumpsen, mit dem Vorsatz: Nie wieder! Die Schaufenster sind so fabelhaft geschmückt, dass man beim besten Willen gar nicht anders kann, als Geld auszugeben. In New York erstrahlt am Rockefeller Center am Dienstag nach Thanksgiving ein riesiger Weihnachtsbaum. Das ist die Zeit der guten alten Stars. Aus den Lautsprechern, aus den Radios ertönen die bekannten Stimmen von Doris Day, Nat King Cole, Dean Martin, Frank Sinatra etc., und allen voran die nach wie vor schönste Weihnachtsstimme von allen: Bing Crosby mit *„I'm dreaming of a white Christmas"*.

Das ist die Hochsaison für Charities, überall läuft Charles Dickens *„Christmas Carol"* in allen möglichen Varianten und wir sind gerührt.

Orange Bowl Parade: Miamis Bevölkerung begrüßt das neue Jahr mit Festwagenzügen, Clowns, Folkloretänzen und Feuerwerken.

New Year's Eve: Das amerikanische Silvester verläuft so ähnlich wie bei uns. Man feiert mit Freunden und Bekannten und es fließt reichlich Sekt die Kehlen hinunter. Am nächsten Tag pflegen die Leute ihren Kater, schauen College Football und es gibt natürlich zahlreiche Vorsätze für das Neue Jahr!

Umgangsformen

„When in Rome do as the Romans do."

Lockere Umgangsformen

Wie in allen anderen Ländern, gibt es auch in den USA allgemein gültige Regeln des guten Benehmens, an die sich jeder normale Bürger hält. Wir wollen jetzt nicht dazu übergehen, Ihnen einen kombinierten Knigge- und Sprachkurs über gesellschaftliche Etikette und „rituelle Codes" aufzubürden. Das würde wohl auch den Rahmen dieses Buches sprengen. Zugegeben, was die Umgangsformen betrifft, können Sie sich in den USA nicht so schnell aufs Glatteis begeben wie in England, wo noch viele „Standesunterschiede" gemacht werden, und wo in den oberen Schichten peinlichst genau irgendwelche längst verstaubten Verhaltensrituale eingehalten werden müssen. In Amerika betrachtet man das Ganze lockerer und sieht nicht alles so verbissen. Diese Lockerheit wird z.B. in der Tatsache sichtbar, dass sich (fast) alle beim Vornamen anreden. Auch in der Firma wird der Chef von seinen Angestellten (zumeist) beim Vornamen genannt. Was für eine angenehme Abwechslung zur kleinkarierten Namens- und Titelhuldigung in manchen deutschen Wirkungsstätten. Natürlich wird auch hier in Amerika, wie in jedem anderen zivilisierten Land, von Ihnen erwartet, sich höflich und rücksichtsvoll anderen Menschen gegenüber aufzuführen.

Schon Einstein hat richtig erkannt, es ist alles relativ zu sehen. Überhaupt ist relativ ein gutes Wort, um das Leben der Amerikaner und ihre Art zu umschreiben, wie es auch ein gutes Wort ist, um das Leben in Europa zu beschreiben. Es gibt Tendenzen, Trends, aber die ändern sich ja auch ständig. Die USA sind eine relativ wohlgeordnete Gesellschaft. Die Leute ordnen sich, wie man so schön sagt, unter, und richten sich nach den allgemein geltenden Regeln des von der Gesellschaft als solchen klassifizierten und etikettierten guten Benehmens. Letztendlich können wir aber nicht wissen, mit welchen Leuten Sie im Laufe Ihres Lebens in den USA zusammentreffen und in welchen „Kreisen" Sie sich bewegen werden. Wir werden einen Teufel tun und Ihnen jetzt derlei brauchbare Ratschläge erteilen wie: so und so lange sollten Sie sich in New York die Zähne putzen, um sich nicht verdächtig zu machen oder in Neuengland kleiden sich die Leute in der Regel besser als in anderen Teilen der USA. Derartige Auskünfte sind so brauchbar wie eine gute Flasche Wein ohne Korkenzieher! Soziale und emotionale Intelligenz, Kompetenz und feinsinnige Beobachtungsgabe müssen letztendlich Sie allein beweisen. Sie können ja nicht zu jedem gesellschaftlichen Anlass einen bestimmten Abschnitt eines Ratgebers auswendig lernen. Außerdem bliebe dann ja nichts mehr für Sie zu entdecken. Aus den Zeiten, in der die Gesellschaft noch festgefahren und vorhersehbar war, sind die Amerikaner längst raus. Wenn Sie das haben wollen, werden Sie Mitglied eines Englischen Clubs. Natürlich gibt es in Amerika so etwas wie eine Kleiderordnung, vielleicht sogar mehr als bei uns in Deutschland. Aber auch die kann ja so ziemlich alles bedeuten, von adretter Businesskleidung bis hin zum Stringtanga, je nach dem auf welchem sozialen Parkett man sich bewegt.

Alles ist relativ

Eine Grundvoraussetzung für die unproblematische Assimilierung ist neben dem Beherrschen der Sprache unserer Meinung nach die unvoreingenommene Beobachtung, frei von jeglichen vorgefertigten Meinungen. Wir Menschen lieben ja bekanntlich nichts mehr als unsere Vorurteile. Wer ist schon wirklich frei davon? Wir hegen und pflegen sie wie kleine zarte, zerbrechliche Pflänzchen und, sobald sich die Gelegenheit bietet, schlagen wir unbarmherzig zu und überhäufen unser Gegenüber mit unseren „Kenntnissen" vom Wesen und Temperament seines Volkes. In ein anderes Land zu ziehen, heißt aber sich einzuordnen und sich den Gepflogenheiten des anderen Landes anzupassen. Die USA sind Ihr Gastgeber und Sie sind der Gast. Es wäre unangebracht, sich dort niederzulassen und sich über amerikanische Gepflogenheiten lustig zu machen. Zeigen Sie sich neugierig und wissbegierig, versuchen Sie alles Ihnen Fremde (und eventuell auch Unverständliche oder für Sie nicht logisch Nachvollziehbare) zu begreifen und zu verstehen und man wird Sie stets mit offenen Armen begrüßen. Zeigen Sie also vor allem eins: Respekt für Ihr Gastgeberland.

Respektieren Sie Ihre Gastgeber

Patriotismus

Die Amerikaner sind ein sehr patriotisches Volk. Der kulturell sensible USA-Besucher nimmt das ohne Kommentar zur Kenntnis. Jede Schule, jedes öffentliche Gebäude, aber auch viele Privatdomizile werden von der amerikanischen Flagge geziert. Es gibt übrigens auch noch einige Unbelehrbare in den Südstaaten, die immer noch die Flagge der Konföderierten hissen. *„The Stars and Stripes"* oder *„Old Glory"*, wie sie auch genannt wird, ist für den amerikanischen Bürger weitaus mehr als nur ein Symbol, welches bei offiziellen Staatsbesuchen

Nationalstolz

gehisst wird. Für die Amerikaner bedeutet es eine Art Selbstidentifikation. Sie sind stolz darauf, Bürger dieses Landes zu sein und sie demonstrieren diesen Stolz auch sehr gern bei jedem erdenklichen Anlass. Alle Amerikaner schwören einen Treueeid auf ihre Flagge und ihnen wird beigebracht, dass diese niemals den Boden berühren darf. Sie ist ein ehrwürdiges Symbol, dem man höchsten Respekt zollt. Aufgrund dieser Popularität findet sich das Flaggenmotiv nicht nur auf allen möglichen T-Shirts, Pullovern und Shorts, sondern sogar auf Unterwäsche wieder.

Auf allen öffentlichen und anderen erdenklichen feierlichen Anlässen (wie Baseballspielen) wird die amerikanische Nationalhymne gespielt. Dann kommt unweigerlich der feierliche Moment, in dem sich die Massen erheben. Manche legen die Hand auf die Stelle unter der sich ihr Herz befindet oder befinden sollte (da scheint es doch manchmal kleine Unsicherheiten hinsichtlich der Anatomie zu geben). Das ist der Moment, in dem sogar Baseballcaps abgenommen werden. Fast alle Menschen beherrschen den Text der Hymne und singen auch lautstark mit, auch wenn die Stimmen immer, wenn es an die hohe und schwierige Stelle der vierten und fünften Zeile geht, gedämpfter werden und in ein allgemeines Murmeln übergehen, so kehren sie spätestens kräftig und lautstark zum Refrain wieder zurück. Dahinter steckt ein wirklich echter Nationalstolz, und gerade für uns Deutsche, die wir immer noch mit dem dunklen Kapitel des Dritten Reiches stigmatisiert sind, ist dieser (für viele übertriebene) Nationalstolz oft nicht nachvollziehbar. Aber das Problem liegt dann wohl nicht bei der Selbstidentifikation der Amerikaner mit ihrem Land sondern beim gestörten Verhältnis zu unserem eigenen Nationalbewusstsein und zu unserer eigenen Selbstidentifikation als Deutsche. (Aber auch das hat sich in den letzten Jahren wieder ein wenig in die positive Richtung gedreht, denn in Deutschland reißt der Nationalstolz spätestens bei der nächsten anstehenden Meisterschaft im Fußball alle Deutschen zum Fahne schwingen mit.) Wenn man sich auf politische oder soziale Diskussionen einlässt, sollte man sich dies immer vor Augen halten. Wenn Sie, insbesondere als Ausländer, kritische oder ironische Kommentare in diesem Zusammenhang abgeben, kann das leicht als Affront gewertet werden und negative Reaktionen nach sich ziehen. (Den vollständigen Text der Hymne finden Sie übrigens im Internet unter ↗ *www.usflag.org/the.national.anthem.html*)

INTERNET

Selbstbewusstsein

„Bescheidenheit ist eine Zier, doch besser lebt man ohne ihr."

„think positive"

Die Amerikaner demonstrieren Selbstbewusstsein. Selbstbewusstsein ist ein Zeichen von Stärke und Erfolg und diese gehören, so wissen Sie bereits, sozusagen zum Erbe des puritanischen Gedankenguts und sind somit, man kann fast sagen „uramerikanische" Eigenschaften, denn sie signalisieren Durchsetzungsvermögen. Auffällig sind auch die Energie und der Optimismus, wie sie sich in der alltäglichen Sprache des Amerikaners manifestieren. Im Gegensatz zu ihren englischen Vorfahren schätzen Amerikaner die Kunst des *Understatements* keineswegs. Im Gegenteil, ein solcher würde Ihnen immer als fehlende Begeisterung ausgelegt. Wenn Sie bereits eine Zeit lang dort gelebt haben, werden Sie feststellen, dass das amerikanische Englisch vor Superlativen nur so strotzt. Achten Sie mal ganz gezielt darauf! Es wird Ihnen Spaß machen!

Heikle Diskussionsthemen

Amerika ist ein fremdes Land, in dem die Menschen oft Bräuche und Haltungen vertreten, die wir Europäer mitunter nur schwer nachvollziehen können. Was in einem Büro in Berlin als Witz angesehen wird, kann Sie in New York Kopf und Kragen kosten. Die Amerikaner haben eine regelrechte Obsession hinsichtlich politischer Korrektheit. Sich hier einen Fehltritt zu leisten, kann Ihrer beruflichen Karriere schaden. Viele wurden dadurch bereits zerstört. Es gibt einige Diskussionsthemen, auf die Sie sich nicht unbedingt einlassen sollten, wenn Sie sich nicht aufs Glatteis begeben wollen oder die Sie, falls doch darauf angesprochen, sehr diplomatisch zurückhaltend behandeln sollten. Generell sind dies alle innenpolitisch brisanten Themen, wie z.B. Waffenkontrolle, Todesstrafe, Verbrechensbekämpfung, Rassenprobleme, Abtreibung, etc.

political correctness

Sie werden überrascht sein, dass selbst Personen von vergleichsweise „mildem Temperament" in Amerika oft Waffenbesitzer sind. Die Kontroverse über dieses Thema bricht immer mal wieder auf, insbesondere, wenn sich wieder einmal ein Unglück im Zusammenhang mit Waffengebrauch ereignet hat. Waffenlobbyisten wie Ben-Hur-Darsteller Charlton Heston berufen sich gerne auf die Verfassung. Religion kann deshalb ziemlich riskant sein, weil viele Menschen in Amerika sehr fundamentalistisch in ihren Glaubensauslegungen sind und keine wissenschaftlichen Erklärungen über geologische Vorgänge oder die Evolution des Menschen akzeptieren. Selbst wenn Sie Charles Darwins *„The Evolution of Species"* in- und auswendig kennen, üben Sie lieber Zurückhaltung und akzeptieren Sie die Meinung eines Andersdenkenden.

Das heikelste Thema ist jedoch zweifellos die Abtreibung. Hier kann es wirklich unangenehm für Sie werden, wenn Sie eine liberalere Auffassung dazu haben. In Amerika sind Ärzte, die Abtreibungen vorgenommen haben, schon von Abtreibungsgegnern umgebracht worden. Wenn Sie zu den Frauen gehören, die, aus welchen Gründen auch immer, bereits eine Abtreibung hinter sich haben, sollten Sie es besser nicht erwähnen. Das könnte sehr negative Reaktionen auslösen.

Einige generelle Tipps

Die amerikanische Gesellschaft ist die ultimative, auf sich selbst konzentrierte Leistungsgesellschaft. Die Mehrheit der Amerikaner interessiert sich nicht sonderlich für das Geschehen außerhalb der amerikanischen Landesgrenzen. Erwarten Sie also nicht, dass man dort mit Ihrem Heimatland vertraut ist und sich dafür mehr als nur oberflächlich interessiert. Doch gestehen Sie einigen wenigen durchaus umfangreiches Wissen zu.
Erwarten Sie von den Amerikanern nicht, dass sie sich für die Außenpolitik ihres Landes interessieren, es sei denn, es handelt sich um einen zumindest aus amerikanischer Sicht klaren Kampf der liberalen Demokratie gegen Unterdrückung und Tyrannei in einem anderen Teil der Welt, oder, wie es die Amerikaner sehen würden, einen Kampf, in dem eindeutig das Gute das Böse bekämpft,

wie z. B. in den letzten Jahren die amerikanische Intervention in Ex-Jugoslawien und in Afghanistan. Der Einmarsch in den Irak und die Besetzung des Irak wird mittlerweile auch in den USA etwas differenzierter betrachtet.

Tabus

MERKE

- Rauchen im Bereich öffentlicher Plätze, in Restaurants, Bars, Stränden, Parks und in der Nähe von Ihren Mitmenschen. Am Besten fragt man nach, ob es einen Raucherbereich gibt oder ob es überhaupt erlaubt ist, zu rauchen.
- Werfen Sie niemals Müll achtlos auf die Straße oder den Gehweg, sondern immer in dafür vorgesehene Abfallbehälter.
- Gehen Sie am Strand niemals nackt oder oben ohne, es sei denn, Sie befinden sich an einem der wenigen Strände, wo dies erlaubt ist.
- Vergessen Sie niemals 15–20% Trinkgeld in Restaurants, Bars und im Taxi zu geben.

Und wundern sich nicht …

- Amerikaner begrüßen einander sehr haufig mit einem „Hello, how are you?" Das bedeutet nicht, dass die Frau an der Kasse oder der Busfahrer wirklich wissen möchte, wie es Ihnen geht. Es handelt sich lediglich um eine höfliche Ummgangsform. Antworten Sie einfach mit einem „Fine and you?" und das war es auch schon! Unter Freunden verhält sich das natürlich anders. Hier dürfen Sie jederzeit Ihre persönliche Lage schildern.
- Sollten Amerikaner komisch regieren, nachdem Sie erzählt haben, wie schön „Public Viewings" in Deutschland sind, hier die Aufklärung: Der Begriff „Public Viewing" ist ein Scheinanglizismus und bedeutet auf Englisch „Leichenschau".
- Sie haben einen tollen, freundlichen Amerikaner/in kennengelernt und Sie haben sofort eine Einladung nach Hause bekommen. Sie wollen einen Termin festlegen und merken die Einladung war nicht wirklich ernst gemeint. Seien Sie nicht beleidigt, denn in den meisten Fällen ist das lediglich ein Floskel, die die Freundlichkeit demonstriert. Ernst gemeint sind Einladungen, die konkret mit Ort, Tag und Uhrzeit fest genannt werden.

Die größten Sehenswürdigkeiten

Naturschauplätze

Herbst in Neuengland (Die Amerikaner kommen aus allen Teilen der USA um die grandiosen Farben des Herbstlaubes zu bewundern.):

INTERNET
WWW

Adirondacks und Appalachen	(🗗 www.adirondacks.org)
Küste von Maine	(🗗 www.visitmaine.com)
Obere Halbinsel von Michigan	(🗗 www.superiorsights.com)
Great Smoky Mountains	(🗗 www.nps.gov/grsm)
Florida Keys	(🗗 www.americanet.de/html/florida_keys.html)
Rocky Mountains	(🗗 www.nps.gov/romo)
Badlands und Black Hills	(🗗 www.blackhillsbadlands.com)
Grand Canyon	(🗗 www.nps.gov/grca)

Bryce Canyon	(www.nps.gov/brca)
Zion Canyon	(www.nps.gov/zion)
Monument Valley	(www.utah.com)
	(www.utah.com/monumentvalley)
Death Valley	(www.nps.gov/deva)
Sierra Nevada	(www.fs.usda.gov)
	(www.summitpost.org/sierra-nevada/176773)
	(www.sierranevadageotourism.org)
Redwood forest	(www.nps.gov/redw)
Küste Oregons	(www.traveloregon.com)
Olympic Peninsula	(www.olympicpeninsula.org)
Alaskas Inside Passage	(www.alaskainfo.org)
Vulkane auf Hawaii	(www.nps.gov/havo)

Die interessantesten Städte

New York, NY	(www.nycvisit.com)
Washington, D.C.	(www.washington.org)
Boston, MA	(www.bostonusa.com)
Chicago, IL	(www.explorechicago.org)
San Francisco, CA	(www.sanfrancisco.com)
Las Vegas, NV	(www.lasvegas.com)
Santa Fe, NM	(www.santafe.org)
Memphis, TN	(www.memphistravel.com)
Savannah, GA	(www.savannahvisit.com)

Die historischen Stätten Virginias

Williamsburg	(www.visitwilliamsburg.com)
Mt. Vernon	(www.mountvernon.org)
Monticello	(www.monticello.org)

Americana

Graceland (Tennessee), Route 66 zwischen Arizona und Oklahoma, Las Vegas (Nevada), Disneyland und Venice Beach (Kalifornien), Mount Rushmore (South Dakota), Miami Beach (Florida), National Mall (Washington, D.C.)

Sehenswürdigkeiten der amerikanischen Ureinwohner

National Museum of the American Indian (New York City)
Mound City im Hopewell Culture National Historic Park (Ohio)
Serpend Mound (Ohio)
Cherokee (North Carolina)
Poverty Point National Monument (Louisiana)
Museum of Great Plains, Lawton (Oklahoma)
Indian Pueblo Cultural Center, Albuquerque (New Mexico)
Canyon de Chelly National Monument (Arizona)
Seattle Art Museum (Washington)
Mesa Verde (Colorado)

Sehenswürdigkeiten Afroamerikas

National Museum of African American History and Culture (Washington, D.C.)
Harlem und das Studio Museum (New York City)
Afro-American Historical & Cultural Museum (Philadelphia, Pennsylvania)
Banneker-Douglass Museum (Annapolis Maryland)
Shaw-Howard University Station, Frederick Douglass National Historic Site (Washington, D.C.)
Museum of African American History (Detroit, Michigan)
DuSable Museum of African American History (Chicago, Illinois)
Gullah Institute (Penn Center) on St Helena Island (South Carolina)
Martin Luther King Jr National Historic Site (Atlanta, Georgia)
National Civil Rights Museum (Memphis, Tennessee)
Birmingham Civil Rights Institute (Birmingham, Alabama)
Civil Rights Memorial, Rosa Parks Monument (Montgomery, Alabama)
Great Plains Black History Museum (Omaha, Nebraska)
California Afro-American Museum (Los Angeles, Kalifornien)
Northwest African American Museum (Seattle, Washington)

Sport

Hut, Hut, Hike – klingt wie kauderwelsch aber jeder Amerikaner/in wird diesen Spruch erkennen, sogar wenn er/sie nicht am American Football interessiert ist. So tief verankert ist Sport in den Köpfen der Amerikaner. In den USA umfasst Sport viele Ideale, die für Amerikaner wichtig sind, und ist zudem für viele Leute eine wesentliche Grundlage des Lebens. Man muss auch nicht lange suchen, um zu sehen, dass Kraft, Mut, Motivation und Ehrgeiz nicht nur Eigenschaften sind die Amerikaner bei den Sportler schätzen, sondern auch in anderen Bereichen wie z.B. im Job. In Filmen wie „Die Verurteilten" und „Spiel Ohne Regeln" werden Gefangene immer gegen Aufseher aufgestellt. Natürlich sind die sogenannten *Underdogs* in der Regel die Sieger, denn beim Sport sowie im Alltagsleben haben *Underdogs* scheinbar immer eine Chance erfolgreich zu werden. Ein Beispiel hierfür ist ein Vater, der nie Zeit hat, um Baseball mit seinem Kind zu spielen. Eines Tages stellt er fest, dass das Leben viel schöner mit seiner Familie zusammen auf dem *Baseball Field* ist. Wer diese Geschichte so oder so ähnlich nicht mehrmals in amerikanischen Filmen erlebt hat, hat bestimmt nicht aufgepasst. Und wenn man im Alltag außerhalb der Filmwelt ein bisschen besser Acht gibt, hört man auch wie die englische Sprache vom Sport beeinflusst ist. Sogar in ernsthaften Geschäftsgesprächen wird von *„ballpark figures"* gesprochen.

„just do it"
Aus dem Leben der Amerikaner ist Sport einfach nicht wegzudenken, ob sie ihn nun aktiv betreiben oder nur zuschauen. Die Möglichkeiten, sich sportlich zu betätigen sind reichhaltig. Ob nun Wintersport- oder Sommersportarten, ob nun im Freien oder in der Halle, allein oder im Team, als Amateur oder Profi – für jeden Geschmack findet sich etwas. Welchen Sport Sie auch immer betreiben möchten, hier können Sie es tun und wahrscheinlich werden Ihnen in Ihrer neuen Heimat noch neue Sportarten begegnen, von denen Sie bisher gar nicht wussten, dass es sie überhaupt gibt. Ob Ihnen nun der Sinn nach Freikörper-Bungee-Jumping, Einradpolo, *Cardboard Tube Fighting* oder *Dog Surfing* steht, sein Sie gewiss, dass Sie hier einen Ort ausfindig machen, an dem Sie es tun können.

Wie bei vielen anderen Dingen auch, erreichten uns die Sport- und Fitnesswellen, die zuerst Amerika erfassten, mit ein wenig Verzögerung auch in Europa. Diese sind zweifellos auch eine positive Bereicherung in unserem Leben, auch wenn es zuweilen Entwicklungen gibt, die uns ein wenig ratlos die Stirn runzeln lassen. (Wenn man sich Sand auf eine Betonfläche kippen lässt um in der Großstadt und vielleicht sogar noch bei Regen Beachvolleyball zu spielen, so mag das bei einigen weniger enthusiastisch Veranlagten vielleicht doch schon einen beunruhigten Gesichtsausdruck verursachen.) Die amerikanischen Bezeichnungen sprechen Bände: Aerobic, Callanetics, Jazzdance, Jogging, Walking, Skating etc. Für die meisten amerikanischen Bezeichnungen gibt es nicht einmal ein deutsches Pendant oder wenn, dann ist es ein eingedeutschtes Pendant. Oder würden Sie sagen, Sie gehen die Kugel schieben, wenn Sie Bowling meinen, oder dass Sie mit einem Ball gegen eine Wand schlagen, wenn Sie Squash spielen. Wir haben da Kompromisslösungen gefunden und sagen, wir gehen bowlen bzw. squashen. Der gemeine Fitnessstudiobesucher, der für seine Strandfigur trainiert, macht heute kein Bauchmuskeltraining mehr, sondern Sit-ups. Der Volkssportler geht joggen und nicht laufen, oder macht power-walking.

Wie Amerikaner ihren Sport lieben, so lieben sie es ebenso sehr, sich regelmäßig mit anderen in ihren Leistungen zu messen. Regelmäßig ausgetragene Wettkämpfe und Wettbewerbe aller Art werden immer wie kleine Volksfeste organisiert – ein willkommener Anlass sich mit anderen Familien und Freunden zu treffen.
Wenn man nach den Medien geht, so ist Profisport in den USA das Wichtigste im Leben der Amerikaner überhaupt. USA-Besucher, die erpicht sind, diese Obsession näher kennen zu lernen, die sich nicht scheuen, die ganzen Statistiken und den dazugehörigen Fachjargon begreifen zu wollen, denen sei angeraten, sich die nächsten Jahre in Sportbars herumzutreiben und sich vor allem Kabelfernsehen anzuschaffen.

Baseball

Obwohl Football und Basketball höhere TV-Quoten erzielen mögen, ist Baseball doch nach wie vor die nationale Freizeitbeschäftigung Nummer eins der Amerikaner, tief verwurzelt in der amerikanischen Tradition und Hauptbeitragslieferant für das amerikanische Sprachgut und die amerikanische Kultur. Wenn Ihr Verständnis für diesen Sport erst einmal über die Grundkenntnisse hinaus geht, so ist es ein sehr erfreuliches Zuschauerspektakel mit der Subtilität von Cricket (für die Amis ist Cricket Baseball unter Valium) aber weitaus weniger langweilig. Baseball vereint alle Amerikaner zu einer großen Fangemeinde, ob Frau oder Mann, ob jung oder alt. Wenn die amerikanischen Männer mal in den Krieg ziehen müssen, dann spielen die Frauen eben für sie weiter, das haben Madonna und Geena Davis in „Eine Klasse für sich" eindeutig bewiesen. Selbst kleinere „Nester" haben eine Baseball-Liga.

Baseball – what else!

Zwei Teams mit je neun Spielern kämpfen auf einem *diamond* (Innenfeld), einem 90-Fuß-Quadrat, in dessen Ecken sich je eine *base* (ein Mal) befindet. Der *pitcher* (Werfer) schleudert den Ball von einem *low mound* (Wurfmal) im Zentrum des Innenfelds zu dem *batter* (Schlagmann) über die *home plate* (Gummi-

Baseball: Die Regeln

platte). Der Schlagmann schlägt den Ball, lässt das *bat* (Schlagholz) fallen und rennt zur ersten *base*. Wenn das Team im Feld, das *fielding team*, den Ball zuerst bekommt ist der *runner* (Läufer) raus. Falls der Läufer schneller ist, heißt es *safe on first* und der nächste Schlagmann steht dem nächsten Werfer gegenüber. War es ein guter Treffer oder die *fielders* können den Ball nicht fangen, kann der Spieler versuchen, zur nächsten *base* oder weiter zu gelangen. Schafft er drei Male zu umrunden und bis zur *home plate* zurückzugelangen, hat er einen *Homerun*. Wenn das *fielding team* den Ball während des Fluges fängt, fliegt der Schlagmann raus.

Nun zu den komplizierteren Details:

Falls der Schlagmann schlägt und den Ball verpasst, ist das ein *Strike*, drei *Strikes* und man ist draußen. Trifft der Schlagmann den Ball und dieser geht hinter die *base line* (Verbindungslinie zwischen zwei Malen), ist das auch ein *Strike*. Trifft der Schlagmann nicht und der Wurf (*pitch*) ist in der *strike zone*, ist das auch ein *Strike*. Ein *pitch* ist in der *strike zone* wenn er über die *home plate* gelangt, und zwar zwischen den Knien und der Brust. Trifft der Schlagmann nicht und der Wurf ist außerhalb der *strike zone*, dann ist es ein *ball* – vier *balls* und der *batter* hat einen freien *walk* zur ersten *base*. Sind drei *batter* raus, dann ist die erste Hälfte eines *inning* – einer Runde – vorbei und das generische Team ist mit dem *batting* dran.

… und zu den aufregenden Details:

Ein Läufer kann immer, wenn ein Werfer auf der *home plate* ist, versuchen, zur nächsten *base* zu gelangen. Falls er es schafft, heißt es *stealing a base*, wird er vom Ball zwischen zwei Malen eingeholt, fliegt er raus. Wenn der Schlagmann trifft, können alle Läufer weiter, aber wenn es ein *fly ball* (sehr hoch geschlagener Ball) ist, können sie solange nicht vorwärts, bis der Ball gefangen wurde und sie können dann noch immer vom Ball eingeholt werden, bevor sie zurückkommen. Wenn sowohl Schlagmann als auch Läufer bei einem *hit* rausfliegen, ist es ein *double play*. Wenn der Läufer den ganzen Weg zum *home plate* schafft, hat das Team einen *run* erzielt. Wenn Läufer auf dem ersten, zweiten und dritten Mal sind, werden die Male „aufgeladen" (*loaded*) und ein guter *hit* kann mehrere *runs* zur Folge haben.

Jedes Team ist während eines *innings* einmal mit dem *batting* an der Reihe. Es gibt neun *innings* pro Spiel, es sei denn, am Ende gibt es einen Gleichstand, dann werden mehr gespielt.
Die Hauptobsession der Amerikaner betrifft die *American League (AL)* und die *National League (NL)*, an denen jeweils 15 Teams, also insgesamt 30 beteiligt sind. Die Saison geht von April bis Oktober. Jedes Team spielt 162 Spiele, und zwar fünf pro Woche. Im Oktober tragen die beiden Topteams jeder Liga die sogenannten *Play-offs* aus und die Gewinner bestreiten dann untereinander die *World Series* über sieben Spiele. Bei so vielen Spielen gibt es eigentlich immer Tickets, die auch sehr preiswert sind (US$ 7–14).

Bei den Spielen vollziehen sich immer dieselben Rituale. Vor Spielbeginn wird die Nationalhymne gespielt. Des Weiteren gehören dazu das sogenannte *se-*

venth-inning stretch sowie die musikalischen Untermalungen während der gesamten Spielzeit. Die klassischen Austragungsorte sind Wrigley Field in Chicago, Camden Yards in Baltimore, Yankee Stadium in New York City und Fenway Park in Boston.

Kulturtipp: *In dem seventh-inning stretch wird in der Pause immer das Lied „Take me out to the Ballgame" gespielt. Besonders schön ist es, dabei laut mit zu singen und danach die leckeren Cracker Jacks (karmalisiertes Popcorn mit Nüssen), welche im Lied erwähnt werden, zu naschen.*

KULTURTIPP

Im März finden immer die Trainingsspiele in Arizona (*Cactus League*) und Florida (*Grapefruit League*) statt. Hier kann man für knapp US$ 4 großen Baseball-Stars beim Training in kleinen Parks zuschauen.
Kleinere Städte haben ebenfalls eine Liga. Einige sind als *farm teams* bekannt, weil sie sozusagen die zukünftigen Starspieler der *Major Leagues* heranzüchten. Zwar sind die Spiele der *Minor Leagues* nicht ganz so spektakulär, dafür aber immer sehr unterhaltsam. College Baseball erzeugt nicht dieselbe Art von Hysterie wie Football, aber die Spiele sind immer noch sehr populär. Die Baseballspiele der Little Leagues dienen den Eltern im Grunde dazu, ihren Kindern Selbstkontrolle und Respekt für Regeln beizubringen.

Football

American Football ging ursprünglich aus dem englischen Rugby hervor, hat jetzt aber keinerlei Ähnlichkeit mehr damit. Englische Trainer brachten Rugby gegen Ende des 19. Jahrhunderts an die amerikanischen Colleges, wo der Sport sich bald großer Beliebtheit erfreute. Das Feld ist 53 Yards breit und 100 Yards lang, mit einer 10-Yards-Endzone. Die Teams haben elf Spieler auf dem Feld. Die Zahl der Einwechselungen ist unbegrenzt. Das Spiel beginnt mit einem *kickoff* zum gegnerischen (*offensive*) Team, welches dann den Ball das Feld hinunterbewegen muss, um einen *touchdown* (sechs Punkte) in der Endzone zu erzielen, während das Verteidigerteam (*defensive team*) versucht, es davon abzuhalten. Wenn ein Angreifer mit dem Ball heruntergerissen wird, wird das Spiel unterbrochen und die Spieler des Teams stecken ihre Köpfe zusammen, um den nächsten Spielzug zu diskutieren. Die Teams formieren sich dann auf beiden Seiten des Balls und das Spiel beginnt erneut, wenn der center des Angreiferteams den Ball durch seine Beine hindurch zum *quarterback* bugsiert. Der *quarterback*, der den Angriff leitet, kann selbst mit dem Ball losrennen oder diesen zum *receiver* werfen. Jetzt erfolgt ein ganzer Aktionshagel, da das Angreiferteam ein Repertoire genauestens trainierter taktischer Spielzüge und brutale Kraft nutzt, um an den Verteidigern vorbeizukommen und den Ball vorwärts zu treiben. Die Verteidiger tun auf ihrer Seite alles, um die Angreifer davon abzuhalten. Wenn der Angriff zum Stillstand kommt, normalerweise handelt es sich nur um eine Sache von Sekunden, ist das Spiel beendet und der ganze Prozess beginnt von vorn. Wenn ein Ball abgefangen wird oder wenn das Angreiferteam bei vier *downs* den Ball nicht weiter als zehn Yards vorwärtsbewegt hat, geht der Ball zum gegnerischen Team.
Die Faszination dieses Spiels liegt in der Fülle der Angriff- und Abwehrstrategien, die oftmals mit Schach verglichen werden. Darüber hinaus fasziniert die atemberaubende Athletik der Spieler, die zwar riesig wirken, aber dennoch un-

Football: Aufregende Athletik und raffinierte Taktik

heimlich schnell agieren. Football wird von vielen oft als sehr brutal angesehen, dabei sind die Spiele in der Regel gut geordnet. Obwohl furchterregende Körperkontakte involviert sind, gibt es doch keine häufig stattfindenden Faustkämpfe und Foulspiele, wie z.B. beim Eishockey.

Auch Ausschreitungen am Rande des Spiels, wie wir das vom europäischen Fußball her kennen, sind im Football unbekannt. Dies gilt ebenso für die Baseballspiele. Viele Familien gehen mit ihren Kindern dorthin, weil das ganze Brimborium vor, während und nach der Spiele immer einfach auch ein faszinierendes Spektakel ist, ähnlich einer Kirmes oder einem Volksfest.

National Football League

Die *National Football League (NFL)* ist unterteilt in die *National Conference* und die *American Conference* mit jeweils 16 Teams. Die Profisaison geht von September bis Ende Dezember oder Anfang Januar. Die Teams bestreiten ein Spiel pro Woche. Gespielt wird immer an Sonntag- und Montagabenden (manchmal auch donnerstags oder samstags), insgesamt werden 16 Spiele absolviert. Handelt es sich um sehr populäre Teams, insbesondere wenn sie ein Heimspiel haben, kommt man schwer an Karten. Diese kosten rund US$ 50–100 oder darüber. Am ersten Sonntag im Februar folgt der *Superbowl*. Tickets kosten auf dem Schwarzmarkt für dieses Mega-Event Tausende von Dollars.

Dann treffen sich die Männer zu richtigen echten Männerrunden, während sich die Frauen mit ihren Freundinnen zum Schwatzen verabreden und sich in den Videotheken mit all den Schmachtfetzen und Musicals eindecken, die sie schon immer mal wieder sehen wollten. Die Männer essen Snacks, trinken Bier, zuweilen rülpsen sie lautstark und wenn das Spiel nicht gut läuft bombardieren sie den Fernseher mit Popcorn. Wow, wow, wow!

College Football

Fast genauso populär und professionell wie die NFL ist der *College Football*. Die *NCAA (National Collegiate Athletic Association)* College-Spiele werden von September bis Anfang Januar ausgetragen. Der Höhepunkt der Saison sind die *Bowl*-Spiele, zwischen den besten Teams der *College Leagues*. Die *Rose Bowl* in Pasadena, Kalifornien ist das größte, gefolgt vom *Fiesta Bowl* (Glendale, Arizona), *Sugar Bowl* (New Orleans, Louisiana) und *Orange Bowl* (Miami, Florida).

Weitere Sportarten

Andere populäre Sportarten sind natürlich Basketball, Eishockey, Tennis, Golf und Leichtathletik, aber auch viele andere. Wie im Football haben die Basketballspieler der *NBA (National Basketball Association)* Superstarstatus und verdienen ebenso gigantische Summen. Fußball erfreut sich zunehmender Beliebtheit, wird aber niemals die Popularität erreichen wie Baseball, Football oder Basketball. Letztere sind und bleiben nun mal die amerikanischen Teamsportarten schlechthin. Fußball ist ziemlich populär als Teilnehmersport, d.h. es gibt derzeit rund 16 Millionen Aktive. Dennoch etabliert sich der amerikanische Fußball nach und nach als Profispektakel – die Verpflichtung von Spielern der höchsten europäischen Ligen (angefangen mit David Beckham und später mit Kaka, Didier Drogba, Andrea Pirlo etc., die auszogen, um dem amerikanischen Fußball ein wenig Glanz zu verleihen) zahlt sich langsam aber sicher aus. 1996 startete eine *Major League Soccer (MLS)*, obgleich die Resonanz der Zuschauer und vor allem der Medien sich anfangs sehr in Grenzen hielt. Von März bis Dezember spielen inzwischen zwanzig Teams. Angesichts der ohnehin bereits vorhandenen Übersättigung mit Sportprogrammen war der Erfolg der Liga kaum vorstellbar. Doch die US-Fußballliga boomt: inzwischen werden die TV-Rechte weltweit verkauft und im ganzen Land neue Stadien gebaut. Schon bei der Fußballweltmeisterschaft 2010 waren die USA erfolgreich und gingen als Gruppensieger hervor. Im Achtelfinale verloren sie dann aber gegen Ghana. Im Jahre 2014 lieferte die amerikanische Fußballmannschaft zwar eine leidenschaftliche Vorstellung bei der Weltmeisterschaft in Brasilien, leider kamen sie im Achtelfinale nicht an Belgien und Deutschland vorbei. Trainer der amerikanischen Nationalmannschaft war zu der Zeit kein anderer als Jürgen Klinsmann.

Als Frauensportart ist Fußball ebenfalls eine große Nummer in den USA. Bei der Fußballweltmeisterschaft der Frauen 2015 in Kanada schafften es die USA bis ins Finale und gewannen gegen Japan mit einer starken Leistung von 5:2. Insgesamt haben die USA neben Deutschland die erfolgreichste Frauenfußball-Nationalmannschaft. Sie wurden dreimal Weltmeister und dreimal Olympiasieger.

INTERNET

Wer sich für den US-Fußball interessiert, findet alle aktuellen Informationen unter: ☑ *www.ussoccer.com*

Autos

„I travelled each and every highway"
(Frank Sinatra, mindestens 100.000 Mal gesungen)

Autofahren gehört zweifelsohne zu der einfachsten und angenehmsten Art, in den USA die offene weite Landschaft zu erkunden, kleinere Städte anzuschauen oder nette Vororte zu durchqueren. In den USA Auto zu fahren, ist zugegebenermaßen nicht nur ein kulturelles sondern auch ein sehr sinnliches Erlebnis, wenn Sie sich z. B. dem rollenden Fluss auf einer der endlosen Interstates anschließen, einen der lokalen Radiosender einschalten und ein positives Gefühl für die „ausgefallen schöne" Truck-Stop-Architektur und die vielen am Straßenrand auf Sie wartenden Fastfood Ketten entwickeln. Amerika ist das Land, in dem das Genre des Roadmovies erfunden wurde. Von „Bonnie und Clyde" über „Easy Rider" zu „Thelma und Louise" – das Roadmovie, oder vielmehr das Freiheitsgefühl auf den endlosen Straßen, gehört so sehr zum *American Way of Life* wie das traditionelle *Thanksgiving*. Auch wenn es sich in den Filmen nur um eine Illusion handelt, oder sollen wir lieber sagen, um eine Flucht vor dem frustrierenden und öden Leben der Helden bzw. Antihelden? Sie wählen die Straße auf der Suche nach Abenteuern und dem Unbekannten und enden zum Schluss zumeist tragisch – Thelma und Louise fahren beispielsweise eine Klippe hinunter, Peter Fonda und Dennis Hopper werden von wilden Rednecks auf ihren Choppern in die Luft gejagt und Bonnie und Clyde, wurden die zum Schluss nicht erschossen? Na ja, wie auch immer, das Gefühl auf der Straße, sei es nun auf einer Chopper oder in einem großen Straßen-

Auto als Freiheitssymbol

kreuzer, assoziieren die meisten Amerikaner und viele von uns nach wie vor mit dem Gefühl der ultimativen Freiheit. Irgendwie scheint das ja auch logisch, denn immerhin haben die motorisierten Gestelle ja ihre 1 PS starken Vorfahren, die Pferde, abgelöst, auf denen die ersten Pioniere durch die Prärie geprescht sind.

Natürlich lässt sich auch eine ganze Reihe von Umständen auflisten, in denen Sie lieber kein Fahrzeug haben sollten. Wenn man z.B. an den grauenvollen Verkehr der Großstadtzentren denkt, wo das Finden von Parkplätzen einer Odyssee gleichkommt (insbesondere in New York City, Boston, Chicago, New Orleans und San Francisco). Manchmal ist es aber schlicht und einfach auch eine Zeitfrage. Von New York bis Los Angeles sind es rund 2.800 Meilen. Würden Sie diese Strecke per Auto zurücklegen und so ca. 300–350 Meilen am Tag fahren, bräuchten Sie 8–10 Tage, um diese Distanz zu bewältigen. Da scheint das Flugzeug doch die bessere Option zu sein.

KULTURTIPP

Kulturtipp: Wundern Sie sich nicht, dass Amerikaner zum Fahren gerne Beamers haben wollen. Wenn man in den USA von einem Beamer redet, meint man nicht einen Videoprojekter sondern ein Auto der Marke BMW.

Die Amerikaner sind autoabhängig. Natürlich bietet diese Art der Fortbewegung entscheidende Vorteile. Erstens ist es bequem, zweitens sind Sie sehr flexibel und drittens sind Fahrzeuge und Benzin in den USA im Vergleich zu Europa aktuell immer noch ausgesprochen billig (natürlich sind die Benzinpreise auch in den USA in den letzten Jahren extrem angestiegen: von 2006 bis 2016 von ca. US$ 1,60 auf über US$ 4 für die Gallone). Nur die Allerärmsten besitzen kein Auto. Es befahren momentan rund 257 Millionen registrierte Fahrzeuge (PKW, LKW, Busse) die amerikanischen Straßen (Kraftfahrzeugbestand, 2015). Im Vergleich dazu sind es in Deutschland nur rund 61.5 Millionen Kraftfahrzeuge (Kfz-Bestand, 2015), in Frankreich rund 32 Millionen und rund 34,5 Millionen in England. Amerika hat 46.876 Meilen *interstate highway* oder *freeway* (Autobahn) und ca. vier Millionen Meilen an Sekundärstraßen. Die amerikanische Regierung hat das große, aus dem übermäßigen Verkehr resultierende, Umweltproblem durchaus erkannt und bringt Gesetze zur Verkehrsbeschränkung ein. Ob ihr das gelingt, ist jedoch fraglich. Es gibt Städte, wie z.B. Los Angeles, wo Sie aufgrund des quasi kaum vorhandenen öffentlichen Verkehrs, eigentlich gar nicht ohne Fahrzeug existieren können.

Doch wenn es Ihnen schwerfällt, sich ab und zu von Ihrem motorisierten Gefährt loszueisen, dann kann Ihnen das in vielen Fällen die Sicht auf großartige Natursehenswürdigkeiten kräftig vergällen. Manchmal ist es eben doch besser, das Auto an einem der weiter entfernteren Parkplätze stehen zu lassen und weitere Strecken zu wandern. Dies gilt insbesondere in solchen Touristenattraktionen wie *Yellowstone, Yosemite* oder dem *Grand Canyon*.

carpool lane

In den meisten Städten gibt es eine spezielle *freeway lane*, die *carpool* oder *HOV (High Occupancy Vehicles) lane*, die nur für Busse oder Fahrzeuge mit mehr als drei Insassen zugelassen sind. Diese unterliegen starker Polizeikontrolle und falls man Sie dort ohne die vorgeschriebene Insassenzahl, vielleicht noch mit aufblasbarem Beifahrer erwischt, drohen Ihnen saftige Strafen.

Das Highway-System der USA besteht aus einer schwindelerregenden Anzahl von verschiedenartig bezeichneten Straßen, angefangen von den sogenannten *superhighways* mit jeweils sechs Spuren auf jeder Seite bis hin zu kleinen einspurigen Landstraßen. Die arteriellen *interstates* verbinden die *Freeway*-Systeme. *Interstates* verbinden die Städte und einzelnen Bundesstaaten miteinander. Sie erkennen diese durch das Präfix „I-" und ein rot-weiß-blaues Straßenschild.

scenic routes

Viele der alten berühmten Straßen, wie z. B. Route 101 von L.A. über San Francisco bis nach Nordkalifornien sind durch die schnellen, aber im Vergleich zu ihren Vorgängerinnen charakterlosen *interstates* ersetzt worden. Nichtsdestotrotz sollten Sie das Fahrgefühl auf ihnen ruhig ausprobieren, wenn Sie mal die Zeit dazu haben. Es gibt auch spezielle Landschaftsrouten (*scenic routes*), die auf vielen nationalen und regionalen Karten ausgewiesen sind und die Sie keinesfalls verpassen sollten.

Bei *freeways* kann es sich um *controlled-access, turnpikes, expressways* oder *toll roads* handeln. Sie sind alle unseren Autobahnen vergleichbar. Die Servicegebiete und Imbissgelegenheiten beschränken sich auf die wenigen *truck stops*, die zwar nicht ausschließlich für Trucker sind, die aber auch nicht unbedingt einen großen kulinarischen, geschweige denn atmosphärischen Genuss bereiten. Immerhin kann man hier eine kurze Pause zum Strecken der Gliedmaßen und für die kostenlose Nutzung einer Toilette nutzen.

Highway-Nummerierung

Tolls (Mautgebühren) belaufen sich auf zwei bis 30 Cents pro Meile, je nachdem in welchem Bundestaat man sich befindet und ob es in einer ländlichen oder in einer urbanen Gegend ist. Was bei uns auf den Autobahnen gilt, sollten Sie auf den *freeways* und *interstates* ebenso beherzigen. Sie müssen vorher Ihre Route bereits gut im Kopf haben, da Sie keine Anhalte- oder Wendemöglichkeiten haben. Die meisten Straßen der USA werden durch Nummern identifiziert, die Sie kennen müssen, um sich zurechtzufinden. Dieses System wurde 1920 eingeführt. So wurde aus dem *National Old Trails Highway* die berühmte *Route 66*. Die klassischen US-Highways wurden generell nach dem System der geraden und ungeraden Zahlen eingeteilt. Aber einige der alten Highways wurden in den 50er und 60er Jahren von den neueren *interstates* begraben. So wurde z. B. aus der San Francisco U.S. 50 zwar die I-50, aber aus dieser wird wieder die eigentliche US 50 östlich von Sacramento.

Gerade Zahlen = Ost-West
Ungerade Zahlen = Nord-Süd

Auf den Hauptsystemen der *interstate highways* geben gerade Zahlen immer Ost-West-Routen und ungerade Zahlen immer die Nord-Süd-Routen an. Die I-80 verbindet z. B. New York mit San Francisco, die I-95 verläuft von Maine nach Miami. Wenn eine *interstate* eine Großstadt umgeht, dann wird der normalen Identifikationsnummer noch eine gerade Ziffer vorangesetzt. So ist die I-295 die Umgehungsstraße von Washington, D.C. Führt eine *interstate* durch eine Stadt hindurch, wird der normalen Identifikationsnummer eine ungerade Zahl vorangesetzt. So führt die I-395 durch das Zentrum von Washington, D.C. Verschmelzen zwei *interstates* zu einer, so hat diese Highwaystrecke möglicherweise zwei Nummern, wie z. B. I-70/I-76 zwischen Pittsburgh und Chicago.

Verkehrsregeln

Auto Club

Diese variieren wieder von Bundesstaat zu Bundesstaat. Folglich ist es ratsam, die *AAA*, die *American Automobile Association* (auch als *Triple A* oder *Auto Club* bezeichnet, ☛ *www.aaa.com*), zu konsultieren, falls bei Ihnen Unklarheiten bezüglich Geschwindigkeitsbegrenzungen usw. in dem gerade von Ihnen befahrenen Gebiet herrschen. Bei dauerhaftem Aufenthalt in den USA ist Ihnen ohnehin eine Mitgliedschaft im AAA anzuraten. Wie beim hiesigen ADAC werden 24-Stunden-Notfallservice, Pannenhilfe, Karten und Reiseinformationen angeboten. Die normale (*basic*) Mitgliedschaft kostet US$ 66 im Jahr und beinhaltet Pannenhilfen, Reifenwechsel, 3-Meilen-Abschleppservice, eine Erstattung für eine Rechtsverteidigung (*legal defense reimbursement*) bis zu US$ 1.000, falls man sich für einen beschuldigten Verkehrsverstoß, der unberechtigt ist, verteidigen will sowie eine bis zu US$ 1.000 hohe Belohnung (*crime prevention reward*), wenn man Informationen liefern kann, die zur Verhaftung der Person führen, die Ihr Fahrzeug gestohlen oder beschädigt hat); AAA Plus kostet im Vergleich US$ 109 im Jahr und beinhaltet zusätzlich 100-Meilen-Abschleppdienst, internationale Reiseführer und Karten und bis zu US$ 2.000 *legal defense reimbursement* und *crime prevention reward*. Außerdem gibt es noch *AAA Plus RV* (für Wohnmobile, Trucks, Wohnanhänger, Wohnwagen und Motorräder) und *AAA Premier*, mit weiteren Vorteilen.

Die Verkehrsgrundregeln sind wie bei uns: Sicherheitsgurt und Kindersitze sind in den meisten Bundesstaaten vorgeschrieben. Natürlich rechts fahren, niemals in Kurven oder vor Hügeln überholen, niemals an Schulbussen vorbeifahren, wenn diese gerade halten und Kinder aus- bzw. einsteigen wollen, Fußgänger grundsätzlich vorlassen.

Die Geschwindigkeitsbegrenzungen (auch hier gibt es zwischen den einzelnen Bundesstaaten Unterschiede) innerhalb der Städte liegen meist zwischen 20 und 25 mph (Meilen pro Stunde), 15 mph in Schulzonen, auf Highways 55 bis 65 mph. Auf den *interstate highways* der ausgewiesenen ländlichen Gebiete sind 65 mph, 70 mph und mitunter sogar 75 mph erlaubt. Die highway police ist mit allen erdenklichen technischen Finessen ausgestattet, um Verkehrssünder aufzuspüren. Falls Sie doch mal angehalten werden sollten, denken Sie bitte daran, niemals auszusteigen, sondern mit den Händen am Steuer sitzen zu bleiben! Sie kennen das bestimmt aus den Filmen. Falls Sie bei einer Geschwindigkeitsübertretung erwischt werden, wird es mit Sicherheit sehr teuer für Sie. In den meisten Städten dürfen Sie bei Rot rechts abbiegen, vorausgesetzt der Verkehr lässt dies zu. Achten Sie, insbesondere in Wüsten- und Weidelandgegenden, auch immer auf Tiere auf der Fahrbahn. Bei besonders riskanten Gebieten warnen Sie Schilder mit der Aufschrift *„open range"* mit Kuhsilhouette oder Ähnlichem vor dieser Gefahr. Mit 55 mph in so ein Rindvieh zu fahren, wird dasselbe, aber auch Ihr Auto und – was noch schlimmer wäre – Sie selbst mit aller Wahrscheinlichkeit ins Jenseits befördern.

Außerdem haben die meisten Bundesstaaten spezielle Gesetze, die es Ihnen ausdrücklich verbieten, während der Fahrt Müll aus dem Fahrzeug zu werfen (obwohl das ja eigentlich eine Selbstverständlichkeit ist). Werden Sie dabei beobachtet, wie Sie etwas „über Bord" gehen lassen, kann Sie das bis zu US$ 5.000

kosten sowie den Verlust Ihres Führerscheins, 30 Tage im Gefängnis und zusätzlichen verpflichtenden Sozialdienst bedeuten (Beispiel aus Louisiana; in Kalifornien liegt die Strafe beim erstmaligen Vergehen bei bis zu US$ 1.000) und außerdem müssen Sie den Müll auch wieder aufsammeln.

Touch your nose, walk along this line!

Das DUI (*driving under influence*) also das Fahren unter dem Einfluss von Alkohol oder Drogen wird besonders streng geahndet. In einigen Bundesstaaten, wie z.B. in Utah, dürfen Sie nicht einmal Alkohol im Auto transportieren. In den meisten Bundesstaaten ist die Regel grundsätzlich, dass Sie keinen geöffneten Behälter mit Alkohol im Fahrzeug transportieren dürfen. Wenn Sie Alkohol transportieren, dann nur im Kofferraum und in nicht zuvor geöffneten Behältern. Maximal darf Ihr Blut eine Konzentration von 0,8 Promille aufweisen (es gibt aber auch mehrere Staaten mit einer 1,0 Promillegrenze), für Fahrer unter 21 Jahren gelten Grenzen von 0,1–0,4 Promille. Besser ist es natürlich, Sie verzichten vor Fahrtantritt gänzlich auf Alkohol.

Kein Alkoholtransport

Auch das Parken wird in den einzelnen Bundesstaaten unterschiedlich gehandhabt und mit abweichender Strenge überwacht. Grundsätzlich gilt: In den Stadtzentren ist das Parken selten möglich und wenn doch, dann ist es sehr teuer. Parken Sie nie vor einem Hydranten oder an einer Bushaltestelle. Achten Sie auch auf Schilder, die vor Straßenreinigung warnen, z.B. zwischen 2 Uhr und 7 Uhr morgens. Sie müssen dann Ihr Fahrzeug am Abend zuvor von dieser Stelle wegbewegt haben. Machen Sie sich mit den Bedeutungen der verschiedenfarbig gekennzeichneten Bordsteine vertraut. (z.B. rot = absolutes Parkverbot, gelb = begrenzte Entladefläche für LKWs, grün = begrenzte Wartezone, blau = nur für behinderte Fahrer, weiß = nur Anhalten, um Insassen aussteigen zu lassen etc.). Auch hier gilt wieder, dass die einzelnen Bundesstaaten unterschiedliche Farben mit unterschiedlichen Bedeutungen benutzen können. In einigen Bundesstaaten gibt es außerdem extra gekennzeichnete Schneestraßen, die im Winter unbedingt für die Schneepflüge freigehalten werden müssen. In diesen Gebieten ist es in der Regel auch Vorschrift, während dieser Zeit immer Schneeketten im Fahrzeug mitzuführen und diese bei Schneefällen anzulegen. Das Parken auf *highways* in ländlichen Gebieten ist generell verboten. Das Camping ist oft, abgesehen von extra dafür ausgewiesenen Gebieten, untersagt.

Parksünden

Das Parken mit Parkuhren ist zumeist für kürzere Parkzeiten gedacht, mit Zeitbegrenzungen von zehn Minuten bis drei Stunden. Sie müssen immer schon im Vorfeld die ausreichende Anzahl von *dimes* oder *quarters* in die Parkuhr werfen, nachzahlen gibt's nicht. Parkplätze mit Parkuhren sind auch, wie bei uns, an Sonn- und Feiertagen, sowie außerhalb der normalen Geschäftszeiten (8–18 Uhr) gebührenfrei.

Kulturtipp: *Sie wollen gerne noch eine Stunde an genau dieser Stelle parken und füttern die Parkuhr noch einen Quarter und noch einen… Lassen Sie sich dabei bloß nicht erwischen, denn die zeitlich begrenzten Parkplätze sollten nach Ablauf der Zeit auch freigemacht werden. Das sogenannte meter-feeding könnte Sie eine Strafgebühr kosten!*

KULTURTIPP

Kommerzielle Parkplätze verlangen – je nachdem wo man sich gerade befindet – US$ 3 bis US$ 45 pro Tag (Beispiel San Francisco). Teurer wird es aber in Manhattan, wo in etwa die gleichen Sätze pro Stunde gelten! Bei vielen handelt es sich um unbewachte Parkplätze und Sie müssen vorauszahlen, entweder mit Kreditkarte oder cash. Parkhäuser bzw. -garagen sind die teuerste, aber auch die sicherste Parkmöglichkeit. Einige bieten Kunden bestimmter Kaufhäuser oder Läden freie oder ermäßigte Parkmöglichkeiten. Deshalb lassen Sie sich, wenn Sie einkaufen, Ihren Parkschein im entsprechenden Kaufhaus bestätigen. Viele Hotels erheben Parkgebühren in Höhe von US$ 12 bis US$ 20 (auch hier kommt es natürlich drauf an, ob Sie in einem Luxushotel oder einfachem Motel sind).

Strafen für unerlaubtes Parken: US$ 10 für Parken im Parkverbot, US$ 20 bei Überschreiten der Parkuhr und bis zu US$ 300 bei Parken auf Behindertenparkplätzen! Zahlen Sie Strafgebühren immer sofort, sonst wird es noch teurer!

Mietwagen

Preisvergleich lohnt sich

Die Mietpreise der einzelnen Firmen variieren enorm. In Kalifornien und Florida ist es am billigsten, in New York und Illinois am teuersten. Die billigste Kleinwagenklasse für eine Woche mit der Option *unlimited mileage* würde Sie in den meisten Gebieten der USA – je nach Anbieter und Paketoptionen – ca. US$ 170 bis US$ 180, in Florida hingegen nur etwa US$ 160, in Kalifornien ca. US$ 150, aber in New York beispielsweise über US$ 200 kosten. In den Großstädten ist das Mieten generell preiswerter als in kleineren Ortschaften, es sei denn, große Ereignisse (Konzerte, Kongresse, Sport-Events oder Ähnliches) werfen ihre „teuren" Schatten voraus. Sie sollten die gebührenfreien Servicenummern der großen Mietwagenfirmen nutzen, um sich vorher eingehend kundig zu machen und Preisvergleiche anstellen zu können – oft gibt es auch Online-Specials. Aber fragen Sie auch bei kleineren lokalen Mietwagenfirmen an. Manchmal haben diese sogar noch günstigere Angebote.

Auf vielen Flughäfen befinden sich gebührenfreie Telefone mit Werbetafeln der Mietwagenanbieter.

Vergleichen Sie immer die Gesamtkosten (Fahrzeugpreis plus Versicherungspreis) und erkundigen Sie sich danach, wann Ermäßigungen angeboten werden (z. B. über Wochenenden etc.). Schätzen Sie vorab auch die voraussichtlich von Ihnen zurückzulegende Strecke ab. Eine Option für *unlimited mileage* rentiert sich im Falle von großen Distanzen z. B. mehr als eine Option für *cost-per-mile*.

Es gibt einige Firmen, die ihre Fahrzeuge nicht länger als vier Wochen am Stück vermieten oder bei denen Sie das Fahrzeug nach vier Wochen zum Meilencheck und Ölwechsel vorbeibringen müssen. Außerdem erwarten die meisten Firmen von Ihnen, neben dem Führerschein, dass Sie im Besitz mindestens einer der gängigen Kreditkarten und zumindest 25 Jahre alt sind. Einige Mietwagenanbieter (z. B. Alamo, Budget, Europcar, AVIS, Rent-A-Wreck, Thrifty) verleihen auch an Kunden im Alter von 21–25 Jahren. Diese müssen dann allerdings zusätzliche Gebühren (normalerweise ca. US$ 20 pro Tag) zahlen.

Die größten Mietwagenfirmen sind: *Alamo, Avis, Budget, Dollar, Enterprise, Hertz, National, Thrifty*. *Rent-A-Wreck* bietet ältere Wagen zu günstigeren Preisen an. Es gibt auch Hunderte kleinere Anbieter. Schauen Sie in den *Yellow Pages* unter dem Stichwort „*Automobiles*" nach.

Versicherung bei Mietwagen: Hier gibt es verschiedene Möglichkeiten. In den meisten Bundesstaaten ist eine Haftpflichtversicherung (*liability insurance*) per Gesetz vorgeschrieben. Diese ist aber nicht unbedingt im Mietvertrag enthalten, weil viele Amerikaner ohnehin eine Haftpflichtversicherung abgeschlossen haben, in der Mietwagen bereits mitversichert sind. Achten Sie darauf. Zahlen Sie aber nicht unnötig extra, wenn der im Mietvertrag enthaltene Versicherungsschutz ausreichend ist.

Mögliche freiwillige Zusatzversicherungen sind *CDW* (*Collision Damage Waiver* = wenn jemand in Ihren Wagen fährt oder Sie diesen beispielsweise selbst gegen einen Baum lenken) oder *LDW* (*Loss Damage Waiver* = wenn Ihnen Ihr Wagen gestohlen wird) bzw. *TW* (*Theft Waiver* = ist dasselbe) für US$ 8 bis US$ 12 pro Tag.

Kfz-Versicherung

Auch diese wird wieder in den einzelnen Bundesstaaten unterschiedlich gehandhabt. Als Faustregel gilt jedoch, dass Sie normalerweise in dem Bundesstaat eine Versicherung abschließen müssen, in dem Sie auch leben. Kurzfristige Touristenpolicen sind oft doppelt so teuer wie normale, würden also für Sie, die Sie ohnehin vorhaben länger in den USA zu bleiben, überhaupt nichts bringen.

Wie bereits erwähnt ist eine normale Haftpflichtversicherung in den meisten Bundesstaaten per Gesetz vorgeschrieben. Wenn Sie eine Police abschließen, achten Sie aber unbedingt darauf, dass Sie Zusatzversicherungen wie *CDW* und *LDW/TW* abschließen. Sowohl *CDW* als auch *TW* sind zwar in den USA nicht obligatorisch, aber im Schadensfall sind Sie der Gelackmeierte.

Für eine Vollversicherung müssen Sie den Führerschein in dem betreffenden Bundesstaat gemacht haben und Sie müssen sich eine bestimmte Zeit lang (6 bis 10 Monate) in dem Bundesstaat aufhalten. Eine Vollversicherung kostet – je nach Bundesstaat – im Jahr zwischen US$ 1.700 und US$ 2.500, die Straßensteuer ist im Preis für das Nummernschild sowie in den Benzinkosten enthalten. Es gibt daneben aber noch eine jährliche Registrierungsgebühr, die ebenfalls wieder von Bundesstaat zu Bundesstaat verschieden ist.

Die Kosten für einen Routineservice beim Mechaniker, inklusive dem Austausch von Teilen, kostet ca. US$ 60 bis US$ 150.

Führerschein

Ihr in den USA abgelegter Führerschein hat, je nach Bundesstaat, eine Gültigkeitsdauer von 2 bis 5 Jahren. Nach Ablauf dieser Frist wird er gegen eine Gebühr (diese unterscheidet sich je nach Bundesstaat und Art des Führerscheins, deshalb informieren Sie sich bitte bei dem jeweiligen *Department of Motorvehicles (DMV)* über aktuell zutreffende Gebühren) verlängert, Sie müssen also keinen neuen Test bestehen. In den meisten Bundesstaaten liegt die Mindestaltersgrenze bei 16 Jahren und ab 70–75 Jahren – dies hängt wieder vom Bundesstaat ab – wird ein neuer Test fällig. Die genauen Bedingungen zum Ablegen eines US-Führerscheins erfahren Sie beim jeweiligen regionalen DMV. Eine Liste aller DMVs nach Bundesstaaten finden Sie im Internet unter unter ↗ *www.dmvlist.com*.

INTERNET

Autokauf/Registrierung

Wertvermittlung

Bevor Sie ein neues oder gebrauchtes Auto in den USA kaufen, informieren Sie sich am besten über den ungefähren Wert des Fahrzeugs. Hervorragende Dienste leistet hier das *Kelly Blue Book*, welches Ähnlichkeiten mit der deutschen Schwacke-Liste aufweist. Im Internet kann man unter ↪ *www.kbb.com* mit wenigen Mausklicks den Wert des eigenen oder des zu kaufenden Fahrzeugs ermitteln. Über die *CARFAX Vehicle History Reports* erhält man außerdem wichtige Informationen über Meilenstand, Unfälle und Vorbesitzer von US-amerikanischen Autos:

↪ *www.carfax.com*

Der Verkauf eines Fahrzeugs wird immer mit der Übergabe des Besitzerbriefs (*title*) abgeschlossen, der auf der Rückseite vom Verkäufer unterschrieben werden muss. Gebrauchtwagen sind im Internet z.B. auf den folgenden Onlineplattformen zu finden:

INTERNET

↪ *www.cars.com*
↪ *www.auto.com*
↪ *www.usedcars.com*
↪ *www.autotrader.com*
↪ *www.carsforsale.com*

Für die behördliche Registrierung Ihres Fahrzeugs bezahlen Sie je nach Bundesstaat zwischen US$ 5 und US$ 55. Ein neuer Besitzerbrief wird jedes Mal ausgestellt, wenn das Fahrzeug den Besitzer wechselt. Kaufen Sie ein gebrauchtes Fahrzeug, müssen Sie sich selbst um die Registrierung kümmern, indem Sie den Besitzerbrief zur zuständigen Behörde – dem *Department* bzw. *Registry of Motor Vehicles* – schicken. Wenn Ihr Fahrzeug eingetragen wurde, können Sie das alte Nummernschild beibehalten (es wird dann auf Ihren Namen überschrieben), Sie können sich aber auch ein neues kaufen. Nummernschilder kosten zwischen US$ 8 und US$ 48 im Jahr. Der Preis richtet sich oft nach dem Gewicht oder Alter des Fahrzeugs. Ein Nummernschild aus einem anderen Bundesstaat muss entweder sofort, oder innerhalb von 10–60 Tagen (je nach Bundesstaat) durch ein Nummernschild aus dem aktuellen Bundesstaat ersetzt werden.

vanity plates

INTERNET

Einige US-Bürger lassen sich persönliche Nummernschilder (*vanity plates*) ausstellen, auf denen dann irgendwelche lustigen Botschaften, Mottos etc. ablesbar sind, wie z.B. SO LONG, A LA PLAYA oder Ähnliches. Für Kalifornien sind Reservierungen für solch spezielle Schilder z.B. unter ↪ *www.dmv.ca.gov/portal/dmv/detail/portal/ipp2/welcome* möglich.

4   Arbeitssuche

Im folgenden Kapitel soll es im Schwerpunkt um das wichtige Thema der Jobsuche in den Vereinigten Staaten gehen: Wie finde ich eine Stelle in den USA und wie bewerbe ich mich richtig, was gibt es zu beachten?

Bedenken Sie aber bitte immer eines: Selbst wenn Sie sich erfolgreich auf dem US-Bewerbermarkt durchgesetzt haben und Ihnen ein Arbeitsvertrag winkt – ohne ein gültiges (Arbeits-)Visum werden Sie Ihre Karriereziele in den USA nicht weiterverfolgen können.

Keine Arbeit ohne Visum!

Es gilt also für Bewerber gleich mehrere Hürden zu überwinden:

1. Sich gegenüber amerikanischen und internationalen Arbeitnehmern erfolgreich für eine Stelle durchzusetzen.

2. Sich für zumindest eine der zahlreichen Visumkategorien, die zur Arbeitsaufnahme berechtigen, zu qualifizieren.

3. Und letztlich, den US-Arbeitgeber davon zu überzeugen, den nicht immer einfachen, durchaus langwierigen und kostenintensiven Antragsprozess gemeinsam mit Ihnen zu durchlaufen.

In bestimmten Ländern (beispielsweise Australien) ist es möglich, sich losgelöst von einem konkreten Stellenangebot bei den Behörden für ein Arbeitsvisum zu bewerben und sich erst dann eine Stelle zu suchen. Für die Vereinigten Staaten trifft das nicht zu. Denn für nahezu alle Arbeitsgenehmigungsverfahren gilt: Nicht Sie selbst stellen den Antrag, sondern vielmehr Ihr zukünftiger US-Arbeitgeber fungiert als offizieller *petitioner* für Sie als *beneficiary*. Das US-Unternehmen muss also mit an Bord sein, ein reiner Arbeitsvertrag hilft Ihnen nicht weiter. Sie benötigen die Unterstützung des Arbeitgebers, um später Ihr Visum in Händen halten zu können.

Nicht alle US-Arbeitgeber kennen die einwanderungsrechtlichen Bestimmungen und geben Ihnen vielleicht zunächst eine Zusage, ohne sich aber vorab mit der Visumthematik beschäftigt zu haben. Je kleiner das Unternehmen in den USA sein sollte, bei dem Sie sich beworben haben, desto höher ist die Wahrscheinlichkeit, dass vielleicht noch nie ein ausländischer Bewerber dort gearbeitet hat. Es liegt dann an Ihnen, das Unternehmen zu überzeugen, sich auf die Visumthematik zusammen mit Ihnen einzulassen. Das ist nicht immer ganz einfach, insbesondere, wenn die Beantragung mit viel Aufwand und Geld und ggf. noch mit längeren Wartezeiten für den potenziellen Arbeitgeber verbunden ist.
Zwischen einer Jobzusage in den USA und der Erteilung einer Arbeitsgenehmigung durch die US-Behörden besteht also leider kein (gesetzlicher) Automatismus. Nicht jedes Stellenangebot führt letztlich auch zu einer Aufenthalts- und Arbeitsgenehmigung.

So ist es zwar immer erforderlich, nach einer konkreten Stelle in den USA Ausschau zu halten. Parallel dazu, sollten Sie sich aber bereits vorab mit den Visumoptionen auseinandersetzen. D.h., welche Visumkategorie könnte in Ihrem indiviuellen Fall (Qualifikationen, Tätigkeit etc.) auf Sie überhaupt zutreffen. Es kommt nicht selten vor, dass Personen sich glücklich mit einem US-Arbeitsvertrag in Händen auf der Zielgeraden wähnen, dann aber keine realistische Chance auf ein Visum besteht. Oder aber, dass bestimmte Arbeitsvisa zutreffen könnten, diese aber beispielsweise derzeit „vergriffen" oder aber mit langen Wartezeiten verbunden sind.

In Teil II „Nichteinwanderungsvisa" und Teil III „Einwanderungsvisa (Green-Cards)" dieses Buches finden Sie Informationen zu nahezu allen relevanten Visumkategorien, die sich für eine Arbeitsaufnahme eignen.

Viele Jobsuchende in den USA kämpfen sich via Internet durch den Visumdschungel. Seien Sie aber bitte vorsichtig, auf welche Informationsquellen Sie sich verlassen. Ein Mehr an Informationen ist nicht immer ein Mehr an Fachinformationen. Manch durchaus informative und gut aufgebaute private Webseite mit einwanderungsrechtlichen Tipps von erfolgreichen Einwanderern kann schnell zur Informationsfalle werden. Insbesondere dann, wenn individuelle Einzelerfahrungen, die zum Teil schon Jahre zurückliegen, pauschal auf die eigene Antragssituation übertragen werden.

Um Enttäuschungen vorzubeugen, empfehlen wir deshalb Personen, die über eine berufliche Karriere in den USA nachdenken, sich vorab fachlich beraten zu lassen. Es lohnt sich bereits frühzeitig einmal die eigenen Visumoptionen (auch ggf. für die Familie) mit einem Experten zu erörtern. In einer solchen Beratung sollte es darum gehen, Ihr Vorhaben zu schildern und eine Einschätzung über Ihre individuellen Möglichkeiten zu erhalten. Manchmal geht es auch darum zu erfahren, was eben nicht realistisch ist oder nicht geht. Ein seriöser Berater gibt Ihnen nicht nur mit auf den Weg, was er/sie alles für Sie tun kann, sondern auch, mit welchen Hürden, Kosten und Zeitspannen die unterschiedlichen Wege verbunden sind.

Lassen Sie sich nicht von falschen Versprechungen („für Summe X besorgen wir Ihnen die GreenCard") oder Ähnlichem locken. Auch ausgesprochene Garantien auf Visumerteilungen sind immer unseriös. Ebenso sollten Sie überteuerte und horrende Pauschalpreise hinterfragen.

Beratung durch Fachanwälte

US-Recht ist schwer zu durchschauen: Lassen Sie sich helfen!

Auf dem amerikanischen Beratungsmarkt bieten zahlreiche Anwälte ihre Dienste an. Nicht immer fällt die Entscheidung leicht, an wen man sich für eine Beratung oder Abwicklung wenden soll.

Wenn Sie sich anwaltlich beraten lassen möchten, dann empfehlen wir Ihnen zunächst, sich an einen spezialisierten *Immigration Lawyer* (Einwanderungsanwalt) bzw. an eine spezialisierte *Immigration Law* Kanzlei mit Ihrem Anliegen zu wenden. Im Gegensatz dazu decken einige Anwälte das Themengebiet „Einwanderungsrecht" quasi als Nebenbereich in der Kanzlei mit ab. Es besteht dann die Gefahr, dass Sie mit jemanden sprechen, der selbst noch nicht viele Fälle abgewickelt hat oder die aktuellen Trends/Entwicklungen bei den US-Behörden nicht kennt. Nehmen Sie sich also jemanden mit an Bord, dem Sie vertrauen (vielleicht durch Empfehlungen) und erfragen Sie durchaus selbstbewusst, wie viel Erfahrung Ihr Gegenüber mitbringt.

Einige *Immigration Lawyer* sind auf bestimmte Bereiche innerhalb des Einwanderungsrechts spezialisiert (so z.B. Visa für Künstler oder Investoren oder für Unternehmen) – auch hier lohnt sich ein Blick vorab auf die Webseite.

Mittlerweile gibt es auch zahlreiche deutschsprachige Anwälte in den USA, die ihre Dienste anbieten. Sie können über die *American Immigration Lawyers Association (AILA)* einen Ansprechpartner finden: ☛ *www.ailalawyer.com*

Visaberatung durch The American Dream – US Visa Service GmbH

Auch The American Dream bietet bereits seit vielen Jahren erfolgreich Dienstleistungen zur Visumberatung und Visumbeantragung an. Der Service umfasst die gesamte Visumabwicklung – von der intensiven Eingangsberatung und Auswahl der geeigneten Visumkategorie, über die gemeinsame Planung bis hin zur Übernahme der kompletten Antragsabwicklung für Sie.
Als staatlich zugelassene US-Auswanderungsberatungsstelle (Zulassung vom 12.03.2013) hat das US Visa Service Expertenteam jahrelange Erfahrung im Bereich der US-Visumberatung und -abwicklung. Betreut werden nicht nur Privatpersonen, Künstler und Sportler, sondern auch zahlreiche internationale Unternehmen beim Mitarbeitereinsatz in die USA.
Anfragen zu den Serviceleistungen oder zu einer Beratung stellen Sie gerne über die Webseite ☛ *www.usvisaservice.de*.

4.1   Jobsuche und Auswahl von Arbeitsangeboten

Allgemeines

Zunächst soll uns die Möglichkeit, in den USA auf Stellensuche zu gehen, beschäftigen, da dies für die meisten Interessenten der erste wichtige Schritt ist. Wir wollen an dieser Stelle nur auf ein paar wichtige, selektiv ausgewählte Kriterien aufmerksam machen, weil das sogenannte *recruitment*, *employment* oder *placement* mangels einer staatlich gelenkten Arbeitsvermittlung ein sehr breites Spektrum mit großen regionalen Unterschieden aufweist. Insbesondere wollen wir Sie mit den Strategien der Arbeitssuche im Zusammenhang mit dem Schwerpunkt dieses Buches, den Visa- und Arbeitserlaubnisverfahren, vertraut machen.

Interessant sind dabei insbesondere die privaten Arbeitsvermittler, die trotz des Internets (oder gerade deswegen) noch regen Zuspruch haben und oftmals aus Servicegründen eine interessante, mangels Information von Ausländern allerdings wenig genutzte, Alternative zu den klassischen Formen (Zeitungen, Fachmagazine etc.) bieten.

Struktur der Arbeitsvermittlung

Ein Arbeitsamt wie hierzulande, welches quasi eine Monopolfunktion bei der Arbeitsvermittlung hat, ist dem US-amerikanischen System gänzlich fremd. Die US-Ideologie des „Laissez-faire" und die ordnungsrechtliche Zurückhaltung wirkt sich auch in diesem Punkt bedeutsam aus. So fehlt eine staatlich zentrierte Arbeitsvermittlung vollständig. Vielmehr ist die sogenannte *Education and Training Administration (ETA)* als Teil des *U.S. Department of Labor* (US-Arbeitsministerium) für Fragen der Arbeitsmarktanalyse, sowie neuerdings auch stärker für Fort- und Weiterbildungsmaßnahmen zuständig.

Kein Arbeitsamt in den USA!

Die aus einer neuen Gebühr für H-1B Arbeitsvisaverfahren resultierenden größeren Einnahmen werden zukünftig verstärkt für diesen Zweck verwandt, wahrscheinlich u. a. um die USA von zu viel „fremden" Fachkräften zunehmend unabhängiger zu machen.

Die Arbeitssuche teilt sich in drei Felder auf:

1. Internet

Jobsuche im Internet

INTERNET

Das zweifelsohne populärste, wenn auch nicht immer geeignetste, Mittel zur Suche dürfte das Internet sein. Es ermöglicht einen effektiven, reibungslosen Zugriff und ein schnelles Update möglicher Stellenangebote. Es gibt eine ganze Fülle an international renommierten Datenbanken. Viele Datenbankanbieter gewähren einerseits die Möglichkeit, registrierte Stellenangebote direkt abzufragen oder andererseits sich als Stellensuchender registrieren zu lassen. Die bekanntesten dürften wohl *Americas Job Bank, Career Path, Career Web, Career Mosaic* oder aber die Seite des *U.S. Department of Labor* sein. Andere wie *topjobs* (↗ www.topjobs.com) sind international ausgerichtet und bieten nicht nur für die USA Stellen an. Besonders hilfreich für die Jobsuche in den Staaten ist es auch, in sozialen Netzwerken wie LinkedIn vertreten zu sein, um somit auch von Firmen gefunden zu werden.

America's Job Bank: Eine staatliche Seite mit recht großem Jobangebot. Einige Links führen zu weiteren Internetseiten für die Arbeitssuche.
↗ *www.ajb.dni.us*

Career Builder: Eine der größten Sammlungen von Jobangeboten und weiterführenden Links im Internet. Gesucht werden kann nach verschiedenen Kriterien. Persönliche Profile können gespeichert und ein eigener Lebenslauf ins Netz gestellt werden.
↗ *www.careerbuilder.com*

Employment Guide: Der Jobwunsch ist leider schwer einzugrenzen, deswegen meist unklare Suchergebnisse.
↗ *www.employmentguide.com*

Visajobs: In dieser Datenbank finden sich nur Jobs, die von Arbeitgebern angeboten werden, die auch bereit sind, für Sie ein Visum oder eine GreenCard zu beantragen. Der Zugang zu dieser Datenbank ist kostenpflichtig.
↗ *www.h1visajobs.com*

U.S. Department of Labor Employment and Training Administration: Weil die Städte und Kommunen über keine Arbeitsämter verfügen, hat das U.S. Department of Labor eine eigene Webseite eingerichtet, auf der sich allerdings nur Tipps für die Arbeitssuche in den USA und Hinweise für spezifische rechtliche Besonderheiten befinden.
↗ *www.doleta.gov*

Einige weitere eventuell für die Suche interessante Internetadressen sind:

USA-Hoteljobs	↗ *www.hoteljobs.com*	
IT- und Tech-Jobs	↗ *www.dice.com*	
Verschiedene Jobangebote	↗ *www.careerexchange.com*	
Großes Jobportal	↗ *www.indeed.com*	
Eine der bekanntesten Jobseiten	↗ *www.monster.com*	

INTERNET

Soweit Jobdatenbanken im Internet werbefinanziert sind, können Sie die Stellen aus den Stellendatenbanken direkt anwählen und ausdrucken. Dort ist immer die vollständige Arbeitgeberadresse angegeben, an die Sie sich direkt wenden können.

Manchmal erscheint allerdings zweifelhaft, ob die wiederum aus Unternehmensdatenbanken entnommenen Angebote immer up to date sind, sprich überhaupt noch angeboten werden. Sie sollten daher, in Ihrem eigenen Interesse, beim Unternehmen nachfragen ob die Stelle noch nicht vergeben ist.
Ohne oder mit geringerer Werbefinanzierung operierende Datenbanken zeigen meist lediglich das Unternehmen und den Beschäftigungsort, aber keine Ansprechpartner an. In diesem Fall ist ggf. eine Vermittlungsgebühr fällig oder aber der Arbeitgeber selbst übernimmt die Vermittlungsprovision.
Die US-Gesetzgebung hält sich hier eine Reihe von Optionen offen. Informieren Sie sich daher vorher bei den Datenbankprovidern, welche Modalitäten vorgesehen sind. Aus dem Webauftritt sind sie nicht immer eindeutig zu ersehen.

Bei allen Providern ist auch eine Registrierung als Stellensucher möglich. Auch hier stehen Ihnen mehrere Optionen zur Verfügung. Oft können Sie sich kostenfrei eintragen und werden ggf. vom Provider oder vom betreffenden US-Unternehmen (meist per E-Mail) angeschrieben. Andere Datenbanken fordern eine Jahresgebühr und verwalten Ihr Gesuch über diesen Zeitraum. Nicht ganz klar ist, inwieweit diese Methode erfolgversprechend ist. Vorstellbar ist, dass auf attraktive Stellenangebote eine große Menge an Bewerbungen eingehen. Auffällig wird Ihre Bewerbung da kaum sein können, wenn man sich vorstellt, dass US-Unternehmen auf ein Angebot mehrere Hunderte Bewerbungen erhalten.

Registrierung als Jobsuchender

Viele der US-Unternehmensdatenbanken, von welchem die freien Anbieter Ihre Stellenangebote nehmen, wurden zunächst einmal rein für den nordamerikanischen Markt konstruiert. Wenn dann ein US-Bürger sein Interesse signalisiert, wird er wegen der umständlichen Visumsprozedur für Ausländer, vermutlich bei der Auswahl Vorrang genießen. Auch hier gilt natürlich: Sollten Sie, z. B. durch einen Gewinn in der GreenCard-Lotterie, bereits im Besitz einer GreenCard sein, so entfallen diese Schwierigkeiten für Sie.

Auch ist die Kompatibilität von E-Mail-Systemen umstritten. Bekannt ist, dass Unternehmen zunehmend auch wieder die „klassische" Form der Bewerbung bevorzugen, weil verzerrt ankommende ausländische Bewerbungen mit unlesbaren Hieroglyphen, natürlich kein allzu freundliches Bild hinterlassen. Kontaktieren Sie daher möglichst das Management oder das *Department of Human Resources* und erfragen Sie, ob eine formelle Bewerbung über den normalen Postweg zusätzlich erwünscht ist.

Leider trifft man in den Datenbanken, bezüglich der Bewerbungsmodalitäten der einzelnen Unternehmen, kaum auf brauchbare Hinweise. Auch hier sollten Sie das Unternehmen – unter Hinweis auf die in der Datenbank vermerkte Referenznummer – persönlich kontaktieren und sich nach Einzelheiten der gewünschten Bewerbungsmodalitäten erkundigen.

Bewerbung per E-Mail

Generell liegt der Nachteil bei virtuellen Bewerbungen per E-Mail darin, dass man immer weniger innerhalb des oft großen Bewerberpools auffällt. Im positiven Sinne aufzufallen und aus der Masse heraus zu stechen, ist ein wichtiges Kriterium für die Einladung zu einem Interviewtermin. Dies ist allerdings ein Punkt, auf den die meisten Internetanbieter nicht so gerne aufmerksam machen.

Das mag auch daran liegen, dass die Anbieter das reine Vermittlungsgeschäft als Insider nicht so detailliert kennen, wie es z.B. ein Arbeitsvermittler kennen muss, der von Provisionen lebt. Man sollte sich daher (bei allem Respekt vor der virtuellen Fassade) nicht alleine von dem Internetauftritt selbst beeindrucken lassen.

Ein Internetanbieter sollte sich daher auch an einer überzeugenden Firmen-Kunden-Beziehung messen lassen und über die reine Internetpräsentation hinaus wichtige Aussagen zu Gehaltshöhe, Arbeitsvertragsgestaltung, evtl. Sozialleistungen, Interviewstrategien und sonstigen relevanten Fragen rund um die Vermittlung machen können.

Letztlich ist es mühsam, über Vor- und Nachteile intensiv zu spekulieren. Es kommt sicher darauf an, welchen Serviceanteil man als Arbeitsuchender tatsächlich erwartet und wie wichtig einem die Informationen rund um den Job tatsächlich sind.

2. Printmedien

Suche in Printmedien

Auch in den USA ist es trotz des Internetbooms immer noch sehr üblich, Stellenangebote in den Zeitungen zu veröffentlichen. Die großen überregionalen Tageszeitungen haben alle einen umfangreichen Teil mit Stellenanzeigen, die sich aber oft auf den jeweiligen Bundesstaat oder eine bestimmte Region beschränken. Für Sie interessant sein dürften daher, wenn Sie sich regional noch nicht festgelegt haben, die nationalen Tageszeitungen wie z.B. die *Washington Post*, *Los Angeles Times* oder die *Herald Tribune*. Deren Stellenanzeigen in der Auslandsausgabe finden Sie allerdings nicht an Ihrem Kiosk oder Zeitschriftenladen. Die in den Botschaften oder Konsulaten ausliegenden US-Ausgaben sind oft überaltet und daher für diesen Zweck nicht brauchbar.

INTERNET

Sie sollten deswegen versuchen aktuelle Ausgaben, der für Sie interessanten Zeitungen, im Internet mittels geeigneter Suchmaschinen (z.B. unter *www.allnewspapers.com*) ausfindig zu machen. Es kann allerdings sein, dass Sie im Einzelfall für das Herunterladen des Stellenteils bezahlen müssen.

3. Private Arbeitsvermittler

Suche über private Arbeitsvermittler

Weniger bekannt sein dürfte, dass es in den USA ein diversifiziertes Netz an kleineren und mittleren privaten Vermittlungsagenturen gibt, welche Sie bei der

Arbeitssuche unterstützen können. Nicht gemeint sind hiermit die sogenannten Zeitarbeitsfirmen, wie z.B. das international bekannte Unternehmen *Manpower* (amerikanischer Herkunft), welches Arbeitnehmer verleiht. Arbeitsvermittler hingehen vermitteln Arbeitnehmer ohne dauerhaftes Eigeninteresse an US-Firmen. Dabei unterscheidet man zwei Formen:

- Vermittler mit Provisionen vom Unternehmen
- Vermittler mit Gebühren vom Arbeitnehmer

Das US-Gesetz bietet dem Vermittler die Möglichkeit, für eines der Modelle zu optieren. Wie Sie anschließend sehen werden, haben die Modelle für Sie verschiedene Vor- und Nachteile.

Bevor wir darauf eingehen, wollen wir Ihnen kurz die durchschnittliche Servicepalette eines typischen US-Vermittlers vorstellen.

Employability Report

In den USA existieren auch innerhalb einer Branche regional viele Unterschiede bei der Arbeitsmarktlage und daher auch bei der Einstufung von neuen Arbeitskräften. Insofern ist man hier oft auf die Hilfe eines branchenspezialisierten Vermittlers angewiesen. In einem sogenannten *Employability Report* wird aufgrund der von Ihnen überlassenen Dokumente (insbesondere Curriculum Vitae und Referenzen/Zeugnisse) eine Analyse Ihrer Vermittlungschancen, anhand von branchenspezifischen Kriterien, erstellt.

Analyse Ihrer Vermittlungschancen

Diese Analyse ist stets sehr umfassend und gibt Ihnen einen guten Einblick in Ihre tatsächlichen Platzierungschancen. Der Vermittler beschränkt sich dabei nicht nur auf die Firmen, mit denen er ohnehin im Kontakt steht, sondern nutzt auch seine Netzwerkkontakte und den Erfahrungsaustausch mit Personalmanagern anderer Firmen.

Ein solcher Report kann Ihnen helfen, Ihre Strategie zu optimieren und zwischen für Sie geeigneten und weniger geeigneten Firmen zu unterscheiden. Das scheint deshalb sinnvoll, da man bei der Arbeitssuche und der Fülle möglicher Adressen oftmals eher wahllos agieren muss. Ein Faktor, der recht schnell kostentreibend wirken kann.

Strategie-Optimierung

Self-Directed-Job-Search

Als weitere Option geben Ihnen professionelle Vermittler die Möglichkeit, sich anhand eines für Sie maßgeschneiderten Fahrplans, selbst auf dem US-Markt zurechtzufinden. Hierzu kombinieren sie den Employability Report als Basis mit einem Katalog von Vorschlägen, welche Firmen in der näheren oder weiteren Umgebung Ihres Wunschortes überhaupt von Ihrer Qualifikation und Ihren Wünschen bezüglich einer spezifischen Tätigkeit für Sie in Frage kommen, und listen diese für Sie auf. Dabei geben sie Ihnen umfangreiche Hintergrundinformationen über das Unternehmen, wie: Bilanzen, Größe des Unternehmens, Mitarbeiterzahl, Firmenphilosophie etc. Gleichzeitig zeigen sie Ihnen auf, wie Sie sich in der Bewerbungsphase und bei Interviews am besten verhalten sollten.

Hintergrund-Informationen: Wo sollte ich mich bewerben?

Des Weiteren geben die Vermittler Ihnen einen Überblick über mögliche Gehaltsforderungen und wichtige Interview-Strategien, die Ihnen helfen, vermeidbare Pannen zu umgehen. Im Grunde genommen werden Sie mit diesem Modell selbst zu ihrem eigenen Vermittler. Hierfür sollte man aber am besten nur dann optieren, wenn man sich im Gespräch mit dem Management sprachsicher fühlt und in interkulturellen Fragen mindestens über eine Form von Grundsicherheit verfügt.

Full-Service-Job-Search

Komplettabwicklung der Jobsuche

Diese Option bietet die Möglichkeit, die vorgenannten Methoden miteinander zu kombinieren, wobei die Eigensuche durch die aktive Suche der Vermittler ersetzt wird. Hierbei werden alle von Ihnen eingereichten Dokumente professionell ausgearbeitet und an das US-System angepasst. In Telefoninterviews wird die Agentur versuchen herauszufinden, welche persönlichen und berufsbedingten Eigenschaften Sie auszeichnen. Danach wird ausführlich, in enger Kooperation mit Ihnen, ein Marketingkonzept ausgearbeitet, das die Strategie für die zielgerichtete Vermarktung Ihrer Person bei den für Sie interessanten Arbeitgebern definiert. Anschließend werden Ihre Unterlagen bei verschiedenen Unternehmen platziert, evtl. auch Interviewtermine für Sie vereinbart. Diese Interviews müssen übrigens nicht immer vor Ort erfolgen, sondern häufig auch per Telefon. In jedem Fall sollten Sie darauf bestehen, dass Interviews vorher geprobt und Sie eingehend über die Gesprächsmodalitäten informiert werden.

Sie sollten darauf achten, dass möglichst viele Interviews in einem Zeitraum hintereinander gelegt werden. Das hat den Vorteil, dass Sie in gewisser Weise ein immer besseres Training in der Realität bekommen, das Ihnen helfen wird, mögliche Ängste schneller abzubauen und im Umgang mit US-amerikanischen (Personal-)Managern sicherer zu werden.

Relocation Information

Diesem Punkt kommt oft eine wichtige Bedeutung zu, indem Sie hierbei eine ganze Reihe an für Sie elementaren Informationen über das regionale Umfeld Ihres Arbeitsplatzes erhalten.

Diese können von Lebenshaltungskosten und -indizes, Mietkosten, Aufwendungen beim Erwerb von Haus- und Grundstücken, Lohn- und Gehaltsstrukturen bis zu Waren des täglichen Bedarfs reichen. Sie können Ihnen wesentlich bei Gehaltsverhandlungen, sowie bei Vereinbarungen über Zusatzleistungen des Unternehmens und der Planung Ihrer Niederlassung, behilflich sein.

Zu den Gebühren

Wie oben bereits angedeutet, haben US-Arbeitsvermittler verschiedene Optionen bei der Frage, wer „das Ganze" bezahlen soll. Es mag einleuchten, dass es besser ist, wenn der zukünftige Arbeitgeber die Kosten übernimmt, insbesondere wenn die Vermittlung einen bestimmten Prozentsatz Ihres Jahresbruttogehaltes ausmacht (bei höheren Einkommen allerdings schnell eine beträchtliche Summe) und durch den Umzug ohnehin höhere Aufwendungen für Sie entstehen.

Aber Vorsicht: Der scheinbare finanzielle Vorteil kann auch Nachteile für Sie haben. Warum? Die meisten der Vermittler, die ihre Provisionen von den Unternehmen erhalten (insbesondere wenn es sich um größere Unternehmen handelt), geraten schnell in eine Art Abhängigkeit vom Management. Je größer der *turn-over* bei den vermittelten Arbeitskräften, umso wahrscheinlicher ist es, dass die Agentur versucht, sich langfristig an das Unternehmen zu binden. Nicht wenige Agenturen können so schnell in den Sog des Managements geraten und werden über die Jahre auch mal schnell zu einer Art ausgelagertem *recruitment office*. Das kann für Sie bedeuten, dass die Agentur ausschließlich oder überwiegend im Interesse einiger weniger Unternehmen arbeitet und Ihre eigentlichen Bedürfnisse außer Acht lässt.

Auf Ihre Interessen achten!

Für Sie folgt daraus, dass Sie nicht immer davon ausgehen können, die wirklich für Sie objektivsten Informationen zu erhalten, welche Ihnen die notwendigen Rahmenbedingungen erläutern und Einblick in Unternehmensstruktur, -kultur und Zusammensetzung des Personals, mit dem Sie später zusammenarbeiten sollen, geben. Auch ist nicht notwendigerweise gewährleistet, dass Sie einigermaßen neutrale Anhaltspunkte über Verhandlungsstrategien, Lohn- oder Gehaltsvorstellungen, Sozialleistungen, Relocation-Service etc. bekommen werden. Das kann aber für die Gestaltung einer angenehmen Arbeitsatmosphäre von entscheidender Bedeutung sein und sollte deshalb für Sie mit im Vordergrund stehen.

Eine große Agentur hat aber auch deutliche Vorteile, die zum Teil darin liegen, dass Sie über eine größere Masse von verschiedenartigen Angeboten verfügt, die kleinere Agenturen mit arbeitgeberunabhängigen Provisionen oft nicht aufweisen können. Leider ist uns eine Art Gütesiegel zur besseren Auswahl Ihrer Agentur nicht bekannt. Da der Staat keinerlei Kontrolle über die Arbeit der Büros ausübt, dürfte es schwer sein, vor Ort verbraucherfreundliche Informationen zu erhalten.

Agenturen ohne Arbeitgeberprovisionen sind oft kleiner, verfügen aber im Regelfall über ein breites nationales Netzwerk an Kooperationspartnern, welches die Suche vereinfacht. Diese Agenturen haben oft ein breiteres Serviceangebot, weil sie von den reinen Vermittlungsprovisionen alleine nicht leben können. Sie betreuen ihre Kunden oft erheblich intensiver und nehmen sich Ihrer Sache persönlich an. Da sie quasi unabhängig vom Unternehmen agieren, sind sie oft flexibler in der persönlichen Vorstellung und zuverlässiger im nicht so einfachen Kontakt über den „großen Teich". Da solche Agenturen nicht als Großabnehmer von Unternehmen fungieren, haben sie die Möglichkeit, Ihre Suche breiter zu streuen und auch kleinere und mittlere Unternehmen für Sie „abzugrasen".

Kleinere Agenturen leben von Gebühren des Jobsuchenden

Dafür verlangen sie sicherlich auch angemessene Gebühren. Deren Höhe ist allerdings schwer anzugeben, weil sie je nach Region, Größe der Agentur und Bekanntheitsgrad variieren. Eine staatliche Gebührenordnung fehlt ohnehin. Es ist aber durchaus legitim, bei den Agenturen die kompletten Serviceleistungen und -preise zu erfragen. Häufig finden Sie diese auch auf den entsprechenden Internetseiten oder sie werden als E-Mail-Attachment versandt. Für die umfangreiche Direktsuche werden oft Pauschalen vereinbart und keine Festpreise genannt. Zu den größten Firmen in diesem Bereich gehört z.B.:

Hudson
560 Lexington Avenue
4th & 5th Floors
New York, NY 10022
Tel.: +1-212-351-7400
🖅 *www.hudson.com*

Schauen Sie in die Gelben Seiten/ Yellow Pages!

Regionale Arbeitsvermittler finden Sie dagegen am ehesten in den *Yellow Pages* Ihres jeweiligen Wunschwohnortes, meist unter den Stichworten

- *recruitment services*
- *employment agencies* oder
- *placement consultants.*

Unter den gleichen Suchbegriffen kann sich auch eine Suche im Internet als lohnend erweisen.

Zeitarbeit

Wer bereits ein Arbeitsvisum oder eine GreenCard besitzt und Engpässe bei der Jobsuche überbrücken will, kann sich auch an eine der in den USA zahlreich vertretenen Zeitarbeitsfirmen (*temp agencies*) wenden. In der Regel verdient man hier zwar weniger und muss auch alle paar Wochen den Job wechseln, dafür kümmert sich eine Firma darum, dass man überhaupt eine Arbeit findet. Große Zeitarbeitsvermittlungen sind z. B. *Manpower* (🖅 *www.manpower.com*) oder *Kelly Services* (🖅 *www.kellyservices.us*). Viele weitere, zum Teil lokale, Agenturen findet man unter dem Stichwort *„temp agency"* in den Gelben Seiten (*Yellow Pages*).

INTERNET

4.2 Tipps für eine erfolgreiche Bewerbung

Die Bewerbungsunterlagen

Cover Letter und Curriculum Vitae/Resume

Kurz und prägnant formulieren!

Sie haben eine Firma oder ein Arbeitsangebot gefunden, auf das Sie sich gerne bewerben würden? Die nun zu erstellenden Bewerbungsunterlagen in den Vereinigten Staaten sind die wichtigsten Elemente bei Ihrer Jobsuche. Anders als bei uns, bestehen sie nur aus einem Anschreiben (*Cover Letter*) und einem Lebenslauf (*Curriculum Vitae* oder *Resume*). Das bei uns übliche Foto, sowie Zeugnisse oder Praktikumsbescheinigungen etc. gehören nicht dazu. Ihre Bewerbungsmappe wird in einem großen Stapel (von anderen hoffnungsvollen Mitbewerbern) landen, die der Personalchef eine nach der anderen durchsieht.

Nun ist die Chance, dass Ihre Unterlagen ausgerechnet an oberster Stelle liegen, so ungefähr eine Million zu Null. Der gute Mann kämpft sich also erst einmal durch einen ganzen Stapel von Bewerbungen, bevor er auf Ihre stößt. Das sollten Sie im Hinterkopf behalten, wenn Sie sich ans Verfassen der Dokumente machen. Nichts ist schlimmer, als wenn Sie mit Ihrem Anschreiben und dem

Lebenslauf so aufregend sind wie ein ganzes Röhrchen Schlaftabletten. Die Formel lautet: Kürze mit Würze!

Das Anschreiben: Cover Letter

Aufgabe des Anschreibens

Versenden Sie Ihren Lebenslauf nur zusammen mit einem Anschreiben. Damit signalisieren Sie, dass Sie genügend Interesse an dem inserierten Job haben und Sie Ihrer Bewerbung noch eine persönliche Note verleihen wollen. Mit dem Anschreiben stellen Sie folglich den ersten Kontakt zu Ihrem potentiellen Arbeitgeber her. Es muss daher derart verfasst sein, dass der Leser neugierig wird auf Ihren Lebenslauf. Also beginnen Sie Ihr Anschreiben nicht gleich mit einem so schrecklichen Satz, wie z. B.:

„I am submiting my resume regarding the open position of Systems Analyst advertised in the Cape Coral on April 13th."

Ein gutes Anschreiben ist „Pflicht"

Klar, dass Sie nicht Ihre neue Briefmarkensammlung vorzeigen wollen! Mit dem Anschreiben wollen Sie Ihr Potential vermarkten. Also bringen Sie ein solches auch in Ihrem *Cover Letter* zum Ausdruck. Apropos Ausdruck: Wir haben alle mal in der Schule gelernt, dass man nicht ständig Sätze, die mit „Ich" anfangen, benutzen soll. Das war ein guter Rat. Tun Sie es im Englischen auch nicht! Bescheidenheit und Understatement sind im Anschreiben ebenso fehl am Platz, wie allzu dickes Auftragen. Demonstrieren Sie ein gesundes Selbstbewusstsein aber übertreiben Sie nicht!

- Ein guter *Cover Letter* ist kurz und präzise formuliert, konzentriert sich auf die Betonung Ihrer Fähigkeiten und Leistungen und unterstreicht damit, dass Sie sich hervorragend für die offerierte Stelle eignen. Es endet schließlich mit der Bitte um ein Vorstellungsgespräch.
- Konzentrieren Sie Ihre Formulierungen nicht zu lange auf das, was Sie wollen, sondern auf den Nutzen, den Sie der Firma bringen würden.
- Seien Sie aggressiv und herausfordernd statt passiv in Ihrer Wortwahl. Sie wollen erobern! Schreiben Sie z. B. *aided new trainees* statt *helped new trainees; fostered relationships* statt *worked closely; cut expenses* statt *reduced expenses* usw.
- Wenn Sie auf klassische Jobangebote antworten, sind Sie zumeist in einem Bewerberkreis von mehreren Hundert, die alle ähnliche Qualifikationen wie Sie anzubieten haben. Aus diesem Grunde richten Sie Ihr Schreiben vorzugsweise an eine ganz bestimmte Person. Die Chance, dann wirklich eine Antwort zu erhalten, ist auf diese Weise größer.
- Falls Sie Schwierigkeiten haben, einen speziellen Ansprechpartner ausfindig zu machen, greifen Sie zum Telefon. Klappt das auch nicht, gehen Sie aufs Ganze – nämlich (falls Sie bereits in den USA sind) in Ihre Stadtbibliothek und suchen Sie unter den *industrial directories*.
- Im Gegensatz zum Lebenslauf, der direkt Ihre Arbeitsleistungen hervorhebt, unterstreicht der *Cover Letter* Ihre persönlichen Stärken im Arbeitskontext (*administrative and communication skills, rapid promotions, tenacity* etc.) und wie diese den Anforderungen des potentiellen Arbeitgebers gerecht werden.

Richtlinien für den Cover Letter

- Ignorieren Sie Anfragen hinsichtlich Ihrer Gehaltsentwicklung oder -vorstellung. Mithilfe solcher Anfragen versuchen Arbeitgeber, einen großen Bewerberkreis von vornherein zur Selbstdisqualifikation zu verleiten oder sich einen unfairen Vorteil während der nachfolgenden Gehaltsverhandlungen zu verschaffen. Sind Ihre Bewerbungsunterlagen interessant genug, muss das allein genügend Interesse auf der Gegenseite wecken.
- *Cover Letter* und *Resume* kurz, prägnant und dennoch mit der nötigen „Würze" zu schreiben, um in die engere Auswahl zu fallen, ist ein wirklich harter Job.

Was müssen Sie unbedingt beachten?

1. Ihr Anschreiben sollte sich, wenn möglich, an eine ganz bestimmte Person richten.

Richtige Anrede benutzen!

Anrede: Unpersönliche Anreden sind unüblich, ja geradezu verpönt. Ein „*Dear Sirs*" würde Ihnen in den USA sogar als sexistisch ausgelegt werden. Wenn Sie einen Herrn anschreiben, benutzen Sie das übliche „*Mr.*", schreiben Sie an eine Dame, wählen Sie immer die neutrale Form „*Ms.*". Hat die betreffende Person einen Titel, wird statt *Mr.* oder *Ms.* natürlich der Titel verwendet, z. B. „*Prof. Stephen Greenblatt*".

Nun ist aus den amerikanischen Vornamen häufig das Geschlecht der betreffenden Person nicht erkennbar. In diesen Fällen schreiben Sie lieber *Dear* + Vorname + Nachname, wie „*Dear Shawn McDowell*" oder „*Dear Malekula Adebisi*".

Formellen Anreden folgt ein Doppelpunkt, wie z. B. „*Dear Prof. Stephen Greenblatt:*". Namenszusätze wie z. B. „*Jr.*" dürfen keinesfalls vergessen werden. Dies betrifft auch Zusätze in Firmennamen, wie z. B. „*Corp.*", „*Co.*" oder „*Inc.*"
In Fällen, in denen keine bestimmte Ansprechperson herauszufinden ist, lassen Sie die Anrede ganz weg und beginnen Sie gleich mit dem Text.

2. Das Anschreiben muss gut gegliedert sein und sich flüssig lesen. Weist Ihr Anschreiben bereits Formfehler auf oder ist schwer lesbar, wird der Leser kaum noch Interesse haben, den Lebenslauf einzusehen.

3. Wenn Sie direkt auf eine Stellenanzeige antworten – Sie können sich ja auch auf ein Telefonat, Gespräch, gelesenen Artikel etc. beziehen –, gehen Sie auf alle Punkte des Inserats ein. Formulieren Sie immer positiv.

4. Achten Sie auch bei Ihrer Adresse darauf, eventuell enthaltene Umlaute oder ein „ß" aufzulösen.

Sie können Ihr Anschreiben auch in nur drei oder aber auch in fünf Abschnitten verfassen. Hauptsache Sie bringen alles auf einer Seite unter und der Text verliert nicht an Übersichtlichkeit.

Formale Aspekte beim *Cover Letter*

Vermeiden Sie:

Achtung!
Don't do this!

- Orthografie- und Grammatikfehler
- komplizierte Satzkonstruktionen
- fehlende Unterschrift oder Vergessen Ihres Vornamens beim Unterschreiben (Ist Ihr Geschlecht für Amerikaner aus dem Vornamen schwer ersichtlich, setzen Sie „*Mr.*" bzw. „*Ms.*" davor.)
- billiges Papier
- falsches Format (Unser A4-Format kommt dem amerikanischen Format am nächsten.)
- zu lange Absätze
- zu lange Anschreiben (Ein *Cover Letter* darf nicht länger als eine Seite sein. Aus diesem Grunde schreiben Sie den Text einzeilig, niemals doppelzeilig.)

Der Lebenslauf – *Resume*

Leider stolpern viele Bewerber über diese Hürde. Einige glauben, dass ein Lebenslauf mit kleinen Schönheitsfehlern nicht so schlimm ist, da man ja immer noch im Vorstellungsgespräch das Ruder herumreißen und den Arbeitgeber überzeugen kann. Aber spätestens hier ist man in die Falle getapt.

Resume: Ihre Selbstdarstellung

"Send me a colorless resume, and I won't consider you"

(Joseph Heller, Catch 22)

Ein potentieller Arbeitgeber kann Sie innerhalb weniger Sekunden aus dem Bewerberkreis ausschließen, wenn ihm Ihr Lebenslauf nicht zusagt. Umso wichtiger ist es, dass Sie bei dessen Ausarbeitung sehr viel Sorgfalt aufwenden, damit dieser Ihnen den Weg zum Vorstellungsgespräch ebnet.

Wieder gilt: Kurz und prägnant!

Der erste und wichtigste Punkt, den Sie sich merken müssen, ist: Der Lebenslauf ist kein Vorstellungsgespräch, sondern lediglich der Schlüssel, der Ihnen die Tür dorthin öffnen soll.

Kapitel 4.2

Formbeispiel *Cover letter*

Ihr Name gehört nicht in den Briefkopf!	*Humboldtstr. 57* *12347 Berlin* *Germany* *April 19, 2016*
Datumsangabe in amerikanischer Schreibweise!	
	Mr. Stephen Greenblatt *Human Resources Manager* *Capcom, Inc.* *P.O.Box 212155* *Cape Coral, Florida 33560-9244*
Doppelpunkt nach Anrede!	*Dear Mr. Stephen Greenblatt:*
Sie zeigen Ihr Interesse an dem angebotenen Job und schreiben, woher Sie davon erfahren haben.	*Your April 13th advertisement in the Cape Coral Standard immediately caught my attention and is precisely what I am looking for: A new challenge in a fast-paced environment, the opportunity to use my skills and the potential for future growth.*
Sie verweisen auf Ihre Qualifikationen und schlagen die Brücke zum angebotenen Job.	*During the last three years I have been working for an international marketing company in Berlin where I have been responsible for organizing meetings and seminars, preparing reports and presentations as well as monitoring marketing and advertising press releases. Moreover, I have experience instructing and supervising up to 30 trainees in market analysis and customer counseling.*
Sie heben die persönlichen Stärken hervor, die sich im Zusammenhang mit Ihrer bisherigen Tätigkeit herausgebildet haben und verweisen auf weitere nützliche Kenntnisse.	*Having to co-ordinate several projects at one time and making certain to meet deadlines has helped me to acquire excellent organizational and communicational skills as well as a good sense of humor in an extremely hectic environment. I have an excellent written and spoken command of English and German and also a working knowledge of Portuguese, Italian and Russian.*
Sie betonen Ihren potentiellen Nutzen für das Unternehmen und bitten um ein Vorstellungsgespräch.	*Taking a bet on me, you would be gaining a very capable and motivated member of your marketing team who is willing to work hard and succeed. Enclosed is my resume which I would like to discuss with you in more details in a personal meeting.* *Sincerely (yours)/Cordially/Very truly yours* *(Signature)* *Katrin Rader*

Your resume must get you to ... – that's right my Dear – ...
the Interview!

Warum erinnern wir Sie daran? Nun ganz einfach weil sehr viele Bewerber den Irrtum begehen zu glauben, sie müssten alle Informationen in den Lebenslauf hineinpacken. Das Resultat dessen ist dann ein langweiliges wortgewaltiges Papier, das viel zu viel über Sie preisgibt und dem potentiellen Arbeitgeber gar keine Chance lässt, überhaupt noch neugierig auf Sie zu werden. Sehen Sie den Lebenslauf als ein kleines Appetithäppchen, nicht als üppiges Festmahl. Davon bekommt man nur Verdauungsbeschwerden. Selbst hochrangige Manager haben bei dem Verfassen von Lebensläufen mitunter Schwierigkeiten, weil Sie es nicht schaffen, eine gute Brücke zwischen Ihren Jobvorstellungen und den Bedürfnissen des Unternehmens zu schlagen.

So klappt's auch mit dem Lebenslauf ...

Worum geht es denn nun wirklich? Sein wir doch mal ehrlich: Um nichts anderes als dem potentiellen Arbeitgeber genau das zu bieten, was er sucht: eine Person, mit genau den und den Fähigkeiten, für genau den und den Aufgabenbereich. Und Sie kommen des Weges und sagen: Ich bin genau die Person, die Sie suchen. Ich habe genau diese Fähigkeiten und Kenntnisse, ich bin richtig!

„*You're the top, you're the colosseum...* " (Jazznummer)

Erzählen Sie dem potentiellen Arbeitgeber genau das, was er hören will!

Vermarkten Sie Ihre *Skills* and *Abilities*!

- Dehnen Sie Ihren Lebenslauf nicht mehr als auf eine Seite aus. Den meisten Arbeitgebern vergeht von vornherein die Lust aufs Lesen, wenn Sie sehen, dass Sie ein episches Werk erwartet. Der Lebenslauf schildert nur kurz und knapp Ihren bisherigen Werdegang. Das Produkt Ihrer Schilderungen muss für Ihren potentiellen Arbeitgeber jedoch ein derart positives Bild geben, dass Sie sich aus einer Menge anderer Bewerber abheben und der Arbeitgeber Sie dem anderen Bewerberkreis vorzieht. Deshalb: **Formulieren Sie präzise und knackig!**

- Ausformulierte Berufs- oder Karriereziele (*objective*) wie z.B.: „*Career Objective: I would like to be a manager of an international hotel chain*", sind eher unüblich, obwohl viele auf dem deutschen Markt befindliche Ratgeber es so angeben. Amerikaner selbst geben zumeist einfach noch einmal die im Inserat aufgeführte Positionsbezeichnung an oder Sie stecken knapp das Arbeitsfeld ab (insbesondere bei Hochschulabgängern, Neueinsteigern usw.), wie z.B. *Concierge, Health Care Administrator* oder im letzteren Fall *Business Consulting, Product Marketing, Venture Capital Analysis*.

- Ihr gesamter Lebenslauf konzentriert sich auf die Betonung Ihrer besonderen Kenntnisse und Fähigkeiten, woraus für die Firma erkennbar wird, dass diese genau auf den angebotenen Job zugeschnitten sind.

- Es stimmt: Die meisten Arbeitgeber bevorzugen nach wie vor chronologische Lebensläufe, weil diese überschaubarer und einfacher nachzuvollziehen sind. Und viele Experten raten, funktionelle Lebensläufe nur dann zu nutzen, wenn Sie Lücken im Lebenslauf oder unangenehme Karriereknicks kaschieren müssen. Wenn es irgendwie geht, vermeiden Sie Lücken ganz und gar. Besser ein paar kleinere Jobs, Praktika, Studienreisen zwischendurch aufführen, als die Arbeitslosigkeit. Diese ist in den USA weitaus stärker stigmatisiert als beispielsweise in Deutschland.

- Allerdings haben chronologische Lebensläufe auch einen gewissen Nachteil. Warum? Weil den potentiellen Arbeitgeber eigentlich nur interessiert, ob Sie die richtige Person für die ausgeschriebene Stelle sind oder eben nicht. Ihre bisherige Karriere mag ja interessant sein, aber er hat nicht wirklich die Zeit und die Muße, sich durch Ihre Vorgeschichte zu ackern, bevor er sich dazu entschließt, Sie anzurufen. Was ihn interessiert ist das, was Sie ihm jetzt zu bieten haben. Und da kommen wieder Ihre *Skills* and *Abilities*, Ihre Kenntnisse und Fähigkeiten ins Spiel, die Sie ja vermarkten wollen. Sie müssen selbst entscheiden, welchen Typ Lebenslauf Sie bevorzugen.

- Versuchen Sie bei der Gestaltung Ihres Lebenslaufes nicht originell, süß oder kurios zu sein. Schreiben Sie keine selbstverfassten Limericks, schicken Sie keine Fotos, sondern halten Sie sich an das „Übliche". Fügen Sie auch kein Passfoto bei. (Fotos, Grafiken, Schaubilder etc. können lediglich in Bewerbungen für Jobs in der Kunst- und Unterhaltungsbranche beigefügt werden.) Sie können uns glauben, alle Register, die Sie ziehen könnten, haben bestimmt schon viele andere vor Ihnen probiert und sind damit ebenso gescheitert.

- Erfinden Sie keine Abschlüsse, Titel, Positionen, Auszeichnungen oder Ähnliches. All das kann leicht nachgeprüft werden. Und wenn nach Ihrer eventuellen Einstellung herauskommt, dass Sie gemogelt haben, dann wäre das ein Grund für eine fristlose Kündigung.

- Belassen Sie deutsche Abschlüsse in ihrer deutschen Form und fügen Sie in Klammern eine englische Umschreibung ein.

- Amerikanische Lebensläufe werden nicht mit der Überschrift Lebenslauf (bzw. *Resume*) versehen.

- Machen Sie zum Schutze vor Diskriminierungen keine Angaben zu: Alter, Familienstand, Kinderzahl, Religionszugehörigkeit, Gesundheitszustand. Aus dem gleichen Grund sollten eben auch keine Fotos gesandt werden, selbst wenn Sie auf dem Foto bestechend gut aussehen. Der Arbeitgeber kann sich bei der Auswahl über Fotos sonst ebenfalls den Vorwurf der Diskriminierung anhören müssen. *Political Correctness* geht in den USA über alles!

- Aus dem gleichen Grund geben Sie keine Auskunft über Herkunft oder Beruf der Eltern.

- Äußern Sie sich nicht über Gehaltsvorstellungen oder Kündigungsgründe.

- Unterschreiben Sie Ihren Lebenslauf nicht.

Tipp: Es ist oft empfehlenswert, mit der Beantwortung einer Jobanzeige mehr als eine Woche zu warten. Warum? Die meisten Antworten gehen innerhalb einer Woche ein. Wenn Sie etwas später antworten, ist die größte Flut vorbei, und man wird Ihrer Bewerbung mehr Aufmerksamkeit widmen können.

MERKE

Formale Aspekte beim Lebenslauf

Hier gelten prinzipiell die gleichen Regeln wie beim *Cover Letter*.

- Der Lebenslauf muss optisch einen guten Eindruck machen.
- Er sollte gut gegliedert und übersichtlich sein.
- Er darf keinerlei Orthografie- oder Grammatikfehler aufweisen.
- Ihr Lebenslauf sollte möglichst nicht länger als eine Seite sein.
- Sie benutzen hochwertiges weißes Papier im korrekten Format.

Welche Rubriken sind in einem Lebenslauf enthalten?

1. **Persönliche Angaben** (ohne Betitelung der Rubrik)
2. **Beruf** (einfaches Aufführen, z. B. *Concierge*, oder mit Vermerk wie z. B. *Area of Expertise*), **Berufsziel** *(Objective, Career Objective, Job Target* etc.*)*
3. **Ausbildung, Studium, Lehre** *(Education, Education & Training, Education & Licensure* etc.*)*
4. **Berufserfahrung** *(Professional Experience*, mitunter können Sie auch etwas peppiger schreiben, wie z. B. *Highlights, Career Highlights* oder Ähnliches.*)*
5. **(Berufliche) Erfolge** (z. B. *Publications, Awards, Honors;* aber auch z. B. *Advanced Training Systems, Safety Enhancement, Consistent record of forging strong business relationships* etc.)

Abschnitte des Resumes

Zusatzinformationen

6. Ggf. berufsrelevante Kurse/Fortbildungskurse *(Professional Training)*
7. Ggf. Mitgliedschaften in Vereinen/Gesellschaften/Berufsverbänden *(Memberships)*
8. Ggf. besondere Kenntnisse und Fähigkeiten (z. B. *Languages, Computer Skills*)
9. Ggf. persönliche Interessen *(Interests, Hobbys)* – Achtung: Nur, wenn sie direkt etwas mit dem Berufswunsch zu tun haben!
10. Der Hinweis *„References available upon request"*

Ihr *Resume* wird zur besseren Übersicht in Abschnitte oder Rubriken gegliedert. Es müssen aber nicht unbedingt alle genannten Punkte enthalten sein oder in der angegebenen Reihenfolge stehen. Man kann diese auch vermischen oder anders bezeichnen. Zum Beispiel bietet es sich manchmal an, Berufserfahrung und berufliche Erfolge miteinander zu verbinden. Die Mehrheit der Bewerber kommt mit den Punkten *Personal Details, Job (Objective), Education, Work Experience, Skills* und *References* aus. (Bei *References* schreiben Sie, falls diese vorhanden sind: *Available upon request*. Keinesfalls legen Sie Referenzschreiben gleich bei!)

Kapitel 4.2

Welche Arten von Gestaltungsmustern gibt es?

Wir haben bereits in den vorangehenden Ausführungen die möglichen Formen von Lebensläufen erwähnt.

Chronological Resume
Functional Resume
Mixed Resume

Es gibt zwei Grundmuster: Den *Chronological Resume* und den *Functional Resume*. Sie können aber auch eine Mischform aus beiden wählen. Am Ende des Kapitels finden Sie jeweils ein Beispiel für alle drei Typen. Egal welche Form Sie verwenden, ein Aspekt gilt für beide: In amerikanischen Lebensläufen werden Informationen immer chronologisch rückläufig präsentiert, d.h. dass innerhalb einer Rubrik die neuesten Daten immer zuerst genannt werden bis hin zu den ältesten Daten, die am Schluss stehen. Diese Art der zeitlichen Präsentation hat den Vorteil, dass das Aktuelle auch auf Ihrem Lebenslauf Priorität bekommt.

Chronologischer Lebenslauf

Dieses ist die gängigste Art, seine Berufserfahrung aufzuzählen. Sie eignet sich für diejenigen Bewerber, deren bisheriger Werdegang auf das stetige Hinarbeiten auf ein Ziel (nämlich diesen angebotenen Job) schließen lässt, der sozusagen einen geradlinigen Karrierepfad erkennbar macht und ohne Lücken verläuft.

Chronologisch: Für geradlinige Karrieretypen

Die Anordnung der einzelnen Punkte wie *Education, Experience, Professional Training* usw. ist nicht vorgeschrieben, sondern richtet sich nach der Bedeutung für den angestrebten Job. Informationen müssen jedoch chronologisch rückläufig angeordnet sein. Bei der Angabe des beruflichen Werdegangs müssen folgende Punkte enthalten sein:

– Genaue Berufsbezeichnung
– Name der Firma, Ort, Land
– Anstellungszeitraum mit Jahr und Monat
– Kurze Tätigkeitsbeschreibung (Aufgaben, Leistungen usw.)

Wenn die Tätigkeit nicht mit dem angestrebten Berufsziel in Verbindung steht, führen Sie diese nur auf, lassen aber deren Beschreibung weg.

Folgende Reihenfolge der Bausteine könnte ein chronologischer Lebenslauf haben:

Personal Details	oder	*Personal Details*	oder	*Personal Details*
Job/Career Goal		*Job*		*Education*
Education		*Career Highlights*		*Employment*
Experience		*Education & Licensure*		*Special Courses*
Honors		*Special Training*		*Awards and Honors*
Special Abilities		*Languages*		*Special Skills*
Professional Memberships				

Funktioneller Lebenslauf

Diese Form eignet sich für Hochschulabgänger, Umsattler, Berufsrückkehrer und Bewerber, die ihre Erfahrungen bei Praktika, Volontariats, Studienreisen etc. gemacht haben, kurzum – für diejenigen Personen, deren Erfahrungen und Qualifikationen nicht unbedingt in direktem Zusammenhang mit dem angebotenen Job stehen oder deren Lebensläufe „verdächtige" Lücken aufweisen, die hiermit besser verdeckt werden können. Hier haben Sie die Möglichkeit, Ihr besonderes Potential direkt auf die Firma zuzuschneiden. Sie betonen folglich vor allem Ihre besonderen Fähigkeiten und Sachkenntnisse, *Skills* and *Abilities*. Deshalb wird diese Form zuweilen auch *skill-based resume* genannt. Diese stellen Sie unmittelbar ins Zentrum der Aufmerksamkeit. Zeitliche Daten sind dabei eher sekundär.

Funktionell: Fähigkeiten herausstellen

Sie stellen im Hinblick auf die angestrebte Arbeit Ihre wichtigsten Fähigkeiten zusammen. Jede der aufgeführten Fähigkeiten belegen Sie mit konkreten Beispielen von Tätigkeiten, in denen Sie diese in der Vergangenheit unter Beweis stellen konnten. Die Gliederungspunkte können ganz allgemein formuliert sein oder speziell aus bestimmten Wissensgebieten, Arbeitsbereichen etc. kommen. Mögliche Rubriken könnten u.a. sein: *Finance, Computers, Publishing, Marketing, Planning, Coordinating, Research, Organizational Skills, Managing Strategist*.

Die Aufführung der Berufserfahrung erfolgt separat. Sie brauchen hier nicht unbedingt genauere Angaben über den Anstellungszeitraum, Namen und Sitz des Unternehmens etc. zu machen.

Folgende Reihenfolge der Bausteine könnte ein funktioneller Lebenslauf haben:

Personal Details	oder	*Personal Details*	oder	*Personal Details*	
Areas of Expertise		*Career Target*		*Job Area*	
Career Profile		*Capabilities*		*Key Qualifications*	
Highlights		*Accomplishments*		*Education*	
		Work History		*Experience*	
		Education		*Key Achievements*	

Sie sehen also, es ist im Prinzip alles möglich. Wie Sie was bezeichnen und anordnen, ob Sie die Abschnitte allgemeiner formulieren oder konkret fassen, ob Sie Bausteine miteinander verbinden, das alles ist Ihnen überlassen. Hauptsache, der Lebenslauf ist übersichtlich und ergibt für den Lesenden einen Sinn.

Mischformen

Sie können natürlich auch einen kombinierten Lebenslauf, bestehend aus chronologischem und funktionellem Format, verfassen. So könnten Sie z.B. Ihre Berufserfahrung nach Ihren Fähigkeiten (*Skills*) anordnen, aber die Rubrik *Education* rein chronologisch aufführen.

Elektronischer Lebenslauf

Online Resume

Durch das Internet eröffnen sich heutzutage die vielfältigsten Möglichkeiten. Sie können sich nicht nur mittels Internet einen passenden Job herausfiltern, sondern sich auch gleich auf diesem Wege bewerben. Verfassen Sie Ihren Text einfach und deutlich. Wenn Sie bereits bei einer schriftlichen Bewerbung auf Kürze achten mussten, so gilt das hier umso mehr. Hier geht es primär um das Verständnis, weniger um Fragen der Präsentation. Grafische Finessen wie Punkte, Fett-, Kursivschrift usw., die Sie bei der schriftlichen Bewerbung verwenden, um den Lebenslauf weniger langweilig zu gestalten, sind hier nicht geeignet. Wenn Sie dennoch etwas hervorheben möchten, benutzen Sie Großbuchstaben und trennen Sie einzelne Abschnitte mit einer einfachen Leerzeile. Sonst kann es durch unterschiedliche Standards im internationalen Format dazu kommen, dass Ihre Formatierungen und eventuell Ihr ganzes Schreiben unlesbar werden. Viele gute Hinweise zum Erstellen der Online-Bewerbung finden Sie hier: *www.myperfectresume.com*.

Beispiele für das Verfassen von *Resumes*:

Chronologisch:

Olivia Brunei   Webergasse 12
                                         10284 Berlin
                                         Germany
                                         Tel.: +49-30-422-97-02
                                         Email: *OliviaB@hotmail.com*

EDUCATION

Humboldt-Universität zu Berlin, Germany   Oct. 2009 – Apr. 2014
Magister (= M.A.), March 2014
Major: English and American Studies
Minors: Portuguese, Modern History

School of Journalism, Hamburg, Germany   Aug. 2006 – Sept. 2008
(Vocational School) Certificate: Sept. 2008

CAREER

The American Dream Corp., Berlin   May 2014 – Present
- Fostered strong business relationships with prospects and clients
- Aided new employees
- Actively participated in formulating marketing strategies
- Conducted seminars for Green Card winners

America Haus Berlin, U.S. Information Service Intern   Jan. – May 2014
- Organized American artist exhibition
- Translated accompanying catalogue from English into German
- Conducted political research of international press releases on US-related issues

Jazz Radio Berlin freelance   Apr. 2007 – Dec. 2013
- Instrumental in organizing the annual Berlin Jazz Festival
- Hosted the weekly „Diplomatic Lounge"
- Headed the German-American Jazz Club

COMMUNITY ACTIVITIES

Chairperson German-American Women's Club   Sept. 2013 – Present
Tutor, Humboldt-Universität zu Berlin   Oct. 2012 – Mar. 2014

COMPUTER SKILLS:
Windows 7/10; MS Office; MS Excel, Access Programming, Power Point, Adobe Photoshop

LANGUAGES:
German (native speaker), English (excellent), Portuguese (working knowledge), Russian (basic knowledge)

REFERENCES: Available upon request.

Functional Resume:

Thomas Triller

Hauptstr. 1
88078 Muenchen, Germany

Tel.: +49-89-425-88-00
Email: triller@hotmail.com

CAREER TARGET: Marketing Analyst with an international advertising agency

CAPABILITIES:
- Comprehend marketing principles and design-oriented advertising strategies
- Provide marketing analysis for key accounts
- Utilize electronic and multimedia to create and research data
- Understand marketing needs of corporate clients
- Prepare and present international researches

ACCOMPLISHMENTS:
- Collaborated with department heads on new advertising strategies
- Set up a computerized market analysis tool for internal use, resulting in 20% higher efficiency in strategic planning
- Provided individual support for corporate clients
- Developed marketing strategies for international clients (Volvo, Nestle and others)
- Developed and supervised a monthly newsflash on new projects (electronic and print edition)
- Coordinated international polls on consumer satisfaction for several clients

WORK HISTORY:

1/14 – present	Marketing Analyst, Ants & Friends Advertising Agency
7/11 – 12/13	Assistant Marketing Analyst, bbdo International, London
5/09 – 6/11	Freelance design artist and marketing counselor

EDUCATION:
Diplom-Kaufmann (= M.B.A.): University of Munich
Major: Marketing   Minor: Finance

Certificate as Design Professional,
Design-Akademie Berlin (Vocational School)

REFERENCES:
Available upon request

Mischform:

Olaf Brunei

Webergasse 12 Tel.: +49-30-422-92-02
10284 Berlin, Germany Email: OlafB@hotmail.com

CAREER GOAL: Hotel manager for an international chain of hotels

EDUCATION: Diploma 2007 (= B.A.)
Staatliche Hotelfachschule Berlin, Germany
(public school of hotel management)

WORK EXPERIENCE: HOTEL MANAGER (6/14 – Present)
Four Seasons, Berlin, Germany

ASSISTANT MANAGER (5/09 – 5/14)
Hotel „Vier Tore", Neubrandenburg, Germany

MANAGER INTERN (1/08 – 4/09)
Hotel „Vier Tore", Neubrandenburg, Germany
Learned hotel management (on-the-job-training)

SKILLS:

Management Strategist with cross-functional expertise in business and financial analysis, financial planning, accounting, marketing, and business development. More than 5 years of experience in the hotel industry combining strong analytical skills with business acumen to positively contribute to the organization's bottom line.

Staff Training: improved the trainees operational and theoretical knowledge through implementation of formal seminars. Increased employee involvement with base operations and management by clearly defining projects and effectively delegating tasks.

Financial: generated increased revenues by actively marketing services. Despite drastic drop in tourist activities on the domestic market, sustained consistent revenues of US$ 1 – 2 million annually through aggressive marketing and improvements in service quality.

HONORS: Manager-of-the-Year Award 2015

COMPUTER SKILLS: Windows 7/10; MS Word; MS Excel; PowerPoint

LANGUAGES: English, French

REFERENCES: Available upon request

Die wichtigsten Punkte im Überblick

- Konkret sein: Belegen Sie mit Zahlen und Nachweisen, was Sie in der Vergangenheit beruflich geleistet haben. Je mehr Sie quantifizieren können, desto besser!
- Schlüsselwörter einsetzen: Achten Sie in der Stellenbeschreibung auf Schlagwörter und greifen Sie diese sowohl in Ihrem Lebenslauf, als auch Ihrem Anschreiben auf.
- Verschwenden Sie in Ihrem Lebenslauf keinen Platz mit der Angabe Ihrer Karriereziele oder einer Zusammenfassung Ihrer fachlichen Qualifikation. Hierfür reichen 1–2 Sätze im Anschreiben, die sich immer auf das Stelleninserat oder die Tätigkeit beziehen sollten!
- Bewerbungsanschreiben – der *Cover Letter*. Obwohl es unterschiedliche Meinungen darüber gibt, wer sie liest und wer sie schreibt, so ist das Anschreiben doch eine gute Chance sich darzustellen, zu verkaufen und seine Persönlichkeit einfließen zu lassen, um sich von anderen Bewerbern abzuheben.
- Seien Sie kreativ mit QR-Codes: Sogenannte *Quick-Response (QR) Codes* sind zweidimensionale Strichcodes, die von einem Smartphone gescannt werden können, um Informationen herunterzuladen oder mit Informationen zu vernetzen. Im Bewerbungsprozess tauchen diese *QR-Codes* beispielsweise auf Visitenkarten oder dem Lebenslauf auf und verlinken z. B. zu Online-Portfolios.

INTERNET

- Visuelle Lebensläufe: Um Ihre Arbeitsbiografie noch mehr hervorzuheben oder Ihre Fähigkeiten zu verdeutlichen, können Sie Ihren Lebenslauf auch aufpeppen, indem Sie ihn anhand von Webseiten wie *http://vizualize.me* visuell gestalten.
- Lebensläufe per Video: Ein weiterer Weg einen einzigartigen und kreativen Lebenslauf zu kreieren, wäre ein Lebenslaufvideo zu erstellen. Falls Sie so etwas versuchen möchten, achten Sie darauf, dass es nicht protzig wird und Ihre *soft skills* betont.
- Social Media: Sollten Sie soziale Netzwerke (z. B. Facebook, Twitter, Xing, LinkedIn etc.) noch nicht nutzen, verpassen Sie etwas, denn diese bieten schließlich eine weitere Chance sich zu profilieren und zu vernetzen. Aber aufgepasst: Da Firmen auch oft die Profile der Bewerber überprüfen, sollten Sie Partyfotos oder ähnlich unprofessionelle Dinge entweder vermeiden oder das Profil so einstellen, dass nicht jeder darauf zugreifen kann.

Weitere Informationen zum Verfassen von Bewerbungsunterlagen finden Sie unter:

INTERNET

- *www.careerbuilder.com*
- *www.monster.com*
- *www.jobpilot.de*

Nach der Bewerbung: Am Ball bleiben

Nachfragen!

In den USA ist es üblich, nach dem Versenden der Bewerbungsunterlagen „präsent" zu bleiben. Dadurch bekunden Sie Ihre hohe Motivation, aber auch Professionalität. Telefonate und schriftliches „Nachhaken" gehören in den USA zum „A und O" einer Bewerbung, ohne die Sie kaum Chancen auf einen Job haben. Spätestens nach drei bis sieben Tagen sollten Sie in der betreffenden Firma anrufen und fragen, ob Ihre Bewerbungsunterlagen eingegangen sind und eventuell noch irgendwelche Informationen fehlen. Bei dieser Gelegenheit können Sie sich auch gleich auf höfliche Art und Weise erkundigen, wie Ihre Chancen stehen.

Das Vorstellungsgespräch - *Interview*

Denken Sie daran, Sie sind der Verkäufer, der ein Produkt an den Mann bzw. die Frau bringen will. Und dieses Produkt sind Sie selbst! Ein Vorstellungsgespräch ist letztendlich nichts anderes als ein Verkaufsgespräch. Wenn Sie sich einmal ein solches vor Augen führen und sich einen guten Verkäufer vorstellen, dann wissen Sie, dass er sein Produkt nur dadurch verkaufen kann, dass er Sie für sich gewinnt. Er verkauft sein Produkt über Ihre Sympathie. *Sie sind das Produkt!*

Ihre Bewertung wird auf der Gefühlsebene erfolgen. Wenn Sie sich emotional intelligent verhalten, können Sie entwaffnend sein. Seien Sie also freundlich, charmant, humorvoll, charismatisch.

Sympathie, so wissen wir, entsteht innerhalb der ersten Minuten. Sollte die Sympathie bei Ihrem Interview innerhalb dieser Zeit nicht übergesprungen sein, wird es schwierig werden, das Gegenüber noch für sich zu gewinnen. Dies beträfe die ersten beiden Interviewphasen, nämlich

1. die Begrüßungsphase, in der über alles Mögliche Small Talk geführt werden kann und
2. die Informationsphase, die sich unmittelbar mit Ihrer Person befasst, in der Ihr Interviewer also Ihre Motivation hinterfragt, Ihr Persönlichkeitsprofil erstellt und in der er natürlich noch einmal auf Ihre Bewerbungsunterlagen, Qualifikationen, fachliches Können etc. eingeht.

Viele begehen den Irrtum zu glauben, dass Letzteres, nämlich Qualifikationen, Kenntnisse etc., im Interview den Hauptausschlag geben. Falsch! Die haben Ihnen nur den Weg zum Interview geebnet, sind jetzt in ihrer Wichtigkeit aber eher sekundär. Was jetzt zu 80% entscheidet, ist – ja richtig – Gefühl, reine Emotion. Beim Interview muss Ihre Persönlichkeit überzeugen. Dies ist das wichtigste Kriterium. Die Amerikaner sind Team-Player. Könnten Sie sich gut in das Firmenteam einordnen – das ist hier die Kernfrage.

Wenn der Interviewer davon nicht überzeugt ist, können Sie sich Ihr Können an den Hut stecken. Sie müssen Ihr Gegenüber mit Ihrem Wesen für sich einnehmen. Sie wissen ja, was Sie Wert sind – jetzt muss es nur noch der Interviewer wissen!

Der Köder muss dem Fisch gefallen, nicht dem Angler!

Wenn Sie das geschafft haben, dann ist der Weg frei für die restlichen beiden Interviewphasen, nämlich

3. die Informationsphase über Unternehmen, Arbeitsplatz, Arbeitsbedingungen etc. und
4. die Schlussphase mit Verhandlungen über Gehalt und Arbeitskonditionen.

Schaffen Sie die ersten Schritte nicht, werden diese beiden Phasen zwar ebenso durchlaufen, aber es handelt sich dann mehr oder weniger nur noch um ein „Bringen wir es hinter uns".

MERKE

Anmerkung: Die hier angegebenen Interviewphasen stellen eine Art grobes Grundmuster dar, wie sie die meisten Firmen und Unternehmen durchführen. Natürlich können die Gesprächsverläufe von Firma zu Firma variieren. So gibt es einige Unternehmen, die auch schriftliche Eignungstests vornehmen, die über mehrere Tage gehen können. Es gibt aber auch sogenannte Stressinterviews, in denen Sie der Interviewer mit einer Extremsituation konfrontiert, z.B. ausgesprochen unhöflich zu Ihnen ist oder Sie anschreit. Es wird dann getestet, wie Sie darauf reagieren.

Nun ist „sympathisch wirken" einfacher gesagt als getan, insbesondere wenn man vielleicht noch aufgeregt ist oder der Interviewer vielleicht gerade einen schlechten Tag hat.

1. Stellen Sie sich positiv auf das Gespräch ein.

Freuen Sie sich auf das „Verkaufsgespräch". Sehen Sie es als eine spannende Testsituation, in der Sie sich beweisen dürfen, eine Herausforderung, positiver Stress. Sehen Sie es als Chance, sich im Wettstreit mit anderen positiv abzuheben, wie in einem sportlichen Wettkampf, in dem man seine Leistungen unter Beweis stellt.

2. Gehen Sie gelassen (aber nicht gleichgültig oder gar arrogant) in das Gespräch.

Um die nötige Gelassenheit mitzubringen, können Sie "Hausaufgaben machen" und sich gut auf das Gespräch vorbereiten. Wenn wir „vorbereiten" schreiben, meinen wir nicht unbedingt, irgendwelche 100.000 möglichen und unmöglichen Gesprächssituationen durchzuspielen, wie es manche Ratgeber empfehlen – vielleicht sogar noch mit Freunden oder Familie (die Ärmsten!). Sogar von Videoaufnahmen war schon die Rede – oh Gott! Diese trainierten Gesprächssituationen haben bekanntlich vor allem die Eigenschaft, dass sie nie eintreten. Dennoch können Sie sich natürlich fachlich vorbereiten. Erkundigen Sie sich über das Unternehmen, Zahlen, Umsätze, Kooperationen, etc.! Das gibt Ihnen Sachkenntnis, und wenn man erst einmal in der Materie steckt, kann einen nichts mehr so schnell aus der Fassung bringen.

Aufgeregt?

Ihr Leben hängt gewiss nicht von dem einen Interview ab. Es gibt Schlimmeres, als bei einem Job-Interview „durchzufallen". Sie können dadurch nur gewinnen, selbst wenn es „nur" ein Plus an Erfahrung ist. Sagen Sie sich, dass Ihr Interviewer auch nur ein Mensch ist, der seine Arbeit macht. Wenn Sie das nicht überzeugt und Sie immer noch eine Heidenangst haben, dann wählen Sie eine ganz unorthodoxe Methode: Stellen Sie sich Ihr Gegenüber in einer ganz menschlichen Situation vor, z.B. beim Kochen, beim Arzt oder sogar auf dem WC. Oder stellen sie sich vor, Sie wären mit dem Interviewer einen ganzen Tag in einem engen Raum eingesperrt und er erzählte Ihnen seine Lebensgeschichte, von seiner Familie, seinen drei Kindern und seiner garstigen Schwiegermutter. Sie werden ihn dann bestimmt mit anderen Augen sehen. Und wenn es mehrere Interviewer sind, knöpfen Sie sich die unangenehmste Person vor. Haben Sie diese für sich gewonnen, haben Sie das ganze Team gewonnen.

How to dress for success – Ihr äußeres Erscheinungsbild

Das erste was der Interviewer an uns wahrnimmt, ist natürlich das optische. Stellen Sie sich vor, Sie sind auf einer Party und jemand betritt den Raum. Was nehmen Sie als erstes wahr? Richtig, sein Aussehen. Es liegt einfach nun einmal in unserer menschlichen Natur, unser Gegenüber zuerst nach seinem optischen Eindruck zu beurteilen. Erst danach, wenn diese Person zu uns spricht, uns die Hand gibt usw. kommen andere Reize, wie Gehör (seine Stimme), taktile (die Berührung), Geruch (sein After Shave oder Körpergeruch) usw. hinzu.

Gewinnen Sie durch Ihr Äußeres

Ihr optisches Erscheinungsbild spielt beim Vorstellungsgespräch folglich eine außerordentlich wichtige Rolle. Deshalb sollten Sie diesem Aspekt auch die gebührende Zeit und Sorgfalt widmen, wenn Sie sich darauf vorbereiten. Nun wird ja bekanntlich dem Dresscode, gerade bei den Amerikanern, wesentlich mehr Bedeutung geschenkt als bei uns. Zwar halten sie es in ihrer Freizeit lieber leger, aber in der Arbeitswelt wird sich dafür umso mehr an eine bestimmte Kleiderordnung gehalten. Natürlich gibt es Unterschiede, die auch branchenabhängig sind. In der Mode- oder Unterhaltungsbranche kann Ihnen etwas Gewagtes die nötigen Pluspunkte bescheren. Aber was „typische" Branchen betrifft, so halten Sie es lieber konservativ. Lieber *underdressed* als *overdressed*.

Stilvoll und dezent

Für Frauen bedeutet das: Sie tragen ein Kostüm oder Hosenanzug in gedeckten Farben (Blau, Dunkelgrau oder Braun) und dazu eine passende Bluse. Wählen Sie ein Kostüm, darf der Rock minimal italienische Länge haben, d.h. eine Hand breit über dem Knie. Auch wenn 40 Grad im Schatten herrschen, haben Sie Strumpfhosen (hautfarben bis leicht braun) anzuziehen. Nacktes Bein ist fatal. Es gilt daneben generell: Alles, was Ihre weiblichen Attribute zu sehr hervorhebt, ist tabu. Auch wenn Sie einen Traumkörper haben, dies ist nicht der Moment, mit Ihren Reizen hausieren zu gehen. Sie wollen einen Job bekommen, nicht den Personalchef! Kein knalliger Nagellack, keine dicken Klunker, dezentes Make-up! Die Frisur sitzt, dank Drei-Wetter-Taft. Bei den Schuhen gilt ebenso stilvolle Eleganz, also keine Stilettos, aber auch keine Biolatschen. Eine passende Handtasche ist nicht erforderlich, macht aber immer einen guten Eindruck.

Dezent ist Trumpf

Der Mann trägt einen klassischen Anzug in dezenten Farben, eventuell auch einen Dreiteiler. Ein konservativer Haarschnitt ist angesagt. Falls Sie nicht wissen, was das ist, schauen Sie sich mal einen Film mit Gary Grant oder Gregory Peck an. Die Krawatte weist keine exotischen oder kindlich naiven Motive auf und ist makellos gebunden.
Sowohl beim Herrn als auch bei der Dame ist eine Aktenmappe selbstverständlich.

Für die Damen wie für die Herren der Schöpfung, gilt: Gut frisiert und gut rasiert. Ein gepflegter Haarschnitt bzw. eine ordentliche Frisur sind wichtig. Selbst wenn Sie einen teuren Armani-Anzug tragen, wird es Ihnen nichts nützen, wenn Ihr Haar ungepflegt wirkt. Frauen mit behaarten Beinen oder gar behaarten Achselhöhlen können in Amerika allenfalls Punkte in der Kategorie *shocking* erhalten. In Körperdingen steht man hier nicht so auf die Nähe zur Natur. Piercings sind tabu!

Selbstverständlich sind Sie frisch geduscht und benutzen ein Deodorant. Und bitte keine Unmengen von Aftershave oder Parfum! Wenn es schon sein muss, dann eher leichte und frische Düfte, nichts Süßliches oder Schweres. Ihre Zähne sehen gepflegt aus, Ihr Atem ist frisch. Dass Sie am Vortag keine Knoblauchgerichte zu sich nehmen, versteht sich eigentlich von selbst. Vermeiden Sie aber auch alles, was eventuell Blähungen verursachen könnte. Wenn Sie mit brummelndem Bauch im Vorstellungsgespräch sitzen, wird es Ihnen schwer fallen, sich auf das Wesentliche zu konzentrieren.

Ihre Körpersprache kann Sie verraten

Achten Sie auf Ihre Körpersprache

Körpersprache ist nonverbale Kommunikation. Sie vollzieht sich zumeist außerhalb unseres Bewusstseins und verrät deshalb umso mehr über unser Unterbewusstsein. Noch bevor Sie überhaupt etwas gesagt haben, hat sich der Interviewer – aufgrund Ihrer Körpersprache – schon ein erstes Bild über Sie gemacht. Interviewer sind auch immer gute Psychologen – ihnen entgeht nichts! Wenn Sie eine Aussage machen, kann Ihre Körpersprache dem völlig widersprechen. Aber Körpersprache lässt sich steuern. Steuern Sie auf Erfolgskurs! Hier einige Tipps, wie Sie verbale Aussagen und nicht-verbale Aussagen in Einklang bringen können.

1. Gelassenheit und Selbstbewusstsein

Hier kommt wieder ein Punkt ins Spiel, der bereits zuvor angeschnitten wurde. Wenn Sie sich hinreichend positiv auf das Interview einstellen und vorbereiten, wird Ihnen das genügend Selbstbewusstsein und Gelassenheit verleihen. Wenn diese innere Einstellung echt ist, wird Ihr Körper keine Spielchen mit Ihnen treiben. Sie werden z. B. nicht:

– unruhig auf Ihrem Stuhl hin und her rutschen
– mit den Füßen wippen
– sich hin und wieder räuspern
– mit Ihren Fingern auf die Lehne oder den Tisch klopfen
– mit irgendetwas in Ihrer Hand spielen
– auf den Lippen kauen
– sich kratzen, die Nase reiben, ans Ohr fassen
– sich mehrfach räuspern

Das sind nur einige Beispiele, die verraten würden, dass Sie unter Stress stehen. Wenn Sie z. B. aussagen, dass Sie sich für einen guten Kandidaten halten und mit Stress fertig werden, aber gleichzeitig dabei irgendwo an sich oder etwas anderem rumzupfen, dann unterstreicht Ihr Körper diese Aussage nicht.

2. Ihr Gesicht

Wenn Sie den Interviewraum betreten und der Interviewer Sie begrüßt, wird seine Aufmerksamkeit sich zuallererst auf Ihr Gesicht richten. Das ist der Moment, in dem Sie den ersten Eindruck bei ihm hinterlassen und dieser muss ein positiver sein. Ganz wichtig ist, dass Sie dem Interviewer direkt in die Augen schauen. Weichen Sie seinem Blick aus, senden Sie negative Signale aus, z. B. Unsicherheit, oder den Wunsch etwas zu verbergen. Positiv verstärkend wirkt, wenn Sie dabei leicht Ihre Augenbrauen heben, denn das signalisiert wohlwollende Neugier (aber bitte nicht übertreiben – nicht das Sie etwa aussehen wie Dr. Evil aus dem Film *Austin Powers*). Gleichzeitig schenken Sie dem Interviewer ein freundliches und natürliches Lächeln. Damit schaffen Sie eine positive Atmosphäre.

Machen Sie ein ernstes Gesicht, signalisieren Sie Anspannung. Insbesondere in Amerika gehört ein freundliches Lächeln zum „A und O" der Höflichkeit. Wenn Sie nicht lächeln, kann Ihnen das auch leicht als Arroganz ausgelegt werden. Denken Sie stets daran: Ein warmes, freundliches Lächeln kann entwaffnend sein. Setzen Sie während des Interviews aber kein künstliches Dauerlächeln auf. Damit wirken Sie sowohl unnatürlich, aufgesetzt und im schlimmsten Fall etwas dümmlich.

Lächeln, aber nicht immer

Wenn der Interviewer eine lustige Bemerkung macht, darf ruhig gelacht werden. Aber versuchen Sie lieber nicht, selbst einen Witz zu reißen. Das könnte in die Hose gehen.

Achten Sie während des gesamten Interviews darauf, Ihren Augenkontakt zum Interviewer nicht zu verlieren. Lassen Sie Ihre Augen „umherwandern", so demonstrieren Sie Desinteresse. Schließen Sie die Augen, bauen Sie unbewusst zwischen sich und dem Interviewer eine Barriere auf. Falls Sie das Gefühl haben, zu sehr vom Interviewer fixiert zu werden, weichen Sie dem vermeintlichen Angestarrtwerden dadurch aus, dass Sie Ihre Augen gelegentlich auf seine linke bzw. rechte Gesichtshälfte richten. Aber schauen Sie nicht nach unten, denn dann wirken Sie unsicher und unterwürfig.

Wenn der Interviewer eine Aussage macht, der Sie zustimmen möchten, nicken Sie langsam. Damit signalisieren Sie gleichzeitig Interesse und ermuntern ihn, in seinen Ausführungen fortzufahren. Wenn Sie Ihren Kopf dazu leicht zur Seite neigen, signalisieren Sie Freundlichkeit und Zugänglichkeit. Augenkontakt und Lächeln nicht vergessen! Wackeln Sie bloß nicht wie wild mit dem Kopf herum. Erstens wirken Sie dann hypernervös, und zweitens wird der Interviewer denken, Sie wollen unbedingt selbst eine Bemerkung anbringen und warten nur darauf, dass er eine Sprechpause macht, ohne sich eigentlich auf seine weiteren Aussagen zu konzentrieren.

3. Der Händedruck

Wenn Sie vor Interviewbeginn sehr aufgeregt sind und Ihre Hände schwitzen, so ist das eine normale chemische Reaktion Ihres Körpers auf Stress. Trocknen Sie sich die Hände vor Interviewbeginn. Eine warme klebrige Hand ist unangenehm.

Strecken Sie die Hand nicht zuerst aus, denn damit signalisieren Sie, dass Sie die dominante Person im Raum sind. Das sind Sie aber nicht. Warten Sie darauf, dass der Interviewer Ihnen zuerst die Hand entgegenstreckt. Haben Sie aber bereits zum Handschlag angesetzt, ziehen Sie die Hand dann nicht wieder weg, sonst wirken Sie unsicher und unentschlossen.

Die Handfläche ist vertikal. Zeigt sie beim Händeschütteln nach unten, signalisieren Sie wieder Dominanz. Zeigt die Handfläche nach oben, demonstrieren Sie Unterwürfigkeit.

Der Händedruck ist fest, aber nicht zu fest. Letzteres würde wieder Dominanz signalisieren. Ein schwacher Händedruck hingegen vermittelt den Eindruck von Schwäche und ungenügendem Selbstbewusstsein.

Der Händedruck dauert 3–5 Sekunden. Ihre Hand zu vorzeitig wieder wegzuziehen oder die Hand des Partners zu lange festzuhalten, würde Ihre Nervosität verraten.

Die Hände während des Interviews

Während des Interviews liegen Ihre Hände auf den Stuhllehnen, damit Sie während des Interviews kein Eigenleben beginnen (z. B. mit den Fingerkuppen auf den Tisch tippen, sich kratzen oder Ähnliches). Sie benutzen sie nur, um Aussagen, die Sie machen, mit Gesten zu untermalen. Z. B. bilden die Handflächen eine Schüssel und zeigen nach oben (Offenheit, keine Geheimnisse), oder Sie bilden ein Spitzdach, wenn Sie über eine knifflige Frage nachdenken. Mit letzterem demonstrieren Sie Ihre Nachdenklichkeit.

4. Ihre Sitzhaltung

Setzen Sie sich nicht unaufgefordert hin. Falls Sie es doch tun, schicken Sie eine ganze Flut von Negativsignalen zu Ihrem Interviewer. Er wird Sie für sehr nervös halten, (was er Ihnen vielleicht noch verzeihen könnte) oder gar schlimmer, für arrogant, und das ist unverzeihlich. Herren öffnen beim Hinsetzen ihr Jackett, Damen ihre Kostümjacke (nicht die Bluse!). Damit öffnen Sie sich sozusagen für den Interviewer und entfernen eine „Barriere", die zwischen Ihnen beiden steht. Während des Interviews sitzen Sie aufrecht, mit dem Rücken an der Stuhllehne. Eine krumme Haltung lässt Sie gleich wie einen Loser aussehen, denn sie vermittelt Unsicherheit und Unterwürfigkeit.

Wenn der Interviewer Sie anspricht, dann neigen Sie ihm – aber nur leicht – Ihren Körper zu. Damit demonstrieren Sie wohlwollendes Interesse und Freundlichkeit. Bauen Sie zu keinem Zeitpunkt des Interviews unbewusst Barrieren auf, in dem Sie die Beine übereinanderschlagen oder die Arme verschränken. Dies verrät eine unbewusste Abwehrhaltung und Reserviertheit.

5. Die Verabschiedung

Ist das Gespräch beendet, geben Sie dem Interviewer Gelegenheit, sich zuerst zu erheben. Ansonsten könnte es aussehen, als könnten Sie es gar nicht erwarten, den Raum zu verlassen. Ihr Zahnarzt mag ein solches Verhalten verstehen, hier aber ist es unangebracht. Beim Verabschieden stehen Sie aufrecht und bewahren Augenkontakt. Lächeln! Der Händedruck kann jetzt ein kleines Fünkchen länger sein.

Das Dankesschreiben – *Thank-you Letter*

Es sind die kleinen Details, die im Leben zumeist den endgültigen Ausschlag über Erfolg oder Niederlage geben. Viele Bewerber messen dem Dankesschreiben zu wenig Bedeutung bei und glauben, mit einem guten Interviewverlauf wäre der Job so gut wie sicher. Falsch! Bedenken Sie, dass andere Bewerber vielleicht einen ähnlich positiven Eindruck hinterlassen haben. Natürlich, wenn das Interview eine totale Katastrophe war und Sie das Ganze lieber schnell vergessen möchten, können Sie sich ein solches sparen. Aber gehen wir einmal davon aus, das Interview verlief gut oder sagen wir zumindest „normal".

„Thank You"!

Das Dankesschreiben kann dann Folgendes leisten:

- Es bescheinigt Ihnen gute Umgangsformen und Professionalität.
- Es bringt Sie dem Interviewer noch einmal nachhaltig in Erinnerung.
- Es ermöglicht Ihnen, Ihren positiven Eindruck noch einmal zu untermauern.
- Es gibt Ihnen eine weitere Gelegenheit, etwas Wichtiges, was Sie vielleicht während des Interviews vergaßen, zu erwähnen.
- Es demonstriert, dass Sie die im Interview angeschnittenen Themen durchdrungen und sich noch einmal nachhaltig damit auseinandergesetzt haben.

Fragen Sie deshalb zum Ende des Vorstellungsgespräches nach der Adresse des Interviewers oder bitten Sie ihn um seine Visitenkarte. Achten Sie unbedingt darauf, dass Sie seinen Namen korrekt schreiben.

Das Dankesschreiben sollten Sie ca. 2–3 Tage nach dem Interview in Form einer E-Mail oder auch eines Kurzbriefes – je nachdem, was Sie bevorzugen – an Ihren Interviewer versenden.

Beispiel:
Falls Sie sich nicht zutrauen, Ihre Bewerbungsunterlagen selbst zu erstellen, können Sie professionelle Hilfe in Anspruch nehmen. Es gibt auch in Deutschland Firmen, die sich darauf spezialisiert haben, Ihnen beim Anfertigen von Lebenslauf und weiteren Schriftstücken behilflich zu sein. Dies ist jedoch meist nicht gerade billig.

Eine Adresse, bei der Sie Unterlagen anfordern können, lautet z. B.:

St. Clair Consulting
Schönhauser Str. 14
44135 Dortmund
Tel.: 0231-57 54 44
E-Mail: *info@st-clair.com*
www.st-clair.com/fachgebiete/legal-hr/bewerbungen

KONTAKT

Ihre Adresse

Adresse der Firma

Datum

Dear Mr. Stephen Greenblatt:

I greatly appreciated the opportunity to talk with you on April, 23rd. The information you shared with me about **Capecom** was excellent and I am excited about the possibility of applying my knowledge and experience to the position we discussed.

(Im nun folgenden zweiten Absatz können Sie entweder Ihr Interesse an einem bestimmten Thema, das während des Interviews angeschnitten wurde, hervorheben oder aber Sie unterstreichen eine (mehrere) Ihrer Kenntnisse und Erfahrungen, die Sie vom übrigen Bewerberkreis positiv abheben.)

If there is any additional information you would like me to provide you with, please let me know. I look forward to hearing from you soon.

Sincerely

Olaf Brunei

Literaturhinweise:

BUCHTIPP

Job Searching with Social Media For Dummies (englisch)
John Wiley & Sons
ISBN: 978-1118678565

Das Bewerbungshandbuch Englisch. Erfolgreiche Jobsuche in aller Welt. Deutsch-englische Sprachbausteine, Musterbriefe u. -lebensläufe, Expertentipps
ILT-Europa Verlag
Dirk und Karsta Neuhaus
ISBN: 978-3930627110

5 Markteinstieg und Unternehmensgründung

5.1 Unternehmensgründung in den USA

Deutsche Unternehmen sind zunehmend international ausgerichtet. Dafür bietet kaum ein anderes Land einen so großen Absatzmarkt und darüber hinaus eine so zahlungsfähige und konsumfreudige Kundschaft wie die USA. Daher kommt kein global ausgerichtetes Unternehmen an den USA, und damit der größten Volkswirtschaft der Welt, vorbei. Die Erschließung des US-Marktes gewährleistet dementsprechend auch die Bedienung globaler Märkte. Waren es früher in der Hauptsache Großkonzerne, so setzen heute bereits zahlreiche mittelständische Unternehmen zum Sprung über den großen Teich an. Unternehmensgröße ist dabei nicht unbedingt entscheidend für den Erfolg – auch nicht auf dem großen US-Markt.

Die Erschließung des US-Marktes bedarf vieler Teilschritte, auf die im Folgenden eingegangen wird. Für den späteren Erfolg der US-Aktivitäten ist es entscheidend, Vorbereitungen hinsichtlich Standortwahl, Mitarbeiterauswahl, Verbindungen zu Banken und vieles mehr zu treffen. Hier gilt es auch Fragen zu klären wie: *Planung Markterschließung*

- Welche Produkte und Dienstleistungen möchte ich in den USA anbieten?
- Wer sind die Zielgruppen und wie ist das Geschäftsmodell?
- Wer konkurriert mit mir und was unterscheidet mich von der Konkurrenz?
- Welche steuerlichen und rechtlichen Fragen sind für mich relevant?
- Wie sehen die Bestimmungen für Zulassung und Produktkennzeichnung aus?

Dabei sollte jedoch nicht außer Acht gelassen werden, dass nicht nur erhebliche Unterschiede zwischen der deutschen und der amerikanischen Geschäftskultur bestehen, sondern auch zwischen den einzelnen US-Bundesstaaten. Was in Kentucky erlaubt ist, kann in Kalifornien zu einer millionenschweren Klage führen. Am Beginn einer Investition ist in vielen Fällen eine Marktstudie zu empfehlen, sowohl hinsichtlich der Standortwahl für das neue Unternehmen, als auch der möglichen Akzeptanz des Produktes in den USA.

Konzeptentwicklung

Konzepte sind eine unabdingbare Voraussetzung für einen erfolgreichen Markteinstieg. Erst wenn das Konzept klar und schlüssig ist, kann eine vernünftige Marktabschätzung darüber erfolgen, ob die Chancen oder die Risiken überwiegen. Sowohl für die Konzeptvorbereitung als auch für die sich daraus resultierende Planung einer individuellen Strategie bieten spezifische Markt- und Konkurrenzanalysen die beste Grundlage. Diese kann vom Unternehmen selbst oder von darauf spezialisierten Beratungsunternehmen vorgenommen werden. Denn trotz kultureller Parallelen, können sich die Bedürfnisse und Erwartungen amerikanischer Kunden oder Geschäftspartner in vielen Marktsegmenten stark vom deutschen und europäischen Gegenüber unterscheiden. Deshalb gilt es frühzeitig herauszufinden, welche Produkte und Dienstleistungen für die

USA am geeignetsten sind. Aufbauend auf dieser klaren Identifikation geeigneter Ansatzpunkte, vereinfachen sich die Erstellung eines detaillierten Zeitplans sowie die Konkretisierung weiterer Schritte, wie z. B. Messebesuchen und dem Aufbau eines Business-Netzwerks in den USA.

Kundengruppen

Durch die Abgrenzung der Zielgruppe für Ihre Geschäftsidee wird die Entwicklung des Geschäftsmodells deutlich einfacher, da Sie darüber nicht nur die Marktgröße besser erfassen, und somit das Marktpotenzial genauer berechnen können, sondern auch in der Lage sind, Ihre Kundengruppen passgenau anzusprechen. Damit sparen Sie nicht nur Zeit, sondern auch Geld, das Sie sonst z. B. für unnötige Werbeaktionen ausgeben würden.

Bei der Charakterisierung der Zielgruppe geht es vor allem darum, die Eigenschaften Ihrer Zielgruppe wie Geschlecht, Alter, Einkommen oder Wohnort genauso herauszuarbeiten. Ebenso wichtig ist die Frage, welche Wünsche, Probleme oder Bedürfnisse Ihre Kundengruppen aufweisen. Hierbei können Sie zunächst zwischen zwei folgenden Kundengruppen unterscheiden:

- Privatkunden (Konsumenten)
- Geschäftskunden (Unternehmen)

Die Zielgruppenanalyse darf nicht unterschätzt werden, da diese dabei hilft, den Markt realistisch einzuschätzen und eine vernünftige Finanzplanung zu erstellen. Die genaue Definition der Kundengruppe hilft Ihnen später auch bei der Erstellung des Marketingkonzepts (siehe Kapitel 5.2 „Marketing in den USA") und der Kundenansprache.

Aufbau der Geschäftskontakte

Networking

Eine besondere Herausforderung bei einem Markteinstieg können die ersten Kontaktaufnahmen darstellen. Zwar sind die US-Amerikaner für ihre offene und freundliche Art bekannt, doch werden eher unspezifische Unternehmensansprachen bei der Kundenakquise oder Geschäftspartnersuche oft frühzeitig abgewiesen. Persönliche Kontakte sind, mehr noch als in Deutschland, entscheidend für den geschäftlichen Erfolg. Deshalb sind Messe- oder Veranstaltungsbesuche in den USA ein geeigneter Ort, um lokaler Marktakteure kennenzulernen, Kontakte auszutauschen und sein Netzwerk zu erweitern. Auch zeigt es den potenziellen US-Geschäftspartnern, dass ein wirkliches Interesse am Markt besteht und gibt Ihrem Unternehmen ein Gesicht.

Bei spezifischen Geschäftspartnersuchen können darüber hinaus professionelle Beratungsunternehmen unterstützen, die gezielt passende Unternehmen identifizieren, ansprechen und ein persönliches Treffen arrangieren können. Es erweist sich in aller Regel als langfristig erfolgreicher, zu Beginn des Markteinstiegs mehr Zeit für die Auswahl und das Kennenlernen der geeigneten Geschäftspartner zu verwenden. Daneben erhöht ein größeres Netzwerk nicht nur den Bekanntheitsgrad des Unternehmens, sondern auch die Anzahl potenzieller Unterstützer bei Unsicherheiten und neuen Projekten.

Art und Ort des Markteinstiegs

Spätestens nach dem Aufbau erster Geschäftskontakte und den ersten Vertragsabschlüssen in den USA stellt sich die Frage nach der geeigneten Art des Markteinstiegs, welche in Kapitel 5.3 „US-amerikanische Unternehmensformen" im Einzelnen erklärt werden.

Für die Wahl des Standortes bieten sich 50 Bundesstaaten mit höchst unterschiedlichen Standortbedingungen an. Grundsätzlich sind das zu vertreibende Produkt und die beabsichtigte Marktdeckung die entscheidenden Determinanten für die Standortwahl. So werden sich z.B. Zulieferer der Automobilbranche möglichst in der Nähe von Automobilwerken niederlassen. Nicht zu unterschätzen sind die riesigen Entfernungen in den USA mit vier Zeitzonen. Für Unternehmen, die global ausgerichtet sind und auch den asiatischen Raum bedienen wollen, kommt wegen der Zeitverschiebung eher die Westküste in Frage. Wer überwiegend im transatlantischen Raum tätig ist, bevorzugt aufgrund der geringeren Zeitdifferenz zu Europa eher die Ostküste.

Standortwahl

Auch die unterschiedlichen Steuersätze auf bundesstaatlicher Ebene (*State Taxes*), bis hin zur Steuerfreiheit in einigen Bundesstaaten, sollten nicht unbeachtet bleiben. Zudem gibt es zwischen den einzelnen Staaten und Regionen starke Lohngefälle, sodass sich mit einer geschickten Standortwahl erhebliche Lohnkosteneinsparungen verwirklichen lassen. Das Gehaltsniveau in den Ballungszentren (beispielsweise in New York oder Kalifornien) liegt im Regelfall erheblich über dem Lohn- und Gehaltsniveau in strukturschwachen Gebieten, wie Teilen der traditionellen Südstaaten.

Personalfragen

Für den Erfolg Ihres Unternehmens ist es von äußerster Wichtigkeit, die richtige Mischung der Anzahl von deutschen und amerikanischen Arbeitnehmern zu finden. Idealerweise werden kompetente deutsche Arbeitnehmer in die USA entsandt, die ihr Know-how vor Ort einbringen können. Diese sollten mit der amerikanischen Mentalität vertraut sein und ihren Wohnsitz in die USA verlegen. Die deutschen Arbeitnehmer sind meist unverzichtbar hinsichtlich der Kommunikation zwischen US-Tochtergesellschaft und Muttergesellschaft sowie der Einweisung der lokalen Arbeitnehmer in die Geschäfts- und Produktionsabläufe. Auf die anstehenden Aufgaben sollten die deutschen Arbeitnehmer sorgfältig vorbereitet werden. Fehler bei der Vorbereitung können kostspielige Folgen haben.

Nur deutsche Arbeitnehmer in den USA zu beschäftigen, dürfte sich schon aus Gründen der Akzeptanz auf dem US-Markt und auch aufgrund arbeitsrechtlicher amerikanischer Vorschriften ausschließen. Außerdem ist dies im Regelfall eine teure Lösung. Das Team aus deutschen Angestellten sollte auf jeden Fall von amerikanischen Arbeitnehmern ergänzt werden, die ihre Kenntnisse über den amerikanischen Markt und über die amerikanische Kultur einbringen. Achten Sie bei der Auswahl auch darauf, dass die amerikanischen Arbeitnehmer häufig nicht so gut ausgebildet sind wie deutsche Fachkräfte und in der Außendarstellung oft erheblich mehr versprechen als sie später halten können. Hier lohnt sich in vielen Fällen die Einschaltung von spezialisierten Personalrekrutierungsfirmen für die Gewinnung von qualifizierten Arbeitnehmern.

Grundsätzlich gibt es auch im amerikanischen Steuerrecht für verheiratete Paare den Splittingtarif und ggf. Kinderfreibeträge. Voraussetzung für die Anwendung dieser steuerlichen Vorschriften ist jedoch, dass der Ehegatte in den USA lebt und eine Sozialversicherungsnummer (*Social Security Number* = *SSN*) oder eine US-Steuernummer (*ITIN*) hat. Das Gleiche gilt für die Gewährung von Kinderfreibeträgen. Da deutsche Arbeitnehmer diese Bedingungen oftmals nicht erfüllen, werden sie zur Entsendung in die USA häufig nur dann bereit sein, wenn ihnen diese Nachteile vom Arbeitgeber ausgeglichen werden. Dies kann zu erheblichen Personalmehrkosten führen, sodass die alternative Einstellung von amerikanischen Arbeitnehmern oft deutliche Kostenvorteile bietet.

Rechtzeitig um Arbeitsvisa kümmern!

Sie sollten außerdem unbedingt darauf achten, dass Sie rechtzeitig das Visum für die deutschen Arbeitnehmer beantragen, da die Dauer des Verfahrens zur Erlangung des Visums je nach Typ des Visums von ungefähr sechs Wochen bis zu sechs Monaten beträgt. Falls die Visavorschriften nicht beachtet werden, kann dies zur Ausweisung des ausländischen Arbeitnehmers und zu Strafen für den Arbeitgeber führen, daher ist es in einigen Fällen ratsam, Experten – wie den US Visa Service von The American Dream – einzuschalten, die mit den Bestimmungen zur Erlangung eines Arbeitsvisums, vertraut sind. Die am meisten genutzten und sinnvollsten Geschäftsreisenden- und Arbeitsvisa für Firmen sind das B-1 Business Visitor Visum (geschäftsbedingte Kurzaufenthalte), das E-1 Treaty Trader Visum (für Händler und Dienstleister), das E-2 Treaty Investor Visum (für Firmen mit einer Niederlassung, die in den USA investiert) und das L-1 Intra Company Transferee Visum (für Firmen zur Entsendung von leitenden Angestellten oder spezialisierten Fachkräften). Der Prozess zum Erhalt all dieser Visaarten ist in Teil II „Nichteinwanderungsvisa" detailliert beschrieben.

Wenn die Arbeit in den USA für den deutschen Arbeitnehmer nur vorübergehend ist, kann es für diesen vorteilhaft sein, in der deutschen Sozialversicherung zu verbleiben. Zwischen den USA und Deutschland besteht ein Sozialversicherungsabkommen, nach dem die Möglichkeit besteht, dass sich der deutsche Arbeitnehmer bei einer von vornherein befristeten Entsendung für die Dauer von fünf Jahren von der amerikanischen Sozialversicherungspflicht befreien lassen kann. Die sozialversicherungsrechtlichen Regelungen weichen in erheblichem Umfang vom deutschen Sozialversicherungsrecht ab. Zum Beispiel gibt es in den USA keinen gesetzlich festgelegten Arbeitgeberanteil an der Krankenversicherung. Dieser wird vielmehr vom Arbeitgeber selbst festgelegt. Hierbei ist es für Sie äußerst wichtig zu wissen, welche Sozialleistungen üblicherweise von den Arbeitgebern in der betreffenden Region gezahlt werden, damit nicht zu wenig oder zu viel gezahlt wird. Eine Unterbezahlung würde zu Schwierigkeiten bei der Rekrutierung von geeignetem Personal und häufigem Wechsel in der Belegschaft führen und eine Überbezahlung würde die Wettbewerbsfähigkeit und Rendite wegen höherer Kosten mindern.

Finanzierung

Je nach Umfang der beabsichtigten Investition, sind für die Realisierung mehr oder weniger große Summen an Finanzierungskapital notwendig. Auch große und erfolgreiche Unternehmen mit guter Bankreferenz in Deutschland werden schnell feststellen, dass ihnen der gute Leumund in Deutschland in den USA wenig nützt. Die amerikanischen Banken wollen fast ausnahmslos eine Kreditvergangenheit (*credit history*, siehe auch Kapitel 2.1 „Vorbereitung des Umzugs") in den USA sehen. Wenn Sie diese nicht haben, werden einfache Dinge wie Kauf/Leasing von Autos, Anmieten von Wohnungen, Telefonanschluss, der Erwerb von Kreditkarten u.a. sehr schwierig. Dies gilt erst recht für die Finanzierung großer Investitionen in das Anlagevermögen. Wer keine amerikanische Kreditvergangenheit hat, gilt als nicht kreditwürdig.

credit history

US-Banken verlangen darüber hinaus fast ausnahmslos in US-Dollar transformierte und nach US-GAAP aufgestellte Jahresabschlüsse in englischer Sprache sowie Garantien der Mutterunternehmen. Bei Eigenfinanzierungen durch das Mutterunternehmen ist Vorsicht geboten, da das amerikanische Steuerrecht die Abzugsfähigkeit dieser Zinsaufwendungen bei Überschreiten bestimmter Grenzen beschränkt.

Anmeldung des Unternehmens bei Behörden

Gesellschaften müssen in dem Bundesstaat, in dem sie gegründet werden, beim *Secretary of State* angemeldet werden. Das Verfahren wird im Regelfall schnell abgewickelt und die Anmeldung kann online erfolgen. Hierfür gehen Sie einfach auf die Webseite des *Secretary of State* des betreffenden Staates (für Nevada z. B. ⇗ *www.nvsos.gov*) und klicken den Link *„Business Center"* oder *„Licensing Center"*. Links zu allen Staaten finden Sie unter ⇗ *www.sba.gov/licenses-and-permits*.

INTERNET

Hinsichtlich des Firmennamens gibt es keine bedeutenden Einschränkungen. In den meisten Bundesstaaten können Sie vorab per Internet erfahren, ob der von Ihnen gewählte Firmenname noch frei ist. Hinweise dazu gibt es in den meisten Staaten ebenfalls auf der Webseite des Secretary of State oder unter ⇗ *www.llrx.com/columns/roundup29.htm*. Diese Webseite leitet Sie auf die Datenbanken der Bundesstaaten, die eine Online-Überprüfung des Firmennamens in sogenannten *online public records databases* möglich machen. Eine persönliche Rückfrage beim überörtlichen Büro des *Secretary of State* Ihres Staates kann aber zusätzlich nicht schaden, weil nicht alle staatlichen Datenbanken online immer aktuell sind.

Des Weiteren muss das Unternehmen auch beim amerikanischen Finanzamt angemeldet werden. Hierfür müssen Sie das Formblatt *„Application for Employer Identification Number"* ausfüllen und an den *IRS* senden. Den Antrag gibt es unter ⇗ *www.irs.gov/pub/irs-pdf/fss4.pdf*.

Da die von dem amerikanischen Unternehmen erwirtschafteten Einkünfte nach dem Belegenheitsprinzip in den USA versteuert werden, müssen auch sämtliche Gesellschafter und im Falle eines Einzelunternehmens auch der Einzelunternehmer eine Steuernummer auf dem Formblatt *„Application for IRS Individual Taxpayer Identification Number"* beantragen, sofern die betreffende Person keine *Social Security Number (SSN)* hat. Für Inhaber einer *SSN* ist diese Nummer zugleich die Steuernummer. In dem Antrag, welchen Sie im weltweiten Netz unter ⇗ *www.irs.gov/pub/irs-pdf/fw7.pdf* finden, sind die persönlichen Daten und der Nachweis des Ausländerstatus (ausländische Adresse) einzutragen.

Der Antrag muss nicht persönlich abgegeben werden, er kann auch auf dem Postweg übersandt werden. Dem Antrag sind zur Verifizierung der dort gemachten Angaben persönliche Dokumente beizufügen. Im Regelfall dürfte eine Kopie des Reisepasses als geeigneter Nachweis dienen. Diese Kopie muss aber von der ausstellenden Behörde in Deutschland, die in dem Reisepass angegeben ist, beglaubigt sein.

Um Ihr US-Unternehmen in den USA zu führen, müssen Sie als Unternehmer nicht persönlich in den USA vor Ort anwesend sein. Eine Scheinfirma oder Postfachadresse ist jedoch nicht ausreichend. Die Bundesstaaten verlangen für Gesellschaften die Angabe eines Registered Agent, über den Anfragen und Schriftverkehr verlaufen kann. In den USA gibt es darauf spezialisierte Unternehmen, die den Service des Registered Agent für eine jährliche Gebühr anbieten.

Ein *Registered Agent* kann z. B. über die Vereinigung der *National Registered Agents Inc.* gefunden werden: ☞ *www.nrai.com*

MERKE

Tipp: Sie sollten sich vor Einleitung der notwendigen Schritte zur Unternehmensgründung eingehend mit der Materie befassen und auf jeden Fall frühzeitig Expertenrat hinsichtlich rechtlicher und steuerlicher Fragen sowie Marktgegebenheiten einholen.

Es gibt viele hervorragende Experten in den USA, die sich ausgezeichnet mit dem amerikanischen Rechtssystem und den Marktgegebenheiten dort auskennen. Unter diesen Experten sind jedoch nur wenige, die auch ausreichende Kenntnisse der deutschen Denkweise und des deutschen Rechts- und Steuersystems aufweisen können. In Deutschland können Sie sich u.a. wenden an:

KONTAKT

enviacon international
Martin Buber-Str. 24
14163 Berlin
Tel: +49 30 814 8841-0
Fax: +49 30 814 8841-10
E-Mail: *info@enviacon.com*
☞ *www.enviacon.com*

Für den ersten Einstieg ins Thema eignen sich auch die folgenden Bücher:

BUCHTIPP

Business-Guide USA
Erfolg und Rechtssicherheit bei Markteinstieg und Geschäftsbau
Autor: Ingo Regier
ISBN: 978-3-8462-0208-1

Business-Guide USA
Verkaufen, kooperieren, niederlassen
Autor: Ingo Regier
ISBN: 978-3871566226

Firmengründung in den USA: Ein Handbuch für die Praxis
Autoren: Buch, Oehme, Punkenhofer
ISBN: 978-3540443209

Ultimate Book on Forming: Corps, LLCs, Sole Proprietorships, Partnerships
(Englisch)
Autor: Michael Spadaccini
ISBN: 978-1932156683

5.2 Marketing in den USA

Um neue oder auch vorhandene Produkte zu vermarkten, müssen Marketingstrategien entwickelt werden, also Handlungsprogramme zur Erreichung bestimmter Ziele. Entsprechende Strategien berücksichtigen die Wettbewerbssituation, die Bedürfnisse der Nachfrager und das bisherige Angebot. Außerdem führen sie unter Heranziehung von Prognosen hinsichtlich veränderlicher Umweltgrößen zu einer konkreten Ausprägung der Marketinginstrumente.

Die Bedeutung des Marketings

Allgemein wird der Vermarktung eines Produkts oder einer Dienstleistung in den USA ein höherer Stellenwert eingeräumt als in Deutschland. Ein besonderes Merkmal des US-Marktes ist die stark ausgeprägte Kundenorientierung, die im Grunde der Leitidee „Der Kunde ist König" folgt. Dazu müssen Kundenbeziehungen und persönlichen Kontakte stärker noch als in Deutschland gepflegt sowie die hohen Service-Erwartungen der US-amerikanischen Kunden erfüllt werden. Des Weiteren impliziert eine stark ausgeprägte Kundenorientierung eine fortlaufende Anpassung des Produktes an den US-Markt gemäß den Kundenwünschen (z.B. Preis, Standort, etc.) und ist somit ein wichtiger Bestandteil eines erfolgreichen Markteinstiegs.

Marketinginstrumente

Auf Basis der Marktstrategien wird ein Marketing-Mix entwickelt. Hierunter versteht man eine Kombination einzelner Marketinginstrumente, welche Ihr Unternehmen erfolgreich auf dem Markt positionieren. Damit geben Sie Ihrem Unternehmen und Ihrem Produkt- und Leistungsprogramm nicht nur Identität, sondern verschaffen sich auch Vorteile gegenüber der Konkurrenz. Der Schlüssel zum Erfolg ist also eine zielgerichtete Zusammenstellung der Instrumente, welche aus vier Faktoren, den sogenannten 4 P's, besteht:

Die 4 P's

1. Product (Produktpolitik)
2. Price (Preispolitik)
3. Place (Distributionspolitik)
4. Promotion (Kommunikationspolitik)

1. Product (Produktpolitik)

Im Mittelpunkt aller Marketingaktivitäten steht Ihr Produkt oder Ihre Dienstleistung. Die Produktpolitik hat das Ziel, die Leistungen Ihres Unternehmens positiv vom Konkurrenzangebot abzuheben und dabei neue Produkte auf den Markt zu bringen (Produktinnovation), bereits auf dem Markt etablierte Produkte anzupassen (Produktvariation) oder alte Produkte vom Markt zu nehmen (Produktelimination).

Ergänzen Sie Ihr Produkt- und Leistungsprogramm um neue zukunftsorientierte Leistungen oder Produkteigenschaften (z. B. umweltfreundliche Verpackung, Vertrieb über das Internet, etc.) und achten Sie besonders darauf, dass Sie Ihr Angebot immer den Kundenwünschen anpassen und bei Änderungen im Kundenverhalten sofort darauf reagieren, denn die Konkurrenz schläft nicht!
Bei der Produktpolitik können Sie sich grundsätzlich an folgenden Fragen orientieren:

- Welchen Nutzen haben Ihre Kunden vom Ihrem Angebot?
- Was ist das Besondere an Ihrem Angebot?
- Was bietet die Konkurrenz? Wer und wo sind die Hauptkonkurrenten? Welche Produkte bieten diese an? Welche Besonderheiten bietet die Konkurrenz an?

2. Price (Preispolitik)

Die Preispolitik umfasst alle Entscheidungen, die letztlich den Preis für Ihr Produkt festlegen und besitzt folglich eine Schlüsselstellung für den Geschäftserfolg. Für die Bildung des richtigen Preises sollten Sie folgende Überlegungen mit einbeziehen:

- Was muss Ihr Produkt oder Ihre Leistung mindestens kosten?
- Wie hoch ist der Preis, den die Konkurrenz für ein vergleichbares Angebot verlangt?
- Welcher Konkurrent hat den höchsten Preis?
- Wie ist das Preis-Leistungs-Verhältnis im Vergleich zu Ihrer Konkurrenz?
- Wie können Sie Ihre Leistung steigern, um den notwendigen Kostenpreis zu erzielen?
- Wo können Sie Kosten einsparen, um sich dem Marktpreis zu nähern?
- Welchen psychologischen Preis könnten Sie ansetzen (z. B. € 9,99)?
- Können Sie Preisnachlässe gewähren? Wenn ja, unter welchen Bedingungen?
- Müssen ggf. notwendige Kosten für eine Transportversicherung in den Preis einkalkuliert werden?

3. Place (Distributionspolitik)

Dieses Marketinginstrument spielt besonders im produzierenden Gewerbe eine bedeutende Rolle. Hierbei legen Sie die Art fest, auf die Sie Ihr Produkt- und Leistungsprogramm am effizientesten vertreiben können.
Mögliche Vertriebswege sind zum einen der Direktvertrieb und zum anderen der indirekte Vertrieb. Beim Direktvertrieb werden die Waren ohne Zwischenhändler über den Werk- bzw. Lagerverkauf oder über den Versandweg durch Bestellung über das Internet, Telefon, Fax oder auf dem Postweg an den Kunden verkauft. Beim indirekten Vertrieb erfolgt der Vertrieb über Zwischenhändler, wie z. B. freie Handelsvertreter, Groß- und Einzelhändler und Importeure.

4. Promotion (Kommunikationspolitik)

Im Zentrum der Kommunikationspolitik steht die Werbung, umfasst jedoch auch die Öffentlichkeitsarbeit ebenso wie die Verkaufsförderung und den persönlichen Verkauf. Dieses Marketinginstrument benutzen Sie, um Ihre potenziellen Kunden konkret anzusprechen und diese zum Kaufen zu bewegen. Hier heißt es, Vertrauen zu gewinnen.

Da Werbung gerade bei neugegründeten, völlig unbekannten Unternehmen sehr kostenintensiv sein kann, ist es besonders wichtig, zielgruppengerecht zu werben. Ihre Zielgruppe oder Zielgruppen haben Sie bereits infolge Ihrer Marktforschung (siehe Kapitel 5.1 „Unternehmensgründung in den USA") definiert. Daher sind Ihnen die einzelnen Bedürfnisse und Wünsche der Zielgruppen sowie deren Käuferverhalten weitgehend bekannt.

Grundsätzlich stehen US-Amerikaner dem Internet sowie Sozialen Medien offener und unkritischer gegenüber als deutsche Kunden. So spielt Inbound-Marketing, welches darauf abzielt Kunden im Internet dort mit interessanten Inhalten anzusprechen, wo sie sich in ihrer Freizeit aufhalten, in den USA eine größere Rolle als in Europa. Dies kann beispielsweise über Blogs oder gezielte Linksetzungen in Fachforen erfolgen, wobei auch Twitter, Facebook oder LinkedIn ebenso stärker genutzt werden, als in Deutschland. Das Inbound-Marketing steht im Gegensatz zum klassischen Outbound-Marketing, welches Kunden per Postwurfsendung, Radiowerbung und Telefonmarketing versucht zu gewinnen.

5.3 US-amerikanische Unternehmensformen

Für den Markteintritt in den USA stehen Ihnen grundsätzlich vier Möglichkeiten zur Verfügung, nämlich über:

1. ... den Vertrieb über lokale Partner, der den kostengünstigsten und risikoärmsten Weg der Markterschließung darstellt, da der Markt zunächst mit kleinen Liefermengen „angetestet" werden kann. Hierbei können sich jedoch Nachteile durch mangelnden Einfluss auf Marketing und Erklärung des Produktes sowie eine Abhängigkeit vom lokalen Partner ergeben.

2. ... einen Vertreter in den USA, der als Ansprechpartner vor Ort eine stärkere Bindung zu den Kunden aufbauen und das Produkt mit deiner Expertise besser vermarkten kann. Außerdem kann dieser den ersten Schritt zum Aufbau einer eigenen Repräsentanz in den USA sein.

3. ... ein Joint Venture, welches die Möglichkeit bietet, direkt bei einem bereits im Markt befindlichen Partner „einzusteigen" und das Geschäft nicht komplett neu aufbauen zu müssen. Diese Option ist zwar zeitsparend, bringt aber hohe Risiken in Bezug auf Mitspracherecht, Patente und Rechtsicherheit bei Meinungsverschiedenheiten mit dem Geschäftspartner mit sich.

4. ... eine Niederlassung vor Ort, ein Schritt, der von amerikanischer Seite aus sehr geschätzt wird, denn er suggeriert eine langfristige Erschließung des US-Marktes. Darüber hinaus ergibt sich auch die Möglichkeit der kompletten Steuerung des US-Geschäfts im Zielland selbst sowie der Beschäftigung lokaler Arbeitskräfte.

Die Errichtung von Zweigniederlassungen deutscher Unternehmen wiederum führt zu steuerlichen und rechtlichen Komplikationen (Gefahr der Doppelbesteuerung, Produkthaftung). Auf Dauer erscheint deshalb die Gründung eines eigenständigen Unternehmens in den USA als sinnvollste Lösung. Für die Gründung eines Unternehmens in den USA stehen Ihnen ähnliche Rechtsformen zur Verfügung wie Sie sie in Deutschland kennen:

Personengesellschaften

- *General Partnership* (*GP*, vergleichbar einer Gesellschaft bürgerlichen Rechts oder offenen Handelsgesellschaft)
- *Limited Partnership* (*LP*, vergleichbar einer Kommanditgesellschaft)
- *Limited Liability Company* (*LLC*, im deutschen Recht nicht bekannt)

Kapitalgesellschaften

- *Corporation* (z.B. *Corp.*, oder *Inc.*, vergleichbar einer Gesellschaft mit beschränkter Haftung oder Aktiengesellschaft)

Die rechtlichen Grundlagen dieser Rechtsformen werden in diesem Kapitel im Einzelnen vorgestellt.

I. Einführung – System und rechtliche Grundlagen des US-Gesellschaftsrechts

Die einzelnen Gesellschaften des Wirtschaftslebens, also GbR, OHG, KG, GmbH, Aktiengesellschaft sind im deutschen Rechtssystem in bundesweit geltenden Gesetzen normiert. Das amerikanische Recht ist dahingegen klassischerweise ein System des *common law*. Hier wird das Recht nicht primär durch Gesetze, sondern durch Urteile von Gerichten geschaffen und weiterentwickelt. Zudem gilt in den jeweiligen US-Staaten in weiten Teilen autonomes Staatenrecht. Jedoch wurde gerade der Bereich des Gesellschaftsrechts und des Handelsrechts durch zahlreiche Mustergesetze normiert, welche das in vielen Jahrzehnten durch die Rechtsprechung entwickelte Recht zusammenfassen. Dies vereinfacht deutlich den Einstieg in das amerikanische Gesellschaftsrecht und den Vergleich mit der Rechtslage in Deutschland. Dabei lassen sich eindeutige Parallelen zwischen deutschem und amerikanischem Gesellschaftsrecht ziehen, sodass sich auch gegenüber deutschen Behörden und Investoren die Rechtsnatur der in den USA gegründeten Gesellschaft gut darstellen lässt.

Gesetzliche Grundlage

Die bekanntesten Mustergesetze im Bereich des Gesellschaftsrechts sind der *Uniform Partnership Act* für *Partnerships*, der *Revised Uniform Limited Partnership Act* für *Limited Partnerships* und der *Model Business Corporation Act*, der in vielen Bundesstaaten als Grundlage der Regelungen der *Business Corporation* dient. Der Grund für diese, eigentlich dem System des amerikanischen

Rechts widersprechende, Normierung liegt wiederum in einer Besonderheit des anglo-amerikanischen Rechts: Gilt in Europa das sogenannte Sitz-Statut, nachdem eine Gesellschaft dem Recht des Landes unterliegt, in dem sie ihren (tatsächlichen) Unternehmenssitz hat, so gilt in den USA nach der *Internal Affairs Rule* das „Gründungsstatut". Nach diesem ist das Recht des Gründungsstaates ausschlaggebend für das Recht, dem insbesondere die innere Organisation einer Gesellschaft unterliegt. Gründet man demnach – um das bekannteste Beispiel zu wählen – eine Gesellschaft im Staate Delaware, so unterliegt das Verhältnis der Gesellschafter untereinander dem Recht des Staates Delaware, auch wenn das gesamte Unternehmen seinen Sitz in New York hat.

<small>Internal Affairs Rule</small>

Ursprünglich galten das Recht und die Infrastruktur (Gerichte, Behörden) des Bundesstaates Delaware gemeinhin als besonders günstig für Unternehmer, weshalb die meisten US-Gesellschaften nach dem Recht von Delaware gegründet wurden. Diese Entwicklung führte dazu, dass andere amerikanische Bundesstaaten dem nicht tatenlos zusehen wollten und begonnen haben, Ihr Recht ebenfalls attraktiv für Gesellschaftsgründungen zu gestalten. Denn unabhängig davon, ob sich der spätere Unternehmenssitz tatsächlich im Gründungsstaat befindet, wirkt sich eine hohe Zahl von Unternehmensgründungen positiv auf die wirtschaftliche Entwicklung eines Bundesstaates aus, ganz abgesehen von Einnahmen aus Steuern und Gründungsgebühren. So kam es zu dem sogenannten *race to the bottom* oder *race to laxity*, dem Wettbewerb um das liberalste Gesellschaftsrecht zwischen den Bundesstaaten der USA. Im Ergebnis nahmen immer mehr Staaten das in den Modellgesetzen festgelegte Recht an, was zu einer weitgehenden Vereinheitlichung des US-Gesellschaftsrechts geführt hat. Dem Namen Delaware wird jedoch jeder begegnen, der sich mit einer Gesellschaftsgründung in den USA beschäftigt.

<small>Das Recht von Delaware</small>

Gründe für die Wahl einer Gesellschaftsform

Bevor wir uns nun die einzelnen Gesellschaftsformen des US-Gesellschaftsrechts näher ansehen, noch einige Worte zur Wahl der richtigen Gesellschaftsform. Wird eine einzelne Person im Geschäftsleben alleine tätig, so liegt ein *Sole Proprietorship* (entspricht dem deutschen Einzelunternehmen) vor. Die Person haftet voll mit ihrem Privatvermögen für alle Verbindlichkeiten, die sich im Zusammenhang mit der Geschäftstätigkeit ergeben. Soll diese Haftung vermieden werden und/oder andere Personen an der Geschäftstätigkeit teilhaben, so ist eine Gesellschaftsgründung ins Auge zu fassen. Ausschlaggebend für deren Rechtsform sind insbesondere drei Faktoren: Haftungsbegrenzung, steuerliche Einordnung (insbesondere im Verhältnis Deutschland – USA) und natürlich die Unternehmensziele wie Unternehmensgröße und Verbundenheit mit den individuellen Personen der Gründer. Anders als im deutschen Recht wird das erforderliche Mindestkapital keine Rolle spielen, da ein solches im amerikanischen Gesellschaftsrecht zumeist nicht vorgeschrieben ist. Für eine durchschnittliche US-Gründung wird mithin – und dieses Ergebnis sei zum besseren Verständnis des nachfolgenden vorweg genommen – die *LLC*, die *Limited Liability Company* die zu bevorzugende Gesellschaftsform sein. Hier verbindet sich absolute Haftungsbegrenzung in idealer Weise mit steuerlicher Gestaltung und geringem Verwaltungsaufwand. Einzelheiten hierzu finden sich bei den einzelnen Gesellschaftsformen.

<small>Die LLC als Idealform für Gründer</small>

Die wichtigsten Gesellschaftsformen des US-amerikanischen Rechts

Personengesellschaften				Kapitalgesellschaften	
GP General Partnership	LLP Limited Liability Partnership	LP Limited Partnership	LLC Limited Liability Company	Corp. (Inc., Ltd.) Business Corporation	
				Public Corp. Anteile frei veräußerbar	Close Corp. Anteile nicht frei veräußerbar
Haftung: Nur persönlich haftende *General Partner*	Haftung: Nur für eigenes deliktisches Verhalten, nicht für deliktisches Verhalten der anderen Gesellschafter	Haftung: Neben persönlich haftendem *General Partner* beschränkt haftende *Limited Partner*	Haftung: Nur beschränkt haftende *Limited Partner*	Haftung: Nur beschränkt haftende *Shareholders*	

II. Gesellschaftsformen des US-amerikanischen Rechts

1. *General Partnership*

Rechtsform und Haftung

Die *Partnership* ist die Urform auch aller amerikanischen Gesellschaften, sie ist der deutschen Gesellschaft bürgerlichen Rechts vergleichbar. Per gesetzlicher Definition handelt es sich um „eine Vereinigung von zwei oder mehr Personen mit dem Zweck ein Unternehmen mit Gewinnerzielungsabsicht zu betreiben [...] (*Uniform Partnership Act 1997, sec. 101 §6*). Bei der *General Partnership* gibt es lediglich *General Partner*, d.h. nur Gesellschafter, welche voll mit ihrem Privatvermögen haften. Obwohl die *General Partnership* stark auf die Partner als die handelnden und entscheidenden Personen ausgerichtet ist, hat sie im gewissen Grad eine eigene Rechtspersönlichkeit; sie kann z.B. losgelöst von ihren Gesellschaftern Trägerin von Rechten und Pflichten (z.B. aus einem Mietvertrag für Büroräume) sein.

Als Gesellschaftsform ist die *General Partnership* insbesondere unter dem bereits angesprochenen Gesichtspunkt der Haftung problematisch. Denn die teilweise eigenständige Rechtspersönlichkeit der *General Partnership* befreit ihre Gesellschafter nicht von der persönlichen Haftung. Die General Partner haften nach dem *Uniform Partnership Act „jointly and severally"* für alle Verbindlichkeiten der Gesellschaft. Das bedeutet, dass Verbindlichkeiten der Gesellschaft von jedem einzelnen Gesellschafter eingefordert werden können. Dies gilt ebenfalls bei Ansprüchen aus deliktischen Handlungen. Hat z.B. ein von der *General Partnership* geliefertes Produkt jemanden verletzt, so kann auch ein beliebiger einzelner Gesellschafter direkt auf die volle Summe verklagt werden.

Gründung

Fast schon zu unproblematisch gestaltet sich dahingegen die Gründung der *General Partnership*: Sie entsteht, wie die GbR des deutschen Rechts auch, unter

Umständen bereits ohne Wissen der Gesellschafter, wenn sie sich entsprechend verhalten und nach außen auftreten. Dessen und insbesondere des damit verbundenem Haftungsrisikos sollte man sich bewusst sein, wenn man eine erste Geschäftstätigkeit in den USA entfaltet. Normalerweise entsteht die *General Partnership* durch ein sogenanntes *Partnership Agreement*, also einen Gesellschaftsvertrag, in dem die Rechte und Pflichten der Gesellschafter geregelt sind. Dieses muss allerdings bei keiner staatlichen Stelle eingereicht oder registriert werden. Entsprechend dieser relativ formlosen Gründung gestaltet sich auch die Organisation der Gesellschaft: Soweit nicht im *Partnership Agreement* anderweitig geregelt, sind alle Gesellschafter direkt zur Geschäftsführung berechtigt; eine darüber hinausgehende Organisation ist nicht notwendig.

Innere Organisation

Beispiel: Julian verfügt über eine GreenCard und beschließt mit seiner amerikanischen Bekannten Sharon in Idaho Heizlüfter zu vertreiben. Ohne irgendwelche Schritte zur Unternehmensgründung vorzunehmen, fahren beide durch den Staat und stellen neue Kundenkontakte her. Das Geschäft entwickelt sich einige Zeit sehr gut, bis es zwischen beiden zum Zerwürfnis kommt. Nachdem beide einige Zeit nicht mehr zusammenarbeiten, wird Julian auf Schadensersatz verklagt. Die Klage wird damit begründet, dass Sharon zu ihrer gemeinsamen Zeit einen Heizlüfter bei einem selbstständig durchgeführtem Geschäftstermin fahrlässig so vorgeführt hat, dass dadurch ein wertvolles Gemälde beschädigt wurde. Die Klage kann begründet sein, denn durch ihr gemeinsames Auftreten am Markt können beide faktisch eine General Partnership betrieben haben. Mithin kann Julian direkt für deliktische Ansprüche gegenüber seinem „General Partner" Sharon in Anspruch genommen werden.

BEISPIEL

Tipp: Die General Partnership wird kaum von Interesse für einen europäischen Gründer in den USA sein. Sie ist zwar einfach zu gründen (das sind die meisten anderen Gesellschaftsformen allerdings auch), erfüllt aber gerade nicht einen der wichtigsten Zwecke einer Gesellschaftsgründung: die Haftungsbeschränkung der Gesellschafter.

MERKE

2. Limited Partnership (LP)

Die Grundform der *General Partnership* wird in der *Limited Partnership* dahingehend abgewandelt, dass neben mindestens einem *General Partner*, der mit seinem gesamten Vermögen haftet, mehrere *Limited Partner* stehen können. Letztere haften für Gesellschaftsverbindlichkeiten beschränkt auf ihre Einlage. Sie „kaufen" sich sozusagen von ihrer Haftung frei, indem sie in die Gesellschaft Geld oder sonstige geldwerte Leistungen einbringen. Am Gewinn der Gesellschaft partizipieren sie (falls nicht anderweitig geregelt) entsprechend der Höhe der Beteiligung. Somit entspricht das Modell der *Limited Partnership* dem der deutschen Kommanditgesellschaft.

Rechtsform und Haftung

Die Gründung einer *Limited Partnership* unterliegt im Gegensatz zu der *General Partnership* formalen Anforderungen. Verpflichtend ist die Einreichung (*filing*) eines *Certificate of Limited Partnership* bei dem *Secretary of State* (nicht zu verwechseln mit dem *United States Secretary of State*, dem US-Außenminister) des Gründungsstaates. Solch ein Dokument ist bei der Gründung der meisten Gesellschaften notwendig, es enthält zumeist nur die Rahmendaten der Ge-

Gründung

sellschaft. Bei der *Limited Partnership* genügt in aller Regel die Angabe der *General Partner*. Ferner muss in den meisten Staaten auch der *Registered Agent* benannt werden; dies ist ein im Land ansässiger Zustellungsbevollmächtigter der Gesellschaft, wobei man allerdings diese Position an spezielle Dienstleister delegieren kann. Mit der Einreichung gilt die Gesellschaft als errichtet, allerdings hat noch die Anmeldung der Gesellschaft bei den amerikanischen Finanzbehörden zu erfolgen. Regelmäßig wird das Verhältnis der Gesellschafter untereinander (Geschäftsführung, Gewinnverteilung) durch ein *Partnership Agreement* geregelt. Dieses muss allerdings nicht offiziell eingereicht werden. Fortan muss die Gesellschaft stets den Rechtsformzusatz LP oder ausgeschrieben *Limited Partnership* tragen. Im Rechtsverkehr wird die ordnungsgemäße Existenz der Gesellschaft, wie bei den nachfolgend dargestellten Gesellschaften auch, mittels des vom *Secretary of State* ausgestellten *Certificate of Formation* nachgewiesen.

Innere Organisation

Die *Limited Partnership* unterscheidet in den Befugnissen von ihrer Anlage her zwischen den *General Partners* und den *Limited Partners*. Klassischerweise obliegt den *General Partners* als den voll haftenden Gesellschaftern die Geschäftsführung, während die *Limited Partners* der Gesellschaft lediglich Kapitalmittel zur Verfügung stellen. Diese Verteilung ist im Detail allerdings von der konkreten Gestaltung und dem anwendbaren Staatenrecht abhängig.

LP mit Business Corporation als General Partner

In diesem Zusammenhang sei noch auf die Variante der *Limited Partnership* hingewiesen, bei der eine *Business Corporation* (zum Begriff siehe unten) der persönlich haftende Gesellschafter einer *Limited Partnership* ist. Diese Konstruktion entspricht der deutschen GmbH & Co. KG. Hierbei ist dann – obwohl keine natürliche Person voll haftet – rein rechtlich eine Personengesellschaft gegeben. Dies hat den bedeutenden steuerlichen Vorteil, dass die Gesellschaft unter voller Haftungsbeschränkung und trotz Beteiligung einer Kapitalgesellschaft, als Personengesellschaft eingestuft wird.

Allerdings ist zu berücksichtigen, dass hier vor der *Limited Partnership* noch eine *Business Corporation* gegründet werden muss. Bei einer *Business Corporation* für diese Zwecke hält sich der Gründungsaufwand zwar in Grenzen; dieses Vorgehen wird jedoch eher für Gründungen mit einem gewissen Finanzvolumen interessant sein. Bei dem Betriebsaufwand ist zudem zu berücksichtigen, dass hier zwei Jahresabschlüsse und zwei amerikanische Steuererklärungen (für die *Corporation* und für die *Limited Partnership*) erforderlich sind.

MERKE

Tipp: Die Limited Partnership wird, wie in der Deutschen Gestaltungspraxis auch, häufig mit einer Business Corporation als General Partner aufgestellt. Sie ist für den deutschen Gründer vor allem dann interessant, wenn er gegenüber den deutschen Finanzbehörden das Risiko umgehen will, dass das Unternehmen nicht als Personengesellschaft anerkannt wird. Letztere Problematik kann in besonderen Fallgestaltungen bei der Limited Liability Company (s. u.) relevant werden.

3. Limited Liability Partnership (LLP)

Rechtsform und Haftung

Die Gesellschaftsform *Limited Liability Partnership* wurde speziell für Freiberufler (z.B. Ärzte, Rechtsanwälte) geschaffen, um Zusammenschlüssen in diesen Berufsgruppen die Möglichkeit einer Begrenzung der gegenseitigen Haftung für deliktisches Handeln der Partner zu geben. Denn für diese Berufsgruppen kann der Zugang zur *Limited Liability Company* aus verschiedenen Gründen (Standesrecht, einzelstaatliche Gesetzgebung) verwehrt sein. Die Notwendigkeit der Haftungsbegrenzung ergibt sich in den USA insbesondere vor dem Hintergrund der teils enormen Schadensersatzforderungen z. B. im Bereich der Körperverletzung.

Bei der *Limited Liability Partnership* handelt es sich im Prinzip um eine *General Partnership*, bei der die persönliche Haftung für deliktisches Handeln der anderen Gesellschafter (z. B. Falschberatung, Fahrlässigkeit, Untreue) ausgeschlossen ist. Der Gesellschafter einer *LLP* ist also nicht haftbar für Verpflichtungen oder Verbindlichkeiten, die verursacht wurden durch fehlerhaftes Verhalten eines anderen Gesellschafters der *LLP*. Der Gesellschafter haftet persönlich nur für eigenes deliktisches Handeln. Diese Haftung des Gesellschafters für eigenes Verschulden wird oft durch den Abschluss einer speziellen Versicherung abgedeckt. Einige Staaten verlangen auch den Abschluss einer entsprechenden Haftpflichtversicherung.

Die Haftung des Gesellschafters für alle vertraglichen Ansprüche gegenüber der Gesellschaft bleibt allerdings bestehen. Für den Regelfall der Haftung im Geschäftsverkehr, den vertragliche Verbindlichkeiten wie Kredite, Rechnungen für Lieferungen und Leistungen etc. darstellen, bietet die *Limited Liability Partnership* mithin keinen Schutz.

Die Gründung der *Limited Liability Partnership* erfolgt ähnlich wie die der *Limited Partnership*: Es wird beim *Secretary of State* eine Gründungsurkunde (*Certificate of Limited Liability Partnership*) eingereicht. Das Einreichen eines Gesellschaftsvertrages ist nicht erforderlich. Zusätzlich muss der Abschluss der entsprechenden Versicherung nachgewiesen werden. Die Gesellschaft trägt fortan den Rechtsformzusatz *LLP* oder *Limited Liability Partnership* ausgeschrieben. Zu beachten ist bei der *Limited Liability Company* des Weiteren, dass für ihren Fortbestand jährlich eine Verlängerung beim *Secretary of State* beantragt werden muss.

Gründung

Alle sonstigen Rechtsverhältnisse der Gesellschaft und der Gesellschafter untereinander richten sich im Grundsatz nach dem Recht der *General Partnership*; die gesetzlichen Regelungen der *Limited Liability Partnership* sind zumeist in die Regelwerke die *General Partnership* betreffend integriert.

Innere Organisation

Tipp: Die Limited Liability Partnership wird insbesondere für die Fälle einer Gründung in den USA von Interesse sein, in denen ein deutscher Freiberufler sich in den USA niederlassen will, z. B. indem er sich mit einem amerikanischen Freiberufler zusammenschließt. Aber auch dann ist noch aufgrund der Fülle an einzelstaatlichen Regelungen eine genaue Prüfung erforderlich, ob hier nicht die Wahl einer anderen Gesellschaftsform zu bevorzugen sein wird.

MERKE

4. Limited Liability Company (LLC)

Bei der *Limited Liability Company* handelt es sich um eine Mischform zwischen Personen- und Kapitalgesellschaft, wobei sie rechtlich als Personengesellschaft eingeordnet wird. Bei ihr ist die Haftung für Gesellschaftsverbindlichkeiten gleich welcher Art auf das Vermögen der Gesellschaft beschränkt. Ein Merkmal,

Rechtsform und Haftung

welches eigentlich nur Kapitalgesellschaften aufweisen. Ebenso entspricht die eigene Rechtspersönlichkeit der *Limited Liability Company* eigentlich einer Einordnung als Kapitalgesellschaft. Dem widerspricht jedoch ihre deutliche Abhängigkeit von den einzelnen Gesellschaftern; ihre rechtliche Ausgestaltung entspricht von der Grundform her der *General Partnership*. Mithin kann man sie am ehesten als *Limited Partnership* ohne persönlich haftenden Gesellschafter (*General Partner*) beschreiben. An dieser Einordnung als Personengesellschaft ändert sich auch nichts, wenn, was zulässig ist, eine Kapitalgesellschaft Gesellschafterin wird. Während die bisher beschriebenen Gesellschaftsformen denknotwendig aus mindestens zwei Gesellschaftern bestehen müssen, ist in einigen Bundesstaaten die Gründung einer *Limited Liability Company* auch mit nur einem Gesellschafter möglich. Um gegenüber deutschen Steuerbehörden die Einstufung der Gesellschaft als Personengesellschaft nicht zu gefährden, sollten jedoch mindestens zwei Partner beteiligt sein.

Gründung

Die Gründung der *Limited Liability Company* erfolgt wie bei den anderen Gesellschaften auch durch Einreichung von Gründungsdokumenten, hier der *Articles of Organization*, bei dem *Secretary of State*. In diesem finden sich allerdings nur allgemeine Angaben zu der Gesellschaft. Zusätzlich zu den *Articles of Organization* wird – in einigen Staaten verpflichtend, grundsätzlich jedoch empfehlenswert – ein sogenanntes *Operating Agreement* zwischen den Gesellschaftern abgeschlossen. Dieses enthält, gleich einem Gesellschaftsvertrag, die Einzelheiten zur Organisation der Gesellschaft von Geschäftsführung bis hin zu Gewinnverteilung. Die Gesellschaft trägt als Rechtsformzusatz das Kürzel *LLC* oder ausgeschrieben *Limited Liability Company*.

Innere Organisation

Wie bereits erwähnt, ist die *Limited Liability Company* vom Grundsatz her wie eine *General Partnership* organisiert. Dies bedeutet, dass eigentlich alle Gesellschafter entsprechend den von ihnen geleisteten Einlagen die gleichen Rechte haben, was die Beteiligung an Gewinn und Verlust und an der Leitung der Gesellschaft betrifft. Da allerdings in der Praxis eine *Limited Liability Company* nicht immer mit dem Ziel gegründet wird, damit gleichberechtigte Partner die Gesellschaft gemeinschaftlich in vollem Umfang führen, kann die Führung der Gesellschaft im *Operating Agreement* einer Geschäftsführung, dem *Board of Managers* übertragen werden. Somit kann insbesondere bei einer größeren Anzahl von Gesellschaftern, welche nicht aktiv am Tagesgeschäft teilnehmen, eine klare Führungsstruktur gewährleistet werden.

BEISPIEL

Beispiel: Emil und Kati betreiben in Deutschland ein Unternehmen, welches Schmuckapplikationen für Mobiltelefone entwirft und vertreibt. Aufgrund der steigenden Nachfrage aus den USA beschließen beide, vor Ort ein Tochterunternehmen zu eröffnen. Dort soll zuerst mit geringem Personalaufwand Marketing und Kundenbetreuung organisiert werden und individuelle Umbauten für Geräte der Premiumklasse stattfinden. Sie wollen die Unternehmung aus eigenen Mitteln und ohne fremde Gesellschafter verwirklichen; jedoch soll das Ganze aufgrund der ungewissen Marktentwicklung möglichst kostengünstig durchgeführt werden.
Für das Unternehmen wird wahrscheinlich die Limited Liability Company die richtige Organisationsform sein. Sie entspricht in ihrer Ausrichtung der persönlichen und eher kleinen Struktur des Unternehmens von Emil und Kati, schließt ihre individuelle Haftung zudem sicher aus und lässt sich kostengünstig realisieren.

Tipp: Die Limited Liability Company ist in vielen Fällen der Auslandsgründung für Deutsche die Gesellschaftsform der Wahl. Der Grund liegt in der Verbindung aus Haftungsbegrenzung (wie ansonsten nur bei einer Kapitalgesellschaft) mit der Einstufung als Personengesellschaft und damit der Gewährung des zentralen steuerlichen Vorteiles einer Personengesellschaft: Die Einnahmen der Gesellschaft werden nur einmal versteuert, und zwar bei den Gesellschaftern. Bei einer Kapitalgesellschaft dahingegen erfolgt eine Besteuerung sowohl auf Ebene der Gesellschaft als auch ein zweites Mal bei den Gesellschaftern. Ferner entspricht die große Gestaltungsfreiheit innerhalb der Organisation der Gesellschaft und ihre einfach gehaltenen Strukturen häufig viel eher den Anforderungen der durchschnittlichen Gründung als die strikteren formellen Anforderungen einer Business Corporation. Letztere erfordert schon zum Besetzen aller notwendigen Gremien eine gewisse Anzahl von Personen.

MERKE

5. Business Corporation (Corp., Inc., Ltd.)

Bei den bisher vorgestellten Gesellschaftsformen hat es sich ausschließlich um Personengesellschaften gehandelt; mit den *Business Corporations* wenden wir uns nun den reinen Kapitalgesellschaften zu. Kennzeichen hier ist die volle eigene Rechtspersönlichkeit und die Unabhängigkeit des Bestandes der Gesellschaft von ihren Mitgliedern, den *Shareholders*. Ist die *General Partnership* die Urform der Gesellschaft, da sie mit dem einfachen Zusammenschluss zur Geschäftstätigkeit entsteht, so ist die *Business Corporation* die am weitesten verbreitete Gesellschaftsform des amerikanischen Wirtschaftslebens. Insofern drängt sich eigentlich eine Parallele zur deutschen GmbH als der häufigsten Organisationsform eines Wirtschaftsunternehmens in Deutschland auf. Eine solche Parallele würde allerdings die deutlichen Unterschiede zwischen beiden Gesellschaftsformen übersehen. Die *Business Corporation* ist von dem Gedanken her konstruiert, dass die Gesellschaft Anteile an sich selbst verkauft und somit Kapital erwirbt; die Gesellschafter bleiben auf die Rolle der Geldgeber mit geringen Beteiligungsrechten an der Führung der Gesellschaft beschränkt. Dies entspricht vom Grundsatz her eher der Ausrichtung einer Aktiengesellschaft als der einer GmbH, da die Gesellschafter eher als Investoren einzuordnen sind.

Rechtsform und Haftung

Entsprechend der Möglichkeit für die Anteilsinhaber diese Anteile später weiterzuveräußern, unterscheidet man die *Public Corporations*, bei denen dies zulässig, und die *Close Corporations*, bei denen dies unzulässig ist. *Close Corporations* sind insbesondere dort zu finden, wo die Gesellschaft aufgrund der engen persönlichen Beziehung der beteiligten Personen gegründet wurde und eine Aufnahme Fremder in den Gesellschafterkreis dem Zweck der Gesellschaft widersprechen würde. Wie an der Möglichkeit *Public* und *Close Corporations* zu gründen schon ersichtlich wird, gewährt auch die *Business Corporation* weitreichende Freiheiten für die Gesellschaft, ihre Verhältnisse individuell zu gestalten und auch flexibel auf die besonderen Gegebenheiten von Markt und Wirtschaftslage zu reagieren. In dieser Flexibilität der *Business Corporation* liegt auch ein weiterer, zentraler Unterschied zu deutschen Unternehmensformen. Sie kann als Ein-Mann-Gründung ebenso wie als großes Fabrikationsunternehmen ausgestaltet werden. Mithin kann sie sehr ähnlich der GmbH organisiert oder bei Bedarf deutlich der Form einer Aktiengesellschaft angenähert werden.

Gründung

Der Gründungsakt einer *Business Corporation* teilt sich in zwei Phasen auf. Zuerst wird, ähnlich wie bei den Personengesellschaften auch, ein die Rahmendaten der Gesellschaft enthaltendes Dokument, die *Articles of Incorporation*, bei dem *Secretary of State* eingereicht. Damit ist die Gesellschaft entstanden. Anschließend halten die Gesellschafter eine erste Gesellschafterversammlung ab, in der sie insbesondere die Organe der Gesellschaft wählen und über die Gesellschaftssatzung (die *Bylaws*) und die Verteilung der Anteile an der Gesellschaft beschließen. Im Rechtsverkehr muss die Gesellschaft einen sie als *Business Corporation* kennzeichnenden Rechtsformzusatz tragen; hier kann sie im Gegensatz zu anderen Gesellschaftsformen zwischen unterschiedlichen Bezeichnungen wie *Corporation (Corp.), Incorporation (Inc.)* oder *Limited (Ltd.)* wählen. Da die Unterscheidung der einzelnen Gesellschaftsformen mit diesen unterschiedlichen Bezeichnungen noch erschwert wird, gilt es genau hinzusehen, um etwaige Geschäftspartner richtig einordnen zu können. Gerade die Bezeichnung *Ltd.* führt immer wieder zu Verwechslungen mit der *Limited Partnership* oder *Limited Liability Company*.

Innere Organisation

Die *Business Corporation* unterscheidet sich entsprechend ihrer Auslegung für größere Geschäftstätigkeit auch in ihrer inneren Organisation von den Personengesellschaften. Vom Grundsatz her delegieren die Gesellschafter die Leitungsmacht der Gesellschaft an das sogenannte *Board of Directors*. Zu diesem Zweck wird das *Board of Directors* auf der jährlichen Gesellschafterversammlung neu gewählt bzw. bestätigt. Das *Board of Directors* hat wiederum die Möglichkeit *Officers* zu ernennen, die die eigentlichen Geschäfte der Gesellschaft führen. Auch hier ist die Gesellschaft bzw. das *Board of Directors* frei in der Zahl und Ressortaufteilung der *Officers*. Die klassische Aufteilung der *Officers* ist dabei die in *President* (Geschäftsführer), *Secretary* (Schriftführer) und *Treasurer* (Finanzverantwortlichen). Wird die Geschäftsführung an die *Officers* übertragen, dann hat das *Board of Directors* die Funktion eines Aufsichtsorgans, welches die Handlungen der *Officers* nur noch beaufsichtigt und primär durch deren Wahl Einfluss auf die Geschäfte der Gesellschaft nimmt.

BEISPIEL

Beispiel: Die ArtSeat GmbH stellt einen revolutionären Bürostuhl her, der sicher gegen Haltungsschäden wirkt und dies mit einem preisgekrönten Design verbindet. Aufgrund der breiten Presseberichterstattung erhält die ArtSeat GmbH auch vermehrt Anfragen aus den USA. Ihre deutschen Kapazitäten sind allerdings mit der aufwändigen Produktion des besonders hochwertigen Stuhles voll ausgelastet. Zudem stellt sich bei ersten Tests heraus, dass der deutsche Stuhl aus bestimmten Gründen (Sicherheitsbestimmungen, Konsumgewohnheiten) an den amerikanischen Markt angleichen werden muss. Mithin überlegt die Geschäftsführung der ArtSeat GmbH, das „USA-Modell" direkt im Staate New York zu bauen, scheut aber eine entsprechende volle Kapitalaufbringung. Amerikanische Investoren erklären sich daraufhin zu finanziellen Beteiligungen an dem Unternehmen bereit.

Für die ArtSeat GmbH wird unter Umständen die Business Corporation die richtige Organisationsform sein. Sie bietet die geeigneten Instrumente, um den Investoren eine finanzielle Beteiligung an dem Unternehmen zu ermöglichen und um die Leitung eines Unternehmens entsprechender Größe zu organisieren.

MERKE

Tipp: Auch wenn die Gründung einer Business Corporation aufwändiger als die z.B. einer Limited Liability Company ist, so ist diese in der tatsächlichen Praxis nur unbedeutend langwieriger. Gegen die Business Corporation sprechen vor allem die steuerlichen Gründe der doppelten Besteuerung der Gesellschaftsgewinne auf Gesellschafts- und Gesellschafterebene und das Erfordernis regelmäßig abzuhaltender Gesellschafterversammlungen. Allerdings gibt es viele Fallgestaltungen, in denen die Größe und Komplexität der Unternehmensgründung, wie auch der Kapitalbedarf für die Business Corporation sprechen. Hierbei ist auch zu berücksichtigen, dass das US-amerikanische Gesellschaftsrecht eine viel flexiblere Gestaltung der Gesellschaft ermöglicht, als dies nach deutschem Recht zulässig ist.

6. Joint Venture

Wegen des großen Bekanntheitsgrads der Bezeichnung sei auch noch auf das Joint Venture eingegangen. Dabei handelt es sich weniger um eine auf Dauer angelegte Gesellschaft, als mehr um einen Zusammenschluss zweier selbstständiger Einheiten um ein bestimmtes, klar eingegrenztes Projekt zu verwirklichen. Dabei kann für die Kooperation eine Gesellschaftsform je nach Ziel und Art der Zusammenarbeit gewählt werden, wobei bei Fehlen einer klaren gesellschaftsrechtlichen Einordnung das Joint Venture als Partnership eingestuft wird. Joint Ventures werden im internationalen Bereich häufig errichtet, um die Zusammenarbeit insbesondere von Unternehmen intern zu regeln und ihr nach außen hin ein gemeinsames Erscheinungsbild zu geben. Dabei kann eine Kooperation stattfinden, ohne dass es gleich zu einem Zusammenschluss der Unternehmen kommen muss.

Keine eigene Rechtsform

Tipp: Das Joint Venture ist keine eigenständige Gesellschaftsform, sondern die zusätzliche Bezeichnung einer Gesellschaft, die eine Kooperation zum Gegenstand hat. Für deutsche Gründer kann dies eine Möglichkeit darstellen, sich mit US-amerikanischen Unternehmen zusammenzuschließen, ohne sich gleich fest zu binden. Allerdings hat hier eine gründliche Überprüfung zu erfolgen, welche Gesellschaftsform für die Kooperation gewählt wird, bzw. welchem Recht das Joint Venture" unterstellt wird. Insofern ist die Aussage „Wir sind ein Joint Venture wenig aufschlussreich bezüglich der Rechtsform des Geschäftspartners.

MERKE

6 Aus- und Weiterbildung in Amerika

6.1 Das Schul- und Ausbildungssystem in den USA

Schon als die Nation Amerika noch in ihren Kinderschuhen steckte, spielte ein gutes Lehr- und Ausbildungssystem für die ersten Siedler eine ganz wichtige Rolle. Abgesehen davon, dass man seinen eigenen Nachwuchs mit einer guten Allgemeinbildung ausstatten und sich zudem die eigene Bildungselite heranziehen wollte, erkannten die ersten Siedler bereits damals die immense Bedeutung der Lehrstätten bei der Formierung einer geschlossenen amerikanischen Nation. Die Bildung spielte und spielt noch heute in Amerika eine tragende Rolle bei der Amerikanisierung der neuen Einwanderer. Durch die Vermittlung so wichtiger Grundwerte wie Patriotismus, liberales Denken, Freiheit und Demokratie wird ein Gefühl amerikanischer Identität installiert, das alle Neuankömmlinge in Amerika miteinander verbinden soll. Und so ist Bildung in Amerika nicht nur als Werkzeug bei der Herausbildung einer nationalen Identität zu sehen, sie hat auch immer gleichzeitig eine Schmelztiegelfunktion für die Menschen der unterschiedlichsten Rassen und Nationen. Das eine ist untrennbar mit dem anderen verbunden.

Die USA entwickelten lange vor den Europäern ein staatliches Schulsystem. Zwar handelte es sich bis zur ersten Hälfte des 19. Jahrhunderts bei guten Schulen fast ausschließlich um teure Privatschulen, doch gehörten bereits 1860 kostenlose (und trotzdem gute) *elementary schools* (Grundschulen) zum fest etablierten Bild der amerikanischen Gesellschaft. Ein öffentliches Schulsystem würde genau das garantieren, was schon immer zu den Leitmotiven der ersten Siedler gehört hatte, nämlich Chancengleichheit für alle ungeachtet ihrer sozialen Abstammung. Sei deines Glückes eigener Schmied! Erarbeite dir deinen Erfolg! Das Ideal des individuellen Erfolges durch eigene harte Arbeit konnte nur auf der Basis der Chancengleichheit für alle funktionieren. Folglich wurde die Versorgung des Landes mit kostenlosen staatlichen Bildungsstätten zu einem der wichtigsten Ziele der amerikanischen Gesellschaft. Zu Beginn des 20. Jahrhunderts wurde dieses Ziel dann auch auf die anderen Bildungsebenen des Landes ausgeweitet. Auch das Recht auf Bildung für Frauen setzte sich in der amerikanischen Gesellschaft weitaus eher durch als in Europa. Erstmalig wurden im Jahre 1837 Frauen am *Oberlin College* zugelassen und Klassen bzw. Seminare, in denen sowohl Jungen und Mädchen bzw. Frauen und Männer teilnahmen, wurden bald ein allgemein akzeptierter Aspekt im amerikanischen Leben.

Anfänge des staatlichen Schulsystems

Gerade der Bereich der höheren Bildung hat sich heute, ähnlich dem amerikanischen Gesundheitswesen, zu einer Art Dienstleistungsunternehmen entwickelt und wird auch als ein solches betrachtet. Da herrscht auf dem Bildungsmarkt eine verwirrende Vielfalt an öffentlichen und privaten Hochschulen, die eine noch verwirrendere Vielfalt an Ausbildungsprogrammen und Preisen anbieten und die als selbstständige wirtschaftliche Einheiten relativ autonom über den Umfang der offerierten Studienprogramme, deren Qualität und Kosten, über Zulassungen, Lehrkörper usw. entscheiden. Das akademische Niveau variiert dementsprechend, von einigen berufsorientierten Hochschulen, die nach unseren Maßstäben z.B. einer praxisorientierten Fachhochschule gleichen, bis hinzu ganz hervorragenden Universitäten auf der anderen Seite des Spektrums.

Kontrolle und Finanzierung des amerikanischen Bildungssystems

In den USA obliegt die Kontrolle über das Bildungssystem keiner zentralen Regierungsbehörde. Das bedeutet, die Regierung eines jeden Bundesstaates hat ihr eigenes *U.S. Department of Education*, das von einem gewählten *state board* kontrolliert wird und nochmals in weitere Lokaldistrikte und Schuldistrikte unterteilt ist. Ein jeder dieser Schulbezirke trägt wiederum ein hohes Maß an Eigenverantwortung. Das *state board* ist für die Bildungspolitik des jeweiligen Bundesstaates und für die Festlegung des Pflichtschulalters verantwortlich, das in den meisten Staaten zwischen 6 und 16 Jahren liegt. Die Schulbezirke wiederum entscheiden über Bau von Schulen, Wahl des Lehrmaterials, Aufbau des Lehrplans, Bedingungen für Abschlüsse, Einstellungspolitik, Festlegung von Ferienzeiten usw. und kontrollieren im Allgemeinen den täglichen Schulbetrieb. Die Leitung einer Schule obliegt einem gewählten sogenannten *Board of Education*. Um trotz der Eigenständigkeit der Schulen jederzeit ein stabiles Leistungsniveau zu garantieren, wurde eine Art Kontroll- bzw. Überwachungssystem geschaffen, das durch verschiedene regierungsunabhängige Organisationen geleitet wird. Nach verschiedenen Kriterien werden die Schulen regelmäßig von Inspektoren einer der sechs regionalen Kontrollverbände überprüft. Falls eine Schule die geforderten Kriterien nicht erfüllen kann, bekommt sie eine gewisse Zeit, um sich zu verbessern. Gelingt dies nicht, wird der Schule die Zulassung entzogen. Durch dieses System sind die Schulen immer dazu angehalten, die Qualität ihrer Einrichtung in allen Gesichtspunkten auf einem hohen Niveau zu halten. Das System findet bei Hochschulen ebenfalls Anwendung.

Keine einheitlichen Standards

Prüfungen: Im Bereich der öffentlichen Grundschul- und Sekundarschulbildung existiert in den USA kein einheitlicher nationaler Standard. Die einzelnen Lokalschulbehörden bestimmen und bewahren ihre eigenen Standards, aber Schüler, die sich für eine höhere Bildungsinstitution bewerben, machen Eignungstests. Der *Scholastic Aptitude Test (SAT)* ist der bekannteste. Diese Tests werden vom *College Entrance Examination Board* oder dem *Educational Testing Service (ETS)* herausgegeben.

Bei rund 90% aller amerikanischen Schulen handelt es sich um *public schools* (staatliche Schulen). Rund 85% aller Kinder im Grundschul- und Sekundarschulalter besuchen kostenlose öffentliche Schulen.

MERKE

Achtung: Nicht zu verwechseln mit dem Begriff der public school in England, denn dort handelt es sich um die teuren Privatschulen, von denen die bekanntesten Eton und Harrow sind.

Des Weiteren gibt es noch die sogenannten *Protestant Parochial Schools* (Konfessionsschulen) und die Kosten erhebenden *private schools* (Privatschulen). Bei Privatschulen handelt es sich oft um reine Mädchen- oder Jungenschulen. Bei den kostenpflichtigen privaten Schulen handelt es sich zumeist um Schulen, die von Kirchen unterstützt werden, wobei die Mehrzahl davon von der katholischen Kirche betrieben wird. Was ihre Organisation und ihren Lehrstoff angeht, sind sie den staatlichen Schulen jedoch sehr ähnlich.

Die Schulen

In den USA besteht im Alter von 5 bzw. 6 bis 16 allgemeine Schulpflicht. Trotzdem ist es unüblich, die Schule bereits mit 16 Jahren zu verlassen. Etwa ¾ eines Jahrgangs schließen die Highschool im Alter von 17 oder 18 Jahren nach insgesamt 12 Schuljahren ab, und nur ein Viertel verlässt sie bereits nach Ablauf der gesetzlichen Schulpflicht mit 16 Jahren. In den meisten Bundesstaaten haben Schüler, die keine 12 Klassen vorweisen können und oft als Drop-outs bezeichnet werden, extreme Schwierigkeiten, einen gut bezahlten Job zu finden. Die Schulen des öffentlichen oder staatlichen Systems in Amerika sind koedukativ (gemischte Klassen) und haben Gesamtschulcharakter.

Bildung in Amerika umfasst grundsätzlich drei Hauptebenen: die Ebene des Elementar- oder Grundschulunterrichts = *elementary education,* die Ebene des Sekundarschul- oder Gymnasialschulunterrichts = *secondary education* und die Ebene der höheren Bildung = *higher education.*

Je nach Bundesstaat sind verschiedene Strukturmuster im Einsatz. Es gibt folgende Ausbildungspläne, die alle mit 17 bzw. 18 Jahren zum Abschluss der Highschool führen: (*grade* = US-Englisch für Klasse)

Schulsysteme

6–3–3	Elementary School:	grades 1–6
	Junior High School:	grades 7–9
	Senior High School:	grades 10–12
6–2–4	Elementary School:	grades 1–6
	Junior High School:	grades 7–8
	Senior High School:	grades 9–12
6–6	Elementary School:	grades 1–6
	High School:	grades 7–12
8–4	Elementary School:	grades 1–8
	High School:	grades 9–12

Nursery school **und** *kindergarten*

Einige Kinder besuchen Vorschuleinrichtungen, wo sie spielend elementare Dinge und den Umgang mit anderen Kindern lernen. Es gibt kaum Unterschiede zu den deutschen Vorschuleinrichtungen.

Vorschule

Achtung: Wichtig in diesem Zusammenhang zu erwähnen ist jedoch die ständige Verwechslung bei den Bezeichnungen der Vorschulinstitutionen. Im Alter von 2–3 Jahren können Eltern ihre Kinder in nursery schools unterbringen. Das sind die Einrichtungen, die wir Deutschen als Kindergarten verstehen würden. Danach, mit 4–5 Jahren, gehen viele Kinder in kindergartens. Hierbei handelt es sich um Vorschulen bzw. Schulkindergärten. Tatsächlich starten also viele Kinder ihre Schulausbildung bereits im kindergarten, wo ihnen erste Kenntnisse im Rechnen und Lesen vermittelt werden. Deshalb wird es im Allgemeinen von den Amerikanern als sehr wichtig erachtet, ihre Kinder in einen solchen kindergarten zu schicken. Wenn sie in

MERKE

die erste Klasse kommen und vorher keinen kindergarten besuchten, könnte ihnen das im Vergleich zu anderen Kindern unter Umständen zum Nachteil werden.

Elementary (Primary) Education

Grundschule

Im Alter von sechs Jahren beginnen die meisten Kinder die *elementary school* (oder *primary school* oder *grammar school* oder *grade school* – alle Bezeichnungen meinen dasselbe), wo die Kinder vor allem Grundlagenwissen im Lesen, Schreiben und in Mathematik vermittelt bekommen. *Elementary schools* sind normalerweise koedukativ, d. h., der Unterricht erfolgt in gemischten Klassen. Der Unterricht umfasst die Klassen 1–6 bzw. 1–8 und dauert in der Regel von 8:00 Uhr bzw. 8:30 Uhr bis ca. 15:00 Uhr. Sonnabend ist unterrichtsfrei. Wie aus den Strukturplänen ersichtlich wird, sind die Grundschulen bis zur 6. bzw. 8. Klasse durchgängig, während das bei den Highschools nicht unbedingt der Fall ist. Letztere umfassen entweder vier Jahre oder meist auch sechs Jahre. Die sechs Jahre dauernden Highschools sind (zumeist) noch einmal in *Junior* High School (7.–8./9. Klasse) und *Senior* High School (9./10.–12. Klasse) unterteilt. In den vier Jahre dauernden Highschools werden Schüler der Eingangsklasse dann als *freshmen* bezeichnet, im Jahr darauf als *sophomores*, in der vorletzten Klasse sind sie *juniors* und in der Abschlussklasse *seniors*.

Secondary Education

Reines Kurssystem in der Highschool

Nach dem Durchlaufen der Grundschule setzen die Schüler mit 12 bzw. 14 Jahren ihre Ausbildung in den Highschools fort, wo sie nach einer Art Basislehrplan, mit solchen Fächern wie Englisch, Mathematik, Informatik, Naturwissenschaften, Gesellschaftswissenschaften und Sport auf Fortgeschrittenen-Niveau unterrichtet werden.

Highschools sind ganztägige Gesamtschulen des Sekundarbereichs mit einem sehr pragmatisch ausgerichteten Charakter, denn neben dem Unterricht klassischer theoretischer Fächer werden hier auch die für das spätere Leben notwendigen berufsbildenden und praktischen Fächer gelehrt. Hier wird nur nach Kurssystem gearbeitet. Folglich gibt es keine festen Klassen. Die Schüler können sich ihre Stundenpläne jedes Semester zum Teil selbst ganz individuell zusammenstellen. Besondere Leistungsgruppen (*tracking, streaming*) oder Leistungsschulen, die rein wissenschaftliche Fächer anbieten (*college preparatory schools, academies*) existieren zwar, sind aber die seltene Ausnahme.

Im dritten oder vierten Jahr entscheiden die Schüler dann, ob sie die akademische Laufbahn einschlagen und zu diesem Zweck zunächst ans College gehen, ob sie lieber zur Berufsausbildung (*occupational/vocational training*) an ein technical institute (Berufsschule) gehen oder ob sie direkt ins Berufsleben einsteigen wollen. Die meisten staatlichen Highschools und *alle* privaten Schulen bieten Vorbereitungsprogramme für das College an. Wollen die Schüler aufs College, müssen sie eine Fremdsprache erlernen.* An vielen Hochschulen wer-

---

* Zumindest in der Theorie: Die meisten Amerikaner halten nicht viel von Fremdsprachen, da ja doch die halbe Welt ihre Sprache spricht. Meist werden also nur Grundkenntnisse einer Fremdsprache erlernt.

den für diese Schüler auch sogenannte *advanced placement courses* angeboten, spezielle Kurse auf Hochschulniveau, die sich die Schüler später auf ihr Studium anrechnen lassen können. Aufgrund ihrer Entscheidung belegen die Schüler entsprechende Wahlkurse und müssen sich darüber hinaus in irgendeiner Form außerunterrichtlich engagieren. Außerunterrichtliche Aktivitäten sind z. B. Mitarbeit bei der Schülerzeitung oder Mitglied einer Trainingsgemeinschaft. Das Wahlsystem zielt also konsequent auf die Entwicklung der individuellen Stärken und Talente der Schüler ab.

Viele Highschools bilden die Schüler auch in praktischen Fertigkeiten aus. Oftmals werden diese in den USA erst direkt während einer Tätigkeit erworben *(on-the-jobtraining)*. In den USA gibt es nämlich weder Berufsschulen noch das Dualsystem, das schulische und betrieblich-praktische Ausbildung vereint, obwohl man sich in Amerika oft nach dem deutschen Vorbild zu orientieren versucht. (Qualifizierte Berufsbildung obliegt weitgehend postsekundären Institutionen. Doch auch hier verschwimmen die Grenzen zwischen formaler Ausbildung und praktischer Kenntnisaneignung zum Teil so stark, dass ein Austausch zwischen Deutschen und Amerikanern teilweise deswegen scheitert.*) Die Schüler können so z. B. Kurse in kaufmännischer Richtung wie *typing, shorthand* oder *accounting* belegen. Berufsorientierte Programme bieten u. a. Kurse wie *agriculture, car mechanics, printing, marketing skills* usw.

Einige Highschools wiederum bieten Kurse für Schüler mit außerordentlichen künstlerischen Talenten. Um sicherzustellen, dass die Schüler keine Wahl treffen, die sie später bereuen könnten, werden beachtliche Anstrengungen unternommen, sie genügend anzuleiten und zu beraten. Es gibt an jeder Highschools spezielle Beratungsdienste (*guidance-counseling*). Damit soll den Schülern geholfen werden, ihre Schullaufbahn entsprechend ihren Talenten und Fähigkeiten ganz bewusst zu planen und zu steuern. Doch letztendlich muss der Schüler selbst entscheiden, welchen der angebotenen Wege er einschlagen möchte und wie er dementsprechend seinen Stundenplan zusammenstellt.

Auch der Wahl der außerunterrichtlichen Aktivitäten wird eine hohe Bedeutung zugemessen, da in den Augen der Amerikaner hohe geistige Leistungen allein nicht ausreichen, um einen jungen Menschen zu einer erfolgreichen Persönlichkeit heranzuerziehen. Genauso wichtig sind das Wecken und die Stärkung seines Kampfgeistes, seiner Kreativität, seines Interesses am politischen Geschehen oder seiner rhetorischen Fähigkeiten. Die Schüler können sich deshalb z. B. sportlich, künstlerisch oder journalistisch betätigen. Dafür bieten die Schulen verschiedene Aktivitäten in Klubs oder Arbeitsgemeinschaften an. Wie die meisten unserer Leser bestimmt wissen, kommt dem Sport dabei eine ganz besondere Rolle zu. Der Gedanke, körperlich an seine Grenzen zu gehen, des sich Messens und des Gewinnens, wird den Kindern schon von frühester Kindheit an eingetrichtert. Ein Erbe der ersten Pioniere?

Persönliche Kreativität wird gefördert

Durchschnittlich drei von vier Schülern machen nach der 12. Klasse ihren Highschoolabschluss und erhalten ihr sogenanntes *Diploma*, nachdem sie erfolg-

---

* Viele deutsche Ausbildungsberufe sind in den USA Studiengänge, vor allem pflegerische und therapeutische Berufe.

reich eine bestimmte Anzahl von Kursen beendet haben. Die Abschlusszeugnisse werden während einer Festveranstaltung, dem sogenannten *Commencement Day*, überreicht.

Die Noten gehen von A für *excellent* bis F für *failure* (durchgefallen). Die Benotung erfolgt auf der Basis der Testresultate, die die Schüler in bestimmten Abständen während des Jahres (*midterm*) oder zum Ende in sogenannten *finals* schreiben. Des Weiteren müssen sie schriftliche oder mündliche Aufgaben lösen. Nicht zuletzt ist die Einschätzung des Lehrers über den Schüler ebenso ausschlaggebend und geht ebenfalls in die Benotung mit ein.

Aufnahmetests fürs College

Möchten die Schüler ihre Ausbildung nach Abschluss der Highschool fortsetzen, müssen sie innerhalb der letzten zwei Jahre an einem Zulassungstest teilnehmen. Hierbei handelt es sich entweder um den *Scholastic Aptitude Test (SAT)* oder das *American College Testing Program (ACT)*. Die Tests dienen der Überprüfung der verbalen und mathematischen Fähigkeiten des Schülers sowie seiner allgemeinen Fähigkeit zum akademischen Arbeiten.

Sowohl die Abschlussnoten, der Leistungsstand innerhalb der Klasse, die Testergebnisse (*SAT* oder *ACT*), die außerunterrichtlichen Aktivitäten als auch die Empfehlungsschreiben der Lehrer, manchmal auch Vorstellungsgespräche am entsprechenden College oder der Universität – all das hat Einfluss auf die Aussichten des Studenten, aufgenommen zu werden. Die seniors der renommiertesten Highschools des Landes werden dabei wohl kaum Schwierigkeiten haben. Die Colleges werben ganz aktiv um diese Absolventen. Hohe Stipendien werden dabei gern als Köder eingesetzt. Bekanntermaßen bemühen sich die Colleges auch um talentierte Sportler und Künstler. Es ist bekannt, dass bei diesen Absolventen dann in erster Linie nicht unbedingt die schulischen Leistungen zählen, sondern sie hauptsächlich Wettkämpfe bzw. Wettbewerbe für das College gewinnen sollen. Der Durchschnittsstudent muss sich allerdings selbst durch den Dschungel der über 3.600 höheren Bildungseinrichtungen kämpfen und die für ihn passenden heraussuchen. Normalerweise bewerben sich die Absolventen der Highschool im Herbst und im Frühjahr ihres letzten Studienjahres.

Higher Education

Große Auswahl: 3.600 Colleges und Universitäten

Über die Hälfte der Highschool-Absolventen setzen ihre Ausbildung an höheren Bildungseinrichtungen fort. Es gibt in den USA rund 3.600 zugelassene *Colleges* und Universitäten (davon 2.000 private und 1.600 öffentliche Institutionen), die ein immenses Spektrum an verschiedenen Ausbildungsprogrammen zu bieten haben. An dieser Vielzahl amerikanischer Hochschulen studieren zurzeit ca. 20 Millionen Personen, wovon etwa 525.000 ausländische Studierende sind. Die meisten besuchen eine öffentliche Hochschule (ca. 11 Millionen). Die an den Bildungsstätten angebotenen Programme richten sich oftmals nach den speziellen wirtschaftlichen Bedürfnissen der einzelnen Bundesstaaten. Ganz charakteristisch für amerikanische Bildungseinrichtungen ist die besonders praxisnahe Ausbildung. Die staatlichen Bildungseinrichtungen erheben in der Regel nur geringe Studiengebühren, die aber im Vergleich mit den Kosten für ein Studium in Deutschland immer noch erheblich sind. Private *Colleges* und Universitäten müssen sich durch eine Kombination von Studiengebühren,

Stiftungen, speziellen Forschungszuschüssen und Spenden von sogenannten *Alumni* (ehemalige Studenten) selbst finanzieren, wodurch sich die höheren Studiengebühren erklären. Für einen Studienbewerber kann es sich trotzdem lohnen, sich an einer der privaten Universitäten zu bewerben, besonders wenn Stipendien vergeben werden. Die beliebtesten und renommiertesten Universitäten sind und bleiben in den USA nun einmal die Privatuniversitäten.

Achtung: Bevor die verschiedenen Hochschularten und deren Abschlüsse erläutert werden, vorab noch einige Worte zu den Begriffen College und Universität, da es da erfahrungsgemäß ganz oft Verwirrung gibt. Beide Begriffe werden oftmals synonym verwendet, was aber falsch ist. Beim amerikanischen College handelt es sich entweder um ein Two-Year Junior College oder Community College oder um ein Four-Year Liberal Arts College. Beides sind Bildungseinrichtungen für undergraduate students, d. h. für noch nicht graduierte Studenten. Sie arbeiten nur auf undergraduate level und führen als Höchstabschluss zum Bachelor's Degree. Universitäten bestehen aber oftmals aus einem Four-Year Liberal Arts College für undergraduates und mehreren graduate schools oder professional schools, schließen auf ihrem Campus also die Graduiertenausbildung mit ein. Harvard hat z. B. eine Abteilung für undergraduates (das Harvard College), hat aber obendrein auch eine Graduate School of Arts and Sciences, eine Medical School, eine Law School, eine Graduate School of Business Adminstration und eine ganze Reihe von Forschungsinstituten. Das bedeutet, dass man den Bachelor sowohl an einem College als auch an einer Universität ablegen kann, ein Master's Degree oder ein Ph.D. (Promotion) jedoch nur an einer Universität. Ausnahmen bestätigen wie überall so auch diese Regel. (So kann man an der Illinois Wesleyan University nur den Bachelor machen, während das College of William and Mary in Virginia auch den Master anbietet. Und nicht jede Universität bietet die Möglichkeit zu promovieren.) Lassen Sie sich jetzt nicht noch zusätzlich dadurch verwirren, dass viele Universitäten ihre einzelnen Fachbereiche als College (manchmal auch Department) bezeichnen, z. B. College of Medieval Studies, College of Roman Languages. Das hat hiermit gar nichts zu tun.

MERKE

Es gibt folgende vier Strukturmodelle/Hochschultypen:

1. *Two-Year College*, d. h. *Junior College* oder *Community College*
2. *Two-Year Technical College/Vocational School*
3. *Four-Year Undergraduate Institution* – das *College of Liberal Arts*
4. *University*

Welches Strukturmodell führt auf *undergraduate level* zu welchem Abschluss?

1. **Auf dem *Junior College* und *Community College* zum *Associate Degree*:** Davon existieren derzeit rund 1.400 Einrichtungen. Die *Community Colleges* sind von den Kommunen betriebene öffentliche, die *Junior Colleges* private Schulen, wobei Letztere besser bekannt sind und neuerdings bei deutschen Beobachtern spürbares Interesse wecken. Bei diesen Institutionen handelt es sich normalerweise um besonders praxisnah ausgerichtete, berufsorientierte Ausbildungsstätten, die nach zwei Jahren zum *Associate Degree* führen. Andererseits können hier auch die ersten beiden Ausbildungsjahre eines Vier-Jahres-Colleges absolviert werden.

Hochschularten

Verfolgen die Studenten eine Berufsausbildung, können hier Ausbildungslehrgänge zum Flugzeugmonteur, Schweißer, Programmierer, technischen Zeichner, Buchhalter, medizinischen Assistenten, zur Kindergärtnerin etc. absolviert werden, die mit dem *Terminal Degree* enden. Bei den Angeboten spielen wieder die speziellen wirtschaftlichen Bedürfnisse der jeweiligen Bundesstaaten eine beeinflussende Rolle.

Fast alle *Junior Colleges* und einige *Community Colleges* bieten daneben die Möglichkeit für die Studenten, sich in sogenannten *transfer programs* in akademischen Fachgebieten für ein vierjähriges Vollstudium ausbilden zu lassen, da ja die ersten beiden Jahre an vierjährigen Bildungsinstitutionen auch eher eine Einführungsphase darstellen. Die Studenten schließen mit einem *Associate Degree*, entweder *Associate of Arts (A.A.)* oder *Associate of Science (A.S.)* ab. (Man kann den *Associate* übrigens auch an einer Bildungseinrichtung absolvieren, die über vier Jahre geht, dann mit geringerer wöchentlicher Studienlast.)

Junior College als Sprungbrett für das „richtige" Studium

Anmerkung: Diese Möglichkeit interessiert insbesondere auch deutsche Abiturienten, und zwar aus dem gleichen Grund, der viele amerikanische Studenten mit akademischen Interessen veranlasst, dorthin zu gehen. Die öffentlichen Community Colleges sind sehr kostengünstig, und viele Amerikaner studieren zunächst zwei Jahre hier, um danach noch zwei Jahre an einer weiterführenden Hochschule zu studieren und so Geld zu sparen. Nicht alle amerikanischen Hochschulen rechnen diese bereits besuchten Kurse auf ein vierjähriges Vollstudium an, sondern nur solche, die per Abkommen mit dem speziellen College einen Wechsel zulassen und diese damit anerkennen.

MERKE

Hinweis: Abschlüsse von Two-Year Community Colleges werden in Deutschland grundsätzlich nicht anerkannt. Die Anforderungen sind zu niedrig, sodass der deutsche Abiturient ein solches Erlebnis allenfalls als willkommene Gelegenheit verstehen sollte, Land und Leute kennen zu lernen, falls er nicht vorhat, danach in Amerika weiter zu studieren.

2. Auf dem *Technical College*/der *Vocational School* zum *Certificate* oder *Diploma*: Ausgerichtet für Personen, die einen Ausbildungsberuf erlernen wollen, z. B. *accountant, car mechanic, secretary* etc. Die *Vocational School* führt nach zwei Jahren zu einem *Certificate,* womit die Ausbildung auch abgeschlossen ist.

Das *Technical College* bietet ein- oder zweijährige technische und berufsorientierte Studienprogramme, die der Student mit einem Zertifikat oder Diplom abschließt. Hier werden z. B. solche Berufe ausgebildet wie *secretary, car mechanic* oder *dental hygienist, dental technician, laboratory technician* usw.

3. Auf dem *Four-Year College* zum *Bachelor's Degree:* Hierbei handelt es sich um eigenständige Institutionen, oftmals jedoch auch um Bestandteile der *Universities* mit *graduate* und *professional schools* (für diejenigen, die den Master oder Ph.D. machen wollen). Die Ausbildungsprogramme sind akademisch ausgerichtet und führen nach vier Jahren zu einem *Bachelor's Degree*.

Sowohl *Colleges* als auch Universitäten bieten Studiengänge, die zum *Bachelor's Degree* führen – entweder *Bachelor of Arts (B.A.)* oder *Bachelor of Science (B.S.*

oder *B.Sc.*). Der *Bachelor of Science* wird für Hauptfächer wie *mathematics, physics, chemistry* und andere naturwissenschaftliche Fachbereiche vergeben. Ob der Student seinen *Bachelor* am *College* oder an der Universität macht, ist völlig unerheblich. Wie bereits erwähnt existieren die *Four-Year Colleges* oftmals innerhalb der größeren Struktureinheit der Universität.

Die Regelstudienzeit beträgt normalerweise vier Jahre, welche folgendermaßen bezeichnet werden:

1. *Freshman* oder *first year student*, Plural: *freshmen* oder auch „*frosh*"   *lower division*
2. *Sophomore* („*wise fool*")   *lower division*
3. *Junior*   *upper division*
4. *Senior*   *upper division*

Jeder Studentenjahrgang hat einen Namen

Die ersten beiden Studienjahre werden auch als *lower division* bezeichnet, die letzten beiden als *upper division*. Während der *lower division* müssen die Studenten eine Art Allgemeinstudium, *general studies*, absolvieren und aus einem breiten Spektrum an angebotenen Fächern *elective courses* (Wahlpflichtkurse) belegen. In den *general studies* sind zumeist Englisch, Mathematik, Sozialwissenschaften, Naturwissenschaften, eine Fremdsprache und Grundkurse der während der *upper division* anvisierten *majors* (Hauptfächer) enthalten. Im 3. und 4. Studienjahr überwiegt die fachliche Spezialisierung in einem der vielen akademischen und berufsorientierten Programme, und die Studenten belegen vor allem Kurse in den von ihnen gewählten *majors*.

Achtung: Auch hier gibt es wieder Ausnahmen. Die Liberal Arts Colleges favorisieren eine allseitig gebildete Persönlichkeit, d.h., die Studenten erhalten eine ausgewogene Ausbildung in allen Bereichen der liberal arts (Geisteswissenschaften), der Sozialwissenschaften und der Naturwissenschaften. Studenten im Hauptstudium müssen dann neben ihren Kursen für die Hauptfächer (50%) und den Wahlpflichtkursen (25%) auch noch vorgegebene Pflichtkurse (core curriculum, 25%) besuchen, um diesem Anspruch gerecht zu werden. Dabei handelt es sich um Kurse aus bestimmten Fachbereichen wie z.B. historical study, social analysis, science usw.

MERKE

Die Mehrheit der amerikanischen Jugendlichen beendet hiernach ihre qualifizierte Ausbildung, und nur ca. 13% eines Geburtenjahrgangs sehen das *College* als Sprungbrett zum weiterführenden Studium.

Graduierten-Ausbildung – *Graduate Studies*

Graduate school: Die Graduate School ist ein Bestandteil einer *University*. Hier wird das wissenschaftliche Studium über das College-Angebot hinaus vertieft und erweitert. Typische Fächer einer *graduate school* sind nicht unmittelbar berufsbezogene Disziplinen der Geistes-, Sozial-, und Naturwissenschaften. Lehre und Forschung orientieren sich hier am Modell der deutschen Universität. Der Abschluss eines derartigen weiterführenden Studiums ist der Master.

Studienabschluss: Master

MERKE

Wichtig: Die Mehrheit der Hochschulen bietet nur in bestimmten Fächern oder sogar nur in Teilgebieten graduate programs an. Es ist daher unerlässlich, sich vorab da-

Kapitel 6.1

rüber kundig zu machen. Auch das Doctorate kann nicht an allen graduate schools gemacht werden. Die meisten Studenten schließen die graduate school mit einem Master's Degree ab.

Bewerben für die Graduate School

Master's Degree: Viele Absolventen mit Bachelorabschluss setzen ihr Studium an der Universität fort. Sie werden dann als *graduate students* bezeichnet. Normalerweise wird dazu aber der Campus gewechselt, selbst wenn man sein *Undergraduate*-Studium bereits an einer umfassenden *University* geleistet hat. Spätere Arbeitgeber sehen „Sesshaftigkeit" nicht so gerne und achten daher darauf, dass *Undergraduate-* und *Graduate*-Studium an zwei verschiedenen Institutionen gemacht wurden. Es ist also nicht ungewöhnlich, dass ein Student, der an der *University of California* in Berkeley sein *Bachelor's Degree* gemacht hat, sich danach in Harvard, am anderen Ende des Kontinents, um eine Zulassung für das Graduiertenkolleg bewirbt. Die Bewerbung für eine Universität läuft im Prinzip genauso ab, wie die Bewerbung für ein *College*. Es müssen zunächst Zulassungstests absolviert (*GRE = Graduate Record Examination* ist darunter der gebräuchlichste), Bewerbungen geschrieben, eventuell Vorstellungsgespräche absolviert und finanzielle Mittel in der einen oder anderen Form organisiert werden. Es handelt sich hierbei um ein- oder zweijährige Vertiefungsstudiengänge mit nunmehr nur noch einem Hauptfach an der *graduate school*, der ausgewählten Universität, die zum *Master's Degree* führen.

So gibt es z. B. den: *Master of Arts (M.A.), Master of Science (M.S. bzw. M.Sc.), Master of Music (M.M.), Master of Education (M.Ed.)* oder den *Master of Business Administration (M.B.A.)* etc.

Zum Ende des Studiums schreibt der Student eine *Masterthesis* oder nimmt an einem bestimmten Studienprojekt teil. Einige Hochschulen bieten als Alternative zur *Masterthesis* das Belegen weiterer Kurse an, andere verlangen weder das eine noch das andere, sondern setzen lediglich eine Mindestanzahl bestandener Kurse und einen bestimmten Mindestnotendurchschnitt voraus.

MERKE

Anmerkung: Durch die Einführung der Bachelor- und Masterstudiengänge im Zuge des Bologna-Prozesses seit 2010 ist die Vergleichbarkeit und der Wechsel in das amerikanische Hochschulsystem zum Teil leichter geworden. Die deutschen Bachelor- und Masterabschlüsse werden aber nicht per se als U.S. Bachelor's Degree bzw. U.S. Master's Degree anerkannt. Vielmehr entscheidet jede US-Hochschule individuell, ob eine direkte Aufnahme eines Masterstudiums bzw. eines Ph.D.-Studiums in den USA möglich ist. Sie sollten sich daher in jedem Fall vorher erkundigen, welche Studienleistungen angerechnet werden können und ob Ihr (Hochschul-)Abschluss für ein weiterführendes Studium in den USA zugelassen ist. Um sich ggf. Ihren Abschluss anerkennen zu lassen, empfehlen wir die Konsultation einer Beratungsstelle wie z. B. Josef Silny and Associates (⧉ www.jsilny.com).

Doctor's Degree (Ph.D.): Hat der Student seinen US-Master gemacht, qualifiziert ihn das automatisch für die Promotion. Er kann promovieren, muss aber nicht. (Es gibt sogar einige wenige Hochschulen, die eine Promotion schon nach einem Bachelorabschluss zulassen, wobei die Studenten dort automatisch mit Bestehen des Zulassungstests für die Promotion den Master verliehen bekommen.) Die Promotion an einer Hochschule führt zum *Doctor of Philosophy (Ph.D.)*, der für die meisten Fächer verliehen wird. Es gibt aber auch z. B. den Titel *Doctorate of Education (Ed.D.)*. Dieser Titel wird als Namenszusatz immer dem Familiennamen nachgestellt, also beispielsweise „Gerd Schulz, Ph.D.". Der Titel „Dr." wie im Deutschen findet keine Anwendung im Amerikanischen.

Um an einer amerikanischen Universität als Dozent zu arbeiten, benötigt man in den allermeisten Fällen eine erfolgreich abgeschlossene Promotion. Eine solche ist sehr anspruchsvoll, und fast keiner der Promovenden schafft den Ph.D. unter drei Jahren. Zunächst müssen als Vorbereitung wieder ein bis zwei Jahre allgemeines Studium durchlaufen werden. In dieser Vorbereitungsphase muss sich der Student einer Fachprüfung stellen, dem sogenannten *comprehensive exam* (oder *preliminary* oder *qualifying exam*). Wird diese Zwischenprüfung bestanden, erhält der Student mitunter noch einmal eine Art Zwischenzeugnis oder Zwischendiplom, das ihm bescheinigt, dass er die notwendigen Voraussetzungen für eine Promotion erfüllt hat. Hat er diese Hürde absolviert, folgt die eigentliche Forschungsarbeit, und der Student schreibt seine Dissertation und verteidigt diese abschließend vor einer Prüfungskommission. Außerdem wird von Promotionsstudenten erwartet, dass sie im Hinblick auf ihre eigene Reputation wie auch der ihrer Universität Arbeiten veröffentlichen. Diejenigen, die diesen harten Weg hinter sich gebracht haben, arbeiten in den nächsten zwei oder mehr Jahren zumeist an der Universität und widmen sich *post-gradual work*, wobei diese Arbeit oftmals Forschung involviert.

An der Professional School zum Advanced Professional Degree: Hiermit sind Fachbereiche gemeint, die zu den sogenannten „gelehrten Berufen" führen (im Gegensatz zu den reinen Wissenschaften der *graduate schools*). An den sogenannten *professional schools* werden z.B. zukünftige Mediziner, Zahnärzte, Tierärzte, Juristen, Theologen und Wirtschaftsleute ausgebildet. Für den *Doctor of Medicine (M.D.)* benötigt man z.B. vier, für den *Doctor of Jurisprudence (J.D.)* etwa drei Jahre. Zulassungsvoraussetzung zu einer der *professional schools* ist der *Bachelor* oder ein vergleichbarer Abschluss an einer vier Jahre dauernden Bildungseinrichtung. Ausländer können nicht sofort ein Studium an einer der *professional schools* aufnehmen. Sie müssen erst Vorbereitungsstudienkurse in *Pre-Medicine, Pre-Dentistry, Pre-Veterinary Science, Pre-Law* etc. absolvieren. Generell ist die Wahrscheinlichkeit für ausländische Studenten, an einer *Medical School* aufgenommen zu werden, sehr gering. Im Falle von Jura ist dies nicht ganz so schwierig. Es werden sogar spezielle international ausgerichtete *Master of Laws (L.L.M.)*-Programme für ausländische Studenten angeboten, denn die normalen Programme befähigen nur zur Ausübung eines juristischen Berufs in den Staaten selbst.

Verwaltung der Hochschulen

Wie bereits erwähnt sind US-amerikanische Hochschulen selbstständige Wirtschaftsbetriebe und als solche relativ autonom in ihren Entscheidungen über akademische Programme, jegliche Art von Investitionen oder die Zusammensetzung des Lehrkörpers und der Studentenschaft. Oftmals hohe Studiengebühren werden, wenn man sie in diesen Kontext stellt, plausibler, denn die Investitionen, die ja mithilfe der Studiengebühren wenigstens teilweise abgedeckt werden sollen, müssen auf die jeweiligen aktuellen ökonomischen Bedingungen hin geplant und abgestimmt werden. Die Bereiche *institutional research/ assessment* und *educational administration* haben aus diesem Grunde eine be-

Die Hochschule als Wirtschaftsbetrieb

sondere Bedeutung. Eventuelle Fehlkalkulationen im Haushaltsbudget der Hochschule muss die Hochschulverwaltung durch Maßnahmen wie z.B. Promotions- und Werbekampagnen, herausstechende Lehrangebote und Angebote im außerunterrichtlichen Bereich und/oder durch bestimmte wirtschaftliche oder personelle Umstrukturierungen wieder ausbalancieren.

An der Spitze einer Hochschule steht ein *Board of Trustees/Board of Regents*, ein nicht-akademischer Verwaltungsrat, der auch den Präsidenten und die Vizepräsidenten bestimmt. Präsident und Vizepräsidenten sind verantwortlich für solche Dinge wie z.B. Öffentlichkeitsarbeit, Finanzen, Studienprogramme und Studienangelegenheiten.

In der Verwaltungsabteilung wie auch in der akademischen Abteilung gibt es mehrere Dekane (*Deans*). So gibt es z.B. den *Dean of Admissions, Dean of Housing* in der Verwaltungsabteilung, oder z.B. den *Dean of Law School* in einer akademischen Abteilung. Die *Deans* leiten folglich entweder eine Abteilung auf Verwaltungsebene oder einen ganz bestimmten Fachbereich bzw. eine bestimmte Fakultät der Hochschule, die sogenannten *Departments*.

Dem Lehrkörper (*faculty*) gehören in der Regel an:

(Full) professor – Ordinarius
Associate professor – Extraordinarius/Dozent
Assistant professor, instructor – Lehrbeaufragter, Lektor
Full und *associate professor* haben in der Regel einen Anstellungsvertrag *(tenure)* auf Lebenszeit, die übrigen haben Zeitverträge. Der *teaching assistant* ist oft ein *graduate student* oder Doktorand, der in *Undergraduate*-Kursen die vorlesungsbegleitenden *discussions* in geisteswissenschaftlichen Fächern oder die *laboratories (labs)* in naturwissenschaftlichen Fächern leitet.
Zumeist wird ein Mitglied des Lehrkörpers zur *chairperson* eines Departments gewählt, womit dieser die Funktion einer Art Geschäftsführer zukommt. Die Bezeichnung *adjunct professor* meint im Übrigen nebenberufliche Lehrbeaufragte aus anderen Berufsbereichen.

Allgemeines zum Studium

Das akademische Jahr – academic year: Ein *academic year* (Studienjahr) läuft normalerweise 9–10 Monate, beginnt zumeist Ende August/Anfang September und endet Ende Mai oder Anfang Juni. Ein akademisches Jahr ist entweder in *semester, trimester* oder *quarter* unterteilt.

Semester: Das ist die an den meisten Hochschulen übliche Form, zwei *terms* (Zeiträume) von jeweils 18 Wochen, wobei das Herbstsemester Mitte September und das Frühjahrssemester Mitte Januar beginnt.

Trimester: Die Unterteilung erfolgt in drei Zeiträumen von jeweils 12 Wochen.

Quarter: Die Unterteilung erfolgt in vier Zeiträumen von jeweils 12 Wochen. Das vierte *quarter* ist das Sommersemester, das freiwillig ist. Von dieser Möglichkeit machen zumeist diejenigen Studenten Gebrauch, die ihr Studium so schnell wie möglich abschließen wollen. Normalerweise studiert man aber nur in drei von vier *quarters*.

Summer schools/summer session: Hier wird von einigen Hochschulen eine begrenzte Auswahl von vollen, anrechenbaren Kursen angeboten, mittels derer die Studenten ihre Gesamtstudienzeit verkürzen können bzw. nicht oder schlecht bestandene Kurse des Vorjahres wiederholen können. Für deutsche Studenten bietet das oft die Möglichkeit, „Schnupperkurse" belegen zu können.

Prüfungen: Einmalige Abschlussexamen, in denen das gesamte Fachgebiet und der Lehrstoff aller Studienjahre abgefragt werden, sind in Amerika unüblich. Das Studium wird an US-amerikanischen Hochschulen in der Regel etappenweise (durch Prüfungen in jedem Kurs am Semesterende) abgeschlossen. Prüfungen sind, mit einigen wenigen Ausnahmen (z.B. freie Kurse, Laborkurse, künstlerische Fächer etc.), grundsätzlich schriftlich.

Kaum Abschlussprüfungen!

Kleine *tests* oder *quizzes* (5–10 Minuten) können einmal pro Woche in jeder Vorlesung bzw. in den *discussions* oder *labs* erfolgen.

Midterm: Die meisten *Colleges* und Universitäten arbeiten bekanntlich mit Semestern. In der Semestermitte werden in jedem Fach ausführliche Klausuren von ca. einer Stunde, die sogenannten *midterm exams* geschrieben. Da Sie sich Kurse aus dem gesamten Uni-Angebot auswählen können und sich nicht alle Professoren unterschiedlicher Fachbereiche abstimmen können, kann es vorkommen, dass Sie mehrere *exams* an einem Tag schreiben müssen.

Final: Am Ende eines Semesters werden die *finals* geschrieben, ein- bis dreistündige Klausuren. Für jede belegte Veranstaltung (Vorlesung, Seminar etc.) muss eine Prüfung geschrieben werden. Die Prüfungen entscheiden über die Note für einen bestimmten Kurs, den man in diesem Jahr belegt hat, und somit darüber, ob man ihn bestanden hat und demzufolge auch die *credits* angerechnet bekommt.

Benotung und Kontrollformen

Grades: Die weitgehend übliche Benotungsform ist nach wie vor das Buchstabensystem von A (sehr gut) bis F (durchgefallen oder umgangssprachlich formuliert: *flunked the course*).

Credits, points, records: *Colleges*, Universitäten und *professional schools* verwenden das System der *credits*, eine Art objektive und abrechenbare Kontrollmöglichkeit für das für einen bestimmten Abschluss geforderte Leistungspensum eines Studenten. Für jeden Kurs, den man besucht, bekommt man *course credits* oder *credit hours* (Semesterwochenstunden) angerechnet. Die *load* ist die Anzahl der Semesterwochenstunden. Diese richtet sich nach der zeitlichen Aufspaltung eines *degree program*. Normalerweise beträgt die *semester load* etwa 16 Stunden pro Woche. Rechnet man noch den Zeitaufwand für Vorbereitungen und Hausaufgaben für einen jeden Kurs hinzu, so kommen amerikanische Durchschnittsstudenten schnell auf das Drei- bis Vierfache (ca. 60 Stunden und mehr).

System der Schulnoten

Für einen bestimmten Abschluss muss eine bestimmte Anzahl an *credits* absolviert werden. Die Hochschulen bestimmen selbst, wie viele *credits* für einen bestimmten Abschluss notwendig sind. Die aufgestellten Studienpläne aller Fächer und aller Stufen bestimmen ein Rahmenprogramm von Pflicht- und Wahlveranstaltungen (*requirements and electives*), die als Zahl der Semesterwochenstunden angegeben werden.

Abrechnung nach „credits"

Eine jede Kursstunde, die man pro Woche belegt, entspricht einer *credit hour*. Eine Vorlesung, die mit zwei Wochenstunden angegeben wird, zählt folglich *two credit hours*. Belegen Sie jede Woche vier Stunden Portugiesisch, werden Ihnen bei Beendigung dieses Kurses vier *credits* angerechnet. Es gibt ebenso für Praktika im Labor, für eigene Forschung, mitunter sogar für die Anfertigung von Abschlussarbeiten, eine festgelegte Anzahl von *credits*, wobei zwei oder drei Stunden Labor aber nur als eine *credit hour* zählen. Wenn Sie die Anforderungen eines Kurses nicht schaffen und durchfallen, bekommen Sie natürlich auch keine *credits* angerechnet.

Um einen Bachelor zu machen, muss man ungefähr 120 *credits*, davon 60 *credit hours* in *general studies* und 60 Stunden im *major*, absolviert haben. Das bedeutet, pro Studienjahr müssen in der Regel 30 *credit hours* (Semesterwochenstunden) abgelegt werden, also 15 Stunden pro Semester. Pro *term* belegen die Studenten 12–16 *credits*, also zwischen 4 und 6 Kurse. Ein einzelner Kurs umfasst normalerweise 3–4 *credits*. Das Zeugnis eines Studenten – das System der *credits (units), points* und *records* – ergibt sich aus der Verbindung von *load, course* und *grade*. Die *credit hours* und die Zensuren, die man in den einzelnen Veranstaltungen erhält, werden zum *average grade* zusammengerechnet. Die Zensuren erhalten dabei Wertzahlen, sodass die *credit points* einen Durchschnitt ergeben (*Grade Point Average* oder *GPA*).

Wichtig: Grade Point Average!

Diesen *Grade Point Average* erhalten Sie fertig ausgerechnet zum Abschluss eines jeden Semesters auf dem Semesterzeugnis zugesandt. Dabei werden immer alle vorangegangenen Semester bewertet und nicht nur das zuletzt absolvierte. Das höchstmögliche *GPA* liegt bei 4.0. Sie können Ihren *GPA* meist aufbessern, indem Sie mit schlechten Noten bestandene Kurse wiederholen und diese bessere Note dann einfließen lassen. Der *GPA* wird auch zum Abschluss des gesamten Studiums Ihre Abschlussnote darstellen!

6.2 Allgemeines für deutsche Studenten

Wann ist der richtige Zeitpunkt?

Bessere Chancen auf ein Stipendium nach dem Grundstudium

Wann genau der richtige Zeitpunkt für ein Auslands(teil)studium ist, hängt ganz von den Zielsetzungen ab, die man damit verbindet. Wollen Sie bis zum Zeitpunkt Ihrer Studienaufnahme, Lehre oder Ähnlichem in Deutschland ein Jahr sinnvoll überbrücken und Lebenserfahrungen sammeln oder möchten Sie sich mit dem amerikanischen Hochschulwesen vertraut machen, um dessen vielfältige Möglichkeiten zu erkunden, dann wäre die Zeit direkt nach dem Abitur oder Fachabitur sehr günstig. Sie müssten den Aufenthalt in diesem Fall allerdings weitestgehend selbst bezahlen. Wenn Sie auf finanzielle Unterstützung hoffen, tun

Sie also besser daran, nach Abschluss des Grundstudiums in die USA zu gehen. Warum? Deutsche Förderungsprogramme gelten grundsätzlich für Studenten, die innerhalb Ihres Studienprogramms in Deutschland (in der Regel nach Abschluss des Grundstudiums oder oft auch schon innerhalb der neuen sechssemestrigen Bachelorstudiengänge) oder danach ein Austauschangebot (z.B. als Forschungsjahr für die Promotion) nutzen. Zu diesem Zeitpunkt haben Sie auch weitaus bessere Chancen, ein Stipendium aus amerikanischen Quellen zu bekommen. Amerikanische Stipendien an Abiturienten werden nur sehr selten vergeben.

Viele Studenten der höheren Semester nutzen die Möglichkeit, nach dem Hochschulstudium in Deutschland ein Zusatz- oder Aufbaustudium in den USA aufzunehmen, um auf diese Weise berufliche Zusatzqualifikationen zu erwerben. Andere wiederum studieren im Rahmen ihrer Promotion zu Forschungszwecken für ein Jahr an einer amerikanischen Hochschule.

Dauer

Bei der Entscheidung über die Dauer des Studiums, d.h., ob Sie nur ein Jahr oder ein komplettes Studium in den USA absolvieren wollen, spielen sicherlich verschiedene Faktoren eine Rolle. Der wichtigste Gesichtspunkt, der zu bedenken wäre, ist zweifelsohne die Frage der Finanzierung, denn in den USA liegen die Studiengebühren bekanntlich sehr hoch, und Stipendien aus deutschen Quellen laufen grundsätzlich nur für die Dauer eines Jahres. Nur in ganz wenigen Ausnahmefällen ist eine Verlängerung für ein weiteres Jahr möglich. Arbeitsmöglichkeiten für ausländische Studenten sind rar, insbesondere was das Anfangssemester betrifft. Zu beachten sind hier auch die jeweiligen Visumbestimmungen. Eine weitere Frage, die Sie vorher bedenken sollten, ist die, wo Sie später voraussichtlich leben und arbeiten möchten. Falls Sie bereits wissen, dass Ihre Wunschheimat die USA sein soll, so wäre ein Vollstudium dort durchaus empfehlenswert. Anderenfalls ist es angebracht, erst einmal ein Studium in Deutschland aufzunehmen und nach dem Auslandsjahr an einer amerikanischen Gasthochschule auch an die heimatliche Hochschule zurückzukehren und dort das Abschlussexamen zu machen.

Details zum benötigten Visum (Grundvoraussetzung für die Aufnahme Ihres Studiums in den USA) finden Sie in Kapitel 9.2 „F-1 Visum (Student): Highschool, College, Universität". Doch nun wollen wir uns zunächst dem regulären Bewerbungsverfahren zuwenden.

6.3 Das Bewerbungsverfahren

Zulassung und Einstufung deutscher Bewerber

Vorbemerkungen

Zu unterscheiden im Bewerbungsverfahren ist grundsätzlich zwischen:

- der Zulassung *(admission)* und
- der Einstufung (*classification*) als *graduate* oder *undergraduate* oder auch *non-degree* (oder *special*) *student*

Bei vielen Hochschulen beinhaltet die Wahl einer bestimmten Institution (z. B. ein 4-Jahres-College) oder das Zulassungsverfahren selbst bereits eine Einstufung.

Kein Anrecht auf Zulassung!

Zulassung: Amerikanische Hochschulen haben hinsichtlich der Zulassungen ausländischer Studenten völlige Entscheidungsfreiheit. Somit existieren keinerlei rechtliche Ansprüche, wenn man einmal von bestimmten öffentlichen Hochschulen absieht, die im Verfahren der *open admission* (Zulassung ohne formale Voraussetzungen) alle Bewerber, die die Zulassungsforderungen erfüllen, aufnehmen müssen. Doch das Prinzip der *open admission* oder bestimmte Sozialklauseln gelten für ausländische Studenten ohnehin nicht.

MERKE

Tipp: Wir raten Ihnen, sich zuerst um die Zulassung zu kümmern. Eine Einstufung kann ja immer noch während des Zulassungsverfahrens oder nach Ihrer Ankunft in den USA erfolgen.

Einstufung: In den USA existiert kein zentrales Gremium, das die im Ausland erbrachten Schul- und Studienleistungen bewertet. Deshalb genießen die Hochschulen hinsichtlich der Einstufung ihrer Bewerber dieselbe Freiheit wie auch im Zulassungsverfahren. Die Einstufung bezieht sich nicht auf den Bewerbungszeitpunkt, der ja bereits sechs bis acht Monate vor Studienbeginn liegt, sondern auf den des tatsächlichen Eintritts in die Hochschule.

Im Zulassungsverfahren wird Ihnen durch viele Institutionen die Möglichkeit eröffnet, sich für ein oder zwei Semester als *non-degree* (oder *special*) *student* einschreiben zu lassen, was bedeutet, dass Ihre Studien in den USA nicht auf einen Abschluss hinauslaufen. Meistens sind die Zulassungsanforderungen dann nicht ganz so streng, und Sie können eine größere Anzahl von Kursen besuchen. Auf der anderen Seite haben Sie dann jedoch kaum eine Chance auf finanzielle Hilfe von Ihrer Gastinstitution.

Als *degree student* haben Sie die Möglichkeit an Ihrer Gasthochschule einen Abschluss zu machen und sich damit für ein Stipendium dieser Hochschule bewerben. Ihre Kurswahl ist natürlich durch zu belegende Pflichtkurse für den Abschluss etwas eingeschränkter. Der Status lässt sich natürlich noch im Nachhinein von *non-degree* in *degree student* ändern, allerdings dann auf die Gefahr hin, dass Ihnen Ihre Gasthochschule die Kurse, welche Sie als *non-degree student* belegt haben, nicht für Ihren Abschluss anrechnet, wodurch sich natürlich Ihre Studienzeit verlängern würde.

Abiturienten können höher eingestuft werden!

Für *undergraduate* und *graduate students* gelten häufig unterschiedliche Zulassungsverfahren. Generell sollten deutsche Bewerber nicht allzu hohe Erwartungen hegen. Mindestens zwölf Jahre bis zur deutschen Hochschulreifeprüfung werden sowieso vorausgesetzt. Mit Fachabitur werden Sie als *freshman* eingestuft. Beim Abitur hängt die Einstufung von der jeweiligen Hochschule ab. Bisher war er so, dass das 13. Jahr ganz oder teilweise angerechnet konnte. (Da die Amerikaner zwölf Jahre zur Schule gehen, bekämen Sie mitunter das 13. Jahr angerechnet und damit ein *advanced standing* gewährt. In diesem Fall könnten Sie bereits als *sophomore* ins Studium einsteigen und würden insgesamt nur drei Jahre für den *Bachelor* benötigen.).

Das Bewerbungsverfahren   *Kapitel 6.3*

Bewerben Sie sich während Ihres Studiums in Deutschland für einen Austausch, also als *transfer student*, werden Sie je nach Ihrem Studienstand und Ihren Vorleistungen ins zweite, dritte oder vierte Jahr eingestuft. Zuweilen werden Ihnen sogar an einigen Hochschulen ein oder zwei Jahre einer bereits abgeschlossenen Ausbildung auf Ihr Studium angerechnet. Damit Sie am Zulassungsverfahren zu einem *graduate program (Master* oder *Professional Degree)* teilnehmen können, sollten deutsche Teilnehmer bestenfalls einen Bachelor- oder Masterabschluss vorweisen können. Einige Schulen akzeptieren auch Bewerber, die mindestens drei Jahre studiert haben und eine Zwischenprüfung oder ein Vordiplom einer Universität bzw. das Fachhochschuldiplom abgelegt haben. Dies, wie auch die mögliche Anerkennung deutscher Scheine als *credits*, müsste dann aber im Einzelfall mit der jeweiligen *graduate school* abgeklärt werden. Mit einem Universitätsabschluss könnten Sie auf jeden Fall alle weiterführenden Studiengänge nutzen *(Master, Professional, Doctoral)*. Bei den neuen Bachelorstudiengängen können Sie unter Umständen nach Abschluss ihr Studium in den USA in dem jeweiligen Masterprogramm fortsetzen.

Einstufung an der Graduate School

Beim Fachhochschulabschluss ist es zuweilen etwas schwierig. Manche Hochschulen ordnen Sie als *senior* in einem Bachelorstudiengang ein, andere wiederum lassen Sie damit gleich zu einem Masterstudiengang zu. *Seniors* sind aber oftmals ohnehin berechtigt, bereits an Kursen aus dem *graduate study* teilzunehmen. Voraussetzung ist hierbei allerdings, dass Sie an einer amerikanischen Universität eingeschrieben sein müssen. Erkundigen Sie sich beim DAAD oder bei Ihrer Fachhochschule, ob Abkommen und Stipendienprogramme mit US-Partnerhochschulen existieren.

MERKE

Tipp: Dokumentieren Sie so vollständig wie möglich Ihren bisherigen beruflichen und akademischen Werdegang, damit Sie den verantwortlichen Stellen Ihre Einstufung erleichtern und sich selbst eine angemessene Einstufung sichern.

1. Zulassungsvoraussetzung

Um für ein Studium in den USA zugelassen zu werden, benötigen Sie die deutsche Hochschulreife – entweder als Abitur, fachgebunden oder in Form einer Fachhochschulreife. Bei letzteren beiden Fällen beschränkt sich die Zulassung normalerweise auch in den USA auf ähnliche Fächer. Als Abschlüsse stehen dann in den USA der *Associate* oder der Bachelor zur Auswahl, wobei der *Associate* für deutsche Studenten wegen akademischer Niveauunterschiede nicht empfehlenswert ist. *Two-Year Community Colleges*, die diese Abschlüsse anbieten, werden in Deutschland nicht anerkannt, eignen sich aber ggf. für ein Schnupperstudium oder für Intensivsprachkurse.

Die **Bewerbungs- und Zulassungsverfahren** an den einzelnen Hochschulen sind völlig uneinheitlich.

Undergraduate study: Das Zulassungsverfahren bei *undergraduates* obliegt stets einer zentralen Abteilung der Hochschulverwaltung, dem *Office of Admissions* oder dem *Dean of Admissions*. Hier allein wird über den Antrag entschieden. Bestimmte Fachrichtungen wie Medizin und Jura werden nicht an *Colleges* gelehrt. Deshalb haben deutsche Studenten dieser Fachrichtungen keine Möglichkeit, zum engeren Fachstudium zugelassen zu werden. Interessenten dieser Fachrichtungen sollten sich für weitere Informationen direkt an den DAAD, EducationUSA, oder an das Akademische Auslandsamt ihrer Hochschule wenden.

Graduate study: Zulassungen werden beim *graduate study* in Konkurrenz mit allen anderen ausländischen und einheimischen Bewerbern vergeben. Die Entscheidungen fallen allerdings an den einzelnen Fachbereichen, da sich die Zulassungskriterien hier weitestgehend nach spezifisch lokalen Schwerpunkten der Lehre und Forschung richten und werden Ihnen dann zumeist über das *Office of Admissions* mitgeteilt.

Bei der Bewerbung für das *graduate*-Studium sollten bei Beginn des USA-Aufenthalts mindestens drei deutsche Studienjahre erfolgreich abgeschlossen sein. Dies ist zu belegen durch Zeugnisse von Zwischenprüfung/Vordiplom einer Universität, wobei die meisten amerikanischen Universitäten einen Universitätsabschluss (Bachelor-, Staats-, Diplom-, Magisterprüfung) voraussetzen. Der DAAD weist darauf hin, dass Prüfungen, die erst im Jahr vor dem US-Aufenthalt abgelegt werden und noch nicht mit der Bewerbung eingereicht werden können, die Zulassungsentscheidungen entsprechend verzögern oder mitunter sogar eine negative Antwort zur Folge haben können.

Bewerbern für Medizin, Zahnmedizin und Veterinärmedizin kann hier leider wieder nur mitgeteilt werden, dass Sie in der Regel keine Chance haben, selbst auch nur für einen kürzeren Studienaufenthalt zugelassen zu werden. In den verschiedenen Zweigen der Psychologie gestaltet sich die Zulassung zu *graduate programs* für deutsche Bewerber in letzter Zeit auch immer schwieriger, und sechs deutsche Semester reichen meist nicht mehr aus. Psychologiestudenten müssen oft, wegen der anders strukturierten Studiengänge, viele naturwissenschaftliche Grundlagenkenntnisse nachholen.

2. Leistungsnachweise

Achten Sie auf Vollständigkeit aller Leistungsnachweise!

Leistungsnachweise sind sowohl für das Zulassungsverfahren als auch für die spätere Einstufung wichtig. Das sind Zeugnisse (Zeugnisse der Klassen 9–12 für Studienanfänger, Abiturzeugnis, Nachweis besuchter Hochschulveranstaltungen, Zwischenprüfung/Vordiplom, Abschlusszeugnisse), aber auch Scheine von Einzelkursen. Hier von besonderer Wichtigkeit für Studenten: Benotete Kurse (Seminare, Übungen etc.) müssen Sie mit den Zensuren einzeln aufführen und auf einem weiteren Blatt sollten Sie dann die nur besuchten Kurse aufführen. Alle Dokumente müssen Sie in Form beglaubigter Kopien der betreffenden Heimatinstitutionen beifügen (zumeist genügen Stempel und Unterschrift). Zum einen benötigen Sie eine beglaubigte Kopie des Originals, zum anderen eine Übersetzung des Originals. Was die Übersetzung betrifft, kann es sein, dass eine von Ihnen angefertigte genügt oder aber dass die US-Hochschule auf einen beglaubigten Übersetzer besteht. Erkundigen Sie sich rechtzeitig!

Abiturienten als Studienanfänger wird empfohlen, Leistungskurse der gymnasialen Oberstufe mit Titel, Fachzuordnung und Zensur einzeln aufzuführen. Mitunter können Sie durch ein *transfer of credits* ein sogenanntes *advanced standing* anerkannt bekommen und sich dadurch einige Einführungskurse ersparen.

Für Studenten, die an einem *graduate program* teilnehmen wollen, gilt hinsichtlich der *academic records*, d.h. der Studiennachweise, dasselbe, wie oben beschrieben. Vom angehenden *graduate student* werden außer dem Reifezeugnis in der Regel keine Unterlagen über die Gymnasialzeit verlangt. Eine detaillierte Zusammenstellung der Hochschulkurse, wenn möglich mit Zensurenangabe bei Übungen, Seminaren etc., ist jedoch in den meisten Fällen erforderlich. Lücken in der Ausführlichkeit können sich mitunter durchaus negativ auf die Zulassung oder die Einstufung auswirken.

3. Gutachten und Empfehlungsschreiben (*letters of recommendation*)

Zumeist sind zwei bis drei solcher Schriftstücke gefordert. Je besser der Empfehlende Sie kennt, desto besser für Ihr Gutachten. Die meisten US-Hochschulen haben dafür vorgedruckte Formulare. Gutachten sollten in englischer Sprache verfasst sein. Ist der Gutachter dazu nicht in der Lage, sollten Sie hier einen professionellen Übersetzer bemühen. Die meisten US-Hochschulen schreiben vor, dass Sie das Gutachten nicht sehen dürfen, daher sollen diese am besten im verschlossenen Umschlag direkt an die Hochschule gesandt werden. Doch die Erfahrung besagt, dass Ihnen die meisten Gutachter die Schreiben vorher zeigen. Falls Ihnen ein Dozent anbietet, ein solches selbst zu verfassen, nutzen Sie ruhig diese Chance aus!

Das Gutachten sollte folgende Aussagen enthalten:

- Woher und wie lange kennt Sie der Empfehlende (z.B. als Klassenlehrer, aus einer Übung, einem Seminar etc.)?
- Wie ist Ihr Persönlichkeitsprofil?
- Welche fachlichen Leistungen und Qualitäten haben Sie, und wie stehen Sie damit im Vergleich zu anderen Schülern oder Studenten?
- Wie groß ist nach Meinung des Empfehlenden der Nutzen des Auslandsaufenthaltes für Sie?

Alle Aussagen sollte der Empfehlende mit konkreten Beispielen belegen. Empfehlungsschreiben sollten bei *Graduate*-Bewerbern möglichst von Hochschuldozenten, also von Professoren, kommen.

4. Zulassungstests

Admission tests sind in der Regel absolute Zulassungsvoraussetzung. Viele Hochschulen verlangen für Studienanfänger auch eine Aufnahmeprüfung. Die Hochschulen teilen mit, ob und ggf. welche Art Prüfung verlangt wird. Zumeist handelt es sich dabei um den *SAT (Scholastic Aptitude Test)* des *CEEB (College Entrance Examination Board)*. Diese Prüfung kann in Deutschland abgelegt werden, zur Zeit in Berlin, Hamburg, Frankfurt und München. Einzelheiten kann man z.B. erfragen beim

KONTAKT

EducationUSA Beratungsstellen – deutschlandweit –
Tel.: 040-70383688
Fax: 040-43218780
E-Mail: *info@educationusa.de*
www.educationusa.de

Einige Hochschulen verlangen statt des *SAT* den *ACT (American College Test).* Die geforderten Tests wird Ihnen die Hochschule nach Eingang Ihrer Bewerbung mitteilen.

In künstlerischen Fächern werden mitunter Begabungsnachweise (Portfolios, CDs, Fotos, Zeichnungen) oder sogar eine Aufnahmeprüfung *(audition)* nach Ankunft in den USA verlangt.

Voraussetzung für graduates: GRE oder GMAT-Tests

Bewerber zum *graduate program* müssen üblicherweise Aufnahme- und Begabungsprüfungen ablegen, die auch in Deutschland vom *Educational Testing Service* unter dem Oberbegriff des *Graduate Record Examination (GRE)* durchgeführt werden. Die Hochschulen oder Fachbereiche benachrichtigen Sie unter Umständen, welche Prüfungen genau verlangt werden. Die *GRE*-Testbatterien (verlangt als *general test* und/oder *subject test*) sind für eine sehr große Zahl an Fächern relevant. Daneben gibt es noch den *GMAT (Graduate Management Admission Test)* für Betriebswirtschaft *(business administration)*. Der GMAT wird von fast allen amerikanischen Hochschulen mit BWL-Programmen als *aptitude test* auch von solchen Bewerbern verlangt, die ein betriebswirtschaftliches Aufbaustudium (Juristen, Ingenieure etc.) betreiben möchten. Näheres zu den Zulassungstests finden Sie in Kapitel 6.4 „Zulassungstests".

5. Sprachtest
Hier ist der gängigste der *TOEFL (Test of English as a Second Language)*, welcher sowohl von Studenten im *undergraduate* als auch im *graduate study* bestanden werden muss.

6. Bewerbungsformulare
Sie sind von Hochschule zu Hochschule verschieden, umfassen aber in der Regel die gleichen Punkte wie persönliche Daten, Angaben über die Familie, den bisherigen Werdegang, Sprachkenntnisse, abgelegte Zulassungstests, eventuell Interessen und Hobbys, d.h. außerunterrichtliche Aktivitäten. Durch die Auswertung verschafft sich die Hochschule ein Bild über den Rahmen Ihres Studiums, besuchte Lehrveranstaltungen sowie über Kenntnisse im Fachgebiet und außerhalb desselben.

7. Bewerbungsessays (Statement of Purpose oder Statement of Choice)
Mit einem solchen Essay sollen Sie Ihrer Wunschhochschule einen Einblick in die fachlichen und nichtfachlichen Motivationen, in Ihre Ziele und Erwartungen sowie deren Begründung für Ihren Hochschulwunsch vermitteln. In Ihrem Essay haben Sie die Möglichkeit, alles das an Erfahrungen und Kompetenzen zu präsentieren, was vielleicht nicht in den Zeugnissen und Testresultaten zum Ausdruck kommt, insbesondere welche Eigenschaft Sie von den anderen Bewerbern abhebt.

Ergänzung: Einige Hochschulen verlangen außerdem Finanzierungsnachweise (mitunter ist es auch möglich, diese nachzureichen) und ein Gesundheitszeugnis. Bei einigen Fächern, beispielsweise im musisch-künstlerischen Bereich, müssen zusätzlich Arbeitsproben (Portfolios, CDs, Mappen etc.) eingereicht werden.

Allgemeine Hinweise

Amerikanische Universitäten sind an Ihrem Gesamteindruck interessiert. Ausschlaggebend sind nicht die Einzelkomponenten, wie hervorragende Noten und gute Testergebnisse. Schlechte Testergebnisse sind also nicht gleich ein Weltuntergang. Der Sprachtest muss allerdings unbedingt bestanden werden! Haben Sie Umlaute oder ein „ß" in Ihrem Namen, so verwenden Sie bitte stets dieselbe Schreibweise (z.B. „ü" als „ue" und „ß" als „ss"), sonst werden gleich zwei Akten über Sie angelegt. Am besten alles tippen oder wenigstens in gut leserlicher Druckschrift schreiben.

Beim Bewerbungsablauf geht es auch in den USA ziemlich bürokratisch zu. Zur effektiven Bearbeitung und Vermeidung von Missverständnissen sollten Lebensläufe und ggf. Erklärungen beigefügt werden.

In vielen Stipendien- und Austauschprogrammen der Hochschulen besteht keine freie Hochschulwahl, sondern ein Zuweisungsverfahren. Die Veranstalter teilen den Bewerbern jeweils mit, welche Schritte und Formalien zur Zulassung notwendig sind.

Sie sollten nicht versuchen, deutsche Begriffe mit amerikanischen Umschreibungen zu übersetzen. Benutzen Sie alle Originalbezeichnungen wie Abitur, Zwischenprüfung, Staatsexamen, Diplom-Übersetzer etc. Schreiben Sie dazu eventuell in Klammern die ungefähre amerikanische Entsprechung. Auswertungen der deutschen Studiennachweise dauern mitunter lange. Einige Hochschulen ziehen dabei sogenannte *credential evaluation services* zu Rate, deren Kosten Sie in der Regel selbst tragen müssen.

Originalbegriffe verwenden!

Natürlich vergrößern sich Ihre Chancen, wenn Sie sich bei mehreren Hochschulen gleichzeitig bewerben. Bedenken Sie aber rechtzeitig, dass schon zu einem frühen Zeitpunkt der Zulassungsanfragen sogenannte Bearbeitungsgebühren *(application fees)* von US$ 45 bis US$ 150 anfallen. Machen Sie sich von Ihren Studienunterlagen *(records)* immer gleich mehrere Kopien.

Um die Zulassung konkurrieren Sie mit einer großen Anzahl amerikanischer und anderer ausländischer Mitbewerber. Sie sollten sich daher rechtzeitig Alternativmöglichkeiten überlegen und sich nicht unbedingt auf eine der gemeinhin bekannten Hochschulen versteifen. Wenn Sie vorhaben, zunächst ein *Undergraduate*-Studium und anschließend ein *Graduate*-Programm zu besuchen, so ist es wesentlich wichtiger, dass Ihr Graduierten-Abschluss an einer renommierten Universität erfolgt. Nach Ihrem *Bachelor's Degree* wird Sie später kaum noch jemand fragen.

Zulassungszeitpunkt

Diese Informationen richten sich vor allem an Interessenten, die sich selbst um die Zulassung bemühen. Das gilt insbesondere für Selbstzahler und BAföG-Studenten.

Entscheidungen über Zulassungen für den Studienbeginn im September können Ihnen jederzeit zwischen Februar und August mitgeteilt werden. Zulassungen zu anderen Terminen werden in der Regel individuell gehandhabt. Häufig setzen vor allem die *professional schools* eine Frist für die Annahme der Zulassung.

Bewerbungen sollten meist im November erfolgen

Normalerweise umfasst das akademische Jahr an den amerikanischen Hochschulen den Zeitraum von Ende August/Anfang September bis Anfang/Ende Mai. Zumeist wird dieses in zwei *semester – fall term* und *spring term* – aufgeteilt, zuweilen aber auch in *trimester* oder *quarter*. Die überwiegende Zahl der Studenten beginnt das Studium im Herbst, doch Zulassungen sind ebenso für den *spring term* im Januar oder bei *trimester* und *quarter* sogar mehrmals im Jahr möglich. Antragstermine zur Zulassung liegen in der Regel zwischen November und Januar für den folgenden Herbst *(regular admission)*. Bewerbungen für ein Stipendium aus deutschen Quellen müssen in einigen Fällen sogar schon im Mai des Vorjahres erfolgen.

In vielen Fällen ist die Zulassung an den Beginn eines Studienjahres gebunden, was im Normalfall auch mit dem Beginn des *degree program* einhergeht, d.h. Ende August/Mitte September. In einigen Fällen kann man sich aber auch für eine *mid-year admission* bewerben. Entsprechend der Einteilung des akademischen Jahres in zwei Semester oder drei *quarter* würde man dann im Februar oder im Januar beginnen. Letztere Möglichkeit bietet sich an, wenn man sich nicht sicher ist, ob man rechtzeitig zum Normalbeginn des akademischen Jahres anfangen kann, weil z.B. noch eine wichtige Prüfung in Deutschland abzulegen ist. Allerdings sind verspätete Einschreibungen in der Regel nicht möglich.

Kleiner Bewerbungsleitfaden

1. Sie fordern die Bewerbungsunterlagen von einigen amerikanischen Hochschulen an, indem Sie zunächst eine formlose Anfrage an das *Admissions Office* mit Kurzschilderung Ihres bisherigen Werdegangs, genauen Angaben über Studienvorhaben, anvisierten Abschluss, Studienfach und der Frage nach Stipendienmöglichkeiten für ausländische Studenten aufsetzen. Dies ist auch online oder per E-Mail möglich.

Besorgen Sie sich gleichzeitig die Unterlagen der deutschen Stipendienorganisationen im Akademischen Auslandsamt Ihrer Hochschule. Informieren Sie sich über eventuell existierende bilaterale Kooperationsvereinbarungen mit amerikanischen Partnerhochschulen. Fordern Sie im Berechtigungsfall die Unterlagen zur Beantragung für ein Auslands-BAföG (Bundesausbildungsförderungsgesetz) an.
Zeitpunkt: rund 18 Monate vor geplantem Studienbeginn.

2. Sie sondieren die Informationsbroschüren der von Ihnen angeschriebenen Hochschulen, fordern Testmaterial für Sprach- und Zulassungstests bei den jeweiligen Testorganisationen an und melden sich möglichst sehr früh dafür an, da bekanntermaßen die Termine schnell ausgebucht sind. Dies gilt insbesondere für den *TOEFL*-Test.
Zeitpunkt: Juli–August des Vorjahres.

3. Sie legen die erforderlichen Tests ab, stellen alle Unterlagen zusammen (alles fotokopieren), lassen diese beglaubigen und ggf. übersetzen: Abitur, Studiennachweise über bereits besuchte Hochschulkurse, Vordiplom bzw. Zwischenprüfungszeugnis, Urkunden über Abschlussprüfungen, Empfehlungsschreiben von Hochschuldozenten, Essay (*statement of purpose*). Sie senden Ihre Bewerbungsunterlagen möglichst lange vor der Deadline ab.
Zeitpunkt: August des Vorjahres bis Januar desselben Jahres.

4. Viele US-Hochschulen verschicken bereits im Februar Zulassungs- oder Ablehnungsbescheide. Sie haben im Übrigen die Möglichkeit, im Bedarfsfall (z. B. durch unvorhergesehene Umstände) die Zulassung um ein Jahr zu verschieben *(deferral of admission)*. Sie treffen die Auswahl (Selektion der zukünftigen Hochschule). Es ist in den USA üblich, auch die Hochschulen zu benachrichtigen, die Sie nicht gewählt haben. Jetzt (nach Erhalt der entsprechenden Formulare Ihrer zukünftigen Hochschule) sollten Sie Ihr Visum beantragen (siehe Kapitel 9.2 „F-1 Visum (Student): Highschool, College, Universität").
Zeitpunkt: Februar–Juni desselben Jahres.

INTERNET

Ein paar weitere aktuelle Informationen und einen guten Überblick erhalten Sie auch hier:
- *www.college-contact.com/usa*
- *www.educationusa.state.gov*
- *www.studieren-in-usa.de*

Schließlich können Sie sich auch an das *International Office* bzw. das Referat für internationale Angelegenheiten Ihrer Hochschule wenden.

6.4 Zulassungstests

Sprachtests

Möchten Sie in den USA studieren, müssen Sie als erste Grundvoraussetzung einen Englischtest bestehen, von denen der *TOEFL*-Test (*Test of English as a Second Language*) der gängigste ist.

Achtung: Der TOEFL muss auf jeden Fall bestanden werden!

MERKE

TOEFL (iBT) – Test of English as a Foreign Language (Internet-based Test)

Der *TOEFL*-Test wird vom *ETS (Educational Testing Service)* veranstaltet. Informationen zur Anmeldung enthalten zwar nur einige Testmuster, aber dafür Hinweise, wo man diese erwerben kann. Seit 2005 wurde der ehemals papierbasierte *TOEFL*-Test in Deutschland komplett auf eine internetbasierte Version umgestellt. Seit 2006 wird die jetzt *TOEFL Internet-based Test (iBT)* genannte Prüfung nun auch in den meisten anderen Ländern ausschließlich in dieser Form angeboten. In Deutschland gibt es ca. 32 Standorte, an denen man den *TOEFL (iBT)* ablegen kann.

TOEFL-Test

Dieser Sprachtest dauert ca. vier Stunden und besteht aus vier Teilen, welche die jeweiligen Kenntnisse in den folgenden Bereichen prüfen:

1. Reading
2. Listening
3. Speaking
4. Writing

Sie müssen die englische Sprache gut sprechen, verstehen und lesen können sowie bestimmte grammatikalische Grundkenntnisse nachweisen. Die Maximalpunktzahl, die man beim *TOEFL (iBT)* erreichen kann, beträgt 120 Punkte. Die meisten amerikanischen Hochschulen verlangen von *undergraduates* ca. 60–80 Punkte, von *graduates* ca. 80–100 Punkte. Über 100 Punkte sind ein exzellentes Ergebnis. Da es sich um einen sehr umfangreichen Englischtest handelt, ist es empfehlenswert, im Vorfeld zu recherchieren, um sich mit dem Prinzip und den Inhalten des Testes vertraut zu machen.

INTERNET

Anmeldeschluss ist jeweils eine Woche (bei online bzw. telefonischer Anmeldung) bzw. vier Wochen (bei schriftlichen Anmeldungen) vor den jeweiligen Testterminen. Es ist aber sogar anzuraten sich bereits einige Monate vor der *registration deadline* anzumelden, da die Termine immer schnell ausgebucht sind. Die Anmeldung erfolgt am einfachsten direkt online bei *www.ets.org* oder aber telefonisch oder schriftlich über das für Deutschland (Europa) zuständige *registration center* (Kontaktdaten am Ende dieses Kapitels).

Die Testergebnisse sind im Übrigen nur zwei Jahre gültig. Der *TOEFL* kann beliebig oft wiederholt werden und es zählt immer das jeweils aktuellste Testergebnis. Der ehemalige *TSE (Test of Spoken English)* wurde am 31. März 2010 eingestellt und durch den *TOEFL (iBT) Speaking* ersetzt. Durch diesen Test wird dem Studenten die mündlich-aktive Sprachbeherrschung bescheinigt, z.B. für eine Stelle als *teaching assistant* (Lehrerassistent).

Ein dritter Sprachtest, *TWE (Test of Written English)*, wird ebenfalls angeboten, aber nur selten verlangt. Die Bulletins von *TOEFL* enthalten auch nähere Informationen zum *TWE*. Doch eigentlich wichtig ist nur der *TOEFL*-Test.

INTERNET

Mehr über *TOEFL* erfahren Sie in der *TOEFL*-Test-Broschüre sowie über das Internet unter *www.toefl.org* (*www.ets.org/toefl*). Die Broschüren können Sie sich von den Deutsch-Amerikanischen Instituten oder direkt von den Testorganisationen zuschicken lassen. Die Adressen finden Sie am Ende dieses Kapitels. Vorbereitungsbücher können Sie in den Deutsch-Amerikanischen Instituten kostenlos einsehen, bei den Testorganisationen bestellen oder in gut sortierten Buchhandlungen kaufen. Auch direkt auf *www.toefl.org* können Sie sich online mit Übungen vorbereiten bzw. diese bestellen.

MELAB - Michigan English Language Battery

Einige Hochschulen akzeptieren alternativ zum *TOEFL* den *MELAB*-Test. Dieser besteht aus vier Einzelprüfungen:

1. Written Composition
2. Listening Comprehension Test
3. Multiple Choice Test
4. Oral Interview/Speaking Test

Hier beträgt die zu erreichende Maximalpunktzahl 99 und das Testergebnis ist ebenfalls zwei Jahre gültig.

Hinweis: Es kann, unabhängig vom bereits abgelegten Test, an der Gasthochschule noch ein weiterer Englischtest durchgeführt werden, dessen Ergebnis dann darüber entscheiden kann, ob Sie noch Sprachkurse belegen müssen.

MERKE

Allgemeine Zulassungstests

Das meiste Kopfzerbrechen bereitet deutschen Studenten in der Planungsphase die allgemeinen Zulassungstests. Vielen bereitet der Gedanke daran so viel Unbehagen, dass der Wunsch, in den USA zu studieren, ihnen dadurch vergällt wird. Ein solcher Test ist jedoch nur ein Kriterium unter mehreren bei der Zulassungsentscheidung. Dies sollte dennoch kein Grund sein, die Tests auf die leichte Schulter zu nehmen.

Die gängigsten Zulassungstests sind der *Scholastic Aptitude* bzw. in einigen Büchern auch *Assessment Test (SAT)*, der *Graduate Management Admission Test (GMAT)* sowie die *Graduate Record Examination (GRE)*. Sie können diese Tests alle in Deutschland, in dafür speziell zur Verfügung stehenden Testzentren ablegen. Die Tests können aber auch in anderen Ländern absolviert werden.

Ein nicht bestandener Test bedeutet übrigens nicht gleich das Aus für Sie, denn Sie können diesen beliebig oft wiederholen. Außerdem wird an der amerikanischen Hochschule immer berücksichtigt, dass Sie ja kein Muttersprachler sind, d.h. es gelten nicht die gleichen Maßstäbe wie für amerikanische Studienbewerber.

SAT

Dieser wird in der Regel von den Studienanfängern und jüngeren Semestern abverlangt. Es gibt verschiedene Testtermine pro Jahr. Auch hier gilt, die Anmeldungsfristen genauestens einzuhalten. Falls Sie diese doch verpasst haben sollten, gibt es für Sie vielleicht noch die Möglichkeit, am Testtag als *standby* teilzunehmen, vorausgesetzt, es gibt genügend freie Plätze. Das Risiko läge dann allerdings auf Ihrer Seite. Anmeldungen sind hier auch per Fax oder online möglich. Der *SAT*-Test besteht aus zwei Teilen. Im *SAT I* werden Ihre allgemeinen verbalen und mathematischen Fähigkeiten überprüft, *SAT II* setzt sich aus verschiedenen *subject tests* zusammen. Hier werden spezielle Fachkenntnisse in Fächern wie Geschichte, Mathematik, Biologie etc. überprüft. Beide Teile dürfen nicht an ein und demselben Tag abgelegt werden. Nähere Informationen finden Sie auch unter *www.collegeboard.org*.

INTERNET

GMAT

Bewerber für ein Master- oder Ph.D.-Programm in *business administration* oder verwandten Fächern müssen in der Regel den *GMAT* ablegen. Tests finden an verschiedenen Terminen statt. Der Test besteht aus drei Hauptteilen, in denen allgemeine verbale, analytische und mathematische Fähigkeiten von Ihnen nachgewiesen werden müssen. Wirtschaftsbezogenes Fachwissen wird hier jedoch noch nicht vorausgesetzt. Anmeldungen können neben dem normalen

Postweg auch telefonisch, per Fax oder online erfolgen. Falls Sie die Anmeldefristen verpassen, haben Sie auch hier eventuell noch die Chance als *standby* teilzunehmen.

KONTAKT

Pearson VUE
Attention: GMAT Program
P.O. Box 581907
Minneapolis, MN 55458-1907
Tel. (für Europa): +44 161-855-7219 (9:00-17:00 Uhr)
Fax: +44 161-855-7301
E-Mail: *GMATCandidateServicesEMEA@pearson.com*
⬜ *www.mba.com*

GRE

Dieser Test wird von Bewerbern für ein Master- oder Ph.D.-Programm in einer ganzen Reihe von Fächern verlangt.

Ein *GRE General Test* überprüft in drei Testabschnitten Ihre verbalen, analytischen und mathematischen Fähigkeiten. In den acht *GRE subject tests* müssen Sie Ihr vorhandenes Fachwissen in solchen Bereichen wie Geschichte, Chemie, Musik etc. unter Beweis stellen. Beim *GRE* wird zwischen dem *Paper-and-pencil*-Test, der mehrmals pro Jahr bundesweit angeboten wird, und dem Computertest, den man nur alle sechs Monate ablegen kann, unterschieden. Näheres dazu erfahren Sie von *Prometic* in Lelystad, Niederlande (⬜ *www.prometric.com*). Auch hier besteht bei verpasster Anmeldefrist eventuell noch die *Standby*-Möglichkeit. Der *GRE General Test* wurde am 1. August 2011 durch den *GRE Revised General Test* ersetzt. Neu daran ist, dass er neue Fragen beinhaltet und dass das Design benutzerfreundlicher geworden ist.

INTERNET

Im Internet findet man die Testorganisation unter ⬜ *www.gre.org* (offeriert auch hervorragende Informationen zu einem MBA-Studium).

Die Testergebnisse von *SAT*, *GMAT* und *GRE* haben alle eine Geltungsdauer von fünf Jahren. Sie können an vielen Testzentren in Deutschland abgelegt werden. Testdaten mit Anmeldefristen sowie die deutschen Testzentren sind aber nicht miteinander koordiniert, sodass jeder einzelne Interessent die *Bulletins* (Informationsblätter) anfordern und die Testtermine und Testorte abstimmen muss. Alle Testveranstalter bieten, gegen eine gewisse Gebühr, umfangreiches Testmaterial für die Vorbereitung an. Mehr dazu erfahren Sie aus den entsprechenden *Bulletins*.

Kosten: Die Kosten für den *TOEFL (iBT)* belaufen sich je nach Land auf US$ 160 bis US$ 250. Die Teilnahmegebühr für den *GMAT* liegt weltweit bei US$ 250 und für den *GRE* bei US$ 190. Allerdings können noch einige Nebenkosten anfallen. Bei Ihrer Kalkulation sollten Sie z.B. die hinzukommenden Reisekosten zu den Testzentren nicht vergessen.

Weitere Tests: *ACT*, *MAT*, *MCAT*, *DAT*, *LSAT*, *AP* **und** *CLEP*

An einigen Hochschulen wird statt des *SAT* auch der *American College Test (ACT)* und statt des *GRE* der *Miller Analogies Test (MAT)* akzeptiert.

Der *Medical College Admission Test (MCAT)* ist für Bewerber der Fachrichtung Medizin. Im *Dental Admission Test (DAT)* werden Bewerber der Fachrichtung Zahnmedizin geprüft. Der *Law School Admission Test (LSAT)* richtet sich an Bewerber der Fachrichtung Jura (gilt nicht für Referendare).

Abgesehen vom *LSAT* werden die übrigen Tests nicht in Deutschland angeboten, da eine Zulassung in diesen Fächern, wie bereits beschrieben, ohnehin schwer möglich ist.

Amerikanische Schüler nutzen zuweilen einen vorläufigen *SAT*-Test, den sogenannten *Preliminary Scholastic Aptitude Test (PSAT)*. Dieser wird, zusammen mit dem *National Merit Scholarship Qualifying Test (NMSQT)*, einem speziellen Test für ein nationales Stipendienprogramm für begabte US-Schüler, auch an US-Highschools in Deutschland abgenommen. In den USA haben die Bewerber durch zwei weitere Prüfungen die Möglichkeit *credits* anerkannt zu bekommen und so ihr Studium abzukürzen, und zwar mittels *Advanced Placement (AP) Programs* und *College-Level Examination Program (CLEP)*. Weitere Informationen hierzu finden Sie unter ⌨ *www.collegeboard.org*.

INTERNET

KONTAKT

Adressen der Testorganisationen

American College Test (ACT)
P.O. Box 168 500 ACT Drive
Iowa City, IA 52243-0168
⌨ *www.act.org*

ADA Department of Testing Services
211 East Chicago Ave
Chicago, IL 60611
Tel.: +1-800-232-1694
E-Mail: *adat@ada.org*
⌨ *www.ada.org*

Graduate Management Admission Council
P.O. Box 2969
Reston, VA 20195
Tel.: +1-703-668-9600
Fax: +1-703-668-9601
E-Mail: *customercare@gmac.com*
⌨ *www.gmac.com*

GRE-ETS
P.O. Box 6000
Princeton, NJ 08541-6000
Tel.: +1-609-771-7670 o. +1-866-473-4373
Fax: +1-610-290-8975
⌨ *www.ets.org/gre*

Medical College Admission Test (MCAT)
The MCAT Care Team
Association of American Medical Colleges
Section for Applicant Assessment Services
2450 N St., NW
Washington, D.C. 20037-1126
Tel.: 202-828-0690
E-Mail: *mcat@aamc.org*
⌨ *www.aamc.org/mcat*

Cambridge Michigan Language Assessments
Michigan English Language Assessment Battery (MELAB)
Argus 1 Building
535 West William St., Suite 310
Ann Arbor, MI 48103-4978
Tel.: 1-734-615-9629
Fax: 1- 734-763-0369
E-Mail: *info@cambridgemichigan.org*
⌨ *www.cambridgemichigan.org*

Miller Analogies Test (MAT)
Pearson
PSE Customer Relations – MAT
19500 Bulverde Road
San Antonio, TX 78259-3701
Tel.: +1-210-339-8710 o.
+1-800-622-3231
Fax: +1-210-339-8711 o.
1-888-211-8276
E-Mail:
matscoring.services@pearson.com
☞ *www.pearsonassessments.com*

Scholastic Aptitude Test (SAT)
Enrollment
11955 Democracy Drive – Suite 300
Reston, VA 20190-5662

For Customer Service requests:
College Board SAT Program
P.O. Box 025505
Miami, FL 33102
Tel.: +1-212-713-7789
☞ *www.collegeboard.com*

Test of English as a Foreign Language (TOEFL)
(Registration Center Europe)
Prometric
Building 3
Finnabair Technology Park
Dundalk
Co Louth
Ireland
Tel.: +31 320-239-540
Fax: +31 320-239-541
☞ *www.ets.org/toefl*
☞ *www.language-testing-service.de*

6.5 Anerkennung von Studienleistungen und akademischen Graden

Gegenseitige Anerkennung ist problematisch

Aufgrund der unterschiedlichen Strukturen der deutschen und amerikanischen Bildungssysteme gibt es keine bilateralen Abkommen zur Anerkennung von Studienleistungen und akademischen Graden. Aus diesem Grunde sollten Sie sich bereits sehr frühzeitig während der Planungsphase Ihres Auslandsstudiums gründlich mit dem Thema der Anerkennungsfragen auseinander setzen. Das gilt nicht nur für die Anerkennung deutscher Studiennachweise zur Zulassung und Einstufung in den USA, sondern natürlich auch für die Anerkennung der amerikanischen Studienleistungen und Abschlüsse bei Ihrer Rückkehr nach Deutschland.

Die akademischen Grade amerikanischer Hochschulen sind grundsätzlich nicht geschützt. Folglich kann es bei der Anerkennung in Deutschland Probleme geben. Im amerikanischen Hochschulsystem wird grundsätzlich unterschieden zwischen

- einer allgemeinen Betriebsgenehmigung, die die einzelnen Bundesstaaten den Hochschulen mit der Genehmigung, akademische Grade zu verleihen, erteilen und
- der fachlichen Anerkennung durch Gremien der akademischen Selbstverwaltung und der berufsständischen Organisationen als sogenannte *accreditation*.

Insbesondere der *accreditation* durch fachlich kompetente und von amerikanischen Bundesbehörden anerkannte Organisationen kommt hierbei eine besondere Bedeutung zu. In den USA gibt es sechs regionale *Associations of Colleges and Schools*. Diese nehmen die Anerkennung der Sekundar- und *undergraduate*-Sektoren vor. Daneben existieren aber auch noch eine Reihe von Berufsverbänden, z.B. die der Mediziner, Juristen etc., die die Hochschulen und Studiengänge in ihrem jeweiligen Zuständigkeitsbereich prüfen. Die Anerkennungsliste dieser Berufsverbände wird jedes Jahr im *American Council on Education* veröffentlicht.

Bezüglich der generellen Anerkennung gibt es derzeit nur Übergangsformen der Koordinierung, aber immer noch keine zentrale Institution. Wenn Sie Zweifel haben, fragen Sie bei amtlichen Stellen nach, wie z.B. bei der amerikanischen Botschaft, amerikanischen Konsulaten oder der deutschen Kultusministerkonferenz. Hüten Sie sich vor selbst etablierten Anerkennungsorganen einiger amerikanischer Hochschulen. Solche werden von den US-Bundesbehörden nicht akzeptiert, d.h., deren Entscheidungen sind völlig unwirksam.

MERKE

Anmerkung: Mitglieder des *Council of Graduate Schools in the Unites States (CGS)*, zu welchem auch die Mitglieder der *American Association of Universities (AAU)* gehören, sind grundsätzlich anerkannte, also akkreditierte, Hochschulen. Die *accreditation* der Hochschule bzw. ihrer *professional programs* ist ein ganz entscheidendes Kriterium bei der Anerkennung von Studienleistungen und akademischen Graden in Deutschland.

KONTAKT

Council of Graduate Schools in the United States
One Dupont Circle NW, Suite 230
Washington, D.C. 20036
Tel.: +1-202-223-3791
Fax: +1-202-331-7157
↗ *www.cgsnet.org*

Deutsche Studiennachweise für die USA

Deutsche Studiennachweise sind wichtig bei der Zulassung und der Einstufung zum Studium an einer amerikanischen Hochschule. Deutsche Prüfungsnachweise und die damit verbundenen Qualifikationen werden von amerikanischen Hochschulen nicht mit amerikanischen Abschlüssen gleichgesetzt. So wird z.B. laut DAAD die deutsche Promotionszulassung (Hochschulabschluss) als unmittelbare Zulassung zu einem *Ph.D. program* nicht anerkannt. Es gelten vielmehr die bei der Zulassung zu einem Studienprogramm von der jeweiligen Hochschule festgelegten Mindestvoraussetzungen. Insbesondere Graduierte von Fachhochschulen müssen sich auf die unterschiedliche Anerkennung ihrer Vorleistungen einstellen.

Unterschiedliche Handhabung der einzelnen Hochschulen

Das deutsche Abitur (selbst bei 13 Schuljahren) kann bei Studienanfängern im Einzelfall ohne jede Anerkennung zur Einstufung als *freshman* führen, in einem anderen Einzelfall zur Einstufung als *sophomore* oder gar *junior* und damit ein bis zwei Jahre sparen. Hier entscheiden die Hochschulen völlig autonom.

Deutsche Studiengrade können unter Umständen von den sogenannten *Credential Evaluation Services* in den USA kostenpflichtig anerkannt oder ein amerikanisches Äquivalent bescheinigt werden. Eine Adressauswahl finden Sie in Kapitel 16.2 „Weitere Organisationen".

Anerkennung amerikanischer Kursleistungen für den deutschen Studiengang

Lassen Sie sich die Anerkennung von Leistungen schon vor Ihrer Abreise bestätigen!

Von besonderer Wichtigkeit ist dieser Aspekt für *transfer students*, also für deutsche Austauschstudenten, die ein Studienjahr in den USA verbringen, aber gelegentlich auch für Abiturienten, die in den USA ein Studium anfangen und dieses dann in Deutschland fortsetzen möchten. Teilnehmer eines integrierten DAAD-Auslandsstudiums haben mit der Anerkennung von Studienleistungen wohl kaum Schwierigkeiten, ist doch dieses Bestandteil der Vereinbarungen zwischen den deutschen und den US-amerikanischen Institutionen. Existieren jedoch keine derartigen Absprachen, entscheiden in der Regel die Fachbereiche der deutschen Hochschulen, bei Studien mit staatlichen Abschlussprüfungen gelegentlich die Prüfungsämter, über die Anrechnung der einzelnen Kurse. Aus diesem Grunde sollten Sie bereits vor Ihrer Abreise Ihre Studienpläne in den USA mit einem Dozenten Ihrer Hochschule/Ihres Fachbereiches besprechen. Das innerhalb der USA übliche Verfahren des *transfer of credits* gibt es transatlantisch noch nicht.

Grundsätzlich gilt:

1. Vor Ihrem USA-Aufenthalt sollten Sie mit einem Dozenten Ihrer Heimathochschule oder mit dem zuständigen Prüfungsamt absprechen. Meist wird dies in Form eines sogenannten *learning agreements* festgehalten. Tun Sie das am besten ein Semester vor der Abreise. Dabei können Sie auch gleich klären, unter welchen Voraussetzungen Sie sich die im Ausland erbrachten Studienleistungen anrechnen lassen können und welche Unterlagen oder Bescheinigungen Sie mit zurückbringen sollten.

2. Ihr USA-Studium muss durch offizielle Unterlagen dokumentiert werden (*transcript of records, credentials, student record card* etc.). Nur *Credit*-Kurse, also solche, die voll durch Leistungsnachweise (d.h. *grades* = Zensuren oder *pass* = bestanden) ausgewiesen sind, können in Deutschland angerechnet werden.

3. Angerechnet werden nur solche Kurse, die in den deutschen Studienplan des Studenten passen. Studenten, die ein *Bachelor's Degree* erwerben, sollten bedenken, dass Sie im Rahmen der amerikanischen Studienpläne auch völlig fachfremde Kurse belegen müssen, die in Deutschland nicht anerkannt werden.

4. Kurse aus der *lower division*, also für *freshmen* und *sophomores* werden in der Regel nicht anerkannt. Höhere Semester sollten *graduate courses* nachweisen. Studenten höherer Semester sollten aus diesem Grund auch den Status eines *special student* oder *non-degree student* beantragen, wenn sie nicht als *graduate student* eingestuft werden oder *upper division courses* belegen.

5. Im deutschen System werden nicht angerechnet:

   - Kurse, die als Gasthörer (*audit*) belegt wurden
   - Nachweise aus Fernkursen (*correspondence courses*)
   - Examenspunkte, die für Lebenserfahrung oder aus kursersetzenden Prüfungen (*CLEP*) bestätigt werden
   - Kurse aus nichtanerkannten (*non-accredited*) Hochschulen oder Programmen
   - Kurse, die an amerikanischen Institutionen oder Studienzentren außerhalb der USA belegt wurden.

Anerkennung amerikanischer akademischer Grade und anderer Abschlüsse

Die Anerkennung oder Nicht-Anerkennung amerikanischer Studienleistungen und akademischer Grade obliegt in Deutschland den zuständigen Stellen. Gutachterstelle für die entscheidungskompetenten Stellen, die Kultus- und Wissenschaftsministerien der Bundesländer, Hochschulen und andere Behörden, ist die Zentralstelle für ausländisches Bildungswesen im Sekretariat der Ständigen Konferenz der Kultusminister der Länder und der Bundesrepublik Deutschland.

Entscheidungen über Anerkennungen beziehen sich auf:
a) das Studium an deutschen Hochschulen
b) die Berufsausübung in der Bundesrepublik
c) die Führung akademischer Grade in der Bundesrepublik

Möchten Sie Ihr Studium nach einem US-amerikanischem Abschluss fortsetzen, z. B. um zu promovieren, sind die Hochschulen oder die jeweiligen Fachbereiche verantwortlich. Über die Anerkennung amerikanischer Bildungsnachweise zur Fortsetzung des Studiums an deutschen Hochschulen entscheiden generell die jeweiligen Fakultäten/Fachbereiche. Bei Ausbildungsplänen für Berufe, deren Mindestqualifikation in der Bundesrepublik Deutschland durch Gesetze oder Prüfungsordnungen festgelegt ist (z.B. Lehrer, Ärzte), sind die Landesprüfungsämter zuständig.

Zuständigkeiten für die Anerkennung

Wollen Sie Ihren amerikanischen Hochschulabschluss für die Berufsausübung verwenden, liegt die Verantwortlichkeit bei den zuständigen staatlichen Behörden, wie z. B. den Kultusministerien, den Gesundheits- und Sozialministerien der Länder oder anderen zuständigen Stellen wie z. B. den Architektenkammern, Landesärztekammern etc.

Die Führung eines in den USA erworbenen akademischen Grades bedarf in Deutschland der Genehmigung des zuständigen Kultusministeriums. Existieren getrennte Ressorts, erfolgt die Genehmigung durch das Wissenschaftsministerium des Landes (gilt ebenfalls für *honoris causa* [h.c.] und ehrenhalber [e.h.] erworbene Grade).
Ihren Antrag richten Sie an das Kultus- oder Wissenschaftsministerium des Bundeslandes, in dem Sie Ihren Wohnsitz haben! Liegt dieser im Ausland, ist das Ministerium für Wissenschaft und Forschung des Landes Nordrhein-Westfalen zuständig.

Schon im Vorfeld informieren!

Tipp: Wir empfehlen Ihnen, dass Sie sich dort schon im Vorfeld über die mögliche Anerkennung und die notwendige Gleichwertigkeit informieren. Im Übrigen ist es auch möglich, den amerikanischen Abschluss in einen vergleichbaren deutschen Grad umzuwandeln. Hier sind ebenfalls die Kultus- oder die Wissenschaftsministerien zuständig. Auf jeden Fall müssen Sie Ihr Studium an einer akkreditierten, d.h. an einer durch bereits zuvor erwähnte US-Gremien anerkannten Hochschule absolviert haben.

MERKE

Achtung: Es gibt einige Fälle, in denen ebenfalls eine Fachakkreditierung des Studiengangs notwendig ist, z.B. beim MBA (Master of Business Administration) durch die American Assembly of Collegiate Schools of Business (✍ www.aacsb.edu).

6.6 Wahl des Studienplatzes

Bei der Wahl des richtigen Studienplatzes spielen viele Faktoren eine ausschlaggebende Rolle, wie z.B. Prestige, Größe der Universität, öffentlich oder privat und damit natürlich verbunden – Höhe der Studiengebühren, Chancen auf Zulassung und auf Stipendium, Qualität Ihres Fachbereichs, Bekanntheit der Professoren Ihres Fachbereichs, zahlenmäßiges Verhältnis zwischen Studenten und Professoren etc.

MERKE

Tipp: Legen Sie für sich selbst vorab eine Liste mit Auswahlkriterien fest, nach der Sie dann die Universitäten bei Ihrer Recherche konsequent durchchecken!

Entscheiden, an welcher(n) Universität(en) Sie sich bewerben, müssen letztendlich Sie selbst, aber vielleicht können wir Ihnen ein paar Denkanstöße in verschiedene Richtungen geben:

Prestige: Die Studienplätze der renommierten Universitäten sind wirklich hart umkämpft. Es gibt eine Hierarchie nach Prestige, akademischem Standard und Ausstattung. Einige der Privatuniversitäten wie *Harvard, Yale, Princeton, Northwestern University, Washington University* oder *Stanford* zählen zu den ältesten und berühmtesten Universitäten des ganzen Landes und genießen weltweit hohes Ansehen. Hier wird die Crème de la Crème ausgebildet. Wollte man all die Namen berühmter Wissenschaftler, Staatsmänner, Politiker etc. aufzählen, die hier studiert haben, würde Ihnen schwindlig werden.

Die berühmte „Ivy-League"

Übrigens: Der berühmten und in aller Welt bekannten *Ivy-League* (Efeu-Liga) gehören folgende Universitäten an: *Harvard, Yale, University of Pennsylvania, Princeton, Columbia, Brown, Dartmouth* und *Cornell University*.

MERKE

Achtung: Lassen Sie sich keineswegs ausschließlich von sogenannten ranking guides, Ranglisten, die nach ganz bestimmten Gesichtspunkten aufgestellt wurden, leiten. Einen vollständigen Eindruck bekommen Sie nur, indem Sie zusätzlich Informationsmaterial einzelner Universitäten studieren und gezielt Kontakte aufnehmen.

Möchten Sie an einer dieser berühmten Universitäten studieren und damit Ihre Chancen auf dem heimatlichen oder internationalen Arbeitsmarkt aufwerten?

Liegt ihnen das harte und anspruchsvolle Arbeitspensum einer Eliteuniversität mehr oder möchten Sie lieber eine etwas lockere Atmosphäre, wenn Sie studieren? Ist für Sie das allgemeine Prestige der Universität ausschlaggebend, oder darf es auch eine etwas unbekanntere sein, wenn die Ausbildung in ihrem gewünschten Fachbereich trotzdem sehr gut ist?

Größe: Erfahrungsgemäß haben große Universitäten die besseren Mittel zur Verfügung, d.h. sie sind im Allgemeinen besser ausgestattet, was Bibliotheken, Labors, Lehrgebäude, Unterkünfte etc. angeht. Die Studentenzahlen liegen an manchen großen Universitäten bei ca. 50.000, was automatisch bedeutet, dass auch an außerunterrichtlichen Möglichkeiten (Clubs, Sport, Diskotheken etc.) sehr viel geboten wird. Wer ein geselliger Typ ist und sich in den Trubel stürzen möchte, sollte schon eher eine große Hochschule besuchen.

Andere mögen jedoch vielleicht lieber einen ruhigeren Ort. Es gibt auch Universitäten in kleineren Städten mit nur ca. 1.000 eingeschriebenen Studenten. Der Nachteil: Zumeist nicht eine solche große Auswahl an zur Verfügung stehenden Mitteln. Der Vorteil: Die Dozenten können mehr auf die Bedürfnisse ihrer Studenten eingehen und es herrscht eine familiäre Atmosphäre. Freundschaften und Kooperationen, die hier einmal geschlossen werden, dürften erfahrungsgemäß wohl haltbarer sein.

Doch Größenordnungen gehen nicht automatisch mit guter Qualität einher. Es existieren gute und weniger gute Colleges mit einigen wenigen hunderten Studenten, und an den größeren Universitätssystemen mit 50.000 Studenten gibt es starke und schwache Bereiche. Das Urteil darüber, welche *Colleges* gut oder schlecht, welche Bereiche stark oder schwach sind, nimmt dabei selbstredend ein gewisses akademisches Prestige zum Maßstab.

Öffentliche oder private Universität: Möchten Sie eine private oder öffentliche Hochschule besuchen? Private kosten natürlich viel mehr, aber dafür vergeben diese eher *scholarships* an internationale Studenten.

Von den ca. 3.000 amerikanischen Hochschulen und Hochschuleinrichtungen der USA handelt es sich bei rund 40% um öffentliche Anstalten, die unter der Kontrolle der Bundesstaaten, Städte und Gemeinden stehen. Die übrigen, als *private institutions* bezeichneten, stehen teils unter Förderung, teils unter Aufsicht verschiedener Konfessionen (es handelt sich jedoch um keine „Konfessionsschulen"). Die Trägerschaft hat mit der Leistung nichts zu tun.

Einen sehr guten Überblick über mehr als 1.500 Colleges und Universitäten bietet das Buch *Complete Book of Colleges* (Princeton Review, 2016 Edition, ISBN 978-0804126311). Mithilfe des 1.440 Seiten umfassenden Leitsystems finden auch Sie bestimmt schnell eine Einrichtung, die Ihren Vorstellungen entspricht. Zu jedem *College* bzw. jeder Universität werden die Einstellungskriterien, Kosten, mögliche Unterkünfte, Bewerbungsrichtlinien, Stipendienmöglichkeiten etc. vorgestellt.

BUCHTIPP

Campus, Unterkunft, Betreuung

Campus: Der Campus ist die gesamte räumliche Einheit aller Unterrichts- und Forschungsstätten, Wohnheime sowie Freizeitinstitutionen an einer amerikanischen Hochschule. Der Lebensstil, der hier vorherrscht, ist ein ganz besonderer. Er beinhaltet nicht nur das akademische Leben sondern auch viele nicht-akademische zuweilen sogar kindlich-naive Facetten, die das Studenten- und Forschungsleben tangieren. Ob das organisierte Gemeinschaftsleben auf einem Campus als kindlich-naive Vermassung oder als großartiger *community spirit* empfunden wird, hängt immer vom jeweiligen Studenten und von der Hochschule ab. Was viele deutsche Studenten oft als Eingriff in ihre persönliche und akademische Freiheit empfinden, sind die Reglementierungen, die das Leben auf dem Campus begleiten. Dinge wie Anwesenheitspflicht, mitunter Alkohol- und Nikotinverbot, Kleiderordnungen etc. erfordern gerade von ihnen, mehr als bei anderen ausländischen Studenten, ein hohes Maß an Anpassung und Umdenken.

Leben auf dem Campus

Natürlich stehen die Studienanforderungen im Vordergrund. Aber daneben ist für das Leben auf dem Campus alles, was mit dem Studium nur indirekt zusammenhängt, von großer Wichtigkeit. Da wäre der Sport, alle möglichen Formen von Clubs und Interessengemeinschaften, politische Bewegungen (Bürgerrechtsbewegungen sind von jeher an Universitäten stark ausgeprägt), des Weiteren Theateraufführungen, Musikkonzerte, Universitätsradio oder Fernsehen, Universitätszeitungen u. v. m. Hier bietet sich für jeden Geschmack etwas. Selbstredend beherbergt eine derartige Vielfalt immer auch gewisse Randgruppen und es treten besondere Modeerscheinungen und von der Norm abweichende Verhaltens- oder Denkformen zutage.

Unterkunft: Möchten Sie lieber auf oder außerhalb des Campus wohnen? Campus-Unterkünfte werden von den Universitäten entweder in Form von Wohnheimen *(dormitories)* oder (bei Mitgliedschaft) studentischen Gemeinschaften *(fraternities* für Herren, *sororities* für Damen – auch als *greek system* bekannt) bereitgestellt. Die Wohnungssituation wird gerade von deutschen Studenten im Allgemeinen wesentlich besser eingeschätzt.

Studenten, die in *dormitories* (Wohnheimen) wohnen, haben üblicherweise Zimmergenossen, essen in den Speisesälen des Campus und ihnen stehen diverse Nutzungsmöglichkeiten, wie Waschautomaten, Fernsehräume und Lesesäle zur Verfügung. Studenten, die außerhalb des Campus wohnen, müssen sich ihre Unterkunft selbst organisieren. Bei Hochschulen mit gut ausgerüstetem Campus bedarf die private Wohnungssuche, gerade der Anfangssemester, zumeist der Erlaubnis der Universität.

Hochschulen der Großstädte, mit einer überwiegend ortsgebundenen Studentenschaft oder auch *Two-Year Community Colleges* verfügen zumeist nur über sehr begrenzte Wohnheimmöglichkeiten. Studenten suchen sich dann ihre eigene Wohnung oder teilen eine mit anderen Studenten, was leicht zum enorm schwankenden Kostenfaktor werden kann. Teilweise ist aber auch die Universität Eigentümerin vieler Studentenwohnungen, vermittelt welche oder ist bei der Suche behilflich. Mit einer eigenen Wohnung haben Sie zugegebenermaßen mehr Platz und Privatsphäre für sich. Wenn sich die Wohnung jedoch nicht unmittelbar in Campusnähe befindet, entstehen meist Extrakosten für den Transport. Außerdem ist das Leben auf dem Campus im Allgemeinen sicherer und bequemer für Sie, unterliegt aber natürlich besonderen Regeln.

Betreuung: Diese ist in viel stärkerem Maße ausgeprägt, als wir das von deutschen Universitäten gewöhnt sind. Jeweils ein Mitglied der Fakultät fungiert als *advisor (academic advisor* oder *student advisor)* für 6–25 Studenten. Zumeist betreut er diese ein Jahr lang, wonach ein anderer *advisor* im nächsten Jahr seine Aufgaben übernimmt, mitunter betreut Sie aber auch ein *advisor* während des gesamten Studiums. Er leitet die Studenten in ihrem Studiengang an, und auch wenn mitunter ein Student gar keine Veranstaltungen bei diesem Professor besucht, so hat er bezüglich der Studienangelegenheiten doch immer wieder mit diesem zu tun. Der *advisor* ist dafür verantwortlich, dass die ihm anvertrauten Studenten ihr Studium sinnvoll gestalten und rechtzeitig zum Abschluss bringen. Er berät sie bei der Gestaltung des Studienplans, informiert über einzuhaltende Pflichtveranstaltungen und sorgt dafür, dass die Studenten ihren Plan nicht überladen und damit ihre Kräfte und wertvolle Zeit vergeuden. Scheitert ein Student, muss der *advisor* dafür Rede und Antwort stehen. Was die ausländischen Studenten betrifft, so obliegen diese Funktionen mitunter, aber nicht notwendigerweise, dem *foreign student advisor.* Ein *foreign* oder *international student advisor* kümmert sich ausschließlich um die Belange und Probleme ausländischer Studenten und kann Ihnen auch, wenn erwünscht, Vorschläge hinsichtlich universitätseigener Unterkünfte außerhalb des Campus machen oder Ihnen zumindest zeigen, wo Sie suchen müssen (schwarze Bretter, Zeitungen, Internet etc.). Der *Vice President of Student Affairs* kümmert sich mit seinem großen Mitarbeiterstab um das Wohlbefinden und die Assimilierung vor allem der jüngeren Studenten. Der Student bespricht im Rahmen seiner eigenen Studienvorhaben mit seinem jeweiligen *advisor* die Studienpläne und den Stundenplan. Der *advisor* muss in der Regel dem Studienplan zustimmen, der Stundenplan ist vorgegeben oder dem jeweiligen Studienplan angepasst. Erkundigen Sie sich schon bei der Bewerbung nach Ihrem zuständigen *foreign student advisor*! Campus-Hochschulen haben zumeist auch eine sehr gute medizinische Versorgung und psychologische Beratung. Eine gute und kostengünstige Verpflegung durch Mensa- und Cafeteriabetrieb ist überall vorhanden und für alle Studierenden, auch die nicht auf dem Campusgelände wohnen, zugänglich. Selbst Studenten mit alternativen Essgewohnheiten kommen hier auf ihre Kosten.

Der student advisor wird Sie während des Studiums betreuen!

Kosten

Gesamtkosten: Diese schwanken wegen der Struktur des amerikanischen Hochschulwesens und abhängig von geografischer Lage, Rechtsstatus, Trägerschaft und vielen anderen Faktoren enorm. Konkrete Aussagen sind deshalb hier nicht möglich.

Kostenaufgliederung: Die amerikanischen Hochschulen legen, je nach wirtschaftlichen Rahmenbedingungen, jedes Jahr ihre Gebühren und Dienstleistungssätze neu fest. Die eigens von den Hochschulen herausgegebenen Handbücher und *catalogs* geben darüber Auskunft. Zwar sind private Institutionen in der Regel teurer als öffentliche, d.h. aber noch lange nicht, dass sie deshalb auch unbedingt besser sind. Die Kosten spiegeln nicht notwendigerweise das akademische Niveau der Hochschule wider. Nehmen Sie die folgenden Kostenüberlegungen nur als groben Leitfaden!

Vorbereitungsphase: Hier fallen bereits Testgebühren, Bewerbungsgebühren an den Hochschulen (insbesondere bei Selbstbewerbern), Kosten für bürokratischen Aufwand und Fotokopien an. Hinzu kommen die Kosten für die Anreise.

Hohe Studiengebühren für Ausländer

Studiengebühren (tuition): Die Studiengebühren, *tuition and fees*, an staatlichen Hochschulen liegen zwischen US$ 3.500 und US$ 10.000 pro Studienjahr. Bei den privaten Hochschulen belaufen sie sich im gleichen Zeitraum auf etwas das Dreifache. Generell liegen die Studiengebühren für *out-of-state students*, also vor allem auch für ausländische Studenten, um ein Vielfaches über den normalen Studiengebühren. Besitzen Sie als ausländischer Student eine GreenCard (informieren Sie sich hier auch über die Möglichkeiten, die Ihnen die GreenCard-Lotterie bietet, siehe Kapitel 13 „GreenCard-Lotterie"), so ermäßigen sich die Studiengebühren spätestens nach dem ersten Studienjahr auf die normalen Gebühren für einheimische Studenten.

Weitere Kosten: Natürlich ist es mit den Studiengebühren allein nicht getan. Während des USA-Studienaufenthaltes entstehen Lebenshaltungskosten – Unterkunft und Verpflegung *(room and board)*. Um eine grobe Spanne anzugeben: je nach Standort liegen diese zwischen US$ 4.000 und US$ 10.000 pro Studienjahr. In Metropolen wie New York, Boston, Chicago oder Los Angeles sind diese Kosten natürlich im Vergleich enorm höher (US$ 7.000 bis US$ 12.000) als z. B. in kleineren Städten im mittleren Westen. Bei Campus-Universitäten kleinerer Städte gibt es in der Regel keine andere Möglichkeit, als die hochschuleigenen *dormitories* und *cafeterias* zu nutzen. Diese sind aber in der Regel sehr preiswert, sodass man mit US$ 4.000 bis US$ 7.000 auskommen kann, Ferienzeiten (in denen die Wohnheime und Mensen geschlossen sind) bereits mit eingerechnet. Hinzu kommen noch die Kosten für Studienmaterialien und Bücher, sonstige Kosten wie Telefongebühren nach Deutschland, ggf. Reisekosten, eventuell Kosten für Medikamente usw. Studieren Sie an einer kostengünstigen Hochschule in einer Kleinstadt sind diese zusätzlichen Kosten natürlich wiederum weitaus niedriger anzusetzen, als in einer teuren Gegend. Außerdem müssen Sie Kosten für Unterrichtsmaterialien einkalkulieren, die Sie in den USA stets aus eigener Tasche bezahlen müssen.

Beispiele für Studiengebühren von einigen renommierten US-Universitäten (Stand 2016)

Universität	In-State Tuition in US$*	Out-of-State Tuition in US$**
Cornell University	49.116	49.116
Harvard University	45.278	45.278
Massachusetts Institute of Technology	46.704	46.704
New York University	46.170	46.170
Ohio State University, Columbus	10.037	26.537
Pennsylvania State University, University Park	17.514	31.346
Princeton University	43.450	43.450
Rutgers, The State University of New Jersey	14.131	29.521
San Diego State University	6.976	18.136
Stanford University	46.320	46.320
Texas A&M University, College Station	9.180	26.356
University of California, Berkeley	13.432	13.432
University of California, Los Angeles	12.753	35.631
University of Central Florida	6.368	22.467
University of Chicago	50.193	50.193
University of Florida	6.313	28.591
University of Georgia	11.622	29.832
University of Michigan, Ann Arbor	14.336	43.377
University of Minnesota Twin Cities	13.560	20.810
University of Pennsylvania	49.536	49.536
University of Southern California	50.210	50.210
University of Texas, Austin	9.830	34.836
University of Washington, Seattle	12.394	33.513
University of Wisconsin, Madison	10.415	29.665
Yale University	47.600	47.600

Alle Daten wie *Tuition Fees*, Aufnahmechancen, Bewerbungsfristen und alles weitere Wissenswerte über sämtliche US-Universitäten finden Sie unter:
 www.usnews.com/education

INTERNET

6.7 Finanzierungsmöglichkeiten

Angesichts der hohen Studiengebühren verlieren viele Interessenten schnell den Mut, sich für ein Studium in den USA zu bewerben. Doch diese Zahlen sind noch kein Grund zur Panik. Obwohl höhere Bildung in den USA bekanntermaßen sehr kostspielig sein kann, gibt es verschiedene Möglichkeiten für

---

* *In-State Tuition* zahlen Studenten, die Einwohner des Staates sind, in dem sich die Uni befindet, manchmal existieren auch Abkommen mit Nachbarstaaten. Für GreenCard-Inhaber mit Wohnort im jeweiligen Bundesstaat gelten diese Gebühren ebenfalls.

** *Out-of-State Tuition* zahlen alle amerikanischen Studenten aus anderen Staaten und ausländische Studenten. Häufig werden auch die Bezeichnungen *Resident/Nonresident* verwendet.

Studienbewerber, sich um finanzielle Unterstützung zu bemühen. Alles was Sie brauchen, ist ein wenig Optimismus, viel Energie, Fleiß, Geduld und natürlich ein bisschen Glück.

Etwas Grundsätzliches vorneweg für alle, die sich um ein Stipendium bewerben: Hier gilt wieder eine alte Weisheit, dass gute Recherchen und Verbindungen schon die halbe Miete sind. Was in diesem Fall bedeutet: Sprechen Sie diejenigen an, die sich am ehesten damit auskennen, nämlich die Dozenten und Professoren an Ihrem Fachbereich, Studienkollegen, die bereits eine derartige Chance nutzen konnten und vor allem das akademische Auslandsamt an Ihrer Hochschule. Setzen Sie sich auch ruhig schon mit dem entsprechenden Fachbereich Ihrer Wunschuniversität oder der entsprechenden Partneruniversität Ihrer Hochschule in Verbindung. Zwischen Ihren Professoren und denen der Partneruniversität bestehen enge Kontakte – unterschätzen Sie die nicht. Seien Sie kein unbeschriebenes Blatt. Kurz: Knüpfen Sie Kontakte!

Bei der Bewerbung um ein Stipendium gilt ausnahmsweise „viel hilft viel", d. h., investieren Sie viel Zeit, viel Energie und viel Sorgfalt in diese Sache. Nutzen Sie alle sich bietenden Möglichkeiten aus. Oft bleiben viele Chancen ungenutzt, weil sie dem Bewerber gar nicht bekannt waren.

Finanzierungshilfe durch US-Institutionen:

Scholarship: Im Allgemeinen als Stipendium übersetzt, bedeutet, dass der Student von der Gastuniversität selbst oder einer anderen Organisation unterstützt bzw. bezahlt wird, d. h. er bekommt seine Studiengebühren ermäßigt oder ganz erlassen.

Fellowship: Der Student bekommt Studiengebühren erlassen oder erhält monatlich ein Geldstipendium.

Student loans: Oftmals bietet Ihnen die Universität selbst oder auch Banken am Universitätsstandort einen Studentenkredit an, den Sie erst nach Beendigung des Studiums zurückzahlen müssen. Viele amerikanische Studenten zahlen daher nach Beendigung Ihres Studiums noch jahrelang Ihre Darlehen ab und fangen erst spät an, richtig Geld zu verdienen.

Generell ist der Rahmen der Möglichkeiten zugegebenermaßen nicht allzu weit gespannt. Das gilt insbesondere im Bereich der *undergraduate studies*, der Nichtgraduierten-Ausbildung. Die Aussichten auf Unterstützung von US-Quellen sind größer, wenn Sie bereits im Land studiert haben und sich nun um eine Weiterförderung bemühen möchten. Sind Sie noch auf *undergraduate level*, müssen Sie schon eine phantastische Sportskanone sein, dann haben Sie eventuell die Chance auf ein Sportstipendium. Oder Sie zeichnen sich durch eine besonders hohe Begabung aus und erhalten eventuell von einer privaten Institution ein Teilstipendium (kaum aber ein Vollstipendium).

graduate students kommen leichter an Stipendien

Für *graduate students* sieht es in diesem Bereich schon etwas freundlicher aus. Auch kommen die Geldquellen eher von privaten Organisationen. Studieren Sie Fremdsprachen, Ingenieurwissenschaften oder eine der Naturwissenschaften haben Sie reelle Chancen, denn diese Bereiche erfahren besondere Unterstützung.

Viele Studenten, gerade Lehramtsstudenten für Fremdsprachen und aus dem Bereich fremdsprachlicher Philologien nutzen die Möglichkeit, um sogenannte *assistantships* (etwa: Assistenzstipendium) wahrzunehmen und z. B. als *teaching assistant* für eine bestimmte Zeit an eine amerikanische Hochschule zu gehen. Das ist eine gute Möglichkeit, um kostengünstig in den USA zu studieren. Die *teaching assistants* müssen eine bestimmte Anzahl von Stunden für die Hochschule arbeiten. Die Art der Tätigkeiten ist dabei ganz verschieden. Bei Fremdsprachenstudenten bietet sich natürlich an, amerikanische Studenten, die Deutsch studieren, zu unterrichten. Zum Beispiel geben sie dann Konversations- und Phonetikunterricht und helfen beim Korrigieren von Tests, Klausuren, Aufsätzen, beim Verfassen von Texten usw. Die Studenten können aber auch in anderen Bereichen, z. B. im Bereich der Forschung (*research*) oder Verwaltung (*administration*), tätig werden, und müssen nicht unbedingt Lehramtsstudenten sein. (Diese werden allerdings besonders gern genommen.) Das Positive bei dieser Variante ist, das Sie für Ihre Tätigkeit entweder Studiengebühren erlassen bekommen oder, wie in den meisten Fällen, ein monatliches Gehalt bekommen.

Finanzierungshilfe durch deutsche Organisationen

Auslands-BAföG

Rund ¼ der in den USA Studierenden nehmen Leistungen gemäß BAföG (Bundesausbildungsförderungsgesetz) in Anspruch. Diese Förderung richtet sich nach dem Einkommen der Eltern des Studierenden. Wer im Inland also Leistungen gemäß BAföG erhält, hat automatisch auch Anspruch auf ein Auslands-BAföG. Studenten, die im Inland kein Anspruch auf BAföG haben, weil ihre Eltern über dem Einkommenssatz liegen, sollten bei einem Auslandsstudium nicht gleich diese Möglichkeit verwerfen, denn beim Auslandsstudium wird die Einkommensgrenze höher angesetzt, sodass Sie Glück haben könnten. Die sich von Zeit zu Zeit ändernden Leistungskataloge zum BAföG betreffen nicht ausschließlich BAföG-Berechtigte, sondern in vielen Fällen auch Selbstfinanzierer mit USA-Interessen (siehe weiter unten).

Auch Besserverdienende haben im Ausland evtl. Chancen auf BAföG!

Anforderungen an den Antragsteller:

- Sie müssen Ihren ständigen Wohnsitz im Inland haben, sich also nicht nur zu Ausbildungszwecken in Deutschland aufhalten.
- Sie sollten die deutsche Staatsbürgerschaft besitzen. Angehörige anderer Staaten können nur unter bestimmten Umständen gefördert werden.
- Sie müssen über ausreichende Sprachkenntnisse verfügen. Können Sie mindestens sechs Jahre Schulenglisch nachweisen, werden diese Kenntnisse unterstellt und es bedarf keines weiteren Sprachtests.
- Sie müssen die Grundkenntnisse Ihrer Fachrichtung während einer mindestens einjährigen Ausbildung in Deutschland bereits erlangt haben. Soll das Studium in den USA erst aufgenommen werden, besteht keine Förderungsmöglichkeit.
- Sie müssen in den USA in derselben Fachrichtung studieren wie in Deutschland. Ausnahmen sind auf Antrag möglich.
- Der Auslandsaufenthalt sollte während der Förderungshöchstdauer, also der Regelstudienzeit, angetreten werden. Ausnahmen sind auf Antrag möglich.
- Haben Sie schon Förderung für einen anderen Auslandsaufenthalt in Anspruch genommen, ist eine weitere Förderung nicht möglich.

Voraussetzungen für Auslands-BAföG

Anforderungen an das Studium im Ausland:

- Das Studium muss mindestens sechs Monate oder ein Semester dauern, im Fall von Kooperationsabkommen (DAAD, Hochschulpartnerschaft) mindestens zwölf Wochen.
- Die Ausbildung in den USA muss einer in Deutschland gleichwertig sein. Das ist von Amts wegen zu prüfen, es kommt deshalb nicht allein auf die Beurteilung der deutschen Hochschule an.
- Es wird nur ein Vollzeitstudium gefördert, d.h. im undergraduate-Bereich müssen mindestens neun, im *Graduate*-Bereich sechs *credits* erworben werden. Es dürfen nur Kurse der eigenen Fachrichtung belegt werden, andernfalls ist eine Begründung und ggf. ein Gutachten der deutschen Hochschule erforderlich.
- Der Auslandsaufenthalt muss zumindest teilweise auf das deutsche Studium anrechenbar sein. Ein berufsqualifizierender Abschluss in den USA wird aber nicht gefördert.

INTERNET

Das Auslands-BAföG ist die einzige Möglichkeit, Fördergelder zu erhalten, ohne besonders herausragende Leistungen vorweisen müssen. Die jeweils aktuellen Bestimmungen finden Sie im Internet auf ↗ *www.auslandsbafoeg.de*.

Folgende Zusatzleistungen sind im Auslands-BAföG enthalten:

Leistungen

- ein monatlicher Auslandszuschlag in Höhe von € 120.
- ein monatlicher Zuschlag zur Krankenversicherung von bis zu € 50 (nur bei Nachweis des Abschlusses einer Krankenversicherung).
- ein monatlicher Zuschlag zur Pflegeversicherung von € 8, sofern eine Versicherung nachweislich besteht.
- Studiengebühren bis maximal € 4.600, soweit diese notwendig sind, und Sie alle Möglichkeiten zum Erlass oder zur Ermäßigung der Studiengebühren ausgeschöpft haben. Diese Bemühungen müssen nachgewiesen werden. Verwaltungs- und Benutzungsgebühren werden nicht erstattet.
- Reisekosten für Hin- und Rückflug zum Ausbildungsort; es wird nur der günstigste Tarif erstattet.

Die Maximalförderungsdauer beträgt in der Regel ein Jahr und nur in ganz begründeten Ausnahmefällen bis zu fünf Semester (Hier muss dann ein Gutachten vorliegen, welches die besondere Bedeutung des Auslandsstudiums für Ihre Ausbildung nachweist).

Es empfiehlt sich mindestens ein halbes Jahr (besser noch früher) vor Ihrem gewünschten Studienbeginn in den USA einen Antrag auf Auslands-BAföG zu stellen, denn der Andrang ist erfahrungsgemäß sehr groß. Antragsformulare und detaillierte Informationsblätter über Voraussetzungen, Antragstellung, im Ausland zu erbringende Leistungen etc. können Sie sich vom Landesamt für Ausbildungsförderung zuschicken lassen. Wir empfehlen Ihnen aber, sich zusätzlich eingehend in einem persönlichen Gespräch mit einem zuständigen BAföG-Mitarbeiter an Ihrem Heimatstudienort beraten zu lassen.

Finanzierungsmöglichkeiten   *Kapitel 6.7*

Beratend hilft:
Studierendenwerk Hamburg   KONTAKT
Von-Melle-Park 2
20146 Hamburg
Hamburg-Rotherbaum
Tel.: 040-41 90 2-0
Fax: 040-41 90 2-6100
E-Mail: *info@studierendenwerk-hamburg.de*
www.studierendenwerk-hamburg.de

Neben dem BAföG kann seit dem 01.04.2001 ein Bildungskredit für Auslandsaufenthalte beim Bundesverwaltungsamt in Köln beantragt werden. Nähere Informationen sind unter der Bildungskredit Servicehotline (Montag bis Donnerstag 10:30–12:00 Uhr sowie von 13:30–14:30 Uhr, Freitag 10:30–12:00 Uhr), Telefon: +49-221-7584492 oder +49-228 99-3584492; Fax: +49-221-7584850 oder +49-228-99-3584850; E-Mail: *bildungskredit@bva.bund.de* und im Internet unter folgenden Adressen erhältlich:

 KONTAKT

www.bildungskredit.de
www.bmbf.de
www.bundesverwaltungsamt.de

Deutscher Akademischer Austauschdienst – DAAD

Der DAAD bietet verschiedene Stipendienprogramme an:

1. **Jahresstipendien für Studierende aller Fächer:**
Die Stipendien werden zum Studium an einer anerkannten Hochschule im Ausland vergeben; reine Feldforschungen in Übersee ohne Anbindung an eine dortige Hochschule können nicht gefördert werden. Die Vergabe eines Jahres- und/oder Semesterstipendiums ist auf ein Mal pro Ausbildungsabschnitt (der jeweils mit dem Ablegen der Abschlüsse Bachelor, Master, Diplom und Staatsexamen endet) beschränkt.
Die Jahresstipendienanträge für die USA werden in einem zweistufigen Auswahlverfahren (Vorauswahl auf der Grundlage der eingereichten Bewerbungsunterlagen, Hauptauswahl mit persönlicher Vorstellung) entschieden. Alle Bewerberinnen und Bewerber, die sich bei der Gasthochschule in ein Programm einschreiben möchten, sollten ihrem DAAD-Antrag den *Test of English as a Foreign Language (TOEFL)* beifügen (für die Bewerbung an der Hochschule muss in den meisten Fällen das Ergebnis des *TOEFL*-Tests vorgelegt werden).
Alle weiteren Informationen z. B. über die Bewerbungsfristen und Zulassungsvoraussetzungen sowie die Bewerbungsformulare erhalten Sie beim Akademischen Auslandsamt Ihrer Hochschule oder direkt beim DAAD.

2. **Kurzstipendien für das Anfertigen von Abschlussarbeiten an deutschen Hochschulen (Bachelor, Master, Diplom, Staatsexamen):** Die Stipendien werden für einen Zeitraum von 1–4 Monaten (in Ausnahmefällen auch für sechs Monate) vergeben. Bewerbungsunterlagen bekommen Sie beim Akademischen Auslandsamt Ihrer Hochschule oder direkt beim DAAD.

3. **Stipendien für Graduierte oder Promovierte:** Hier vergibt der DAAD sogar eine ganze Reihe von Stipendien. Stipendien zu Ergänzungs- und Aufbaustudien- und Forschungsaufenthalten; Stipendien für Musik, Bildende Künste/Design, Tanz, Schauspiel und Theaterregie; John F. Kennedy-Stipendien; Stipendien zum Studium am *Bologna Center* der *John Hopkins University* in Italien; Sonderprogramme für Epidemiologie/*Public Health* und Mikrosystemtechnik usw.

Für nähere Informationen zu den einzelnen Programmen wenden Sie sich bitte an den DAAD:

KONTAKT **Deutscher Akademischer Austauschdienst (DAAD)**
Kennedyallee 50
53175 Bonn
Tel.: 0228-88 20
Fax: 0228-88 24 44
E-Mail: *postmaster@daad.de*
↗ *www.daad.de*

Der DAAD bringt jedes Jahr die Broschüren „Studienführer USA" sowie „Studium, Forschung, Lehre im Ausland" heraus, die Sie kostenlos beziehen können.

Fulbright-Kommission

Die Fulbright-Kommission entstand nach dem Zweiten Weltkrieg auf Gesetzesinitiative des amerikanischen Senators *William J. Fulbright* mit dem Ziel, der internationalen Völkerverständigung zu dienen. Jedes Jahr vergibt die Kommission mehr als 200 Voll-, Teil- und Reisestipendien an Studenten und Graduierte, Dozenten und Professoren aller Fachbereiche. Für die Bereiche Medizin und Kunst gelten gewisse Einschränkungen. Voll- und Teilstipendiaten werden für ein akademisches Jahr an amerikanische Hochschulen geschickt. Bewerber müssen sehr hohe akademische Leistungen aufweisen. Im persönlichen Gespräch für die Endauswahl sollen die Kandidaten, gemäß dem ursprünglichen Gründungszweck der Kommission entsprechend, ihre Fähigkeit und Bereitschaft unter Beweis stellen, als inoffizielle Botschafter ihres Landes zur gegenseitigen Völkerverständigung beitragen zu können.

Bewerbungsunterlagen erhalten Sie beim Akademischen Auslandsamt Ihrer Hochschule oder Sie wenden sich direkt an folgende Adresse:

KONTAKT **Fulbright-Kommission**
Lützowufer 26
10787 Berlin
Tel.: 030-2 84 44-30
Fax: 030-2 84 44-342
↗ *www.fulbright.de*

Andere Möglichkeiten

Zwischen einigen deutschen und amerikanischen Hochschulen bestehen bilaterale Abkommen über Studentenaustausche und Stipendien. Grundvoraussetzung ist hier natürlich, dass Sie als Student in der betreffenden deutschen Hochschule eingeschrieben sind. Besteht ein derartiges Abkommen zwischen Ihrer Hochschule und einer amerikanischen Partnerinstitution, wenden Sie sich direkt an die Professoren Ihres Fachbereichs. Sind Gastprofessoren der Partnerhochschule an Ihrer Heimatinstitution, umso besser. Ansonsten erhalten Sie natürlich bei Ihrem Akademischen Auslandsamt weitere Informationen.

Begabtenförderungswerke

Studienstiftung des deutschen Volkes e.V.
Ahrstr. 41
53175 Bonn
Tel.: 0228-82096-0
Fax: 0228-82096-103
E-Mail: *info@studienstiftung.de*
www.studienstiftung.de

KONTAKT

Rotary Foundation
www.rotary.de

Verband der Deutsch-Amerikanischen Clubs

Beim Verband der Deutsch-Amerikanischen Clubs handelt es sich um eine private Organisation, die seit 1957 jedes Jahr 25 Studenten auswählt, die an Partnerhochschulen in den USA studieren dürfen. Zwischen den Clubs und den Partneruniversitäten bestehen bilaterale Verträge, durch welche der beiderseitige Studentenaustausch festgelegt und finanziell abgesichert ist. Bei den einzelnen Lokalclubs bewerben sich jedes Jahr junge Menschen, die gern diese Möglichkeit ergreifen möchten. Aus den eingegangenen Bewerbungen wählen die Lokalclubs einen engeren Kreis aus, den sie einem zentralen Komitee vorschlagen. Das Komitee entscheidet dann, wer die 25 Kandidaten für die USA sein dürfen. Das letzte Wort hat allerdings die Partneruniversität in den USA, die einen auserwählten Kandidaten theoretisch immer noch ablehnen kann, was allerdings kaum der Fall ist. Die Art des Auswahlverfahrens macht bereits deutlich, dass der Verband sehr hohe Anforderungen an die Bewerber stellt. Trotzdem, getreu dem Motto, „wer nicht wagt, der nicht gewinnt", sollten Sie keine Möglichkeit ungenutzt lassen!

Hier die Auswahlkriterien: Sie sind nicht über 25 Jahre, Sie haben zum Zeitpunkt der Bewerbung bereits zwei Semester an einer deutschen Hochschule studiert (d.h. vier Semester bei Antritt des Stipendiums), sind aber weder Medizin- noch Jurastudent. Ihre akademischen Leistungen werden durch zwei Fachgutachten von Professoren als mindestens gut eingeschätzt, ein weiteres Gutachten von Lehrern, Gruppenleitern oder Ähnliches bescheinigt Ihnen die notwendige persönliche Eignung und soziale Kompetenz. Ihre Englischkenntnisse sind sehr gut, die Sie durch den *TOEFL Internet-based Test (iBT)* oder ggf.

den *GMAT* oder *GRE* nachweisen müssen. Sie besitzen einen aufgeschlossenen und freundlichen Charakter, worüber sich die Mitarbeiter der Deutsch-Amerikanischen Clubs während eines Vorstellungsgesprächs überzeugen möchten. Schließlich gehen Sie als Repräsentant Ihres Landes, Ihrer Hochschule und nicht zuletzt auch dieses Verbandes in die USA und Ihr Aufenthalt dort soll ein Beitrag für die gegenseitige Völkerverständigung sein.

INTERNET

Für genauere Informationen studieren Sie die Internetseite des Verbandes, wo Sie auch die Adressen der Lokalclubs finden: ⌨ *www.vdac.de/vdac*

Mit Visum in die USA –
Einwanderungsrechtliche Bestimmungen

Viele Personen, die sich schon einmal mit der einwanderungsrechtlichen Thematik für die Vereinigten Staaten beschäftigt haben, fühlen sich überfordert und zum Teil erschlagen von der Komplexität der gesetzlichen Bestimmungen sowie der Vielzahl an unterschiedlichen Visumkategorien.
Die komplexe Natur der einwanderungsrechtlichen Vorschriften gepaart mit differierenden behördlichen Zuständigkeiten, Beantragungswegen und Voraussetzungen, erscheint vielen potenziellen Antragstellern als undurchringlicher Visumdschungel.
In den folgenden Kapiteln möchten wir unseren Lesern deshalb einen Überblick über die wichtigsten Visumoptionen geben und hoffen, für Sie etwas Licht ins Visumdunkel bringen zu können.

An den Möglichkeiten, sich zeitweise oder dauerhaft in den USA mit einem Visum aufzuhalten, hat sich substanziell in den vergangenen Jahrzehnten nichts geändert. Sowohl die Anzahl der Einwanderungsvisa, als auch die Erteilung von temporären Arbeitsvisa sind nicht entscheidend gesenkt oder eingeschränkt worden. In den vergangenen Jahren wurden durchaus einige Erleichterungen in bestimmten einwanderungsrechtlichen Bereichen durchgesetzt. So können beispielsweise auch deutsche Staatsangehörige am vereinfachten Einreiseverfahren *Global Entry Program* teilnehmen (siehe Kapitel 7.3 „Global Entry Program") oder aber Visumantragsteller müssen dank des *Visa Reissuance Programs* zum Teil nicht mehr persönlich zu einem Interview im Konsulat erscheinen. Die Abläufe und Beantragungsprozesse in den Konsulaten weltweit wurden zunehmend vereinheitlicht und führen zu schnelleren Bearbeitungszeiten. Seit dem Jahr 2013 werden endlich auch Visumanträge von gleichgeschlechtlichen Ehepaaren genauso behandelt, wie einwanderungsrechtliche Verfahren von heterosexuellen Ehepaaren.
Nicht nur mehr als Folge des 11. Septembers feilen die US-Behörden allerdings stetig an ihren Sicherheitsmaßnahmen und -bestimmungen. Die Vereinigten Staaten reagieren zum Teil unmittelbar auf die weltpolitische Sicherheitslage: So geschehen Anfang 2016 mit der Verschärfung der Einreisebestimmungen im Rahmen des *Visa Waiver Programs* für bestimmte Staatsangehörige und Reisende. Siehe auch Kapitel 7.2 „Visumfreie Einreise im Rahmen des Visa Waiver Programs (VWP)".
Weniger die große Weltpolitik, sondern vielmehr die wirtschaftliche Situation in den USA selbst, nimmt Einfluss auf die Visumnachfrage – insbesondere im Bereich Arbeitsvisa. So hat sich die ökonomische Lage in den Vereinigten Staaten nach der Weltwirtschaftskrise 2008 wieder stabilisiert, dennoch halten sich viele Unternehmen mit Investitionen und Ausbau von Arbeitsplätzen derzeit zurück. Als direkte Auswirkung ist diese Entwicklung noch immer bei der Beantragung von Arbeitsvisa (z.B. L-Kategorie) spürbar: Anträge für ausländische Bewerber werden genau geprüft und zum Teil stark hinterfragt. Für bestimmte Länder (z.B. Indien) sind die Ablehnungsquoten deutlich gestiegen. Europa ist davon zwar weniger betroffen, aber trotz allem müssen Anträge gut vorbereitet werden, um nicht Gefahr zu laufen, abgelehnt zu werden. Auch die Anforde-

rungen für E-Visumanträge (siehe Kapitel 8.2 „E-1 Visum (Treaty Trader)/E-2 Visum (Treaty Investor): Visum für Handeltreibende und Investoren") sind in den letzten Jahren gestiegen und nicht mehr so einfach zu realisieren.

Die einwanderungsrechtlichen Bestimmungen sind also in ständiger Bewegung. Teilweise bedeuten diese Veränderungen Erleichterungen bei der Einreise oder auf dem Weg zum Visum, teilweise gestalten sie aber den Weg noch steiniger. Die Tür steht selbstverständlich weiterhin offen, aber die Amerikaner kontrollieren und reglementieren stark, wer eintreten darf.

Teil II: Nichteinwanderungsvisa

Einleitung

Das US-Einwanderungsrecht gliedert sich thematisch in zwei Hauptbereiche: Nichteinwanderungsvisa und Einwanderungsvisa. Im weiteren Kapitel stellen wir Ihnen zunächst den Bereich der Nichteinwanderungsvisa vor. Also solche Kategorien, die in irgendeiner Form zeitlich limitiert sind. D.h., den Visuminhaber verpflichten, nach einer bestimmten Zeit die USA wieder zu verlassen.

Mehr als 25 verschiedene Visumkategorien können für den Bereich der Nonimmigrant Visa ausgestellt werden. Jede Kategorie bezieht sich auf unterschiedliche Aufenthaltszwecke und hält differierende Zugangsvoraussetzungen, Beantragungswege, Zuständigkeiten und Kosten für die potentiellen Antragsteller bereit.

Je nachdem, ob Sie in den USA temporär Urlaub machen, studieren, ein Praktikum ableisten oder arbeiten möchten – für (fast) jeden ist etwas dabei. Trotz der großen Anzahl von Visummöglichkeiten, kommt es aber immer wieder vor, dass genau Ihr geplanter Aufenthaltszweck nicht abgedeckt wird. Die einwanderungsrechtlichen Bestimmungen sind hier recht starr und es ist dringend anzuraten, sich frühzeitig bei USA-Plänen mit der Visumthematik auseinanderzusetzen.

In den folgenden Unterkapiteln werden die wichtigsten Visumkategorien jeweils detailliert auf Basis der aktuellen gesetzlichen Vorgaben vorgestellt: Für welchen Aufenthaltszweck ist das Visum gedacht, welche Voraussetzungen muss ich oder beispielsweise mein Arbeitgeber/die Universität erfüllen, wie gestaltet sich der Beantragungsprozess, welche Besonderheiten gibt es und welche Kosten kommen auf mich zu?

Nicht alle Leser haben selbstredend dieselben Interessenschwerpunkte. Die weiteren Kapitel sind deshalb so aufgebaut, dass sie auch einzeln verständlich sind. Lesen Sie den gesamten Teil, so können Ihnen deshalb einige Wiederholungen auffallen.

Beachten Sie bitte, dass nicht nur die einwanderungsrechtlichen Bestimmungen regelmäßigen Veränderungen unterliegen, sondern auch Antragsprozesse nicht in Stein gemeißelt sind: So können sich behördliche Zuständigkeiten verändern, neue Formulare oder Gebühren eingeführt, die Zugangsvoraussetzungen verschärft oder gelockert werden, oder aber die Bearbeitungszeiten verändern sich.

Sollten Sie sich also für eine temporären Aufenthalt in den Vereinigten Staaten interessieren, insbesondere, wenn Sie dort arbeiten möchten, dann kann dieses Buch keine ausführliche fachliche Beratung ersetzen. Berücksichtigen Sie bitte auch immer die aktuellen einwanderungsrechtlichen Bestimmungen und Abläufe. Wenn Sie oder beispielsweise Ihr Arbeitgeber fachliche Unterstützung oder Beratung benötigen, dann wenden Sie sich gerne an unser Visa-Expertenteam, welches über jahrelange Erfahrung im Bereich der US-Visumabwicklung verfügt: *www.usvisaservice.de*

Abschließend möchten wir noch einmal betonen: Alle nachfolgenden Visaoptionen sind Nichteinwanderungsvisa – sie berechtigen nur zum befristeten Aufenthalt in den USA. Wollen Sie sich für immer bzw. längerfristig in den USA

Einleitung

aufhalten, ist Teil III dieses Buches für Sie interessant. Dort werden die Optionen zum Erhalt einer GreenCard (Einwanderungsvisa) näher erläutert.

Visa für Urlaubs-und Geschäftsreisen – Kap. 7
- B-1/B-2 Visum (Business/Tourist): Geschäftsreisende und Touristen – Kap. 7.1
- Visumfreie Einreise im Rahmen des Visa Waiver Programs (VWP) – Kap. 7.2
- Global Entry Program – Kap. 7.3

Visa für temporären Arbeitsaufenthalt – Kap. 8
- C-1/D Visum (Crew Member): Besatzungsmitglieder von Schiffen und Flugzeugen – Kap. 8.1
- E-1 Visum (Treaty Trader)/E-2 Visum (Treaty Investor): Visum für Handeltreibende und Investoren – Kap. 8.2
- H-1B Visum (Specialty Occupation Workers): Chance für hochqualifizierte Arbeitnehmer – Kap. 8.3
- H-2B Visum (Temporary Non-Agricultural Workers): Chance für „durchschnittlich" qualifizierte Arbeitnehmer – Kap. 8.4
- H-3 Visum (Nonimmigrant Trainee or Special Education Exchange Visitor): Aus- und Weiterbildung – Kap. 8.5
- I-Visum (Representative of Foreign Media): Journalisten und Vertreter aus dem Bereich Medien – Kap. 8.6
- L-1 Visum (Intracompany Transferee): Unternehmensinterner Mitarbeitertransfer – Kap. 8.7
- L-1 Blanket Visum (Intracompany Transferee): Vereinfachtes Verfahren für unternehmensinternen Mitarbeitertransfer – Kap. 8.8
- O-1 Visum (Extraordinary Ability): Personen mit außergewöhnlichen Fähigkeiten – Kap. 8.9
- P-Visum (Internationally Recognized Athlete/Entertainment Group/Artist): Sportler, Künstler und Entertainer – Kap. 8.10
- R-1 Visum (Temporary Nonimmigrant Religious Workers): Mitarbeiter von Kirchen und Glaubensgemeinschaften – Kap. 8.11

Visa für Bildung und Kulturaustausch – Kap. 9
- J-1 Visum (Exchange Visitor): Praktika, Forschungsaufenthalte und Austauschprogramme – Kap. 9.1
- F-1 Visum (Student): Highschool, College, Universität – Kap. 9.2
- M-1 Visum (Non-academic & Vocational): Nicht-akademische oder berufsbezogene Bildungseinrichtungen – Kap. 9.3

Wichtige Hinweise zum Nichteinwanderungsvisum – Kap. 10
- Antragsverfahren bei den US-Konsulaten – Kap. 10.1
- Visa für Familienangehörige – Kap. 10.2
- Änderung des Nichteinwanderungsstatus (Statuswechsel) – Kap. 10.3
- Gültigkeit von Nichteinwanderungsvisa – Kap. 10.4
- Ablehnung eines Visumantrags beim US-Konsulat – Kap. 10.5

7 Visa für Urlaubs- und Geschäftsreisen

7.1 B-1/B-2 Visum (Business/Tourist): Geschäftsreisende und Touristen

Allgemeines

In der Regel kommt für jeden, der eine geschäftliche oder touristische Einreise in die Vereinigten Staaten unternimmt, das B-Visum infrage. Eine Geschäftsreise dient dazu, die Handels- oder Berufsinteressen im Ausland zu fördern, schließt aber eine Erwerbstätigkeit in den USA aus. Eine Urlaubsreise ist eine Fahrt aus rein privaten Gründen, z. B. ein Trip nach New York, ein Besuch der Tante in Arkansas oder auch eine Reise aus medizinischen Gründen, z. B. für eine Untersuchung in einer Spezialklinik.

Man unterscheidet beim B-Visum zwischen dem B-1 und dem B-2. Das B-1 Visum gilt für Geschäftsleute, während das B-2 Visum für Touristen geeignet ist. Die US-Konsulate stellen häufig zur einfacheren technischen Handhabung ein kombiniertes B-1/B-2 Visum aus, wobei der konkrete Zweck der Reise von den Konsulaten trotzdem immer genau geprüft wird. Das B-Visum wird in der Regel für 10 Jahre erteilt und erlaubt einen maximalen Aufenthaltsstatus von 180 Tagen am Stück.

Merke: Die Dauer des Visums ist abhängig von der Staatsangehörigkeit des Antragstellers und richtet sich nach bilateralen Vereinbarungen, die zwischen den USA und dem jeweiligen Land getroffen wurden. So wurde beispielsweise vor Kurzem die maximale Dauer für B-Visa für chinesische Staatsangehörige von einem Jahr auf zehn Jahre erhöht.

MERKE

Im Juli 1988 wurde in den Vereinigten Staaten für Bürger einiger europäischer Länder (und nach und nach auch für einige nichteuropäische Staatsangehörige) ein Programm eingeführt, welches die allgemeine Visumpflicht für Besuche kurzweiliger Art aufheben und damit die ohnehin überlasteten Konsulate bürokratisch entlasten sollte. Dieses Programm trägt den Namen *Visa Waiver Program* und wird heutzutage von den meisten Reisenden, die sich hierfür qualifizieren, genutzt. Dabei kann eine Reise zu geschäftlichen oder touristischen Zwecken von bis zu 90 Tagen ohne Visum angetreten werden. Im Kapitel 7.2 „Visumfreie Einreise im Rahmen des Visa Waiver Programs (VWP)" wird dargestellt, wie sich das im Einzelnen gestaltet und welches die Voraussetzungen hierfür sind.

Einreise ohne Visum

Beachten Sie jedoch, dass Reisende, die sich länger als 90 Tage am Stück zu touristischen oder geschäftlichen Zwecken in den USA aufhalten möchten, ein B-Visum benötigen.

Aufenthaltszwecke für Geschäftsreisende (*Business Visitor*)

Das B-1 Visum ermöglicht es Reisenden zu eingeschränkten Geschäftszwecken, wie Business Meetings am US-Standort oder mit Kunden, Besuch von Messen (auch als Aussteller), Aufbau einer Geschäftsniederlassung oder Ähnliches, in die USA zu reisen. Auch Mitarbeiter, die für Montage- oder Installationstätigkeiten (B-1 After-Sales) oder für einen temporären Projekteinsatz (B-1 in lieu of H-1B) in die USA reisen sollen, können auf diese Visumkategorie zurückgreifen.

Personen, die mit einer privaten Yacht, Flugzeug oder einer Militärmaschine in die USA einreisen, benötigen ebenfalls ein B-Visum. Unter bestimmten Voraussetzungen können zudem kurze firmeninterne Trainings in der US-Niederlassung mit dem B-1 Visum gestattet werden.

Zugangsvoraussetzungen: Der Geschäftsreisende muss während des gesamten Aufenthaltes bei der (aus US-Sicht) ausländischen Firma beschäftigt/angestellt bleiben. Er darf keine Entgelte von US-Seite bzw. einem US-Unternehmen erhalten und muss nach seinem Aufenthalt zu seinem ursprünglichen Arbeitsplatz zurückkehren.
Diese Voraussetzungen werden auch beim Visumantrag abgefragt und müssen ggf. mit entsprechenden Nachweisen belegt werden.

BEISPIEL

Beispiel: Aylin ist Leiterin der Sales-Abteilung eines deutschen Automobilzulieferers. Ihr Unternehmen arbeitet seit Jahren erfolgreich mit einer amerikanischen Firma zusammen. Um Verkaufsverhandlungen zu einem möglichen bevorstehenden Großauftrag zu führen, soll Aylin für ca. 14 Tage nach Chattanooga fliegen. Da Aylin einen türkischen Pass hat und die Türkei nicht am Visa Waiver Program teilnimmt, kommt für sie eine visumfreie Einreise nicht in Frage. Daher benötigt sie ein B-1 Businessvisum.

BEISPIEL

Beispiel: Jörg ist Geschäftsführer eines mittelständischen deutschen Unternehmens, der aufgrund regelmäßiger Business Meetings und diverser Messebesuche häufig für kurze Zeit in die USA einreisen muss. Im Auftrag seiner Firma reiste er vor Kurzem geschäftlich in den Iran. Aufgrund der gesetzlichen Neuerungen (Kapitel 7.2 „Visumfreie Einreise im Rahmen des Visa Waiver Programs (VWP)") ist er nun visumpflichtig. Für Jörg bietet es sich an, gleich eine Kombination aus B-1/B-2 Visum zu beantragen, um in Zukunft weiterhin an Meetings teilnehmen zu können und zudem auch privat in die USA einreisen zu können.

Aufenthaltszwecke im Rahmen eines Touristenvisums

Das B-2 Visum dient zu Reisen aus *privaten bzw. touristischen Gründen* in die USA. Insbesondere kommt das B-2 Visum für Personen in Frage, die aufgrund ihrer Staatsangehörigkeit nicht das *Visa Waiver Program* (visumfreie Einreise) nutzen können oder einen über 90 Tage hinausgehenden Aufenthalt planen.

Eine Person, die unter B-2 Status in die USA einreist, darf unter keinen Umständen in den USA ein Arbeitsverhältnis eingehen. Ausgeschlossen sind zudem Schul- und Universitätsbesuche sowie Praktika.

Zugangsvoraussetzungen

Der B-2 Antragsteller muss weiterhin einen festen Wohnsitz im Heimatland besitzen und vorhaben, sich lediglich temporär in den USA aufzuhalten. Es müssen außerdem ausreichend finanzielle Mittel zur Verfügung stehen, um den gesamten Aufenthalt in den Vereinigten Staaten finanzieren zu können. Diese Bindungen ans Heimatland, bzw. Rückkehrintentionen und die finanzielle Sicherheit müssen im Rahmen des persönlichen Interviews im Konsulat nachgewiesen werden.

Beispiel: Susanna ist seit über zehn Jahren Dozentin an einer Universität in Berlin. Schon seit Langem träumt sie davon, sich eine berufliche Auszeit zu nehmen und mit ihrem Partner in einem Wohnmobil für sechs Monate quer durch die USA zu reisen. Sie könnte sich diesen Traum erfüllen und ihr Sabbatical mithilfe eines B-2 Touristenvisums in den USA verbringen.

BEISPIEL

Beispiel: Willi besitzt ein kleines Haus in Florida. Seitdem er in Rente ist, wünscht er sich zunehmend, auch einmal für etwas länger in seinem Haus im „Sunshine State" bleiben zu können. Da er über ausreichende finanzielle Mittel verfügt und weiterhin in Deutschland verwurzelt ist, könnte er für ausgedehntere Aufenthalte ein B-2 Visum beantragen.

BEISPIEL

Vor allem auch für unverheiratete Paare, von denen ein Partner mit Arbeitsvisum für einen längeren Zeitraum in die USA versetzt wird, kann ein B-2 Visum eine sehr gute, wenn auch nur vorläufige, Lösung darstellen. Da unverheiratete Paare nicht die Möglichkeit haben, ein vom Arbeitsvisum des Ehepartners abgeleitetes Visum zu beantragen, können sie im Falle einer Entsendung des Partners ein B-2 Visum beantragen. So besteht zumindest die Option, den Partner für 180 Tage am Stück zu begleiten.

Erhalt eines Geschäfts- oder Touristenvisums

Anträge für ein B-1 oder B-2 Visum werden vom Antragsteller bei einem Konsulat der Vereinigten Staaten gestellt. Alle Antragsteller im Alter von 14–79 Jahren müssen zu einem persönlichen Interviewtermin vorstellig werden und an diesem Tag ihre Antragsdokumente vorlegen. Unter gewissen Voraussetzungen ist es seit einiger Zeit möglich, bei einer Visumverlängerung den persönlichen Termin zu umgehen und seinen Reisepass und die Antragsunterlagen postalisch einzureichen (Informationen zum sogenannten *Visa Reissuance Program* finden Sie in Kapitel 10.1 „Antragsverfahren bei den US-Konsulaten").
Die Antragstellung erfolgt in der Regel immer in einem US-Konsulat des Landes, in dem die betreffende Person aktuell ihren Lebensmittelpunkt hat.

Antragstellung

Der Antrag wird über das Online-Antragsformular für Nichteinwanderungsvisa DS-160 gestellt (Das Formular finden Sie auf der Homepage des *U.S. Department of State* unter 🔗 *https://ceac.state.gov/genniv* bzw. im Kapitel 17.2 „Standard Nonimmigrant Visa Application (DS-160)").

VERFAHREN

Das Formular muss vor dem Termin zusammen mit einem digitalen Passfoto an das ausgewählte Konsulat im Internet übermittelt werden. In dem sehr ausführlich gestalteten Antragsformular werden zahlreiche Informationen abgefragt, die der Überprüfung aller Voraussetzungen für den Erhalt des Visums dienen. Den personenbezogenen Fragen, bei denen u.a. grundlegende Daten zur Person, wie Geburtsort und -datum sowie Wohnanschrift angegeben werden müssen, folgen Fragen zum geplanten Aufenthalt in den Vereinigten Staaten. Hier müssen Sie die Visumkategorie auswählen und gleichzeitig Angaben zu Ihren Reiseplänen machen. Dieser Teil des Antrags dient dazu, festzustellen, ob die passende Visumkategorie (B-1 für Businessreisen oder B-2 für private Reisen) ausgewählt wurde und ob alle Angaben stimmig sind.

Die weiteren Fragen beziehen sich auf Ihren USA-Aufenthalt sowie auf Details zu Ihrer Kontaktperson im Land. Den Fragen zur Dauer des Aufenthalts sowie dem Zweck der Reise sollten Sie besondere Aufmerksamkeit widmen.

MERKE

Merke: Eine der primären Voraussetzungen für ein Visum der B-Kategorie ist die Rückkehrintention. Der Antragsteller muss durch die sogenannten „binding ties" belegen, dass er gute Gründe hat, nach seinem vorübergehenden Aufenthalt in den USA in sein Heimatland zu seinem Lebensmittelpunkt zurückzukehren. Hinweise auf die Bindungen an die Heimat lassen sich daher auch bereits im Antragsformular finden.

Die Frage nach der Häufigkeit Ihrer USA-Aufenthalte zielt darauf ab, zu ermitteln, wie sich Ihr Reiseverhalten in den USA in der Vergangenheit gestaltet hat. Weist Ihr Reiseverhalten eine sehr hohe Einreisefrequenz mit einer jeweils längeren Aufenthaltsdauer auf, könnte der Beamte bei Ihnen eine mögliche Einwanderungsintention vermuten. Er würde dies damit begründen, dass es nicht den Anschein macht, dass sich Ihr Lebensmittelpunkt außerhalb der USA befindet.

Die Sicherheitsfragen zielen darauf ab, in Erfahrung zu bringen, ob es möglicherweise Gründe gibt, warum Ihnen ein Visum verweigert werden könnte. Man nennt sie auch allgemeine Ausschlussgründe. Dazu zählen z. B. Straftaten, eine meldepflichtige Erkrankung oder die Mitgliedschaft in einer terroristischen Vereinigung. Beantworten Sie hier eine Frage mit „Ja", müssen Sie beim Interviewtermin mit einer intensiveren Befragung rechnen oder mit einer Ablehnung des Visumantrags. Näheres lesen Sie bitte auch im Kapitel 10.5 „Ablehnung eines Visumantrags beim US-Konsulat".

Bitte achten Sie in jedem Fall darauf, dass alle Ihre gemachten Angaben vollständig sind und der Wahrheit entsprechen. Sollte sich später herausstellen, dass Sie eine „falsche" Aussage zu einer der Voraussetzungen zum Visumerhalt gemacht habe, kann das Auswirkungen auf zukünftige Visumanträge haben. In manchen Fällen kann Personen sogar das aktuelle Visum im Nachhinein entzogen werden (wenn sich beispielsweise an den Zugangsvoraussetzungen etwas geändert hat).

Seien Sie daher gewarnt! Die Antworten, die Sie heute geben, können Sie noch nach Jahren verfolgen, wenn Sie z. B. wieder einen Antrag auf ein Nichteinwanderungs- oder Einwanderungsvisum stellen.

Auch wenn der Antrag auf ein B-Visum vergleichsweise einfach erscheint – immerhin muss man „nur" das Antragsformular DS-160 ausfüllen und für ein persönliches Interview in einem US-Konsulat erscheinen – sollte er nicht unterschätzt werden. Selbst wenn noch zusätzliche Unterlagen für den Termin vorbereitet wurden, kann eine Visumablehnung erfolgen, denn die Entscheidung über den Visumantrag obliegt dem jeweiligen Konsularbeamten. Und sollte dieser zum Schluss kommen, dass Sie sich, aus welchen Gründen auch immer, nicht für ein Visum qualifizieren, wird er den Visumantrag ablehnen. Er muss diese Ablehnung nicht begründen. In der Regel wird der Konsularbeamte ein kurzes standardisiertes Schreiben aushändigen, aus dem der Grund für die Ablehnung hervorgeht. Häufig ist hier nur der Paragraph angekreuzt, der als Grundlage für die Ablehnung dient. Sollte Ihr Visumantrag abgelehnt worden sein, besteht immer die Möglichkeit eines Neuantrags (wie Sie in diesem Fall am besten vorgehen, können Sie in Kapitel 10.5 „Ablehnung eines Visumantrags beim US-Konsulat" nachlesen). Sie müssen jedoch in jedem Fall das Antragsformular DS-160 neu ausfüllen und an das Konsulat übermitteln und einen neuen Termin vereinbaren (hierfür wird auch die Konsulatsgebühr erneut fällig).

Übrigens: Ein Neuantrag ist nur dann sinnvoll, wenn sich im Vergleich zum ersten Antrag eine grundlegende Veränderung ergeben hat bzw. Sie neue Unterlagen präsentieren können.

Es ist also immer hilfreich zunächst die Notwendigkeit eines B-Visums zu überprüfen. Für den persönlichen Termin im Konsulat sollte man dann so viele Dokumente wie möglich vorbereiten, welche die Geschäfts- oder Familienbeziehungen darlegen und die Absicht der prompten Rückkehr nach Hause unterstreichen. Derartige Dokumente werden im Kapitel 10.5 „Ablehnung eines Visumantrags beim US-Konsulat" näher besprochen.

Tipp: Sollte Ihr Pass noch vor Ende der Gültigkeit des Visums ablaufen, so geben Sie bei der Beantragung eines neuen Passes den alten nicht mit ab! Noch gültige Visa in abgelaufenen Reisepässen berechtigen (zusammen mit dem neuen Pass) weiterhin zur Einreise in die USA. Achten Sie allerdings darauf, dass das Visum beim Ungültigmachen (z.B. Durchlochen) Ihres alten Passes nicht beschädigt wird. Nur sofern sich Ihre Staatsangehörigkeit oder Ihr Geschlecht zwischenzeitlich geändert haben sollte, verliert das alte Visum seine Gültigkeit.

MERKE

Wie lange darf man sich mit einem B-Visum in den USA aufhalten?

Ein Visum berechtigt Sie theoretisch nur, in ein Flugzeug in Richtung USA zu steigen und formal um die Einreise in das Land zu bitten. Die Dauer Ihres Aufenthaltes wird vom Grenzbeamten am Flughafen festgelegt. Geschäftsreisende oder Touristen erhalten für die USA meistens den maximal zu bewilligenden Aufenthaltsstatus von 180 Tagen pro Einreise.

Sämtliche Informationen zur Einreise (Datum der Einreise, Visumstatus, genehmigte Aufenthaltsdauer, usw.) werden im sogenannten I-94 Formular festgehalten. Früher mussten diese Informationen von allen Reisenden per Hand in ein Formular eingetragen werden, seit einigen Jahren existiert das I-94 jedoch nur noch in elektronischer Form. Die relevanten Informationen werden jetzt durch den Grenzbeamten eingetragen.

Verlängerungen des Aufenthaltsstatus von jeweils bis zu weiteren 180 Tagen können durch einen Antrag bei der US-Einwanderungsbehörde (USCIS) gewährt werden. Für den Antrag wird das Dokument *Application to Extent/Change Nonimmigrant Status* (Formular I-539) benötigt. Darüber hinaus müssen Sie ein Erklärungsschreiben, eine Kopie des I-94 Formulars und einen Scheck bzw. Money Order in

Höhe der Bearbeitungsgebühr von derzeit US$ 290 beifügen. Ein Antrag auf Verlängerung sollte mindestens 45 Tage vor Ablauf der jeweiligen Aufenthaltsfrist eingereicht werden (Im Kapitel 17 „Formulare" finden Sie weitere Informationen zu den Antragsformularen). Bitte beachten Sie, dass B-Statusverlängerungsanträge sehr ablehnungsanfällig und in der Praxis schwer durchzusetzen sind.

MERKE

Achtung: Auch wenn das B-Visum unter Umständen geeignet erscheint, in den USA den Status (z. B. in ein Arbeitsvisum) zu wechseln, so soll dies nicht missverstanden werden. Das US-System sieht kein Baukastenprinzip vor, so wie punktebezogene Einwanderungssysteme in Kanada oder Australien.

Sprich: „Habe ich schon mal einen längerfristigen Aufenthalt genehmigt bekommen, erleichtert mir das den Zugang zum Daueraufenthalt". Ein solches System ist dem US-Recht leider unbekannt. Die Möglichkeit des Statuswechsels ist also bitte nicht als Aufforderung zu verstehen, ein B-Visum als Vorstufe zu einem anderen Visum zu beantragen! Solch eine „Strategie" könnte sogar im Ablehnungsfall dazu führen, dass Sie vom visumfreien Einreiseverkehr ausgeschlossen und zukünftig für alle touristischen Einreisen ein Visum benötigen werden.

Exkurs: „Spielarten des B-1 Business Visums"

In diesem Kapitel haben wir die gängigsten Einreisegründe und Möglichkeiten mit einem B-Visum beschrieben. Die Antragsprozesse, die Gebühren, selbst die grundlegenden Voraussetzungen stimmen beim B-1 und B-2 Visum überein. Sowohl ein Business-Reisender als auch ein Tourist müssen im Laufe des Antrags nachweisen, dass ihr Lebensmittelpunkt sich weiterhin außerhalb der USA befindet, dass genügend finanzielle Mittel für die Dauer des Aufenthalts in den USA vorhanden sind und vor allem, dass keine Arbeitsaufnahme stattfindet und dementsprechend kein Gehalt aus einer US-amerikanischen Quelle bezogen wird.

Da jedoch zu jeder Regel auch eine Ausnahme existiert, erläutern wir Ihnen im Folgenden unter welchen Voraussetzungen auch unter B-Status eine temporäre Arbeitsaufnahme möglich sein kann, bzw. spezielle Tätigkeiten ausgeübt werden können.

B-1 After Sales

Mit dem B-1 After-Sales Visum dürfen unter gewissen Voraussetzungen Montage- und Installationsarbeiten beim Kunden in den USA ausgeführt werden. Auch Wartungsarbeiten, Inbetriebnahmen und Schulungen beim Kunden sind erlaubt. Diese Serviceleistungen müssen jedoch immer in Verbindung mit einer aus dem Ausland in die USA verkauften Maschine oder Maschinenteilen (bzw. einem bestimmten Produkt) stehen.

In den *FAMs* (*Foreign Affairs Manual* – Handbuch des US-Außenministeriums), in dem auch Visumregularien und Rechtsgrundlagen für die Erteilung von Nichteinwanderungsvisa zu finden sind, wird genau festgelegt, in welchen Fällen solche Serviceleistungen im Rahmen eines B-1 Visums erbracht werden dürfen.

Laut Handbuch ist es demnach erlaubt, *„to install, service, or repair* **commercial or industrial equipment or machinery** *purchased from a company outside the United States or to train U.S. workers to perform such services".*

Achtung: Dies schließt ausdrücklich jegliche Bauarbeiten (construction work) auf einer regulären Baustelle aus!

MERKE

Ein besonderes Augenmerk sollte stets auf den Kaufvertrag, bzw. die Konditionen des Anlagen- bzw. Produktverkaufs gelegt werden, da dieser als Grundlage für die Entscheidung des Konsularbeamten dient. Aus den Vertragsunterlagen zwischen Käufer und Verkäufer muss neben dem Kaufgegenstand (Maschine/Produkt/Zubehör) die vereinbarte Serviceleistung hervorgehen.

Beispiel: Kalle arbeitet als Anlagenmechaniker bei einer kleinen Firma, die Brauanlagen herstellt. Nun wurde nach langwierigen Verhandlungen eine komplette Brauanlage in die USA verkauft. Da diese Brauanlagen speziell entwickelte Komponenten enthalten und eines Aufbaus durch geschultes Personals bedürfen, soll Kalle mit drei Kollegen für insgesamt vier Monate in die USA, um den Aufbau und die Inbetriebnahme vor Ort durchzuführen.
Sein Chef beantragt also für Kalle und seine Kollegen ein B-1 After-Sales Visum.

BEISPIEL

Da das B-1 After-Sales Visum eine Art Unterkategorie des B-1 Visums darstellt, gestaltet sich auch die Beantragung ähnlich. Lediglich die Vorlage des Anlagen- bzw. Produktverkaufs samt der vereinbarten Serviceleistungen (After-Sales-Vertrag), die sich aus dem Verkauf ergeben, müssen also zusätzlich vorgelegt werden.

Hinweis: Diese Kategorie kann kein reguläres US-Arbeitsvisum ersetzen. Personen, die längerfristig in den Vereinigten Staaten als Servicetechniker oder Monteure tätig sind, sollten deshalb die Beantragung eines regulären Arbeitsvisums (z.B. E- oder L-Visa) ins Auge fassen, falls die Firmenkonstellation dies zulässt. Die Grenzen zwischen den einzelnen Kategorien sind fließend und müssen für den jeweiligen Einzelfall geprüft werden.

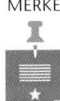
MERKE

Gültigkeit und Aufenthaltsdauer

Auch in Bezug auf die Gültigkeit orientieren sich die Vorgaben des B-1 After-Sales Visums an denen des B-1 Visums. Generell wird das Visum meist für zehn Jahre ausgestellt. Die maximale Aufenthaltsdauer beträgt ebenfalls 180 Tage und wird vom Grenzbeamten bei der Einreise festgelegt. Sicherheitshalber sollten die Verkaufsunterlagen, die als Grundlage für das B-1 Visum gelten, auch bei der Einreise mitgeführt werden, falls der Beamte bei der Einreise weitere Fragen haben sollte.

Besonderheiten bei der Ausstellung

Im Gegensatz zum B-1 Visum wird das B-1 After-Sales Visum nicht immer gleich ausgestellt. Es kann sein, dass es als Kombination aus B-1 und B-2 ausgestellt wird, es ist jedoch auch möglich, dass es als reines B-1, also ausschließlich für berufliche Einreisen genehmigt wird. Zudem bleibt es dem Konsularbeamten freigestellt, ob er einen Vermerk in das Visum eintragen lässt oder nicht. Mit der sogenannten Annotation würde er den Einreisezweck somit zugleich sichtbar machen und beschränken.

B-1 in lieu of H-1B

Im Zuge der Globalisierung ist es mittlerweile normal geworden, weltweit zu arbeiten. Es ist durchaus keine Seltenheit mehr, von seinem Arbeitgeber auch nur für vorübergehende Projekte ins Ausland versetzt zu werden.

Der Erhalt eines Arbeitsvisums ist häufig nur in Verbindung mit einer hochqualifizierten Tätigkeit am US-Standort möglich, oder setzt eine bestimmte Staatsangehörigkeit voraus. Die Arbeitsvisa der Kategorie H-1B werden aktuell sogar nur über eine Lotterie vergeben (siehe Kapitel 8.3 „H-1B Visum (Specialty Occupation Workers): Chance für hochqualifizierte Arbeitnehmer").

Gut also, dass in einigen Ausnahmefällen auch ein B-1 Visum helfen kann. Für temporäre Projekteinsätze in den USA kann eine Mischform zum Tragen kommen, nämlich das B-1 in lieu of H-1B („in lieu" kommt aus dem französischen und kann mit „an Stelle von" übersetzt werden). Es ermöglicht Mitarbeitern von ausländischen Unternehmen Tätigkeiten in den USA ausnahmsweise mit einem Geschäftsreisendenvisum nachzugehen, die üblicherweise ein (H-1B) Arbeitsvisum voraussetzen würden.

Zugangsvoraussetzungen

Um sich für ein B-1 in lieu of H-1B zu qualifizieren, müssen mehrere Voraussetzungen erfüllt sein.

Zunächst wird ein konkreter Projektauftrag von einer US-Firma benötigt. Aus dem Projektauftrag sollte klar hervorgehen, wer der US-Auftraggeber, wo der US-Standort ist und welche Tätigkeiten im Detail ausgeübt werden sollen. Des Weiteren muss das Projekt zeitlich begrenzt sein, d.h. bis auf sechs Monate am Stück oder auf ein Jahr mit diversen Ein- und Ausreisen in die USA.

Das Projekt muss einen inhaltlichen Bezug zur Tätigkeit des Antragstellers im aktuellen Arbeitsland aufweisen. Wie auch beim H-1B Arbeitsvisum muss der Antragsteller mindestens über einen Bachelorabschluss (oder ein entsprechendes Äquivalent) verfügen, der einen klaren Bezug zu seiner Tätigkeit und zu seinem Projekt hat. Des Weiteren muss sich der Antragsteller in einem regulären Angestelltenverhältnis bei der beauftragten Firma außerhalb der USA befinden. *Freelancer/Contractor* können laut US-Gesetzgebung kein B-1 in lieu of H-1B Visum beantragen.
Wie auch beim B-1 Visum darf keine Bezahlung von der US-Seite bzw. einem US-Unternehmen erfolgen und der Lebensmittelpunkt muss sich außerhalb der USA befinden.

Beantragung

Da es sich wie erwähnt bei diesem Visum um keine eigenständige Visumkategorie handelt, sondern um eine Mischform, kann im Antragsformular DS-160 „nur" B-1 als Visumkategorie ausgewählt werden. Es ist also um so wichtiger, beim persönlichen Gespräch im US-Konsulat darauf hinzuweisen und eine Projektbeschreibung vorlegen zu können.

Auch was Gültigkeit und Aufenthaltsdauer angeht, orientiert sich das B-1 in lieu of H-1B Visum am B-1 Visum und wird meist für zehn Jahre ausgestellt und erlaubt einen maximalen Aufenthalt von 180 Tagen am Stück.

Besonderheiten bei der Ausstellung

Wenn Sie Ihr B-1 in lieu of H-1B Visum vom Konsulat erhalten, ist die Überprüfung essentiell. Häufig wird auf die Ausstellung einer Kombination aus B-1 und B-2 verzichtet, da der Einreisezweck rein geschäftlich ist. Dies stellt keinen Fehler dar. Sie sollten jedoch darauf achten, dass in der Annotation ein Hinweis auf die projektbezogene Tätigkeit zu finden ist. Hier sollte ein Verweis auf die *FAMs* (*Foreign Affairs Manual* bzw. Handbuch des US-Außenministeriums) stehen, häufig wird auch noch einmal B-1 in lieu of H-1B mit auf das Visum gedruckt.

7.2 Visumfreie Einreise im Rahmen des Visa Waiver Programs (VWP)

Grundsätzlich benötigen alle Personen für Reisen in die USA ein Visum. Die Ausnahme bildet lediglich das *Visa Waiver Program (VWP)*, die visumfreie Einreise. Dieses Programm ermöglicht bestimmten Staatsangehörigen den Aufenthalt von bis zu 90 Tagen ohne die vorherige Beantragung eines Visums. Die visumfreie Einreise ist für das gesamte Gebiet der Vereinigten Staaten sowie Puerto Rico, Guam und die US-Virgin Islands möglich.

Wenn Sie allerdings mit einem Privatflugzeug oder Privatschiff, das keiner regulären Fluglinie oder Schifffahrtsgesellschaft angehört, in die Vereinigten Staaten einreisen möchten, benötigen Sie ein gültiges Visum.

Teilnehmer/Zugangsberechtigte

Für Staatsangehörige von aktuell 38 Ländern ist es möglich, ohne den vorherigen Erhalt eines Visums in die USA einzureisen, wenn sie sich dort aus geschäftlichen oder touristischen Gründen für bis zu maximal 90 Tage aufhalten. Die Staatsangehörigen der folgenden Länder können die USA im Rahmen des *Visa Waiver Programs* besuchen:

Andorra	Griechenland	Malta	Singapur
Australien	Großbritannien	Monaco	Slowakische Republik
Belgien	Irland	Neuseeland	Slowenien
Brunei	Island	Niederlande	Spanien
Chile	Italien	Norwegen	Südkorea
Dänemark	Japan	Österreich	Taiwan
Deutschland	Lettland	Portugal	Tschechische Republik
Estland	Liechtenstein	San Marino	Ungarn
Finnland	Litauen	Schweden	
Frankreich	Luxemburg	Schweiz	

Visa Waiver Program

Aufenthaltszweck

Alle Staatsangehörigen von *Visa Waiver Program*-Ländern dürfen sich ausschließlich zu touristischen (*Tourist Visa Waiver*) oder zu eingeschränkt geschäftlichen Aktivitäten (*Business Visa Waiver*) in den USA aufhalten.

Vor Reiseantritt in die USA per Flugzeug oder Schiff müssen Sie eine sogenannte ESTA-Genehmigung (*Electronic System for Travel Authorization*) beantragen. Betroffen sind nur Personen, die ohne Visum in die USA reisen.

Bei ihrer Ankunft in den USA müssen Visa Waiver-Reisende lediglich eine blaue Zollerklärung ausfüllen. Das Ausfüllen der grünen I-94W Karte wird nur bei Einreisen auf dem Landweg (z. B. an der kanadischen Grenze) angefordert. Bei Einreisen auf dem Landweg entfällt die Pflicht zur Vorlage einer ESTA-Genehmigung.

Auch Visuminhaber benötigen in der Regel keine ESTA-Genehmigung. Wir empfehlen Ihnen jedoch dann eine ESTA-Genehmigung einzuholen, wenn Sie im Besitz eines Arbeitsvisums sind, aber vorrangig touristisch in die USA reisen möchten, da Ihr Aufenthalt dann rein privater Natur ist.

MERKE

Merke: Auch für Transitzwecke, also wenn Sie z. B. ein anderes Land als die USA bereisen möchten und nur einen Zwischenstopp in den Vereinigten Staaten haben, benötigen Sie eine ESTA-Genehmigung.

Beantragung einer ESTA-Genehmigung

INTERNET

Das elektronische Reisegenehmigungssystem ESTA ist seit dem 12. Januar 2009 für jeden, der im Rahmen des *Visa Waiver Programs* in die USA reisen möchte, absolut verbindlich. Der Antrag kann nur online gestellt werden und ist auf folgender Webseite aktuell in 22 Sprachen abrufbar: ☞ *https://esta.cbp.dhs.gov*.

Der Antrag kann zu jedem Zeitpunkt, auch ohne konkrete Reisedaten, eingereicht werden. Kurzfristige ESTA-Anträge sind möglich, da die Genehmigung in der Regel innerhalb weniger Sekunden erfolgt. Es empfiehlt sich dennoch eine rechtzeitige Beantragung, spätestens 72 Stunden vor Abflug.

Zur Beantragung einer ESTA-Genehmigung sind folgende Informationen obligatorisch:

- Vor- und Familienname wie im Reisepass (keine Mittelnamen!)
- Andere Namen (falls zutreffend), die jemals benutzt wurden (z. B. Geburts- oder Mädchennamen)
- Geschlecht
- Geburtsdatum
- Geburtsort
- Geburtsland
- Reisepassinformationen (Ausstellungs- und Ablaufdatum, Ausstellungsland sowie Reisepassnummer)

- Personalausweisnummer (falls vorhanden)
- Zusätzliche Angaben zum Reisepass bzw. die Frage, ob man im Besitz weiterer Reisepässe ist
- Staatsangehörigkeit(en)
- Frage nach einer *Global Entry*-Mitgliedschaft
- Namen der Eltern
- Anschrift/Land des Hauptwohnsitzes/E-Mail-Adresse
- Informationen zum Arbeitgeber
- Notfallkontaktdaten in oder außerhalb der USA
- Sicherheitsfragen (im Hinblick auf mögliche Gründe, die zum Ausschluss vom Programm zur visumfreien Einreise führen können, wie z. B. ansteckende schwere Erkrankungen, Vorstrafen etc.)

Im Anschluss wird eine Gebühr in Höhe von US$ 14 fällig, die ausschließlich per gültiger Kreditkarte (*MasterCard*, *VISA*, *American Express* und *Discover* [*JCB*, *Diners Club*]), Debitkarte oder per Online-Bezahlsystem PayPal entrichtet werden kann. Diese Gebühr setzt sich aus der Bearbeitungsgebühr in Höhe von US$ 4 und einer Genehmigungsgebühr in Höhe von US$ 10 zusammen. Falls Sie keine eigene Kreditkarte besitzen, kann die Zahlung der Antragsgebühr auch durch Dritte, z. B. Verwandte oder Freunde, vorgenommen werden. Erst nach Zahlung der ESTA-Gebühr wird der Antrag abschließend bearbeitet. In den meisten Fällen stellt das System innerhalb weniger Sekunden fest, ob dem Antragsteller die Einreise im Rahmen des *Visa Waiver Programs* genehmigt wird.

Folgende Antworten sind möglich:

- Genehmigung erteilt
- Einreise nicht genehmigt
- Genehmigung wird bearbeitet

Eine erteilte Genehmigung ist zwei Jahre gültig, vorausgesetzt der Reisepass ist ebenfalls noch für mindestens zwei Jahre gültig. Die Zwei-Jahres-Regel bezieht sich auf das Datum des Einholens der ESTA-Genehmigung und nicht auf den Zeitpunkt der ersten Einreise mit ESTA.
Sollte Ihr Reisepass aber innerhalb der nächsten zwei Jahre ablaufen, erhalten Sie eine ESTA-Genehmigung, die bis zum Ablaufdatum Ihres Reisepasses gültig ist. Während dieses Zeitraums muss nicht für jede Reise in die Vereinigten Staaten jeweils eine neue ESTA-Genehmigung beantragt werden.

Sollte der Antrag abgelehnt werden, wird nur die Gebühr für die Bearbeitung des Antrags in Höhe von US$ 4 erhoben. Bei einer Ablehnung kann der Reisende das Visa Waiver Program ab sofort nicht mehr nutzen, d. h. die visumfreie Einreise an der US-Grenze kann nicht gestattet werden. Es bleibt lediglich die Möglichkeit einer (B-)Visumbeantragung in einem zuständigen US-Konsulat im Heimatland.

Falls es zu einer Ablehnung aufgrund einer versehentlich mit „Ja" beantworteten Sicherheitsfrage gekommen ist, sollten Sie sich in jedem Fall per E-Mail mit der Zoll- und Grenzschutzbehörde der Vereinigten Staaten (*U.S. Customs and*

Border Protection (CBP), ⧉ https://help.cbp.gov/app/ask) in Verbindung setzen, um das Versehen zu klären. Sollte die US-Zoll- und Grenzschutzbehörde einer Rücksetzung Ihres ESTA-Antrags zustimmen, kann eine neue ESTA-Genehmigung angefordert werden. In diesem Fall wird erneut die Gebühr in Höhe von US$ 14 fällig. Bitte beachten Sie, dass es trotz einer neuen, bewilligten ESTA-Genehmigung zu Schwierigkeiten an der Grenze kommen kann. Sollten Sie z. B. bei der Frage nach möglichen Vorstrafen eingangs mit „Ja" geantwortet und nunmehr „Nein" angekreuzt haben, könnte Ihnen der Grenzbeamte unterstellen, dass Sie eine mögliche (doch vorliegende) Straftat verheimlichen wollen. Selbiges gilt für Angaben zu möglichen ansteckenden Erkrankungen, Visaverweigerungen etc. Im Zweifelsfall sollte bei Falschangaben der „Ja/Nein"-Fragen im ESTA-Erstantrag eine Visumbeantragung im US-Konsulat erwogen werden, um Problemen bei der Einreise vorzubeugen.

Ein neuer ESTA-Antrag wird in jedem Fall dann erforderlich, wenn Sie im Besitz eines neuen Reisepasses sind, Sie Ihren Namen ändern, sich Ihr Geschlecht geändert hat, Sie eine andere Staatsangehörigkeit angenommen haben oder sich Ihre Antwort auf eine der Sicherheitsfragen geändert hat.

Auch bei fehlerhaften Angaben zum Reisepass oder zu personenbezogen Daten müssen Sie einen neuen ESTA-Antrag ausfüllen, um die Angaben zu korrigieren. Auch hierbei müssen Sie erneut die Gebühr in Höhe von US$ 14 zahlen. Bei Änderungen der Kontaktdaten oder Reisedaten ist eine Aktualisierung möglich, aber nicht zwingend erforderlich. Es fallen dabei auch keine weiteren Gebühren an.

Ablauf der ESTA-Genehmigung

Wenn die ESTA-Genehmigung abläuft, verschickt das US-Heimatschutzministerium (*U.S. Department of Homeland Security, DHS*) eine Erinnerung an die Personen, die im ESTA-Antrag ihre E-Mail-Adresse angegeben haben. In der E-Mail steht aktuell Folgendes: *„ESTA Expiration Warning: ATTENTION! Your travel authorization via ESTA will expire within the next 30 days. Please reapply at* ⧉ *https://esta.cbp.dhs.gov if you intend to travel to the United States in the near future."* Die E-Mail wird von der E-Mail-Adresse *„ESTA-SUPRT@cbp.dhs.gov"* verschickt. Personen, die keine E-Mail-Adresse angegeben haben, werden nicht benachrichtigt. Als Reisender sind Sie selbst dazu verpflichtet, vor Reiseantritt zu überprüfen, ob eine noch gültige ESTA-Genehmigung vorliegt.

Aufenthaltsdauer

Wenn Sie visumfrei auf dem Luft- oder Seeweg in die USA einreisen, müssen Sie ein Rückreiseticket vorweisen, das im Allgemeinen auf ein anderes Land als Kanada, Mexiko oder die Karibischen Inseln ausgestellt sein muss. Bei der Einreise auf dem Landweg über Mexiko oder Kanada hingegen entfällt die Pflicht der Vorlage eines Rückflugtickets beim US-Grenzbeamten.

Keine Möglichkeit der Aufenthaltsverlängerung!

Die Aufenthaltsdauer von 90 Tagen im Rahmen des *Visa Waiver Programs* kann nicht verlängert werden! Falls man also vorhat, eine Reise zu machen, die länger als drei Monate dauert, sollte man einen Antrag auf ein B-Visum stellen, da man sich mit diesem pro Einreise maximal bis zu 180 Tagen in den USA aufhalten darf. In diesem Fall kann der Antragsteller dann auch eine Verlängerung beantragen, falls das notwendig wird.

Die ESTA-Genehmigung gilt für beliebig viele Einreisen in die USA innerhalb ihres Gültigkeitszeitraums. Allerdings sollte man darauf achten, nicht allzu schnell hintereinander einzureisen, um so beim US-Grenzbeamten den Eindruck zu vermeiden, dass man in den USA leben möchte.

Eine Verlängerung des Aufenthaltsstatus in den USA ist grundsätzlich nicht erlaubt, auch nicht durch eine kurze Ein- und Wiederausreise z.B. nach Mexiko oder Kanada. Ein sogenannter Statuswechsel auf einen anderen aufenthaltsrechtlichen Status ist im Rahmen des *Visa Waiver Programs* nicht möglich. Sie müssen also die USA nach spätestens 90 Tagen definitiv wieder verlassen. Das bedeutet auch, dass eine Person, die mit diesem Status in die USA eingereist ist und dann z.B. eine Arbeitsstelle angeboten bekommt, zunächst aus den USA ausreisen muss, um ein passendes US-Visum zu beantragen, bevor eine solche Stelle angetreten werden kann.

Merke: Eine Person, die in die USA visumfrei einreisen durfte, es aber versäumt hat, innerhalb der vorgeschriebenen 90 Tage wieder auszureisen, kann davon ausgehen, dass ihr die erneute Einreise ohne Visum verweigert wird. Es handelt sich hierbei um einen sogenannten overstay. Je nach der Dauer des illegalen Aufenthalts kann Ihnen sogar für längere Zeit die Wiedereinreise in die USA untersagt werden. Siehe auch Kapitel 10.5 „Ablehnung eines Visumantrags beim US-Konsulat".
Sollte es also vor Ihrer Abreise irgendeinen Grund zur Annahme geben, dass Sie eventuell länger als 90 Tage bleiben müssen/wollen, so reisen Sie NICHT mit dem Visa Waiver Program ein. Beantragen Sie rechtzeitig vor Ihrer Abreise ein B-Visum!

Reisepassbestimmungen im Rahmen des VWPs

Alle Personen, die visumfrei in die USA reisen möchten, benötigen seit dem 1. April 2016 einen elektronischen Reisepass (*ePass*). Der biometrische Reisepass oder elektronische Reisepass, kurz ePass, enthält einen Chip, auf dem biometrische Daten des Reisepassinhabers abgespeichert sind.

Signet für biometrische Pässe

Grundsätzlich sollte Ihr Reisepass für die Einreise in die Vereinigten Staaten noch mindestens sechs Monate Gültigkeit über den Zeitraum des geplanten USA-Aufenthalts hinaus besitzen. Eine Ausnahmeregelung bildet der sogenannte „*Six Month Club*": Staatsangehörige bestimmter Länder, die am *Visa Waiver Program* teilnehmen (darunter Deutschland, Österreich und Schweiz), benötigen lediglich einen Reisepass, der noch für die Dauer des geplanten Aufenthaltes gültig sein muss.

Wenn Sie nicht im Besitz eines gültigen ePasses sind, können Sie die visumfreie Einreise in die USA mit ESTA nicht nutzen. D.h. Sie müssen alternativ ein B-1/B-2 Visum beantragen. Mit folgenden Ausweisdokumenten ist es Ihnen grundsätzlich nicht gestattet, visumfrei in die USA einzureisen und Sie benötigen demnach ein Visum:

- Nicht-elektronischer Reisepass
- Kinderreisepass, der nach dem 25. Oktober 2006 ausgestellt wurde
- Vorläufiger Reisepass
- Kinderausweis
- Reiseausweis
- Reiseausweis für Ausländer

Es empfiehlt sich für alle Reisenden, sich rechtzeitig vor jedem geplanten USA-Aufenthalt über die aktuell geltenden Einreiseauflagen inkl. der aktuellen Reisepassbestimmungen zu informieren, um Problemen bei der Einreise vorzubeugen.

VWP-Reisende können sich auf der Internetseite der jeweiligen US-Botschaft ihres Landes nach den jeweiligen Reisepassbestimmungen erkundigen.

Ausschluss bestimmter Länder von der visumfreien Einreise

Im Januar 2016 haben die USA damit begonnen, bestimmte Personengruppen von der visumfreien Einreise in die Vereinigten Staaten auszuschließen. Hintergrund für diesen Ausschluss ist der vom US-amerikanischen Präsidenten am 18.12.2015 unterzeichnete *„Consolidated Appropriations Act 2016"*. Dieser beinhaltet das Gesetz *„Visa Waiver Program Improvement and Terrorist Travel Prevention Act of 2015"*, wonach die visumfreie Einreise in die Vereinigten Staaten für bestimmte Personen ausgeschlossen ist.

Seitdem sind USA-Reisende vom *Visa Waiver Program* ausgeschlossen, die sich nach dem 1. März 2011 im Irak, Iran, Sudan, Jemen, in Syrien, Libyen und Somalia aufgehalten haben oder neben der VWP-Staatsangehörigkeit über eine (doppelte) irakische, iranische, sudanesische oder syrische Staatsangehörigkeit verfügen. Allerdings können Personen, die über eine doppelte Staatsbürgerschaft mit dem Jemen, Libyen oder Somalia verfügen, weiterhin visumfrei in die USA reisen, vorausgesetzt, sie haben den Irak, Iran, Sudan, Syrien, Libyen, Somalia oder Jemen nicht nach dem 1. März 2011 bereist.

Basierend auf dieser Regelung taucht im ESTA-Antrag eine zusätzliche Frage auf, welche Einreisen in die Länder Irak, Iran, Sudan, Syrien, Libyen, Somalia oder Jemen seit dem 1. März 2011 erfasst. Der USA-Reisende muss an dieser Stelle des ESTA-Antrags angeben, ob er nach dem 01.03.2011 in jene sieben Länder eingereist ist. Hinzu kommen Fragen nach einem weiteren Reisepass eines anderen Landes, der zusätzlichen Staatsangehörigkeit zu einem anderen Land und ob man Staatsbürger/Einwohner eines weiteren Landes ist.

Abhängig von der Beantwortung dieser Fragen, müssen Antragsteller weitere Angaben tätigen: So müssen beispielsweise Reisezeitraum und Aufenthaltszweck für Aufenthalte im Irak, Iran, Syrien, Sudan, Libyen, Somalia oder Jemen angegeben werden. Je nach Aufenthaltsgrund werden im Anschluss weitere Angaben notwendig (z.B. zum jeweiligen Visum, Unternehmen, Tätigkeit, früheren US-Visa etc.).

Reisende mit einer gültigen ESTA-Genehmigung, die von diesen Regelungen betroffen sind, erhalten eine E-Mail-Benachrichtigung über den Widerruf ihrer aktuellen ESTA-Genehmigung an die E-Mail-Adresse, die sie in ihrem ESTA-Antrag angegeben haben. Dies hat zur Folge, dass sie nicht mehr im Rahmen des VWP reisen dürfen. In diesem Fall benötigen sie zwingend ein Visum für die USA: Geschäftsreisende ein B-1 Visum, Touristen ein B-2 Visum. Die Beantragung der Visumkombination B-1/B-2, die gleich beide Reisezwecke zukünftig abdeckt, erscheint in diesem Zusammenhang sinnvoll.

Es empfiehlt sich, dass auch Reisende, die nicht unmittelbar von den neuen Regelungen betroffen sind, ihren ESTA-Antrag zur Sicherheit vor Antritt ihrer Reise in die USA auf Gültigkeit prüfen.

7.3 Global Entry Program

Personen, die in die USA reisen, müssen in der Regel viel Zeit einplanen, um die Grenzkontrollen zu durchlaufen. Die US-Grenzbeamten überprüfen sowohl US-Visuminhaber als auch Reisende, die visumfrei im Rahmen des *Visa Waiver Programs* in die USA reisen.

Das *Global Entry Program* ermöglicht es vorab geprüften und als sogenannte *low-risk traveler* eingestuften USA-Reisenden schneller und unkomplizierter durch die Sicherheits- bzw. Grenzkontrollen zu gelangen. Es ist ein Programm der *U.S. Customs and Border Protection*, dass das frühere *INSPASS (Immigration and Naturalization Service Passenger Accelerated Service System)* ersetzt hat. Obwohl dieses Programm im Schwerpunkt für Geschäftsleute gedacht ist, die häufig international unterwegs sind, gibt es keine Mindestanzahl an Reisen, die nachzuweisen sind, um sich für das *Global Entry Program* registrieren zu können. Allerdings empfiehlt sich die Teilnahme an diesem Programm vor allem für Vielreisende.

Beschleunigte Einreise

Am *Global Entry Program* können aktuell ausschließlich zuvor zugelassene, vertrauenswürdige Staatsangehörige (*low-risk traveler*) aus Deutschland, Großbritannien, Kanada (wenn sie Mitglieder des NEXUS-Programms sind), Mexiko, den Niederlanden, Panama, Südkorea, den USA sowie US-Einwanderer (*Lawful Permanent Residents*, GreenCard-Inhaber) teilnehmen.

Zugangsvoraussetzungen

Wer an Global Entry teilnehmen möchte, muss zunächst Inhaber eines gültigen biometrischen Reisepasses sein sowie über eine ESTA-Genehmigung verfügen oder im Besitz eines US-Visums sein.

Achtung: Bestimmte Visakategorien sind von der Teilnahme am Global Entry Program ausgeschlossen. Diese finden Sie auf der Seite der US-Zoll- und Grenzschutzbehörde (☒ www.cbp.gov/faqs/are-all-us-visa-classifications-eligible-participation-global-entry).

MERKE

Zudem ist es erforderlich, dass man sich bei der deutschen Bundespolizei für das automatisierte Grenzkontrollsystem EasyPASS kostenlos registriert, welches mit Global Entry verknüpft ist. EasyPASS ist aktuell an den sechs passagierstärksten Flughäfen Deutschlands (Berlin-Tegel, Düsseldorf, Frankfurt/Main, Hamburg, Köln/Bonn, München) verfügbar und ersetzt die „automatisierte biometriegestützte Grenzkontrolle" (ABG). Die Daten der Reisenden werden in die EasyPASS-RTP-Datenbank der Bundespolizei übertragen, wodurch sie auch Global Entry nutzen können.

Voraussetzung für die Teilnahme am kostenlosen EasyPASS-Programm ist u.a. ein elektronischer Reisepass (*ePass*) mit *Radio Frequency Chip* für Reisende aus der EU, des Europäischen Wirtschaftsraumes und der Schweiz. Außerdem müssen die Teilnehmer mindestens 18 Jahre alt sein.

Sind Sie zur Nutzung von EasyPass berechtigt, müssen Sie im nächsten Schritt zur Beantragung von Global Entry an einer erforderliche grenzpolizeilichen Vorprüfung (*pre-check*) an den Flughäfen Berlin-Tegel, Düsseldorf, Frankfurt/Main, Hamburg oder München in den Servicebüros der Bundespolizei teilnehmen. Diese Vorprüfung kann in der Regel ohne vorherige Terminabsprache erfolgen.

Nach erfolgreicher Prüfung leitet dann die Bundespolizei die Daten des Antragstellers an die US-Zoll- und Grenzschutzbehörde CBP weiter. Erst nachdem diese Schritte absolviert wurden, kann der Antragsteller das sogenannte *Global Online Enrollment System (GOES)* nutzen, ein Online-Profil anlegen und ein elektronisches Formular ausfüllen. Um den Antrag zu komplettieren, muss im nächsten Schritt eine Gebühr von aktuell US$ 100 gezahlt werden, die nicht rückerstattbar ist. Nachdem der Online-Antrag seitens der US-Behörden überprüft wurde, erhalten die Antragsteller von der US-Zoll- und Grenzschutzbehörde eine Benachrichtigung zur Vereinbarung eines persönlichen Termins in einem der *Global Entry Enrollment Center* an einem Flughafen in den Vereinigten Staaten. Dieser Termin dient der weiteren Überprüfung des zukünftigen Global Entry Teilnehmers. Ein Officer der *U.S. Customs and Border Protection* wird die persönliche Befragung durchführen, ein Passfoto anfertigen und die biometrischen Daten, wie z.B. den Scan der Fingerabdrücke, erfassen. Zudem muss der Reisepass und ein weiteres Identifikationsdokument wie z.B. der Führerschein oder der Personalausweis vorgelegt werden.

Um den Global Entry Antrag abzuschließen, muss der Antragsteller dann bei der ersten Einreise in die USA noch ein zusätzliches Interview bei einem *Enrollment Center* am US-Flughafen wahrnehmen, bevor die offizielle Teilnahmebestätigung per E-Mail und durch Aufkleben eines Stickers im Reisepass ausgestellt wird.

Gültigkeitsdauer

Nach Erhalt der Genehmigung zur Teilnahme am *Global Entry Program* können Sie für fünf Jahre die sogenannten Global Entry Kiosks an allen teilnehmenden US-Flughäfen nutzen. Die Verlängerung der Teilnahme kann nach fünf Jahren über das *GOES* Online-Profil gegen eine erneute Gebühr in Höhe von aktuell US$ 100 beantragt werden. Deutsche Staatsangehörige müssen in diesem Fall nochmals bei der deutschen Bundespolizei vorstellig werden.

Die Aktualisierung der persönlichen Angaben im *GOES* Online-Profil ist auch dann erforderlich, wenn man im Besitz eines neuen Reisepasses ist. Aktualisiert man seine Daten nicht, wird Personen bei der Grenzkontrolle in den USA die Einreise im Rahmen des *Global Entry Programs* nicht gestattet. Ändern *Global Entry*-Teilnehmer ihren Namen oder verfügen über ein neues Visum, müssen sie bei einem *Global Entry Enrollment Center* in den USA vorstellig werden und diese Änderungen mitteilen, um weiterhin zur Teilnahme an dem Programm berechtigt zu sein.

Achtung: Auch wenn deutsche Staatsangehörige Global Entry für fünf Jahre nutzen können, müssen sie nach zwei Jahren erneut an einem der EasyPass Kontrollen der Bundespolizei die Überprüfung ihrer Daten vornehmen lassen. Den Zeitpunkt, wann es soweit ist, erfährt man durch eine Erinnerungs-E-Mail der US-Zoll- und Grenzschutzbehörde. Kommt man dieser Aufforderung nicht nach, so entfällt die Berechtigung zur Teilnahme an Global Entry.

MERKE

Einreise per Global Entry

In den meisten internationalen Flughäfen der USA weisen Schilder auf die Global Entry Kiosks hin. Bei der Ankunft an einem US-Flughafen scannen die registrierten Nutzer selbstständig ihren maschinenlesbaren Reisepass oder ihre *Permanent Resident Card* (GreenCard). Zusätzlich wird an diesen Kiosks ein digitales Foto vom Reisenden gemacht und seine Fingerabdrücke von einem Scanner gelesen, um die Identität festzustellen. Im Anschluss füllen *Global-Entry-Reisende* am Kiosk eine digitale Zollerklärung aus und erhalten daraufhin einen Beleg, den sie beim Verlassen des Flughafens bei einem Beamten der US-Zollbehörde abgeben müssen.

An welchen Flughäfen der USA Sie solche Kiosks nutzen können, finden Sie auf der Webseite der US-Zoll- und Grenzschutzbehörde:
↳ *www.cbp.gov/travel/trusted-traveler-programs/global-entry/locations*

INTERNET

8 Visa für temporären Arbeitsaufenthalt

8.1 C-1/D Visum (Crew Member): Besatzungsmitglieder von Schiffen und Flugzeugen

Allgemeines

Personen, die als Besatzungsmitglied eines Schiffes oder Flugzeuges in den Vereinigten Staaten von Amerika für eine kurze begrenzte Zeit ihrer Tätigkeit nachgehen, müssen in der Regel ein C-1/D Visum beantragen. Dies ist eine Kombination von C-(*Transit*) und D-(*Crew Member*) Visum. Mit dem C-1/D Visum können die Besatzungsmitglieder in die USA einreisen und sich an Bord ihres Schiffes bzw. Flugzeuges bewegen, auf dem der temporäre Einsatz als Besatzungsmitglied erfolgen wird.

Wer qualifiziert sich?

Das C-1/D Visum ist ein Nichteinwanderungsvisum und beinhaltet keine Arbeitsgenehmigung für eine reguläre Arbeitsaufnahme bei einem amerikanischen Arbeitgeber. Es ist also ausschließlich für Personen, die weiterhin von einer ausländischen Firma angestellt sind, nur für kurze Zeit in die USA reisen und weiterhin von ihrem ausländischen Arbeitgeber bezahlt werden.

Voraussetzungen für Besatzungsmitglieder von Schiffen und Flugzeugen

Zunächst muss der Antragsteller sich tatsächlich als ein Besatzungsmitglied eines Schiffes oder eines Flugzeuges qualifizieren, was sich auf amerikanischen Gewässern bzw. im Luftraum von den Vereinigten Staaten von Amerika befindet. Zu Besatzungsmitgliedern gehören z.B. Piloten, Kapitäne, Stewards, Techniker, Seeleute, Flugbegleiter, Rettungskräfte, also alle Personen, die für den regulären Betrieb des Schiffes oder Flugzeuges an Bord notwendig sind. Unter anderem zählen auch Köche sowie Musiker, Entertainer und Kosmetikerinnen eines Kreuzfahrtschiffes zu Besatzungsmitgliedern.

Neben dem Antragsteller müssen auch die Flug- bzw. Schifffahrtsgesellschaften gewisse Voraussetzungen erfüllen. Um ein C-1/D Visum für einen Mitarbeiter beantragen zu können, muss die in den USA operierende Fluggesellschaft bzw. Reederei oder Schifffahrtsgesellschaft als ein kommerzielles internationales Unternehmen bei den US Behörden registriert sein. Einsätze auf einer privaten Yacht oder Privatjet können nicht über das C-1/D Visum abgewickelt werden.

Bei Beantragung des Visums im zuständigen Konsulat müssen Nachweise erbracht werden, aus denen hervorgeht, dass der Antragsteller tatsächlich bei einer ausländischen Firma als Besatzungsmitglied angestellt ist bzw. über einen Auftrag von einem Agenten verfügt und für einen konkreten temporären Aufenthalt in den USA tätig werden soll.

BEISPIEL

Beispiel: Lola Liebstock ist Flugbegleiterin bei der Lufthansa. Da sie Familie hat, wird sie hauptsächlich auf europäischen Strecken eingesetzt, wo sie innerhalb eines Tages abends bei ihrer Familie sein kann. Ab und zu muss sie jedoch die Urlaubsvertretung für ihren Kollegen Paolo Propelleros übernehmen, der als Flugbegleiter ein paar Mal die Woche von New York, LaGuardia, nach Chicago, O'Hare, hin- und zurückfliegt. Für ihren temporären Einsatz als Flugbegleiterin an Bord der Lufthansa zwischen Chicago und New York benötigt Lola Liebstock ein C-1/D Visum.

BEISPIEL

Beispiel: Fabian Flink ist ausgebildeter Mechatroniker und bei einem namhaften deutschen Betrieb angestellt, der weltweit den Wartungsservice für verschiedene Spezialkompressoren übernimmt. In seiner Tätigkeit ist er schon um die halbe Welt gereist. Bald ist es wieder soweit und er muss wie jedes Jahr im Auftrag seines Arbeitgebers auf der MS Victory im Chesapeake Bay auf See gehen. Hierfür wird er im Port of Baltimore das Schiff betreten und für 10 Tage die Kompressoren warten, während das Schiff auf See ist. Für seinen temporären Einsatz an Bord der MS Victory benötigt Fabian Flink eine C-1/D Visum.

Wer qualifiziert sich nicht fürs C-1/D Visum?

Privatjet/Private Yacht: Personen, die an Bord eines Privatjets bzw. einer privaten Yacht reisen oder als Besatzungsmitglied tätig sind, dürfen nicht am *Visa Waiver Program* (ESTA) teilnehmen, qualifizieren sich aber aber auch nicht für ein C-1/D Visum. Sie müssen daher im Regelfall ein B-Visum beantragen.

Trockendock: Servicetätigkeiten, die unter Garantie, am Trockendock im Hafen ausgeführt werden, müssen über ein B-1 Visum abgewickelt werden.

Coasting Officer (wachhabender Offizier): Personen, die zeitlich begrenzt als *Coasting Officer*, wachhabender Offizier, Heimaturlaubsvertretung für einen festangestellten Offizier übernehmen, und sich nicht mehr als 29 Tage auf amerikanischen Gewässern aufhalten, müssen ein B-1 Visum beantragen.

Continental Shelf (Gewässer angrenzend an die USA): Besatzungsmitglieder, die zu temporären Zwecken, auf den Gewässern der *„Continental Shelf"* oder im Golf von Mexiko tätig sein werden, müssen ein B-1/*OCS* (*Outer Continental Shelf*) Visum beantragen.

Anmerkung – C-1/D & B-1/B-2 Kombination

Oft müssen C-1/D Visuminhaber im Rahmen des US-Aufenthaltes für ihren Arbeitgeber zusätzlich ein paar Tage vor Antritt des tatsächlichen Einsatzes, z.B. für Vorbereitungen, in den USA an Land verweilen. Hierfür empfiehlt sich zusätzlich ein B-1 (Business) Visum zu beantragen. Natürlich kann der C-1/D Visuminhaber in den USA nach seinem Einsatz Urlaub machen wofür ein B-2 (Visitor) Visum benötigt wird, falls die Person nicht am *Visa Waiver Program* teilnehmen kann.

Die Kombination C-1/D und B-1/B-2 Visum kann gleichzeitig im Konsulat beantragt werden. Es wird nur eine Gebühr von aktuell US$ 160 erhoben.

Erhalt eines C-1/D Visums

Antragstellung

Anträge für ein C-1/D Visum werden von Antragstellern bei einem Konsulat der Vereinigten Staaten, das für den eigenen Wohnort zuständig ist, gestellt. Alle

Antragsteller im Alter von 14–79 müssen ausnahmslos zu einem persönlichen Interviewtermin vorstellig werden und an diesem Tag ihre Antragsdokumente vorlegen. Die Antragstellung erfolgt in der Regel immer in einem US-Konsulat des Landes, in dem die betreffende Person aktuell ihren Lebensmittelpunkt hat. In Deutschland werden C-1/D Visa über die Konsulate in Berlin, Frankfurt und München abgewickelt. In Österreich ist es das Konsulat in Wien, in der Schweiz ist das Konsulat in Bern zuständig.

Wie bei allen anderen Visumanträgen, müssen auch C-1/D Visumantragsteller, ein elektronisches DS-160 Formular ausfüllen und übermitteln. Danach muss die Visumgebühr in Höhe von aktuell US$ 160 bezahlt werden und ein Termin vereinbart werden. Auch wenn Sie die Kombination C-1/D ggf. mit B-1/B-2 Visum beantragen, muss nur einmalig eine Gebühr von aktuell US$ 160 entrichtet werden.

Im Konsulat sollten neben den allgemeinen Antragsdokumenten Unterlagen zum Arbeitsverhältnis, Einreisezweck und sonstige Belege über die Rückkehrintention vorgelegt werden. Für den Einsatz als Besatzungsmitglied sollten folgende unterstützende Dokumente beigebracht werden:

Unterlagen für das Konsulat

– Nachweis, dass die Person als Besatzungsmitglied des Schiffes oder Flugzeuges gelistet ist oder gelistet werden wird.
– Schreiben des Arbeitgebers bzw. Agenten des (Kreuzfahrt-)Schiffes bzw. der Airline.
  Darin sollte Folgendes bestätigt werden:
  - Name des Mitarbeiters und Bestätigung des Arbeitsverhältnisses
  - Einsatzort, Name/Bezeichnung des Schiffes bzw. Flugzeugs
  - Länge des geplanten Einsatzes
  - Mitarbeiter wird von außerhalb der USA bezahlt und verlässt nach Einsatz die USA

Der Termin im Konsulat kann mehrere Stunden in Anspruch nehmen, wobei sich das Interview mit dem Konsularbeamten meist nur auf 5– 10 Minuten beschränkt. Das Gespräch mit dem Konsularbeamten kann in der Regel auf Englisch oder in der jeweiligen Landessprache geführt werden.

Wie lange darf man sich mit einem C-1/D Visum in den USA aufhalten?

In der Regel wird das C-1/D Visum für zehn Jahre ausgestellt (abhängig von der Staatsangehörigkeit des Antragstellers) und ermöglicht einen maximalen Aufenthaltsstatus in den Vereinigten Staaten von bis zu 180 Tagen pro Einreise, mehrfach hintereinander oder am Stück. Besatzungsmitglieder von Schiffen müssen jedoch nach spätestens 29 Tagen mit ihrem Schiff die USA verlassen bzw. aus den USA ausreisen.

Familienangehörige

Ehepartner, Kinder oder Lebensgefährten des C-1/D Visuminhabers, die während des temporären Einsatzes ihre Familienangehörigen begleiten bzw. Urlaub machen möchten, können entweder über das *Visa Waiver Program* (ESTA) reisen oder ein B-2 Visum beantragen.

8.2 E-1 Visum (Treaty Trader)/E-2 Visum (Treaty Investor): Visum für Handeltreibende und Investoren

Das E-1 (Handels-)Visum beruht auf bilateralen Verträgen zwischen den Vereinigten Staaten und den mit ihnen Handel treibenden Ländern, das E-2 (Investoren-)Visum auf bilateralen Verträgen zu Investitionsvorhaben.

Im Unterschied zu anderen Arbeitsvisa erhalten nicht nur die jeweiligen Antragsteller (Mitarbeiter und/oder Firmeninhaber) ein E-1/E-2 Visum und damit eine Arbeitserlaubnis für die USA im Erstantragsverfahren – vielmehr wird gleichzeitig das US-Unternehmen bei den US-Behörden im US-Konsulat „registriert" (= E-Registrierung).

Die Gültigkeitsdauer eines E-Visums hängt von der Nationalität ab. Je nach Nationalität, wird an Hand der sogenannten *Reciprocity Schedule* entschieden, wie lange das Visum gültig sein wird. Zum Beispiel erhalten deutsche Staatsangehörige normalerweise ein fünfjähriges E-1 oder E-2 Visum.

Innerhalb des bewilligten Registrierungszeitraumes können weitere (ggf. auch neu eingestellte) Mitarbeiter in einem stark vereinfachten Verfahren in das US-Unternehmen entsandt bzw. dort eingesetzt werden. So muss bei weiteren E-1/E-2 Visaverfahren kein aufwändiger Antrag mehr vorab eingereicht werden. Die Mitarbeiter können direkt bei einem persönlichen Interviewtermin im zuständigen US-Konsulat ihre Unterlagen vorlegen. Das vereinfachte Verfahren bedeutet eine erhebliche Kosten- und Zeitersparnis für das Unternehmen. Gerade auch im Vergleich zum teuren L-Visaverfahren stellt der E-Status deshalb immer eine prüfenswerte Alternative dar.

8.2.1 E-1 Visum (Treaty Trader)

Das E-1 (Handels-)Visum beruht auf bilateralen Verträgen zwischen den Vereinigten Staaten und den mit ihnen Handel treibenden Ländern (*Treaty Country* – Vertragsland). Gegenwärtig gibt es ca. 50 Nationen, die solche Beziehungen mit den USA unterhalten. Länder wie Deutschland, Österreich und die Schweiz gehören zu diesen Ländern; Grundlage für Deutschland ist der Handels- und Schifffahrtsvertrag zwischen den USA und Deutschland aus dem Jahre 1956.

E-1 Vertragsländer | Die Länder, die einen E-1 fähigen Vertrag mit den USA abgeschlossen haben, findet man auf der Webseite des *U.S. State Departments*: ☛ *https://travel.state.gov/content/visas/en/fees/treaty.html*

Europa	Polen	Mexiko
Belgien	Schweden	Paraguay
Bosnien & Herzegowina	Schweiz	Surinam
Dänemark	Serbien	
Deutschland	Slowenien	**Asien**
Estland	Spanien	Brunei
Finnland	Türkei	Iran
Frankreich		Israel
Griechenland	**Afrika**	Japan
Großbritannien	Äthiopien	Jordanien
Irland	Liberia	Oman
Italien	Togo	Pakistan
Kosovo		Philippinen
Kroatien	**Amerika**	Singapur
Lettland	Argentinien	Südkorea
Luxemburg	Bolivien	Taiwan
Mazedonien	Chile	Thailand
Montenegro	Costa Rica	
Niederlande	Honduras	**Australien**
Norwegen	Kanada	
Österreich	Kolumbien	

Zugangsberechtigung

Das im US-Recht als *Treaty Trader Status* bezeichnete Handelsvisum steht Unternehmen und deren Mitarbeitern zur Verfügung, die substantiellen Handel zwischen dem Vertragsland und den USA betreiben.

Um sich für ein E-1 Treaty Trader Visum zu qualifizieren, müssen sowohl das beantragende Unternehmen als auch der Mitarbeiter, der in die USA geschickt wird, bestimmte Bedingungen erfüllen.

Ein selbstständiger Geschäftsmann oder eine Geschäftsfrau kann sich ebenso für das E-1 Visum qualifizieren wie sein/ihr Angestellter.

Mitarbeiter, die ein E-1 Visum erhalten sollen, müssen die Staatsangehörigkeit des Vertragslandes besitzen und sich als Manager/Executive/Specialist oder Supervisor qualifizieren.

Beispiel: Die Firma Leutner ist ein Weinexporteur, welche in Niederösterreich ansässig ist. 60% der Firmenanteile besitzt Leutner junior, ein österreichischer Staatsbürger. Der Handel der Firma mit den USA wird über Austria Food and Wine (USA) Inc. abgewickelt, eine Tochtergesellschaft, die in Kalifornien registriert ist und zu 100% im Besitz der Firma Leutner Österreich ist. Leutner jr. möchte gerne zeitweilig in Kalifornien leben, um dort als President von Austria Food and Wine (USA) Inc. zu arbeiten. Entsprechend den nachfolgend beschriebenen Bestimmungen wird Leutner jr. dies als E-1 Treaty Trader tun können.

BEISPIEL

Wichtig ist, dass sich formell gesehen immer das US-Unternehmen bzw. die US-Niederlassung qualifiziert. In Ihrem Visum bzw. dem Ihrer Mitarbeiter wird also immer das US-Unternehmen erwähnt.

Voraussetzungen zum Erhalt eines E-1 Visums

Anforderungen an das Unternehmen

1. Nationalität

Es muss zwingend ein US-Unternehmen bestehen, dieses muss mehrheitlich (mindestens 50%) im Besitz des Vertragslandes (z.B. Deutschland) sein. Die Nationalität eines Unternehmens wird durch die Nationalität der Mehrheit ihrer einzelnen Inhaber bestimmt. Unternehmen, die als Aktiengesellschaften operieren, besitzen nach der E-1 Definition die Nationalität des Landes, in welchem sie vorrangig ihr Börsengeschäft tätigen.

Das US-Unternehmen muss sein operatives Geschäft aufgenommen haben und sollte im günstigen Fall bereits US-Personal beschäftigen.

Der Nachweis von Investitionen gewinnt auch bei E-1 Anträgen zunehmend an Bedeutung – dadurch wird in jedem Falle die Ernsthaftigkeit des US-Engagements unterstrichen.

BEISPIEL

Beispiel: Die Firma Leutner wird zu 60% von Leutner jr., einem österreichischen Staatsbürger, gehalten. Nach der oben gegebenen Erklärung ist die Firma österreichischer Nationalität, unabhängig davon, wo sie ihren Hauptsitz hat.

MERKE

Anmerkung: Inhaber einer Daueraufenthaltsgenehmigung (korrekt: Legal Permanent Resident, auch GreenCard genannt) für die USA werden nicht als Staatsbürger des Vertragslandes angesehen. Das würde bedeuten, dass die Firma Leutner die Bedingungen nicht erfüllen würde, wenn Leutner jr. (zu 60% Eigentümer) Inhaber einer GreenCard wäre. Mitarbeiter der Firma könnten im Rahmen des E-1 Status dann nicht in die USA geschickt werden.

2. Nachweis des Handels

Es muss ein regelmäßiger Handel mit Gütern, Waren oder Dienstleistungen zwischen den Vertragsstaaten nachgewiesen werden. Dieser Austausch muss belegt werden und bereits vor Antragstellung erfolgt sein.
Der Handel muss einen kommerziellen Austausch oder Verkauf von Gütern, Waren oder Dienstleistungen/Technologien zwischen den beiden Vertragsländern beinhalten.

BEISPIEL

Beispiel: Swiss Medical, deren Zentrale sich in Zürich befindet, entwickelt und produziert Kommunikationssysteme in der Medizintechnologie. Während der vergangenen zwei Jahre hat Swiss Medical seinen Kundenkreis auf die USA ausgedehnt, besonders an der Ostküste. Es wurde eine Tochtergesellschaft in New Jersey gegründet, um das Marketing und den technischen Bereich zu unterstützen.
Da sich Swiss Medical mit dem Austausch von Technologie und Produkten mit den USA befasst, kann es den E-1 Status für seine Mitarbeiter in Betracht ziehen, die sie gerne zur Tochtergesellschaft in New Jersey schicken möchte.

2.1 Der Handel mit den USA muss „beträchtlich" sein

Ein Handel, der ständige oder häufige Transaktionen zwischen dem Vertragsland und den USA einschließt, wird im Allgemeinen als „beträchtlich" eingestuft werden. Diese Transaktionen sind nicht an ein Minimum von Geldbeträgen oder Handelsvolumen gebunden – der US-Gesetzgeber benennt hier keine konkreten Summen. Es ist wichtig, nachweisen zu können, dass bereits ein Handel existiert, welcher den kontinuierlichen Fluss von Waren oder Dienstleistungen beinhaltet.

Beispiel: *Bevor mit dem Export in die USA begonnen wurde, hatte die Firma Leutner einen detaillierten Businessplan aufgestellt, in dem dargestellt wurde, dass in den USA große Umsätze getätigt werden könnten. Hätte Leutner jr. zum damaligen Zeitpunkt versucht, mit einem E-1 Visum in die USA zu gehen, wäre sein Antrag abgelehnt worden, da noch kein Handel existierte.*

BEISPIEL

2.2 Der Handel muss „hauptsächlich" zwischen dem Vertragsland und den USA betrieben werden.

Der Begriff „hauptsächlich" bedeutet, dass mindestens 50% des internationalen Handels zwischen den USA und dem Vertragsland betrieben werden muss. Es kann sich um bereits bestehenden Handelsumsatz handeln, aber auch um solchen, der vertraglich bereits abgesichert ist.

Beispiel: Die Tochtergesellschaft von Swiss Medical in New Jersey tätigt ihre Umsätze ausschließlich auf dem US-amerikanischen Markt. Die gesamten Importe an Telekommunikationssoftware stammen von der Muttergesellschaft in der Schweiz. Diese Produkte werden nicht in dritte Länder reexportiert und es existiert auch keine andere Exporttätigkeit. Das bedeutet, dass 100% des internationalen Handels der Tochtergesellschaft den Austausch zwischen der Schweiz und den USA ausmachen, daher der Handel „hauptsächlich" zwischen dem Vertragsland und den USA betrieben wird.

BEISPIEL

Anforderungen an den Arbeitnehmer/Geschäftsinhaber

Staatsangehörige der Vertragsländer, auch eingebürgerte Personen, können den E-1 Status erhalten. EU-Bürger oder Drittstaatler, die in den Vertragsstaaten eine Aufenthaltsgenehmigung besitzen, fallen grundsätzlich nicht unter den E-1 Status. Das gilt auch dann, wenn das E-1 beantragende Unternehmen z.B. selbst in überwiegend oder rein deutschem Besitz sein sollte.

Der Mitarbeiter muss geschäftsführende und/oder leitende Aufgaben haben oder anderweitige „unentbehrliche Fähigkeiten" besitzen und der Nachweis einer regulären Beschäftigung innerhalb der Firmengruppe muss erbracht werden.

Aus dem Vertragsland stammende Fach- und Führungskräfte, deren Qualifikationen für den Erfolg des US-Unternehmens von wesentlicher Bedeutung sind, bzw. der Firmeninhaber selbst – zum Zwecke der Leitung und Kontrolle seines US-Unternehmens – können ein E-1 Visum erhalten.

Mitarbeiter müssen nicht bereits eine Mindestzeit im Unternehmen in einer angemessen Position gearbeitet haben. Sie müssen allerdings zum Zeitpunkt der Antragstellung eine Anstellung im Unternehmen des Vertragslandes oder beim US-Unternehmen nachweisen und als Executive/Manager/Supervisor oder Spezialist beschäftigt sein.

Gemäß US-Richtlinien ist

- ein „geschäftsführender Mitarbeiter" ein Angestellter, der die Befugnis besitzt, die Firmenpolitik und -strategie zu definieren;
- ein „Manager" ein Angestellter, der für einige Aspekte/Bereiche des Firmengeschäfts, insbesondere für die *Day-by-Day Operations*, also das Tagesgeschäft Verantwortung trägt und
- ein „Spezialist" ein Angestellter mit „unentbehrlichen Fähig- und Fertigkeiten", der über ein Spezialwissen oder Fertigkeiten verfügt, die für einen erfolgreichen Unternehmensbetrieb in den Vereinigten Staaten unbedingt notwendig sind.

Mitarbeiter des Unternehmens mit E-1 Visum dürfen ausschließlich für das im Visum vermerkte US-Unternehmen tätig werden!

BEISPIEL

Beispiel: Softwareentwickler Siegfried, ein Schweizer, ist bei Swiss Medical angestellt. Die Firma möchte Siegfried gern nach New Jersey schicken, um dort für einen Kunden eine spezielle Kommunikationssoftware zu entwickeln und zu installieren. Siegfried würde die Bedingungen für ein E-1 Visum als Mitarbeiter mit „unentbehrlichen Fertigkeiten" erfüllen. Es wäre auch nicht möglich, einen amerikanischen Mitarbeiter für diese Stelle zu finden, denn für diese Aufgabe sind Kenntnisse erforderlich, die ausschließlich durch die vorherige intensive Arbeit bei Swiss Medical erworben werden konnten.

Antragsverfahren

1. Erstmalige Beantragung des E-1 Handelsvisums – Registrierung

VERFAHREN

Erst-Registrierungsanträge für ein E-1 Handelsvisum werden beim zuständigen US-Generalkonsulat des jeweiligen Vertragsstaates gestellt. In diesen Antrag wird ein Hauptantragsteller eingebunden. Es ist vorab kein Antrag an die US-Einwanderungsbehörde in den USA erforderlich. Der Antrag wird direkt im Heimatland (z.B. Deutschland – US-Generalkonsulat Frankfurt/Main; Österreich – Konsularische Abteilung Wien; Schweiz – Konsularische Abteilung Bern) gestellt.

Die Registrierungsakte wird im Konsulat eingereicht und nach einer Bearbeitungszeit von ca. 2–6 Wochen erfolgt eine Einladung zum Interviewtermin ins US-Konsulat. Erst an diesem Tag entscheidet der Konsularbeamte/Konsul über den positiven oder negativen Bescheid des Antrags.
Der Antrag umfasst Unterlagen zum US-Unternehmen und ggf. der Unternehmensgruppe sowie zum Antragsteller (Mitarbeiter). Ein Erst-Registrierungsantrag für das Unternehmen muss immer über einen Antragsteller erfolgen, der zu einem persönlichen Interviewtermin am US-Konsulat vorstellig werden und den Antrag auf ein Treaty Trader Visum dort vertreten muss. Wenn nicht der Inhaber des Mutterunternehmens/des US-Unternehmens den Antrag selbst stellt, so empfiehlt es sich einen Mitarbeiter einzubinden, der mit den Unternehmensgegebenheiten bestens vertraut ist.

Formular DS-160

Der E-1 Visumantrag wird auf dem Standardformular für Nichteinwanderungsvisa DS-160 gestellt. Das Online-Formular DS-160 besteht aus zahlreichen Fragen und wird online vor dem eigentlichen Interviewtermin an das zuständige

US-Konsulat (zusammen mit einem digitalen Passfoto) übermittelt. Die ersten Fragen sind personenbezogen, wobei nach allgemeinen Informationen wie Geburtsort, Familienstand und Wohnanschrift gefragt wird.

In einem weiteren Fragenkatalog geht es im Schwerpunkt um Ihre aktuelle und zukünftige Tätigkeit bzw. Adresse in den USA, die Dauer Ihres geplanten Aufenthalts etc. Männliche Antragsteller müssen noch Fragen zu besuchten Bildungseinrichtungen, Militärdienst und andere sicherheitsrelevante Fragen beantworten.

Von allen Antragstellern müssen Angaben zu möglichen Ausschlussgründen gemacht werden, wie z.B. zu einwanderungsrechtlichen Verstößen, Straftaten oder ansteckenden Krankheiten. Ausschlussgründe werden in einem gesonderten Kapitel 15.1 „Ausschlussgründe für eine Visumerteilung bzw. Einreise in die USA" ausführlich behandelt.

Hinweis: *Im Formular DS-160 wird eine E-Visa Company Registration Number verlangt. Da das US-Generalkonsulat in Frankfurt sowie das Konsulat in Wien oder Bern keine Registrierungsnummern an Firmen vergeben, kreuzen Sie bitte „does not apply" (nicht zutreffend) an.*

MERKE

Im Formular DS-156E, das mit dem E-1 Visumantrag vorab eingereicht werden muss, müssen Angaben zum US-Unternehmen, dem Mutterunternehmen im Vertragsland (falls vorhanden) sowie zu den Handelsbeziehungen mit den USA gemacht werden. Das Formular DS-156E wird von Unternehmensseite unterzeichnet und bestätigt außerdem die Angaben zum Mitarbeiter sowie zu dessen Tätigkeit in den USA. In Kapitel 17 „Formulare" finden Sie weitere Informationen zu den Antragsformularen, die von den US-Konsulaten weltweit benutzt werden. Alle E-1 Visumantragsteller benötigen das Formular DS-156E; es ist vorgesehen, dass dieses ebenfalls durch ein Online-Formular ersetzt werden soll (analog zum DS-160 Formular).

Anlagen/Nachweise

Das Konsulat fordert mit dem Formular DS-156E Unterlagen zum Nachweis, dass Sie die Voraussetzungen für ein E-1 Visum erfüllen. Daher sollten Sie zusätzlich zu den Angaben, die zu den Eigentumsverhältnissen gemacht wurden, z.B. Gründungsdokumente und Aktienzertifikate beifügen. Die Handelstätigkeit sollte durch Frachtbriefe, Zolldokumente, Akkreditive, Kaufaufträge und Verkaufsverträge belegt werden. Zusätzlich werden auch Diplome, Abschluss- oder Arbeitszeugnisse für den Nachweis der Qualifikation des Antragstellers gefordert.

E-1 Visa werden für deutsche Staatsbürger in aller Regel auf fünf Jahre erteilt. Verlängerungen um weitere fünf Jahre sind theoretisch unendlich möglich, solange das Unternehmen in den USA erfolgreich existiert und die gesetzlichen Auflagen weiterhin erfüllt. Dennoch hat der US-Konsul die Möglichkeit, das US-Visum zu beschränken.

2. Mitarbeiter von bereits „E-1 registrierten Unternehmen"

Auf Grundlage einer E-Registrierung können Unternehmen – in einem sehr vereinfachten Verfahren – Staatsangehörige des Vertragslandes an den US-Standort entsenden bzw. dort einsetzen.

Alle Visumantragsteller müssen persönlich zum Interview im US-Konsulat (in Deutschland: Generalkonsulat in Frankfurt/Main) erscheinen, ausgenommen Antragsteller unter 14 und ab 80 Jahren.

Folgende Unterlagen müssen zum Interview vorgelegt werden (im Gegensatz zum bereits beschriebenen Erst-Registrierungsverfahren müssen keine Unterlagen vorab eingereicht werden):

Antragsteller/Mitarbeiter und jedes Familienmitglied:

- Reisepass
- Foto gemäß den Fotobestimmungen
- Visumantragsformular DS-160 (Barcode-Blatt)
- *Appointment Confirmation* (= Terminvereinbarung, beinhaltet auch den Nachweis zur Zahlung der Visumantragsgebühr)
- Kopie der Heiratsurkunde (Ehepartner)
- Kopie der Geburtsurkunde (Kinder)

Nur vom Antragsteller/Mitarbeiter:

- Visumantragsformular DS-156E „*Part III – Applicant*"
- Lebenslauf auf Englisch
- Ausführliche Tätigkeitsbeschreibung auf Englisch
- Begleitschreiben des Arbeitgebers/Unternehmens

Aufenthaltsdauer/Nichteinwanderungsabsicht

Die US-Behörden unterscheiden zwischen dem Visum und dem sogenannten Aufenthaltsstatus. Der Gültigkeitszeitraum auf Ihrem Visum legt lediglich fest, in welchem Zeitraum Sie dieses Reisedokument nutzen dürfen. Ein Visum garantiert Ihnen allerdings keine Einreise. Ob Sie mit Ihrem Visum einreisen dürfen und für wie lange, entscheidet der Beamte an der Grenze.

Der Aufenthaltsstatus wird vom Einwanderungsbeamten an der Grenze für jeweils maximal zwei Jahre für E-Visuminhaber gewährt und erfolgt über Aus- und erneute Einreisen, bis das Visum abgelaufen ist und neu beantragt werden muss.

Statusverlängerung direkt in den USA

Eine Verlängerung des Aufenthaltsstatus kann auch direkt in den USA erfolgen. Reisen Sie aus und Ihr Visum ist zwischenzeitlich abgelaufen, benötigen Sie für die Rückkehr allerdings ein neues Visum des zuständigen US-Generalkonsulats in Ihrem Heimatland!

MERKE

Merke: Der Nachteil dieser Vorgehensweise ist, dass sich bei einer erforderlichen Ausreise das Konsulat im Vertragsland vorbehält, den gesamten Antrag noch einmal zu prüfen. Das bedeutet, dass Sie zusätzlich einen kompletten Neuantrag beim US-Konsulat Ihres Heimatlandes einreichen müssten.

Ein Antrag auf Verlängerung des Aufenthalts wird mit dem Formular I-129 (*Petition for a Nonimmigrant Worker*) bei der US-Einwanderungsbehörde (USCIS) gestellt. Dieses wird beim zuständigen Service-Center eingereicht, das für die

Region zuständig ist, in der sich das amerikanische Unternehmen befindet. Das Formular I-129 wird zusammen mit dem Zusatzfragebogen *E Classification Supplement* eingereicht. In diesem werden aktuelle Angaben über die Firma außerhalb und in den USA gefordert. (In Kapitel 17 „Formulare" finden Sie weitere Informationen zu den Antragsformularen.)

Soll der Aufenthaltsstatus von Familienmitgliedern eines E-1 Mitarbeiters verlängert werden, wird dafür nicht das Formular I-129 verwendet. Die Familienmitglieder stellen ihren Antrag auf dem Formular I-539, *Application to Extend Time of Temporary Stay*. Dieser Antrag kann zusammen mit dem Antrag des E-1 Visuminhabers eingereicht werden.

Verlängerung des E-1 Visums/Registrierung

Nach Ablauf des Genehmigungszeitraumes des E-1 Visums kann ein Antrag auf Verlängerung gestellt werden. Dieser wird wieder beim US-Konsulat im Heimatland gestellt, bei dem auch der Erstantrag eingereicht wurde. Es muss wie beim Erstantrag ein formeller Antrag beim US-Konsulat eingereicht werden, bevor ein Interviewtermin vereinbart werden kann.

Eine Besonderheit gilt für Firmen, die in ihrer US-Niederlassung über 25 Mitarbeiter angestellt haben. Diese können ohne vorherige Einreichung eines formellen Antrags auf vereinfachtem Weg eine E-1 Registrierungsverlängerung erhalten.

Vereinfachte Verlängerung der E-Registrierung

Sie können direkt einen Termin für den/die betreffenden Mitarbeiter vereinbaren, sollten aber diesen/diese mit ausreichend Unterlagen über den Geschäftsverlauf, die zwischenzeitlich getätigten Investitionen bzw. den Handel und eine Übersicht über die Beschäftigtenzahl der US-Niederlassung ausstatten, um eine E-1 Registrierungsverlängerung zu erhalten.

Alternativ können die E-1 Registrierungsverlängerungsunterlagen vorab per E-Mail dem entsprechenden US-Konsulat zur Verfügung gestellt werden.

Familienangehörige

Der Ehegatte des Visuminhabers und unverheiratete Kinder unter 21 Jahren erhalten auf Antrag ein abgeleitetes E-1 Visum. Erreichen die Kinder die amerikanische Volljährigkeitsgrenze, müssen sie ihren Nichteinwanderungsstatus wechseln oder das Land verlassen. Der Ehepartner kann auf Antrag eine eigene Arbeitserlaubnis (*Employment Authorization Document, EAD*) erhalten. Diese ist nicht an eine bestimmte Stelle oder das Unternehmen des E-1 Visuminhabers gebunden, sie können sich bei der Arbeitssuche wie ein US-Arbeitnehmer frei auf dem Arbeitsmarkt bewegen. Die EAD können Sie leider nicht gleich beim Konsulatsverfahren im Heimatland, sondern erst nach der Einreise auf Antrag erhalten. Das Antragsformular trägt die Bezeichnung I-765 (in Kapitel 17 „Formulare" finden Sie weitere Informationen zu den Antragsformularen) und wird beim für Ihren Bundesstaat zuständigen Service-Center der US-Einwanderungsbehörde eingereicht.

Familienangehörige unter E-Status können öffentliche/private Bildungseinrichtungen besuchen. Nicht verheiratete Lebenspartner erhalten kein abgeleitetes Visum. Hier muss ggf. auf andere Visakategorien ausgewichen werden.

8.2.2 E-2 Visum (Treaty Investor)

E-2 Vertragsländer — Das E-2 Visum beruht auf bilateralen Verträgen zu Investitionsvorhaben in den USA. Gegenwärtig gibt es ca. 80 Nationen, die solche Beziehungen mit den USA unterhalten.

Europa	Slowenien	Paraguay
Albanien	Spanien	Surinam
Belgien	Tschechische Republik	
Bosnien & Herzegowina	Türkei	**Asien**
Bulgarien	Ukraine	Armenien
Dänemark		Aserbaidschan
Deutschland	**Afrika**	Bahrain
Estland	Ägypten	Bangladesch
Finnland	Äthiopien	Georgien
Frankreich	Kamerun	Iran
Großbritannien	Kongo	Japan
Irland	Marokko	Jordanien
Italien	Liberia	Kasachstan
Kosovo	Senegal	Kirgistan
Kroatien	Togo	Mongolei
Lettland	Tunesien	Oman
Litauen		Pakistan
Luxemburg	**Amerika**	Philippinen
Mazedonien	Argentinien	Singapur
Moldawien	Bolivien	Sri Lanka
Montenegro	Chile	Südkorea
Niederlande	Costa Rica	Taiwan
Norwegen	Ecuador	Thailand
Österreich	Honduras	
Polen	Jamaika	**Australien**
Rumänien	Kanada	
Schweden	Kolumbien	**Kleine Antillen**
Schweiz	Mexiko	Grenada
Slowakische Republik	Panama	Trinidad & Tobago

Zugangsberechtigung

Das im US-Recht als *Treaty Investor Status* bezeichnete Investorenvisum steht Staatsangehörigen der Vertragsstaaten zur Verfügung, die in die USA einreisen wollen, um ein Geschäft/Unternehmen zu leiten, aufzubauen oder zu entwickeln, in das sie umfangreiches Kapital investiert haben, oder bei dem sie nachweislich im Begriff sind, eine Investition zu tätigen. Sowohl Firmen als auch natürliche Personen können einen Antrag auf ein E-2 Investorenvisum stellen.

Jede Person, die ein Unternehmen in den USA gründet, kann unabhängig von einer bisherigen Geschäftstätigkeit im Heimatland, ein E-2 Visum erhalten.
Es muss also zum Zeitpunkt der Antragstellung kein Unternehmen im Heimatland bestehen. Somit können sich Antragsteller, die sich in den USA selbstständig machen wollen, ebenfalls in dieser Kategorie qualifizieren.

Allerdings können in der Praxis von den US-Konsulaten Informationen darüber abgerufen werden, inwiefern ausreichend (z. B. kaufmännische) Vorkenntnisse bestehen, um das Geschäft in den USA erfolgreich vorantreiben zu können.

Wichtig ist, dass sich formell gesehen immer das US-Unternehmen/die US-Niederlassung qualifiziert. In Ihrem Visum bzw. dem Ihrer Mitarbeiter wird also immer das US-Unternehmen/die US-Niederlassung erwähnt.

Beispiel: Sendelberg & Co., eine bekannte Textilfirma aus dem Süden Deutschlands, hat sich entschlossen, eine Fabrik für Samtstoffe in Walton/South Carolina zu kaufen. Die Firma möchte einen ihrer leitenden Angestellten, Herrn Thomas Wallmann, als Leiter des neuerworbenen Betriebes in die USA senden. Auf Grundlage der getätigten Investition kann Thomas Wallmann eine Erlaubnis erhalten, als Geschäftsführer mit einem E-2 Visum tätig zu werden.

Voraussetzungen zum Erhalt eines E-2 Visums

1. Nationalität

Die Person oder Firma muss die Nationalität des entsprechenden Vertragslandes besitzen. Für Einzelpersonen ist der beste Nachweis hierfür ein gültiger Reisepass. Alle Fragen bezüglich der Staatsbürgerschaft einer Einzelperson – die strittig sein können – unterliegen allein der Zuständigkeit der Behörden im Vertragsland.
Eine Firma hat die erforderliche Nationalität, wenn mindestens 50 % der Firma im Besitz eines Staatsangehörigen des Vertragslandes sind. Aktiengesellschaften besitzen nach US-Definition die Nationalität des Landes, in welchem sie vorrangig ihr Börsengeschäft tätigen.

Anmerkung: US-Firmen von ausländischen Personen mit ständigem Wohnsitz in den USA (Legal Permanent Residents/Inhaber einer GreenCard) werden nicht als Staatsangehörige des Vertragslandes im Sinne des Handelsvertrages betrachtet und können keinen E-Status erwirken.

2. Investition

Es muss nachweislich ein US-Unternehmen bestehen: spekulative oder nichtaktive Investitionen qualifizieren nicht für das Investorenvisum.
Unter Investitionskapital versteht der Gesetzgeber verschiedenste Formen von Geldwerten, es kann sich sowohl um Bargeld, Aktienanteile, Ausrüstungsgegenstände, Equipment, Lagerbestände etc. handeln.
Laufende Kosten wie monatliche Mietzahlungen, Lohnzahlungen etc. werden nicht als Investitionen berücksichtigt!

Beispiel: Hans aus einem kleinen Dorf in der Nähe von Zürich plant die Finanzierung eines seiner ersten Restaurants in einer kleineren Kette von „Rösti"-Spezialitäten (in Houston/Texas) durch Geld, das ihm seine Mutter aus dem Kanton Wallis geliehen hat. Da Hans über nicht sehr viel Erfahrung im Führen eines Gastbetriebes verfügt und kein eigenes Geld einsetzt, wird er sich nicht für ein E-2 Visum qualifizieren.

Der Antragsteller muss entweder bereits in den USA substanziell investiert haben oder nachweislich gerade dabei sein, Investitionen zu tätigen. Im letzteren Fall muss dieser Vorgang bereits so weit fortgeschritten sein, dass es kein Zurück mehr gibt, d.h. die Fonds oder das Kapital zur Investition müssen unwiderruflich erbracht sein. Die Unterschrift unter einen Vertrag ist nicht ausreichend, um diesen *point of no return* zu erreichen. Das Geld muss bereits nachweislich geflossen oder zumindest auf einem Treuhandkonto hinterlegt worden sein – im Falle des Kaufs einer Gewerbeimmobilie beispielsweise. Es genügt z.B. nicht, einen Darlehensvertrag zwischen Mutterunternehmen und Tochterunternehmen in den USA zu schließen und das Geld auf dem Konto des US-Unternehmens „zu parken" – auch hier muss die Verwendung für Investitionen nachgewiesen werden.

Die Investition muss der amerikanischen Wirtschaft zugute kommen!

Da sich die US-Regierung mit dieser Visumkategorie ursprünglich eine Belebung des (regionalen) Wirtschaftswachstums in den USA versprochen hat, werden sich nur solche Firmen, die potenziell einen Gewinn erwirtschaften können, für das E-2 Visum qualifizieren. Gemeinnützige Organisationen (z.B. Vereine, Religionsgemeinschaften) können somit kein E-2 Visum erhalten. „Gewinnerwirtschaftung" bedeutet in diesem Zusammenhang mehr als nur die Investition in eine Art „Briefkastenfirma", damit für den Antragsteller des Visums eine Existenzgrundlage geschaffen wird. Falls der Antragsteller nicht in der Lage ist aufzuzeigen, dass seine geschäftlichen Aktivitäten einen bedeutenden positiven wirtschaftlichen Einfluss auf die Region haben, in welcher die Investition getätigt werden soll, z.B. durch die Schaffung neuer Arbeitsplätze, wird sein Antrag auf ein E-2 Visum nicht bewilligt werden.

In jedem Antrag muss der Nachweis erbracht werden, dass der Unternehmer den US-Betrieb nicht aus bloßem Eigeninteresse zur Finanzierung seines Lebensunterhalts (und unter Umständen dem seiner Familie) betreibt bzw. betreiben wird.

Die Erfolgsaussichten für das Unternehmen müssen hinreichend begründet und mit einer 5-Jahres-Hochrechnung als Anlage zum Businessplan untermauert werden

BEISPIEL

Beispiel: Hans hat nun doch genug eigenes Geld beisammen. Bei der Durchsicht von Hans' Investitionsplan stellt sich jedoch heraus, dass sein erstes Restaurant der geplanten „Rösti"-Restaurantkette wahrscheinlich gerade genug Geld abwerfen wird, um die Miete für sein Restaurant und eine Wohnung in Houston/Texas zu finanzieren, aber nicht mehr. Der Bundesstaat Texas und seine Einwohner werden ansonsten in keiner Weise von seinem Unternehmen profitieren, weil z.B. umfangreichere Einstellung von Personal oder Steuereinnahmen aufgrund der vorgelegten Kalkulation unwahrscheinlich sind. Hans sollte darum besser nicht darauf hoffen, ein E-2 Investorenvisum zu erhalten.

3. Begriff der „beträchtlichen/substanziellen Kapitalsumme"

Wie hoch muss die Investition sein?

Die Investition muss eine „beträchtliche" oder auch „substanzielle" Kapitalsumme umfassen. In der Praxis unterliegen beide Begriffe keiner eindeutigen Definition. Wichtig dabei ist, dass es sich bei der Investition um eine angemessene, beträchtliche Kapitalsumme handelt, welche den Erfolg des Geschäfts sichert.

Investitionen werden als substanziell anerkannt, sofern die investierte Summe – sei es über einen Firmenkauf oder eine Neugründung – vergleichbar ist mit der Investition, die auch ein ortsässiger Unternehmer durch einen Kauf oder eine Gründung aufwenden müsste. Dabei können Aufwendungen beispielsweise für ein Beratungs- oder Softwareunternehmen im Vergleich mit einem produzierenden Gewerbe geringer ausfallen.

Wichtig bei der Beurteilung der Frage, ob eine Investition im Sinne der E-2 Ausführungsbestimmungen substanziell ist, ist der Nachweis, dass die Unternehmung nicht nur der eigenen Existenzsicherung dient, sondern einen Mehrwert für die Region darstellt. Die Schaffung von Arbeitsplätzen für US-Amerikaner ist im Verhältnis zur Größe des US-Unternehmens zu sehen; Firmen, die hier keinerlei Möglichkeiten aufzeigen können, werden kaum Chancen auf Bewilligung haben. Unternehmen aus der Dienstleistungsbranche sollten alternativ prüfen, ob Sie sich eventuell für einen E-1 Treaty Trader Status qualifizieren, sofern bereits beträchtliche Geschäfte mit US-Kunden getätigt wurden und weiterhin geplant sind (siehe Kapitel 8.2.1 „E-1 Visum (Treaty Trader)").

Beispiel: Sendelberg & Co. hat US$ 3 Millionen in den den Erwerb der Fabrik für die Produktion von Samtstoffen in South Carolina investiert. Textil Wondraczek, eine Firma aus Kärnten/Österreich, Geschäftspartner von Sendelberg & Co., ist am Unternehmen in den USA zu 40% beteiligt und hat weitere US$ 2 Millionen in diese Fabrik investiert.

Das US-Unternehmen ist zu mehr als 50% im Besitz von Sendelberg & Co., die zudem 60% der Gesamtinvestitionssumme von US$ 5 Millionen erbracht haben. Das wäre ausreichend, um als „beträchtliche/substanzielle Kapitalsumme" bewertet zu werden und um sich für den E-2 Status zu qualifizieren.

BEISPIEL

4. Investitionslenkkontrolle und -entwicklung

Der Investor muss Nachweise über die Effizienz der Kontrolle seines geschäftlichen Gesamtvorhabens erbringen. Nur so kann davon ausgegangen werden, dass er oder sie (oder die Firma) in ausreichendem Maße Einfluss auf die Entwicklung der Geschäftsangelegenheiten nimmt. Im Allgemeinen muss nachgewiesen werden, dass er de facto mehr als 50% der Gesamtinvestition kontrolliert, um diesen maßgeblichen Einfluss glaubhaft darstellen zu können.

5. Arbeitnehmer/Geschäftsinhaber

Es kann der Hauptinvestor in die USA entsandt werden, eine Firma kann aber auch Angestellte z.B. in der Position als Geschäftsführer, Manager oder spezialisierte Facharbeiter in die USA entsenden bzw. dort einsetzen, damit sie dort mit E-2 Status tätig werden. Die Antragsteller müssen die folgenden Anforderungen erfüllen:

Visum für Angestellte

a) Nationalität

Der Antragsteller muss ein Bürger des jeweiligen Vertragslandes sein. Das heißt, ein Unternehmen, welches mehrheitlich im deutschen Besitz ist, kann ausschließlich für deutsche Staatsangehörige E-Anträge stellen. Wenn wir also wieder auf das Beispiel Sendelberg & Co. zurückkommen, kann Herr Wallmann nach South Carolina entsandt werden, um dort als Geschäftsführer zu arbeiten, da er deutscher Nationalität ist und sich Sendelberg & Co. mehrheitlich in deutschem Besitz befindet.

b) Anstellungsverhältnis

Die Arbeitnehmer müssen entweder einen deutschen oder amerikanischen Arbeitsvertrag oder Entsendungsvertrag mit dem Unternehmen vorlegen können. Das heißt, der Nachweis einer regulären Beschäftigung innerhalb der Firmengruppe muss erbracht werden.

c) Qualifizierung als Manager, Executive oder Specialist

Ausschließlich Mitarbeiter mit geschäftsführender oder leitender Funktion, Manager oder Personen mit Spezialkenntnissen qualifizieren sich für die E-2 Kategorie.

Nach den Richtlinien für das E-2 Visum ist ein „geschäftsführender Mitarbeiter" (Executive) ein Angestellter, der die Befugnis besitzt, die Firmenpolitik und -strategie und Vorgehensweise zu definieren. Ein Manager ist ein Angestellter, der für einige Aspekte/Bereiche des Firmengeschäfts Verantwortung trägt.

Mitarbeiter mit Spezialkenntnissen („*essential employees*") sollten spezielle Qualifikationen nachweisen können, die wesentlich zum erfolgreichen Arbeitsablauf des US-Unternehmens beitragen und von diesem dringend benötigt werden.

Antragsverfahren

1. Erstmalige Beantragung des E-2 Investorenvisums – Registrierung

VERFAHREN

Erst-Registrierungsanträge für ein E-2 Investorenvisum werden beim zuständigen US-Generalkonsulat des jeweiligen Vertragsstaates gestellt. In diesen Antrag wird ein Hauptantragsteller eingebunden.
Es ist vorab kein Antrag bei der Einwanderungsbehörde in den USA erforderlich. Der Antrag wird direkt im Heimatland (z.B. Deutschland – Generalkonsulat Frankfurt/Main; Österreich – Konsularische Abteilung Wien; Schweiz – Konsularische Abteilung Bern) gestellt.

Die Registrierungsakte wird im Konsulat eingereicht und nach einer Bearbeitungszeit von ca. 2–6 Wochen erfolgt eine Einladung zum Interviewtermin ins US-Konsulat. Erst an diesem Tag entscheidet der Konsularbeamte/Konsul über den positiven oder negativen Bescheid des Antrags.

Der Antrag umfasst Unterlagen zum US-Unternehmen und ggf. der Unternehmensgruppe sowie zum Hauptantragsteller (Mitarbeiter). Ein Registrierungsantrag für das Unternehmen muss immer über einen Antragsteller erfolgen, der zu einem persönlichen Interviewtermin am US-Konsulat vorstellig werden und den Antrag auf ein *Treaty Investor*-Visum dort vertreten muss. Wenn nicht der Inhaber des deutschen Mutterunternehmens/des US-Unternehmens den Antrag selbst stellt, so empfiehlt es sich einen Mitarbeiter einzubinden, der mit den Unternehmensgegebenheiten bestens vertraut ist.

Der E-2 Visumantrag wird auf dem Standardformular für Nichteinwanderungsvisa DS-160 gestellt. Das Online-Formular DS-160 besteht aus zahlreichen Fragen und wird vor dem eigentlichen Interviewtermin online an das zuständige US-Konsulat (zusammen mit einem digitalen Passfoto) übermittelt. Die ersten Fragen sind personenbezogen, wobei nach allgemeinen Informationen wie Geburtsort, Familienstand und Wohnanschrift gefragt wird.

Formular DS-160

In einem weiteren Fragenkatalog geht es im Schwerpunkt um Ihre aktuelle und zukünftige Tätigkeit bzw. Adresse in den USA, die Dauer Ihres geplanten Aufenthaltes etc. Männliche Antragsteller müssen noch weitere Fragen zu besuchten Bildungseinrichtungen, Militärdienst und andere sicherheitsrelevante Fragen beantworten. Von allen Antragstellern müssen Angaben zu möglichen Ausschlussgründen gemacht werden, wie z.B. zu einwanderungsrechtlichen Verstößen, Straftaten oder ansteckenden Krankheiten. Ausschlussgründe werden in einem gesonderten Kapitel (15.1 „Ausschlussgründe für eine Visumerteilung bzw. Einreise in die USA") ausführlich behandelt.

Hinweis: Im Formular DS-160 wird eine E-Visa Company Registration Number verlangt. Da das US-Generalkonsulat in Frankfurt keine Registrierungsnummern an Firmen vergibt, kreuzen Sie bitte „does not apply" (nicht zutreffend) an.

MERKE

Im Formular DS-156E, das mit dem E-Registrierungsantrag vorab eingereicht wird, müssen Angaben zum US-Unternehmen, dem Mutterunternehmen im Vertragsland (falls vorhanden) sowie zu den getätigten Investitionen in den USA gemacht werden. Das Formular DS-156E wird von Unternehmensseite unterzeichnet und bestätigt außerdem die Angaben zum Mitarbeiter sowie zu dessen Tätigkeit in den USA. In Kapitel 17 „Formulare" finden Sie weitere Informationen zu den Antragsformularen, die von den US-Konsulaten weltweit genutzt werden.

Alle E-2 Visumantragsteller benötigen das Formular DS-156E, es ist vorgesehen, dass dieses zukünftig ebenfalls durch ein Online-Dokument (analog zum DS-160 Formular) ersetzt werden soll.

Anlagen/Nachweise

Das Konsulat möchte Unterlagen von Ihnen erhalten, die nachweisen, dass Sie bzw. Ihr US-Unternehmen die Voraussetzungen für ein E-2 Visum erfüllen. Daher sollten Sie z.B. zusätzlich zu den Angaben, die zu den Eigentumsverhältnissen gemacht wurden, Gründungsdokumente und (falls zutreffend) Aktienzertifikate beifügen. Die Investitionen sollten durch Steuerunterlagen, Rechnungen, Verträge, Kopien von Kontoauszügen etc. belegt werden. Zusätzlich werden auch Diplome, Abschluss- oder Arbeitszeugnisse für den Nachweis der Qualifikation des Antragstellers gefordert.

E-2 Visa werden in aller Regel auf fünf Jahre erteilt. Verlängerungen um weitere fünf Jahre sind theoretisch unendlich möglich, solange das Unternehmen in den USA erfolgreich existiert und die gesetzlichen Auflagen weiterhin erfüllt.

Dennoch hat der US-Konsul die Möglichkeit, das US-Visum zu beschränken (z. B. bei kleineren Unternehmen auf ein oder zwei Jahre).

Mitarbeiter von bereits „E-2 registrierten Unternehmen"

Wie schon erwähnt, können Unternehmen auf der Grundlage einer E-2 Registrierung – in einem sehr vereinfachten Verfahren – Staatsangehörige des Vertragslandes an den US-Standort entsenden bzw. dort einsetzen.

Alle Visumantragsteller müssen persönlich zum Interview im US-Konsulat (in Deutschland: Generalkonsulat in Frankfurt/Main) erscheinen, ausgenommen Antragsteller unter 14 und ab 80 Jahren.

Folgende Unterlagen müssen zum Interview vorgelegt werden, es müssen keine Unterlagen vorab eingereicht werden:

Antragsteller/Mitarbeiter und jedes Familienmitglied:

- Reisepass
- Foto gemäß den Fotobestimmungen
- Visumantragsformular DS-160 (Barcode-Blatt)
- Appointment Confirmation (= Terminvereinbarung, beinhaltet auch den Nachweis zur Zahlung der Visumantragsgebühr)
- Kopie der Heiratsurkunde (Ehepartner)
- Kopie der Geburtsurkunde (Kinder)

Nur vom Antragsteller/Mitarbeiter:

- Visumantragsformular DS-156E „*Part III – Applicant*"
- Lebenslauf auf Englisch
- Ausführliche Tätigkeitsbeschreibung auf Englisch
- Begleitschreiben des Arbeitgebers/Unternehmens

Aufenthaltsdauer

Die US-Behörden unterscheiden zwischen dem Visum und dem sogenannten Aufenthaltsstatus. Der Gültigkeitszeitraum auf Ihrem Visum legt lediglich fest, in welchem Zeitraum Sie dieses Reisedokument nutzen dürfen. Ein Visum garantiert Ihnen allerdings keine Einreise. Ob Sie mit Ihrem Visum einreisen dürfen und für wie lange, entscheidet der Beamte an der Grenze.
Der Aufenthaltsstatus wird vom Einwanderungsbeamten an der Grenze für jeweils maximal zwei Jahre gewährt und erfolgt über Aus- und erneute Einreisen, bis das Visum, welches ja für fünf Jahre gültig ist, abgelaufen ist und neu beantragt werden muss.

Statusverlängerung direkt in den USA

Eine Statusverlängerung kann auch direkt in den USA erfolgen. Reisen Sie aus, benötigen Sie für die Rückkehr ein Visum des zuständigen US-Generalkonsulats in Ihrem Heimatland!

Merke: Der Nachteil dieser Vorgehensweise ist, dass sich bei einer erforderlichen Ausreise das Konsulat im Vertragsland unter Umständen vorbehält, den gesamten Antrag noch einmal zu prüfen. Das bedeutet, dass Sie zusätzlich einen kompletten Neuantrag beim US-Konsulat Ihres Heimatlandes einreichen müssten.

MERKE

Ein Antrag auf Verlängerung des Aufenthalts wird mit dem Formular I-129 (*Petition for a Nonimmigrant Worker*) bei der US-Einwanderungsbehörde (USCIS) gestellt. Das Formular I-129 wird zusammen mit dem Zusatzfragebogen E Classification Supplement übersandt. In diesem werden aktuelle Angaben über die Firma außerhalb und in den USA gefordert. Dazu gehören Zahlen bezüglich der getätigten Investitionen für den Zeitraum vor Stellung des Antrags auf Verlängerung. (In Kapitel 17 „Formulare" finden Sie weitere Informationen zu den Antragsformularen.)

Soll der Aufenthaltsstatus von Familienmitgliedern eines E-2 Mitarbeiters verlängert werden, wird dafür nicht das Formular I-129 verwendet. Die Familienmitglieder stellen ihr Gesuch auf dem Formular I-539, *Application to Extend Time of Temporary Stay*. Dieser Antrag kann zusammen mit dem Antrag des E-2 Visuminhabers eingereicht werden.

Verlängerung des E-2 Visums/der Registrierung

Nach Ablauf des Genehmigungszeitraumes des E-2 Visums kann ein Antrag auf Verlängerung gestellt werden. Der Antrag wird wieder beim US-Konsulat im Heimatland gestellt, bei dem auch der Erstantrag eingereicht wurde. Es muss wie beim Erstantrag ein formeller Antrag beim US-Konsulat eingereicht werden, bevor ein Interviewtermin vereinbart werden kann.

Eine Besonderheit gilt für Unternehmen, die in ihrer US-Niederlassung über 25 Mitarbeiter angestellt haben; sie können auf vereinfachtem Weg eine E-2 Registrierungsverlängerung erhalten.

Vereinfachte Verlängerung der E-Registrierung

Familienangehörige

Der Ehegatte des Visuminhabers und unverheiratete Kinder unter 21 Jahren erhalten ein abgeleitetes E-2 Visum.
Erreichen die Kinder die amerikanische Volljährigkeitsgrenze, müssen sie ihren Nichteinwanderungsstatus wechseln oder das Land verlassen. Der Ehepartner kann auf Antrag eine eigene Arbeitserlaubnis (*Employment Authorization Document, EAD*) erhalten. Diese ist nicht an eine bestimmte Stelle oder das Unternehmen des E-2 Visuminhabers gebunden, sie können sich bei der Arbeitssuche wie ein US-Arbeitnehmer frei auf dem Arbeitsmarkt bewegen.
Die EAD muss nach der Einreise bei der US-Einwanderungsbehörde beantragt werden und ist zunächst auf bis zu zwei Jahre gültig, ein Verlängerungsantrag ist möglich.

Nicht verheiratete Lebenspartner erhalten kein abgeleitetes Visum. Hier muss ggf. auf andere Visakategorien ausgewichen werden.

8.3 H-1B Visum (Specialty Occupation Workers): Chance für hochqualifizierte Arbeitnehmer

Anerkennung ausländischer Bildungsgrade

Von grundlegender Bedeutung für das nächste Kapitel ist die Anerkennung ausländischer Ausbildungsgrade. Insbesondere der Begriff *„Bachelor's Degree"* wird im Folgenden häufiger auftauchen. Diesen Abschluss erhält man in den USA normalerweise nach der vierjährigen Ausbildung am College. Erst danach geht man in den USA für weitere zwei bis drei Jahre auf die Universität, um den Titel „Master", z.B. MBA (*Master of Business Administration*), zu erhalten. Auch ein Studium in Deutschland schließt heute nach der Einführung des gestuften Studiensystems in der Regel mit dem *Bachelor's Degree* ab. Nach dem „herkömmlichen" Hochschulsystem entspricht ein *Bachelor's Degree* am ehesten dem Abschluss an einer Fachhochschule.

Sollten Sie ein ausländisches Universitätsstudium mit Diplom oder Magister abgeschlossen haben, so bedeutet das nicht automatisch, dass Sie bereits eine dem US-amerikanischen „Master" entsprechende Qualifikation besitzen. Ein *Master's Degree* (z.B. MBA) kann normalerweise nur durch ein, mittlerweile auch in Deutschland mögliches, Aufbaustudium erreicht werden.

Bachelor's Degree

Wird also ein Äquivalent zu einem *U.S. Bachelor's Degree* verlangt, sollten Sie davon ausgehen, dass Sie den Abschluss einer (ausländischen) Fachhochschule oder Universität nachweisen müssen. Sollte ein höherer Abschluss verlangt sein, so muss üblicherweise ein Aufbaustudium (z.B. in Form eines *Master Degrees*) oder eine Promotion abgeschlossen sein. Nicht jeder im Ausland erworbene Abschluss wird allerdings von der US-Einwanderungsbehörde (USCIS) auch als gleichwertig anerkannt. Die Formulierung des *Bachelor's Degree* als Mindeststandard impliziert auch, dass die Behörden teilweise zusätzliche Qualifikationsmerkmale neben der reinen akademischen Ausbildung nachgewiesen haben wollen (z.B. Berufserfahrung, Lizenzen). Ausländische Abschlüsse müssen durch sogenannte *Credential Evaluation Services* in den USA (Liste dieser zugelassenen Organisationen in Kapitel 16.2 „Weitere Organisationen") auf Gleichwertigkeit bewertet werden.

Unzureichende oder mangelnde akademische Abschlüsse können unter Umständen durch mehrjährige Berufserfahrung in Kombination mit einer beruflichen Ausbildung kompensiert werden (siehe hierzu auch „Anforderungen an den ausländischen Arbeitnehmer").

Wer qualifiziert sich?

Zahlreiche spezialisierte Fachkräfte wie z.B. Ingenieure, Wissenschaftler, Architekten, Rechtsanwälte oder Lehrer arbeiten in den Vereinigten Staaten mit einem H-1B Visum.

Diese klassische Arbeits- und Aufenthaltsgenehmigung steht ausschließlich Personen mit einer akademischen Ausbildung (bzw. einem entsprechenden Äquivalent) zur Verfügung. Grundlegende Voraussetzung ist ein konkretes Stellenangebot eines US-Unternehmens bzw. einer US-Organisation für eine Tätigkeit im Bereich der *Specialty Occupations*. Offizieller H-1B Antragsteller ist das US-Unternehmen (*Petitioner*) für den zukünftigen ausländischen Mitarbeiter (*Beneficiary*).

Der H-1B Visuminhaber kann ausschließlich für das US-Unternehmen, welches den Antrag gestellt hat, tätig werden. Ausnahme bildet das „off-site employment", welches den Mitarbeitereinsatz im Namen des US-Unternehmens beim z.B. Kunden unter bestimmten Voraussetzungen gestattet.

Das H-1B Visum unterliegt strengen Zugangskriterien im Hinblick auf das US-Unternehmen, das US-Arbeitsplatzangebot bzw. Beschäftigungsverhältnis sowie den Qualifikationen des ausländischen Mitarbeiters.

Anforderungen an den Arbeitsplatz

Die zukünftige H-1B Position in den USA des ausländischen Mitarbeiters muss „H-1B fähig" sein – also einer Tätigkeit der *Specialty Occupation* entsprechen.

Das US-Einwanderungsrecht definiert den Begriff *Specialty Occupation* wie folgt:

- Die Aufgaben, die mit der angebotenen Stelle in den USA verbunden sind, erfordern üblicherweise das Wissen und die Fähigkeiten, die durch einen akademischen Abschluss erworben wurden.
- Der potentielle ausländische Arbeitnehmer verfügt über ein derartiges Wissen und diese Fähigkeiten.

Als Minimalanforderung für ein „H-1B fähiges" Stellenangebot in den USA gilt folglich, dass die Stelle üblicherweise ein *U.S. Bachelor's Degree* oder ein entsprechendes Äquivalent im jeweiligen Arbeitsbereich voraussetzt. Das trifft beispielsweise auf folgende Berufsgruppen zu: Architekten, Ingenieure, Mediziner, Rechtsanwälte, Wissenschaftler etc. Die Auflistung ist natürlich nicht abschließend.

Eine Beschäftigung, selbst wenn sie nicht zu den klassischen Specialty Occupation Berufen gezählt wird, kann ebenfalls „H-1B fähig" sein. Nämlich dann, wenn ein Universitätsabschluss normalerweise die Voraussetzung für deren Ausübung ist. Darüber hinaus trifft das auf Beschäftigungen zu, bei denen der Aufgabenbereich solch komplexer Natur ist, dass sie einen Wissensstand erfordern, welcher einem akademischen Abschluss gleichgesetzt werden kann.

Beispiel: Das Bismarck Business Research Center hat eine offene Stelle in der Marktforschung zu vergeben. Ein Universitätsabschluss in Betriebswirtschaft ist notwendig, um die mit dieser Stelle verbundenen Aufgaben erfüllen zu können. Unter diesen Voraussetzungen kann die zu vergebende Stelle als Specialty Occupation betrachtet werden. Daher könnte ein ausländischer Mitarbeiter mit einem H-1B Visum angestellt werden.

BEISPIEL

Wie bereits erwähnt, sind H-1B Visa unternehmensgebunden, d.h. der Mitarbeiter hat nur die Berechtigung für den US-Arbeitgeber tätig zu werden, der den Antrag gestellt hat. Eine Ausnahme bildet das sogenannte „off-site employment". Der offizielle Antragsteller/Arbeitgeber bleibt zwar das US-Unternehmen, der Mitarbeiter wird aber z.B. im Rahmen eines Kundenprojekts dort vor Ort eingesetzt. Solche Konstellationen sind möglich, unterliegen aber einer strengen Prüfung. Unter anderem muss der Nachweis erbracht werden, dass der Mitarbeiter ausschließlich Anweisungen vom US-Arbeitgeber erhält.

Darüber hinaus geht der Gesetzgeber davon aus, dass es sich bei der angebotenen Stelle immer um ein sogenanntes *„regular employment"* handelt. Es qualifizieren sich also nur solche US-Arbeitsplatzangebote, die mit einem regulären arbeitsvertraglichen Verhältnis verbunden sind (z. B. US-Arbeitsvertrag, Entsendevertrag etc.). *Freelancer-* oder reine Beraterverträge erfüllen diese Voraussetzungen nicht.

Anforderungen an den ausländischen Arbeitnehmer

Es qualifizieren sich nur solche Personen für ein H-1B Visum, die mindestens eine der folgenden Voraussetzungen nachweislich erfüllen können:

1. Ein *Bachelor's Degree* oder ein höherer Abschluss erworben an einer amerikanischen Bildungseinrichtung (College, US-Universität).

BEISPIEL

Beispiel: Laura aus Linz hat ihren MBA an der University of California erfolgreich absolviert. Sie erfährt, dass das Bismarck Business Research Center eine vakante Stelle im Bereich Marktforschung zu besetzen hat. Auf der Grundlage ihres erworbenen Masterabschlusses in den USA würde Laura die Qualifikationsanforderungen für ein H-1B Visum erfüllen.

2. Ein außerhalb der USA erworbener akademischer Abschluss, der durch einen autorisierten Evaluation Service (siehe Kapitel 16.2 „Weitere Organisationen") als gleichwertig zu einem amerikanischen *Bachelor's Degree* oder einem höheren Abschluss eingestuft wurde.

BEISPIEL

Beispiel: Daniel aus Wolfsburg besitzt einen Hochschulabschluss, den er an der Berliner Hochschule der Künste im Fachbereich Design abgelegt hat. Ihm wurde eine befristete Stelle von der Firma Philadelphia Fashions, einer amerikanischen Bekleidungsfirma, die an der Entwicklung von Herrenanzügen im skandinavischen Stil interessiert ist, angeboten. Daniels deutscher Abschluss als Diplom-Designer wird von einem amerikanischen Evaluierungsservice als gleichwertig zu einem Bachelor's Degree, erworben an einer Designerschule in den USA, anerkannt. Vorausgesetzt, dass auch alle anderen Zugangskriterien erfüllt werden können, hat Daniel die Möglichkeit, sich für das H-1B Visum zu qualifizieren.

3. Eine amerikanische Zulassung (z. B. in Form einer Lizenz), die den ausländischen Mitarbeiter zur vollständigen Ausübung der Beschäftigung in den USA berechtigt.

BEISPIEL

Beispiel: Lars aus München war seit zehn Jahren als Rechtsanwalt tätig. Er erhält ein Angebot von einer Kanzlei in Louisiana, in den nächsten zwei Jahren im Büro dieser Kanzlei in Baton Rouge zu arbeiten. Lars stellt fest, dass er für seine Tätigkeit als Anwalt in den USA eine amerikanische Zulassung benötigt. Diese kann er aufgrund seiner Qualifikation und Ausbildung in Deutschland erhalten, um als Rechtsanwalt in Louisiana tätig werden zu können.

4. Eine Kombination aus Schul- und Berufsausbildung und/oder mehrjähriger Berufserfahrung, die als gleichwertig zu einem *U.S. Bachelor's Degree* eingestuft wird.

„Gleichwertig" bedeutet in diesem Zusammenhang, dass die Person über einen Wissensstand und praktische Erfahrung auf einem bestimmten Gebiet verfügen muss, welche denen entsprechen, die eine Person mit entsprechendem Universitätsabschluss besitzt. Ein Arbeitnehmer hat sich also durch langjährige Berufserfahrung und Weiterbildung ein Spezialwissen angeeignet, das dem eines Universitätsabschlusses gleichgesetzt werden kann.

H-1B Visum nicht nur für Akademiker

Die Methode, um diese Gleichwertigkeit zu belegen, bezeichnet man als *Degree Equivalency*-Verfahren oder auch als *Work Experience Evaluation*. Veranlasst werden können solche Bewertungen über die gängigen Evaluierungsstellen in den USA. Die Verfahren sind in der Regel komplex und zeitintensiv. Um festzustellen, ob Personen, die über keinen akademischen Abschluss verfügen, aufgrund ihrer beruflichen Qualifikation und Arbeitserfahrung sich dennoch für ein H-1B Visum qualifizieren können, wird folgende Formel angewandt:

Der Arbeitnehmer muss eine dreijährige spezialisierte Ausbildung und Berufserfahrung für jedes Jahr Fachschulausbildung aufweisen, die ihm bis zu dem entsprechenden akademischen Abschluss fehlt. Da ein *Bachelor's Degree* in den USA allgemein eine vierjährige *College*-Ausbildung voraussetzt, muss die Person ohne akademische Ausbildung also mindestens 3×4 = 12 Jahre Berufserfahrung in steigender Verantwortlichkeit nachweisen können <u>plus</u> eine Berufsausbildung, um sich für das H-1B Visum zu qualifizieren.

5. Die Person ist ein anerkannter Spezialist in einem besonderen Berufsbereich. Dies muss durch mindestens zwei Gutachten und umfangreiche Dokumentation nachgewiesen werden, z.B. Mitgliedschaft in einer bekannten Berufsvereinigung, Veröffentlichungen von oder über diese Person oder ein bedeutender Beitrag zum Arbeitsgebiet.

Beispiel: Tim hat eine dreijährige Ausbildung im Bereich Textilindustrie der Kärntner Fachschule für Textiltechnologie erfolgreich abgeschlossen. Danach hatte er 14 Jahre lang eine leitende Position in einem österreichischen Textilunternehmen inne und wurde dann von seinem Arbeitgeber für sechs Monate nach Deutschland geschickt, um sich dort mit den neuesten Textiltechnologien bekannt zu machen. Tim wurde nun eine leitende Position in einer Textilfirma in Texas angeboten, eine Position, die ein U.S. Bachelor's Degree im Bereich Textiltechnologie erfordert.

BEISPIEL

Tim ist ein geschätzter und produktiver Angestellter und kann damit rechnen, dass er von seinen zwei Geschäftsführern des österreichischen Textilunternehmens eine positive Beurteilung bekommt. Es kann angenommen werden, dass seine Ausbildung im Textilbereich als gleichwertig zu einem entsprechenden Abschluss einer schulischen Einrichtung in den USA eingestuft wird. Gemäß den Prinzipien der Gleichwertigkeit wird sich Tim als Arbeitnehmer einer Specialty Occupation qualifizieren, denn:
Er besitzt zunächst eine dreijährige Ausbildung im Arbeitsgebiet. Wendet man nun die oben beschriebene Formel an, dann müsste Tim zusätzlich noch 4 × 3 Jahre (also 12 Jahre) Berufserfahrung in steigender Verantwortlichkeit nachweisen kön-

nen; was der Fall ist. Tim kann darüber hinaus durch die Beurteilung der beiden Textilmanager anerkanntes Fachwissen nachweisen.

MERKE

Hinweis: *Nicht immer genügt der Nachweis, das ein U.S. Bachelor's Degree oder ein entsprechendes Äquivalent vorliegt. Setzt das US-Arbeitsplatzangebot beispielsweise mindestens einen Masterabschluss oder höher voraus, muss selbstverständlich belegt werden, dass der ausländische Mitarbeiter über diese Qualifikation(en) verfügt. Das U.S. Bachelor's Degree ist nur die Minimalanforderung für eine grundsätzliche H-1B Fähigkeit.*

H-1B Antragstellung

Was das amerikanische Unternehmen tun muss

VERFAHREN

Offizieller Antragsteller des H-1B Antrags ist das US-Unternehmen (*Petitioner*) für den zukünftigen ausländischen Mitarbeiter (*Beneficiary*). Dieses Prinzip ist allen US-Arbeitsvisumanträgen gleich. Es ist folglich nicht möglich, ein US-Arbeitsvisum quasi selbständig, ohne konkretes Stellenangebot und ohne Unterstützung des Unternehmens, zu beantragen. Um welche Unternehmensart es sich handelt, spielt für den Antrag keine Rolle, so können auch beispielsweise Non-Profit-Organisationen, US-Universitäten bzw. Bildungseinrichtungen oder Regierungsorganisationen H-1B Visa für ausländische Mitarbeiter beantragen.

1. Labor Condition Application (LCA) – U.S. Department of Labor

1. Schritt:
Labor Condition Application

Die *Labor Condition Application (LCA)* ist der erste der beiden Schritte, die vom zukünftigen amerikanischen Arbeitgeber veranlasst werden müssen. Die *Labor Condition Application* ist zunächst nicht zu verwechseln mit der *Labor Certification*, welche beispielsweise bei H-2B Anträgen (siehe Kapitel 8.3. „H-1B Visum (Specialty Occupation Workers): Chance für hochqualifizierte Arbeitnehmer") notwendig wird. Muss bei der *Labor Certification* ein US-Arbeitgeber nachweisen, dass er mittels einer Arbeitsmarktüberprüfung keine amerikanischen Arbeitskräfte für die ausgeschriebene Stelle finden konnte, ist das beim H-1B Antrag nicht notwendig.

Die *Labor Condition Application* muss vom zukünftigen Arbeitgeber vor der eigentlichen Antragseinreichung bei der US-Einwanderungsbehörde (USCIS) veranlasst werden.

INTERNET

Dieser Antrag wird seit der Einführung im Jahr 2009 im Rahmen eines Online-Verfahrens (*iCERT Portal System*) bei der *Employment and Training Administration (ETA)* des *U.S. Department of Labor* (US-Arbeitsministerium) gestellt:
☛ http://icert.doleta.gov.

Im Rahmen der LCA muss das US-Unternehmen folgende Angaben bestätigen:

- Er zahlt dem zukünftigen ausländischen H-1B Arbeitnehmer ein Gehalt, das zumindest gleich dem *actual wage* oder dem *prevailing wage* ist, je nachdem welches höher liegt. *Actual wage* ist der rechtliche Begriff für ein US-Gehalt, das der Arbeitgeber anderen US-Arbeitnehmern zahlt, die

am Beschäftigungsort eine Stelle mit vergleichbaren Aufgaben wie die angebotene haben. *Prevailing wage* ist das Durchschnittsgehalt, das Arbeitnehmern mit grundsätzlich vergleichbaren Arbeiten und Qualifikationen in der Region des angebotenen Arbeitsplatzes gezahlt wird. Während der Arbeitgeber die *actual wage* durch einfache Durchsicht seiner Lohn- und Gehaltslisten feststellen kann, muss sich das US-Unternehmen für die Ermittlung der *prevailing wage* in der Regel an das *U.S. Department of Labor (Employment Security Division)* des Bundesstaates wenden, in dem der ausländische Arbeitnehmer arbeiten soll. Welches Mindestgehalt der US-Arbeitgeber bezahlen muss, kann auch über das *Foreign Labor Certification Data Center (Online Wage Library)* im Internet ermittelt werden:
↗ *www.flcdatacenter.com.*

– Der Arbeitgeber wird Arbeitsbedingungen bieten, die keine negativen Auswirkungen auf amerikanische Arbeitnehmer haben, die in vergleichbaren Positionen tätig sind. Das bedeutet im Detail, dass die Einstellung eines Ausländers nicht dazu führen darf, dass bereits bestehende Arbeitsplätze oder Zusatzleistungen für amerikanische Arbeitnehmer abgebaut werden.

– Es gibt aktuell keinen Streik oder keine Aussperrung für die jeweilige Berufsgruppe an diesem Arbeitsort.

– Der US-Arbeitgeber wird seine amerikanischen Arbeitnehmer, welche in ähnlichen Positionen beschäftigt sind, von seiner Absicht, einen ausländischen Mitarbeiter für den angebotenen Arbeitsplatz einzustellen, in Kenntnis setzen. Das kann geschehen über die Aushändigung einer Kopie der LCA an den Gewerkschaftsvertreter oder, falls nicht vorhanden, durch Aushang der LCA für mindestens zehn Tage an zwei gut sichtbaren Stellen am Standort des US-Unternehmens. Und/oder über die Aushändigung an US-Mitarbeiter, in ähnlichen Positionen im Unternehmen. Das muss im individuellen Fall berücksichtigt werden. Der Vorgang muss allerdings zwingend spätestens einen Tag nach Übermittlung der LCA an das *U.S. Department of Labor* erfolgen.

Hinweis: Sogenannte „dependent employer" müssen weitere Voraussetzungen erfüllen. Als „dependent employer" werden US-Arbeitgeber bezeichnet, deren Belegschaft entweder
– *bei mehr als 50 Mitarbeitern zu mindestens 15% aus H-1B Visuminhabern besteht,*
– *bei 26–50 Mitarbeitern von mehr als zwölf H-1B Visuminhabern besetzt ist, oder*
– *sich bei 25 oder weniger Mitarbeitern aus mehr als sieben H-1B Mitarbeitern zusammensetzt.*

MERKE

Anmerkung: Arbeitsplatz (Place of Employment) ist der Ort, an dem der ausländische Mitarbeiter seine Arbeit ausüben wird. Es kann vorkommen, dass der Arbeitnehmer an mehreren Standorten arbeiten wird, z.B. wenn ein Computerspezialist von Unternehmen A in Kalifornien angestellt wird und dann für längere Zeit einen Auftrag am

MERKE

Standort eines Kunden in Washington ausführen muss. In solch einem Fall müssen in der Regel zwei LCA's eingereicht werden: Für den Arbeitsort in Kalifornien und für den Einsatzort in Washington. Der Hintergrund sind die differierenden Mindestgehälter innerhalb der Vereinigten Staaten je nach Bundestaat und County. Darüber hinaus kann es dann notwendig werden, dass die LCA-Anträge an mehreren Standorten an entsprechende US-Mitarbeiter ausgehändigt werden müssen.

Nach Erhalt der *Labor Condition Application* (online) überprüft das *U.S. Department of Labor*, ob alle Angaben korrekt und vollständig erfasst wurden. Insbesondere wird kontrolliert, ob das US-Unternehmen den zukünftigen ausländischen Mitarbeiter korrekt bezahlt – im Hinblick auf die Mindestgehälter in der Region bzw. für die angebotene Stelle in Kombination mit den individuellen Qualifikationen des Mitarbeiters. Werden keine Mängel bzw. Verstöße festgestellt, wird die LCA innerhalb von ca. sieben Tagen nach Eingang genehmigt. Die bewilligte LCA wird via E-Mail an den Antragsteller bzw. jeweiligen Ansprechpartner im US-Unternehmen versandt.

Die LCA ist bis zu drei Jahre gültig, je nachdem, welcher Beschäftigungszeitraum angegeben wird. Der Antrag kann maximal 180 Tage vor Arbeitsbeginn eingereicht werden. Nach Erhalt muss der Arbeitgeber zusätzlich eine öffentlich zugängliche Akte (*„public access file"*) über diesen Vorgang anlegen.

MERKE

Anmerkung: Die Einhaltung der Vorschriften zur LCA als auch zum „public access file" werden von den US-Behörden verstärkt kontrolliert. Falsche Angaben in der Labor Condition Application, insbesondere zum US-Gehalt oder zu den Arbeitsbedingungen, sind mit hohen Geldstrafen verbunden. Auch wenn das derzeitige Online-Verfahren einfach anmutet, müssen die mit der LCA verbundenen Auflagen penibel eingehalten werden. Die Überprüfung von „H-1B Arbeitgebern" von Seiten der US-Behörden hat in den letzten Jahren deutlich zugenommen. Darüber hinaus müssen Veränderungen, beispielsweise hinsichtlich des Tätigkeitsfeldes, der Arbeitsbedingungen oder des Arbeitsortes zunächst im "public access file" festgehalten werden und können darüber hinaus dazu führen, das eine neue LCA erfoderlich wird.

Nach Erhalt der genehmigten LCA kann der US-Arbeitgeber den nächsten Schritt einleiten: Die Einreichung der H-1B Petition bei der US-Einwanderungsbehörde.

2. H-1B Petition – U.S. Citizenship and Immigration Services (USCIS)

2. Schritt: Antrag des Arbeitgebers bei der US-Einwanderungsbehörde

Nach erfolgreicher Bewilligung der *Labor Condition Application* von Seiten des *U.S. Department of Labor* wird die eigentliche H-1B Petition am zuständigen Service-Center der US-Einwanderungsbehörde (*U.S. Citizenship and Immigration Services, USCIS*) in den Vereinigten Staaten durch den US-Arbeitgeber postalisch eingereicht. Diese Petition umfasst neben den Antragsformularen, die bewilligte LCA, umfangreiche Unterlagen zum US-Unternehmen, zur zu besetzenden Stelle sowie zu den Qualifikationen des ausländischen Mitarbeiters. Die US-Konsulate haben (zunächst) noch keine Zuständigkeit.

Das Formular I-129 (*Petition for a Nonimmigrant Worker*) ist das Standardantragsformular, das für alle arbeitsplatzbezogenen Nichteinwanderungsvisa benutzt wird. In diesem Formular werden die grundlegenden Informationen zum amerikanischen Arbeitgeber und dem potentiellen Arbeitnehmer abgefragt. Außerdem werden grundsätzliche Informationen zur ausgeschriebenen Arbeitsstelle wie z. B. Berufsbezeichnung, Arbeitsstunden pro Woche und Vergütung verlangt.

Neben dem I-129 muss der Arbeitgeber zusätzlich das *H Classification Supplement* einreichen. Dieses Dokument dient dazu, Arbeitsbereiche und Verantwortlichkeiten, welche mit der angebotenen Stelle zusammenhängen und die Qualifikation des zukünftigen Arbeitnehmers näher zu beschreiben. Zusätzlich werden im *H-1B Data Collection and Filing Fee Exemption Supplement* Angaben erforderlich, die unter anderem der Überprüfung dienen, ob und wenn ja in welcher Höhe bestimmte Antragsgebühren anfallen. (In Kapitel 17 „Formulare" finden Sie weitere Informationen zu den Antragsformularen.)

Die Antragsgebühren belaufen sich derzeit auf US$ 325 (*I-129 Standard Fee*) sowie auf US$ 500 für die *Fraud Prevention and Detection Fee*. Letztgenannte Gebühr wird nur für H-1B Erstanträge erhoben (gilt also beispielsweise nicht für Verlängerungsanträge).

Bestimmte US-Arbeitgeber müssen zusätzlich eine ACWIA Gebühr (*American Competitiviness and Workforce Improvement Act*) entrichten. Befreit von dieser Gebühr sind beispielsweise Non-Profit-Organisationen oder höhere Bildungseinrichtungen wie Universitäten. Falls ein US-Arbeitgeber die Gebühr bezahlen muss, richtet sich deren Höhe nach der Anzahl der Mitarbeiter im US-Unternehmen: Beschäftigt der zukünftige Arbeitgeber in den USA 25 oder weniger Mitarbeiter, so werden aktuell US$ 750 fällig, sollten mehr als 25 Mitarbeiter beschäftigt werden, so müssen derzeit US$ 1.500 entrichtet werden.

Seit dem 14. August 2010 (*Public Law 111-230*) müssen Arbeitgeber, die in den USA mehr als 50 Mitarbeiter beschäftigen, ggf. eine Zusatzgebühr entrichten. Diese wird dann fällig, wenn 50% der Beschäftigten in den USA ein H- oder L-Visum besitzen. Verlängerungsanträge sind davon nicht betroffen.

Premium Processing: Um eine schnellere Bearbeitung des H-1B Antrags zu gewährleisten, besteht die Möglichkeit, ein Beschleunigungsverfahren zu wählen, das sogenannte *Premium Processing*-Verfahren (Formular I-907). Leider verteuert diese Option den Antrag um aktuell weitere US$ 1.225. Das *Premium Processing*-Verfahren sichert eine Bearbeitung des Antrags innerhalb von 15 Tagen zu. Trotz der hohen Kosten wird das Beschleunigungsverfahren von den meisten US-Unternehmen genutzt, denn die regulären Bearbeitungszeiten liegen je nach Service-Center derzeit bei bis zu mehreren Monaten. Reagiert die Behörde nicht innerhalb der 15-Tages-Frist, wird der Betrag zurückerstattet.

Premium Processing – schnellere Bearbeitung, aber recht kostspielig!

Hinweis: Bitte beachten Sie, dass auch das Premium Processing Verfahren nicht immer garantiert, dass der Antrag in dieser Zeit abschließend entschieden wird. In jedem Fall hat die US-Einwanderungsbehörde (USCIS) innerhalb der 15-Tages-Frist die Möglichkeit, Nachfragen zu stellen, auf die Sie bzw. Ihr US-Arbeitgeber innerhalb einer gesetzten Frist reagieren müssen (RFE, Request for Evidence). Hierfür wird aber nicht noch einmal eine I-907 Gebühr fällig.

MERKE

Die US-Einwanderungsbehörde (USCIS) informiert den US-Arbeitgeber schriftlich über die Bewilligung oder Ablehnung der H-1B Petition. Dieser Bescheid erfolgt mittels des Mitteilungsschreibens I-797 (*Notice of Action*). Wird der H-

1B Antrag bewilligt, erhält das US-Unternehmen eine sogenannte I-797 *Approval Notice* per Post zugesandt. Dieses Dokument benötigt der ausländische Mitarbeiter ggf. im späteren konsularischen Antragsverfahren.

Was der ausländische Arbeitnehmer tun muss

Der Visumantrag beim US-Konsulat

VERFAHREN

3. Schritt: Visumantrag beim US-Konsulat

Auf Grundlage des positiven Bescheids der USCIS kann der zukünftige US-Arbeitnehmer beim Konsulat einen Antrag auf ein H-1B Visum stellen. Ausnahmen bilden nur Statusverlängerungs- bzw. Statuswechselverfahren innerhalb der USA. Der Visumantrag wird persönlich im Rahmen eines Interviewtermins im zuständigen US-Konsulat eingereicht.

Alle Visumantragsteller, auch begleitende Familienangehörige, müssen das Online-Formular DS-160 ausfüllen.

Das Online-Formular DS-160 besteht aus zahlreichen Fragen und wird online vor dem eigentlichen Interviewtermin an das zuständige US-Konsulat (zusammen mit einem digitalen Passfoto) übermittelt. Die ersten Fragen sind personenbezogen, wobei nach allgemeinen Informationen wie Geburtsort, Familienstand und Wohnanschrift gefragt wird. Eine Reihe der Fragen werden im Kapitel 10.1 „Antragsverfahren bei den US-Konsulaten" erläutert.

In einem weiteren Fragenkatalog geht es im Schwerpunkt um Ihre aktuelle und zukünftige Tätigkeit bzw. Adresse in den USA, die Dauer Ihres geplanten Aufenthalts etc. Männliche Antragsteller müssen noch weitere Fragen zu besuchten Bildungseinrichtungen, Militärdienst und andere sicherheitsrelevante Fragen beantworten.

Von allen Visumantragstellern müssen Angaben zu möglichen Ausschlussgründen gemacht werden, wie z.B. zu einwanderungsrechtlichen Verstößen, Straftaten oder ansteckenden Krankheiten. Ausschlussgründe werden in einem gesonderten Kapitel (15.1 „Ausschlussgründe für eine Visumerteilung bzw. Einreise in die USA") ausführlich behandelt.

Außer dem Antragsformular muss der zukünftige Arbeitnehmer beim Konsulat noch folgende Dokumente einreichen:

- Eine Kopie des I-797 Bewilligungsschreibens der USCIS (*Approval Notice*).
- Ein Bestätigungsschreiben der amerikanischen Firma, dass die angebotene Stelle immer noch zur Verfügung steht und die Ankunft des Mitarbeiters erwartet wird.
- Den Nachweis der entrichteten Visumantragsgebühr inkl. Terminbestätigung.
- Für begleitende Ehepartner/Kinder: Kopie Heirats- oder Geburtsurkunde.

MERKE

Anmerkung: Die bisherigen Ausführungen bedeuten leider nicht, dass jeder H-1B Visumantrag automatisch von Seiten des US-Konsulats befürwortet wird. Falls der Konsularbeamte den Verdacht hegt, dass zum Beispiel in der ursprünglich eingereichten und bewilligten H-1B Petition an die USCIS Unkorrektheiten bezüglich des Arbeits- oder Ausbildungshintergrundes des Antragstellers bestehen, kann er die Ausstellung des H-1B Visums verweigern. Nähere Informationen zum Visumantragsverfahren bei den US-Konsulaten finden Sie auch in Kapitel 10.1 „Antragsverfahren bei den US-Konsulaten").

Quotensystem für H-1B Anträge (H-1B Cap)

Die H-1B Kategorie ist einem Quotensystem bzw. einer zahlenmäßigen Limitierung unterworfen (im Amerikanischen auch *cap*, also etwa „jährliche Höchstgrenze" genannt), welches jeweils für ein US-Steuerjahr (*Fiscal Year*) gilt. Das US-Steuerjahr beginnt jeweils am 1. Oktober und endet am 30. September des Folgejahres. Das Steuerjahr 2016 (FY 2016) startet also am 1. Oktober 2015 und endet am 30. September 2016. Das Steuerjahr 2017 beginnt am 1. Oktober 2016 usw.

Achtung! Quotensystem regelt den Zuzug von H-1B Arbeitnehmern!

Im jeweiligen Steuerjahr stehen aktuell nur 65.000 H-1B Visa zur Verfügung, das sogenannte *H-1B Regular Cap*, wobei 6.500 H-1B Visa aufgrund von Freihandelsabkommen für Staatsangehörige aus Singapur und Chile bereits reserviert sind. Im Jahr 2005 hat der US-Kongress die Bereitstellung von 20.000 zusätzlichen H-1B Visa für Personen mit einem an einer amerikanischen Universität erworbenen *Master's Degree* beschlossen (*H-1B Master's Degree Cap*). Im Ausland erworbene Masterabschlüsse, auch wenn Sie von Zweigstellen von US-Universitäten im Ausland ausgestellt wurden oder von einem US-Evaluierungsdienstleister als „vergleichbar" eingestuft wurden, fallen nicht unter das *H-1B Master's Degree Cap*.

H-1B Anträge können frühestens ab dem 1. April für den frühestmöglichen Arbeitsbeginn 1. Oktober bei der US-Einwanderungsbehörde eingereicht werden. Ist die Quote erschöpft, kann erst wieder für das darauffolgende Steuerjahr eine Beantragung vorgenommen werden, was mit langen Wartezeiten verbunden sein kann. Wie schnell die Quote ausgeschöpft ist, hängt insbesondere von der wirtschaftlichen Situation in den Vereinigten Staaten ab. In den letzten H-1B Antragsjahren war die Quote für beide *Cap's (Regular und Master)* immer bereits in der ersten Aprilwoche (also innerhalb weniger Tage) erschöpft. Im Steuerjahr 2017 verhängte die USCIS bereits am 7. April einen Antragsstopp und verkündete, dass in diesem siebentägigen Zeitraum schon rund 236.000 Anträge eingereicht wurden. Selbiges galt in etwa für die Vorjahre.
Aus diesem Antragspool wird mittels einer *Random Selection* (Losverfahren) ermittelt, über welche 65.000 Anträge überhaupt entschieden wird. So kann es also durchaus passieren, dass der US-Arbeitgeber den H-1B Antrag rechtzeitig am 1. April eingereicht hat, jedoch dann der Antrag unbearbeitet (weil nicht ausgelost) zurückgesandt wird. Die Antragsgebühren werden dann nicht fällig. Ein neuer Antrag kann dann frühestens im Folgejahr (1. April mit frühestmöglichem Arbeitsbeginn 1. Oktober) wieder gestellt werden.

Nicht alle H-1B Anträge sind jedoch vom Quotensystem betroffen („*cap exempt*"). So können beispielsweise H-1B Verlängerungsanträge oder Anträge von US-Universitäten („*institutions of higher education*") oder bestimmten Forschungseinrichtungen immer gestellt werden.

Ausnahmen

Aufenthaltsdauer

H-1B Anträge können im Erstantrag auf maximal drei Jahre beantragt werden, aber die Gesamtaufenthaltsdauer darf im Allgemeinen sechs Jahre nicht überschreiten.

Aufenthalt: 3–6 Jahre

Die maximale Aufenthaltsdauer von sechs Jahren darf nur dann überschritten werden, wenn parallel zur Arbeitserlaubnis eine arbeitsplatzbezogene Green-Card von Seiten des US-Arbeitgebers beantragt wurde. Sollte dieser Antrag rechtzeitig (mindestens 365 Tage vor Ablauf des H-1B Status) gestellt worden und vor Ablauf der sechs Jahre noch nicht bewilligt sein, verlängert sich der legale Aufenthalt automatisch um den Zeitraum bis zum Erhalt der schriftlichen Zu- oder Absage über den GreenCard-Antrag. In dieser Zeit können Mitarbeiter also völlig legal ihrer H-1B Tätigkeit weiterhin nachgehen.

Verlängerungsantrag

H-1B Verlängerungsanträge werden vom amerikanischen Arbeitgeber beim zuständigen USCIS Service-Center in den USA gestellt (und nicht vom Arbeitnehmer selbst). Das geschieht wieder mit dem Standardantragsformular I-129. Zu diesem Antrag muss neben den bereits beim Erstantragsverfahren erwähnten Unterlagen ein ausführliches Schreiben, das die Gründe für den Antrag um Verlängerung darlegt, hinzugefügt werden. Mit dem Antrag muss außerdem wieder eine genehmigte *Labor Condition Application* (siehe oben) eingereicht werden.

Soll der Aufenthaltsstatus von Familienangehörigen eines H-1B Arbeitnehmers verlängert werden, wird dafür nicht das Formular I-129 verwendet. Die Familienmitglieder stellen ihren Antrag auf dem Formular I-539 *Application to Extend Nonimmigrant Status*. Dieser Antrag kann zusammen mit dem eigentlichen Verlängerungsantrag des H-1B Inhabers eingereicht werden.

MERKE

Anmerkung: Eine Person, die bereits sechs Jahre in den USA mit dem Status H-1B gearbeitet hat, wird ohne GreenCard-Antrag keine erneute Verlängerung erhalten. Sie kann in die USA mit dem Status „H" oder „L" erst wieder einreisen, wenn sie ein volles Jahr außerhalb der USA gelebt hat. Kurze Geschäfts- oder Vergnügungsreisen in die Vereinigten Staaten während dieses Zeitraums sind erlaubt, wobei aber die Zeitabschnitte, die dann in den USA verbracht werden, nicht für die Erfüllung des geforderten Jahres außerhalb des Landes angerechnet werden können.

Statusanpassung in eine GreenCard bei rechtzeitiger Beantragung

Tipp: Sollten Sie die Voraussetzungen für eine GreenCard durch ein gültiges Arbeitsplatzangebot erfüllen (nachzulesen in Kapitel 11 „GreenCard durch die Arbeitsstelle"), so kann, wenn der Antrag rechtzeitig durch Ihren US-Arbeitgeber gestellt wurde, die befristete Arbeits- und Aufenthaltsgenehmigung in einen Status für Einwanderer angepasst werden (Adjustment of Status). Die Verlängerung des H-1B Status über die sechs Jahre hinaus bis zur Erteilung der GreenCard ist somit unter ganz bestimmten Voraussetzungen möglich. Reisen außerhalb der USA während des Antrags auf Statusanpassung sind nur nach vorheriger Genehmigung für die Wiedereinreise durch die US-Behörden möglich (Advance Parole).

Eine weitere bedeutsame Änderung wurde mit dem Gesetz *AC 21 (American Competitiveness in the 21st Century Act)* noch unter Präsident Bill Clinton ins Leben gerufen. Sie ermöglicht es ausländischen Mitarbeitern unter bestimmten Voraussetzungen den Arbeitgeber in den USA zu wechseln, was üblicherweise bei arbeitsplatzgebundenen Arbeitsgenehmigungen unmöglich ist. Die sogenannte *H-1B Portability* schafft damit mehr Flexibilität bei der Frage, bei welchem Arbeitgeber Sie arbeiten können.

Aufgrund der Komplexität und strengen Anforderungen von H-1B Visaanträgen oder möglichen Statusanpassungen auf eine GreenCard empfehlen wir Ihnen oder Ihrem Arbeitgeber dringend, sich fachlich beraten zu lassen.

Visa für Familienangehörige

Ehepartner und unverheiratete Kinder unter 21 Jahren eines H-1B Visuminhabers können auf Antrag ein H-4 Visum erhalten. Erreichen die Kinder die amerikanische Volljährigkeitsgrenze, müssen sie ihren Nichteinwanderungsstatus wechseln oder das Land verlassen.
Ehepartnern ist es mit diesem Visum nicht erlaubt zu arbeiten.

Familie: studieren erlaubt, arbeiten nicht

Das bedeutet, dass der Ehegatte sich selbst für eines der Arbeitsvisa, die in diesem Buch beschrieben werden, qualifizieren muss, wenn er/sie legal in den USA arbeiten will. Auf der anderen Seite erlaubt der H-4 Status jedoch den Schulbesuch bzw. das Studium in Amerika. Weitere Einzelheiten finden Sie in Kapitel 10.2 „Visa für Familienangehörige".

Ehepartner unter H-4 Status können allerdings dann ausnahmsweise einen Antrag auf allgemeine Arbeitserlaubnis (*Employment Authorization Document*, Formular I-765) stellen, wenn sich der Ehepartner aufgrund eines laufenden Statusanpassungsverfahrens auf Einwanderung bereits länger als sechs Jahre unter H-1B Status in den USA aufgehalten hat – also ein GreenCard-Verfahren im oben beschriebenen Verfahren durch den US-Arbeitgeber läuft.

8.4 H-2B Visum (Temporary Non-Agricultural Workers): Chance für „durchschnittlich" qualifizierte Arbeitnehmer

Alle Personen, die nicht über einen akademischen Abschluss verfügen und somit nicht in die H-1B Kategorie fallen, können sich unter bestimmten Voraussetzungen für ein H-2B Visum qualifizieren. Vom Industriearbeiter über LKW-Fahrer bis zum Produktionsmitarbeiter wollen Menschen in den Vereinigten Staaten für einen begrenzten Zeitraum arbeiten und können dazu den H-2B Status anstreben. Die Art der Arbeit, die mit dieser Visakategorie ausgeübt werden kann, ist fast unbegrenzt. Dabei wird vorausgesetzt, dass es keine Arbeitstätigkeit im landwirtschaftlichen Bereich ist und der US-Arbeitgeber die entsprechende Arbeitskraft nur zeitweilig benötigt.

H-2B Visum. Für Saisonkräfte und Personen ohne akademischen Abschluss

Die Hürden zum Erhalt eines H-2B Visums sind deutlich höher als beispielsweise für das H-1B Visum (siehe Kapitel 8.3 „H-1B Visum (Specialty Occupation Workers): Chance für hochqualifizierte Arbeitnehmer"). Was beiden Kategorien, sowie allen anderen US-Arbeitsvisa gleich bleibt: Offizieller Antragsteller (*Petitioner*) des H-2B Antrags ist das US-Unternehmen für den zukünftigen ausländischen Mitarbeiter (*Beneficiary*). Eine unmittelbare Voraussetzung ist also ein befristetes US-Stellenangebot und ein US-Arbeitgeber, der bereit ist, den H-2B Antrag bei den US-Behörden zu stellen.

Anforderungen an den Arbeitsplatz

Da es eine Vielzahl unterschiedlicher Tätigkeiten gibt, welche mit einem H-2B Visum absolviert werden können, hängt die Zugangsberechtigung von den speziellen Anforderungen der angebotenen Stelle ab.

Der US-Arbeitgeber muss nachweisen, dass die angebotene Tätigkeit entweder einen *einmaligen,* einen *saisonalen* oder *periodisch auftretenden temporären Bedarf* im Unternehmen decken soll und es nicht rechtfertigt, einen Mitarbeiter dauerhaft dafür zu beschäftigen. Es muss sich um eine Vollzeittätigkeit handeln, Teilzeitarbeiten sind unter H-2B Status nicht gestattet.

Darüber hinaus muss der Arbeitgeber (im Gegensatz zur H-1B Kategorie, siehe Kapitel 8.3 „H-1B Visum (Specialty Occupation Workers): Chance für hochqualifizierte Arbeitnehmer") nachweisen, dass er keinen US-Arbeitnehmer für die angebotene Stelle finden konnte. Näher erklärt im weiteren Verlauf des Kapitels.

BEISPIEL

Beispiel: Die Bavaria LLC in Las Vegas betreibt mehrere Restaurants in Las Vegas und serviert dort deutsche Küche bzw. organisiert „German Events". Wie in jedem Jahr veranstaltet der Betreiber von Ende August bis in den November hinein die „Oktoberfestwochen". Zu den Veranstaltungen werden Hunderte von zusätzlichen Gästen erwartet und folglich ein erhöhter Arbeitnehmerbedarf. Um die Festwochen möglichst authentisch gestalten zu können, möchte die Bavaria LLC für den oben genannten Zeitraum fünf bayerische Köche aus Deutschland anheuern. Die Art der befristeten Tätigkeit, die sich aufgrund einer saisonalen geschäftlichen Notwendigkeit ergibt, berechtigt die Bavaria LLC einen H-2B Antrag für ausländische Fachkräfte zu stellen.

H-2B Antragstellung

Was der amerikanische Arbeitgeber tun muss

1. Temporary Labor Certification – U.S. Department of Labor

VERFAHREN

1. Schritt: Labor Certification

Bevor der potentielle ausländische Arbeitnehmer seine Arbeit aufnehmen kann, muss zunächst festgestellt werden, ob es Amerikaner gibt, welche die Qualifikation für diesen Arbeitsplatz bzw. diese Tätigkeit besitzen und dafür zur Verfügung stehen. Die Suche nach diesen auf dem nationalen Arbeitsmarkt ist der Kern des gesamten Vorgangs, mit welchem das US-Unternehmen der lokalen Vertretung des Arbeitsministeriums beweisen muss, dass es keine einheimischen Arbeitskräfte für diese Stelle gibt. Die dann ausgestellte Bestätigung durch das Arbeitsministerium nennt man die – zeitlich befristete – *Labor Certification.*

Der bürokratische Prozess, um eine solche befristete Bescheinigung zu erhalten, beginnt damit, dass der US-Arbeitgeber beim *U.S. Department of Labor* einen Antrag auf Bewilligung der Einstellung eines ausländischen Mitarbeiters (*Application for Temporary Employment Certification*) stellt. Das ist das Formular ETA 9142 mit dem *Appendix B.1.* Der Antrag auf Einstellungserlaubnis eines ausländischen Mitarbeiters wird eingereicht beim *Chicago National Processing Center (NPC).*

Bevor das geschehen kann, muss der US-Arbeitgeber allerdings Folgendes vorab veranlassen:

- Einholung eines Bescheids im Hinblick auf das zu zahlende Mindest- bzw. Durchschnittsgehalt (*Prevailing Wage Determination*) für die angebotene Stelle. Aktuell online möglich unter: *www.icert.doleta.gov*
- Einreichung eines Stellenangebotes für die zu besetzende Stelle bei der *State Workforce Agency (SWA)*.
- Veröffentlichung von mindestens zwei Print-Stellenanzeigen (z. B. in der Tagespresse oder in Fachpublikationen), eine davon an einem Sonntag.
- Anfertigung eines *Recruitment Reports* im Hinblick auf potenzielle amerikanische Bewerber auf die ausgeschriebene Stelle.

Nimmt man das vorangegangene Beispiel, so müsste die Bavaria LLC zunächst klären, welches Gehalt sie den ausländischen Köchen bezahlen müsste, die freien Stellen bei der SWA melden und Stellenanzeigen schalten.

Der Prozess zur Ermittlung der ordnungsgemäßen Gehaltszahlung, die Anforderungen an die Stellenausschreibungen sowie der *Recruitment Report* sind peinlich genau von Seiten der US-Behörden geregelt. US-Arbeitgeber sollten diese Verfahren nicht unterschätzen. Fehler führen in der Regel zu einer Ablehnung des *Temporary Labor Certification* Antrags.

Die Bavaria LLC müsste u. a. genau dokumentieren, welche amerikanischen Arbeiter sich auf die Stellenanzeigen gemeldet haben, wann und ob diese zu einem Bewerbungsgespräch eingeladen wurden und weshalb sich der Geschäftsführer bzw. die Personalabteilung der *Bavaria LLC* gegen diese Bewerber entschieden hat.

Erst wenn all die oben genannten Punkte geklärt wurden, kann das US-Unternehmen den offiziellen Antrag auf Arbeitsmarktüberprüfung mit folgenden Unterlagen beim *Chicago National Processing Center (NPC)* einreichen:

- Ausgefülltes Formular ETA 9142
- Ausgefüllter *Appendix B.1* zum Formular ETA 9142
- *Recruitment Report*
- Ausführliche Stellenbeschreibung und Antragsbegründung (insbesondere im Hinblick auf die temporäre Notwendigkeit und den US-Arbeitgeber selbst)

Mit dem Formular ETA 9142 bestätigt das US-Unternehmen im Übrigen auch, dass mit der Einstellung eines ausländischen Mitarbeiters keine negativen Konsequenzen (z. B. in Gehaltsfragen oder gar mit Entlassungen) für die US-Belegschaft einhergehen.

Sofern die Behörde keine Einwände gegen den Antrag besitzt, wird die bewilligte temporäre *Labor Certification* an den US-Arbeitgeber zugesandt. Der Antrag wird auf einen bestimmten Zeitraum bewilligt (aktuell bis zu maximal neun Monate) und legt somit den Beginn und das Ende des Beschäftigungszeitraums eines ausländischen Mitarbeiters fest.

Die *Temporary Labor Certification* ist nicht auf andere US-Arbeitgeber übertragbar und gilt nur für die im Antrag beschriebene genaue Position, den Standort und den genehmigten Zeitraum.

US-Arbeitgeber, welche sich nicht an die strengen Auflagen halten, müssen u. a. mit empfindlichen Geldstrafen rechnen.

Bitte beachten Sie, dass das Verfahren der *Labor Certification* in den vergangenen Jahren mehrfach überarbeitet wurde und ständigen Veränderungen unterliegt. Die oben genannten Ausführungen können nur einen groben Überblick über das Antragsverfahren geben. Bei einer möglichen Antragstellung müssen Sie bzw. Ihr potentieller Arbeitgeber immer die aktuellen Voraussetzungen, Antragsschritte und Einreichungsprozesse überprüfen. Viele Verfahren werden derzeit auf Online-Prozesse umgestellt. Derzeit sehr gut beschrieben unter: *www.foreignlabocert.doleta.gov*.

2. H-2B Petition – U.S. Citizenship and Immigration Services (USCIS)

VERFAHREN

Nehmen wir an, dass kein amerikanischer Kandidat für die jeweilige Stelle gefunden werden konnte und eine befristete *Labor Certification* ausgestellt wurde. Dann kann das US-Unternehmen eine H-2B Petition an die US-Einwanderungsbehörde (USCIS) einreichen. Dieser Antrag wird mit dem Formular I-129 gestellt und beim für den Arbeitsort zuständigen Service-Center postalisch eingereicht.

2. Schritt: Antrag des Arbeitgebers bei der US-Einwanderungsbehörde

Die Petition umfasst neben den Antragsformularen, die bewilligte temporäre *Labor Certification*, umfangreiche Unterlagen zum US-Unternehmen, zur zu besetzenden Stelle sowie zu den Qualifikationen des ausländischen Mitarbeiters.

Das Formular I-129 (*Petition for a Nonimmigrant Worker*) ist das Standardantragsformular, das für alle arbeitsplatzbezogenen Nichteinwanderungsvisa benutzt wird. In diesem Formular werden die grundlegenden Informationen zum amerikanischen Arbeitgeber und dem potentiellen Arbeitnehmer abgefragt. Außerdem werden grundsätzliche Informationen zur ausgeschriebenen Arbeitsstelle, wie z. B. Berufsbezeichnung, Arbeitsstunden pro Woche und Vergütung, verlangt.

Neben dem I-129 muss der Arbeitgeber zusätzlich das *H Classification Supplement* einreichen. Dieses Dokument dient dazu, Arbeitsbereiche und Verantwortlichkeiten, welche mit der angebotenen Stelle zusammenhängen, und die Qualifikation des zukünftigen Arbeitnehmers näher zu beschreiben. (In Kapitel 17 „Formulare" finden Sie weitere Informationen zu den Antragsformularen.)

Die USCIS Antragsgebühren belaufen sich derzeit auf US$ 325 (*I-129 Standard Fee*) sowie auf US$ 150 für die *Fraud Prevention and Detection Fee*. Letztgenannte Gebühr wird nur für H-2B Erstanträge erhoben (gilt also beispielsweise nicht für Verlängerungsanträge).

Premium Processing – schnellere Bearbeitung, aber recht kostspielig!

Premium Processing: Um eine schnellere Bearbeitung des H-2B Antrags zu gewährleisten, besteht die Möglichkeit, ein Beschleunigungsverfahren zu wählen, das sogenannte *Premium Processing*-Verfahren (Formular I-907). Leider verteuert diese Option den Antrag um aktuell weitere US$ 1.225. Das *Premium Processing*-Verfahren sichert eine Bearbeitung des Antrags innerhalb von 15 Tagen zu. Reagiert die Behörde nicht innerhalb der 15-Tages-Frist, wird der Betrag zurückerstattet.

Hinweis: Bitte beachten Sie, dass auch das Premium Processing-Verfahren nicht immer garantiert, dass der Antrag in dieser Zeit abschließend beschieden wird. In jedem Fall hat die US-Einwanderungsbehörde (USCIS) innerhalb der 15-tägigen Frist die Möglichkeit, Nachfragen zu stellen, auf die Sie bzw. Ihr US-Arbeitgeber innerhalb einer gesetzten Frist reagieren müssen (RFE, Request for Evidence).

MERKE

Die US-Einwanderungsbehörde (USCIS) informiert den US-Arbeitgeber schriftlich über die Bewilligung oder Ablehnung der H-2B Petition. Dieser Bescheid erfolgt mittels des Mitteilungsschreibens I-797 (*Notice of Action*). Wird der H-2B Antrag bewilligt, erhält das US-Unternehmen eine sogenannte I-797 *Approval Notice* per Post zugesandt. Dieses Dokument benötigt der ausländische Mitarbeiter ggf. im späteren konsularischen Antragsverfahren.

Hinweis: Im Jahr 2008 veröffentliche das U.S. Department of Homeland Security (DHS) erstmals eine Liste von Ländern, deren Staatsangehörige sich für die H-2B Kategorie bewerben können. Vor diesem Zeitpunkt war es für alle Personen – gleich welcher Staatsangehörigkeit – möglich, H-2B Visa zu erhalten. Die Länderliste wird jährlich erneuert, ist also jeweils für ein Jahr gültig. Laut Stand vom 18. Januar 2016 sind Staatsangehörige folgender Länder berechtigt H-2B Visa zu erhalten:

MERKE

Andorra	Grenada	Malta	Schweden	H-2B Country List
Argentinien	Griechenland	Mazedonien	Schweiz	
Australien	Großbritannien	Mexiko	Serbien	
Äthiopien	Guatemala	Monaco	Singapur	
Barbados	Haiti	Montenegro	Slowakei	
Belgien	Honduras	Nauru	Slowenien	
Belize	Irland	Neuseeland	Spanien	
Brasilien	Island	Nicaragua	Südafrika	
Brunei	Israel	Niederlande	Südkorea	
Bulgarien	Italien	Norwegen	Taiwan	
Chile	Jamaika	Österreich	Thailand	
Costa Rica	Japan	Panama	Timor-Leste	
Dänemark	Kanada	Papua-Neuguinea	Tonga	
Deutschland	Kiribati	Peru	Tschechische Rep.	
Dominikan. Rep.	Kolumbien	Philippinen		
Ecuador	Kroatien	Polen	Türkei	
El Salvador	Lettland	Portugal	Tuvalu	
Estland	Liechtenstein	Rumänien	Ukraine	
Fidschi Inseln	Litauen	Salomonen	Ungarn	
Finnland	Luxemburg	Samoa	Uruguay	
Frankreich	Madagaskar	San Marino	Vanuatu	

Staatsangehörige anderer Länder können sich nur dann für die H-2B Kategorie qualifizieren, wenn der US-Arbeitgeber gegenüber den US-Behörden nachweist, dass der Arbeitseinsatz im Interesse der Vereinigten Staaten liegt und kein Staatsangehöriger der Liste zur Verfügung steht.

In unserem Beispiel hätte die *Bavaria LLC* Glück, denn die fünf bayerischen Köche verfügen alle über die deutsche Staatsangehörigkeit – qualifizieren sich also laut *H-2B Country List* für den Erhalt eines H-2B Visums.

Was der ausländische Arbeitnehmer tun muss

Der Visumantrag beim US-Konsulat

VERFAHREN

Auf Grundlage des positiven Bescheids der USCIS kann der zukünftige US-Arbeitnehmer beim Konsulat einen Antrag auf ein H-2B Visum stellen (Personen, die sich bereits in den USA mit einem Nichteinwanderungsstatus befinden, können unter bestimmten Voraussetzungen einen Statuswechsel beantragen). Der Visumantrag wird persönlich im Rahmen eines Interviewtermins im zuständigen US-Konsulat eingereicht.

3. Schritt: Visumantrag beim US-Konsulat

Alle Visumantragsteller, auch begleitende Familienangehörige, müssen das Online-Formular DS-160 ausfüllen.

Das Online-Formular DS-160 besteht aus zahlreichen Fragen und wird online vor dem eigentlichen Interviewtermin an das zuständige US-Konsulat (zusammen mit einem digitalen Passfoto) übermittelt. Die ersten Fragen sind personenbezogen, wobei nach allgemeinen Informationen wie Geburtsort, Familienstand und Wohnanschrift gefragt wird. In einem weiteren Fragenkatalog geht es im Schwerpunkt um Ihre aktuelle und zukünftige Tätigkeit bzw. Adresse in den USA, die Dauer Ihres geplanten Aufenthaltes etc. Männliche Antragsteller müssen noch weitere Fragen zu besuchten Bildungseinrichtungen, Militärdienst und andere sicherheitsrelevante Fragen beantworten.

Von allen Visumantragstellern müssen Angaben zu möglichen Ausschlussgründen gemacht werden, wie z. B. zu einwanderungsrechtlichen Verstößen, Straftaten oder ansteckenden Krankheiten. Ausschlussgründe werden in einem gesonderten Kapitel (15.1 „Ausschlussgründe für eine Visumerteilung bzw. Einreise in die USA") ausführlich behandelt. Nähere Informationen zum Visumantragsverfahren bei den US-Konsulaten finden Sie auch in Kapitel 10.1 „Antragsverfahren bei den US-Konsulaten".

Außer dem Antragsformular muss der zukünftige Arbeitnehmer beim Konsulat noch folgende Dokumente einreichen:

- Eine Kopie des I-797 Bewilligungsschreibens der USCIS (*Approval Notice*).
- Ein Bestätigungsschreiben der amerikanischen Firma, dass die angebotene Stelle immer noch zur Verfügung steht und die Ankunft des Mitarbeiters erwartet wird.
- Der Nachweis der entrichteten Visumantragsgebühr inkl. Terminbestätigung.
- Für Ehepartner/Familienangehörige: Kopie Heirats- oder Geburtsurkunde.

Quotensystem für H-2B Anträge (H-2B Cap)

Die H-2B Kategorie ist einem Quotensystem bzw. einer zahlenmäßigen Limitierung unterworfen (im Amerikanischen auch *cap*, also etwa „jährliche Höchstgrenze" genannt), welches jeweils für ein US-Steuerjahr (*Fiscal Year*) gilt. Das US-Steuerjahr beginnt jeweils am 1. Oktober und endet am 30. September des Folgejahres. Das Steuerjahr 2016 (FY 2016) startet also am 1. Oktober 2015 und endet am 30. September 2016. Das Steuerjahr 2017 beginnt am 1. Oktober 2016 usw.

Achtung! Quotensystem regelt den Zuzug von H-2B Arbeitnehmern!

Im jeweiligen Steuerjahr stehen aktuell 66.000 H-2B Visa zur Verfügung – das sogenannte *H-2B Cap* – welche sich wiederum halbjährlich verteilen:
- 33.000 für das erste Halbjahr (1. Oktober–31. März)
- 33.000 für das zweite Halbjahr (1. April–30. September)

Ist die Quote erschöpft, kann erst wieder für das darauffolgende Steuerhalbjahr eine Beantragung vorgenommen werden. Nicht alle H-2B Anträge fallen jedoch unter die H-2B Quote, z.B. können Verlängerungsanträge jederzeit gestellt werden. Die USCIS veröffentlich regelmäßig die aktuellen Zahlen unter:
↗ *www.uscis.gov.*

Aufenthaltsdauer

Ein H-2B Visum kann für eine Anfangsdauer von bis zu maximal einem Jahr genehmigt werden. Verlängerungen können gewährt werden, wenn die temporäre *Labor Certification* noch gültig ist bzw. verlängert wurde. Die Gesamtaufenthaltsdauer mit diesem Visum darf drei Jahre nicht überschreiten.

Maximal 3 Jahre

H-2B Verlängerungsanträge werden vom amerikanischen Arbeitgeber beim zuständigen USCIS Service-Center in den USA gestellt (und nicht vom Arbeitnehmer selbst). Das geschieht wieder mit dem Standardantragsformular I-129. Zu diesem Antrag muss neben den bereits beim Erstantragsverfahren erwähnten Unterlagen ein ausführliches Schreiben, welches die Gründe für den Antrag um Verlängerung darlegt, hinzugefügt werden. Mit dem Antrag muss außerdem wieder eine genehmigte, temporäre *Labor Certification* eingereicht werden.

Soll der Aufenthaltsstatus von Familienangehörigen eines H-2B Arbeitnehmers verlängert werden, wird dafür nicht das Formular I-129 verwendet. Die Familienmitglieder stellen ihren Antrag auf dem Formular I-539 *Application to Extend Nonimmigrant Status*. Dieser Antrag kann zusammen mit dem eigentlichen Verlängerungsantrag des H-2B Inhabers eingereicht werden.

Anmerkung: *Eine Person, die bereits drei Jahre in den USA mit dem Status H-2B gearbeitet hat, wird keine erneute Verlängerung erhalten oder auch keine Statusanpassung durchsetzen können. Erst nach einem mindestens 90-tägigen Aufenthalt außerhalb der USA kann erneut ein H-2B Antrag für diesen ausländischen Mitarbeiter gestellt werden.*

MERKE

Visa für Familienangehörige

Ehepartner und unverheiratete Kinder unter 21 Jahren eines H-2B Visuminhabers können auf Antrag ein H-4 Visum erhalten. Erreichen die Kinder die ame-

Familie: studieren erlaubt, arbeiten nicht

rikanische Volljährigkeitsgrenze, müssen sie ihren Nichteinwanderungsstatus wechseln oder das Land verlassen. Ehepartnern ist es mit diesem Visum nicht erlaubt zu arbeiten.

Das bedeutet, dass der Ehegatte sich selbst für eines der Arbeitsvisa, die in diesem Buch beschrieben werden, qualifizieren muss, wenn er/sie legal in den USA arbeiten will. Auf der anderen Seite erlaubt der H-4 Status den Schulbesuch bzw. das Studium in Amerika. Weitere Einzelheiten finden Sie in Kapitel 10.2 „Visa für Familienangehörige".

8.5 H-3 Visum (Nonimmigrant Trainee or Special Education Exchange Visitor): Aus- und Weiterbildung

Das Trainee-Visum (berufliche Aus- und Weiterbildung) ist für Personengruppen im Rahmen von zwei ganz unterschiedlichen Programmen möglich:

1. *Special Education Exchange Visitor Program:* Aus- und Weiterbildung im Bereich Sonderpädagogik für Kinder mit körperlichen, geistigen oder seelischen Behinderungen (die US-Einwanderungsbehörde bewilligt in diesem speziellen Bereich jährlich maximal 50 Anträge weltweit) und

2. *Trainee Program:* Aus- und Weiterbildung für ein bestimmtes Arbeitsgebiet, z.B. Landwirtschaft, Kommunikation, Finanzen, Verwaltung. Es muss der Nachweis erbracht werden, dass dieses Training nicht im Heimatland zur Verfügung steht. Das H-3 (*Trainee*) Visum kann nicht für die Weiterbildung von Medizinern genutzt werden.

Visa für Teilnehmer an diesen Programmen werden als „Arbeitserlaubnis" betrachtet, da diese viele Merkmale einer normalen Beschäftigung aufweisen können, wie z.B. regelmäßige Arbeitszeit und die Zahlung eines Gehaltes durch einen amerikanischen Arbeitgeber. Die Kategorie darf allerdings nicht mit einem regulären Arbeitsvisum verwechselt werden. Die H-3 Kategorie stellt lediglich eine Aus- und Weiterbildungsoption in den USA dar. Im Vordergrund steht das berufliche Vorankommen im Heimatland durch das Training in den USA.

Programmsponsoren von Sonderpädagogik-Programmen sind in der Regel Einrichtungen mit dafür besonders ausgebildetem Lehrpersonal und einem strukturierten Unterrichtsprogramm mit hohen Praxis- und Theorieanteilen. Die Programmsponsoren für Aus- und Weiterbildungsprogramme im unternehmerischen und politiknahen Bereich (*Trainees*) sind private Firmen oder staatliche Einrichtungen. Eine wesentliche Voraussetzung für die Teilnahme an diesem Programm ist der Nachweis, dass dieser Ausbildungstyp im Heimatland des Antragstellers nicht angeboten werden kann.

Manchmal benutzt die Einwanderungsbehörde aber gerade diese Voraussetzung als Ablehnungsgrund. Warum? Sie argumentiert, je mehr ein Antragsteller auf den Umstand verweise, dass eine Weiterbildung in seiner Heimat unmöglich sei, die Wahrscheinlichkeit steige, dass er seinen beruflichen Lebensweg gerade deswegen in den USA fortsetzen wolle.

H-3 Visum (Nonimmigrant Trainee or Special Education Exchange Visitor) Kapitel 8.5

Darüber hinaus muss das US-Unternehmen bzw. die Organisation, bei der das Training bzw. die Aus- und Weiterbildung stattfindet nachweisen, dass die ausländische Person nicht als regulärer Mitarbeiter eingesetzt wird. Unter der H-3 Kategorie darf keiner produktiven Tätigkeit nachgegangen werden, falls doch, darf diese ausschließlich im Zusammenhang mit der Weiterbildung stehen. Die Ausbildung muss der persönlichen Karriere des H-3 Bewerbers in seinem Heimatland dienlich sein.

Deswegen kann es bei dieser Kategorie hilfreich sein, sich insbesondere bei der Formulierung des Begründungsschreibens an die US-Einwanderungsbehörde, professionellen Beistand zu holen.

Zugangsvoraussetzungen für Sonderpädagogik (Special Education Exchange Visitor Program)

Voraussetzung für den Zugang zu diesem Visum ist ein *Bachelor's Degree*, ein höherer Abschluss im Bereich der Sonderpädagogik (bzw. ein bevorstehender Abschluss in diesem Bereich) oder der Nachweis einer umfangreichen (anderen) Ausbildung oder Unterrichtserfahrung mit Kindern, die körperliche, geistige oder seelische Behinderungen haben. Nicht ausreichend sind beispielsweise Arbeitserfahrungen aufgrund von Vormundschaften oder Pflegetätigkeiten in der Familie.

Beispiel: Anne, die Kinder mit Dyslexie in Berlin im Lesen unterrichtet, hofft, dass sie ein halbes Jahr an der New Yorker Stiftung für Dyslexie verbringen kann, um neue amerikanische Methoden in diesem Fachgebiet zu erlernen. Anne hat einen Magister in Sonderpädagogik der Freien Universität Berlin, der ihr als einem Bachelor's Degree gleichwertig anerkannt worden ist. Aufgrund dieser Tatsachen wäre Anne berechtigt, ein H-3 Visum zu erhalten.

BEISPIEL

Zugangsvoraussetzungen für den Trainee-Bereich

Um für das Visum als *Trainee* in bestimmten Arbeitsgebieten in Frage zu kommen, muss der Antragsteller im Allgemeinen die Ausbildungs- oder andere Voraussetzungen erfüllen, die im jeweiligen (US-)Programm formuliert sind.

Beispiel: Suzi hat ein Bachelor's Degree for Business der Universität Linz. Zur Vorbereitung ihrer beruflichen Laufbahn im Warentermingeschäft möchte Suzi gern an einem Weiterbildungsprogramm teilnehmen, das von der Firma Corn & Corn Inc., einem Rohstoffhändler in Chicago, angeboten wird. Im Rahmen des Programms der Firma Corn & Corn wird gefordert, dass die Teilnehmer einen College-Abschluss haben und ein ausgeprägtes Interesse am Warentermingeschäft mitbringen. Unter diesen Umständen wird sich Suzi als Trainee für ein H-3 Visum qualifizieren können.

BEISPIEL

Hinweis: Das Beispiel bedeutet nicht, dass Sie – wie im Falle von Suzi – einen entsprechenden akademischen Abschluss aufweisen müssen. Diese Voraussetzung gilt wie beschrieben nur für H-3 Programme im Bereich Sonderpädagogik. Es können sich also auch Personen mit beispielsweise einer Berufsausbildung im dualen System mit entsprechender Arbeitserfahrung für den H-3 Status qualifizieren.

MERKE

H-3 Antragstellung

Was die Ausbildungseinrichtung tun muss

1. H-3 Petition – U.S. Citizenship and Immigration Services (USCIS)

VERFAHREN

1. Schritt: Antrag des Arbeitgebers bei der US-Einwanderungsbehörde

Der erste Schritt für die Genehmigung eines H-3 Visums ist das Einreichen einer offiziellen Petition bei der amerikanischen Einwanderungsbehörde USCIS. Dieser Antrag wird durch das Ausfüllen des Formulars *Petition for a Nonimmigrant Worker* (I-129) gestellt und muss beim für das Aus- oder Weiterbildungsprogramm zuständigen USCIS Service-Center eingereicht werden. Offizieller Antragsteller (*Petitioner*) ist das US-Unternehmen bzw. die Institution, welche das H-3 Programm anbietet, für die jeweilige ausländische Person (*Beneficiary*).

Das Formular I-129 ist das Standardformular, das für alle arbeitsplatzbezogenen Nichteinwanderungsvisa benutzt wird. Es wird auch für H-3 Anträge genutzt, weil die „berufsbezogene Aus- und Weiterbildung" viele Merkmale einer bezahlten Anstellung aufweist. Im Antrag werden grundlegende Informationen über den amerikanischen Ausbilder und den potentiellen ausländischen *Trainee* verlangt. Außerdem müssen Angaben zum Aus- und Weiterbildungsprogramm, einschließlich der Stundenanzahl und des Gehalts gemacht werden.

Wenn ein Antrag auf ein Trainee-Visum eingereicht wird, muss außerdem ein zusätzliches Formular *H Classification Supplement* zum Formular I-129 eingereicht werden. Dieses Dokument dient dazu festzustellen, dass die entsprechende Aus- und Weiterbildung nicht im Heimatland des Antragstellers verfügbar ist, es beschreibt die Qualifikation des Antragstellers näher, welche für die Teilnahme an der Bildungsmaßnahme erforderlich ist, und soll aufzeigen, ob die Aus- oder Weiterbildung die berufliche Entwicklung des Antragstellers in seinem Heimatland auch in Zukunft fördern kann.

Im Fall der Teilnahme am Programm für Sonderpädagogik müssen der Antrag und der Zusatzfragebogen der Einrichtung, welche die Weiterbildung anbietet, zusammen mit einer Beschreibung der Bildungsmaßnahme und des Lehrkörpers eingereicht werden. Außerdem sollte der akademische und/oder berufliche Hintergrund zum Nachweis der Qualifikation (z. B. Kopie des Universitätsabschlusses) beigefügt werden.

Für den zukünftigen Teilnehmer an Trainee-Programmen im unternehmerischen oder politiknahen Bereich muss der Antrag von der Firma bzw. Institution, welche das Programm finanziert oder fördert, eingereicht werden. In den beigefügten Unterlagen sollte die entsprechende Bildungsmaßnahme detailliert beschrieben werden.

Der Antrag auf Erteilung einer H-3 Petition kostet derzeit US$ 825. Darin enthalten sind zwei Gebühren: Die Standardgebühr in Höhe von US$ 325 sowie eine sogenannte *Fraud and Prevention Detection Fee* in Höhe von US$ 500.

Premium Processing: Um eine schnellere Bearbeitung des H-3 Antrags zu gewährleisten, besteht die Möglichkeit, ein Beschleunigungsverfahren zu wählen, das sogenannte *Premium Processing*-Verfahren (Formular I-907). Leider verteuert diese Option den Antrag um aktuell weitere US$ 1.225. Das *Premium Processing*-Verfahren sichert eine Bearbeitung des Antrags innerhalb von 15 Tagen zu. Trotz der hohen Kosten wird das Beschleunigungsverfahren von den meisten US-Antragstellern genutzt, denn die regulären Bearbeitungszeiten liegen je nach Service-Center derzeit bei bis zu mehreren Monaten. Reagiert die Behörde nicht innerhalb der 15-Tages-Frist, wird der Betrag zurückerstattet.

Hinweis: Bitte beachten Sie, dass auch das Premium Processing-Verfahren nicht immer garantiert, dass der Antrag in dieser Zeit abschließend entschieden wird. In jedem Fall hat die US-Einwanderungsbehörde (USCIS) die Möglichkeit innerhalb des 15-tägigen Zeitfensters Nachfragen zu stellen, auf die innerhalb einer gesetzten Frist reagiert werden muss (RFE, Request for Evidence).

MERKE

Die US-Einwanderungsbehörde (USCIS) informiert den Antragsteller schriftlich über die Bewilligung oder Ablehnung der H-3 Petition. Dieser Bescheid erfolgt mittels des Mitteilungsschreibens I-797 (*Notice of Action*). Wird der H-3 Antrag bewilligt, erhält der Antragsteller eine sogenannte I-797 *Approval Notice* per Post zugesandt. Dieses Dokument benötigt der *Trainee* ggf. im späteren konsularischen Antragsverfahren.

Was der ausländische Programmteilnehmer tun muss

Der Visumantrag beim US-Konsulat

Erst nachdem die USCIS den Antrag genehmigt hat, können Sie beim Konsulat im Rahmen eines persönlichen Interviewtermins einen Antrag auf ein H-3 Visum stellen (als Alternative können Sie unter bestimmten Bedingungen auch eine Statusänderung in den USA beantragen wie in Kapitel 10.3 „Änderung des Nichteinwanderungsstatus (Statuswechsel)" beschrieben). Der Antrag auf ein Visum wird mittels des Standardformulars für Nichteinwanderungsvisa DS-160 gestellt. Das Ausfüllen des Antrages erfolgt online und erfordert u. a. das Hochladen eines digitalen Fotos. Mitreisende Ehegatten und Kinder unter 21 Jahren, für die ein H-4 Visumantrag gestellt werden muss, sind dazu verpflichtet, ebenfalls ein eigenes Antragsformular DS-160 mit Foto einzureichen.

VERFAHREN

2. Schritt: Visumantrag beim US-Konsulat

Beim Ausfüllen des Standardformulars für alle Nichteinwanderungsvisa DS-160 gelten die generellen Hinweise, die in Kapitel 10.1 „Antragsverfahren bei den US-Konsulaten" beschrieben sind.

Formular DS-160

Wichtig für den H-3 Visumantrag ist, dass Sie als Zweck der Reise die Option „*Temporary Worker (H)*" und im Unterpunkt „*Trainee (H3)*" auswählen. Des Weiteren müssen Sie die 13-stellige *Petition Number* angeben, unter der die USCIS Petition bewilligt wurde.

Da, wie zuvor beschrieben, für die Genehmigung des H-3 Visums besondere Anforderungen bezüglich Ihrer Ausbildung gestellt werden, ist es wichtig, alle Fragen hinsichtlich Ihrer Ausbildung bzw. Ihres Studiums so präzise wie möglich zu beantworten. Insbesondere sollte darauf geachtet werden, dass die Angaben auch die Informationen reflektieren, die im ursprünglichen USCIS-An-

trag gemacht wurden und mit Ihren Studien- bzw. beruflichen Abschlüssen und Ihrem Lebenslauf übereinstimmen.
Bei der Frage zu Kontaktpersonen sollten Sie eine Person nennen, die zu der Weiterbildungsorganisation bzw. Firma gehört, die den ursprünglichen Antrag bei der USCIS eingereicht hat.

Bei der Angabe des Gehaltes ist zu bedenken, dass Sie als *Trainee* in der Regel weniger verdienen als ein normaler Arbeitnehmer. Hintergrund ist, dass Sie als *Trainee* hauptsächlich geschult werden, also nicht den Status einer Arbeitskraft mit regulärem Gehalt haben dürfen. Sollten Sie ein normales Arbeitsgehalt angeben, könnte es sein, dass der Konsularbeamte das H-3 Visum nicht bewilligt und Sie darum bittet, ein „normales" Arbeitsvisum zu beantragen.

Außer dem Antragsformular müssen beim Konsulat noch folgende Dokumente eingereicht werden:

- Eine Kopie des I-797 Bewilligungsschreibens der USCIS (*Approval Notice*).
- Ein Bestätigungsschreiben der amerikanischen Firma/Organisation über das Trainingprogramm
- Der Nachweis der entrichteten Visumantragsgebühr inkl. Terminbestätigung
- Für Ehepartner/Familienangehörige: Kopie Heirats- oder Geburtsurkunde

Wenn der Konsularbeamte davon überzeugt wurde, dass der Antragsteller die notwendigen Voraussetzungen für das jeweilige Programm besitzt und die Absicht hat, die USA nach Beendigung des Aus- oder Weiterbildungsprogramms zu verlassen, wird ein H-3 Visum normalerweise innerhalb kürzester Zeit ausgestellt.

Aufenthaltsdauer

Gültigkeit: 18–24 Monate

Ein H-3 Visum wird in der Regel für die Dauer des Aus- oder Weiterbildungsprogramms – auf keinen Fall aber länger als für 18 Monate (bei Teilnahme an Sonderpädagogik-Programmen) und 24 Monate (bei Teilnahme an einer Trainee-Bildungsmaßnahme) gewährt. Falls die ursprünglich beantragte Dauer (wenn kürzer als oben genannte Zeiträume) sich als nicht ausreichend herausstellt, kann eine Verlängerung mit dem Formular I-129 gestellt werden. Zu diesem Antrag muss ein Schreiben, das die Gründe für die Bitte um Verlängerung darlegt, hinzugefügt werden.

Soll der Aufenthaltsstatus von Familienmitgliedern eines H-3 Visuminhabers verlängert werden, wird dafür ein anderes Formular verwendet. Die Familienmitglieder stellen ihren Antrag auf dem Formular I-539 (*Application to Extend Time of Temporary Stay*). Dieser Antrag kann zusammen mit dem des H-3 Visuminhabers eingereicht werden.

MERKE

Anmerkung: Eine Person, die sich bereits 24 Monate (oder 18 Monate im Rahmen des Programms für Sonderpädagogik) in den USA mit einem Trainee-Visum bzw. Status aufgehalten hat, wird keine erneute Verlängerung erhalten und auch keine Statusänderung durchsetzen können. Sie darf nicht erneut mit einem H- oder L-Visum in die USA einreisen, wenn sie vorher nicht mindestens sechs Monate außerhalb der USA gelebt hat.

Visa für Familienangehörige

Der Ehegatte und die unverheirateten minderjährigen Kinder bis 21 Jahre des H-3 Antragstellers haben das Recht auf Antrag ein H-4 Visum zu erhalten. Mit diesem Visum ist es ihnen nicht erlaubt zu arbeiten, aber eine Schule zu besuchen oder zu studieren. Das bedeutet, dass der Ehegatte, der gerne arbeiten möchte, sich selbst für eines der Visa qualifizieren muss, mit dem eine Arbeitsaufnahme gestattet ist. Weitere Einzelheiten finden Sie in Kapitel 10.2 „Visa für Familienangehörige".

8.6 I-Visum (Representative of Foreign Media): Journalisten und Vertreter aus dem Bereich Medien

Das I-Visum, auch unter dem Begriff „Journalistenvisum" bekannt, ist ein Nichteinwanderungsvisum für Personen im Medienbereich, die für eine temporär begrenzte Zeit ihren Beruf in den USA ausüben. Es beinhaltet keine reguläre Arbeitsgenehmigung für US-Medienunternehmen.

Auch wenn der Begriff Journalist und Medienvertreter sehr viele Tätigkeiten umfasst, erlaubt das I-Visum nur bestimmte eingeschränkte Tätigkeiten, die wir hier genau erläutern werden.

Voraussetzungen für I-Visumantragsteller

Vertreter von ausländischen Medien müssen ein I-Visum beantragen, wenn sie zur Ausübung ihres Berufes in die USA reisen. Zu dieser Berufsgruppe gehören Mitarbeiter von Print- und audiovisuellen Medien wie z.B. Reporter, Filmcrews und Redakteure von Nachrichtenorganisationen, Zeitungen, Radio- und Fernsehstationen. Antragsteller können entweder für ihren heimischen Arbeitgeber oder als *Freelancer* über einen konkreten Auftrag/Vertrag mit einer Medienorganisation für eine begrenzte Zeit in den USA tätig werden. Entscheidend ist, dass die ausgeübte Tätigkeit zur Verbreitung von Nachrichten dient, d.h. dem Erfassen von Ereignissen und der Berichterstattung über aktuelle Themen. Des Weiteren können Beiträge erstellt werden, die zur Wissensbereicherung der Allgemeinheit beitragen oder Fachwissen vermitteln. Darunter fällt z.B. die Berichterstattung über bedeutende Sportereignisse, über Wahlkampfthemen oder über technische Neuheiten im Industriebereich.

Wer qualifiziert sich?

Nicht darunter fallen würde das Erstellen von künstlerischen Kurzfilmen, das Schreiben eines Romans oder die Berichterstattung der *High School Graduation* des Sohnes einer befreundeten Familie.

Im klassischen Sinne können auch Journalisten für ihre Zeitung oder Rundfunksender über ein in den USA ansässiges Zweigbüro als Korrespondent Nachrichten erfassen, die außerhalb der USA verbreitet werden. Weitere erlaubte Tätigkeiten mit I-Visum sind das Filmen von aktuellen Veranstaltungen oder die Erstellung einer Dokumentation (zur Verbreitung von aktuellen Informationen).

BEISPIEL

Beispiel: Horst Hottenstedt arbeitet seit mehr als 10 Jahren als Journalist beim Hamburger Abendblatt. Als studierter Politologe schreibt er regelmäßig über politische Entwicklungen im In- und Ausland. Angesichts der bevorstehenden US-Präsidentschaftswahlen soll Herr Hottenstedt im Auftrag seines Ressortleiters, Herrn Heribert Humperdinck, kurzfristig in die USA reisen und dort über die heiße Phase des US-Wahlkampfes zwischen Donald Trump und Hillary Clinton berichten. Herr Hottenstedts Qualifikationen und konkreter Auftrag bzw. Reisezweck entsprechen den Bestimmungen eines I-Visums. Er ist noch im Besitz eines gültigen I-Visums und kann schon in ein paar Tagen in die USA fliegen.

Antrags-dokumentation

Viele Unternehmen und Antragsteller unterschätzen die I-Kategorie und sind enttäuscht, wenn das I-Visum nicht bewilligt wird. Generell ist es die Aufgabe des Beamten im Konsulat zu entscheiden, ob der Antragsteller ausreichende Nachweise zur Bewilligung des I-Visums vorlegt und die Gesamtkonstellation der geplanten Reise tatsächlich dem I-Visum entspricht. Deshalb ist es wichtig, auch die weiteren Kriterien einzuhalten, um die Genehmigung des I-Visums zu sichern.

Zunächst muss der Antragsteller die nötige Qualifikation bzw. Erfahrungen im Medienbereich haben und diese bei der Antragstellung belegen. Dazu gehören z.B. Nachweise über Studium, berufliche Laufbahn, aktuelle und vorherige Arbeitsverhältnisse, ggf. Presseausweis.

Die Finanzierung der in den USA auszuübenden Tätigkeiten muss hauptsächlich aus Finanzquellen von außerhalb der USA stammen.

Der Visumantragsteller muss weiterhin vom ausländischen Arbeitnehmer bzw. Auftraggeber bezahlt werden und darf keine Bezahlung aus den USA erhalten. Das gesammelte Material, egal ob in Schriftform oder (audio)visuell, muss größtenteils außerhalb der USA veröffentlicht werden.

Bei Angestellten einer Medienorganisation muss ein gültiger Arbeitsvertrag vorliegen. *Freelancer* müssen einen aktuellen Vertrag mit der Medienorganisation vorlegen bzw. ein Projekt vorweisen, was den Bestimmungen des I-Visums entspricht.

Für welche Tätigkeiten dürfen I-Visa <u>nicht</u> beantragt werden?

Werbung, kommerzielle Projekte, Reality Shows, etc.

Werbung und kommerzielle Projekte sind vom I-Visum ausgenommen. Beispielsweise könnte ein Werbespot für ein deutsches Auto, was auf der Küstenstraße von San Diego nach San Francisco gefilmt werden soll, nicht über ein I-Visum abgewickelt werden. Des Weiteren würde der Dreh über eine Promifamilie im Rahmen einer Reality Show in den USA über ein I-Visum nicht möglich sein. In diesem Zusammenhang sollte erwähnt werden, dass bei allen Produktionen, in denen ein Schauspieler engagiert werden, egal ob für eine TV-, Radio-, oder Quizshow, das I-Visum nicht infrage kommt.

Assistenten der Produktion, Korrekturleser, Bibliothekare und Bühnenbildner fallen nicht unter das I-Visum. Es wird davon ausgegangen, dass diese Tätigkeiten nicht zur Verbreitung von Nachrichten und Informationen dienen, also eher im künstlerischen Sektor angesiedelt sind und hierfür ein anderes Visum erforderlich wird.

Alternativen für die oben angeführten Fälle sind H-, O- oder P-Visa (siehe Kapitel 8.3 „H-1B Visum (Specialty Occupation Workers)", 8.9 „O-1 Visum (Extraordinary Ability)" und 8.10 „P-Visum (Internationally Recognized Athlete/Entertainment Group/Artist)"). Auch diese Optionen haben strenge Voraussetzungen und es sollte im Vorfeld genau geprüft werden, ob sie in Betracht kommen.

ESTA/B- oder I-Visum?

Personen, die als Journalist oder Medienvertreter, ausgenommen Fotografen, in die USA reisen, müssen bei Einreise in die USA über ein I-Visum verfügen. Das Reisen unter dem *Visa Waiver Program (VWP/ESTA)* oder mit einem B-Visum ist nicht erlaubt.

Fotografen, die in den USA für berufliche Zwecke fotografieren und kein US Einkommen haben werden, bzw. weiterhin von außerhalb der USA bezahlt werden, sind berechtigt, für Fotoarbeiten mit einem B-1 Visum oder im Rahmen des *Visa Waiver Programs* einzureisen.

Falls Sie Journalist sind und tatsächlich zu rein touristischen Zwecken oder nur zu Meetings oder Konferenzen in die USA einreisen, also dort nicht ihren Beruf ausüben, dürfen Sie dies auch mit einem B-Visum bzw. einer gültigen ESTA-Genehmigung im Rahmen des *Visa Waiver Programs*.

Erhalt eines I-Visums

Anträge für ein I-Visum werden von Antragstellern bei einem Konsulat der Vereinigten Staaten, das für den eigenen Wohnort zuständig ist, gestellt. Alle Antragsteller im Alter von 14–79 müssen ausnahmslos zu einem persönlichen Interviewtermin vorstellig werden und an diesem Tag ihre Antragsdokumente vorlegen. Die Antragstellung erfolgt in der Regel immer in einem US-Konsulat des Landes, in dem die betreffende Person aktuell ihren Lebensmittelpunkt hat. In Deutschland werden I-Visa über die Konsulate in Berlin, Frankfurt und München abgewickelt. In Österreich ist das Konsulat in Wien, in der Schweiz ist das Konsulat in Bern zuständig.

Antragstellung

Wie bei allen anderen Visumanträgen, müssen auch I-Visumantragsteller, ein elektronisches DS-160 Formular ausfüllen und übermitteln. Danach muss die Visumgebühr in Höhe von umgerechnet US$ 160 bezahlt werden und ein Termin im zuständigen US-Konsulat vereinbart werden.

Im Konsulat sollten neben den allgemeinen Antragsdokumenten Unterlagen zum Arbeitsverhältnis, Einreisezweck und sonstige Belege über die Rückkehrintention vorgelegt werden. Zum Arbeitsverhältnis gelten folgende Beschäftigungsnachweise:

Unterlagen für das Konsulat

– Journalisten: Arbeitgeberschreiben mit dem Namen des Antragstellers, der Position im Unternehmen, dem Einreisezweck und Aufenthaltsdauer in den USA

– *Freelance* Journalisten für ein Medienunternehmen: Vertragsabschluss über US Tätigkeit, Name und Position innerhalb des ausländischen Unternehmens und Zweck und Länge des geplanten US Aufenthaltes

- Filmcrew: Arbeitgeberschreiben mit Namen des Antragstellers, Position innerhalb des Unternehmens, Titel und kurze Beschreibung des Filmmaterials, Zweck und Länge des geplanten US Aufenthaltes

- Produktionsfima für Medienorganisationen: Schreiben der Organisation, die die Tätigkeit in Auftrag gibt mit Angabe vom Titel bzw. kurze Zusammenfassung des zu erstellenden Filmmaterials, Vertragsdauer und geplante Drehzeiten in den USA

Der Termin im Konsulat kann mehrere Stunden in Anspruch nehmen, wobei sich das Interview mit dem Konsularbeamten meist nur auf 5–10 Minuten beschränkt. Das Gespräch mit dem Konsularbeamten kann in der Regel auf Englisch oder in der jeweiligen Landessprache geführt werden. Bei Bewilligung des Visums behält der Konsularbeamte den Pass ein und lässt ihn mit ausgestelltem Visum ca. eine Woche nach Interviewtermin per Post zustellen. Eine Abholung des Visums im US-Konsulat ist nicht möglich.

Wie lange darf man sich mit einem I-Visum in den USA aufhalten?

Maximal 5 Jahre

In der Regel werden I-Visa für 1–5 Jahre erteilt (abhängig vom Projekt) und erlauben einen maximalen Aufenthaltsstatus von bis zu 365 Tagen pro Einreise, mehrfach hintereinander oder am Stück, in den Vereinigten Staaten. Sollten sich Medienvertreter folglich häufiger aus journalistischen Gründen in den USA aufhalten, muss das Visum nicht immer wieder neu beantragt werden.

Familienangehörige

Ehepartner und unverheiratete Kinder unter 21 Jahren erhalten für denselben Zeitraum wie der Hauptantragsteller ein abgeleitetes I-Visum. Erreichen die Kinder die amerikanische Volljährigkeitsgrenze, müssen sie ihren Nichteinwanderungsstatus wechseln oder das Land verlassen.
Eine Arbeitsaufnahme ist den Familienangehörigen nicht gestattet. Die Beantragung einer allgemeinen Arbeitserlaubnis (*Employment Authorization Document, EAD*) ist unter I-Status folglich nicht möglich. Familienangehörige, die über ein abgeleitetes I-Visum verfügen, können jedoch eine öffentliche/private Bildungseinrichtung besuchen.

8.7 L-1 Visum (Intracompany Transferee): Unternehmensinterner Mitarbeitertransfer

Das L-1 Visum beinhaltet eine Arbeits- und Aufenthaltsgenehmigung für die USA. Diese Kategorie ermöglicht den firmeninternen Mitarbeitertransfer innerhalb einer Unternehmensgruppe vom aktuellen ausländischen (*Foreign Employer*) zum US-Standort. L-1 Visa werden häufig im Rahmen klassischer Entsendungen für Mitarbeiter beantragt, können jedoch auch für beispielsweise längere Projekt-/Montageeinsätze am US-Standort oder beim Kunden genutzt werden.

MERKE

Anmerkung: L-1 Anträge sind aufgrund der schwierigen Wirtschaftssituation in den Vereinigten Staaten in den letzten Jahren etwas schwerer zu beantragen. Die Peti-

tionen werden streng geprüft und unterliegen oft umfangreichen Nachfragen (insbesondere L-1B Anträge). Um Ablehnungen zu vermeiden, sollten L-1 Anträge gründlich vorbereitet werden.

Zugangsvoraussetzungen

L-1 Visa unterliegen bestimmten Zugangskriterien im Hinblick auf die Unternehmensgruppe, den US-Standort sowie dem Mitarbeiter und dessen Tätigkeit, Firmenzugehörigkeit bzw. Qualifikation.

1. Anforderungen an das Unternehmen

L-1 Anträge können ausschließlich vom US-Unternehmen (*Petitioner*) für den jeweiligen Mitarbeiter (*Beneficiary*) eingereicht werden. Der Nachweis der Existenz eines US-Unternehmens innerhalb einer Unternehmensgruppe ist deshalb grundlegende Voraussetzung. Das US-Unternehmen muss nachweislich mindestens bereits ein Jahr am Markt tätig sein (*doing business*). Um welche Unternehmensart es sich handelt, spielt keine Rolle, so können auch beispielsweise Non-Profit-Organisationen L-1 Visumanträge für Mitarbeiter beantragen. US-Standorte, die noch nicht ein Jahr bestehen, können sich auch als L-1 Petitioner qualifizieren, es gelten allerdings gesonderte Bestimmungen.

Qualifizierende Verbindung

Da sich L-1 Anträge auf einen firmeninternen Mitarbeitertransfer beziehen, muss belegt werden, dass zwischen dem ausländischen Standort, an dem der Mitarbeiter aktuell beschäftigt ist, und dem US-Standort (als „aufnehmende" Unternehmenseinheit) eine qualifizierende Verbindung besteht.

Der Nachweis kann folgendermaßen erbracht werden:

- Die ausländische Muttergesellschaft hält mindestens 50% der Anteile an der US-Tochtergesellschaft.
- Die US-Muttergesellschaft hält mindestens 50% der Anteile am ausländischen Tochterunternehmen.
- Beide Unternehmenseinheiten sind Schwestergesellschaften und werden jeweils zu mindestens 50% von derselben Muttergesellschaft gehalten.
- Ein US-Unternehmen unterhält eine Betriebsstätte im Ausland oder die ausländische Unternehmenseinheit unterhält eine US-Betriebsstätte.

Beide Unternehmenseinheiten müssen folglich über die Eigentumsverhältnisse mehrheitlich miteinander verbunden sein. Die Auflistung ist allerdings nicht abschließend, andere Konstellationen sind denkbar.

Beispiel: *Stanton Computers AG ist eine Firma aus Tirol, die Software entwickelt und vertreibt. Dieses Unternehmen ist die Muttergesellschaft von Stanton (USA) Inc., einer Firma in Seattle, die vor zwei Jahren als Repräsentanz von Stanton Computers in den USA gegründet wurde. Stanton Computers AG hält 80% der Aktienanteile an Stanton (USA) Inc., 20% der Aktien werden vom amerikanischen Geschäftsführer gehalten. Als Mutter- und Tochtergesellschaft haben der europäische und der amerikanische Bereich des Unternehmens die notwendigen unternehmerischen Beziehungen, um Mitarbeiter mit einem L-1 Visum von Tirol nach Seattle zu schicken.*

BEISPIEL

Obwohl die Größe des Unternehmens außerhalb der USA nicht unbedingt relevant ist, kann ein Kleinunternehmer sich z.B. nicht selbst in die USA versetzen, dort eine eigene Tochtergesellschaft gründen, um dann in seinem Heimatland die Firma zu schließen. Entscheidend ist, dass die Geschäftsaktivitäten auch im Ausland erhalten bleiben.

BEISPIEL

Beispiel: Funny Collections ist ein kleiner Hersteller von Kinderbekleidung in Basel. Barbara, die Geschäftsführerin der Firma, beabsichtigt ihr Unternehmen nach Connecticut zu verlegen, indem sie eine Importfirma für Bekleidung in Hartford eröffnet und sich selbst als Geschäftsführerin dahin versetzt. Das Unternehmen in der Schweiz würde sie schließen. Barbara wird sich deshalb nicht für ein L-1 Visum qualifizieren können.

L-1 Visa sind unternehmensgebunden, d.h. der zukünftige Mitarbeiter kann ausschließlich für das US-Unternehmen, welches den Antrag stellt, tätig werden. Eine Ausnahme bildet das *Off-site Employment*, welches den Mitarbeitereinsatz im Namen des US-Unternehmens beim Kunden unter bestimmten Voraussetzungen erlaubt (z.B. Projekteinsatz beim Kunden). Solche Konstellationen sind möglich, unterliegen aber strengen Prüfungen und weiteren Reglementierungen.

2. Anforderungen an den Mitarbeiter

Manager, leitendes Personal und Spezialisten qualifizieren sich!

Wenn Sie in die Vereinigten Staaten über ein L-1 Visum geschickt werden sollen, müssen Sie mindestens durchgängig ein Jahr innerhalb der letzten drei Jahre vor der Antragstellung für einen Standort der Unternehmensgruppe (außerhalb der USA) tätig gewesen sein.

MERKE

Hinweis: *Geschäftliche oder touristische Aufenthaltszeiten während der 12-monatigen Beschäftigungsphase innerhalb der USA (z.B. visumfreie Einreise, B-1 Status) werden abgezogen, zählen also gegen die 1-Jahresregelung. Im Gegenzug gelten sie allerdings nicht als Unterbrechung des 12-monatigen Beschäftigungszeitraums.*

BEISPIEL

Beispiel: Herr Müller ist seit 13 Monaten bei der XYZ AG in München als Sales Manager beschäftigt. Der Geschäftsführer würde ihn gerne in den USA beim Tochterunternehmen als Sales Director einsetzen. Grundsätzlich wäre die Beantragung eines L-1 Visums möglich. ABER: Herr Müller war während seiner 13-monatigen Beschäftigungszeit regelmäßig in den USA auf Geschäftsreise – rund drei Monate insgesamt. Die mindestens 12-monatige Beschäftigungszeit ist dadurch nicht unterbrochen. Ein Antrag kann aber aktuell noch nicht gestellt werden, da Herr Müller erst rund zehn Monate physisch present am deutschen Standort war. Er muss sich jetzt also noch zwei Monate in Deutschland aufhalten, erst dann kann die Petition eingereicht werden.

Darüber hinaus muss es sich um ein reguläres Arbeitsverhältnis handeln, d.h. *Freelancer* oder Berater qualifizieren sich nicht für die L-1 Kategorie.

Es qualifizieren sich nur solche Mitarbeiter für ein L-1 Visum, die während der mindestens einjährigen Beschäftigungsphase als Manager, Executive („leitender Angestellter") oder als Spezialist am ausländischen Unternehmensstandort tätig waren bzw. sind und auch am US-Standort in einer solchen Position zukünftig eingesetzt werden.

Der Gesetzgeber unterscheidet zwischen L-1A Visumanträgen für *Manager/ Executives* und L-1B Visumanträgen für Mitarbeiter mit Spezialkenntnissen. Um welche Kategorie es sich handelt, orientiert sich an der zukünftigen Tätigkeit des Mitarbeiters am US-Standort. Es ist auch möglich, dass ein Mitarbeiter, welcher beispielsweise am ausländischen Standort als Spezialist tätig ist, in den USA als Manager eingesetzt wird.

Folgende Differenzierungen werden vorgenommen:

- Executives (L-1A) übernehmen als Führungskräfte und leitende Angestellte die strategische Planung, Organisation, Kontrolle und Leitung für das Unternehmen oder eine wichtige Unternehmenseinheit mit Personalverantwortung. Der Schwerpunkt liegt auf der Führungskompetenz (z.B. Geschäftsführer, Finanzchefs etc.).
- Manager (L-1A) lenken das Day-by-Day Management, also die täglich anfallenden Organisationsaufgaben innerhalb einer Abteilung, Personalverantwortung ist in der Regel gegeben. Der Schwerpunkt liegt auf der Organisations- und Managementkompetenz (z.B. Projektmanager, Marketing Manager etc.).
- Spezialisten (L-1B) verfügen über besondere und umfangreiche Kenntnisse zu unternehmensinternen Produkten, Prozessen und Techniken. Es darf sich nicht nur um ein einfaches Spezialwissen handeln, über welches zahlreiche Mitarbeiter verfügen.

Die Grenzen zwischen den einzelnen Definitionen sind fließend. Es muss im Einzelfall entschieden werden, für welche Kategorie sich der Mitarbeiter qualifiziert. Insbesondere L-1B Anträge werden derzeit von den US-Behörden streng überprüft bzw. hinterfragt.

MERKE

Anmerkung: Der L-1 Status erlaubt ausländischen Unternehmen auch Mitarbeiter in die Vereinigten Staaten zu schicken, die nicht die gleiche „Nationalität" wie das Unternehmen besitzen. Bei anderen Kategorien für eine Arbeitserlaubnis, z.B. E-1 oder E-2, ist diese Flexibilität nicht gegeben.

BEISPIEL

Beispiel: Die Stanton Computers AG möchte einen Marketingmanager zur Stanton (USA) Inc. schicken. Karlheinz aus Darmstadt, der dorthin versetzt werden soll, arbeitet seit vier Jahren als Manager der Marketingabteilung am österreichischen Firmensitz. In Seattle wird Karlheinz die neue Marketingabteilung von Stanton (USA) Inc. aufbauen und leiten. Karlheinz erfüllt die Bedingungen für ein L-1A Visum, da Stanton Computers und Stanton (USA) Inc. Mutter- und Tochtergesellschaft sind. Er ist bereits seit mehr als einem Jahr bei der Firma beschäftigt, hatte eine leitende Position inne und wird ebenfalls eine solche bei Stanton (USA) Inc. ausüben.

BEISPIEL

Ein weiteres Beispiel: Luise leitet seit 2001 zusammen mit ihrem Bruder Hans und ihrer Schwester Hanna das Softwareunternehmen Soft GmbH in Berlin mit ca. 50

Mitarbeitern. Die drei halten jeweils die gleichen Anteile am Unternehmen und beschließen, einen US-Standort in San Francisco zu gründen: Soft Inc. Diese Soft Inc. ist zu 100% im Besitz der deutschen GmbH. Luise will sich als Geschäftsführerin in San Francisco um den neuen Standort kümmern und diesen aufbauen. Während ihrer Abwesenheit kümmern sich Hans und Hanna wie gewohnt weiter um die Geschäfte in Berlin.
Luise kann sich für ein L-1A Visum bewerben, denn:

1. Soft GmbH und Soft Inc. haben die entsprechende unternehmerische bzw. qualifizierende Verbindung (Mutter- und Tochtergesellschaft).
2. Die Firma Soft wird sowohl in den USA als auch in Deutschland während Luises Abwesenheit geschäftlich tätig sein.
3. Luise ist bereits länger als ein Jahr vor dem Einreichen des Antrags bei der Firma in Berlin angestellt gewesen.
4. Luise hat als Geschäftsführerin in Berlin gearbeitet und wird auch als solche in den USA arbeiten (= *Executive*).

Bitte beachten Sie, dass das US-Unternehmen Soft Inc. auch die Anforderungen zum *L-1 New Office*, die nachfolgend noch näher erläutert werden, erfüllen muss.

L-1 Antragstellung

Was das amerikanische Unternehmen tun muss

VERFAHREN

1. Schritt: Antrag des Arbeitgebers bei der US-Einwanderungsbehörde

Offizieller Antragsteller des L-1 Antrags ist das US-Unternehmen (*Petitioner*) für den zukünftigen ausländischen Mitarbeiter (*Beneficiary*). Dieses Prinzip ist allen US-Arbeitsvisaanträgen gemein. Es ist folglich nicht möglich, ein US-Arbeitsvisum quasi selbständig, ohne konkretes Stellenangebot und ohne Unterstützung des Unternehmens, zu beantragen.

L-1 Petition – U.S. Citizenship and Immigration Services (USCIS)

Der erste Schritt in Richtung L-1 Visum ist die Einreichung einer Petition beim zuständigen Service-Center der amerikanischen Einwanderungsbehörde (USCIS). Diese Petition umfasst neben den Antragsformularen umfangreiche Unterlagen zum US-Unternehmen bzw. zur Unternehmensgruppe, zur zu besetzenden Stelle in den USA und der derzeitigen Tätigkeit des ausländischen Mitarbeiters sowie zu den Qualifikationen.

Das I-129 (*Petition for a Nonimmigrant Worker*) ist das Standardformular für alle arbeitsplatzbezogenen Nichteinwanderungsvisa. In diesem Formular werden grundlegende Informationen zum Unternehmen in den USA und im Ausland sowie über den potenziellen Mitarbeiter gefordert. Außerdem müssen Angaben über die angebotene Stelle in den USA, wie z.B. Berufsbezeichnung, Arbeitsstunden pro Woche und Vergütung, gemacht werden. (In Kapitel 17 „Formulare" finden Sie weitere Informationen zu den Antragsformularen.)

Zusätzlich muss ein Formular mit der Bezeichnung *L Classification Supplement* eingereicht werden. Darin müssen Angaben zum Aufgabenbereich des Mitarbeiters während der vergangenen drei Jahre, zu den voraussichtlichen Aufgaben in den USA und den Beziehungen zwischen dem amerikanischen und dem ausländischen Unternehmen gemacht werden.

Exkurs: Neues US-Unternehmen in den USA (L-1 New Office)

Falls ein Mitarbeiter in die USA entsandt wird, um einen neuen Standort zu eröffnen bzw. in einem solchen zu arbeiten, müssen zusätzlich die folgenden Unterlagen eingereicht werden:

L-1 New Office – ein Sonderfall

- Businessplan auf die nächsten 3–5 Jahre,
- Nachweis, dass ausreichend Bürofläche erworben wurde, um so viele Arbeitsplätze für Mitarbeiter einzurichten, wie im Businessplan für das nächste Jahr angekündigt wurden (z.B. durch Kopie Mietvertrag) und
- Nachweis, dass das neue US-Unternehmen über die finanziellen Mittel verfügt, die Geschäftstätigkeit in den USA aufzunehmen und den dorthin versetzten Mitarbeiter zu bezahlen.

Für *L-1 New Office*-Anträge qualifizieren sich sowohl L-1A als auch L-1B Mitarbeiter. Die Antragsgebühren belaufen sich derzeit auf US$ 325 (*I-129 Standard Fee*) sowie auf US$ 500 für die *Fraud Prevention and Detection Fee*. Letztgenannte Gebühr wird nur für L-1 Erstanträge erhoben (gilt also beispielsweise nicht für Verlängerungsanträge).

Seit dem 14. August 2010 (*Public Law 111-230*) müssen Arbeitgeber, die in den USA mehr als 50 Mitarbeiter beschäftigen ggf. eine Zusatzgebühr entrichten. Diese wird dann fällig, wenn 50% der Beschäftigten in den USA ein H- oder L-Visum besitzen. Verlängerungsanträge sind davon nicht betroffen.

Premium Processing: Um eine schnellere Bearbeitung des L-1 Antrags zu gewährleisten, besteht die Möglichkeit, ein Beschleunigungsverfahren zu wählen, das sogenannte *Premium Processing*-Verfahren (Formular I-907). Leider verteuert diese Option den Antrag um aktuell weitere US$ 1.225. Das Premium Processing Verfahren sichert eine Bearbeitung des Antrags innerhalb von 15 Tagen zu. Trotz der hohen Kosten wird das Beschleunigungsverfahren von den meisten US-Unternehmen genutzt, denn die regulären Bearbeitungszeiten liegen je nach Service-Center derzeit bei bis zu mehreren Monaten.

Anmerkung: Bitte beachten Sie, dass das Verfahren nicht immer garantiert, dass der Antrag auch in dieser Zeit abschließend entschieden wird. In jedem Fall hat die US-Einwanderungsbehörde (USCIS) die Möglichkeit, Nachfragen zum Antrag innerhalb der 15 Tage zu stellen, auf die das Unternehmen innerhalb einer gesetzten Frist reagieren muss (RFE, Request for Evidence).

MERKE

Die US-Einwanderungsbehörde (USCIS) informiert den Arbeitgeber schriftlich über die Bewilligung oder Ablehnung der L-1 Petition. Dieser Bescheid erfolgt mittels des Mitteilungsschreibens I-797 (*Notice of Action*). Wird der L-1 Antrag bewilligt, erhält das US-Unternehmen eine sogenannte I-797 *Approval Notice* per Post zugesandt. Dieses Dokument benötigt der ausländische Mitarbeiter ggf. im späteren konsularischen Antragsverfahren.

Was der ausländische Arbeitnehmer tun muss

Der Visumantrag beim US-Konsulat

VERFAHREN

2. Schritt:
Visumantrag beim
US-Konsulat

Auf der Grundlage des positiven Bescheids der USCIS kann der zukünftige US-Mitarbeiter sich an das heimische US-Konsulat wenden und ein L-1 Visum beantragen (Personen, die sich bereits in den USA mit einem Nichteinwanderungsstatus befinden, können unter bestimmten Voraussetzungen einen Statuswechsel beantragen). Der Visumantrag wird persönlich im Rahmen eines Interviewtermins im zuständigen US-Konsulat eingereicht.

Alle Visumantragsteller, auch begleitende Familienangehörige, müssen das Online-Formular DS-160 ausfüllen.

Das Online-Formular DS-160 besteht aus zahlreichen Fragen und wird online vor dem eigentlichen Interviewtermin an das zuständige US-Konsulat (zusammen mit einem digitalen Passfoto) übermittelt. Die ersten Fragen sind personenbezogen, wobei nach allgemeinen Informationen wie Geburtsort, Familienstand und Wohnanschrift gefragt wird.

In einem weiteren Fragenkatalog geht es im Schwerpunkt um Ihre aktuelle und zukünftige Tätigkeit bzw. Adresse in den USA, die Dauer Ihres geplanten Aufenthaltes etc. Männliche Antragsteller müssen noch weitere Fragen zu besuchten Bildungseinrichtungen, Militärdienst und andere sicherheitsrelevante Fragen beantworten.

Von allen Visumantragstellern müssen Angaben zu möglichen Ausschlussgründen gemacht werden, wie z.B. zu einwanderungsrechtlichen Verstößen, Straftaten oder ansteckenden Krankheiten. Ausschlussgründe werden in einem gesonderten Kapitel (15.1 „Ausschlussgründe für eine Visumerteilung bzw. Einreise in die USA") ausführlich behandelt.

Außer dem Antragsformular muss der zukünftige Arbeitnehmer beim Konsulat noch folgende Dokumente einreichen:

- Eine Kopie des I-797 Bewilligungsschreibens der USCIS *(Approval Notice)*.
- Ein Bestätigungsschreiben der amerikanischen Firma, dass die angebotene Stelle immer noch zur Verfügung steht und die Ankunft des Mitarbeiters erwartet wird.
- Den Nachweis der entrichteten Visumantragsgebühr inkl. Terminbestätigung.
- Für Ehepartner/Kinder: Kopie der Heirats- oder Geburtsurkunde.

MERKE

Anmerkung: Falls der Konsularbeamte vermutet, dass es in dem ursprünglichen L-1 Antrag an die USCIS in Bezug auf den z.B. beruflichen Hintergrund oder die Qualifikation des Antragstellers Unkorrektheiten gibt, wird kein Visum ausgestellt. Nähere Informationen zum Visaantragsverfahren bei den US-Konsulaten finden Sie auch in in Kapitel 10.1 „Antragsverfahren bei den US-Konsulaten".

Aufenthalt:
5–7 Jahre

Aufenthaltsdauer

Ein L-1 Antrag kann für einen Anfangszeitraum von bis zu drei Jahren genehmigt werden. Ausnahme: *L-1A New Office*-Anträge (US-Unternehmensaufbau) werden im Erstantrag zunächst auf maximal ein Jahr bewilligt. Die Gesamtaufenthaltsdauer im Rahmen des L-1 Status kann aber sieben Jahre für L-1A *Manager/Executives* und fünf Jahre für L-1B *Specialists* nicht überschreiten.

Verlängerungsanträge werden auf dem oben erwähnten Formular I-129 eingereicht. Diesem muss neben den gängigen Antragsunterlagen (Formulare, Antragsgebühren, Dokumente zu den allgemeinen Zugangsvoraussetzungen) ein Schreiben beigefügt werden, das darlegt, warum eine Verlängerung notwendig wird.

Soll der Status von Familienmitgliedern eines L-1 Inhabers verlängert werden, wird dafür nicht das Formular I-129 verwendet. Die Familienmitglieder stellen den Antrag auf dem Formular I-539 *Application to Extend Nonimmigrant Status*. Dieser Antrag wird üblicherweise mit dem Verlängerungsantrag des L-2 Inhabers eingereicht.

Anmerkung: Hat eine Person als L-1 Visuminhaber die maximal zulässige Aufenthaltsdauer in den USA ausgeschöpft, kann kein erneuter Antrag auf Verlängerung beantragt werden. Die erneute Einreise in die Vereinigten Staaten auf der Grundlage eines H- oder L-Status ist solange nicht möglich, bis die Person mindestens ein ganzes Jahr außerhalb der USA gelebt hat. Kurze Geschäfts- oder Urlaubsreisen sind während dieser Zeit gestattet. Die Zeiträume einer solchen Reise werden aber nicht auf das Jahr angerechnet. Ein Statuswechsel auf andere Arbeitsvisakategorien, wie z. B. E- oder O ist jedoch zulässig.

MERKE

Tipp: Sollten Sie während Ihres Arbeitsaufenthalts in den USA auch die Voraussetzungen für eine GreenCard durch das Arbeitsangebot eines US-Arbeitgebers erfüllen, so kann, wenn die Daueraufenthaltsgenehmigung rechtzeitig beantragt wird, Ihr befristeter Arbeitsaufenthalt auf einen Status als Einwanderer angepasst werden. Das Verfahren bietet sich gerade für bestimmte L-1A Visuminhaber an, weil die Voraussetzungen für eine EB-1C Multinational Executives/Manager GreenCard gewisse Ähnlichkeiten im Kriterienkatalog aufweist – also die L-1A und EB-1C Kategorien ähnliche Zugangsvoraussetzungen besitzen.

Statusanpassung in eine GreenCard ist möglich!

Diese Ausführungen bedeuten allerdings nicht, dass alleine wegen des Besitzes eines L-1A Visums in jedem Fall eine solche Genehmigung automatisch auf Antrag des US-Arbeitgebers erteilt wird (für die näheren Voraussetzungen siehe Kapitel 11.1 „EB-1 Priority Workers: Personen von hohem nationalen Interesse für die USA").

Familienangehörige

Ehepartner und unverheiratete Kinder unter 21 Jahren eines L-1 Visuminhabers erhalten auf Antrag ein L-2 Visum. Erreichen die Kinder die amerikanische Volljährigkeitsgrenze müssen sie ihren Nichteinwanderungsstatus wechseln oder das Land verlassen.

Ehepartner können auf Antrag eine eigene Arbeitserlaubnis (*Employment Authorization Document, EAD*) erhalten. Diese EAD können sie leider nicht gleich beim Konsularverfahren im Heimatland, sondern erst nach der Einreise mit dem L-2 Visum beim zuständigen Service-Center des USCIS beantragen. Die allgemeine Arbeitserlaubnis wird im Regelfall auf zwei Jahre erteilt, eine Verlängerung ist möglich, bis zur maximalen Dauer des Aufenthalts des L-1 Inhabers. Der Vorteil der EAD liegt daran, dass der Inhaber nicht an eine bestimmte Stelle gebunden ist, sondern sich bei der Arbeitssuche wie ein US-Arbeitnehmer frei auf dem Arbeitsmarkt bewegen kann.

Familienangehörige unter L-2 Status können darüber hinaus öffentliche/private Bildungseinreichungen besuchen.

8.8 L-1 Blanket Visum (Intracompany Transferee): Vereinfachtes Verfahren für unternehmensinternen Mitarbeitertransfer

L-Blanket = vereinfachtes Verfahren

Üblicherweise gestalten sich L-1 Visumanträge als sehr zeit- und kostenintensiv, denn sie gliedern sich (wie in Kapitel 8.7 „L-1 Visum (Intracompany Transferee): Unternehmensinterner Mitarbeitertransfer") beschrieben) in zwei aufwendige Verfahrensschritte:

- Erstantrag beim zuständigen Service-Center der USCIS (US-Einwanderungsbehörde) in den USA
- Ausstellung des Visums durch das US-Konsulat im jeweiligen Heimatland des Mitarbeiters

Der Beantragungsprozess für ein reguläres L-1 Verfahren dauert im Durchschnitt rund drei Monate (unter Nutzung des *Premium Processing*-Verfahrens) – insbesondere aufgrund der umfangreichen Antragsdokumentation. Ein schneller unternehmensinterner Transfer ist daher kaum zu realisieren und stellt viele Unternehmen vor große Herausforderungen.

Für multinationale Unternehmen bzw. Konzerne sieht der US-Gesetzgeber allerdings ein vereinfachtes Verfahren vor: das sogenannte L-Blanket.

L-1 Blanket Visa ermöglichen, analog zum regulären L-1 Visum, eine befristete Arbeitsaufnahme bzw. einen befristeten Mitarbeitereinsatz innerhalb der USA. Es muss sich auch hierbei um einen unternehmensinternen Mitarbeitertransfer handeln.

Basierend auf einer L-Blanket Registrierung der Unternehmensgruppe können alle in der L-Blanket gelisteten Standorte weltweit auf ein vereinfachtes Beantragungsverfahren für ihre Mitarbeiter zurückgreifen. In der Praxis bedeutet dies, dass Mitarbeiter schneller und kostengünstiger enstandt bzw. in den USA eingesetzt werden können.

Entscheidender Vorteil des L-Blanket Antragsverfahrens: Die aufwendige Erstbeantragungsphase in den USA bei der US-Einwanderungsbehörde (USCIS) entfällt komplett. L-Blanket Anträge können direkt im Konsulatsverfahren (bei den zuständigen US-Konsulaten weltweit) beantragt werden.

Zugangsvoraussetzungen zur L-Blanket Registrierung für Unternehmen

Nicht alle Unternehmen qualifizieren sich!

Nicht alle Unternehmen qualifzieren sich leider automatisch für das vereinfachte L-Beantragungsverfahren. Offizieller Antragsteller der L-Blanket Petition ist immer das US-Unternehmen (*Petitioner*) für die gesamte Unternehmensgruppe. Folgende Voraussetzungen müssen alle erfüllt sein, um eine L-Blanket Registrierung vornehmen zu können:

- Das US-Unternehmen und alle zu registrierenden Unternehmenseinheiten müssen gewerblich tätig sein. Es muss sich um ein Profit-Unternehmen handeln.
- Es muss mindestens ein US-Standort bestehen in den USA. Dieser muss mindestens bereits ein Jahr operativ tätig sein. Selbstverständlich können auch mehrere US-Standorte in die Blanket-Registrierung mit aufgenommen werden.
- Die Unternehmensgruppe muss mindestens drei Unternehmenseinheiten weltweit unterhalten, eine davon in den USA.
- Der US-Standort bzw. die US-Standorte erfüllen eine der folgenden drei Kriterien:
  - Mindestens zehn reguläre (*individual*) L-1 Anträge wurden innerhalb der letzten 12 Monate für die Unternehmensgruppe bewilligt ODER
  - US$ 25 Millionen erwirtschafteter Umsatz (*annual sales/gross sales*). Gilt für alle US-Standorte gemeinsam. Nicht jeder Standort muss diesen Umsatz nachweisen. ODER
  - Mindestens 1.000 US-Mitarbeiter (für alle US-Standorte gemeinsam)

Können diese Kriterien nachgewiesen werden, kann über den US-Standort ein Antrag auf L-Blanket Registrierung eingereicht werden.

Der L-Blanket Registrierung wird eine Liste aller verbundenen Unternehmen weltweit beigefügt, die später auf das vereinfachte L-Blanket Verfahren zurückgreifen möchten. Im Idealfall werden dort alle Unternehmenseinheiten weltweit gelistet – es steht dem Unternehmen aber frei, nur die Standorte zu benennen, die es möchte.

Es können nur solche Unternehmen gelistet werden, die eine sogenannte qualifizierende Verbindung zum *Petitioner* (US-Unternehmen) besitzen. Der Nachweis kann folgendermaßen erbracht werden:

- Muttergesellschaft sitzt außerhalb der USA und hält mindestens 50% der Anteile am US-Tochterunternehmen
- US-Muttergesellschaft hält mindestens 50% der Anteile an ausländischer Tochtergesellschaft
- Beide Unternehmenseinheiten sind Schwestergesellschaften und werden jeweils zu mindestens 50% von derselben Muttergesellschaft gehalten
- Ein US-Unternehmen unterhält eine Betriebsstätte im Ausland oder die ausländische Unternehmenseinheit unterhält eine US-Betriebsstätte

Alle Unternehmenseinheiten müssen folglich über die Eigentumsverhältnisse mehrheitlich miteinander verbunden sein. Die Auflistung ist nicht abschließend. Auch andere Nachweise sind denkbar.

Antragsverfahren der L-Blanket Registrierung

L-Blanket Registrierungsanträge müssen beim zuständigen Service-Center der US-Einwanderungsbehörde (USCIS) in den USA postalisch eingereicht werden. Die Petition umfasst umfangreiche Unterlagen zur Unternehmensgruppe und den Nachweisen der Zugangsvoraussetzungen. Beantragt wird die Petition zu-

VERFAHREN

sammen mit dem Antragsformular I-129 *(Petition for a Nonimmigrant Worker)* und dem *L Classification Supplement*. In diesem Formular werden grundlegende Informationen zum Unternehmen in den USA und im Ausland abgefragt, sowie zur Unternehmensgruppe.

Insbesondere wird dem Antrag eine Liste aller verbundenen Unternehmen weltweit beigefügt, die die L-Blanket Registrierung nutzen möchten.

Die Antragsgebühren belaufen sich auf derzeit US$ 325 *(I-129 Standard Fee)*.

Premium Processing: Um eine schnellere Bearbeitung des L-Blanket Registrierungsantrags zu gewährleisten, besteht die Möglichkeit, ein Beschleunigungsverfahren zu wählen, das sogenannte *Premium Processing* (Formular I-907). Leider verteuert diese Option den Antrag um aktuell weitere US$ 1.225. Das *Premium Processing*-Verfahren garantiert eine Bearbeitung des Antrags innerhalb von 15 Tagen. Die USCIS hat allerdings auch die Möglichkeit innerhalb dieses Zeitraums Rückfragen zum Antrag zu stellen (*RFE, Request for Evidence*), auf die das Unternehmen innerhalb eines festgesetzten Zeitraums dann reagieren muss.

Die US-Einwanderungsbehörde (USCIS) informiert den Antragsteller schriftlich über die Bewilligung oder Ablehnung der Petition. Dieser Bescheid erfolgt mittels des Schreibens I-797 (*Notice of Action*). Dem Bewilligungsschreiben hängt eine Liste mit allen Standorten weltweit an, die die L-Blanket Registrierung ab diesem Zeitpunkt nutzen können.

Gültigkeit

Die L-Blanket Registrierung wird in einem Erstbeantragungsschritt auf maximal drei Jahre genehmigt. D.h., innerhalb dieses Zeitraums kann das vereinfachte Verfahren genutzt werden. Nach Ablauf der drei Jahre muss ein Verlängerungsantrag eingereicht werden (analog zum oben beschriebenen Verfahren). Die L-Blanket Registrierung wird dann jedoch „*indefinitely*" erteilt, also unbegrenzt.

MERKE

Hinweis: Eine L-Blanket Registrierung (auch wenn diese unbegrenzt erteilt wurde) wird gerade für größere Unternehmensgruppen regelmäßigen Überarbeitungen unterliegen. So müssen beispielsweise neue Standorte der L-Blanket Liste hinzugefügt oder Änderungen mitgeteilt werden (z.B. Umfirmierungen). Die Unternehmensgruppe ist also verpflichtet, die L-Blanket Liste aktuell und richtig zu halten. Änderungen werden im Rahmen einer Amendment Petition bei der US-Einwanderungsbehörde eingereicht.

Zugangsvoraussetzungen für das vereinfachte Antragsverfahren bei vorliegender L-Blanket Registrierung für Mitarbeiter

Grundlegende Voraussetzung für die Nutzung des vereinfachten Verfahrens ist eine gültige und aktuelle L-Blanket Registrierung. Folgende weitere Anforderungen müssen erfüllt sein:

- Beim Mitarbeitereinsatz in den USA muss es sich um einen firmeninternen Transfer handeln. Das bedingt, dass das ausländische und US-Unternehmen in einer qualifizierenden Verbindung zueinander stehen müssen. Der Nachweis wird beim L-Blanket Verfahren darüber erbracht, dass beide Standorte (aktueller und zukünftiger Arbeitgeber) auf der L-Blanket gelistet sind.
- Der Mitarbeiter, welcher das Visum erhalten soll, muss nachweislich innerhalb der letzten drei Jahre mindestens zwölf Monate (durchgängig) innerhalb der Unternehmensgruppe in einem regulären Arbeitsverhältnis beschäftigt gewesen sein – allerdings außerhalb der USA. *Freelancer*, Consultants und Zeitarbeiter qualifizieren sich nicht für L-Blanket Visa.
- Es können nur für solche Mitarbeiter L-Blanket Visa beantragt werden, die während der mindestens einjährigen Beschäftigungsphase als *„Manager/Executive"* oder *„Specialist Knowledge Professional"* tätig waren.
- Auch bei der zukünftigen Tätigkeit des Mitarbeiters am US-Standort muss es sich um eine Position als *„Manager/Executive"* (L-1A Blanket) oder *„Specialist Professional Knowledge"* (L-1B Blanket) handeln.
- Neben einer klassischen Entsendung können auch Mitarbeiter im Rahmen von Montage- oder Projekteinsätzen diese Kategorie nutzen. So kann der Mitarbeiter auch weiterhin beim ausländischen Unternehmen angestellt bleiben, bzw. auch von dort weiterhin Gehalt beziehen.

Hinweis: Beim regulären L-1B Antrag muss der Mitarbeiter „specialized knowledge" nachweisen (siehe auch Kapitel 8.7 „L-1 Visum (Intracompany Transferee): Unternehmensinterner Mitarbeitertransfer"). Das L-1B Blanket Visum können hingegen nur Mitarbeiter erhalten, die als „specialized knowledge professional" gelten. Der Begriff „Professional" bezieht sich in diesem Zusammenhang auf eine Person, die einer Tätigkeit nachgeht, die üblicherweise mindestens ein Bachelor's Degree voraussetzt. Mitarbeiter, welche ein L-1B Blanket Visum erhalten möchten, müssen deshalb entweder einen akademischen Abschluss nachweisen können oder ein entsprechendes Äquivalent. Viele Konsulate akzeptierten allerdings auch z.B. Technikerabschlüsse, Ausbildungen mit längerer Berufserfahrung etc.

MERKE

Vereinfachtes Antragsverfahren bei vorliegender L-Blanket Registrierung

Wie bereits erläutert, gestalten sich L-1 Anträge als durchaus zeit- und kostenintensiv. Siehe auch Kapital 8.7 „L-1 Visum (Intracompany Transferee): Unternehmensinterner Mitarbeitertransfer". Reguläre L-Verfahren, auch *„individual L"* genannt, beinhalten gleich zwei Verfahrensschritte: Petition bei US-Einwanderungsbehörde (USCIS) und anschließendes konsularisches Verfahren (Ausstellung des Visums).

VERFAHREN

Beim L-Blanket Verfahren entfällt der erste aufwendige Antragsschritt. L-Blanket Visa können direkt im Konsulatsverfahren im jeweiligen Heimatland des Mitarbeiters beantragt werden.

Antragsteller müssen persönlich bei einem Interview bei einem der zuständigen US-Konsulate vorstellig werden. Dort müssen neben den allgemeinen Antragsdokumenten nur noch Unterlagen zum aktuellen und zukünftigen Arbeitsverhältnis des Mitarbeiters getätigt werden. Nicht mehr zum Unternehmen selbst.

315

Kapitel 8.8

Folgende Unterlagen werden im Regelfall benötigt:

Welche Unterlagen?

- Terminbestätigung inkl. Nachweis der Zahlung der konsularischen Visumantragsggebühr (aktuell US$ 190 pro Antragsteller)
- Barcode-Blatt des übermittelten DS-160 Online-Formulars inkl. digitales Fotos
- L-Blanket *Approval Notice* (I-797) in dreifacher Ausfertigung
- Formular I-129S in dreifacher Ausfertigung
- *Petition Letter* (Begründungsschreiben) auf Firmenkopfbogen in dreifacher Ausfertigung
- Job-Beschreibung für aktuelles und zukünftiges Tätigkeitsfeld des Mitarbeiters
- Kopie Arbeitsvertrag
- Qualifikationsnachweise des Mitarbeiters
- Ggf. noch Unterlagen zum Kundenprojekt etc. (je nach individuellem Fall können noch weitere Unterlagen notwendig werden)
- Kreditkarte zur Zahlung der US$ 500 *Fraud Fee* (Zahlung nur vor Ort im Konsulat möglich)
- Für Ehepartner/Kinder: DS-160 Formular (online) plus Kopie Heirats- und Geburtsurkunde

MERKE

Hinweis: Seit dem 14. August 2010 (Public Law 111-230) müssen Arbeitgeber, die in den USA mehr als 50 Mitarbeiter beschäftigen ggf. eine Zusatzgebühr für den Hauptantragsteller entrichten. Diese wird dann fällig, wenn 50% der Beschäftigten in den USA ein H- oder L-Visum besitzen. Verlängerungsanträge sind davon nicht betroffen.

Nach einem kurzen Interview im Konsulat wird der Reisepass einbehalten und nach ca. einer Woche per Einschreiben inkl. Visum zugesandt. Der Mitarbeiter erhält darüber hinaus zwei Versionen des unterzeichneten Formulars I-129S vom Konsularbeamten zurück.

Bei der ersten Einreise mit dem L-Blanket Visum muss der Mitarbeiter seinen Reisepass inkl. Visum und die beiden Versionen des I-129S Formulars dem Grenzbeamten vorzeigen. Ein Formular I-129S verbleibt beim Grenzbeamten, eine Version verbleibt im Original immer beim Mitarbeiter.

MERKE

Hinweis: Das L-Blanket Visum berechtigt nur in Kombination mit einem abgestempelten und unterzeichnenten I-129S Formular zur Einreise.

Gültigkeitsdauer

Ein L-1 Blanket Antrag kann für einen Anfangszeitraum von bis zu drei Jahren genehmigt werden. Die Gesamtaufenthaltsdauer im Rahmen des L-1 Status kann aber sieben Jahre für L-1A Blanket *Manager/Executives* und fünf Jahre für L-1B Blanket *Specialized Knowledge Professional* nicht überschreiten.

MERKE

Hinweis: Häufig werden (abhängig von der Staatsangehörigkeit des Mitarbeites) die L-Blanket Visa von den US-Konsulaten gleich auf fünf Jahre erteilt. Unabhängig davon wird das I-129S Formular auf maximal drei Jahre zunächst abge-

stempelt. D. h., das L-Blanket Visum kann (auch wenn auf fünf Jahre ausgestellt) zunächst nur für drei Jahre genutzt werden. Nach Ablauf der drei Jahre muss der Mitarbeiter nicht noch einmal persönlich vorstellig werden. Ein neues I-129S Formular kann dann auf dem Postweg (zusammen mit den Antragsdokumenten) beim US-Konsulat angefordert werden. So zumindest der aktuelle Stand. Verlängerungsanträge sind dann in 2-Jahres-Schritten möglich: L-1B Blanket maximal fünf Jahre, L-1A Blanket maximal sieben Jahre.

Beispiel: Clara Schmidt ist eine anerkannte IT-Spezialistin in ihrem Unternehmen und wurde deshalb vor fünf Jahren an den US-Standort entsandt mit einem L-1B Blanket Visum. Der Antrag wurde nach drei Jahren verlängert auf weitere zwei Jahre. Das US-Unternehmen möchte Clara gerne weiterhin beschäftigen, das ist aber unter L-1B Status aktuell nicht mehr möglich, denn der Maximalzeitraum ist ausgeschöpft. Die erneute Einreise in die Vereinigten Staaten auf der Grundlage eines H- oder L-Status ist solange nicht möglich, bis Clara mindestens ein ganzes Jahr außerhalb der USA gelebt hat. Kurze Geschäfts- oder Urlaubsreisen sind während dieser Zeit gestattet. Die Zeiträume einer solchen Reise werden aber nicht auf das Jahr angerechnet. Ein Statuswechsel auf andere Arbeitsvisakategorien, wie z. B. E oder O wäre jedoch zulässig und müsste geprüft werden. Zusätzlich könnte geprüft werden, ob sich Clara für die L-1A Kategorie (Manager/Executives) mittlerweile qualifiziert. Dann könnte ein L-1A Blanket Antrag auf zwei weitere Jahre (also maximal sieben Jahre) gestellt werden.

BEISPIEL

Familienangehörige

Ehepartner und unverheiratete Kinder unter 21 Jahren erhalten für denselben Zeitraum wie der Hauptantragsteller ein abgeleitetes L-2 Visum. Erreichen die Kinder die amerikanische Volljährigkeitsgrenze, müssen sie ihren Nichteinwanderungsstatus wechseln oder das Land verlassen.

Ehepartner können auf Antrag eine eigene Arbeitserlaubnis (*Employment Authorization Document, EAD*), die nicht an eine bestimmte Stelle oder das US-Unternehmen des Hauptantragstellers gebunden ist, erhalten. Diese muss nach der Einreise in die USA bei der US-Einwanderungsbehöre (USCIS) beantragt werden und ist zunächst für bis zu zwei Jahre gültig. Verlängerungsanträge sind möglich. Leider kann die Beantragung rund drei Monate dauern, vorher ist keine Arbeitsaufnahme möglich.
Familienangehörige unter L-2 Status können darüber hinaus öffentliche/private Bidlungseinrichtungen besuchen.

8.9 O-1 Visum (Extraordinary Ability): Personen mit außergewöhnlichen Fähigkeiten

Das O-Visum ist dazu bestimmt, besonders talentierten Personen einen Anreiz zu geben, in den USA zu arbeiten und einen Beitrag für deren Gesellschaft auf zeitlich begrenzter Basis zu leisten. Das O-Visum steht für Personen mit außergewöhnlichen Fähigkeiten in Wissenschaft, Kunst, Bildung, Wirtschaft und Sport zur Verfügung. Film- und Fernsehindustrieschaffende, die Außergewöhnliches geleistet haben, können ebenfalls diesen Status erhalten.

„Außergewöhnliche Fähigkeiten" bedeutet im Allgemeinen, dass die Person über ein besonders hohes Niveau an Fähig- und Fertigkeiten in ihrem Fachgebiet verfügt, was durch breite Anerkennung der beruflichen Leistungen nachgewiesen werden muss.

Im Bereich der Film- und Fernsehindustrie bedeutet „außergewöhnliche Leistungen" ein weit überdurchschnittliches Niveau an Ausbildung und Anerkennung innerhalb der eigenen Branche.

BEISPIEL

Beispiel: Sybille van der Heidt ist eine leitende wissenschaftliche Mitarbeiterin in einem der führenden Krankenhäuser der medizinischen Forschung in der Schweiz. Frau van der Heidt's Hauptaufgabe schließt innovative Forschungsarbeit auf dem Gebiet der Anwendung von neuen Medikamenten gegen die Folgen der Multiplen Sklerose ein. Sie hat in den letzten Jahren klinische Versuche für ein bestimmtes Versuchsmedikament durchgeführt. Diese Versuche führten dazu, dass innerhalb ihres Fachbereiches die Hoffnung entstand, eine neue und wirkungsvolle Behandlung der Multiplen Sklerose gefunden zu haben. In international bekannten wissenschaftlichen Zeitschriften wurde viel über Sybilles Arbeit berichtet. Darüber hinaus verfasste Sybille einen Artikel, der im „New England Journal of Medicin" veröffentlicht wurde.

Die Schweizerische Nationale Multiple Sklerose Gesellschaft beschloss die Einführung des neuen Medikaments in Kooperation mit spezialisierten US-amerikanischen Krankenhäusern. Diese Versuchsreihen werden zwei Jahre dauern. Die Gesellschaft fragt Sybille, ob sie zur Überwachung dieser klinischen Studien in die Vereinigten Staaten kommen würde. Sie wird gute Chancen haben, sich für den O-1 Status zu qualifizieren.

Zugangsvoraussetzungen

Es gibt zwei Kategorien von Personen mit außergewöhnlichen Fähigkeiten, die sich für das O-1 Visum qualifizieren können:

1. **Außerordentliche Fähigkeiten in Wissenschaft, Bildung, Wirtschaft oder Sport (O-1A)**

Der O-1A Status steht einer Person zur Verfügung, die zur Spitze ihres Arbeitsgebiets gehört. Für Personen auf dem Gebiet der Wissenschaft, Bildung, Wirtschaft oder des Sports wird diese führende Stellung durch wichtige internationale Preise/Ehrungen, wie z.B. den Nobelpreis dokumentiert.

Da solche besonderen Prämierungen aber natürlich nur selten vergeben werden, kann eine außergewöhnliche Fähigkeit auch durch mindestens drei der nachfolgenden Kriterien nachgewiesen werden:

Wie weisen Sie nach, dass Sie „außergewöhnliche Fähigkeiten" besitzen?

– Erhalt eines anerkannten (nationalen/internationalen) Preises für besondere Leistungen in Wissenschaft, Bildung, Wirtschaft und Sport.
– Mitgliedschaft in nationalen/internationalen Vereinigungen mit entsprechender Reputation, welche hervorragende Leistungen fördern bzw. fordern.
– Veröffentlichungen über die betreffende Person in (Fach-)Zeitschriften und handelsüblichen Publikationen.

- Teilnahme als Juror bei der Bewertung der Arbeit anderer Fachleute im jeweiligen Arbeitsgebiet.
- Beiträge von außerordentlicher Bedeutung für das jeweilige Arbeitsgebiet.
- Autorenschaft wichtiger Artikel in Fachzeitschriften oder Handelspublikationen.
- Beiträge zur Arbeit von Organisationen, die selbst einen hervorragenden Ruf genießen.
- Ein überdurchschnittlich hohes Gehalt oder andere (Sonder-)Vergütungen aufgrund dieser Leistungen.

Wie bereits erwähnt, will man in dieser Visumkategorie talentierte Einzelpersonen dazu ermutigen, in den USA zu arbeiten. Es ist dem Antragsteller freigestellt, weitere Nachweise beizubringen, von denen er annimmt, dass sie seine „außergewöhnlichen Fähigkeiten" abseits der genannten Kriterien belegen können.

Beispiel: Kurt Zwink ist Manager der Textilabteilung eines führenden österreichischen Möbelstoffherstellers. Er verfügt über 25 Jahre Leitungserfahrung und ist schon lange ständiges Mitglied der hiesigen österreichischen Textilvereinigung. Kurt ist international angesehen für seine Beiträge zur Entwicklung von Automatisierungsprozessen in der Textilproduktion.

BEISPIEL

Er ist außerdem verantwortlich für eine Reihe wichtiger patentierter Produktionsprozesse bei der Herstellung von Möbelstoffen. Er tritt häufig als Redner bei Industrieseminaren in Europa und Asien auf. In den einschlägigen Fachzeitschriften wurden Artikel technischen Inhalts über Kurts Arbeit veröffentlicht. Sein Arbeitgeber zahlt ihm ein Gehalt von mehr als US$ 200.000 pro Jahr.

Kurt wurde kürzlich von einer amerikanischen Textilfirma darum gebeten, eine Produktionsstrecke für Möbelstoffe in einer Fabrik in Kalifornien aufzubauen. Das Aufgabenfeld des Projektes ist ziemlich komplex. Es umfasst die Verantwortung vom Kauf der Rohstoffe bis zum Design des neuen Produkts, von der Gestaltung des Produktionsablaufes bis zur Preiskalkulation.

Kurts Berechtigung für ein O-1 Visum für die genannte Position in Kalifornien wird durch die Erfüllung von mehr als drei der genannten Kriterien nachgewiesen.

2. Andere Personen mit außergewöhnlichen Fähigkeiten (O-1B)

- Außergewöhnliche Fähigkeiten auf dem Gebiet der Kunst
- Außergewöhnliche Leistungen im Bereich Film- und Fernsehindustrie

Um sich für ein O-Visum in einer der beiden oben genannten Kategorien zu qualifizieren, muss man bedeutende nationale oder internationale Preise in seinem Arbeitsgebiet erhalten haben oder hierfür nominiert worden sein.

Kunst, Film- und Fernsehindustie

Solche „bedeutenden Preise" sind z.B. der *Academy Award („Oscar"), Emmy, Grammy* oder ein Preis der *Director's Guild*, aber auch vergleichbare Preise auf nationaler Ebene. Statt mit einer dieser bedeutenden Auszeichnungen oder Preise kann man sich für ein O-Visum auch dann qualifizieren, wenn man mindestens *drei* der nachfolgenden Kriterien erfüllt:

- Vergangene oder zukünftige Engagements in der Film- und Fernsehindustrie, z.B. als Hauptdarsteller(in) oder in tragenden Nebenrollen in heraus-

ragenden Produktionen oder sonstigen bedeutenden künstlerischen „Highlights".
- Nationale oder internationale Anerkennung für Leistungen in dem jeweiligen Arbeitsgebiet.
- Engagements in einer Haupt-, tragenden oder von der Kritik gewürdigten Nebenrolle für eine bedeutende gesellschaftliche Organisation oder Einrichtung.
- Nachweis von bedeutsamen kommerziellen „Kassenschlagern" oder von der Kritik gefeierten Erfolgen im jeweiligen Arbeitsgebiet.
- Anerkennung von Leistungen im entsprechenden Arbeitsgebiet durch anerkannte Fachleute.
- Früheres oder gegenwärtig überdurchschnittlich hohes Einkommen oder andere Formen von Vergütungen.

Falls eine oder mehrere der oben angegebenen Faktoren nicht auf den Beruf des Antragstellers zutreffen, kann er/sie andere vergleichbare Unterlagen zum Nachweis seiner/ihrer „außergewöhnlichen Fähig- und Fertigkeiten" auf dem Gebiet der Kunst oder „außergewöhnliche Leistungen" in der Film- oder Fernsehindustrie vorlegen.

Begleitendes Fachpersonal

Personen, die Künstler oder Sportler von herausragender Bedeutung bei ihren Engagements unterstützen, können ein O-2 Visum erhalten. Diese professionelle Unterstützung muss naturgemäß spezifische Fähig- und Fertigkeiten sowie einschlägige Berufserfahrung beinhalten, welche die Auftritte der benannten Sportler oder Künstler ermöglichen und welche daher nicht durch Arbeitnehmer aus den USA erbracht werden können.
Fachpersonal, welches die Engagements von Profis aus der Film- und Fernsehindustrie unterstützt, kann ebenfalls unter O-2 Status in die USA einreisen, um die notwendigen Schritte für den Erfolg der Film- oder Fernsehproduktion absichern zu können.

MERKE

Das US-Recht sieht keine Notwendigkeit von begleitendem Fachpersonal für Antragsteller aus den Bereichen Naturwissenschaft, Wirtschaft und Erziehungswesen. Das O-2 Visum bleibt allein Assistenten von Künstlern, Sportathleten sowie Film- und Fernsehschaffenden vorbehalten!

Antragsverfahren

Ein US-Arbeitgeber, der eine Person mit den bereits beschriebenen Fähigkeiten einstellen möchte, muss in deren Auftrag einen entsprechenden Antrag an die US-Einwanderungsbehörde richten.
Arbeitsvisa für die Vereinigten Staaten können nie ohne konkretes US-Arbeitsplatzangebot beantragt werden. Eine Beantragung erfolgt immer ausschließlich durch den US-Arbeitgeber, d.h. eine „Selbstbeantragung" durch den ausländischen Arbeitnehmer ist nicht möglich!
Bei der O-Visabeantragung können nicht nur amerikanische Unternehmen als Antragsteller fungieren, sondern auch US-Agenten. Vorteil für den ausländischen Arbeitnehmer ist, dass er über die US-Agentur für unterschiedliche Ar-

beitgeber tätig werden kann (das ist insbesondere für die O-1B Kategorie relevant). Erfolgt die Beantragung durch ein konkretes US-Unternehmen, ist der O-Visuminhaber an diese Firma gebunden.

In jedem Fall müssen zwei Schritte vor der eigentlichen Antragstellung beim Konsulat in die Wege geleitet werden:

1. Schritt: Consultation

Diese erfolgt über einen Umweg: Der zukünftige Visuminhaber muss den amerikanischen Berufsverband oder eine andere Interessenvertretung seines Berufsstandes um einen sogenannten *No Objection Letter* bitten. Das bedeutet, dass der zuständige US-Berufsverband offiziell bescheinigt, keine Einwände gegen die Beschäftigungsaufnahme des ausländischen Antragstellers zu haben. Hierzu ist eine umfangreiche Dokumentation zur Vorlage erforderlich, welche die besonderen Fähigkeiten des späteren O-1 Visuminhabers darlegt, in der Regel werden die für den späteren Hauptantrag bei der USCIS zusammengestellten Unterlagen eingereicht.

VERFAHREN

Eine Liste einiger Gewerkschafts- bzw. Berufsverbände, die für diese Art von „Konsultationen" möglich sind, finden Sie auf der Webseite der USCIS: ⌕ *www.uscis.gov/sites/default/files/ilink/docView/AFM/DATAOBJECTS/AFMapdx33-1.pdf*

Wenn kein Berufsverband in den USA für den spezifischen Arbeitsbereich besteht, kann auch eine sogenannte *Advisory Opinion* ausgestellt werden. Hierzu sind ein oder mehrere Gutachten von geeigneten Experten aus der jeweiligen Branche notwendig.

Manche dieser Gutachter sind als sogenannte *Recognized Authority*, also auch unabhängig von Verbänden, als Gutachter bei der US-Einwanderungsbehörde registriert. Die Behörde ist in beiden Fällen nicht an die Gutachter gebunden, folgt diesen aber in aller Regel, wenn sie bedeutende Experten auf ihrem Gebiet sind.

Ein vergleichbarer Konsultationsprozess für das begleitende Fachpersonal im O-2 Status ist vorgeschrieben. Auch hier ist ein geeignetes Gutachten, das die Erforderlichkeit der Begleitung durch Personal nachweist, notwendig.

Hinweis: Für einige Arbeitsbereiche werden von Seiten der USCIS mittlerweile sogar zwei unabhängige Gutachten von unterschiedlichen Berufsvereinigungen gefordert. Das ist beispielsweise der Fall bei O-1B Anträgen im Bereich Film- und Fernsehen.

MERKE

2. Schritt: USCIS Petition

Der zweite Schritt ist die eigentliche Einreichung der Petition beim zuständigen Service-Center der amerikanischen Einwanderungsbehörde (USCIS). Mit dem Antrag werden umfangreiche Dokumentationen zum Nachweis der O-Visumfähigkeit des Antragstellers eingereicht, zusammen mit den Antragsformularen,

Antrag des Arbeitgebers bei der US-Einwanderungsbehörde

einem Begründungsschreiben und den Gebührennachweisen. Im Standardantragsformular I-129 müssen grundlegende Angaben zum US-amerikanischen Arbeitgeber/Agenten und dem zukünftigen ausländischen Arbeitnehmer gemacht werden. Darüber hinaus wird das Zusatzdokument *O Classification Supplement* benötigt.

Der Antrag auf Ausstellung eines O-1 Visums sollte von hinreichend aussagekräftigen Nachweisen begleitet werden, entweder über den Empfang einer internationalen Auszeichnung besonderen Ranges oder aber alternativ zu mindestens drei der bereits benannten Nachweiskriterien. Dies betrifft auch die Stellenbeschreibung des Arbeitsplatzes beim zukünftigen Arbeitgeber. Die US-Behörden würden zweifelsohne nicht der Einstellung eines renommierten Wissenschaftlers durch dessen Schwager zustimmen, der über ein lukratives Immobilienbüro in Florida interessante Geschäfte tätigt. Vielmehr muss die Tätigkeit den besonderen Fertig- und Fähigkeiten der jeweiligen Person entsprechen und es muss erläutert werden, in welchem Rahmen diese beabsichtigt, die im Heimatland begonnenen Arbeiten in den USA fortzusetzen und welchen Inhaltes diese sein werden.

Die Antragsgebühr beläuft sich derzeit auf US$ 325 (*I-129 Standard Fee*).

Es besteht die Möglichkeit ein Beschleunigungsverfahren zu nutzen (*Premium Processing*). Durch Zahlung einer Zusatzgebühr in Höhe von US$ 1.225 (Formular I-907) verpflichtet sich die US-Einwanderungsbehörde innerhalb von 15 Tagen nach Einreichung des Antrags zu reagieren.

MERKE

Bitte beachten Sie, dass das Verfahren nicht immer bedeutet, dass Ihr Antrag auch in dieser Zeit abschließend entschieden wird. In jedem Fall hat die US-Einwanderungsbehörde (USCIS) die Möglichkeit, Nachfragen zu stellen, auf die Sie innerhalb einer gesetzten Frist reagieren müssen. Hierfür wird aber nicht noch einmal eine I-907 Gebühr fällig.

Die US-Einwanderungsbehörde USCIS informiert Ihren Arbeitgeber schriftlich über die Zu- oder Absage. Dieser Bescheid erfolgt mittels des Mitteilungsschreibens I-797 (*Approval Notice*), das Sie später ggf. beim US-Konsularverfahren wieder benötigen.

Konsularverfahren

VERFAHREN

Visumantrag beim Konsulat

Auf Grundlage eines positiven Bescheids durch die USCIS (*I-797 Approval Notice*) wird im letzten Schritt (in der Regel) im heimischen US-Konsulat das O-1 Visum beantragt. Für Deutschland ist eine Beantragung in München, Berlin oder Frankfurt/Main möglich. Für Österreich ist Wien, für die Schweiz Bern zuständig.

Damit beginnt der letzte Schritt, die Ausstellung des O-1 Visums im zuständigen US-Konsulat im Rahmen eines persönlichen Interviewtermins.

Trotz der Genehmigung in den USA hat der Konsul jederzeit die Möglichkeit, die Ausstellung des Visums zunächst zu verweigern, insbesondere dann, wenn an der Glaubwürdigkeit des beruflichen Hintergrundes des Antragstellers erhebliche Zweifel entstanden sein sollten oder Fakten falsch dargelegt wurden. Daher sollte auch das Konsularverfahren sorgfältig vorbereitet werden.

Alle Visumantragsteller, auch begleitende Familienangehörige, müssen das Online-Formular DS-160 ausfüllen.

Das Online-Formular DS-160 besteht aus zahlreichen Fragen und wird online vor dem eigentlichen Interviewtermin an das zuständige US-Konsulat (zusammen mit einem digitalen Passfoto) übermittelt. Die ersten Fragen sind personenbezogen, wobei nach allgemeinen Informationen wie Geburtsort, Familienstand und Wohnanschrift gefragt wird. Eine Reihe der Fragen werden in Kapitel 10.1 „Antragsverfahren bei den US-Konsulaten" erläutert.
In einem weiteren Fragenkatalog geht es im Schwerpunkt um Ihre aktuelle und zukünftige Tätigkeit bzw. Adresse in den USA, die Dauer Ihres geplanten Aufenthaltes etc. Männliche Antragsteller müssen noch weitere Fragen zu besuchten Bildungseinrichtungen, Militärdienst und andere sicherheitsrelevante Fragen beantworten.
Von allen Visumantragstellern müssen Angaben zu möglichen Ausschlussgründen gemacht werden, wie z.B. zu einwanderungsrechtlichen Verstößen, Straftaten oder ansteckenden Krankheiten. Ausschlussgründe werden in einem gesonderten Kapitel (15.1 „Ausschlussgründe für eine Visumerteilung bzw. Einreise in die USA") ausführlich behandelt.

Außer dem Antragsformular muss der zukünftige Arbeitnehmer beim Konsulat noch folgende Dokumente einreichen:

– Eine Kopie des I-797 Bewilligungsschreibens der USCIS (*Approval Notice*).
– Ein Bestätigungsschreiben der amerikanischen Firma, dass die angebotene Stelle immer noch zur Verfügung steht und die Ankunft des Mitarbeiters erwartet wird.
– Der Nachweis der entrichteten Visumantragsgebühr inkl. Terminbestätigung.

Aufenthaltsdauer

In der Vergangenheit wurde das Visum in der Erstbewilligungsphase ohne Probleme für drei Jahre genehmigt. Mittlerweile werden die Anträge jedoch immer mehr auf die tatsächliche Länge des konkreten Arbeitsplatzangebotes beschränkt oder für nur ein Jahr bewilligt. Verlängerungen auf Antrag sind dennoch faktisch ohne Begrenzung in Zeitabschnitten bis zu einem Jahr möglich, solange der US-Arbeitsplatz besteht. Bei längerfristigen Projekten können Verlängerungen auch auf bis zu drei Jahre genehmigt werden.

Die Verlängerung muss auf dem Formular I-129 beantragt werden, ein ausführliches Begründungsschreiben, das die Gründe der Verlängerung näher erläutert, muss dem Antrag beigefügt werden. Für Familienangehörige von O-1 und O-2 Visuminhabern ist zu beachten, dass die Verlängerung nicht auf dem Formular I-129 sondern mit dem Formular I-539 (*Application To Extend Nonimmigrant Status*) beantragt wird, das zusammen mit dem Formular I-129 des Visuminhabers eingesandt werden kann.

MERKE

Tipp: O-1 Visuminhaber sollten prüfen, ob sie sich nicht auch für einen Einwanderungsstatus (GreenCard) qualifizieren. Das Verfahren bietet sich gerade für O-1 Visuminhaber an, weil die Voraussetzungen für eine EB-1A Extraordinary Ability GreenCard gewisse Ähnlichkeiten im Kriterienkatalog aufweist – also die O-1 und EB-1A Kategorien ähnliche Zugangsvoraussetzungen besitzen (Siehe Kapitel 11.1 „EB-1 Priority Workers: Personen von hohem nationalen Interesse für die USA).

Wichtig: Diese Ausführungen bedeuten allerdings nicht, dass alleine wegen des Besitzes eines O-1 Visums in jedem Fall eine solche Genehmigung automatisch auf Antrag erteilt wird.

Familienangehörige

Der Ehepartner und unverheiratete Kinder bis zum Alter von 21 Jahren von O-1 Visuminhabern können auf Antrag ein O-3 Visum erhalten. Dieses berechtigt den Ehepartner aber leider nicht zur Arbeitsaufnahme in den USA. Bildungseinrichtungen können selbstverständlich besucht werden.
Lebensgefährten/-innen erhalten leider keinen abgeleiteten Status. Hier muss gegebenenfalls ein eigenständiges (Arbeits-)Visum beantragt werden.

8.10 P-Visum (Internationally Recognized Athlete/Entertainment Group/Artist): Sportler, Künstler und Entertainer

Leistungssportler, Künstler und Entertainer, die in den Vereinigten Staaten entweder einzeln oder als Gruppe tätig werden wollen, können das P-Visum in Betracht ziehen. Diese Visumkategorie ist in drei Gruppen unterteilt:

1. Leistungssportler und Entertainer: P-1 Visum

a) Leistungssportler (P-1A)

Ein international anerkannter Athlet oder Mitglieder eines international anerkannten Sportlerteams, die an Wettkämpfen in den USA teilnehmen möchten, ist/sind berechtigt, ein P-1A Visum zu erhalten. Ein sportlicher Wettkampf schließt Turniere, Tourneen und Spielzeiten ein.

BEISPIEL

Beispiel: Karl aus Koblenz war der Starverteidiger in der Basketballmannschaft der Universität von Maine. Nach seinem Abschluss kehrte Karl nach Koblenz zurück, um in der deutschen Basketballliga zu spielen. Während des ersten Jahres erhielt er einen Anruf der New York Knicks, die mitten in der Saison dringend einen Ersatzverteidiger suchten. Ein Vertreter der Knicks flog nach Koblenz, um den Vertrag mit Karl zu unterschreiben. Die New York Knicks werden für Karl ein P-1A Visum beantragen müssen, wenn er in die Vereinigten Staaten einreisen will, um für die Knicks zu spielen.

b) Entertainer (P-1B)

Das P-1B Visum steht auch Gruppen von Unterhaltungskünstlern zur Verfügung, die international bekannt sind und für einen längeren Zeitraum auf hervorragende Leistungen verweisen können. 75% der Personen der jeweiligen Gruppe müssen schon mindestens ein Jahr dazugehören.

Beispiel: Die beliebte deutsche Band „The Fantastics" hat bereits zum zweiten Mal Deutschland beim „European Music Award" vertreten. Der Manager der Gruppe organisiert eine längere Tour quer durch die USA. Wenn wir annehmen, dass 75% der Mitglieder der Band bereits mindestens ein Jahr zu „The Fantastics" gehören, können sich die einzelnen Bandmitglieder für ein P-1B Visum qualifizieren.

BEISPIEL

2. Künstleraustausch: P-2 Visum

Einzelne Künstler, Darsteller und Mitglieder von Theatergruppen, die in die USA einreisen möchten, um an einem künstlerischen Austauschprogramm teilzunehmen, das von den USA und einer ausländischen Institution organisiert wurde, können das im Rahmen des P-2 Status tun. „Künstler" sind in diesem Zusammenhang Personen, die sich mit den schönen, bildenden oder darstellenden Künsten befassen.

Beispiel: Das Berliner Symphonieorchester hat einen Vertrag mit den New England Symphonikern abgeschlossen, dass in der kommenden Spielzeit ein Austausch der Dirigenten stattfinden soll. Der Dirigent des Berliner Symphonieorchesters ist berechtigt, dafür ein P-2 Visum zu erhalten.

BEISPIEL

3. Kulturell einzigartige Darsteller: P-3 Visum

Einzeldarsteller und Darstellergruppen, die für ihre ausgezeichneten, kulturell einzigartigen Aufführungen bekannt sind, sollten den P-3 Status in Betracht ziehen. In diesem Zusammenhang bedeutet „kulturell einzigartig" eine künstlerische Leistung, die in einem bestimmten Land, einer gesellschaftlichen Gruppe, Religion oder einem Volksstamm einzigartig ist.

Beispiel: Die „Saxon Folk Dancers" sind eine Tanzgruppe aus Sachsen, die sehr viel Anerkennung für ihre sorbischen Tänze bekommt. Mitglieder der Gruppe wären unter Umständen berechtigt, ein P-3 Visum zu erhalten, um an einer Tournee durch die USA teilzunehmen.

BEISPIEL

Sonderfall: Begleitendes Fachpersonal von besonderer Bedeutung

Personen, die die Auftritte von Sportlern, Unterhaltungskünstlern, Teams oder Gruppen, die in die USA einreisen, fachlich begleiten und hierfür von wesentlicher Bedeutung sind, können ebenfalls ein entsprechendes P-Visum beantragen, vorausgesetzt, dass in den USA keine Person zur Verfügung steht, die deren Aufgaben entsprechend übernehmen kann.

Beispiel: Die Opernhäuser von Wien und Baltimore haben sich entschlossen, in der kommenden Saison wechselseitig Aufführungen auszutauschen. Barbara ist die Inspizientin des Opernhauses in Wien. Sie ist verantwortlich für alle technischen Aspekte einer Opernproduktion.
Barbara wird sich für das P-2 Visum qualifizieren, da ihre Arbeit unabdingbar für die Opernaufführungen ist.

BEISPIEL

Antragsverfahren

VERFAHREN

Die Antragstellung erfolgt auch hier durch das US-Unternehmen/die Organisation oder beispielsweise einen US-Agenten; kann also nicht durch den ausländischen Künstler/Sportler/Entertainer eigenständig vollzogen werden. Offizieller Antragsteller (*Petitioner*) ist immer die US-Organisation für den ausländischen Mitarbeiter (*Beneficiary*).

Für begleitendes Fachpersonal müssen gesonderte Anträge gestellt werden.

Consultation

Unabhängig davon, wer den Antrag stellt, muss zunächst ein gutachterliches Verfahren, das auch unter dem Begriff *Consultation* bekannt ist, durchgeführt werden. Diese *Consultation* dient letztlich dazu, amerikanische Leistungssportler, Künstler und Darsteller vor ausländischer Konkurrenz zu schützen. Dazu ist es erforderlich, dass die antragstellende Organisation ein Gutachten der für sie zuständigen amerikanischen Gewerkschaft bzw. des US-Berufsverbandes einholt, aus dem hervorgeht, dass es keine Bedenken gibt, dem Antragsteller eine temporäre Arbeitsgenehmigung in seinem jeweiligen Bereich zu geben.

Eine Liste einiger Gewerkschafts- bzw. Berufsverbände, die für diese Art von „Konsultationen" möglich sind, finden Sie auf der Webseite der USCIS: *www.uscis.gov/sites/default/files/ilink/docView/AFM/DATAOBJECTS/AFMapdx33-1.pdf*

Des Weiteren sollte im Gutachten Folgendes enthalten sein:

P-1 Petition: Genaue Beschreibung der Tätigkeit in den USA. Der Sportler/die Gruppe ist international aufgrund seiner/ihrer Leistungen anerkannt. Des Weiteren muss die in den USA ausgeübte Tätigkeit solchen international anerkannten Sportlern/Gruppen angemessen sein.

P-2 Petition: Das entsprechende Austauschprogramm existiert und wird durchgeführt, und die Leistung entspricht den Anforderungen des Austauschprogramms.

P-3 Petition: Die Einzelperson oder die Gruppe verfügt über kulturell einzigartige Fähigkeiten und das vorgeschlagene Programm in den USA ist ebenfalls kulturell einzigartig.

Wichtiges begleitendes Fachpersonal: Die Betreuung durch diese Person ist für die entsprechende Leistung wesentlich und es gibt keinen Amerikaner in den USA, der diese Aufgaben übernehmen könnte.

Insofern ein positives Gutachten durch den US-Berufsverband vorliegt, müssen zwei weitere Beantragungsschritte vollzogen werden:

1. Antrag beim zuständigen Service-Center der US-Einwanderungsbehörde

Die Petition wird zusammen mit dem Formular I-129 sowie den Gebührennachweisen beim zuständigen Service-Center der US-Einwanderungsbehörde eingereicht. Zusätzlich müssen umfangreiche Unterlagen zum Antragsteller, dem/der US-Unternehmen/Organisation sowie dem künstlerischen/sportlichen Einsatz in den USA beigefügt werden.

VERFAHREN

1. Schritt: Antrag bei der US-Einwanderungsbehörde

Ein Antrag auf einen P-Status muss auf dem Formular I-129 (mit der Anlage *P Classification Supplement*) beim USCIS Service-Center gestellt werden, das für die Region zuständig ist, in welcher der Auftritt/die Vorstellung stattfindet. Bei Tourneen, auf denen an unterschiedlichen Orten Auftritte stattfinden, muss der Antrag bei dem Büro eingereicht werden, welches die Zuständigkeit für die Region besitzt, in welcher der amerikanische Antragsteller ansässig ist.

P-1A Anträge für Leistungssportler müssen zusammen mit dem Nachweis über einen Vertrag, der mit einer juristischen Person (z.B. mit einem amerikanischen Sportklub) abgeschlossen wurde, und zwei der nachfolgend aufgeführten Unterlagen eingereicht werden:

– Der Sportler hat in der vorangegangenen Saison in einer der führenden US-Sportligen gespielt.
– Der Sportler hat in der vorangegangenen Saison für ein College oder eine Universität in den USA gespielt und an Wettkämpfen der Colleges teilgenommen.
– Der Sportler hat als Mitglied einer Nationalmannschaft an internationalen Wettkämpfen teilgenommen.
– Die Person oder das Team hat einen internationalen Rang.
– Die Person oder das Team hat bedeutende sportliche Preise oder Auszeichnungen erhalten.
– Bescheinigung eines Vertreters einer der führenden US-Sportligen, dass der Sportler oder das Team international anerkannt ist.
– Bescheinigung eines Vertreters der Sportmedien, dass der Sportler oder das Team international anerkannt ist.

P-1B Anträge für Entertainment-Gruppen müssen zusammen mit einem Nachweis über den Werdegang der Gruppe und Informationen über die Mitgliedschaft jedes Einzelnen in der Gruppe eingereicht werden. Um den internationalen Stellenwert der Gruppe nachzuweisen, müssen drei der nachfolgend aufgeführten Unterlagen eingereicht werden:

– Belege über vergangene oder zukünftige Auftritte als Gruppe von prominenten Unterhaltungskünstlern oder Stars in ausgezeichneten Produktionen oder Veranstaltungen.
– Belege für internationale Anerkennung ausgezeichneter Leistungen auf dem Gebiet der Unterhaltungskunst.
– Nachweis vergangener oder zukünftiger Auftritte als Gruppe von prominenten Unterhaltungskünstlern oder Stars für ausgezeichnete Organisationen oder Einrichtungen.

- Nachweis der wichtigsten kommerziellen Erfolge oder Anerkennung durch Kritiker auf dem jeweiligen Gebiet der Unterhaltung.
- Anerkennung der Leistungen auf dem jeweiligen Gebiet durch Experten.
- Vergangene oder zukünftige hohe Einkünfte oder andere Vergütungen.

Unterschied zwischen O- und P-Visum

Vielleicht ist Ihnen aufgefallen, dass die Kriterien denen im Abschnitt über die Entertainer in der O-1 Kategorie durchaus ähneln. Beachten Sie dabei aber, dass ein *Solokünstler keinen P-1 Status* und das *Mitglied einer Gruppe keinen O-1 Status* erhalten kann.

Der P-2 Antrag für Künstler und Entertainer muss zusammen mit einer Kopie der Bestätigung über ein bestehendes Austauschprogramm, einem Schreiben der bürgenden Gruppe über den Inhalt desselben und dem Nachweis, dass der Begünstigte des Antrages (also die Person im Ausland) über Fähigkeiten und Fertigkeiten verfügt, welche denen eines amerikanischen Kollegen im Rahmen dieses Austauschprogramms entsprechen.

Der P-3 Antrag muss zusammen mit Schreiben von Fachleuten auf diesem Gebiet eingereicht werden, in denen bestätigt wird, dass die Gruppe über eine „kulturelle Einzigartigkeit" und Reputation verfügt sowie dass die Auftritte der Gruppe in den USA ein Ereignis von kulturell einzigartiger Bedeutung sein werden.

Die Antragsgebühr beläuft sich derzeit auf US$ 325 (*I-129 Standard Fee*).

Premium Processing: Um eine schnellere Bearbeitung des P-Antrags zu gewährleisten, besteht die Möglichkeit, ein Beschleunigungsverfahren zu wählen, das sogenannte *Premium Processing*-Verfahren (I-907) für welches eine Gebühr von US$ 1.225 erhoben wird. Das *Premium Processing*-Verfahren sichert eine Bearbeitung des Antrags innerhalb von 15 Tagen zu. Trotz der zusätzlichen Kosten wird das Beschleunigungsverfahren von den meisten Antragstellern genutzt, denn die regulären Bearbeitungszeiten liegen je nach Service-Center derzeit bei bis zu drei Monaten.

MERKE

Anmerkung: Bitte beachten Sie, dass das Verfahren nicht immer garantiert, dass der Antrag auch in dieser Zeit abschließend entschieden wird. In jedem Fall hat die US-Einwanderungsbehörde (USCIS) die Möglichkeit, Nachfragen zum Antrag innerhalb der 15 Tage zu stellen, auf die das Unternehmen innerhalb einer gesetzten Frist reagieren muss (Request for Evidence). P-Anträge können durchaus zunächst im regulären Verfahren eingereicht werden; sollte die Bearbeitung Ihrem US-Arbeitgeber dann zu lange dauern, kann jederzeit das Beschleunigungsverfahren durch Einreichung des I-907 Formulars zusammen mit der Gebühr quasi „dazu gebucht" werden.

Die US-Einwanderungsbehörde (USCIS) informiert den Arbeitgeber schriftlich über die Bewilligung oder Ablehnung der P-Petition. Dieser Bescheid erfolgt mittels des Mitteilungsschreibens I-797 (*Notice of Action*). Wird der P-Antrag bewilligt, erhält das US-Unternehmen/Organisation eine sogenannte I-797 *Approval Notice* per Post zugesandt. Dieses Dokument benötigt der ausländische Künstler/Sportler im späteren konsularischen Antragsverfahren.

2. Konsularverfahren

Auf Grundlage eines positiven Bescheids durch die USCIS (*I-797 Approval Notice*) wird im letzten Schritt in der Regel im heimischen US-Konsulat das P-Visum beantragt. Für Deutschland ist eine Beantragung in München, Berlin oder Frankfurt/Main möglich. Für Österreich ist Wien, für die Schweiz Bern zuständig. Obwohl die US-Einwanderungsbehörde bereits ihre Zustimmung erteilt hat, besitzt das US-Konsulat durchaus eine Einspruchsmöglichkeit (z.B. bei Feststellung von Verfahrensfehlern etc.). Deshalb sollte auch das Konsularverfahren sorgfältig vorbereitet werden.

VERFAHREN

2. Schritt: Visumantrag beim US-Konsulat

Alle Visumantragsteller, auch begleitende Familienangehörige, müssen das Online-Formular DS-160 ausfüllen.
Das Online-Formular DS-160 besteht aus zahlreichen Fragen und wird online vor dem eigentlichen Interviewtermin an das zuständige US-Konsulat (zusammen mit einem digitalen Passfoto) übermittelt. Die ersten Fragen sind personenbezogen, wobei nach allgemeinen Informationen wie Geburtsort, Familienstand und Wohnanschrift gefragt wird. Eine Reihe der Fragen werden in Kapitel 10.1 „Antragsverfahren bei den US-Konsulaten" erläutert.
In einem weiteren Fragenkatalog geht es im Schwerpunkt um Ihre aktuelle und zukünftige Tätigkeit bzw. Adresse in den USA, die Dauer Ihres geplanten Aufenthaltes etc. Männliche Antragsteller müssen noch weitere Fragen zu besuchten Bildungseinrichtungen, Militärdienst und andere sicherheitsrelevante Fragen beantworten.
Von allen Visumantragstellern müssen Angaben zu möglichen Ausschlussgründen gemacht werden, wie z.B. zu einwanderungsrechtlichen Verstößen, Straftaten oder ansteckenden Krankheiten. Ausschlussgründe werden in einem gesonderten Kapitel (15.1 „Ausschlussgründe für eine Visumerteilung bzw. Einreise in die USA") ausführlich behandelt.

Außer dem Antragsformular muss der zukünftige Arbeitnehmer beim Konsulat noch folgende Dokumente einreichen:

- Eine Kopie des I-797 Bewilligungsschreibens der USCIS (*Approval Notice*).
- Ein Bestätigungsschreiben der amerikanischen Firma/Organisation, dass die angebotene Stelle immer noch zur Verfügung steht und die Ankunft des Sportlers/Künstlers bzw. der Gruppe erwartet wird.
- Der Nachweis der entrichteten Visumantragsgebühr inkl. Terminbestätigung.

Aufenthaltsdauer

Der maximale anfängliche Aufenthaltszeitraum beträgt für die Inhaber von P-Visa, auch für unterstützendes Personal, ein Jahr. Der Antrag auf Verlängerung des Aufenthalts für jeweils ein Jahr wird auf dem Formular I-129 gestellt. Dieser Antrag muss auf einer Fortsetzung oder Beendigung der jeweiligen Tätigkeit, für die das Visum ursprünglich ausgestellt wurde, basieren.

Einzige Ausnahme ist der P-1A Status für einzelne Leistungssportler. Dort kann die anfängliche Aufenthaltsdauer fünf Jahre betragen. Dieser kann bis zu einem Gesamtzeitraum von zehn Jahren verlängert werden.

Spitzensportler: Aufenthalt bis zu 10 Jahren möglich

Der Verlängerungsantrag des Aufenthaltszeitraums für Familienangehörige von P-Visuminhabern muss auf einem gesonderten Formular (I-539, *Application to Extend Nonimmigrant Status*; in Kapitel 17 „Formulare" finden Sie weitere Informationen zu den Antragsformularen) geschehen. Dieses Formular kann zusammen mit dem I-129 Antrag des eigentlichen Visuminhabers eingereicht werden.

Familienangehörige

Der Ehegatte und unverheiratete, minderjährige Kinder eines P-1, P-2 oder P-3 Visuminhabers können ein P-4 Visum beantragen. Mit dem Status P-4 darf aber keine Arbeit aufgenommen werden. Das bedeutet, dass der Ehegatte ein entsprechendes eigenständiges Arbeitsvisum beantragen muss, wenn er/sie legal in den USA arbeiten will. Auf der anderen Seite erlaubt der P-4 Status den Schulbesuch und das Studieren in Amerika. Weitere Einzelheiten finden Sie in Kapitel 10.2 „Visa für Familienangehörige".

Lebensgefährten/-innen erhalten leider keinen abgeleiteten Status. Hier muss gegebenenfalls ein eigenständiges (Arbeits-)Visum beantragt werden.

8.11 R-1 Visum (Temporary Nonimmigrant Religious Workers): Mitarbeiter von Kirchen und Glaubensgemeinschaften

Das R-1 Visum steht ausländischen Personen zur Verfügung, die für einen temporären Arbeitsaufenthalt (mindestens 20 Wochenstunden) bei einer gemeinnützigen, religiösen Organisation als Priester/Pfarrer, Rabbi oder in einem anderen religiösen Beruf arbeiten möchten.
Als Reaktion auf die hohe Anzahl von Missbrauchsfällen im Zusammenhang mit R-1 Visa verabschiedete die USCIS im November 2008 eine neue Richtlinie, mit der zahlreiche Veränderungen einhergingen.
War es bis zu diesem Zeitpunkt beispielsweise noch möglich, R-1 Visumanträge direkt bei den zuständigen US-Konsulaten zu stellen, muss nunmehr in jedem Fall vorab eine R-1 Petition vom zukünftigen US-Arbeitgeber bei der US-Einwanderungsbehörde eingereicht und genehmigt werden. Auch die Zugangsvoraussetzungen wurden deutlich erschwert.

Zugangsvoraussetzungen

Anforderungen an den zukünftigen Arbeitgeber

Wer qualifiziert sich?

R-1 Anträge können ausschließlich von Organisationen amerikanischer Religionsgemeinschaften für ausländische Mitarbeiter gestellt werden. Auch Organisationen, welche mit Religionsgemeinschaften verbunden sind, qualifizieren sich als R-1 *Petitioner*. Der Begriff der Religionsgemeinschaft ist durchaus weit gefasst und wird genauer definiert im US-Einwanderungsgesetz.

Die religiöse Organisation muss folgende Kriterien erfüllen:

– Nachweis der Steuerbefreiung (*Tax-Exempt Religious Organization*) durch die US-Steuerbehörde (*Internal Revenue Service, IRS*)

– Handelt es sich um eine angegliederte religiöse Organisation, so muss diese neben dem Steuerbefreiungsnachweis der Hauptorganisation auch belegen, dass sie offiziell der Hauptorganisation angegliedert ist und erklären welchen religiösen Zweck sie verfolgt.

Beispiel: Klaus aus Deutschland ist Mitglied der römisch-katholischen Kirche und seit 20 Jahren als Priester in Hamburg tätig. Er hat nunmehr die Möglichkeit im Erzbistum New York die Gemeinde Saint Paul zu übernehmen und dort als Priester zu arbeiten. Die Saint Paul's Church könnte folglich einen R-1 Antrag für Klaus einreichen, müsste aber nachweisen, dass sie der römisch-katholischen Kirche angehört und steuerbefreit ist.

BEISPIEL

– Nachweise zur Bezahlung des zukünftigen Mitarbeiters. In der Regel erhalten R-1 Visuminhaber eine Bezahlung über ein Angestelltenverhältnis für welches Belege eingereicht werden müssen. Sollte der ausländische Mitarbeiter keine Bezahlung erhalten, was bei R-1 Anträgen auch unter strengen Auflagen möglich ist (z.B. bei traditionellerweise nicht bezahlten Missionarstätigkeiten), muss dies genau dokumentiert bzw. erklärt werden, wie die Gemeinde den Mitarbeiter finanziell unterstützt oder, welche eigenen finanzielle Resourcen für den Amerika-Aufenthalt zur Verfügung stehen.

Um den bisherigen Missbrauchszahlen bei R-1 Anträgen entgegenzuwirken, wurde mit den neuen Bestimmungen eingeführt, dass die US-Einwanderungsbehörde *Onsite Inspections*, also Vor-Ort-Besichtigungen, beim US-Antragsteller durchführen kann.

Anforderungen an den zukünftigen ausländischen Mitarbeiter

Eine Person, welche in den USA für eine religiöse Organisation tätig werden möchte, muss folgende Voraussetzungen erfüllen:

– Die Person muss zum Zeitpunkt der R-1 Antragstellung nachweislich bereits mindestens zwei Jahre der Religionsgemeinschaft angehören. Diese Religionsgemeinschaft muss eine religiöse, steuerbefreite Organisation (z.B. Kirche, Gemeinde) in den USA unterhalten.

Beispiel: Filip aus Rumänien ist seit vier Jahren praktizierender Rabbi in Bukarest. Während eines Treffens mit amerikanischen Touristen lernt er den Präsidenten einer Synagoge aus einem Vorort von Richmond kennen. Der Präsident fragt Filip, ob er Interesse habe, zeitweise in den USA zu arbeiten, um als Rabbi in der Synagoge von Richmond tätig zu sein. Filip nimmt dieses Angebot an und erfüllt auch das erste persönliche Zugangskriterium.

BEISPIEL

– Sollte der Mitarbeiter als *Minister* (z.B. Priester, Pfarrer, Rabbi) in den USA tätig werden, so müssen Nachweise z.B. zur Ordination, Ausbildung, Qualifikation etc. dokumentiert werden.
– Wird der Mitarbeiter in einer *religious vocation/occupation* in den USA tätig, so müssen ggf. Nachweise über entsprechenden Qualifikationen erbracht werden. Es muss sich um eine Stelle handeln, die traditionellerweise als re-

ligiöse Tätigkeit innerhalb der jeweiligen Religionsgemeinschaft vorgesehen ist, wie z. B. Nonne, Ordensschwester, Kantor, Missionar, Mönch.

Was der amerikanische Arbeitgeber tun muss

R-1 Petition – U.S. Citizenship and Immigration Services (USCIS)

VERFAHREN

Offizieller Antragsteller des R-1 Antrags ist der US-Arbeitgeber (*Petitioner*) für den zukünftigen ausländischen Mitarbeiter (*Beneficiary*). Dieses Prinzip ist allen US-Arbeitsvisaanträgen gemein. Es ist folglich nicht möglich, ein US-Arbeitsvisum quasi selbständig, ohne konkretes Stellenangebot und ohne Unterstützung des Arbeitgebers, zu beantragen.

Wie eingangs erwähnt, ist es seit November 2008 zwingend erforderlich, dass eine R-1 Petition am zuständigen Service-Center der US-Einwanderungsbehörde (*U.S. Citizenship and Immigration Services, USCIS*) in den Vereinigten Staaten durch den US-Arbeitgeber eingereicht wird.
Diese Petition umfasst neben den Antragsformularen, umfangreiche Unterlagen zum US-Arbeitgeber bzw. der Religionsgemeinschaft, zur angebotenen Stelle sowie zu den Qualifikationen des ausländischen Mitarbeiters.

1. Schritt: Antrag des Arbeitgebers bei der Einwanderungsbehörde

Das Formular I-129 (*Petition for a Nonimmigrant Worker*) ist das Standardantragsformular, das für alle arbeitsplatzbezogenen Nichteinwanderungsvisa benutzt wird. In diesem Formular werden die grundlegenden Informationen zum amerikanischen Arbeitgeber und dem potentiellen Arbeitnehmer abgefragt. Außerdem werden grundsätzliche Informationen zur ausgeschriebenen Arbeitsstelle wie z. B. Berufsbezeichnung, Arbeitsstunden pro Woche und Vergütung verlangt.
Neben dem I-129 muss der Arbeitgeber zusätzlich das *R-1 Classification Supplement* einreichen. Dieses Dokument dient dazu, insbesondere detaillierte Informationen zur Religionsgemeinschaft selbst, der Anzahl der Beschäftigten und zum Mitarbeiter zu beschreiben.
Die Antragsgebühren belaufen sich derzeit auf US$ 325 (*I-129 Standard Fee*).

Premium Processing: Um eine schnellere Bearbeitung des R-1 Antrages zu gewährleisten, besteht die Möglichkeit, ein Beschleunigungsverfahren zu wählen, das sogenannte *Premium Processing*-Verfahren (I-907) für welches eine Gebühr von US$ 1.225 erhoben wird. Das *Premium Processing*-Verfahren sichert eine Bearbeitung des Antrags innerhalb von 15 Tagen zu. Trotz der zusätzlichen Kosten wird das Beschleunigungsverfahren von den meisten US-Unternehmen genutzt, denn die regulären Bearbeitungszeiten liegen je nach Service-Center derzeit bei bis zu drei Monaten. Reagiert die Behörde nicht innerhalb der 15-Tages-Frist, wird der Betrag zurückerstattet.
Bitte beachten Sie, dass ausschließlich solche R-1 US-Arbeitgeber das Beschleunigungsverfahren wählen können, die bereits eine *Onsite Inspection*, also ein Vor-Ort-Kontrolle, durch die USCIS erfahren haben.

MERKE

Hinweis: Bitte beachten Sie, dass auch das Premium Processing Verfahren nicht immer garantiert, dass der Antrag in dieser Zeit abschließend entschieden wird. In jedem Fall hat die US-Einwanderungsbehörde (*USCIS*) die Möglichkeit, Nachfragen zu stellen, auf die Sie bzw. Ihr US-Arbeitgeber innerhalb einer gesetzten Frist reagieren müssen (Request for Evidence). Hierfür wird aber nicht noch einmal eine I-907 Gebühr fällig. R-1 Anträge können durchaus zunächst im regulären Verfahren eingereicht werden; sollte die Bearbeitung Ihrem US-Arbeitgeber dann zu lange dauern, kann jederzeit das Beschleunigungsverfahren durch Einreichung des I-907 Formulars zusammen mit der Gebühr quasi „dazu gebucht" werden.

Die US-Einwanderungsbehörde (USCIS) informiert den US-Arbeitgeber schriftlich über die Bewilligung oder Ablehnung der R-1 Petition. Dieser Bescheid erfolgt mittels des Mitteilungsschreibens I-797 (*Notice of Action*). Wird der R-1 Antrag bewilligt, erhält das US-Unternehmen eine sogenannte I-797 *Approval Notice* per Post zugesandt. Dieses Dokument benötigt der ausländische Mitarbeiter im späteren konsularischen Antragsverfahren.

Was der ausländische Arbeitnehmer tun muss

Der Visumantrag beim US-Konsulat

Auf Grundlage des positiven Bescheids der USCIS kann der zukünftige US-Arbeitnehmer beim Konsulat einen Antrag auf ein R-1 Visum stellen (Personen, die sich bereits in den USA mit einem Nichteinwanderungsstatus befinden, können unter bestimmten Voraussetzungen einen Statuswechsel beantragen). Der Visumantrag wird persönlich im Rahmen eines Interviewtermins im zuständigen US-Konsulat eingereicht. Alle Visumantragsteller, auch begleitende Familienangehörige, müssen das Online-Formular DS-160 ausfüllen.

VERFAHREN

2. Schritt:
Visumantrag beim
US-Konsulat

Das Online-Formular DS-160 besteht aus zahlreichen Fragen und wird online vor dem eigentlichen Interviewtermin an das zuständige US-Konsulat (zusammen mit einem digitalen Passfoto) übermittelt. Die ersten Fragen sind personenbezogen, wobei nach allgemeinen Informationen wie Geburtsort, Familienstand und Wohnanschrift gefragt wird. Eine Reihe der Fragen werden in Kapitel 10.1 „Antragsverfahren bei den US-Konsulaten" erläutert.
In einem weiteren Fragenkatalog geht es im Schwerpunkt um Ihre aktuelle und zukünftige Tätigkeit bzw. Adresse in den USA, die Dauer Ihres geplanten Aufenthaltes etc. Männliche Antragsteller müssen noch weitere Fragen zu besuchten Bildungseinrichtungen, Militärdienst und andere sicherheitsrelevante Fragen beantworten. Von allen Visumantragstellern müssen Angaben zu möglichen Ausschlussgründen gemacht werden, wie z.B. zu einwanderungsrechtlichen Verstößen, Straftaten oder ansteckenden Krankheiten. Ausschlussgründe werden in einem gesonderten Kapitel (15.1 „Ausschlussgründe für eine Visumerteilung bzw. Einreise in die USA" ausführlich behandelt.

Außer dem Antragsformular muss der zukünftige Arbeitnehmer beim Konsulat noch folgende Dokumente einreichen:

- Eine Kopie des I-797 Bewilligungsschreibens der USCIS (*Approval Notice*).
- Ein Bestätigungsschreiben des US-Arbeitgebers, dass die angebotene Stelle immer noch zur Verfügung steht und die Ankunft des Mitarbeiters erwartet wird.
- Der Nachweis der entrichteten Visumantragsgebühr inkl. Terminbestätigung.

MERKE

Anmerkung: Die bisherigen Ausführungen bedeuten leider nicht, dass jeder R-1 Visumantrag automatisch von Seiten des US-Konsulats befürwortet wird. Falls der Konsularbeamte den Verdacht hegt, dass beispielsweise in der ursprünglich eingereichten und bewilligten R-1 Petition Unkorrektheiten bezüglich des Arbeitsaufenthalts bestehen oder er einen Missbrauchsfall vermutet, kann er die Ausstellung des R-1 Visums verweigern.

Aufenthaltsdauer

Der R-1 Status kann für eine Anfangsdauer von maximal 30 Monaten genehmigt werden. Verlängerungen können gewährt werden auf maximal weitere 30 Monate. Die Gesamtaufenthaltsdauer mit diesem Visum darf folglich fünf Jahre nicht überschreiten.

R-1 Verlängerungsanträge werden vom amerikanischen Arbeitgeber beim zuständigen USCIS Service-Center in den USA gestellt (und nicht vom Arbeitnehmer selbst). Das geschieht wieder mit dem Standardantragsformular I-129. Zu diesem Antrag muss neben den bereits beim Erstantragsverfahren erwähnten Unterlagen ein ausführliches Schreiben, welches die Gründe für den Antrag um Verlängerung darlegt, hinzugefügt werden.

Hat sich eine Person bereits fünf Jahre unter R-1 Status in den USA aufgehalten, so ist kein weiterer Verlängerungsantrag mehr möglich. Die Person muss sich dann mindestens ein Jahr außerhalb der USA aufhalten, um sich erneut für den R-1 Status zu qualifizieren.

Unter bestimmten Voraussetzungen ist allerdings auch eine Anpassung des Nichteinwanderungsstatus R-1 auf den Einwanderungsstatus EB-4 (GreenCard) möglich. Siehe auch Kapitel 11.4 „EB-4 Special Immigrants/Religious Workers: Spezielle Einwanderer, Mitarbeiter von Kirchen und Glaubensgemeinschaften".

Soll der Aufenthaltsstatus von Familienangehörigen eines R-1 Arbeitnehmers verlängert werden, wird dafür nicht das Formular I-129 verwendet. Die Familienmitglieder stellen ihren Antrag auf dem Formular I-539 *Application to Extend Nonimmigrant Status*. Dieser Antrag kann zusammen mit dem eigentlichen Verlängerungsantrag des R-1 Inhabers eingereicht werden.

Familienangehörige

Ehepartner und unverheiratete Kinder unter 21 Jahren eines R-1 Visuminhabers können auf Antrag ein R-2 Visum erhalten. Erreichen die Kinder die amerikanische Volljährigkeitsgrenze, müssen sie ihren Nichteinwanderungsstatus wechseln oder das Land verlassen.
Ehepartnern ist es mit diesem Visum nicht erlaubt zu arbeiten.

Das bedeutet, dass der Ehegatte sich selbst für eines der Arbeitsvisa, die in diesem Buch beschrieben werden, qualifizieren muss, wenn er/sie legal in den USA arbeiten will. Auf der anderen Seite erlaubt der R-2 Status den Schulbesuch bzw. das Studium in Amerika. Weitere Einzelheiten finden Sie im Kapitel 10.2 „Visa für Familienangehörige".

9 Visa für Bildung und Kulturaustausch

9.1 J-1 Visum (Exchange Visitor): Praktika, Forschungsaufenthalte und Austauschprogramme

Die Förderung des Austausches zwischen den Vereinigten Staaten und anderen Nationen auf dem Gebiet der Bildung und Kultur ist seit langem eine wichtige Säule der amerikanischen Diplomatie. Der Austausch fördert nicht nur das Kennenlernen der amerikanischen Kultur, Philosophie, Wirtschaft und des Bildungssystems, sondern ermöglicht auch den Amerikanern ein besseres Verständnis für ausländische Kulturen und Gesellschaften zu entwickeln.

Die *Exchange Visitor*-Programme und J-1 Visa wurden als Teil des *Mutual Educational and Cultural Exchange Act* von 1961 (*The Fulbright – Hays Act*) entwickelt und ermöglichen es Ausländern temporär zu Bildungs- oder Trainingszwecken in die USA zu kommen und den kulturellen Austausch zwischen den Vereinigten Staaten und anderen Nationen zu fördern. Derzeit gibt es 14 J-1 Visumkategorien, die es Ausländern ermöglichen in den USA zu unterrichten, zu studieren, zu forschen oder an einem Training teilzunehmen:

1. *Au pairs:* Junge Erwachsene leben in den USA bei einer Gastfamilie für bis zu zwölf Monate, lernen dabei die US Kultur kennen, betreuen Kinder und können an anerkannten Post-Sekundären Institutionen Kurse besuchen.

2. *Camp counselors:* Junge Erwachsene begleiten eine Gruppe von Kindern und Jugendlichen durch den Camp-Alltag, organisieren Freizeitaktivitäten und beaufsichtigen die Schülergruppen während des Aufenthalts.

3. *College and university students:* Ausländische Studenten, die im Heimatland als Vollzeitstudent eingeschrieben sind, studieren an einer amerikanischen Hochschule.

4. *Government visitors:* Internationalen Besucher, die von einer US-Bundes-, Landes- oder lokalen Regierungseinrichtung eingeladen wurden, nehmen an Touren, Diskussionen, Konsultationen, professionellen Geschäftstreffen, Konferenzen, Workshops und Reisen teil, um professionelle und persönliche Beziehungen mit ihren „amerikanischen Gegenstücken" in Bundes-, Landes-, und lokalen US-Einrichtungen zu entwickeln und zu stärken.

5. *Interns:* Studenten oder junge Absolventen lernen die US Kultur kennen, indem sie ein Praktikum im bildungsrelevanten Bereich absolvieren.

6. *International visitors:* Ausländische Schlüsselfiguren, die vom *U.S. Department of State* ausgewählt wurden, nehmen an dem Programm teil, um die amerikanische Kultur und Gesellschaft besser verstehen zu lernen und Amerikanern ausländische Kulturen näher zu bringen.

J-1 Kategorien

7. **Physicians:** Ausländische Ärzte nehmen an einer praktischen medizinischen Aus- oder Weiterbildung an einer in den USA anerkannten medizinischen Einrichtung teil.

8. **Professors and research scholars:** Professoren und Forschungsstipendiaten fördern den Austausch von Ideen, Forschungsprojekten und die Verbindung zwischen Forschungseinrichtungen und akademischen Institutionen in den USA und anderen Ländern.

9. **Secondary school students:** Ausländische Highschool-Schüler besuchen eine anerkannte Highschool und leben bei einer amerikanischen Gastfamilie.

10. **Short-term scholars:** Professoren, Forschungsstipendiaten und Personen mit ähnlicher Ausbildung oder Fähigkeiten reisen in die USA um in Forschungseinrichtungen, Museen, Bibliotheken, anerkannten post-sekundären Einrichtungen oder ähnlichen Institutionen zu lehren, beobachten, konsultieren, oder zu trainieren und ihre speziellen Fähigkeiten und Kenntnisse zu demonstrieren.

11. **Specialists:** Experten in einem bestimmten Bereich tauschen sich mit ihren amerikanischen Kollegen aus.

12. **Summer work travel program:** Studenten arbeiten und reisen in den USA während der Sommermonate.

13. **Teachers:** Ausländische Lehrer unterrichten in Vollzeit an einer anerkannten Grundschule oder Oberschule.

14. **Trainees:** Junge Absolventen mit Berufserfahrung lernen die US Kultur kennen und erhalten ein strukturiertes, berufsbezogenes Training.

Designierte Visumsponsoren

Das J-1 Visum ist ein temporäres Nichteinwanderungsvisum. Jedes Jahr stellt das *U.S. Department of State* designierten J-1 Visumsponsoren eine bestimmte Anzahl von DS-2019 Formularen zur Verfügung. Die Visumsponsoren, die den verlängerten Arm des *U.S. Department of State* darstellen und für die Durchführung der J-1 Programme gemäß den US-Richtlinien zuständig sind, können die DS-2019 an *Exchange Visitors* ausstellen, damit diese im Konsulat ein J-1 Visum beantragen und an *Exchange Visitor*-Programmen in den USA teilnehmen können.

Eine Liste aller designierten Visumsponsoren finden Sie unter: *http://j1visa.state.gov/participants/how-to-apply/sponsor-search/?program=Teacher*

MERKE

Anmerkung: Eine Art „Self-Sponsoring" ist beim J-1 Visum leider nicht möglich. Um einen Antrag auf ein J-1 Visum zu stellen zu können, wird immer das Formular DS-2019 benötigt. Das Einbeziehen eines designierten Visumsponsors kann also keinesfalls umgangen werden.

Um das DS-2019 Formular von den Visumsponsoren zu erhalten, müssen einige Zugangsvoraussetzungen erfüllt werden. Diese werden von den Sponsoren in der Regel akribisch geprüft.

Jede der 14 J-1 Visumkategorien hat jedoch andere Voraussetzungen und Anforderungen, die es an den *Exchange Visitor* stellt. In den folgenden Kapiteln sind die Kategorien und deren besondere Zugangsvoraussetzungen genauer beschrieben.

Au-pair

Als Alternative zu einem Studienaufenthalt bzw. als ersten Einblick in die amerikanische Lebenswelt bietet sich die Teilnahme an einem Au-pair-Programm an. Besonders für Abiturienten ist dies oft eine gute Möglichkeit, das erste Mal für längere Zeit in die USA zu reisen.

Junge Frauen und immer häufiger auch Männer zwischen 18 und 26 Jahren können im Rahmen eines Au-pair-Programms für ein Jahr zur Kinderbetreuung in einer amerikanischen Familie leben. Einen Au-pair-Aufenthalt selbst zu organisieren und einfach mit einem Besuchervisum in die USA einzureisen, ist nicht möglich. Ein Au-pair-Aufenthalt unterliegt genauen Richtlinien, die von der amerikanischen Regierung festgelegt sind. Zur Einreise benötigt man ein J-1 Visum. Das für die Beantragung notwendige Formular erhält man von der betreuenden Au-pair-Organisation, die als Visumsponsor fungieren. Daher ist eine Anmeldung zu einem Au-pair-Programm nur über eine größere Organisation möglich.

Altersbegrenzung für Au-pairs: 18–26 Jahre

Um sich für die J-1 Kategorie „*Au Pair*" zu qualifizieren, müssen folgende Voraussetzungen erfüllt werden:

- Nachweis grundlegender Englischkenntnisse
- Führerschein der Klasse 3
- umfangreiche Erfahrung in der Kinderbetreuung von Kindern (ca. 200 Stunden) möglichst unter sechs Jahren

Umfangreiche Kinderbetreuungserfahrung ist ein Muss!

Hinweis: Ein Au-pair darf generell keine Kinder unter zwei Jahren beaufsichtigen, solange nicht mindestens 200 Stunden dokumentierter Kleinkindbetreuung von Seiten des Au-pairs nachgewiesen werden können.

MERKE

Voraussetzungen für die Gastfamilie:

- Die Gasteltern müssen US-Staatsbürger oder GreenCard-Inhaber sein.
- Die Gasteltern müssen fließendes Englisch sprechen.
- Alle Erwachsenen in der Gastfamilie müssen zuvor vom Programmveranstalter interviewt werden. Ebenso muss bei allen, auch dem Au-pair, eine Hintergrundrecherche durchgeführt werden, die z.B. Arbeitsreferenzen und Referenzen über den Charakter der Person beinhalten.
- Ein schriftlicher Vertrag zwischen Gastfamilie und Au-pair muss unterzeichnet werden und muss beinhalten, dass dem Au-pair keine Kinderbeaufsichtigung von mehr als 45 Stunden pro Woche zugemutet wird.
- Das Au-pair muss ein eigenes Schlafzimmer haben.

Die Kosten für Hin- und Rückflug werden von der Gastfamilie übernommen. Außerdem erhält das Au-pair freie Unterkunft und Verpflegung sowie ein wöchentliches Taschengeld von ca. US$ 200. Für Erzieher, Kindergärtner oder Bewerber mit relevanter Ausbildung gibt es teilweise Spezialprogramme, bei denen das Taschengeld höher ist.

pre-match

Wissenswert: Wenn Sie bereits eine Familie in den USA kennen, bei denen Sie gerne Au-pair wären, so ist es unter Umständen möglich, bei dieser Familie unterzukommen. Sie und die Familie müssten sich dann bei derselben Organisation bewerben, mit dem zusätzlichen Hinweis, dass Sie bereits eine Familie in den USA kennen. Dies ist ein sogenanntes *pre-match*.

Ein Au-pair-Aufenthalt erstreckt sich immer über die Dauer von zwölf Monaten mit anschließender 30-tägiger *grace period*. Es besteht jedoch die Möglichkeit das Au-pair-Jahr um weitere sechs, neun oder zwölf Monate zu verlängern. Die 30-tägige *grace period* oder auch „Reisemonat" genannt, wird in diesem Fall an die Verlängerung angehängt.

Lange Zeit war ein Au-pair-Aufenthalt in den USA eine einmalige Angelegenheit. Seit 2008 ermöglichen neue Visabestimmungen, dass Teilnehmer unter bestimmten Voraussetzungen ein weiteres Mal am Programm teilnehmen können sofern der erste Au-pair-Aufenthalt mehr als zwei Jahre zurückliegt.

Weitere generelle Fragen zum Thema Au-pair beantworten die EducationUSA-Beratungsstellen. Diese bieten in Partnerschaft mit dem US-Außenministerium in Deutschland und weltweit detaillierte und unabhängige Informationen über das gesamte Spektrum akkreditierter Studien- und Austauschprogramme.

KONTAKT

EducationUSA Beratungsstellen – deutschlandweit –
Tel.: 040-70383688
Fax: 040-43218780
E-Mail: info@educationusa.de
☑ *www.educationusa.de*

Camp Counselor

Im Rahmen eines *Camp Counselor Programs* betreuen Visuminhaber in einem amerikanischen Sommercamp eine Gruppe von Kindern, die in der Regel zwischen 6 und 16 Jahren alt sind. Als Aufsichtsperson begleiten *Camp Counselors* Kinder und Jugendliche durch den Camp-Alltag, organisieren Freizeitaktivitäten und leben mit ihnen in einer gemeinsamen Unterkunft.

Für einen Job als *Camp Counselor* sollte besonders praktische Erfahrung in der Arbeit mit Kindern oder Jugendlichen nachgewiesen werden können. Von Vorteil sind außerdem gute sportliche Fähigkeiten oder Kenntnisse einer künstlerisch-kreativen Tätigkeit. Der Verdienst während einer *Camp Counselor*-Tätigkeit variiert je nach Camp und Programm, Alter sowie *skill level* (z.B. sportliche Fähigkeiten, Trainerschein, etc.) und bewegt sich in der Regel zwischen knapp US$ 600 und US$ 1.500. Die Kernarbeitszeit liegt gewöhnlich zwischen 09:00 Uhr und 21:00 Uhr mit einem freien Tag pro Woche. Gerade was die Arbeit mit den Kindern und Jugendlichen angeht, sollten Interessierte sich jedoch darauf einstellen, quasi rund um die Uhr im Einsatz zu sein.

J-1 Visum (Exchange Visitor) — Kapitel 9.1

Um sich für die J-1 Kategorie „*Camp Counselor*" zu qualifizieren, müssen folgende Voraussetzungen erfüllt werden:

- Bewerber müssen zwischen 18 und 29 Jahre alt sein
- Interessierte sollten sich in Englisch gut verständigen können. Umso besser die Sprachkenntnisse sind, desto größer sind auch die Chancen, einen Platz im Camp zu erhalten. Die Sprachkenntnisse werden von den Veranstaltern vor der Anmeldung im Rahmen eines Auswahlgesprächs geprüft.
- Nachgewiesen werden müssen praktische Erfahrungen in der Arbeit mit Kindern

Die Programme beginnen alle zwischen Anfang Mai und Mitte Juni, da in diesem Zeitraum in den USA die Sommerferien beginnen und somit auch die Summer Camps für Kinder und Jugendliche.

Hinweis: Da die Bewerberzahl sehr hoch ist, bekommt nicht jeder Bewerber einen Platz als Camp Counselor. Von daher ist es sinnvoll, sich möglichst frühzeitig zu bewerben.

Frühzeitig bewerben!

Auch für diese J-1 Visumkategorie wird das DS-2019 Formular benötigt. Es gibt in Deutschland verschiedene Organisationen, die Aufenthalte in den amerikanischen *Summercamps* vermitteln und organisieren und sich um die Ausstellung des DS-2019 kümmern. Anschließend kann ein Interviewtermin im US-Konsulat vereinbart werden.

College and University Student

Das J-1 Programm für *College und University Students* ermöglicht einen kulturellen Austausch an einer amerikanischen Hochschule. Mithilfe des J-1 Visums können Teilnehmer für ein oder mehrere Semester bis zu maximal 24 Monaten in den USA studieren.
Während der Vorlesungszeit besteht außerdem die Möglichkeit, auf dem Campus eine Teilzeitstelle von bis zu 20 Stunden pro Woche anzunehmen; in den Semesterferien dürfen Studenten sogar auf Vollzeitbasis auf dem Campus arbeiten.

Folgende Voraussetzungen müssen für eine Teilnahme erfüllt werden:

- Der Teilnehmer ist eingeschriebener Vollzeit Student
- Das Programm muss durch die US Regierung, die Regierung im Heimatland, eine internationale Organisation oder andere Fördergelder die nicht aus dem privaten Besitz des Antragstellers kommen gefördert werden. Dazu zählen z.B. der Austausch zwischen Universitäten oder das *Fulbright Program*.

Achtung: Im Gegensatz zum F-1 Visum liegt bei dieser Kategorie der Fokus nicht auf dem Erlangen eines Abschlusses, sondern eher auf dem kulturellen Austausch und dem "Kennenlernen" der anderen Kultur. Im Vergleich zum F-1 Visum sollte daher bei dieser J-1 Kategorie die Teilnahme an kulturellen Aktivitäten besonders im Mittelpunkt stehen.

MERKE

Der Aufenthalt an einer Hochschule oder Universität ist ab einem Semester möglich und kann bis zu maximal zwei Jahre verlängert werden. Für die Verlängerung wird ein neues DS-2019 benötigt, welches meist direkt von der Bildungseinrichtung in den USA ausgestellt wird.

Government Visitor Program

Das *Government Visitor Program* ermöglicht es speziellen internationalen Besuchern ihre professionellen und persönlichen Beziehungen mit ihren Amerikanischen Pendant in Bundes-, Landes-, und lokalen US-Einrichtungen zu entwickeln und zu stärken.

Der *Government Visitor* muss:

- Von einer US-Bundes-, Landes-, oder lokalen Regierungseinrichtung ausgewählt werden
- Eine in seinem Spezialfeld einflussreiche Persönlichkeit sein
- An Touren, Diskussionen, Konsultationen, professionellen Geschäftstreffen, Konferenzen, Workshops und Reisen teilnehmen

Während des *Government Visitor Programs* soll der Regierungsgast unter anderem mit Teilnehmern diskutieren, beobachten, trainieren und seine speziellen Fähigkeiten im gemeinsamen Interesse präsentieren.

Die maximale Programmdauer beträgt 18 Monate.

J-1 Intern und Trainee

Praktika in den USA

Die J-1 Kategorien „*Intern*" und „*Trainee*" eignen sich für Studenten oder junge Absolventen, die ein Praktikum in den USA absolvieren möchten.

Folgende Voraussetzungen müssen erfüllt werden, um sich für eine der beiden Kategorien zu qualifizieren:

1. *Intern*:

- Gilt für Studenten ab dem dritten Fachsemester oder Absolventen, die das Praktikum innerhalb von zwölf Monaten nach dem Studienabschluss absolvieren
- Das Praktikum muss einen klaren Bezug zum Studium haben.
- Bildungsabschlüsse, die in den USA erworben wurden, werden nicht anerkannt.
- Die Programmdauer ist auf maximal zwölf Monate beschränkt.
- Weitere J-1 Visa in der *Intern*-Kategorie sind möglich, solange der Praktikant als Student eingeschrieben ist oder das Praktikum innerhalb von zwölf Monaten nach der Exmatrikulation absolviert. Zu beachten gilt, dass es einen klaren Unterschied zwischen den verschiedenen Praktika geben muss,
- Die Wartezeit zwischen zwei Praktika sollte mindestens 90 Tage bzw. ein Semester betragen.

2. *Trainee*:

- Abgeschlossenes Studium mit mindestens einem Jahr Berufserfahrung außerhalb der USA oder mindestens fünf Jahre Berufserfahrung.
- Bildungsabschlüsse, die in den USA erworben wurden, werden nicht anerkannt; dies bezieht sich ebenfalls auf die bereits erworbene Berufserfahrung.
- Der Aufenthalt ist auf maximal 18 Monate beschränkt.
- Ein zweites J-1 Visum in der *Trainee*-Kategorie ist möglich, der Teilnehmer muss sich dazwischen jedoch mindestens zwei Jahre in seinem Heimatland aufhalten.

Es ist durchaus möglich, zuerst ein J-1 *Intern*-Programm zu absolvieren und dann das J-1 *Trainee*-Visum zu beantragen. Dazwischen darf der Bewerber sich jedoch mindestens zwei Jahre nicht in den USA aufhalten und muss diese Zeit in seinem Heimatland verbringen.

Um sich für die J-1 Kategorie „*Intern/Trainee*" zu qualifizieren, muss auch das Gastunternehmen einige Voraussetzungen erfüllen:

- Erstellen eines detaillierten *Training/Internship Placement Plans* (Formular DS-7002), der je nach Dauer des Praktikums in verschiedene Phasen unterteilt ist und die unterschiedlichen Tätigkeiten des Praktikanten bzw. *Trainees* widerspiegelt
- Gültige *Workers' Compensation Insurance Policy*, eine Art Arbeiterunfallversicherung, die den Praktikanten abdeckt
- Praktikum muss auf Vollzeitbasis, d.h. mindestens 32 Stunden pro Woche, absolviert werden
- Weitere spezifische Anforderungen sollten stets bei der entsprechenden Austauschorganisation erfragt werden

Der erste Schritt im Antragsverfahren ist die erfolgreiche Überprüfung durch einen J-1 Visa Sponsor (Austauschorganisation), sodass dieser das essentielle Formular DS-2019 ausstellen kann.

International Visitor Program

Das *International Visitor Program* dient „*people-to people*" Projekten die professionelle und persönliche Beziehungen zwischen ausländischen Schlüsselfiguren und Amerikanern bzw. amerikanischen Institutionen entwickeln und stärken.

Um sich für die J-1 Kategorie „*International Visitor*" zu qualifizieren, müssen mehrere Voraussetzungen erfüllt werden. Der Antragsteller muss:

- vom *U.S. Department of State* ausgewählt werden
- sich an Konsultationen, Beobachtungen, Forschungen, Trainings oder Demonstrationen seiner Fähigkeiten in den USA engagieren
- als Führungskraft oder potenzielle Führungskraft in seinem Spezialfeld im Heimatland anerkannt sein

Ziel des International Visitor Programs ist, das kulturelle Verständnis zwischen den USA und dem Ausland zu verbessern. Anerkannte oder potentielle Führungskräfte sollen an Touren, Diskussionen, Konsultationen, professionellen Treffen, Konferenzen oder Workshops in den USA teilnehmen, um die amerikanische Kultur und Gesellschaft besser verstehen zu lernen und im Gegenzug Amerikanern ausländische Kulturen näher zu bringen.

Die Dauer des International Visitor Programms darf ein Jahr nicht überschreiten.

Physician Program

Medizinische Aus- und Weiterbildung

Mithilfe des *J-1 Physician Programs* können ausländische Ärzte an einer praktischen medizinischen Aus- oder Weiterbildung (*"graduate medical education or training"*) an einer in den USA anerkannten medizinischen Einrichtung teilnehmen. Das *Physician Program* wird nur von einem vom *U.S. Department of State* designierten J-1 Visumsponsor unterstützt – *Educational Commission for Foreign Medical Graduates (ECFMG)*.

Um das DS-2019 vom Visumsponsor *Educational Commission for Foreign Medical Graduates (ECFMG)* für klinische Aus- oder Weiterbildung zu erhalten, müssen unter anderem folgende Kriterien erfüllt werden:

- Genügend Erfahrung und Training im Bereich des geplanten Programms mitbringen, um dieses erfolgreich abschließen zu können
- Schnelle Anpassungsfähigkeit an das neue Bildungsumfeld und die kulturelle Umgebung
- Gute Englischkenntnisse im mündlichen und schriftlichen Bereich
- Bestehen der für das Programm vorgeschriebenen Tests
- Vorweisen einer Bestätigung der Heimatregierung, dass im Heimatland eine Notwendigkeit der Weiterbildung des Antragstellers besteht und das dieser vorhat in sein Heimatland nach Beendigung des Programms zurückzukehren
- Eine unterzeichnete Vereinbarung zwischen Antragsteller und der medizinischen Einrichtung für das geplante Programm

J-1 auch für nicht-klinische Trainings möglich

Zu beachten ist hier, dass das J-1 Visum auch für nicht-klinische Trainings und Weiterbildungen ausgestellt werden kann. Sollte dies der Fall sein, wird das vom Visumsponsor auf dem DS-2019 vermerkt. Um an einem nicht-klinischem *Physician Program* teilzunehmen, müssen folgende Anforderungen erfüllt werden:

- Das Programm darf nur dem Zweck der Beobachtung, Konsultation, Forschung oder Lehre dienen
- Patientenkontakt darf nur gelegentlich und unter ständiger Beobachtung des Supervisors stattfinden
- Der Antragsteller darf keine Diagnosen stellen oder Therapien veranlassen

Laut J-1 Visumsponsor *ECFMG* hängt die maximale Länge des *Physician Programs* davon ab, wie viel Zeit zum erfolgreichen Abschluss des Programms benötigt wird. Das heißt, die Programmlänge wird in der Regel vom Visumsponsor von Fall zu Fall entschieden.

Professor and Research Scholar

Ein Auslandsaufenthalt von Professoren und Forschungsstipendiaten im Rahmen des *J-1 Professor and Research Scholar Programs* soll den Austausch von Ideen, Forschungsprojekten und die Verbindung zwischen Forschungseinrichtungen und akademischen Institutionen in den USA und anderen Ländern fördern.

Allgemein gilt, dass sich aufgrund der strengen Anforderungen in den USA nur Bewerber qualifizieren, die bestimmte Voraussetzungen erfüllen, d.h. den nötigen akademischen Hintergrund, spezielles Fachwissen und ausreichende Sprachfähigkeiten besitzen.

Zugangsvoraussetzungen Professor und Research Scholar

„Professor": Diese Kategorie ist für ausländische Bewerber, die mit dem primären Ziel in die USA gehen, um an einer post-sekundären akademischen Einrichtung (Museum, Bibliothek oder ähnliche Institution) zu lehren, Vorlesungen zu halten, zu hospitieren oder zu beraten. Ein Professor kann darüber hinaus vor Ort Forschung betreiben, falls der J-1 Visumsponsor dies nicht untersagt.

„Research Scholar": Diese Kategorie ist für ausländische Bewerber, die mit dem primären Ziel in die USA gehen, um an einer post-sekundären akademischen Einrichtung (Museum, Bibliothek oder ähnliche Institution) Forschung zu betreiben, zu hospitieren und zu beraten und gleichzeitig den engen Zusammenhang mit dem Forschungsprojekt wahren. Ein Forschender kann darüber hinaus lehren oder Lesungen halten, falls der J-1 Visumsponsor dies nicht untersagt.

Wichtig zu wissen ist, dass der Einsatz als *Professor* bzw. *Research Scholar* nur temporärer Natur sein darf, auch wenn die Stelle als unbefristet ausgeschrieben ist.

Gelegentliche Vorlesungen oder kurzzeitige Beratungen sind mit der Genehmigung des verantwortlichen Visumsponsors erlaubt, solange diese einen direkten Bezug zu den Zielen des Programms haben und das Enddatum des Programms nicht überschritten wird.

Von dem Programm für Professoren und Forscher ausgeschlossen sind Bewerber die:

- eine akademische Stelle mit fester Laufbahnzusage (*„Tenure Track Position"*) innehaben.
- an einem *Professor and Research Scholar Program* teilgenommen und es innerhalb der letzten 24 Monate vor Programmstart absolviert haben.
- an einem J-1 Programm innerhalb der letzten zwölf Monate vor Programmstart teilgenommen haben, außer eine der folgenden Ausnahmen trifft zu:

1. Der Bewerber nimmt aktuell an einem *Professor and Research Scholar Program* teil und wechselt an eine andere Institution in den USA um sein J-1 Programm weiterzuführen.
2. Der physische Aufenthalt des Bewerbers unter dem J-1 Programm in den USA betrug weniger als sechs Monate.
3. Der Bewerber war ein *„Short Term Scholar"* (kurzfristiger Gelehrter), d.h. ein Professor, Forscher oder eine Person mit ähnlichen akademischen Errungenschaften, die nur für eine kurze Zeit in die USA gereist ist, um vor Ort Vorlesungen zu halten, zu forschen, zu beraten, auszubilden oder ihre speziellen Fähigkeiten in Museen, Bibliotheken, Forschungsinstituten oder weiterführenden Bildungseinrichtungen zu demonstrieren.

Das *Professor and Research Scholar Program* dient dem Austausch von Ideen und Forschungsinhalten in verschiedensten Gebieten zwischen den Vereinigten Staaten und anderen Ländern.

Die Programmdauer ist abhängig von der Länge des geplanten Projekts in den USA, wobei die maximale Programmlänge auf fünf Jahre begrenzt ist.

Secondary School Student (High School)

Wer als Austauschschüler in den USA zur Schule gehen möchte, benötigt beim Besuch einer öffentlichen Schule ein J-1 Visum in der Kategorie *Secondary School Student*.

Die amerikanische Highschool umfasst in der Regel vier Jahre (9.–12. Klasse). Das Schuljahr beginnt meist im August oder September und gliedert sich in zwei sogenannte *terms*, also Halbjahre oder Semester. Für deutsche Austauschschüler ist in vielen Fällen nur der Einstieg im Sommersemester möglich.

Um eine amerikanische Highschool zu besuchen, sollten Schüler:

- Bei Programmbeginn mindestens 15 und höchstens 18,5 Jahre alt sein
- Keinen vorherigen Schulbesuch in den USA innerhalb eines F-1 oder J-1 Programms absolviert haben
- Nachweis über gute Englischkenntnisse erbringen können
- Mindestens befriedigende Schulleistungen vorweisen können
- In den USA keiner Arbeitstätigkeit nachgehen

Das Kurs- und Fächerangebot einer amerikanischen Highschool hängt im Gegensatz zu vielen anderen Ländern zum Teil stark davon ab, in welchem Bundesstaat oder Schulbezirk die Schule gelegen ist. Die Bundesstaaten können unterschiedliche Lehrpläne und Anforderungen für das Erlangen des abschließenden *High School Diploma* erlassen, daher unterscheiden sich die Lehrinhalte von Region zu Region. Das *High School Diploma*, der amerikanische Schulabschluss, berechtigt wie auch das deutsche Abitur, zur Aufnahme eines Studiums.

Eine Besonderheit der Highschools in den USA ist, dass auch der Förderung von sozialen Kompetenzen der Schüler wie z.B. Teamgeist große Bedeutung beigemessen wird. Daher ist das Angebot an Sport und anderen Aktivitäten, denen nach dem Unterricht nachgegangen werden kann, meist sehr breit gefächert.

Während eines Schüleraustauschs in den USA wohnen Schüler traditionell bei einer Gastfamilie. Die Gastfamilie verpflegt den Schüler, stellt den Transport zur Schule sicher, hilft bei Besorgungen und nimmt den Austauschschüler wie ein Familienmitglied bei sich auf.

Wissenswert: Wenn Sie bereits eine Familie in den USA kennen, bei denen Sie gerne als Highschool-Schüler wohnen möchten, so ist es unter Umständen möglich, bei dieser Familie unterzukommen. Sie und die Familie müssten sich dann bei derselben Organisation bewerben, mit dem zusätzlichen Hinweis, dass Sie bereits eine Gastfamilie in den USA kennen. Sofern die Familie nicht mit dem Schüler verwandt ist, überprüft wurde, die Austauschorganisation die Betreuung in der entsprechenden Region sichergestellt und eine passende Highschool in der Nähe gefunden hat, ist die Unterbringung bei der jeweiligen Wunschfamilie definitiv möglich. Dies ist ein sogenanntes *pre-match*.
pre-match

Einen Schülertaustausch an einer Highschool selbst zu organisieren und mit einem Besuchervisum in die USA einzureisen, ist nicht möglich. Ein Highschool-Aufenthalt unterliegt genauen Richtlinien, die von der amerikanischen Regierung festgelegt sind. Zur Einreise benötigt man ein J-1 Visum. Das für die Beantragung notwendige Formular DS-2019 erhält man von der betreuenden Austauschorganisation in Deutschland, die als Visumsponsor fungieren. Daher ist eine Anmeldung zu einem öffentlichen Highschool-Programm nur über eine größere Organisation möglich.

Nachdem die entsprechende Austauschorganisation das DS-2019 Formular ausgestellt hat, kann ein Interviewerin an einem US-Konsulat vereinbart werden.

Wissenswert: Bezüglich der Anerkennung des Highschool-Aufenthalts nach der Rückkehr gibt es keine einheitliche Regelung. Interessierte sollten daher im Vorfeld ein Gespräch mit der Schulleitung führen, um u.a. zu klären, welche Fächer in den USA unbedingt weiter belegt werden sollten. In der Regel können Schüler, die nur ein halbes Jahr im Ausland bleiben, wieder in die alte Klasse zurück. Bei einem längeren Aufenthalt wird das Schuljahr meist in Deutschland nicht anerkannt und muss „nachgeholt" werden.
Anerkennung im Heimatland

Short-Term Scholar Program

An dem *Short-Term Scholar Program* können Professoren, Forschungsstipendiaten und Personen mit einer ähnlichen Ausbildung oder Fähigkeiten teilnehmen. In Forschungseinrichtungen, Museen, Bibliotheken, anerkannten post-sekundären Einrichtungen oder ähnlichen Institutionen sollen die Programmteilnehmer lehren, beobachten, konsultieren, trainieren und ihre speziellen Fähigkeiten und Kenntnisse demonstrieren.

Ziel des *Short-Term Scholar Programs* ist die pädagogische Bereicherung. Die Teilnehmer sollen an Forschungsprojekten mitwirken, ein Semester an einer

Universität oder Hochschule unterrichten, oder in verschiedenen Forschungs- und Bildungseinrichtungen konsultieren und beobachten.

Die maximale Dauer des *Short-Term Scholar Programs* beträgt sechs Monate und kann nicht verlängert werden.

Specialist

Das J-1 Visum für Spezialisten dient dem Wissensaustausch zwischen ausländischen und amerikanischen Experten. Dabei haben die ausländischen Spezialisten die Möglichkeit, ihr Wissen zu demonstrieren, weiterzugeben und zu erweitern. Diese Kategorie wird meist für nicht-wissenschaftliche Mitarbeiter wie z.B. *Trainer, Coaches* oder *Manager* genutzt. Auch im Bereich Arbeitsrecht, Umweltwissenschaften, öffentliche Verwaltung, Bibliothekswissenschaften oder Museumsausstellungen wird diese Kategorie des J-1 Visums oft genutzt. *Short-Term Scholars*, Forscher oder Professoren fallen daher in eine andere J-1 Kategorie.

Um sich für die J-1 Kategorie „*Specialist*" zu qualifizieren, müssen folgende Voraussetzungen erfüllt werden:

- Experten müssen über besondere Kenntnisse oder Fähigkeiten verfügen
- Die USA muss zum Zweck des Wissens- oder Fähigkeitenaustauschs zwischen ausländischen und amerikanischen Spezialisten bereist werden
- Der Wissens- oder Fähigkeitenaustausch darf nur durch Beobachtung, Präsentation oder Konsultation stattfinden
- Spezialisten dürfen keine Vollzeit- oder Langzeitstelle in den USA besetzen

Das J-1 Visum für Spezialisten kann für maximal zwölf Monate beantragt werden. Eine Verlängerung ist nicht möglich.

Besonderheit: der Wechsel in die J-1 Kategorie „*Professor/Research Scholar*" darf frühestens nach einem Jahr erfolgen.

Summer Work & Travel im Rahmen eines organisierten Austauschs

Um einen ersten Einblick in die amerikanische Arbeitswelt zu erhalten, haben Studenten die Möglichkeit an einem *Work&Travel* Programm teilzunehmen. Der Vorteil besteht darin, dass für dieses Programm kein Arbeitsvisum – im Sinne eines H-1B, L- oder E-Visums – benötigt wird, sondern ein J-1 Visum ausreichend ist.

Dieses Programm eignet sich für Studierende, die während der Semesterferien im Sommer jobben möchten. Generell gilt beim *Summer Work&Travel* Program, dass der Bewerber die Fachrichtung seines Studiums nicht einbeziehen muss. Die Arbeitserlaubnis ist für vier Monate zwischen Mai und Oktober gültig. Programmwiederholungen z.B. im darauffolgenden Jahr sind möglich, solange der Studentenstatus besteht.

Mit ein paar Ausnahmen kann jeder Job angenommen werden. Nicht erlaubt sind jedoch u.a. Positionen in der Unterhaltungsindustrie, als private Haushaltshilfe (z.B. Kinderbetreuung oder Altenpflege) oder Positionen in der klinischen Versorgung, die den direkten Kontakt zum Patienten erfordern.

Für ein *Summer Work&Travel Program* müssen Interessenten:

- Zwischen 18 und 28 Jahren alt sein
- Student/in an einer deutschen Hochschule ab 1. Semester (Nationalität spielt keine Rolle)
- Ein Empfehlungsschreiben von einem Dozenten oder Arbeitgeber vorweisen können
- Über mindestens befriedigende Englischkenntnisse verfügen
- Einen Nachweis über finanzielle Mittel von mindestens US$ 500 pro Aufenthaltsmonat (beispielsweise durch ein *Financial Statement* der Eltern oder *Bank Statement*) erbringen können
- Vor der Abreise an einem Interview und Orientation-Seminar teilnehmen
- Keine Au-pair-Tätigkeit oder medizinisch-pharmazeutische Arbeit in den USA aufnehmen

Bitte informieren Sie sich direkt bei der entsprechenden Austauschorganisation über spezielle Rahmenbedingungen und Voraussetzungen, um am Programm teilnehmen zu können. Grundsätzlich beinhalten die Angebote meist eine Stellenvermittlung, wobei Sie sich aber auch selbst um einen Arbeitsplatz bemühen können.

Teacher Program

Das *Teacher Program* gibt Lehrern, die nicht US-Staatsbürger sind, die Möglichkeit, ihre professionelle Karriere voranzubringen, während sie mehr über die amerikanische Kultur und Gesellschaft vor Ort erfahren. Durch dieses Programm können erfahrene Lehrer mit qualifiziertem Abschluss an einer anerkannten US-Bildungseinrichtungen (Grundschule und Oberstufe) für bis zu drei Jahre unterrichten.

Um sich für das *J-1 Teacher Program* zu qualifizieren, müssen die Lehrer folgenden Anforderungen erfüllen:

- Mindestens einen dem *U.S. Bachelor* gleichwertigen Abschluss innehaben, und der Abschluss muss dem zu unterrichtenden Bildungsbereich in den USA verwandt sein
- Zum Zeitpunkt der Bewerbung an einer Grund- oder Oberschule im Heimatland angestellt sein
- Alle Voraussetzungen zum Unterrichten an einer Grund- oder Oberschule im Heimatland erfüllen
- Nachweislich mindestens zwei Jahre Vollzeit Arbeitserfahrung als Lehrer haben
- Alle Zugangsvoraussetzungen für eine Lehreranstellung des jeweiligen Bundesstaats in den USA erfüllen, z.B. durch Nachweis eines Polizeilichen Führungszeugnisses etc.

- Ausreichend Englischkenntnisse im mündlichen und schriftlichen Bereich, um in den USA zu unterrichtende und tagtägliche Angelegenheiten klären zu können
- Eine gute Reputation und Charakter haben
- In den USA nur als temporärer Vollzeitlehrer an einer anerkannten Grund- oder Oberschule unterrichten
- Der amerikanischen Gastschule und Gesellschaft kulturübergreifende Aktivitäten anbieten und bei Rückkehr ins Heimatland mit der Heimatschule teilen

Bitte beachten Sie, dass die US-Gastschule auch einige Kriterien erfüllen muss, um eine J-1 Lehrstelle besetzten zu können. Bitte informieren Sie sich hierfür bei dem zuständigen Konsulat oder unter: *http://j1visa.state.gov/programs/teacher*.

Ziel des *Teacher Programs* ist die kulturelle und pädagogische Bereicherung. Die Lehrer sollen nach Beendigung des Programms zu ihrer Heimatschule zurückkehren und ihre Erfahrungen über die Vereinigten Staaten und das US-Bildungssystem teilen.

Die maximale Dauer des *Teacher Programs* ist auf drei Jahre beschränkt.

Sollte ein Lehrer vorhaben das *J-1 Teacher Program* zu wiederholen (er hat bereits ein *J-1 Teacher Program* erfolgreich abgeschlossen), muss er für mindestens zwei Jahre in sein Heimatland zurückkehren, bevor er sich erneut bewerben kann.

Allgemeines Antragsverfahren für ein J-1 Visum

1. Beantragung und Erhalt des Formulars DS-2019

Der erste Schritt ist die erfolgreiche Überprüfung durch einen *J-1 Visa Sponsor*, sodass dieser das für den Visumantrag essentielle Formular DS-2019 ausstellen kann.

2. Visumantrag

Der Antrag auf ein J-1 Visum wird mithilfe des webbasierten Formulars DS-160 gestellt. Jeder Antragsteller muss das DS-160 Formular persönlich an das entsprechende US-Konsulat im Heimatland (in Deutschland das Konsulat in Berlin, Frankfurt am Main oder München) elektronisch übermitteln. Im Anschluss muss die Visumantragsgebühr an das gleiche Konsulat gezahlt werden, damit man einen persönlichen Interviewtermin vereinbaren kann.
Das Formular DS-160 erfragt u.a. persönliche Daten zum Antragsteller, dessen Einreiseintention in die USA und Angaben zur Gastorganisation (*Host Organisation*). Zudem muss die auf dem DS-2019 befindliche *SEVIS*-Nummer des Teilnehmers sowie die Programmnummer des *J-1 Visa Sponsors* vermerkt werden. Das bedeutet, dass Sie das DS-160 erst komplettieren können, wenn Ihnen das Formular DS-2019 vorliegt bzw. Ihnen die Austauschorganisation schriftlich bestätigt hat, dass Sie sich für dessen Ausstellung qualifizieren.

J-1 Visum (Exchange Visitor)   *Kapitel 9.1*

Anmerkung: Beim persönlichen Termin im zuständigen Konsulat muss der Antragsteller das Formular DS-2019 im Original einreichen; Kopien werden vom Konsularbeamten unter keinen Umständen akzeptiert. Weitere Unterlagen, die zusätzlich eingereicht werden, können gegebenenfalls in Kopie vorgelegt werden.

MERKE

Nach dem persönlichen Interview wird der Konsularbeamte eine Entscheidung treffen, ob der Antrag auf ein J-1 Visum genehmigt wird. Der Konsularbeamte könnte den Antrag ablehnen, wenn er der Meinung ist, dass sich der Antragsteller nicht ausreichend für dieses Programm qualifiziert oder nach Ablauf des Programms nicht die Absicht hat, in sein Heimatland zurückzukehren.

3. Einreise mit dem J-1 Visum

Sollte das J-1 Visum genehmigt werden, ist dieses in der Regel ab dem Tag der Genehmigung bis zum Ende des auf dem DS-2019 Formular angegebenen Datums gültig. Bitte beachten Sie, dass bei Ein- und Ausreise immer das Visum und das DS-2019 Formular im Original vorgelegt werden müssen. Das Visum ist ohne das zugehörige DS-2019 Formular nicht gültig.

Laut J-1 Programmbestimmungen ist es den Programmteilnehmern außerdem gestattet 30 Tage vor dem offiziellen Programmbeginn in die USA einzureisen. Während dieser *grace period* kann dieser sich in den USA einleben oder Urlaub machen. Das Programm darf während der *grace period* aber noch nicht begonnen werden.

grace period zum Reisen in den USA

4. J-1 Programmteilnahme

Der Teilnehmer muss sich zu den auf dem DS-2019 angegebenen Daten bei der jeweiligen Bildungseinrichtung oder dem jeweiligen Gastunternehmen aufhalten. Das Programm darf nicht vorzeitig begonnen oder frühzeitig beendet werden, es sei denn es wurde vom Visumsponsor genehmigt. Unter bestimmten Umständen kann das Programm in den USA auch noch verlängert werden. Der Verlängerungsantrag kann aber ebenfalls nur über den Visumsponsor gestellt werden, da ein neues DS-2019 Dokument erstellt werden muss. Für eine Verlängerung muss sich der Teilnehmer demnach unbedingt an den Sponsor wenden. Bitte beachten Sie, dass hierfür außerdem bestimmte Fristen vor Ablauf des ursprünglichen Programmendes einzuhalten sind, da eine Verlängerung sonst nicht möglich ist. Nach Erfolgreicher Verlängerung werden die *SEVIS*-Daten vom Visumsponsor entsprechend im *SEVIS*-System (*Student and Exchange Visitor Information System*) angepasst.

Programmverlängerung ist unter Umständen möglich!

5. Reisen während des Programms

Sollte der Teilnehmer während des J-1 Programms außerhalb der USA reisen wollen, dann muss er/sie hier ebenfalls den Visumsponsor kontaktieren und sich eine sogenannte *Travel Validation* einholen. Der Visumsponsor muss dafür auf dem DS-2019 Formular unterschreiben und damit sein Einverständnis mit der Ausreise bekunden. Auch bei Reisen außerhalb der USA während des Programms muss immer das Visum und das DS-2019 Dokument mitgeführt werden.

Travel Validation nicht vergessen

Kapitel 9.1

6. Ausreise

Nach Beendigung des J-1 Programms steht es dem Programmteilnehmer zu, sich noch weitere 30 Tage in den USA aufzuhalten. Während dieser sogenannten *grace period* soll der Kulturaustausch weiter vertieft werden. Spätestens am 30. Tag muss der Teilnehmer dann aber ausreisen, um keinen illegalen *Overstay* zu riskieren.

Wiederholte Teilnahme an einem J-1 Programm

Bei einer erneuten Teilnahme an einem *J-1 Exchange Visitor Program* sollte vorher unbedingt geprüft werden, ob man sich dafür qualifiziert. In einigen Fällen ist eine erneute Programteilname oder Programmwiederholung nach weniger als zwei Jahren nicht möglich, da der Teilnehmer das erlernte Wissen erst einmal wieder mit ins Heimatland bringen und anwenden soll. Um herauszufinden, ob Sie für zwei Jahre in Ihr Heimatland zurückkehren müssen, um erneut an einem *J-1 Exchange Program* teilzunehmen, kontaktieren Sie bitte vorab den zuständigen Visumsponsor oder ein US-Konsulat.

MERKE

Achtung: Bitte beachten Sie, dass diese zweijährige Wartezeit nicht mit dem Two-Year Home-Country Physical Presence Requirement (oder auch „Two-Year Rule") zu verwechseln ist.

Two-Year Home-Country Physical Presence Requirement

Two-Year Rule

Das J-1 Visum wird in einigen Fällen an die Bedingung verknüpft, dass die Person nach Beendigung des Programms zunächst für zwei Jahre im Heimatland lebt, bevor sie wieder berechtigt ist, eine permanente Aufenthaltsgenehmigung (GreenCard) oder ein Visum der Kategorie H, L oder K zu beantragen. Dies trifft in der Regel nur auf Personen zu, deren Programm mithilfe einer staatlichen Förderung, z. B. von der US-Regierung, der Regierung des Heimatlandes oder einer internationalen Organisation, finanziert wird. Mediziner fallen unter diese Regelung ebenso wie Personen, die sich während des Aufenthalts in den USA spezifisches Fachwissen sowie Fähigkeiten aneignen, die auf der sogenannten *Exchange Visitor Skills List* ihres Heimatlandes stehen. Unter gewissen Umständen kann eine Ausnahmegenehmigung beantragt werden.

BEISPIEL

Beispiel: Dr. Michael Mikrobe wird am Ende seines J-1 Exchange Visitor Programs eine Stelle an einem Kinderkrankenhaus angeboten. Dr. Mikrobe möchte gerne seinen Status von J-1 auf H-1B Specialty Occupation Worker wechseln, kann das aber leider nicht, da auf seinem Visum die Two-Year Rule vermerkt wurde. Nach den gegenwärtigen Bestimmungen muss Dr. Mikrobe erst nach Deutschland zurückkehren und dort 24 Monate leben, bevor er berechtigt ist, eine Arbeit auf der Grundlage des H-1B Visums aufzunehmen.

Unter strengen Auflagen können Ausnahmegenehmigungsanträge (*waiver*) gestellt werden.

Familienangehörige

Ehepartner und unverheiratete Kinder unter 21 Jahren erhalten für denselben Zeitraum wie der Hauptantragsteller ein abgeleitetes J-2 Visum. Erreichen die Kinder die amerikanische Volljährigkeitsgrenze, müssen sie ihren Nichteinwanderungsstatus wechseln oder das Land verlassen.

Sowohl der Ehepartner als auch die Kinder können auf Antrag eine eigene Arbeitserlaubnis (*Employment Authorization Document, EAD*), die nicht an eine bestimmte Arbeitsstelle oder das Gastunternehmen des J-1 Visuminhabers gebunden ist, erhalten. Diese muss nach der Einreise in die USA bei der US-Einwanderungsbehörde beantragt werden und ist zunächst für zwei Jahre gültig; eine Verlängerung ist möglich. Die Beantragung erfolgt mithilfe des Formulars I-765 *Application for Employment Authorization* und dauert circa 2–3 Monate, daher kann eine Arbeitsaufnahme erst nach dieser Wartezeit erfolgen. Bitte beachten Sie, dass die Arbeitsaufnahme des Ehepartners bzw. des Kindes nachweislich nicht dazu dienen darf, die Lebenshaltungskosten des Hauptantragstellers zu decken.

Arbeitsaufnahme als Familienangehörige/r

J-2 Visuminhaber können darüber hinaus öffentliche/private Bildungseinrichtungen besuchen und auch Geld verdienen!

9.2 F-1 Visum (Student): Highschool, College, Universität

Die meisten Ausbildungsprogramme, welche von Colleges, Universitäten, Konservatorien, Privat- oder Sprachschulen angeboten werden, erfordern die Beantragung eines F-1 Visums.

F-1 Visumkategorien und Zugangsvoraussetzungen

1. Private Highschools (Privatschulen)

Wer in den USA einen privaten Schüleraustausch organisieren möchte, benötigt dafür in der Regel ein F-1 Visum, da von privaten Highschools Schulgeld verlangt wird.

Um ein F-1 Visum für den Besuch einer Privatschule beantragen zu können, ist es jedoch zwingend erforderlich, dass die anvisierte Bildungseinrichtung in den USA das sogenannte I-20 Formular ausstellen kann und damit vom *U.S. Department of State* ausreichend geprüft wurde.

Voraussetzung für die Ausstellung des I-20 Formulars ist, dass die Schule in den USA eine SEVIS-Registrierung besitzt. Nicht alle Bildungseinrichtungen in den USA können daher das I-20 Formular ausstellen, da insbesondere die meisten öffentlichen Schulen nicht über eine SEVIS-Registrierung verfügen. Die SEVIS-Datenbank ermöglicht dem US-Heimatschutzministerium (*U.S. Department of Homeland Security, DHS*) und dem US-Außenministerium (*U.S. Department of State, DOS*), die Daten aller Austauschstudenten, die sich in den USA befinden, einzusehen.

SEVIS-Registrierung der Schule ist unbedingt erforderlich

Demnach müssen Visumantragsteller, die eine private Highschool in den USA besuchen möchten, sich unbedingt vorab darüber informieren, ob diese das I-20 Formular ausstellen kann.

INTERNET

Zur Suche nach einer geeigneten Bildungseinrichtung eignet sich z. B. die Webseite des DHS: ☛ *http://studyinthestates.dhs.gov/school-search*

2. Colleges und Universitäten

Nur für ein Vollzeitstudium

Das F-1 Visum ist darüber hinaus für Personen vorgesehen, die ein akademisches Vollzeitstudium an einer anerkannten Bildungseinrichtung in den USA absolvieren möchten. Der Begriff „Vollzeitstudium" umfasst die reguläre Anzahl von Kursen, welche absolviert werden müssen, um in einem angemessenen Zeitraum die Voraussetzungen für einen Abschluss zu erlangen. Ausstellende Instanz des benötigten I-20 Formulars ist in diesem Fall die besuchte Universität bzw. das besuchte *College*.

BEISPIEL

Beispiel: Laura aus Linz interessiert sich für einen beruflichen Werdegang „Internationales Recht". Da sie der Meinung ist, dass ein US-Abschluss in Rechtswissenschaften sie diesem Ziel näher bringt, bewirbt sie sich an der UCLA und wird für das kommende Studienjahr angenommen. Als Vollzeitstudentin ist Laura berechtigt, ein F-1 Visum zu beantragen, insofern die UCLA SEVIS-registriert ist und ihr ein I-20 Formular ausstellen kann.

Erwerbstätigkeit während des Studiums

Es gibt zwei grundsätzliche Möglichkeiten von zulässigen studentischen Beschäftigungsverhältnissen während des F-1 Studienaufenthalts:

a. Auf dem Campus (*On-Campus Employment*)

Arbeitsmöglichkeiten während des Studiums

Während der Vorlesungszeit besteht die Möglichkeit, auf dem Campus eine Teilzeitstelle von bis zu 20 Stunden pro Woche anzunehmen; in den Semesterferien dürfen Studenten sogar auf Vollzeitbasis arbeiten. Im einwanderungsrechtlichen Sinne bedeutet „Beschäftigungsverhältnis" auf dem Campus, dass es sich um eine Arbeit auf dem Gelände der Bildungseinrichtung, z. B. in der Buchhandlung oder in der Cafeteria, handeln muss. Dazu zählt aber auch eine Arbeit außerhalb des Campus, wenn sich diese in einer Einrichtung befindet, welche der Bildungsinstitution angeschlossen ist.

MERKE

Anmerkung: Im Rahmen von Beschäftigungsverhältnissen auf dem Campus ist es nicht erlaubt, auf dem Gelände der Bildungseinrichtung für ein Unternehmen zu arbeiten, das nichts direkt mit Dienstleistungen für die Studenten auf dem Campus zu tun hat, z. B. für ein Bauunternehmen, das dort ein neues Gebäude errichtet.

b. Außerhalb des Campus (*Off-Campus Employment*)

Off-Campus Employment

Der Inhaber eines F-1 Visums kann außerhalb des Campus arbeiten, wenn eine unerwartete finanzielle Notsituation (*unforeseen economic hardship*) eingetroffen ist, auf deren Umstände der Student keinen Einfluss hatte. Damit sind solche Fälle beschrieben, die unerwartete Finanzierungsschwierigkeiten des Studiums betreffen. Beispiele hierfür sind u.a. die (teilweise) Aufhebung des Stipendiums oder die Einstellung von Zahlungen seitens der Familie, die eine unzumutbare soziale Härte darstellen. Voraussetzung ist, dass bereits mindestens ein volles Studienjahr absolviert und gute Studienergebnisse erzielt wurden. Sofern der *DSO (designated school official)* dem Studenten bescheinigt, sich in solch einer Situation zu befinden, wird dies im *Student and Exchange Visitor Information System (SEVIS)* vermerkt und anschließend ein neues Formular I-20 ausgestellt. Zudem muss der Student die Arbeitserlaubnis mithilfe des Dokuments I-765 *Application for Employment Authorization* direkt bei der US-Einwanderungsbehörde beantragen.

Ihr Ansprechpartner während des Studiums: der „DSO"

Praktikumsmöglichkeiten während des Studiums

Für F-1 Studenten bestehen zwei Optionen, ein Praktikum zu absolvieren; hierzu zählen das *Curricular Practical Training (CPT)*, d.h. während des Studiums, sowie das *Optional Practical Training (OPT)*, welches nach dem Abschluss des Studiums aufgenommen werden kann. In beiden Fällen muss die Tätigkeit während des Praktikums einen klaren Bezugspunkt zum Hauptfach des Studiengangs aufweisen.

a. Curricular Practical Training (CPT)

Diese Art des Praktikums kann während des laufenden Semesters für eine Dauer von maximal zwölf Monaten absolviert werden. Teilnehmen können allerdings nur Studenten, die bereits seit mindestens einem Jahr an der Universität eingeschrieben sind.

Die Bildungseinrichtung schließt zu diesem Zweck diverse Kooperationsverträge mit Arbeitgebern, die dem Studenten einen potentiellen Praktikumsplatz anbieten können. Eine Beschränkung der maximal zulässigen Arbeitsstunden pro Woche besteht nicht. Wichtig zu beachten ist jedoch, dass die Ausübung auf Vollzeitbasis, d.h. mehr als 20 Stunden pro Woche, zur Folge hat, dass sich der Student nicht mehr für das *Optional Practical Training (OPT)* qualifiziert. Wenn das Praktikum auf Teilzeitbasis absolviert wird, resultieren daraus keinerlei Auswirkungen.

Beispiel: Als Teil ihrer Ausbildung in Strafrecht möchte Laura an einem Workshop über Strafrecht ihrer Schule teilnehmen. Dazu gehört eine Anstellung bei einer staatlichen Rechtsberatungsstelle. Laura kann diese Arbeit aufnehmen, da es ein Praktikum im Rahmen des Lehrplans ist.

BEISPIEL

Um eine Genehmigung für die Teilnahme an einem solchen Praktikum zu erhalten, muss sich der Student zunächst an den *DSO* wenden. Falls dieser dem Anliegen zustimmt, muss der *DSO* das *Curricular Practical Training* zunächst im SEVIS-Datensatz des Studenten autorisieren und das aktualisierte Formular I-20 erstellen, bevor die entsprechende Arbeit aufgenommen werden kann.

b. Optional Practical Training (OPT)

Ein bezahltes Praktikum nach dem Studium ist möglich!

Diese Art des Praktikums kann nach Beendigung des Studiums für eine Dauer von höchstens zwölf Monaten absolviert werden. Teilnehmen können nur Studenten, die bereits seit mindestens einem Jahr an der Universität eingeschrieben sind oder ihren Abschuss bereits absolviert haben.

Es gibt eine Unterscheidung in *pre-completion OPT* (also während des laufenden Studiums) und *post-completion OPT* (also nach erfolgreichem Abschluss des Studiums).

MERKE

BEISPIEL

Merke: Für Studenten, die einen Abschluss in Fächern der sogenannten STEM (Science, Technology, Engineering, Mathematics) erhalten haben, besteht die Möglichkeit, ein OPT auf bis zu maximal 17 Monate auszudehnen.

Beispiel: Nachdem Laura im Mai ihren Abschluss gemacht hat, wird ihr für ein Jahr eine Stelle als Rechtsanwaltsgehilfin bei einem Richter in Los Angeles angeboten. Eine solche Arbeit würde unter die Rubrik „Praktikum nach dem Studium für F-1 Studenten" fallen.

Um ein *Optional Practical Training* zu absolvieren, ist zunächst die Zustimmung des *DSO* erforderlich. Sofern der *DSO* das Vorhaben des Studenten bewilligt, wird dies im *Student and Exchange Visitor Information System (SEVIS)* vermerkt und anschließend ein neues Formular I-20 ausgestellt. Zudem muss der Student die Arbeitserlaubnis mithilfe des Dokuments I-765 *Application for Employment Authorization* direkt bei der US-Einwanderungsbehörde beantragen.

3. Sprachschulen

Wer in den USA Sprachkurse besuchen möchte, benötigt im Allgemeinen ebenfalls ein F-1 Visum. Für alle Sprachkurse in den USA, die mehr als 18 Stunden pro Woche in Anspruch nehmen und/oder über den Zeitraum von 90 Tagen hinausgehen, muss in jedem Fall ein Visum beantragt werden. Sprachkurse unter 18 Wochenstunden können visumfrei mit ESTA oder einem B-2 Visum absolviert werden.

Antragsverfahren

1. Annahme an einer Bildungseinrichtung, Ausstellung des I-20 Formulars

VERFAHREN

Der erste Schritt, um ein F-1 Visum in einer der drei genannten Kategorien zu erhalten, ist die Bewerbung und Annahme an einer Bildungseinrichtung.

Die Schule wird erfolgreichen Bewerbern das Formular I-20 ausstellen. Um ein I-20 zu erhalten, müssen verschiedene Bedingungen erfüllt sein. Der Student muss sich schriftlich beworben, die Schule seinen Ausbildungsgang dokumentiert und Nachweise über die Finanzierbarkeit des Studienaufenthalts erhalten haben. Im Weiteren sollten Nachweise über die bisherige Ausbildung im Heimatland sowie ausreichende Englischkenntnisse (außer bei Sprachschulen) vorgelegt worden sein. Und natürlich ist der Nachweis der Schule über die Annahme des Bewerbers vonnöten.

Für die Beantragung, die im Folgenden beschrieben wird, ist eine zusätzliche Gebühr neben der Visabearbeitungsgebühr notwendig, die sogenannte *SEVIS Fee*. Hierzu benötigen Sie die *SEVIS*-Nummer, die auf dem I-20 über dem Barcode eingetragen ist. Mittels dieser Nummer können Sie auf der folgenden Webseite die Zahlung per Kreditkarte vornehmen: ⓘ *www.fmjfee.com*.

INTERNET

Achtung: Die Zahlung wird umgehend mittels Zahlungsbeleg bestätigt, den Sie beim F-1 Interviewtermin vorlegen müssen. Ansonsten wird Ihr Antrag nicht bearbeitet und kein Visum ausgestellt.

Gut aufbewahren: Zahlungsbeleg über SEVIS-Gebühr zwingend erforderlich

2. Visumantrag

Nach dem Erhalt der Bescheinigung der Bildungseinrichtung, muss der Antrag auf ein F-1 Visum gestellt werden; dies erfolgt mithilfe des webbasierten Antragsformulars DS-160, welches jeder Antragsteller persönlich an das entsprechende US-Konsulat im Heimatland – in Deutschland demnach Berlin, Frankfurt am Main oder München – elektronisch übermitteln muss. Im Anschluss muss die Visumantragsgebühr an das gleiche Konsulat gezahlt werden, damit ein persönlicher Interviewtermin vereinbart werden kann.

Das Formular DS-160 erfragt u.a. persönliche Daten zum Antragsteller, dessen Einreiseintention in die USA sowie Angaben zur zukünftigen Bildungseinrichtung. Zudem muss die SEVIS-Nummer des Studenten vermerkt werden. Wichtig zu beachten ist demnach, dass Sie das DS-160 erst komplettieren können, wenn Ihnen das I-120 vorliegt bzw. Ihnen die Bildungseinrichtung zumindest schriftlich bestätigt hat, dass Sie sich für die Ausstellung dessen qualifizieren.

Achtung: Während des Interviewtermins im US-Konsulat muss der Antragsteller ausreichend Belege hinsichtlich der Bindungen an das Heimatland vorweisen und somit seine Rückkehrintention belegen. Der Konsularbeamte muss überzeugt werden, dass der Antragsteller beabsichtigt, die USA nach Ablauf der geplanten Studiendauer wieder zu verlassen. Sollte der Konsularbeamte zu der Annahme kommen, dass seitens des zukünftigen Studenten eine Einwanderungsintention besteht, kann der Antrag auf das F-1 Visum auch abgelehnt werden (siehe dazu auch das Kapitel 15.1 „Ausschlussgründe für eine Visumerteilung bzw. Einreise in die USA").

MERKE

Wichtig für den Erhalt des F-1 Visums ist außerdem, dass der Antragsteller beim Konsularbesuch ausreichend finanzielle Mittel vorweisen kann, um die Lebenshaltungskosten während des gesamten Aufenthaltszeitraums decken zu können.

Aufenthaltsdauer, Grace Period und Verlängerung

Der Aufenthaltsstatus wird zunächst für den planmäßigen Zeitraum des Studiums sowie das eventuell anschließende Praktikum erteilt. Zudem wird dem Studenten eine Kulanzfrist von 60 Tagen gewährt. Diese sogenannte *grace period* dient als Möglichkeit, die USA nach Beendigung des Studiums zu bereisen.

F-1 Visum für die gesamte Dauer des Studiums

MERKE

Hinweis: Zu beachten gilt es allerdings, dass sich Inhaber eines F-1 Visums nur dann bis zu 60 Tage nach Ablauf ihres I-20 Formulars in den USA aufhalten

dürfen, wenn ein Studienabschluss in den USA erfolgt bzw. ein Programm erfolgreich abgeschlossen wurde. Von vielen amerikanischen Hochschulen wird beispielsweise ein Semesteraufenthalt als unvollständiger Abschluss gewertet und entsprechend wie ein Programmabbruch im SEVIS-System eingetragen. Dies hat zur Folge dass die grace period nur für 15 Tage statt für 60 Tage gewährt wird, da man als „Programmabbrecher" lediglich zwei Wochen Zeit hat das Land zu verlassen. Inhaber eines F-1 Visums sollten bei kürzeren Studienaufenthalten daher in jedem Fall Rücksprache mit ihrer Bildungseinrichtung halten, um einen illegalen „Overstay" zu vermeiden.

Auf dem Formular I-20 ist das voraussichtliche Abschlussdatum des Programms vermerkt. Falls dennoch eine Verzögerung eintreten sollte, weil beispielsweise das Hauptfach gewechselt wird, unerwartete Probleme im Forschungsbereich auftreten oder eine Krankheit eintritt, kann der Student eine Verlängerung der Aufenthaltsdauer beim DSO (*designated school official*) beantragen. In Falle einer Verlängerung wird ein neues I-20 Formular ausgestellt.

MERKE

Anmerkung: Verzögerungen wegen zeitweiliger Suspendierung werden nicht als Grund für eine Verlängerung akzeptiert.

Sollte der *Designated School Official* einer Verlängerung nicht zustimmen, verliert der Student mit dem Datum, das für die Beendigung seines Studiums auf dem *Certificate of Eligibility* (I-20) eingetragen ist, seinen rechtmäßigen F-1 Status. In diesem Fall kann der Student versuchen, durch einen direkten Antrag bei der USCIS den F-1 Status wiederzuerlangen. Dieser Antrag wird mithilfe des Formulars I-539 (*Application to Extend/Change Nonimmigrant Status*) eingereicht.

Folgende Punkte müssen jedoch zutreffen, damit dieser Schritt möglich ist:

- Der Student ist derzeit eingeschrieben oder beabsichtigt, sich für ein Vollzeitstudium einzuschreiben.
- Nachweise müssen erbracht werden, dass die Verletzung des Status durch unvorhergesehene Umstände herbeigeführt wurde, auf die der Student keinen Einfluss hatte.
- Es wurde kein unautorisiertes Beschäftigungsverhältnis aufgenommen.
- Der Verlust des Status liegt nicht länger als fünf Monate zurück.
- Ausreichend finanzielle Mittel sind vorhanden, um ein Vollzeitstudium zu absolvieren.
- Es gibt keinen weiteren Grund für eine Ausweisung als lediglich den nicht mehr aufrecht erhaltenen Status, wie z.B. eine Straftat.

Falls die USCIS den Antrag des Studenten befürwortet, wird dies auf dem Formular I-20 entsprechend vermerkt und dem Studenten postalisch zurückgeschickt.

Vorsicht bei längeren Reisen außerhalb der USA!

Erneute Einreise/Travel Validation

Falls ein F-1 Visuminhaber plant, die USA während des Programms zu verlassen, muss er/sie zuerst das I-20 Formular durch den *DSO* unterschreiben lassen. Diese Unterschrift garantiert, dass der Inhaber alle Kriterien für einen gültigen Status erfüllt. Damit ist der Visuminhaber in der Lage, wieder in die USA einzureisen. Er legt dem Einwanderungsbeamten dann das *Certificate of Eligibility* (I-20) zusammen mit seinem Pass vor, in welchem sich das F-1 Visum befindet.

Wechsel an eine andere Bildungseinrichtung

Ein F-1 Inhaber hat die Möglichkeit, die Bildungseinrichtung zu wechseln, falls das Studium an einer anderen Institution absolviert bzw. weitergeführt werden soll. Je nachdem, ob sich der Student zum Zeitpunkt dieser Entscheidung noch in Deutschland befindet oder aber bereits in die USA eingereist ist, bestehen unterschiedliche Optionen bzw. Verfahren. Die weitere Vorgehensweise sollte stets bei den Verantwortlichen, d.h. bei den *Designated School Officials* der beiden Bildungseinrichtungen erfragt werden, um einen korrekten Ablauf garantieren zu können.

Familienangehörige

Ehepartner und unverheiratete Kinder unter 21 Jahren erhalten für denselben Zeitraum wie der Hauptantragsteller ein abgeleitetes F-2 Visum. Erreichen die Kinder die amerikanische Volljährigkeitsgrenze, müssen sie ihren Nichteinwanderungsstatus wechseln oder das Land verlassen.

Eine Arbeitsaufnahme ist den Familienangehörigen nicht gestattet; die Beantragung einer allgemeinen Arbeitserlaubnis (*Employment Authorization Document, EAD*) ist unter F-2 Status folglich nicht möglich. F-2 Visuminhaber können jedoch eine öffentliche/private Bildungseinrichtung besuchen (Kindergarten bis Highschool). Soll eine höhere Bildungseinrichtung (z.B. Universität) besucht werden, muss ein eigenständiges F-1 Visum beantragt werden.

Umfangreiche Informationen zur Recherche einer für Sie geeigneten US-Universität, Profile von über 1.500 Bildungseinrichtungen, Bewerbungsrichtlinien etc. finden Sie in dem Buch *Complete Book of Colleges* (The Princeton Review, ISBN 978-0375427398).

BUCHTIPP

Für die Recherche im Internet empfiehlt sich die Webseite *www.educationusa.de*. In Partnerschaft mit dem US-Außenministerium bieten die EducationUSA Beratungsstellen in Deutschland und weltweit detaillierte und unabhängige Informationen über das gesamte Spektrum akkreditierter Studien- und Austauschprogramme an.

INTERNET

Umfangreiche Informationen über akademische Einrichtungen in den USA (und anderen Ländern) und Hilfe bei der Vermittlung bietet auch das Unternehmen College Contact GmbH, welches Profile von US-Universitäten und *Colleges*, Bewerbungs- und Auswahlverfahren, Finanzierungsaspekte, Lebenshaltungskosten u.v.m. auf der Webseite *www.college-contact.com* bereitstellt.

9.3 M-1 Visum (Non-academic & Vocational): Nicht-akademische oder berufsbezogene Bildungseinrichtungen

Das M-1 Visum ermöglicht den Besuch einer anerkannten, nicht-akademischen oder berufsbezogenen Bildungseinrichtung in den USA. Dies ist z.B. erforderlich, wenn eine Flugschule in den USA besucht werden soll. Sprachschulen können mit dem M-1 Visum leider nicht besucht werden (für den Besuch einer Sprachschule muss ein F-1 Visum beantragt werden).

Bevor Sie jedoch ein M-1 Visum in einem zuständigen US-Konsulat beantragen können, müssen Sie sich erst an einer vom *Student and Exchange Visitor Program (SEVP)* zertifizierten weiterführenden Bildungseinrichtung bewerben und angenommen werden.

Zugangsvoraussetzungen

Die weiterführende Bildungseinrichtung in den USA muss eine SEVIS-Registrierung besitzen, damit das für die Visumbeantragung benötigte I-20 Formular ausgestellt werden kann. *SEVIS* steht für *Student and Exchange Visitor Information System* und ist eine webbasierte Datenbank der US-Regierung, die es dem *U.S. Department of Homeland Security* und dem *U.S. Department of State* ermöglicht, die Daten aller M-1 Visuminhaber, die sich in den USA befinden, einzusehen. Die SEVIS-Registrierung der Bildungseinrichtung ist erforderlich, damit das I-20 Formular ausgestellt werden kann. Dieses muss bei der Beantragung des M-1 Visums im US-Konsulat im Original vorgelegt werden.

Um ein M-1 Visum in einem zuständigen US-Konsulat beantragen zu können, müssen vom Antragsteller zahlreiche Dokumente und Nachweise erbracht werden. Um sich für das Visum zu qualifizieren, muss der Antragsteller u.a.:

- An einer anerkannten, nicht-akademischen oder berufsbezogenen US-Bildungseinrichtung in Vollzeit (mindestens 18 Stunden pro Woche) eingeschrieben sein
- Das von der Bildungseinrichtung unterschriebene I-20 Formular vorweisen können
- Nachweisen können, dass er/sie genügend finanzielle Mittel während des gesamten Aufenthalts zur Verfügung hat, welche Ausbildung und Lebenshaltungskosten finanzieren (z.B. durch genügend Eigenmittel oder Stipendien).
- Nachweisen können, dass er einen festen Wohnsitz im Heimatland hat und er nach Beendigung der Weiterbildung wieder in sein Heimatland zurückkehrt

Zu beachten ist, dass die Bildungseinrichtungen unter Umständen noch zusätzliche Anforderungen an den Bewerber stellen können, bevor diese das I-20 Formular erteilen. Die Einrichtungen können z.B. spezielle Anforderungen an den Gesundheitszustand, Charaktereigenschaften, Sprachkenntnisse, Alter etc. des Bewerbers stellen.

Gültigkeit

Das M-1 Visum kann bis auf ein Jahr erteilt werden. Der Aufenthaltsstatus in den USA vor Ort richtet sich aber nach der im I-20 Formular vermerkten Dauer der Weiter- bzw. Ausbildung. Der Antragsteller darf sich nur während des auf dem I-20 Formular angegebenen Zeitraums bei der Einrichtung aufhalten. Sollte die Ausbildung länger dauern als vorgesehen, kann eine Verlängerung von bis zu einem Jahr bei der jeweiligen Bildungseinrichtung beantragt werden.

Unter Umständen kann man sich aber zusätzlich für ein *„Optional Practical Training (OPT)"* nach Abschluss der Weiterbildung qualifizieren. Die Dauer des Trainings wird in der Regel vom *Designated School Offical* der Einrichtung festgelegt. Es gilt aber, dass das Training im Anschluss an die abgeschlossene Ausbildung für maximal sechs Monate absolviert werden kann, oder ein Monat praktisches Training pro abgeschlossene viermonatige Weiter- bzw. Ausbildungseinheit. Zudem muss das Training in jedem Fall in einem eindeutigen Bezug zu der vorangegangenen Weiter bzw. Ausbildung stehen und der Bewerber muss einen gültigen M-1 Status über die gesamte *OPT* Trainingszeit nachweisen können. Bewerber können den M-1 Status maximal drei Jahre innehaben, einschließlich *OPT Training*.

<small>Optional Practical Training möglich</small>

Es ist dem Visuminhaber außerdem möglich die sogenannte *grace period* zu nutzen. Diese ermöglicht es dem Teilnehmer bereits 30 Tage vor Beginn des Weiterbildungsprogramms in die USA einzureisen und bis zu maximal 30 Tage nach Abschluss der Ausbildung noch in den Vereinigten Staaten zu bleiben. Während dieser Zeit darf der Antragsteller jedoch nicht bei der Bildungseinrichtung tätig werden.

Beantragungsprozess

Antragsteller müssen in der Regel persönlich im Rahmen eines Interviewtermins bei einem der zuständigen US-Konsulate vorstellig werden. Der Antrag auf ein M-1 Visum kann maximal 120 Tage vor Beginn der Aus- bzw. Weiterbildung gestellt werden.

Dort sollte neben den allgemeinen Antragsdokumenten wie dem I-20 Formular, ein fester Wohnsitz im Heimatland, finanzielle Absicherung während des gesamten Aufenthalts und Belege über die Rückkehrintention nach Programmende nachgewiesen werden. Die Beantragung erfolgt üblicherweise im US-Konsulat des Landes, in dem der Antragsteller seinen Lebensmittelpunkt hat.

Familienangehörige

Ehepartner und unverheiratete Kinder unter 21 Jahren können für denselben Zeitraum wie der Hauptantragsteller ein eigenes I-20 Formular und damit ein abgeleitetes M-2 Visum erhalten. Erreichen die Kinder die amerikanische Volljährigkeitsgrenze, müssen sie ihren Nichteinwanderungsstatus wechseln oder das Land verlassen.

Die Beantragung einer allgemeinen Arbeitserlaubnis (*Employment Authorization Document, EAD*) ist unter dem M-2 Status nicht möglich. Somit ist den Familienangehörigen eine Arbeitsaufnahme nicht gestattet. M-2 Visuminhaber können jedoch eine öffentliche/private Bildungseinrichtung besuchen (Kindergarten bis Highschool).

Soll eine höhere Bildungseinrichtung (z.B. Universität oder Hochschule) besucht werden, muss ein eigenständiges F-1 Visum beantragt werden (siehe Kapitel 9.2 „F-1 Visum (Student): Highschool, College, Universität").

10 Wichtige Hinweise zum Nichteinwanderungsvisum

10.1 Antragsverfahren bei den US-Konsulaten

Zuständigkeiten bei den US-Konsulaten in Deutschland

Anträge auf Erteilung eines US-Visums werden bei den US-Konsulaten in Frankfurt/Main, Berlin und München bearbeitet. Die Konsulate in Hamburg, Leipzig und Düsseldorf bearbeiten keine Visaanträge.
Alle Antragsteller im Alter von 14 bis 79 Jahren müssen zu einem persönlichen Gespräch (Visainterview) im US-Konsulat vorstellig werden und stellen an diesem Tag ihren Antrag. In aller Regel wird auch am selben Tag über diesen entschieden.

Ein Visumantrag ohne Interview (Nutzung des Einsendeservice, *Visa Reissuance Program*) ist nur in seltenen Ausnahmefällen möglich: entweder der Antragsteller kommt aufgrund seines Alters dafür in Frage oder aber es soll ein US-Visum erneuert werden, das noch gültig ist oder vor weniger als zwölf Monaten abgelaufen ist und nach dem 31.12.2007 ausgestellt wurde. Für den letzteren Fall gelten strenge Zugangsvoraussetzungen; generell können nur Anträge in der gleichen Visakategorie gestellt werden, dies ausschließlich in den Kategorien B, C, D, F, H, I, J, L, M, O, P, Q, R.

INTERNET

Nähere Informationen finden Sie auch unter:
↳ *https://de.usembassy.gov/de/verlangerung-von-visa*

Die Nutzung des Einsende-Service garantiert nicht die Gewährung eines Visums und der Antragsteller kann bei Bedarf für ein persönliches Interview vorgeladen werden.

Anträge für K-1 und K-3 Visa, sowie alle Verfahren zum Erhalt eines Einwanderungsvisums (GreenCard) bedürfen einer vorherigen Einladung durch die betreffende Abteilung des Generalkonsulats in Frankfurt/Main (auf Grundlage einer Genehmigung der US-Einwanderungsbehörde).

Die Zuständigkeiten der Visaabteilungen richten sich nicht nach dem Wohnort des Antragstellers. Bei der Beantragung von Nichteinwanderungsvisa kann man frei wählen zwischen den US-Konsulaten in Berlin, München oder Frankfurt/Main, lediglich E-Visumanträge werden ausschließlich in Frankfurt bearbeitet.

Berlin: US-Botschaft, Clayallee 170, 14195 Berlin:
Bearbeitet alle Anträge für Nichteinwanderungsvisa – außer K-1 (Verlobten-), K-3 (verheiratet mit US-Amerikaner/in), E-1 (Handels-) und E-2 (Investoren-) Visa. Berlin ist nicht für Einwanderungsvisa (GreenCards) zuständig.

Frankfurt/Main: US-Generalkonsulat, Gießener Str. 30, 60435 Frankfurt/Main:
Akzeptiert alle Anträge für Nichteinwanderungsvisa. Außerdem bearbeitet Frankfurt zentral für ganz Deutschland alle Anträge auf Einwanderungsvisa und K-Visa

sowie E-1 (Handels-) und E-2 (Investoren-)Visa für Personen aus ganz Deutschland.

München: US-Generalkonsulat, Königinstr. 5, 80539 München:
Bearbeitet alle Anträge für Nichteinwanderungsvisa außer K-1 (Verlobten-), K-3 (verheiratet mit US-Amerikaner/in), E-1 (Handels-) und E-2 (Investoren-)Visa sowie Einwanderungsvisa.

MERKE

Wichtiger Hinweis: Das durch ein US-Konsulat ausgestellte Visum berechtigt den Inhaber formal gesehen nur zu Reisen in die USA und dazu, seine Einreise in die Vereinigten Staaten an den Grenzen zu beantragen, es garantiert jedoch nicht die Einreise. Der Grenzbeamte entscheidet, ob und für wie lange der Visuminhaber in die USA einreisen darf. Die Beamten der U.S. Customs and Border Protection (CBP) haben zudem jede Möglichkeit Sie näher zu befragen, das Visum ungültig zu machen, Ihren Aufenthalt zeitlich zu beschränken oder Ihnen gar die Einreise zu verweigern.

Antragsformulare

Antragsformulare, gleich welcher Art, dienen nicht der (statistischen) Erfassung von Daten über Ihre Person. Sie erinnern in einigen Passagen an „Kreuzverhöre": Auf dem Formular gemachte Angaben können später durchaus mit Antworten auf früher gestellte Fragen verglichen werden, um mögliche Widersprüche aufzudecken. Insofern ist es wichtig, die Fragen nicht isoliert zu betrachten, sondern sie vielmehr in Bezug zueinander zu setzen.

Wer muss welche Formulare einreichen?

INTERNET

Seit dem 1. März 2010 müssen alle Antragsteller für Nichteinwanderungsvisa das Online-Formular DS-160 ausfüllen. Das Formular muss vor dem eigentlichen Interviewtermin, zusammen mit einem digitalen Passfoto an das jeweilige US-Konsulat online übermittelt werden. Das digitale Foto muss im DS-160 Formular hochgeladen werden und folgenden Vorgaben entsprechen:
↗ http://german.germany.usembassy.gov/visa/fotos
Das Formular finden Sie unter folgendem Link: ↗ https://ceac.state.gov/genniv

MERKE

Hinweis: Bitte beachten Sie, dass das DS-160 Formular zwar online an die US-Konsulate gesandt werden muss, am Ende des Prozesses aber ein Barcode-Blatt DS-160 generiert wird (mit Ihrem Foto und einem Barcode), welches Sie ausdrucken und zwingend am Tag Ihres Termins im Konsulat vorlegen müssen.

Das DS-160 Formular ersetzt die Formulare DS-156, 157 und 158. Das DS-156E Formular findet weiterhin Anwendung (für E-Visumanträge). Je nach Visakategorie können noch andere Formulare zur Vorlage notwendig werden, z.B. beim F-1 Visum das I-20 Formular, beim J-1 Visum das DS-2019 oder beim L-Blanket Verfahren das I-129S.

Nähere Informationen zu den Antragsformularen finden Sie auch in Kapitel 17 „Formulare".

Konsularische Visumgebühr:

Im Mai 2010 wurde durch das *U.S. State Department* eine neue Gebührenordnung eingeführt. Unterschiedliche Visakategorien sind seitdem mit unterschiedlichen Kosten verbunden. Seit dem 18. April 2016 gelten folgende Gebühren pro Antragsteller für die jeweiligen Visumkategorien:

B, C, D, F, I, J, M:	US$ 160
H, L, O, P, Q, R:	US$ 190
E:	US$ 205
K:	US$ 265

Die Gebühr wird unabhängig vom Alter des Antragstellers fällig und muss in jedem Falle entrichtet werden, auch wenn dem Antrag nicht stattgegeben wird. Die Antragsgebühr kann weder zurückerstattet noch auf eine andere Person übertragen werden. Der Beleg ist ein Jahr nach Zahlung gültig; innerhalb dieses Gültigkeitszeitraumes muss ein Termin beim US-Konsulat vereinbart werden, andernfalls fällt eine erneute Gebühr an.
Ein schon vereinbarter Termin kann bis zu zwei Mal verschoben werden, dann fällt ebenfalls eine neue Gebühr an.

INTERNET

Vor Entrichtung der Gebühr müssen Sie sich auf der Webseite des von den US-Behörden autorisierten Visa-Dienstleisters *CGI Federal* registrieren und ein Online-Profil anlegen unter ↪ *http://ustraveldocs.com/de/index.html?firstTime=No*.

Die Zahlung der Gebühr kann durch Online-Zahlung (auch per Sofortüberweisung) oder Bareinzahlung bei einer Bank erfolgen. Nach Verbuchung der Zahlung öffnet sich ein Kalender (innerhalb des Online-Profils) mit verfügbaren Terminen an den US-Konsulaten in Berlin, München und Frankfurt/Main. Erfahrungsgemäß nimmt es 1–2 Tage in Anspruch, bis die Zahlung der Gebühr verbucht wurde. Bei Zahlung durch Sofortüberweisung kann der Termin ohne Wartezeit unmittelbar vereinbart werden.

Bitte beachten Sie, dass die Bezahlung der Visumgebühr in nahezu allen US-Konsulaten länderspezifisch geregelt ist.

Darüber hinaus können, je nach Visumkategorie, noch weitere Gebühren anfallen. So z. B. beim L-Blanket Visum die sogenannte *Fraud Prevention and Detection Fee* in Höhe von US$ 500, die direkt per Kreditkarte am Tag des Termins vor Ort im Konsulat entrichtet werden muss. Nähere Informationen entnehmen Sie bitte den entsprechenden Kapiteln zu den einzelnen Visumkategorien.

Interviewtermin:

Für die Beantragung eines US-Visums ist immer ein persönliches Erscheinen (Interviewtermin) bei der Visumabteilung eines US-Konsulats (in Deutschland: Berlin, München, Frankfurt/Main) für alle Antragsteller zwischen 14 und 79 Jahren notwendig. Ein Einsenden des Antrages mit dem Reisepass zur Visumausstellung als Alternative ist (wie bereits eingangs beschrieben) nur in Ausnahmefällen möglich. Das Interview dient der Identifikation Ihrer Person, Überprüfung der Antragsformulare, des Aufenthaltszwecks, der beigefügten Belege sowie sicherheitsrelevanten Fragestellungen. Bei einigen Visakategorien (z. B. B-Visa) ist auch der Nachweis von engen Bindungen an das Heimatland vorzulegen und spielt eine zentrale Rolle.

KONTAKT

Antragsteller müssen den Termin entweder über die Webseite oder das Callcenter des Visa-Dienstleisters *CGI Federal* vereinbaren. *CGI Federal* als privater Anbieter ist von den US-Behörden autorisiert, Visabeantragungen abzuwickeln und Visa-Informationen bereitzustellen.

Sie erreichen den Visa-Dienstleister im Internet (⇗ *http://ustraveldocs.com/de*) oder telefonisch:

- aus Deutschland: +49 322-2109-3243
- aus den Vereinigten Staaten: +1 (703) 520-2560.

Die Mitarbeiter des Callcenters (englisch- und deutschsprachig) sind Montag bis Freitag von 8.00 Uhr bis 20.00 Uhr erreichbar, außer an deutschen und amerikanischen Feiertagen.

Vor Vereinbarung des Termins ist die Zahlung der Visagebühr – wie oben beschrieben – erforderlich.
Für Familien oder bestimmte Reisegruppen kann auch ein gemeinsames Visa-Profil erstellt werden und die Zahlung sowie Terminvereinbarung darüber zentral veranlasst werden.

Nach Vereinbarung des Termins können Sie sich im Online-Profil eine Terminbestätigung ausdrucken oder erhalten diese bei telefonischer Terminvereinbarung über das Callcenter per E-Mail zugesandt. Diese Terminbestätigung müssen Sie zwingend am Tag des Termins vorlegen. Auf dieser Bestätigung findet sich auch der Nachweis, dass die konsularische Gebühr entrichtet wurde.

INTERNET

Bei Visabeantragungen für andere Länder kann es bei den dortigen US-Konsulaten abweichende Regelungen geben. Bitte informieren Sie sich auf den entsprechenden Webseiten der US-Konsulate: ⇗ *www.usembassy.gov*.

Wird dem Visumantrag am Tag des Interviewtermins von Seiten des Konsularbeamten zugestimmt, erfolgt die Rücksendung des Passes mit dem Visum binnen 3–7 Werktagen per Einschreiben/Einwurf Post. Eine persönliche Abholung des Reisepasses am nächsten oder übernächsten Tag ist nicht vorgesehen und wird nur in absoluten Ausnahmefällen (bei z. B. medizinischen Notfällen etc.) ermöglicht. Im Sommer und Winter kann die Zustellung wegen der erhöhten Nachfrage nach Urlaubsreisen in die Vereinigten Staaten länger dauern. Die US-Konsulate bemühen sich, Ihre Anträge so schnell als möglich zu bearbeiten, können jedoch keine Rücksicht auf individuelle Flugbuchungen oder Reisepläne nehmen.

MERKE

Anmerkung: Die Adresse zur Zustellung des Passes muss im CGI Online-Profil hinterlegt werden. Wichtig: Ihr Name sollte am betreffenden Briefkasten ersichtlich sein! C/o Adressen können ebenfalls hinterlegt werden.

Sofern eine zusätzliche, interne Sicherheitsüberprüfung Ihrer Person (ein sogenannter *Security Check*) aus Gründen der nationalen Sicherheit notwendig und beim Interviewtermin angeordnet wird, kann die Zusendung des Passes mit dem ausgestellten Visum mehrere Wochen dauern. In der Regel erhält der Antragsteller dann ein Schreiben, auf dem vermerkt ist, dass der Antrag noch einem weiterem *administrative processing* unterliegt. Man wird Ihnen mitteilen, dass man sich bei Ihnen zeitnah melden wird bzw. Ihnen Ihr Reisepass und ggf. das US-Visum nach einer weiteren Bearbeitungsphase zugesandt werden.

Diese Überprüfung kann leider nicht beschleunigt und auch auf Nachfrage von den US-Konsulaten nicht beeinflusst werden. Wenn erforderlich, kann der Pass bis zur Beendigung der Überprüfung dem Antragsteller auf Anfrage zunächst wieder ausgehändigt werden, die Überprüfung läuft jedoch weiter.

Grundsätzlich können, im Gegensatz zum *Visa Waiver Program*, alle Reisepässe zur Vorlage im Konsulat verwandt werden. Auch vorläufig ausgestellte Reisepässe und Kinderreisepässe können für die Visabeantragung genutzt werden. Wichtig ist, dass noch zwei Seiten (für das US-Visum) im Pass frei sind.

Ausfüllen des Online-Formulars DS-160

Seit dem 1. März 2010 müssen alle Antragsteller (auch Kleinkinder/Babys) für Nichteinwanderungsvisa das Online-Formular DS-160 ausfüllen. Das Formular muss vor dem eigentlichen Interviewtermin, zusammen mit einem digitalen Passfoto an das jeweilige US-Konsulat online übermittelt werden:
↗ *https://ceac.state.gov/genniv.*

Hinweis: Das DS-160 Online-Formular hat leider regelmäßig mit technischen Problemen zu kämpfen – gerade zu Hauptreisezeiten, wenn das System aufgrund hoher Zugriffsraten überlastet sein kann. Teilweise kann das Foto nicht hochgeladen werden oder die Verbindung zum Server bricht ab, sodass Sie wieder von vorne beginnen müssen. Um dem vorzubeugen, sollten Sie sich immer die sogenannte Application ID, die beim Start Ihres Antrags generiert wird, sofort notieren. Über diese Nummer können Sie sich bei Verbindungsabbrüchen relativ leicht wieder ins System einloggen. Die Application ID finden Sie rechts oben beim Öffnen eines neuen DS-160 Antrags (sie beginnt derzeit immer mit AA00...).

MERKE

Je nachdem, welche Visakategorie Sie beim DS-160 auswählen, ob Sie männlich, weiblich oder verheiratet sind und welche Staatsangehörigkeit Sie angeben, öffnen sich im Online-Formular zusätzliche Fenster mit weiteren Fragen. Bitte achten Sie deshalb genau auf die richtige Auswahl der Visakategorie und machen Sie exakte Angaben. Eine falsche Auswahl bzw. unrichtige Angaben können dazu führen, dass Ihr Antrag am Tag des Termins nicht bearbeitet werden kann oder schlimmstenfalls abgelehnt wird. Erkundigen Sie sich also rechtzeitig, welche Visakategorie für Sie zutrifft.

Das DS-160 besteht aus zahlreichen Fragen. Die ersten sind personenbezogen, erfragen grundlegende Daten zur Person, wie Geburtsort und -datum, Ihre Wohnanschrift, Reisepassdaten und Familienstand.

Weitere Fragen beziehen sich auf Ihren USA-Aufenthalt, wie z.B. die Fragen zu Ihren Kontaktpersonen in den USA, zur Dauer des geplanten Aufenthalts sowie dem Zweck der Reise. Sie müssen an dieser Stelle bereits die richtige Visakategorie auswählen, die Sie beantragen möchten, also z.B. B-1 Visum oder F-1 Visum.

Sie werden sowohl Angaben zu Ihrem bisherigen Reiseverhalten in die USA (die letzten fünf Einreisen), als auch zu Ihrem aktuellen Arbeitgeber bzw. zu Ihrer aktuellen Tätigkeit im Heimatland machen müssen. Häufigere und längere Aufenthaltszeiten in den USA, gepaart beispielsweise mit einer derzeitigen Arbeitslosigkeit, könnten den Konsularbeamten vermuten lassen, dass Sie über keine festen Bindungen mehr an Deutschland verfügen.

Weiterhin wird danach gefragt, ob nähere Verwandte in den USA leben. Falls es Verwandte gibt, die Sie theoretisch für eine GreenCard sponsern könnten, könnte der US-Konsularbeamte folgern, dass Sie beabsichtigen, in den USA zu verbleiben. Hierdurch könnten Sie sich unter Umständen für Ihr Visum disqualifizieren. Selbiges gilt für die Frage danach, ob Ihnen bereits einmal die Einreise verweigert, ein Visum oder ESTA-Antrag abgelehnt wurde oder ein Arbeitgeber/eine Person einen GreenCard-Antrag für Sie gestellt hat.

Auch wird die Frage nach bisherigen erfolgreichen oder erfolglosen Visaanträgen gestellt.

Ein weiterer umfangreicher Fragenkatalog zielt darauf ab, in Erfahrung zu bringen, ob es möglicherweise Gründe gibt, warum Sie nicht in die USA einreisen können (allgemeine Ausschlussgründe). Darunter zählen z.B. ein vormals illegaler Aufenthalt, eine Vor- oder Haftstrafe, eine meldepflichtige Erkrankung oder die Mitgliedschaft in einer terroristischen Vereinigung. Kreuzen Sie hier eine Box mit „Ja" an, müssen Sie beim Interviewtermin mit einer intensiveren Befragung rechnen und einer Ablehnung Ihres Antrags. Es muss jedoch nicht automatisch und in jedem Fall zur Visumablehnung kommen, so wenn z.B. im Krankheitsfall medizinische Gutachten vorliegen, die bestätigen, dass Ihre Erkrankung „unter Kontrolle" ist, es sich nur um einen geringfügigen Rechtsverstoß gehandelt hat oder ein illegaler Aufenthalt in den USA bereits Jahrzehnte zurückliegt.

Je nachdem welches Geschlecht, welchen Familienstand, welche Staatsangehörigkeit oder welches Geburtsland und welche Visakategorie Sie ausgewählt haben, werden sich noch weitere Fenster mit weiteren Fragen öffnen. Männliche Antragsteller müssen beispielsweise genaue Angaben zu allen besuchten Bildungseinrichtungen ab der Grundschule, zu früheren Arbeitgebern, Reisen in Länder der letzten fünf Jahre und dem Militärdienst machen. Verheiratete oder geschiedene Personen müssen Angaben zum (ehemaligen) Ehepartner machen, bis hin zur Frage nach dem Grund der Scheidung.

Arbeitsvisumantragsteller müssen Fragen zum zukünftigen Arbeitgeber, dem Aufenthaltszeitraum und dem Gehalt machen, Studenten beispielsweise Angaben zur US-Bildungseinrichtung, *SEVIS*-Nummer etc.

Hinweis: Halten Sie beim Ausfüllen des DS-160 Formulars im Internet am besten so viele Details und Dokumente wie möglich bereit (z.B. Reisepass, Reisedaten, Adressen etc.), um das Formular zügig bearbeiten zu können. Das DS-160 kann zwar online gespeichert und wieder aufgerufen werden, aber so ersparen Sie sich beim Ausfüllen des Antrags viel Zeit und Mühe.

MERKE

In einem Zwischenschritt müssen Sie ein digitales Passfoto nach den Standards der US-Behörden (↳ *http://german.germany.usembassy.gov/visa/fotos*) im JPG-Format (maximal 240 KB) hochladen. Lassen Sie dieses vorab anfertigen, damit Sie das DS-160 übermitteln können. Das System prüft, ob das Foto den US-Standards entspricht, halten Sie sich also deshalb genau an die aktuellen Fotobestimmungen.

Haben Sie alle Fragen online beantwortet und das Foto hochgeladen, müssen Sie in einem letzten Schritt das Formular persönlich im Internet absenden. Sie müssen nach der Übermittlung das dann generierte DS-160 Bestätigungsblatt (Barcode-Blatt mit Ihrem Foto) unbedingt ausdrucken und am Tag Ihres Interviewtermins im Konsulat vorlegen.

Durch die erneute Eingabe Ihrer Reisepassnummer am Ende des Prozesses schwören Sie, dass Ihre gemachten Angaben der Wahrheit entsprechen und vollständig sind. Sollte es sich an irgendeinem Punkt herausstellen, dass Sie bei der Beantwortung der Fragen nicht ganz ehrlich waren, wird das mit hoher Wahrscheinlichkeit zur Ablehnung Ihres Antrags führen. Selbstverständlich führt ein kleiner Tippfehler (z.B. Zahlendreher in Ihrem Geburtsdatum) oder, wenn Sie sich nicht mehr an die genauen Einreisedaten in die USA erinnern, noch nicht zu einer Ablehnung. Anders verhält es sich bei falschen Angaben zu möglichen Vorstrafen oder dem genauen Aufenthaltszweck. Sollten Sie das DS-160 Formular bereits online übermittelt haben und noch eine Änderung vornehmen wollen, so können Sie das Formular auch noch einmal neu abschicken.

Anmerkung: Datenbanken und Akten haben ein langes Gedächtnis! Sollten Sie zu einem späteren Zeitpunkt, auch noch nach Jahren, erneut einen Visumantrag stellen und Ihre damaligen Angaben weichen auffällig von denen in Ihrem jetzigen Antrag ab, kann dies zur Ablehnung Ihres Antrags führen. Bleiben Sie also in Ihrem eigenen Interesse in jedem Fall bei der Wahrheit.

MERKE

Ob für Ihren Visumantrag noch weitere Antragsformulare (z.B. beim E-Visum das DS-156E) notwendig werden, entscheidet sich je nach Visakategorie. Das Online-Formular DS-160 müssen Sie aber in jedem Fall für alle Anträge auf Nichteinwanderungsvisa ausfüllen.

Hinweis: Wenn Sie einen Interviewtermin für ein US-Konsulat in Deutschland online oder über das Callcenter vereinbaren möchten, wird die Barcode-Nummer Ihres DS-160 Antrags erfragt. Deshalb ist eine Terminvereinbarung erst nach dem Absenden des DS-160 Formulars möglich.

MERKE

Sollten Sie das DS-160 Formular nach Terminvereinbarung noch einmal neu abschicken, müssen Sie die neue Barcode-Nummer in Ihrem Online-Profil updaten und sich anschließend die Terminbestätigung noch einmal neu ausdrucken. Oder aber, Sie geben die neue Barcode-Nummer telefonisch an das Callcenter weiter. Man wird Ihnen dann eine neue Terminbestätigung zusenden.

10.2 Visa für Familienangehörige

Häufig wird einer Personengruppe des US-Einwanderungsrechts zu wenig Beachtung geschenkt: den mitreisenden Familienangehörigen. Gerade Personen, die sich aufgrund eines Arbeitsverhältnisses längerfristig in den USA aufhalten werden, möchten natürlich die Familie nicht zu Hause lassen.
So sieht das US-Einwanderungsrecht für bestimmte Visakategorien einen abgeleiteten aufenthaltsrechtlichen Status für unmittelbare Familienangehörige vor. Dies gilt insbesondere für alle US-Arbeitsvisa (L-1, E-1/E-2, H-1B, H-2B, O, P, R), Studentenvisa (F-1) oder Praktikantenvisa (J-1). In diesem Fall erhalten Ehepartner und unverheiratete Kinder unter 21 Jahren für denselben Zeitraum wie der Hauptantragsteller ein abgeleitetes Visum.
Erreichen die Kinder die amerikanische Volljährigkeitsgrenze, müssen sie ihren Nichteinwanderungsstatus wechseln oder das Land verlassen. Nicht verheiratete Lebenspartner erhalten leider kein abgeleitetes Visum.

Exkurs: Gleichgeschlechtliche Ehen jetzt anerkannt

Am 26. Juni 2013 erklärte der Oberste Gerichtshof der Vereinigten Staaten (*U.S. Supreme Court*) Section 3 des *Defense of Marriage Act (DOMA)* für verfassungswidrig. Dieser definiert die Ehe als Verbindung zwischen Mann und Frau. Dank des Urteils werden gleichgeschlechtlichen Ehepaaren fortan auf Bundesgesetzebene (*federal law*) die gleichen Rechte gewährt wie Partnern in „traditionellen" Ehen. Dies betrifft u. a. auch das Aufenthalts- und Staatsbürgerschaftsrecht. Seit 2015 dürfen darüber hinaus gleichgeschlechtliche Partner in allen Bundesstaaten der USA heiraten. Vor dem Jahr 2015 war dies nur in 36 von 50 Bundesstaaten sowie im Hauptstadtbezirk Washington möglich. Demnach ist es nun auch gleichgeschlechtlichen Ehepartnern möglich, auf diesem Wege einen abgeleiteten Aufenthaltsstatus zu erhalten, sofern die Ehe außerhalb Amerikas von den US-Behörden anerkannt wird. Eingetragene Lebenspartnerschaften (wie in Deutschland) werden beispielsweise leider nicht als „Ehe" im Sinne des amerikanischen Rechts erachtet. Es würde aber dann auch die Möglichkeit bestehen, in einem Land (z. B. direkt in den USA oder aktuell in Dänemark) quasi „erneut" zu heiraten, um die Anerkennung der Ehe gegenüber den US-Behörden durchzusetzen.

Ehepartner und minderjährige Kinder eines Arbeitnehmers mit befristeter Anstellung können im Allgemeinen für den gleichen Zeitraum in den USA verbleiben wie der eigentliche Visuminhaber.

Ob Ehepartner in dieser Zeit einer Tätigkeit nachgehen können, ist abhängig von der jeweiligen Visakategorie. So erhalten Ehepartner von L-1, bzw. E-1/E-2 Visuminhabern beispielsweise ein L-2 bzw. E-1/E-2 Visum, welches ihnen erlaubt, in den USA auf Antrag *eine* Allgemeine Arbeitserlaubnis (*Employment Authorization Document, EAD*) zu beantragen. Diese kann nach der Einreise in die USA bei der US-Einwanderungsbehörde (*U.S. Citizenship and Immigra-*

tion Services, USCIS) beantragt werden und ist zunächst in der Regel für zwei Jahre gültig. Eine Verlängerung ist möglich.

Ehepartner von H-1B, H-2B, O-, P- oder R-Visuminhabern erhalten auf Antrag ein H-4, O-3, P-4 bzw. R-2 Visum, können damit jedoch keine Allgemeine Arbeitserlaubnis in den USA erhalten. Kindern mit einem abgeleiteten Visum ist es grundsätzlich nicht gestattet, einer Tätigkeit in den USA nachzugehen – außer beim J-2 Visum.

Ehrenamtliche Tätigkeiten, ohne Bezahlung, sind unter bestimmten Voraussetzungen möglich. Familienangehörige können unter einem abgeleiteten Status in der Regel immer öffentliche oder private Bildungseinrichtungen besuchen. Lesen Sie hierzu bitte die ausführliche Beschreibung im jeweiligen Kapitel über die einzelnen Nichteinwanderungsvisa.

Für Ehepartner mit einem abgeleitetem Visum, welches keine Arbeitsaufnahme in den USA gestattet, besteht jedoch grundsätzlich die Möglichkeit, sich wiederum selbst für ein Arbeitsvisum zu qualifizieren.

MERKE

Anmerkung: Ein Statuswechsel ist in den meisten Kategorien für den Ehepartner möglich, er kann zusammen mit dem eigentlichen Antrag auf die Arbeitserlaubnis gestellt werden. Wie das technisch vonstattengeht, können Sie in Kapitel 10.3 „Änderung des Nichteinwanderungsstatus (Statuswechsel)" nachlesen.

BEISPIEL

Beispiel: Bernd aus Bremen hat eine Stelle bei einer Firma in Baltimore angeboten bekommen, in der er die Kundenberatung für eine deutsche Software-Firma aufbauen und übernehmen soll. Bernd erhält durch seinen US-Arbeitgeber ein H-1B Visum. Seine Ehefrau Alexandra und die Kinder erhalten jeweils ein H-4 Visum.

Alexandra ist Architektin. Sie hat ihrem Mann unmissverständlich klar gemacht, dass sie und die Kinder in Bern bleiben werden, wenn es nicht möglich ist, dass sie während des Aufenthalts in den USA auch in ihrem Beruf arbeiten kann.
Alexandra kann aber mit dem H-4 Visum nicht arbeiten, da sie keine Allgemeine Arbeitserlaubnis (EAD) beantragen kann. Bernd und Alexandra sollten die zwei folgenden Optionen in Erwägung ziehen:

1. Antrag vor Einreise

Als Architektin kann sich Alexandra vielleicht selbst für ein H-1B Visum qualifizieren. Nehmen wir an, dass Alexandra vor ihrer Reise in die USA ein Angebot für eine befristete Stelle bei einem amerikanischen Architekturbüro bekommt, dann müsste ihr zukünftiger Arbeitgeber für das H-1B Verfahren Folgendes veranlassen:

a) Eine *Labor Condition Application* beim *U.S. Department of Labor* und
b) Danach einen H-1B Antrag beim zuständigen Service-Center des USCIS stellen.

Wenn diese Petition bewilligt wird, kann Alexandra einen Antrag auf Erteilung eines H-1B Visums beim US-Konsulat in Bern stellen. Dann könnten sie und Bernd beide mit einem H-1B Visum und die Kinder jeweils mit einem H-4 Visum einreisen.

2. Antrag nach der Einreise

Vielleicht kennt Alexandra kein amerikanisches Architekturbüro, sodass sie, um eine befristete Stelle zu bekommen, persönlich bei einem potentiellen Arbeitgeber vorsprechen muss.

Daher wird Alexandra zusammen mit Bernd und den Kindern mit ihrem H-4 Visum zunächst einmal einreisen und darauf hoffen, dass sie später ein Stellenangebot findet.

Damit Alexandra berechtigt ist, in den USA zu arbeiten, muss ihr zukünftiger Arbeitgeber (a) einen Antrag auf eine *Labor Condition Application* beim *U.S. Department of Labor* stellen, (b) danach einen Antrag bei der US-Einwanderungsbehörde stellen, um (c) für Alexandra als H-1B *Specialty Occupation Worker* eine Bewilligung zu erhalten und (d) ihren Status von H-4 in H-1B ändern zu lassen. Das wird mithilfe des Formulars I-129 geschehen. (In Kapitel 17 „Formulare" finden Sie weitere Informationen zu den Antragsformularen.) Wenn der Antrag befürwortet wird, erhält Alexandra bzw. der US-Arbeitgeber zwei Dokumente von der USCIS: ein Bewilligungsschreiben des H-1B Antrags und zweitens eine Bestätigung, dass Alexandras Status von H-4 in H-1B geändert wurde. Förmlich gesehen erhält Alexandra mit dem Bewilligungsschreiben also ein neues I-94 Formular, auf welchem der H-1B Status mit dem genehmigten Zeitraum vermerkt ist. Alexandra ist nunmehr offiziell berechtigt für das Architekturbüro in den USA zu arbeiten.

MERKE

Achtung: Nehmen wir an, dass Alexandra mit ihrem H-4 Visum einreist, ein Stellenangebot eines Architekturbüros in Baltimore erhält und ihr der Statuswechsel zu H-1B gewährt wird. Beachten Sie bitte, dass Alexandra immer noch kein H-1B Visum hat, das sie nun benötigt, wenn sie von einer Reise außerhalb der USA in das Land zurückkehren will. Wenn also Alexandra und ihre Familie zu einem kurzen Urlaub nach Bern fahren, muss sie ein H-1B Visum beim dortigen US-Konsulat beantragen. Dazu muss sie neben den gängigen Antragsunterlagen das Bewilligungsschreiben (Approval Notice) der US-Einwanderungsbehörde über den genehmigten H-1B Status vorlegen.

MERKE

Anmerkung: Die oben genannten Beispiele beziehen sich auf eine Arbeitserlaubnis bei Nichteinwanderungsvisa. Familien sollten auch über die Möglichkeit nachdenken, dass der US-Arbeitgeber eine Statusanpassung auf eine unbefristete Arbeits- und Aufenthaltserlaubnis (GreenCard) unter bestimmten Voraussetzungen beantragen kann. Das würde eine GreenCard für die ganze Familie bedeuten, wodurch auch der Ehepartner in Amerika arbeiten könnte. Nähere Informationen finden Sie in Kapitel 11 „GreenCard durch die Arbeitsstelle".

10.3 Änderung des Nichteinwanderungsstatus (Statuswechsel)

Statuswechsel in den USA

Im Allgemeinen kann eine Person, die sich mit einem Nichteinwanderungsstatus legal in den USA aufhält (also ein gültiges I-94 vorliegen hat und gegen keine Einwanderungsbestimmung verstoßen hat), einen Statuswechsel auf eine andere Nichteinwanderungskategorie beantragen, ohne vorher die Vereinigten Staaten zu verlassen. So beschließen beispielsweise Personen, die mit einem Touristenvisum (B-2) in die USA eingereist sind, sich an einem amerikanischen College einzuschreiben. Dann müssen diese ihren Status von B-2 in F-1 für Studenten wechseln. Studenten, die gerade ihren Abschluss gemacht haben, erhalten Arbeitsangebote von amerikanischen Firmen. Dann müssen sie ihren Status ändern lassen und z.B. durch ihren US-Arbeitgeber einen H-1B Status beantragen.

Ausnahmen

Die Ausnahmen, also die Personen, die sich zwar legal aufhalten und ein gültiges I-94 habe, aber trotzdem nicht einen Statuswechsel beantragen dürfen, sind Inhaber folgender Visa:

- Personen, die visumfrei bzw. mit ESTA in die USA eingereist sind
- C (Transitvisum)
- D (Schiffs- und Flugzeugbesatzung)
- K (Verlobte oder Ehepartner von US-Staatsbürger sowie ihre Kinder)
- S (Zeuge oder Informant)

Inhaber folgender Visa sind nur in bestimmten Fällen von einem Statuswechsel ausgeschlossen:

- H- (befristete Beschäftigung) und L- (firmeninterne Versetzung) Visuminhaber dürfen generell keinen Statuswechsel auf ein H oder L beantragen, wenn sie die maximale Aufenthaltszeit in den USA als H- oder L-Visuminhaber erschöpft haben (aber Inhaber eines abgeleiteten H- oder L-Visums, d.h. L-2 oder H-4 Status, können ggf. einen Statuswechsel auf ein H-1B oder L-1 beantragen)
- J- (Teilnehmer eines Austauschprogramms) Visuminhaber dürfen generell keinen Statuswechsel beantragen wenn
  - die sogenannte Zweijahressperre greift (eine Verpflichtung nach Programmende die USA zu verlassen und zwei Jahre lang nicht wieder einzureisen mit einem H-, L-, K- oder Einwanderungsvisum) und diese nicht aufgehoben worden ist (weitere Details in Kapitel 9.1 „J-1 Visum (Exchange Visitor): Praktika, Forschungsaufenthalte und Austauchprogramme"). Es gibt aber zwei Ausnahmen: Auch wenn die Zweijahressperre greift, dürfen Inhaber eines J-Visums einen Statuswechsel auf ein A (Diplomat) oder G (Vertreter einer internationalen Organisation) Visum beantragen.
  - Das Austauschprogramm beinhaltete *„postgraduierte studies"* oder Ausbildung im Bereich der Medizin
- M (Student einer nicht-akademischen oder berufsbezogenen Bildungseinrichtung) Visum Inhaber dürfen keinen Statuswechsel zu folgenden Kategorien beantragen: F-1 (Student) oder H-Status, wenn die Ausbildung im Rahmen des M-Visums die Qualifizierung für ein H Visum ermöglicht hat.

Wechsel in einen arbeitsplatzbezogenen Status

BEISPIEL

Beispiel: *Ricarda aus Bern studiert an der Universität von Colorado mit einem F-1 Visum bzw. unter F-1 Status. Ihr Mann Ralf hat sie mit einem F-2 Visum für Ehepartner begleitet und lebt in den USA unter F-2 Status. Am Tag von Ricardas Ab-*

schluss (Master's Degree) erhält sie das Angebot, als leitende Angestellte bei einer Firma in Denver, die Wintersporttechnik herstellt, zu arbeiten. Die angebotene Stelle setzt mindestens ein U.S. Bachelor's Degree voraus. Ricarda qualifiziert sich deshalb für den H-1B Specialty Occupation Status.

Ricardas potentieller US-Arbeitgeber kann einen H-1B Antrag bei der amerikanischen Einwanderungsbehörde USCIS einreichen. Die Behörde verlangt, dass mit diesem Antrag (I-129) der F-1 Status von Ricarda als Studentin formell gewechselt wird in H-1B, bevor sie arbeiten darf.

Wie kann Ricarda bzw. der US-Arbeitgeber diese Änderung formell vornehmen lassen?

Die Firma in Denver muss auf dem I-129 Antrag ankreuzen, dass Ricarda ihren Status als Studentin ändern lassen will, ohne die USA zu verlassen. Das I-129 erfragt, ob sich die Person, welche den H-1B Status erhalten soll, gerade in den USA aufhält und falls ja, mit welchem Status (im Fall von Ricarda, F-1) und wie lange dieser Status noch gültig ist. Stimmt die US-Einwanderungsbehörde dem H-1B Antrag zu, so erhält der US-Arbeitgeber ein Bewilligungsschreiben und Ricarda ein neues I-94. Auf diesem wäre dann der genehmigte H-1B Status vermerkt. Der Statuswechsel von F-1 zu H-1B wäre damit erfolgreich abgeschlossen und Ricarda könnte für den Wintersporthersteller in den USA arbeiten.

Andere Statusänderungen

Für die Personen, die ihren Status nicht aufgrund eines Arbeitsangebotes ändern lassen wollen, gibt es ein besonderes Formular I-539 *Application to Extend/Change Nonimmigrant Status*. (In Kapitel 17 „Formulare" finden Sie weitere Informationen zu den Antragsformularen.)

Folgende Personenkreise können u.a. diese Form des Statuswechsels nutzen:

- B-1/B-2 Visuminhaber, die einen Studentenstatus (F-1 bzw. M-1) oder Praktikantenstatus (J-1) erhalten möchten oder umgekehrt
- Begleitende Familienangehörige, die ihren abgeleiteten Status (z B. L-2) in einen anderen abgeleiteten Status abändern lassen müssen (z.B. H-4)

MERKE

Hinweis: Wenn man mit einem Nichteinwanderungsvisum eingereist ist und innerhalb von 60 Tagen nach erfolgter Einreise einen Statuswechsel beantragt oder auf sonstige Weise etwas unternimmt, das nicht im Einklang mit seinem Status bzw. Einreisezweck steht, kann einem den Statuswechsel verweigert werden, weil ggf. angenommen wird, man habe bei der Einreise seine Absichten falsch dargelegt.

Reisen Sie also beispielsweise mit einem B-2 Visum ein und beantragen zwei Tage später über einen Arbeitgeber ein H-2B, könnte man Ihnen unterstellen, dass Sie bei der Einreise gelogen haben.

Das Formular I-539 *Application to Extend/Change Nonimmigrant Status* erfragt grundlegende Informationen zum Antragsteller und falls zutreffend seiner Familie. Die Angaben zum aktuellen Status (z.B. Datum und Ort der Einreise in die USA) können direkt von dem Online Formular I-94 entnommen werden, die für jeden Visuminhaber bei der Einreise vom Grenzbeamten online erstellt wird und bei folgender Webseite heruntergeladen werden kann: ⇗ *https://i94.cbp.dhs.gov/I94*. Auf diesem Einreisedokument wird der offizielle Aufenthaltsstatus dokumentiert.

Am Formular I-539 befindet sich eine zusätzliche Seite, auf der Angaben zu den mit eingereisten Familienangehörigen, die ebenfalls in den USA leben, gemacht werden können, sofern diese auch einen Statuswechsel veranlassen möchten.

Beispiel: Ricarda kann ihren Status durch ihren US-Arbeitgeber mit dem I-129 Antrag von F-1 auf H-1B ändern lassen, um in Denver zu arbeiten. Da sich ihr Mann Ralf auch in den USA aufhält, muss sein Status ebenfalls geändert werden. Sein aufenthaltsrechtlicher F-2 Status leitete sich ja von Ricardas F-1 Status ab. Da Ricarda diesen nunmehr aber auf H-1B gewechselt hat, ist der F-2 Status von Ralf hinfällig. Er muss deshalb das oben genannte Formular I-539 einreichen, denn sein Status wird nicht automatisch mit dem H-1B Antrag seiner Frau abgeändert. Üblicherweise reicht man das I-539 Formular, zusammen mit dem Hauptantrag auf H-1B für seine Frau (I-129) mit ein.

BEISPIEL

Hinweis: Falls Ricardas Ehemann sich gerade nicht in den USA aufhält, während ihr Status auf H-1B gewechselt wurde, muss Ralf für die Einreise in die USA ein H-4 Visum im US-Konsulat beantragen. Er kann nicht mehr sein F-2 Visum nutzen, da dieses nicht mehr gültig ist.

MERKE

Die US-Behörden unterscheiden zwischen Visum und Status!

Hinweis: Durch einen Statuswechsel erlaubt die Einwanderungsbehörde der betreffenden Person, neue Tätigkeiten in den USA zu beginnen (z. B. Arbeit oder Studium) oder vielmehr den Aufenthaltszweck zu ändern. Diese Genehmigung wird durch eine Benachrichtigung erteilt, in welcher die USCIS den Statuswechsel offiziell bestätigt und ein neues I-94 ausstellt.

MERKE

Die Genehmigung der USCIS bezieht sich allerdings nur auf den Status in den USA – sie hat keinen Einfluss auf eine erneute Einreise in das Land nach einem Aufenthalt außerhalb der USA. Die Statuswechselbewilligung der USCIS ist keine Einreisegenehmigung und kein Ersatz für das Visum, das vom US-Konsulat in den Pass geklebt wird.

Achtung bei Ausreise aus den USA!

Jeder, der nach der Änderung seines Status die USA verlässt, benötigt für die dann erneute Einreise daher ein ordnungsgemäßes Visum in seinem/ihrem Pass.

Beispiel: Ricardas Statuswechsel auf H-1B ermöglicht es ihr, bei der Firma in Denver zu beginnen. Sie hat einen legalen Status, um in Amerika arbeiten zu können, solange die Bewilligung der USCIS bzw. ihr neu ausgestelltes I-94 gültig ist. Falls Ricarda während dieser Zeit die USA verlässt, muss sie im US-Konsulat einen Antrag auf ein H-1B Visum stellen, um wieder in die USA einreisen zu können. Weder das Visum als Studentin noch das Bewilligungsschreiben der USCIS ist für Ricarda ausreichend, um wieder in die USA einreisen zu können und ihre Arbeit in Denver aufzunehmen.

BEISPIEL

MERKE

Anmerkung: Visa werden nur durch die US-Konsulate außerhalb der USA ausgestellt. Falls Sie in die USA im Rahmen des Visa Waiver Programs, also ohne US-Visum, eingereist sind (siehe Kapitel 7.2 „Visumfreie Einreise im Rahmen des Visa Waiver Programs (VWP)"), sind Sie nicht berechtigt, Ihren Status zu wechseln oder zu verlängern. Falls Sie ein arbeitsplatzbezogenes Visum oder ein Studentenvisum beantragen möchten, müssen Sie aus den USA ausreisen, um ein entsprechendes Visum zu beantragen.

10.4 Gültigkeit von Nichteinwanderungsvisa

Die US-Behörden unterscheiden zwischen dem genehmigten US-Visum durch die US-Konsulate weltweit und dem erteilten Aufenthaltsstatus an der Grenze. Zuständig für die Visaerteilung ist das *U.S. State Department* mit seinen angeschlossenen konsularischen Abteilungen weltweit. Visa werden also immer außerhalb der Vereinigten Staaten ausgestellt. Der Gültigkeitszeitraum auf Ihrem Visum legt lediglich fest, in welchem Zeitraum Sie dieses Reisedokument nutzen dürfen. Ein Visum garantiert Ihnen allerdings keine Einreise und auch keinen bestimmten Aufenthaltszeitraum. Ob Sie mit Ihrem Visum einreisen dürfen und für wie lange, entscheidet der Beamte an der Grenze. Zuständig für den aufenthaltsrechtlichen Status ist also das *U.S Department of Homeland Security (DHS)* mit seinen angeschlossenen Behörden (USCIS, CBP).

Wenn Sie mit Ihrem Visum einreisen, wird auf einem (Einreise-)Stempel in Ihrem Pass der Aufenthaltsstatus vermerkt. Der Grenzbeamte trägt ein, unter welchem Status (also mit welcher Visakategorie), Sie wann eingereist sind und je nach Visumkategorie auch ein konkretes Datum, wann Sie die USA wieder verlassen müssen.

Ein- und Ausreisen von ausländischen Reisenden in die USA werden anhand des Formulars I-94 (*Arrival/Departure Record*) dokumentiert und von der US-Zoll- und Grenzschutzbehörde (CBP) gespeichert. Die Informationen werden automatisch von den Flug-/Schifffahrtsgesellschaften elektronisch übermittelt und können elektronisch vom Reisenden abgerufen werden. Ausschließlich Reisende, die über den Landweg in die USA reisen, müssen noch ein I-94 Formular in Papierform ausfüllen und bei der Ausreise abgeben, um ihre Ausreise zu dokumentieren. Der Aufenthaltsstatus wird weiterhin direkt im Pass mittels I-94 Einreisestempel bei jedem Reisenden vermerkt. Darüber hinaus wird in der Regel handschriftlich vermerkt, wie lange man Ihnen den Aufenthaltsstatus gewährt.

Der Aufenthaltsstatus entspricht folglich nicht immer der Gültigkeit des Visums. Das heißt, der Status kann länger oder kürzer gültig sein als Ihr US-Visum. Entscheidend für die Tatsache, wie lange Sie sich tatsächlich im Land aufhalten dürfen, ist immer der eingetragene Aufenthaltsstatus im I-94 (nicht die Gültigkeit Ihres Visums). Überprüfen Sie deshalb immer sorgfältig nach der Einreise, wie lange Ihr Aufenthalt gewährt wurde. Bei bestimmten Visakategorien wird kein bestimmtes Ausreisedatum, sondern „D/S" für *duration of status* vermerkt (so z.B. beim J-1 oder F-1 Visum).

Ausschließlich der I-94 Einreisestempel, in Kombination mit Ihrem US-Visum, dokumentiert Ihren legalen Aufenthaltsstatus in den Vereinigten Staaten.

Seit dem 01.05.2014 bietet die *U.S. Customs and Border Protection* eine Webseite mit erweiterten Funktionen an: ↗ *https://i94.cbp.dhs.gov.*

Nunmehr können zwei Optionen abgefragt werden:

1. *"Get Most Recent I-94"*: Angaben zur jüngsten Einreise werden aufgeführt. Informationen zu Statuswechsel, Statusänderungen oder Statusanpassungen, die über die USCIS veranlasst werden, können nicht eingesehen werden.

2. *"Get Travel History"*: Auf der Grundlage der erfassten „I-94 Aufzeichnungen" wird ein Reiseverlauf für die zurückliegenden fünf Jahre aufgezeigt; dieser kann auch ausgedruckt werden.

Sie müssen die USA spätestens am Tag des im I-94 vermerkten Ausreisedatums verlassen. Wenn Sie Ihren Aufenthalt verlängern möchten, so ist das nur durch eine Statusverlängerung innerhalb der USA möglich (bei bestimmten Kategorien). Falls Ihr Visum ausläuft, müssen Sie dieses im US-Konsulat außerhalb der USA neu beantragen. Es handelt sich hier um zwei unterschiedliche Beantragungswege bei unterschiedlichen Behörden.

Ein typisches Visum für Einreiseprobleme aller Art stellt das B-Visum dar, das als längerfristige Besuchserlaubnis über die visumfreie 90-Tage-Regelung hin bekannt sein dürfte. Als noch die generelle Visumpflicht für die meisten EU-Bürger bestand, war das B-Visum das am häufigsten genutzte Visum. Heute wird es trotz der Möglichkeit der visumfreien Einreise (siehe auch Kapitel 7.2 „Visumfreie Einreise im Rahmen des Visa Waiver Programs (VWP)") immer noch von vielen Personen benutzt, insbesondere im Falle von regelmäßigen geschäftlichen Einreisen oder längeren touristischen Aufenthalten. Die Voraussetzungen für das B-Visum finden Sie in Kapitel 7.1 „B-1/B-2 Visum (Business/Tourist): Geschäftsreisende und Touristen".

Das B-Visum wird von Seiten des US-Konsulats in der Regel auf zehn Jahre erteilt und erlaubt einen maximalen Aufenthaltsstatus von bis zu 180 Tagen pro Einreise.

Es ist allerdings anfällig für genaue Nachfragen bei der Visumbeantragung als auch später bei der Einreise an der Grenze. Das B-Visum bietet zwar zunächst einige Vorteile, wie z. B. die Möglichkeit sich über die regulären 90 Tage hinaus in den USA aufzuhalten oder sogar in den USA einen Statuswechsel vorzunehmen. Die benannten Vorteile kehren sich allerdings schnell in Nachteile um, insbesondere dann, wenn die US-Beamten im US-Konsulat oder an der Grenze einen sogenannten *immigration intent* (also eine Einwanderungsabsicht) vermuten. So kann es entweder schon bei der Visumerteilung durch das US-Konsulat oder später bei der Einreise zu unangenehmen Nachfragen bis hin zur Ablehnung des Visums bzw. zur Einreiseverweigerung kommen.

Anmerkung: Infolge einer Visumablehnung kann die visumfreie Einreise (ESTA) in der Regel nicht mehr genutzt werden.

MERKE

Bei der Einreise ist leider weniger relevant, ob Ihnen ein Konsularbeamter im Gespräch bestätigt hat, dass Sie sechs Monate oder länger in den USA bleiben

Der Grenzbeamte entscheidet letztlich

können. Obwohl der Beamte im Konsulat derjenige ist, die Entscheidung trifft, welches Visum erteilt wird, ist er nicht derjenige, der bei der Einreise „das letzte Wort" hat. Das Konsulat entscheidet nur, ob und für wie lange das Visum erteilt wird. Der Grenzbeamte entscheidet, ob er Sie mit diesem Visum einreisen lässt und wenn ja, für wie lange (siehe hierzu auch Kapitel 7.1 „B-1/B-2 Visum (Business/Tourist): Geschäftsreisende und Touristen").

Oft günstiger: Defensive Nutzung des Visums

Das B-Visum sollte im Rahmen des Gesetzes und nicht zu intensiv genutzt werden. Obwohl der Gesetzgeber eine maximale Aufenthaltsdauer von 180 Tagen pro Einreise mit dem Visum eröffnet, beweist die Praxis, dass es immer wieder zu Missverständnissen und Problemen an den Grenzen zwischen Touristen/Geschäftsreisenden und den Beamten kommt. Grund hierfür ist, dass die Grenzbeamten B-1/B-2 Inhabern gelegentlich unterstellen, dass ihre eigentliche Intention der dauerhafte Verbleib in den USA oder die zeitweise Arbeitsaufnahme dort sei. Leider liegen sie damit oft gar nicht so falsch, denn das B-Visum wird tatsächlich häufiger für illegale Aufenthaltszwecke missbraucht.

Planen Sie Ihre Aufenthalte!

Obwohl es für eine Dauer von insgesamt zehn Jahren ausgestellt wird, heißt es nicht, dass Sie innerhalb des erlaubten Zeitraums immer jeweils sechs Monate am Stück bleiben sollten bzw. auch dürfen.

Eigentlich ist das Visum auch eher darauf abgestellt, innerhalb eines Jahres mehrfach für kürzere Zeit unkompliziert einreisen zu können (*multiple entry*) Aber auch hier gilt: Wiederholte Einreisen, dicht aufeinander folgend, können Misstrauen erwecken, je nachdem welchem Officer Sie am Flughafen begegnen. Reisen Sie beispielsweise mit hoher Frequenz und mit jeweils längeren Aufenthaltszeiten vor Ort mit dem B-1 Visum in die USA, so wird früher oder später von Seiten der Beamten die Vermutung aufkommen, dass Sie einer (dann illegalen) Arbeitstätigkeit nachgehen. Insbesondere jüngere Personen, die mit einem B-2 Visum sehr häufig in die USA reisen, wird man unter Umständen unterstellen, dass keine festen Bindungen mehr ans Heimatland (binding ties) vorliegen. Stellen Sie sich also auf intensivere Nachfragen an der Grenze, aber auch möglicherweise schon bei der Visumbeantragung ein.

Andere Nichteinwanderungsvisa

Alle US-Arbeitsvisa (z.B. E, L, H) haben den Vorteil, dass sie als Mehrfacheinreisevisum mit nachvollziehbarem Grund angesehen werden, da sie ja aufgrund eines Arbeitsverhältnisses bzw. einer Geschäftsbeziehung mit den USA ausgestellt werden. Insofern haben Sie hier in der Regel mit keinen Schwierigkeiten bei der Einreise zu rechnen. Im Übrigen unterscheidet sich durchaus auch bei Arbeitsvisa die Gültigkeit des bewilligten Visums zu dem später maximal genehmigten Aufenthaltsstatus an der Grenze. Zu Missverständnissen an der Grenze kann es eigentlich nur dann kommen, wenn nicht erkennbar ist, dass zwischen der mehrfachen Ein- und Ausreise und dem Arbeitsplatz in den USA ein enger inhaltlicher Zusammenhang besteht. Dennoch handelt es sich hierbei ebenfalls um ein Mehrfacheinreisevisum für die genehmigte Aufenthaltsdauer. Häufige Ein- und Ausreisen oder längere Abwesenheitszeiten sollten Sie aber (geschäftlich) begründen können.

F-1 und J-1 Visa erlauben auch mehrfache Ein- und Ausreisen. Sollten sich F-1 und J-1 Visuminhaber jedoch sehr häufig außerhalb der USA aufhalten, so liegt die Vermutung nahe, dass man seinen studentischen Verpflichtungen oder dem Praktikum nicht ordentlich nachkommt. Ausnahmen hiervon sind lediglich nachvollziehbare Anlässe, wie z. B. nachweisbare familiäre oder medizinische Gründe.

Ob und für wie lange man Ihnen ein Visum erteilt und ob und für wie lange man Sie mit oder ohne Probleme einreisen lässt, hängt von vielen Faktoren ab. Insbesondere bei Kategorien, die keine Arbeitstätigkeit vor Ort erlauben (wie das erwähnte B-Visum), ist Vorsicht bei der Beantragung und auch bei der Einreise geboten, insbesondere bei intensiver Nutzung.

10.5 Ablehnung eines Visumantrags beim US-Konsulat

Die amerikanischen Konsularbeamten haben unbeschränkte Entscheidungsgewalt über die Befürwortung oder Ablehnung von Visumanträgen. Sie können diese Entscheidung treffen, ohne dass der Antragsteller, ein Anwalt oder irgendein Gericht dagegen Rechtsmittel einlegen könnte.

„Macht" der Behörden!

Die jeweils zuständigen Beamten im US-Konsulat haben diesen großen Entscheidungsrahmen sowohl für Nichteinwanderungs- als auch für Einwanderungsvisa. Nichteinwanderungsvisa werden beantragt, wenn man eine begrenzte Zeit in den USA bleiben will, z. B. als Besucher, Student, oder Arbeitnehmer. Einwanderungsvisa werden für Personen ausgestellt, die dauerhaft in den USA leben und/oder arbeiten möchten.

Ablehnung eines Nichteinwanderungsvisums

Ein US-Visum kann aus verschiedenen Gründen abgelehnt werden. Diese finden sich wieder im *U.S. Immigration and Nationality Act (INA)*. Die beiden häufigsten Ablehnungsgründe sind:

- INA 221(g): Ablehnung aufgrund fehlender und/oder mangelhafter Dokumente bzw. Informationen.
- INA 214(b): Ablehnung aufgrund mangelnder Bindungen ans Heimatland bzw. einer Einwanderungsintention.

Insbesondere B-2 Visaanträge (Touristenvisa) sind regelmäßig von Ablehnungen auf Basis einer fehlenden Rückkehrintention betroffen. So geht INA 214(b) von Folgendem aus:

„Jeder ausländische Bürger wird solange als potenzieller Einwanderer betrachtet, bis er zum Zeitpunkt der Antragstellung für das Visum dem Konsularbeamten ausreichend nachgewiesen hat, dass er berechtigt ist, ein Nichteinwanderungsvisum zu erhalten."

Jede Person, die ein Nichteinwanderungsvisum beantragt, wird demnach bis zu dem Zeitpunkt, an dem das Gegenteil bewiesen wird, als eine Person betrachtet, die die Absicht hat, dauerhaft in den USA leben zu wollen. Der Konsularbeamte geht also erst einmal davon aus, dass jeder Antragsteller eine (illegale) Einwanderungsintention besitzt. Sie müssen den Nachweis erbringen, dass dem nicht so ist. Falls Ihnen das nicht gelingt, kann bzw. wird der Antrag abgelehnt. Denken Sie bitte daran: Sie beantragen ein NICHT-Einwanderungsvisum, also eine Visumkategorie, bei der man davon ausgeht, dass Sie die Vereinigten Staaten nach einem temporären Aufenthalt wieder verlassen.

Nicht alle Nichteinwanderungsvisakategorien sind gleichermaßen stark von diesem Paragraphen betroffen. So spielen „feste Bindungen" bei Besuchsvisaanträgen eine wesentlich wichtigere Rolle, als beispielsweise bei Arbeitsvisa. Insbesondere bei Visakategorien, welche einen längerfristigen (wenn auch zeitlich befristeten) Aufenthalt in den USA vorsehen (wie z. B. E-, L- oder H-Visa), wird auf solche Nachweise fast gänzlich verzichtet.

Im Übrigen gibt es noch allgemeine Ausschlussgründe für Nichteinwanderungsvisa, wie z. B. bestimmte Vorstrafen, falsche Angaben, Drogendelikte oder einwanderungsrechtliche Vergehen (siehe auch Kapitel 15.1 „Ausschlussgründe für eine Visumerteilung bzw. Einreise in die USA").

In der Regel erhalten Sie bei einer Ablehnung ein kurzes Schreiben, aus welchem der Ablehnungsgrund hervorgeht. Erwarten Sie bei diesem Schreiben bitte keine ausführliche Stellungnahme von Seiten des US-Konsulats. Es handelt sich um ein standardisiertes Dokument, auf welchem häufig nur der Paragraph angekreuzt ist, unter welchem der Visumantrag abgelehnt wurde.

MERKE

Hinweis: Die Ablehnung Ihres Visumantrags wird im Computersystem der US-Behörden dokumentiert. Sowohl die US-Konsulate weltweit als auch die US-Einwanderungsbehörde hat Zugriff auf diese Daten. In der Theorie führt zwar eine Visumablehnung nicht zu einem generellen Ausschluss von der visumfreien Einreise (Visa Waiver Program). Dennoch sind Sie verpflichtet, eine neue ESTA-Genehmigung einzuholen und dort anzugeben, dass Ihnen ein Visumantrag abgelehnt wurde (siehe auch Kapitel 7.2 „Visumfreie Einreise im Rahmen des Visa Waiver Programs (VWP)"). Das führt mit sehr hoher Wahrscheinlichkeit dazu, dass Ihr ESTA-Antrag abgelehnt wird. In der Praxis resultiert aus einer Ablehnung also, dass Sie das Visa Waiver Program nicht mehr nutzen können.

Wie beweist man die Nichteinwanderungsabsicht?

- Enge Bindungen (*close ties*) an das Heimatland

Wie Sie Ihre festen Bindungen belegen können, hängt natürlich immer von Ihrer individuellen Lebenssituation ab und auch von der Visumkategorie, die Sie beantragen.

Ein fester Arbeitsplatz ist in der Regel ein entscheidender Faktor, der den Konsularbeamten überzeugen kann, dass man vorhat, die USA nach einem zeitweiligen Aufenthalt wieder zu verlassen. Ein Antragsteller, der nachweisen kann, dass er in seinem Heimatland immer gearbeitet hat, wird sehr wahrscheinlich glaubhaft darlegen können, dass er/sie auch dahin zurückkehren wird und man ihn somit als einen sicheren Kandidaten für ein Nichteinwanderungsvisum ansehen kann. Ein weiterer wesentlicher Faktor, der die Absicht zur Rückkehr nahelegt, sind starke finanzielle Bindungen an das Heimatland. Das können Investitionen, Haus- oder Geschäftseigentum sein.

Familiäre oder soziale Bindungen werden im Allgemeinen nicht in gleichem Maß wie Arbeitsplatz und finanzielle Bindungen als Hinweise für eine Nichteinwanderungsabsicht betrachtet. Die Tatsache, dass jemand in die USA reisen möchte und zu Hause einen Ehepartner und/oder Kinder zurücklässt, wird nicht automatisch als Hinweis auf die Absicht der Nichteinwanderung betrachtet.

– Konkrete und realistische Pläne

Der Antragsteller sollte konkrete und realistische Pläne für den gesamten Aufenthaltszeitraum in den USA haben. Konsularbeamte betrachten Antragsteller, die eigentlich nicht richtig wissen, was sie in den Vereinigten Staaten tun werden, als potentielle Einwanderer. Es ist daher klug, wenn man einen Plan über den Reiseablauf zusammen mit dem Visumantrag einreicht oder aber seinen genauen Aufenthaltszweck klar darlegen kann.

– Angemessene finanzielle Mittel

Der Nachweis über ausreichend finanzielle Mittel, um den Aufenthalt in den USA finanzieren zu können, kann den Konsularbeamten davon überzeugen, dass man nicht die Absicht hat, eine illegale Arbeit in den USA aufzunehmen (was als ein Hinweis auf Einwanderungsabsicht betrachtet wird). Solche Nachweise können beispielsweise Bankauszüge, Gehaltsbescheinigungen oder eine eidesstattliche Verpflichtungserklärung von bestimmten Verwandten sein, die bereit sind, finanzielle Unterstützung zu leisten.

Diese Auflistung ist nicht abschließend. Der Konsularbeamte wird über den Antrag entscheiden, indem er prüft, zu welchem genauen Aufenthaltszweck Sie in die USA einreisen möchten, ob dieser im Rahmen der beantragten Visumkategorie erlaubt ist und ob Sie genügend feste Bindungen an Ihr Heimatland haben, die eine Rückkehr sehr wahrscheinlich machen. Jeder Visumantrag ist anders gelagert und es muss im Einzelfall entschieden werden, welche Unterlagen vorgelegt werden müssen bzw. sinnvoll erscheinen.

Was kann man tun, wenn der Visumantrag abgelehnt wurde?

Wenn Ihnen mitgeteilt wird, dass „es im Augenblick nicht möglich ist, ein Visum für Sie auszustellen", fragen Sie nach, ob sich die Ablehnung auf Arbeit, Familie oder andere Faktoren bezieht. Das wird Ihnen helfen, sich auf einen möglichen neuen Visumantrag vorzubereiten.

Es ist hilfreich, wenn Sie die Gründe der Ablehnung erfragen

Konsularbeamte sind im Allgemeinen sehr gut ausgebildet und wohlmeinend. Die Öffentlichkeit ist sich oft nicht klar darüber, welchem Druck ein konsularischer Mitarbeiter ausgesetzt ist. Oft muss er/sie täglich Dutzende von Visaanträgen bearbeiten, wobei sichergestellt werden soll, dass betrügerische Anträge ausgesondert werden. Die Beamten wissen, dass sie nicht unfehlbar sind und werfen durchaus auch einen zweiten Blick auf einen abgelehnten Visumantrag. Falls Ihr Antrag abgelehnt wurde, können Sie nur einen neuen Antrag stellen. Sie müssen dann das Verfahren im Rahmen eines Interviews noch einmal komplett durchlaufen (inklusive der erneuten Bezahlung der Visumgebühr, der Einreichung der Formulare etc.). Außerdem sollten Sie unbedingt neue Unterlagen beifügen, aus denen hervorgeht, dass Sie unabhängig von den Bedenken des Beamten die Absicht haben, nach Ihrer Reise in die USA in Ihr Heimatland zurückzukehren.

Beim Ausfüllen dieses Antrags sollten Sie Ihren „gesunden Menschenverstand" nutzen. Falls der Konsularbeamte beispielsweise im Erstantrag Zweifel in Bezug auf Ihre Arbeitsstelle geäußert hat, sollten Sie einen unterschriebenen Brief Ihres Arbeitgebers vorlegen, aus dem Daten über Ihr Anstellungsverhältnis hervorgehen. Er sollte darlegen, dass diese Stelle auch nach Ihrer Rückkehr aus den USA für Sie zur Verfügung steht.

Eine erneute Antragstellung ist nur dann sinnvoll, wenn sich entweder neue Umstände ergeben haben, die eine Visumgenehmigung wahrscheinlicher machen (z. B. ein bis dato arbeitsuchender Antragsteller hat nunmehr eine feste Arbeitsstelle in Deutschland) oder aber, wenn Sie Dokumente vorlegen können, die Sie beim ersten Antrag noch nicht präsentiert haben. In der Regel sollte zwischen der Ablehnung und einer erneuten Antragstellung ein angemessener Zeitraum vergehen. Eine Faustregel gibt es aber nicht.

Sie werden im Übrigen immer mit einem anderen Beamten sprechen, wenn Sie Ihren Antrag erneut einreichen und im Konsulat vorstellig werden. Beachten Sie aber, dass der Konsularbeamte selbstverständlich auf Ihren ersten Antrag Zugriff hat. Es bringt Ihnen also keinen Vorteil, wenn Ihnen ein Antrag im US-Konsulat Berlin abgelehnt wurde, eine Woche später einen neuen Versuch im US-Konsulat Frankfurt/Main zu starten.

MERKE

Anmerkung: Wenn Sie nach einer Ablehnung einen erneuten Antrag stellen, müssen Sie im Antragsformular (DS-160) in jedem Fall angeben, dass ein vorheriger Antrag abgelehnt wurde.

Um es aber noch einmal zu betonen: Gegen eine Visumablehnung können Sie förmlich gesehen keinen Einspruch einlegen. Die Entscheidung des Beamten ist abschließend. Sie können lediglich einen neuen Antrag stellen, wie oben beschrieben.

Was tun im Fall einer Ablehnung: Beispiele mitten aus dem Leben

Die folgenden Beispiele beruhen auf Tatsachen. Personen, deren Anträge auf ein Nichteinwanderungsvisum abgelehnt wurden, konnten etwas dagegen tun. Die Namen der Antragsteller wurden geändert.

Paul – ein Schweizer Geschäftsreisender

BEISPIEL

Paul, der Sales Manager eines Schweizer Importunternehmens, muss von Zeit zu Zeit ins Ausland reisen, um sich mit ausländischen Herstellern zu treffen. Es ergab sich dabei die Gelegenheit zu einem Geschäftsabschluss mit einem amerikanischen Hersteller und Paul wollte in die USA reisen, um den Vertrag zu unterschreiben. Paul stellte einen Antrag auf ein B-1 Visum für Geschäftsreisende, wurde aber als potentieller Einwanderer vom US-Konsulat in Bern abgelehnt.

Der Grund für die Ablehnung war, dass für Paul vor einigen Jahren, als er zeitweilig in New York mit einem H-1B Visum arbeitete, über seinen US-Arbeitgeber ein Antrag auf ein arbeitsplatzbezogenes Einwanderungsvisum (GreenCard) gestellt wurde. Paul änderte dann jedoch seine Meinung bezüglich der Einwanderung und kehrte in die Schweiz zurück. Zum Zeitpunkt, als er seinen Antrag auf ein B-1 Visum stellte, war er seit zwei Jahren wieder in der Schweiz. Die Fragen während des Interviews zum damaligen GreenCard-Antrag trafen ihn unvorbereitet und er konnte keine Dokumente über seine derzeitigen festen Bindungen an die Schweiz nachweisen. Der Konsularbeamte entschied deshalb, ihm das Visum aufgrund einer bestehenden Einwanderungsintention abzulehnen.

Um das Konsulat doch noch davon zu überzeugen, dass er nicht vorhat einzuwandern, reichte Paul die folgenden Unterlagen im Rahmen eines erneuten Visumantrags ein:

- Brief seines Arbeitgebers in der Schweiz, der Pauls Position in der Firma und die Notwendigkeit seiner Reise in die USA bestätigte,
- Kopie seines aktuellen Arbeitsvertrags,
- Kopien des Schriftverkehrs mit dem amerikanischen Hersteller und über den entsprechenden Geschäftsvorgang,
- Brief des Anwalts, der den Antrag auf Einwanderung über seinen US-Arbeitgeber gestellt hatte: aus diesem ging hervor, dass Paul ihn vor zwei Jahren angewiesen hatte, den Einwanderungsantrag zurückzuziehen,
- Kopie seines privaten Mietvertrags
- Kopie der Gehaltsnachweise der letzten drei Monate
- Kopie der Heiratsurkunde

Diese Dokumente überzeugten den Konsularbeamten beim zweiten Versuch, dass Paul definitiv die Absicht hatte, nach einem kurzen Geschäftsaufenthalt in den USA in die Schweiz zurückzukehren. Dementsprechend wurde ein B-1 Visum ausgestellt.

Jeannette – eine verliebte deutsche Touristin

Jeanette und Marc waren verliebt und wollten sich verloben, um dann später zu heiraten. Sie war bei einer Behörde der Stadt Düsseldorf angestellt, während Marc Mitarbeiter einer der führenden deutschen Computer-Softwarefirmen war. Marcs Arbeitgeber entschied, dass Marc für ein Jahr in das Büro der Firma in Boston versetzt werden sollte. Aus diesem Grund stellte das US-Unternehmen für Marc einen Antrag auf ein L-1 Visum (*Intracompany Transfer*), das Marc auch genehmigt wurde. Da Jeanette nicht mit Marc verheiratet war, qualifizierte sie sich leider nicht für das L-2 (Ehepartner) Visum. Um Marc begleiten zu können, musste sie einen Antrag auf ein anderes, eigenständiges Visum stellen. Sie beantragte zunächst ein B-2 Touristenvisum, um Marc zumindest für einen Zeitraum von sechs Monaten begleiten zu können. Ihr Visumantrag wurde allerdings abgelehnt, da man sie als potenzielle Einwanderin betrachtete. Jeanette entschloss sich, besser vorbereitet, einen zweiten Versuch zu wagen. Sie erhielt einen Brief von ihrem Vorgesetzten aus Deutschland, der bestätigte, dass sie tatsächlich bei der Stadtverwaltung angestellt ist, dass ihr ein unbezahlter Urlaub von sechs Monaten bewilligt wurde und dass ihr Arbeitsplatz in Düsseldorf für sie zur Verfügung steht, wenn sie aus den USA zurückkehrt. Des Weiteren konnte Jeanette mittels Kontoauszügen belegen, dass sie über ausrei-

BEISPIEL

chend finanzielle Mittel verfügt, den sechsmonatigen Aufenthalt selbst zu finanzieren. Letztlich legte Sie noch Dokumente bei, die bestätigten, dass sie bereits seit längerer Zeit mit Marc zusammenlebt (gemeinsamer Mietvertrag in Deutschland etc.) und Marc nach seinem Arbeitsaufenthalt in Boston die USA wieder verlassen wird. Der Konsularbeamte stellte daraufhin für Jeanette ein B-2 Touristenvisum aus.

Daniel - ein „älterer" österreichischer Student

BEISPIEL

Daniel, ein 41 Jahre alter Maschinenbauingenieur, arbeitete als Filialleiter eines deutschen Exportunternehmens für Maschinenausrüstungen in Wien. Er wollte seine beruflichen Aufstiegschancen verbessern und hatte diesbezüglich vor, sich mehr mit internationalem Handel zu befassen, besonders mit deutschen Handelsbeziehungen zum Fernen Osten. Deshalb bewarb er sich für ein Studium an der *University of Hawaii*, um seinen Abschluss als MBA zu machen. Diese Universität ist bekannt für ihre Spezialisierung auf den Bereich Wirtschaftsstudien der asiatischen Märkte. Seine Bewerbung wurde angenommen und die Universität stellte ihm eine Bescheinigung I-20 über die Berechtigung auf ein F-1 Visum für Studenten aus.

Nachdem Daniel diese Bescheinigung erhalten hatte, beantragte er ein F-1 Studentenvisum. Leider glaubte der Konsularbeamte nicht, dass ein 41-jähriger Mann seine Arbeitsstelle aufgibt, um einen Abschluss in den USA zu machen. Der Beamte unterstellte daher, dass Daniel die Absicht hatte, in die USA einzuwandern und lehnte seinen Antrag ab.

Daniel legte zusammen mit seinem erneuten Antrag eine eidesstattliche Erklärung vor, aus der hervorging, warum er zu diesem Zeitpunkt seine berufliche Laufbahn ändern und seinen MBA an der Universität von Hawaii machen wollte. Außerdem reichte er noch folgende Unterlagen ein:

– Brief seines gegenwärtigen Arbeitgebers, der bestätigte, dass die Firma daran interessiert war, dass Daniel diesen Abschluss machte, dass Daniels Stelle in der Firma sicher war und für ihn nach seiner Rückkehr zur Verfügung stand,
– Brief einer deutschen Handelsfirma, die sich auf asiatische Märkte spezialisiert hatte, aus dem hervorging, dass Daniel auf der Grundlage dieses Abschlusses nach seiner Rückkehr für eine Stelle infrage käme,
– Brief eines deutschen Herstellers und Exporteurs von Industrieprodukten nach Japan, der aussagte, dass Daniel auf der Grundlage des MBA der hawaiianischen Universität die besten Aussichten auf eine Position in der Firma hat.

Darüber hinaus fügte Daniel noch weitere Unterlagen bei, so z.B. den Grundbuchauszug über sein Haus in Wien sowie Kontoauszüge über seine finanzielle Situation.

Daniels erneuter Antrag wurde befürwortet und es wurde ihm ein F-1 Studentenvisum ausgestellt.

Regina – eine Wissenschaftlerin aus München

Regina ist eine deutsche Wissenschaftlerin auf dem Gebiet der Biologie, die für ein Forschungsprojekt an der Universität in San Diego für einen Zeitraum von sechs Monaten angenommen wurde. Die Universität hatte Regina eine Bescheinigung über ihre Berechtigung für ein J-1 Visum (das Formular DS-2019) ausgestellt.

Zum Zeitpunkt der Antragstellung war Regina gerade erst einige Monate wieder aus den USA zurück. Sie hatte dort ein Aufbaustudium im Bereich der Mikrobiologie erfolgreich abgeschlossen, arbeitete aber seitdem als wissenschaftliche Mitarbeiterin an der Universität München. Der Konsularbeamte vermutete, dass der kurze Zeitraum zwischen ihrer Rückkehr und einem erneuten Visumantrag die Absicht auf Einwanderung widerspiegele. Ihr Antrag wurde deshalb leider abgelehnt.

Regina stellte noch einmal einen Antrag und fügte die folgenden Unterlagen hinzu:

- Brief eines deutschen Universitätsprofessors, der bestätigte, dass Regina eine aufstrebende Akademikerin mit großem Potential sei und dass ihre Teilnahme an dem Forschungsprogramm eine Notwendigkeit für ihre Karriere in Deutschland darstelle,
- Brief eines weiteren Universitätsprofessors, der bestätigte, dass Regina auf der Grundlage der Teilnahme an diesem Programm die besten Aussichten auf eine akademische Position nach ihrer Rückkehr hat,
- Belege über ihre Eigentumswohnung, die sie für den Zeitraum von sechs Monaten untervermietete,
- Belege zu ihren finanziellen Verhältnissen,
- Bestätigungsschreiben der Universität in San Diego über den Forschungsaufenthalt und dessen zeitliche Befristung.

Im zweiten Anlauf hatte Regina dann Erfolg und das J-1 Visum wurde erteilt.

Diese Beispiele bedeuten nicht, dass solche Versuche immer von Erfolg gekrönt sein müssen. Sie sollen Ihnen nur verdeutlichen, dass eine sorgfältige Antragsdokumentation und Begründung die unabdingbare Voraussetzung für einen erfolgreichen Visumantrag sind.

Teil III: Einwanderungsvisa (GreenCards)

Einleitung

Für viele Personen ist es immer noch der ultimative Traum: Der Erhalt einer GreenCard für die Vereinigten Staaten. Denn nur ein Einwanderungsvisum bietet die Möglichkeit einer unbegrenzten Arbeits- und Aufenthaltsgenehmigung für die USA.

Während alle im vorangegangenen Kapitel beschriebenen Nichteinwanderungskategorien zeitlich in irgendeiner Form limitiert sind oder den Arbeitnehmer beschränken nur für den einen Arbeitgeber tätig zu werden, bietet die GreenCard lebenslange aufenthaltsrechtliche Freizügigkeit. Wenn auch unter bestimmten Auflagen.

Die Hürden zum Erhalt eines Einwanderungsvisums für die USA sind leider nicht ganz unerheblich und gliedern sich in drei große Bereiche:

1. *Employment-Based Immigrant Visa* – die Einwanderung über eine Arbeitsstelle bzw. einen Arbeitgeber

2. *Family-Based Immigrant Visa* – die Einwanderung im Rahmen der Familienzusammenführung

3. *Diversity Visa Lottery* – die GreenCard-Lotterie mit einer Portion Glück

Die Einwanderungskategorien über die Arbeitsstelle und über die Familienzusammenführung werden in weitere Unterkategorien unterteilt, sodass für viele potenzielle Auswanderer zunächst gilt: Wie finde ich mich zurecht im Visumdickicht und welche Kategorie trifft überhaupt auf mich zu? Alle Einwanderungsvisa differieren nach bestimmten Zugangsvoraussetzungen, Beantragungswegen, Kosten, Besonderheiten, Wartezeiten, behördlichen Zuständigkeiten und Kosten.

Allen gemein ist aber (bis auf wenige Ausnahmen): Nicht Sie selbst können sich für eine GreenCard bewerben, sondern der offizielle Antragsteller ist immer entweder Ihr US-Arbeitgeber oder Ihr enger Familienangehöriger in den USA. Die Ausnahme von der Regel bilden nur Personen mit außergewöhnlichen Fähigkeiten (EB-1A, EB-2 NIW) oder Investoren (EB-5) – natürlich nicht ganz uneigennützig für die Amerikaner. Dieser enge Personenkreis kann ausnahmsweise Anträge für sich selbst einreichen. Natürlich können Sie auch Ihr Glück in der GreenCard-Lotterie versuchen, die in Kapitel 13 „GreenCard-Lotterie" näher beschrieben wird.

Für die meisten Einwanderungsbeantragungsprozesse müssen Sie Geduld mitbringen. Diese gestalten sich häufig langwierig und aufwendig. Sollten Sie mit dem Gedanken spielen, dauerhaft in den USA leben bzw. arbeiten zu wollen oder beispielsweise einen Amerikaner/eine Amerikanerin zu heiraten, informieren Sie sich rechtzeitig. In vielen Fällen bietet sich eine fachliche Beratung bei einwanderungsrechtlichen Experten an, um zunächst eine Einschätzung der individuellen Einwanderungsoptionen zu erhalten. Häufig gibt es nicht nur den *einen* Weg zum Ziel, sondern unterschiedliche Verfahren – der eine Weg mag steiniger sein als der andere, manchmal gibt es vielleicht sogar eine Abkürzung oder aber, der Weg bleibt ganz versperrt. Um Enttäuschungen zu vermeiden, setzen Sie sich frühzeitig mit der Thematik auseinander.

Benötigen Sie eine fachliche Einschätzung Ihres Falles oder Unterstützung bei der Abwicklung, so wenden Sie sich gerne an die US Visa Service Experten von The American Dream: *www.usvisaservice.de*

Um Ihnen einen Überblick zu geben, welches Kapitel für Sie überhaupt infrage kommt, sind nachfolgend die einzelnen und wichtigsten Einwanderungsvisumoptionen aufgeführt:

Employment-Based Immigrant Visa (Einwanderung über die Arbeitsstelle) – Kap. 11

EB-1 für Personen von hohem nationalen Interesse für die USA – Kap. 11.1
- EB-1A: Personen mit außergewöhnlichen Fähigkeiten
- EB-1B: Herausragende Hochschullehrer und Forscher
- EB-1C: Leitende Angestellte und Manager multinationaler Firmen

EB-2 für Personen mit höherem Bildungsabschluss oder besonderen Fähigkeiten – Kap. 11.2
- EB-2: Personen mit höheren akademischen Abschlüssen *(Advanced Degree)*
- EB-2 NIW: Personen von nationalem Interesse *(National Interest Waiver)*
- EB-2 Exceptional Ability: Personen mit besonderen Fähigkeiten

EB-3 für Akademiker, qualifizierte Fachkräfte und sonstige Arbeitnehmer – Kap. 11.3
- EB-3 Professionals: Personen mit akademischen Abschluss
- EB-3 Skilled Workers: Für qualifiziertes Fachpersonal
- EB-3 Unskilled Workers: Für Arbeitnehmer ohne besondere Vorkenntnisse

EB-4 für spezielle Einwanderer, Mitarbeiter von Kirchen und Glaubensgemeinschaften – Kap. 11.4

EB-5 für Investoren – Kap. 11.5

Family-Based Immigrant Visa (Einwanderung über die Familienzusammenführung) – Kap. 12

Verwandte von US-Staatsbürgern – Kap. 12.1
- Ehepartner, Kinder, Eltern, Geschwister

Verwandte von GreenCard-Inhabern – Kap. 12.2
- Unverheiratete Kinder, Ehepartner

Besonderheiten bei Ehepartnern von US-Bürgern und GreenCard-Inhabern – Kap. 12.4
- Einschließlich K-1 Verlobtenvisum (Fiancé(e) Visa) und K-3/K-4 *Nonimmigrant Visa* für Ehepartner und Kinder von US-Staatsbürgern

GreenCard-Lotterie *(Diversity Visa Program)*: Für Teilnehmer und Gewinner – Kap. 13

11 GreenCard durch die Arbeitsstelle

Eine der zwei großen Einwanderungsgruppen in die USA bildet die Zuwanderung auf Grundlage eines Arbeitsplatzes. Die zweite große Gruppe, die Einwanderung über Familienzusammenführung, wird in Kapitel 12 „GreenCard durch Heirat oder Verwandtschaft" behandelt. Wenn Sie durch ein in diesem Kapitel beschriebenes Verfahren Ihre Aufenthaltsberechtigung für die USA erhalten, bedeutet dies, dass Sie sich unbegrenzt in den USA aufhalten dürfen, Sie erhalten dann die sogenannte GreenCard.

Die Gruppe der Einwanderung über ein Arbeitsplatzangebot teilt sich thematisch in fünf verschiedene Kategorien auf, für die man sich auf verschiedene Arten qualifizieren kann.

Kategorien der Einwanderung aus Beschäftigungsgründen

Eine Gesamtzahl von 140.000 Einwanderungsvisa pro Jahr wird für diese gesamte Gruppe zur Verfügung gestellt (prozentualer Anteil am Jahreslimit in Klammern). Wegen der begrenzten Zahl an Visa, sind einige der unten aufgeführten Kategorien von Zeit zu Zeit überzeichnet, d.h. es werden mehr Anträge eingereicht als Visa zur Verfügung stehen. Durch diese Überzeichnungen bilden sich „Schlangen", sprich Personen, die sonst sofort ein Visum erhalten würden, müssen Monate oder Jahre auf ein Visum warten. Das *U.S. State Department* veröffentlicht hierzu ein monatliches Visa Bulletin, in welchem man die aktuellen Wartezeiten der *„Employment-Based"* Einwanderungskategorien einsehen kann. Zurzeit der Veröffentlichung der neuen Auflage dieses Buchs gibt es wenig Überzeichnung dieser Visumkategorien. Das kann sich aber von Monat zu Monat ändern. Mehr Information hierzu finden Sie in Kapitel 11.7 „Visa Bulletin – Warteliste für Einwanderer".

1. **Kategorie EB-1 (Personen von hohem nationalen Interesse für die USA):** Hochqualifizierte Personen mit außergewöhnlichen Fähigkeiten auf dem Gebiet der Wissenschaft, Kunst, Bildung, Wirtschaft oder des Sports; herausragende Professoren und Forscher; bestimmte Manager und Führungskräfte der multinationalen Wirtschaft (28,6%) – siehe Kapitel 11.1
2. **Kategorie EB-2 (Personen mit besonderen Fähigkeiten):** Personen des gehobenen Berufsstandes mit Hochschulabschluss sowie Personen mit besonderen Fähigkeiten auf wissenschaftlichen, künstlerischen und geschäftlichen Gebieten (28,6%) – siehe Kapitel 11.2
3. **Kategorie EB-3 (Akademiker, qualifizierte Fachkräfte und sonstige Arbeitnehmer):** Qualifizierte Personen mit höherem Schulabschluss, Facharbeiter mit mind. zwei Jahren Berufserfahrung sowie andere Arbeitnehmer, deren Fähigkeiten in den USA gesucht werden (28,6%). (sonstige Arbeitnehmer – *other workers* – unterliegen einer Beschränkung auf 5.000 Visa) – siehe Kapitel 11.3
4. **Kategorie EB-4 (Mitarbeiter von Kirchen und Glaubensgemeinschaften):** Bestimmte Personen, die eine religiöse Tätigkeit ausüben. Geistliche und bestimmte Mitglieder bei internationalen Organisationen sowie deren unmittelbare Angehörige und besonders qualifizierte und zur Einwanderung vorgeschlagene gegenwärtige und ehemalige Mitarbeiter der US-Regierung/US-Militär (7,1%) sowie andere sogenannte *„Special Immigrants"*. – siehe Kapitel 11.4

> **5. Kategorie EB-5 (Investoren)**: Investoren, die Arbeitsplätze für zehn nicht mit ihnen verwandte Personen schaffen, indem sie Kapital in neue Wirtschaftsunternehmen in den USA investieren. Die Investition muss mind. zwischen US$ 500.000 und US$ 1.000.000 liegen, abhängig von der Beschäftigungslage im jeweiligen geografischen Gebiet (7,1%). – siehe Kapitel 11.5

Finanzielle Bürgschaft durch den Arbeitgeber normalerweise nicht notwendig

Bei familienbasierten Anträgen auf eine GreenCard, ist eine finanzielle Bürgschaft (*Affidavit of Support*) fast immer notwendig. Wenn man aber eine GreenCard aufgrund eines Arbeitsplatzes beantragt, wird eine finanzielle Bürgschaft in der Regel nicht verlangt. Bei arbeitsbasierten GreenCard-Anträgen ist eine finanzielle Bürgschaft nur dann notwendig, wenn der Arbeitgeber, der den Antrag stellt, ein(e) Ehepartner, Vater, Mutter, oder Kind des Arbeitnehmers ist und auch 5% oder mehr der Anteile des Unternehmens besitzt, bei dem der Arbeitnehmer arbeiten soll. Weitere Infos zur finanziellen Bürgschaften (und das entsprechende Formular I-864) finden Sie in Kapitel 14.1 „Bearbeitung durch das Konsult: Erhalt des Einwanderungsvisums außerhalb der USA").

11.1 EB-1 Priority Workers:
Personen von hohem nationalen Interesse für die USA

Die Vereinigten Staaten versuchen hochqualifizierte Facharbeiter aus dem Ausland in die USA zu „locken". Um dieses Ziel zu erreichen, hat man die Kategorie *Priority Workers* geschaffen, mit deren Hilfe man den besten und begabtesten Arbeitnehmern, die es auf dem internationalen Markt gibt, eine GreenCard ausstellt. Die USA wollen sich damit – natürlich nicht ohne gewissen Eigennutz – die weltweit besten Fachkräfte ins Land holen. *Priority Workers* – damit ist eine Gruppe von Personen gemeint, die sich in drei Untergruppen gliedert. Diese sollen nachfolgend beschrieben werden.

I. EB-1A (Extraordinary Ability)
Personen mit außergewöhnlichen Fähigkeiten

GreenCard für Personen, die „wichtig" für die USA sind

Innerhalb dieser Gruppe werden Personen mit außergewöhnlichen Fähigkeiten (*Extraordinary Ability*) für ein langfristiges Arbeitsverhältnis in den Vereinigten Staaten auf dem Gebiet der Wirtschaft, Bildung, Wissenschaft, Kunst oder des Sports gefördert. „Außergewöhnliche Fähigkeiten" bedeutet, dass diese Personen über ein Fachwissen verfügen, das es ihnen ermöglicht, in den oben genannten Bereichen Spitzenleistungen zu erreichen.

BEISPIEL

Beispiel: Itzhak aus Israel ist ein international anerkannter Wissenschaftler auf dem Gebiet klinischer Studien in der Krebsforschung. Als Leiter der onkologischen Forschungsabteilung in einem führenden Krankenhaus in Jerusalem hat er ein neues Gen identifizieren können, das bösartige Veränderungen von Zellkulturen hervorrufen kann. Itzhaks Studien wurden in namhaften wissenschaftlichen Zeitschriften veröffentlicht. Er hat für seine Forschungen eine Reihe israelischer als auch internationaler Auszeichnungen erhalten und ist Mitglied der Internationalen Akademie der Wissenschaften.

Itzhak wird sich sehr wahrscheinlich als Wissenschaftler mit außergewöhnlichen Fähigkeiten für eine langfristige Anstellung in den Vereinigten Staaten qualifizieren.

Beispiel: *Ned aus Norwegen ist ein anerkannter Experte für Produktionstechnologien in der Wollherstellung. Als leitender Ingenieur einer Firma in Oslo, die Textilmaschinen für die Wollherstellung produziert, ist Ned für die Entwicklung mehrerer Neuerungen in der Wollproduktionstechnologie verantwortlich. Ned ist Inhaber technischer Patente. Außerdem ist er ein leitendes Mitglied der Internationalen Vereinigung der Wollproduzenten. Nach Einschätzung eines Universitätsprofessors gibt es im Bereich der Wollproduktionstechnologie nur wenige Experten in der Welt, die über Neds Fachwissen verfügen.*

BEISPIEL

Ned wurde eine langfristige Stelle als leitender Ingenieur für die Wollproduktion in einem Textilunternehmen in North Carolina angeboten. Er wird sich mit hoher Wahrscheinlichkeit als eine Person mit außergewöhnlichen Fähigkeiten auf dem Gebiet der Wirtschaft qualifizieren.

Zugangsberechtigung

Jede Person, die eine bedeutende internationale Auszeichnung, wie z.B. den Nobelpreis, erhalten hat, kann sich automatisch als eine Person betrachten, die berechtigt ist, eine GreenCard auf der Grundlage außergewöhnlicher Fähigkeiten zu bekommen. Da aber die Zahl der Nobelpreisträger relativ begrenzt ist, haben die amerikanischen Einwanderungsbehörden die Zugangsberechtigung für Personen aus Wirtschaft, Wissenschaft, Kunst, Bildung und Sport erweitert. Dazu muss man mindestens drei der zehn nachfolgend aufgeführten Kriterien erfüllen:

- Anerkannte Auszeichnungen für besondere Leistungen auf dem entsprechenden Gebiet,
- Mitgliedschaft in Vereinigungen, die hervorragende Leistungen auf dem entsprechendem Gebiet als Zulassungsvoraussetzung festlegen,
- Veröffentlichungen über die betreffende Person in bekannten Fachzeitschriften, Handelspublikationen oder anderen Publikationen mit hohen Leserzahlen,
- Teilnahme als Juror bei der Bewertung der Arbeit anderer Fachleute im jeweiligen Berufsgebiet,
- Selbstständige Beiträge von außerordentlicher Bedeutung auf dem Gebiet der Wirtschaft, Wissenschaft, Bildung, Sport oder Kunst,
- Autorenschaft wichtiger Artikel in Fachzeitschriften oder Handelspublikationen,
- Präsentation von eigenen Arbeiten auf Kunstausstellungen,
- Besondere Beiträge zur Arbeit von Organisationen, die selber einen hervorragenden Ruf genießen,
- Ein Gehalt oder andere Vergütungen, die hoch sind in Vergleich zu der Entlohnung von anderen Personen im jeweiligen Berufsgebiet,
- Kommerzieller Erfolg in der darstellenden Kunst, nachweisbar durch Karten-, Platten- oder Videoverkauf.

Kriterienkatalog

Neben diesen zehn Kriterien steht es jeder Person frei, jegliche Unterlagen von der er/sie glaubt, dass dadurch die außergewöhnlichen Fähigkeiten nachgewiesen werden können, einzureichen. Allerdings würde man dann ggf. erklären müssen, warum die außergewöhnlichen Fähigkeiten, die man besitzt, nicht an Hand von den zehn angegebenen Kriterien nachweisbar sind.

BEISPIEL

Beispiel: Der vorhin bereits erwähnte Itzhak aus Israel hat ein Angebot als Leiter der onkologischen Abteilung eines New Yorker Forschungskrankenhauses erhalten. Falls Itzhak das möchte, kann er eine GreenCard auf der Grundlage dieses Stellenangebotes bekommen, da er eigene Beiträge auf dem Gebiet der Wissenschaft aufweisen kann, wissenschaftliche Artikel verfasst, eine leitende Stellung in einer bekannten Einrichtung innehat und außerdem Mitglied einer berühmten Vereinigung ist.

BEISPIEL

Ein realer Fall: Der Golfer Nick Price erhielt auf der Grundlage seiner außergewöhnlichen Fähigkeiten als Sportler eine ständige Aufenthaltsgenehmigung für die USA. Herr Price war dazu berechtigt auf der Grundlage seiner Erfolge (Gewinner der World Series of Golf usw.), seiner führenden Stellung im Golfsport, einem hohen jährlichen Einkommen und aufgrund von Empfehlungsschreiben anderer Golfer, unter anderem von Ben Crenshaw, Jack Nicklaus und Lee Trevino.

Verfahrensweise

VERFAHREN

Personen mit außergewöhnlichen Fähigkeiten erhalten die GreenCard im Allgemeinen auf der Grundlage des Stellenangebotes eines amerikanischen Arbeitgebers. Die Vereinigten Staaten sind aber so interessiert daran, jene Leute in das Land zu holen, dass diese talentierten Personen auch unabhängig von einem solchen Stellenangebot einwandern können. Die einzige Bedingung, die an eine Einwanderung ohne Stellenangebot geknüpft ist, ist die Absicht, in den USA auch zukünftig in seinem/ihrem Fachgebiet weiter zu arbeiten.

BEISPIEL

Beispiel: Ned aus Norwegen möchte mit seiner Familie nach Amerika. Da er nicht länger für andere arbeiten möchte, plant Ned, eine eigene Firma zu gründen und als ein unabhängiger Berater für Textilhersteller in den Vereinigten Staaten tätig zu werden. Da er ein außergewöhnlich hohes Fachwissen nachweisen kann, hat Ned die realistische Chance, eine GreenCard zu erhalten, um seine eigene Firma zu gründen.

Obwohl Einwanderungsbeamte zwar bereit sind, auf ein Stellenangebot zu verzichten, verlangen sie trotzdem, dass man ganze Berge von Papier einreicht. Die dafür notwendigen Unterlagen werden nachfolgend erklärt.

Petition I-140

VERFAHREN

Das Antragsverfahren beginnt mit dem Einreichen des Formulars I-140 (*Petition for Immigrant Workers*) beim zuständigen Service-Center der amerikanischen Einwanderungsbehörde USCIS, die für den geplanten Arbeitsplatz zuständig ist. (In Kapitel 16 „Weitere Informationsquellen" und Kapitel 17 „Formulare" finden Sie weitere Informationen zur USCIS bzw. zu den Antragsformularen.)
Das Formular I-140 muss im Allgemeinen von der amerikanischen Firma, die die Person einstellen möchte, eingereicht werden. Personen, die ohne Stellenangebot einwandern möchten, können das Formular selber einreichen (im sogenannten „*Self-Petitioning*-Verfahren").

Einzureichende Unterlagen

Zusätzlich zum Formular I-140 müssen u.a. Unterlagen eingereicht werden, die die außergewöhnlichen Fähigkeiten nachweisen. Aus ihnen sollte hervorgehen, dass die Person bedeutende internationale Auszeichnungen erhalten hat oder drei der oben genannten Bedingungen erfüllt.

Beispiel: Der oben erwähnte Itzhak fügt seinem I-140 Antrag Kopien seiner veröffentlichten Artikel, Schreiben der Vereinigungen, in denen er Mitglied ist, und eine Beschreibung seiner onkologischen Forschungsarbeit hinzu. Itzhak wird außerdem schriftliche Gutachten medizinischer Experten über die Bedeutung seiner Forschungsarbeit einreichen.

BEISPIEL

Im Fall einer Einwanderung ohne Stellenangebot müssen außerdem zusätzlich Nachweise darüber erbracht werden, wie die Person auf ihrem Fachgebiet in den USA weiter arbeiten will.

Beispiel: Ned aus Norwegen wird einen Unternehmensplan einreichen, der die Durchführbarkeit seiner unabhängigen Beratungsfirma in den USA zeigt.

BEISPIEL

Das Gesetz fordert, dass zusammen mit dem Antrag I-140 auch ein Nachweis eingereicht wird, dass der Arbeitgeber in den USA die Mittel hat, das angebotene Gehalt für den zukünftigen Arbeitnehmer zu zahlen. Das kann durch die Vorlage von Jahresberichten, Unterlagen über Steuerzahlungen oder Bilanzen erfolgen. Wenn der Arbeitgeber mehr als 100 Angestellte hat, reicht eine Bestätigung durch einen Finanzfachmann der Firma, die aussagt, dass das Unternehmen über die Mittel verfügt, das angebotene Gehalt zu zahlen. Selbstständige Einwanderer, d.h. ohne ein Stellenangebot, müssen nachweisen, dass sie über finanzielle Mittel verfügen, um in den USA selbst für ihren Lebensunterhalt aufzukommen.

Im Gegensatz zu anderen Formen der arbeitsbezogenen Einwanderung besteht bei einer Person mit außergewöhnlichen Fähigkeiten nicht die Notwendigkeit, zuerst eine Bescheinigung über die nationale Arbeitsmarktprüfung (*Labor Certification*) für die Anstellung einzuholen. Das ist ein großer Vorteil. Siehe dazu auch Erläuterungen zur Ausstellung einer Labor Certification (Kapitel 11.6 „Voraussetzung für arbeitsplatzbezogene Einwanderung: Labor Certification").

Vereinfachte Antragstellung ohne Labor Certification!

II. EB-1B Outstanding Professors/Researchers
Herausragende Hochschullehrer und Forscher

Diese zweite Untergruppe bezieht sich auf Hochschullehrer und Forscher, die innerhalb der akademischen Gemeinschaft besondere Fähigkeiten aufzuweisen haben. Hochschullehrer und Forscher, die im Rahmen dieser Gruppe eine Einwanderung beantragen, müssen ein Stellenangebot nachweisen und sind daher nicht berechtigt, sich selbstständig zu machen oder den Antrag eigenständig zu stellen.

GreenCard „im Dienste der Forschung"

Beispiel: Connie aus Cottbus ist Dozentin für christliche Literatur an der Freien Universität Berlin. Als Gastdozentin war sie bereits an den Universitäten in Oxford und

BEISPIEL

Yale und hat in den vergangenen 15 Jahren auf dem Gebiet der christlichen Dichtung und Prosa des Mittelalters geforscht und gelehrt. Sie hat zahlreiche Artikel über ihre Forschungsarbeiten veröffentlicht und auch Beiträge zu Lehrbüchern verfasst. Connie hat für ihre ausgezeichnete wissenschaftliche Tätigkeit auf dem Gebiet der christlichen Literatur Dutzende von Stipendien und Preise erhalten. Sie ist Mitglied des Weltverbandes für christliche Studien, der Internationalen Vereinigung für Mittelalterstudien und der Akademie für christliche akademische Forschungen in Berlin.

Falls Connie eine Stelle an einer Universität in den USA angeboten wird, kann sie eine ständige Aufenthaltserlaubnis als herausragende Hochschullehrerin erhalten.

Zugangsberechtigung

Um sich im Rahmen dieser Gruppe qualifizieren zu können, muss der Antragsteller ein Hochschullehrer oder Forscher sein, der international als herausragend auf seinem/ihrem akademischen Gebiet anerkannt ist. Diese Anerkennung kann durch mindestens zwei der nachfolgend aufgeführten Dokumente nachgewiesen werden:

- Wichtige Preise oder Auszeichnungen für herausragende Leistungen in dem betreffenden akademischen Gebiet,
- Mitgliedschaft in Vereinigungen des entsprechenden akademischen Gebietes, die von ihren Mitgliedern herausragende Leistungen verlangen,
- Veröffentlichungen über die Arbeit der betreffenden Person durch andere und in Fachpublikationen,
- Teilnahme als Juror an der Bewertung der Arbeit anderer in dem entsprechenden akademischen Bereich,
- Eigene wissenschaftliche Beiträge zum akademischen Bereich,
- Autorenschaft bei Büchern und Artikeln in Fachzeitschriften, die weltweit publiziert werden.

Neben diesen sechs Kriterien steht es jeder Person frei, jegliche Unterlagen einzureichen, von denen sie glaubt, dass dadurch die herausragenden Fähigkeiten nachgewiesen werden können. Allerdings würde man dann ggf. erklären müssen, warum die herausragenden Fähigkeiten, die man besitzt, nicht anhand von den sechs angegebenen Kriterien nachweisbar sind.

Außerdem hängt die Zugangsberechtigung im Rahmen dieser Gruppe von zwei weiteren Faktoren ab:

1. Der Hochschullehrer oder Forscher muss mindestens drei Jahre Lehr- oder Forschungstätigkeit in seinem/ihrem akademischen Bereich nachweisen können.

2. a) Das Stellenangebot für einen Hochschullehrer muss eine feste Anstellung an einer US-amerikanischen Universität oder einer anderen Hochschuleinrichtung sein. Zudem muss die feste Anstellung „auf Lebenszeit" erteilt sein (*tenured*) oder die Stelle muss darauf hinauslaufen (*tenure-track*).

b) Stellenangebote für Forscher müssen „unbefristete Anstellungsverhältnisse" sein, d.h. Positionen, die unbefristet sind, bis sie in gegenseitigem Einverständnis aufgelöst werden. Das Angebot muss von einer US-amerikanischen

Universität, einem Institut oder einer anderen Hochschuleinrichtung kommen. Es kann auch von einem privaten Arbeitgeber unterbreitet werden, wenn dieser mindestens drei Forscher mit Vollzeitverträgen beschäftigt und bereits besondere akademische Leistungen nachweisen kann.

Beispiel: Connie aus Cottbus hat ein Angebot für eine Professur an der Notre Dame Universität in Indiana bekommen. Ihre Berechtigung für eine GreenCard auf der Grundlage dieser Stelle wird wie folgt nachgewiesen: eigene Forschungstätigkeit, Verfassen von wissenschaftlichen Artikeln und Beiträgen zu Büchern, Auszeichnungen und Stipendien sowie Mitgliedschaft in anerkannten Verbänden.

BEISPIEL

Verfahrensweise

Petition I-140

Der Antrag auf Einstufung als herausragender Hochschullehrer oder Forscher muss von einer Bildungs- oder Forschungseinrichtung auf dem Formular I-140 (*Petition for Immigration Workers*) eingereicht werden. Dieses Formular muss beim Service-Center der amerikanischen Einwanderungsbehörde USCIS eingereicht werden, die für das Gebiet zuständig ist, in dem sich der zukünftige Arbeitsplatz befindet. (In Kapitel 16 „Weitere Informationsquellen" und Kapitel 17 „Formulare" finden Sie weitere Informationen zur USCIS bzw. zu den Antragsformularen.)

VERFAHREN

Einzureichende Unterlagen

Zusammen mit dem Formular I-140 müssen Unterlagen eingereicht werden, die nachweisen, dass die Person mindestens zwei der sechs der oben genannten Kriterien erfüllt und drei Jahre Berufserfahrung hat. Außerdem muss daraus hervorgehen (je nachdem, ob man als Hochschullehrer oder Forscher tätig sein wird), dass die angebotene Position eine feste Anstellung, eine feste Anstellung „auf Lebenszeit" ist oder darauf hinausläuft oder anderweitig eine unbefristete Stellung ist.

Beispiel: In Connies Fall werden zusammen mit dem Antrag Kopien ihrer Artikel und anderer schriftlicher Arbeiten, Kopien der Stipendien und Auszeichnungen, Bescheinigungen der Verbandsmitgliedschaft, Stellungnahme eines anerkannten Experten zur Bedeutung ihrer Forschungsarbeit und eine Kopie ihres Lebenslaufes eingereicht.

BEISPIEL

Der Arbeitgeber in den USA, selbst wenn es eine renommierte Universität ist, muss den Nachweis erbringen, dass er in der Lage ist, das angebotene Gehalt zu zahlen. Das kann durch Kopien von Jahresberichten, Nachweis der Steuerzahlungen oder Bilanzen geschehen. Falls der Arbeitgeber mehr als 100 Arbeitnehmer hat, kann das einfach durch ein Schreiben eines Mitarbeiters aus dem Finanzbereich geschehen, in dem bestätigt wird, dass der Arbeitgeber in der Lage ist, das angebotene Gehalt zu zahlen.

Genau wie bei anderen Gruppen von *Priority Workers* muss keine Bescheinigung über die nationale Arbeitsmarktprüfung (*Labor Certification*) für die Anstellung vorliegen.

Vereinfachte Antragstellung ohne Labor Certification!

Kapitel 11.1

III. EB-1C Multinational Manager/Executive
Leitende Angestellte und Manager multinationaler Firmen

GreenCard für leitende Angestellte und hochrangige Manager

Die dritte Gruppe von *Priority Workers* sind leitende Angestellte und Manager, denen die Einwanderung in die USA erleichtert werden soll.

BEISPIEL

Beispiel: Stanton Computers AG ist eine Firma aus Tirol, die Software entwickelt und vertreibt. Dieses Unternehmen ist die Muttergesellschaft von SC (USA) Inc., einer Firma in Kansas, die vor zwei Jahren als Repräsentanz von Stanton Computers in den USA gegründet wurde. Die österreichische Muttergesellschaft möchte Benedikt, den Marketing Manager, zur Tochtergesellschaft in Kansas versetzen. Benedikt ist seit vier Jahren Marketing Manager in Tirol und soll in den USA als Marketingleiter eingesetzt werden. Vorausgesetzt, dass alle anderen Anforderungen erfüllt werden, wird sich Benedikt als leitender Angestellter und Manager einer multinationalen Firma für eine solche Versetzung qualifizieren.

Zugangsberechtigung

Sowohl das Unternehmen selbst als auch der zukünftige Mitarbeiter müssen bestimmte Voraussetzungen erfüllen. Folgende Kriterien beziehen sich auf das Unternehmen:

1. Die beiden Firmen der Unternehmensgruppe müssen durch unternehmerische Beziehungen miteinander verbunden sein, z.B. Muttergesellschaft, Tochtergesellschaft, Zweigstelle und Niederlassung. Diese unternehmerischen Beziehungen sind folgendermaßen definiert:

   – *Muttergesellschaft:* Eine Organisation, die Tochtergesellschaften hat.
   – *Tochtergesellschaft:* Eine Organisation, die direkt oder indirekt mit mehr als 50% einer Muttergesellschaft gehört, oder durch diese kontrolliert wird.
   – *Zweigstelle:* Ein Büro des gleichen Arbeitgebers, das sich nur an anderer Stelle befindet.
   – *Zweigorganisation:* Die ausländische und die US-amerikanische Organisation sind Tochtergesellschaften der gleichen Mutterfirma oder sind Organisationen, die der gleichen Einzelperson oder Personengruppe gehören oder von ihr kontrolliert werden.

Eine US-Niederlassung der Firma muss bereits existieren und seit einem Jahr geschäftlich tätig sein

2. Das US-amerikanische Unternehmen muss mindestens seit einem Jahr geschäftlich tätig sein.

Die Bestimmungen verbieten die Einwanderung eines leitenden Angestellten oder Managers auf der Grundlage eines „neuen Büros" in den USA (d.h. unternehmerische Tätigkeit unter einem Jahr).

BEISPIEL

Beispiel: Funny Collections ist ein kleiner Hersteller von Bekleidung in Basel. Barbara, die Geschäftsführerin der Firma, beabsichtigt ihr Unternehmen nach Connecticut zu verlegen, indem sie eine Importfirma für Bekleidung in Hartford eröffnet und sich selbst als Geschäftsführerin dahin versetzt. Zu diesem Zweck gründet sie Funny Connecticut, eine US-amerikanische Firma.
Barbara wird sich nicht selber als leitende Angestellte einer multinationalen Firma

nach Hartford versetzen können, wenn Funny Connecticut weniger als ein Jahr unternehmerisch tätig war. Barbara könnte jedoch auf zeitlich begrenzter Grundlage ein L-1 New Office Visum (Intracompany Transferee) erhalten (siehe Kapitel 8.7 „L-1 Visum (Intracompany Transferee): Unternehmensinterner Mitarbeitertransfer").

Die Person, die in die USA versetzt werden soll, muss folgende Bedingungen erfüllen:

1. Anstellung in der Firma außerhalb der USA für mindestens ein Jahr während der drei Jahre, die dem Einwanderungsantrag vorausgegangen sind.

Anmerkung: *Einige leitende Angestellte oder Manager haben vielleicht in den drei Jahren vor Einreichung des Einwanderungsantrags schon in den USA gearbeitet. In diesem Fall muss die Person von der ausländischen Firma außerhalb der USA mindestens ein Jahr lang angestellt gewesen sein, in den drei Jahren bevor er/sie in die USA mit einem Nichteinwanderungsvisum (z.B. L-1) eingereist ist.*

MERKE

2. „Leitende" oder „geschäftsführende" Position in der Firma außerhalb der USA

Ein leitender Angestellter ist eine Person, die in der Geschäftsführung des Unternehmens tätig ist, durch die Festlegung der Firmenziele oder -strategien ein entscheidender Bestandteil des Unternehmens ist oder eine entscheidende Funktion innerhalb der Geschäftsführung ausübt. Ein leitender Angestellter hat uneingeschränkte Entscheidungsgewalt, untersteht im Allgemeinen nur dem Vorstand oder Aufsichtsrat der Firma und trägt häufig Verantwortung für weitere Manager und Fachkräfte (*Professionals*).

Ein Manager führt eine bestimmte Abteilung eines Unternehmens oder andere Verwaltungseinheit. Er leitet die tägliche Arbeit eines bestimmten Bereichs und kontrolliert andere Mitarbeiter.

Anmerkung: *Angestellte mit Spezialwissen können keine GreenCard in dieser Kategorie beantragen. Diese Angestellten müssen sich auf der Grundlage anderer Einwanderungskategorien, wie Sie im Weiteren des Buches beschrieben sind, bewerben.*

MERKE

3. Die Person wird als leitender oder geschäftsführender Angestellter von der Firma in den USA eingestellt.

Beispiel: *Bei der bereits erwähnten Firma Stanton Computers haben die österreichische Muttergesellschaft und die Tochtergesellschaft in Kansas qualifizierende geschäftliche Beziehungen. Die Firma in Kansas ist seit mehr als einem Jahr in den USA tätig. Benedikt hat bereits länger als gefordert eine „leitende" Position im österreichischen Teil des Unternehmens. Unter diesen Umständen wird sich Benedikt für eine Versetzung nach Kansas auf der Grundlage dieser Einwanderungskategorie qualifizieren.*

BEISPIEL

Verfahrensweise

Die Formulare und Unterlagen, die leitende Angestellte und Manager multinationaler Firmen benötigen, sind denen für die anderen zwei Untergruppen von *Priority Workers* ähnlich. Diese leitenden Angestellten und Manager sind aber

VERFAHREN

Kapitel 11.2

im Gegensatz zu der Gruppe mit außergewöhnlichen Fähigkeiten ausschließlich von einem Stellenangebot des Unternehmens in den USA abhängig.

Petition I-140

Ein Antrag für einen leitenden Angestellten oder Manager einer multinationalen Firma wird durch den amerikanischen Arbeitgeber auf dem Formular I-140 (*Petition for Immigrant Workers*) eingereicht. Dieses Formular muss beim Service-Center der USCIS eingereicht werden, das für die Region des zukünftigen Arbeitsplatzes zuständig ist. (In Kapitel 16 „Weitere Informationsquellen" und Kapitel 17 „Formulare" finden Sie weitere Informationen zur USCIS bzw. zu den Antragsformularen.) Der Antrag I-140 muss zusammen mit einer Erklärung des Antragstellers eingereicht werden, die nachweist, dass der entsprechende leitende Angestellte oder Manager, die bereits erwähnten Anforderungen erfüllt. Außerdem müssen die Geschäftsbeziehungen zwischen den Unternehmenseinheiten in den USA und im Ausland dargestellt werden. Das Schreiben sollte außerdem das gegenwärtige und zukünftige Aufgabengebiet sowie die genauen Aufgaben des Angestellten beschreiben und Angaben zu seinem Arbeitsvertrag und seiner beruflichen Qualifikation machen.

Zusätzlich muss zusammen mit dem Formular I-140 der Nachweis eingereicht werden, dass der Arbeitgeber in der Lage ist, das zukünftige Gehalt zu bezahlen. Das kann durch Kopien von Jahresberichten, Erklärungen des Finanzamtes oder Bilanzen erfolgen. Sollte der Arbeitgeber mehr als 100 Angestellte haben, genügt eine Erklärung durch einen Mitarbeiter der Finanzabteilung, die bestätigt, dass der Arbeitgeber zu dieser Zahlung in der Lage ist.

Vereinfachtes Verfahren ohne Labor Certification!

Genau wie bei den anderen Gruppen von *Priority Workers* ist für eine Einwanderung auf dieser Grundlage keine *Labor Certification* notwendig.

Befürwortung des Antrags für diese Kategorien

Die Bewilligung der Petition I-140 durch die USCIS ist jedoch nicht der letzte Schritt, der in Richtung Einwanderung zu gehen ist. Die Person muss noch einen Antrag auf ein Einwanderungsvisum beim US-Konsulat im Heimatland stellen (=*Consular Processing*) oder, falls sie dazu berechtigt ist, ihren Status in den USA anpassen lassen (=*Adjustment of Status*). Näheres dazu finden Sie in Kapitel 14 „Ausstellung des Einwanderungsvisums und Gültigkeit".

11.2 EB-2 Members of Professions Holding Advanced Degrees or Aliens of Exceptional Ability: Personen mit höherem Bildungsabschluss oder besonderen Fähigkeiten

Wichtig: Anerkennung ausländischer Studiengrade!

In den USA wird zwei besonderen Gruppen von begabten Personen die gleiche Stellung auf der Einwanderungsskala eingeräumt. Es handelt sich dabei um I. Personen, die höhere akademische Abschlüsse haben und II. Personen mit herausragenden Fähigkeiten in Wirtschaft, Wissenschaft oder der Kunst.

I. Personen mit höheren akademischen Abschlüssen (Advanced Degrees)

Eine Person mit einem höheren akademischen Abschluss in einem der freien Berufe und einem US-Stellenangebot, welches selbst einen höheren akademischen Abschluss voraussetzt, kann sich im Rahmen dieser Gruppe für eine Einwanderung qualifizieren, solange eine Prüfung des US-Arbeitsmarktes nachweist, dass keine US-Mitarbeiter zur Verfügung stehen. Diese Prüfung des US-Arbeitsmarktes ist der sogenannte „Labor Certification Process" und wird unten näher beschrieben. Von der Prüfung des nationalen Arbeitsmarktes kann abgesehen werden, wenn ein besonderes nationales Interesse vorliegt oder die Person in einem Beruf arbeiten wird, in dem nachweislich Fachkräftemangel besteht. Bei der Feststellung eines besonderen nationalen Interesses kann sogar auf das US-Stellenangebot verzichtet werden (siehe Punkte 4 und 5 weiter hinten).

Ein „höherer Abschluss" ist jeder Abschluss über dem Bachelor's Degree (z.B. ein Masterabschluss oder eine Promotion). „Freie Berufe" schließen die Gebiete Bildung, Rechnungswesen, Architektur, Wissenschaft, Ingenieurswesen, Mathematik, Recht, Medizin und viele Spezialgebiete ein. Um sich im Rahmen dieser Gruppe zu qualifizieren, muss die Vergleichbarkeit des Abschlusses, der an einer Universität im Ausland erworben wurde, mit einem ähnlichen Abschluss in den USA nachgewiesen werden. Das erfolgt durch das Büro Evaluation Services in den USA (siehe ☑ www.aacrao.org).

Beispiel: Michael aus Petersburg besitzt den Abschluss in Maschinenbau von der Universität St. Petersburg sowie einen MBA der Moskauer Universität. Er hat ein Stellenangebot einer großen amerikanischen Raumfahrtfirma erhalten, die ihm eine Stelle im Bereich Konstruktion und Entwicklung von experimentellen Luftlandesystemen anbietet. Falls Michaels Abschlüsse ähnlichen Abschlüssen in den USA gleichwertig sind, kann er sich für eine Einwanderung innerhalb der Gruppe Advanced Degrees qualifizieren.

BEISPIEL

Sonderfall: Äquivalent eines höheren akademischen Abschlusses

Personen, die keinen höheren akademischen Abschluss besitzen, aber über einige Berufserfahrung verfügen, können sich ebenfalls in dieser Gruppe qualifizieren. Ein „Äquivalent" zu einem höheren Abschluss ist ein Bachelor's Degree plus fünf Jahre steigende Berufserfahrung („five years of progressive experience").

 Fehlende Universitätsbildung kann durch Berufserfahrung ausgeglichen werden!

Beispiel: Tina hat ein Undergraduate Degree (etwa Fachhochschulabschluss) auf dem Fachgebiet Textilindustrie von der Universität Buckingham. Seitdem sind sieben Jahre vergangen, und Tina hat in dieser Zeit als Produktionsassistentin, Produktionsplanerin und Produktionsleiterin für eine Polsterfirma in Manchester gearbeitet. Während einer Geschäftsreise nach Massachusetts bietet ihr dort eine Textilfirma einen langfristigen Arbeitsplatz an. Tina könnte sich für eine GreenCard auf der Grundlage ihres Abschlusses an der Universität Buckingham und ihrer bisherigen, ständig steigenden Berufserfahrung qualifizieren.

BEISPIEL

MERKE

Anmerkung: Auch ein Undergraduate Degree, das man an einer Universität außerhalb der USA erworben hat, muss einem vergleichbaren Grad in den USA entsprechen. Auch das muss durch ein Büro eines Academic Credentials Evaluation Service bestätigt werden. Eine Liste von einigen Credential Evaluation Services finden Sie in Kapitel 16.2 „Weitere Organisationen".

Verfahrensweise

VERFAHREN

Bevor ein Antrag bei der US-Einwanderungsbehörde gestellt werden kann, muss der US-Arbeitgeber zunächst das aufwendige Labor Certification Verfahren (=Arbeitsmarktüberprüfung) durchlaufen. Um eine *Labor Certification* zu erhalten (siehe Kapitel 11.6 „Voraussetzung für arbeitsplatzbezogene Einwanderung: Labor Certification") müssen für Michael und Tina bestimmte Unterlagen eingereicht und von dem US-Arbeitsministerium bestätigt werden. In bestimmten Fällen kann der Inhaber eines höheren Abschlusses (oder des beruflichen Äquivalents) die Unterlagen selbst einreichen, ohne ein Stellenangebot eines amerikanischen Arbeitgebers zu haben.

Diese Art der Einwanderung ohne besonderen Bürgen, die jedoch im US-amerikanischen Einwanderungsrecht sehr selten ist, wird nachfolgend noch erläutert.

1. Petition I-140

Ein Antrag für die Einwanderung auf der Grundlage eines höheren akademischen Abschlusses muss durch den amerikanischen Arbeitgeber auf dem Formular I-140 (*Petition for Immigrant Workers*) eingereicht werden. Dieses Formular muss beim Büro der USCIS eingereicht werden, das für die Region des zukünftigen Arbeitsplatzes zuständig ist. (In Kapitel 16 „Weitere Informationsquellen" und Kapitel 17 „Formulare" finden Sie weitere Informationen zur USCIS bzw. zu den Antragsformularen.)

2. Einzureichende Unterlagen

Petition I-140 muss zusammen mit den folgenden Unterlagen eingereicht werden:

1. Beglaubigter Nachweis, dass die Person einen höheren amerikanischen Abschluss oder einen vergleichbaren Abschluss außerhalb der USA vorweisen kann (im letzteren Fall muss eine Bewertung des ausländischen akademischen Zeugnisses durch eine entsprechende Stelle beigefügt werden).

2. Alternativ kann ein beglaubigter Nachweis darüber eingereicht werden, dass die Person über ein *U.S. Bachelor's Degree* oder einen entsprechenden Abschluss des Auslandes sowie zusätzlich über fünf Jahre steigende Berufserfahrung verfügt. Diese Berufserfahrung muss durch Schreiben früherer oder jetziger Arbeitgeber nachgewiesen werden.

Das Gesetz verlangt, dass die Petition I-140 zusammen mit einer Bestätigung des Arbeitgebers eingereicht wird, die belegt, dass er in der Lage ist, das Gehalt des zukünftigen Einwanderers zu bezahlen.
Dies kann durch Kopien von Jahresberichten, Bilanzen oder Erklärungen des Finanzamtes erfolgen. Sollte der Arbeitgeber mehr als 100 Angestellte haben,

genügt eine Erklärung durch einen Mitarbeiter der Finanzabteilung, die bestätigt, dass der Arbeitgeber zu dieser Zahlung in der Lage ist.

3. Bescheinigung über die Prüfung des nationalen Arbeitsmarktes (Labor Certification)

In der Kategorie Advanced Degree ist eine Bescheinigung über die Prüfung des nationalen Arbeitsmarktes generell erforderlich. Das bedeutet, dass Petition I-140 nur dann eingereicht werden kann, wenn eine solche Bescheinigung des US-Arbeitsministeriums vorliegt. In seltenen Fällen, wenn der EB-2 Antragsteller sich als Person von nationalem Interesse qualifiziert oder einer Berufsgruppe angehört, die in den USA unterrepräsentiert ist (z.B. Krankenpfleger und Physiotherapeuten), kann der *Labor Certification*-Prozess vermieden werden. Das Thema *Labor Certification* (wann eine Prüfung des US-Arbeitsmarktes erforderlich ist und wann diese Prüfung entfällt) wird in Kapitel 11.6 „Voraussetzung für arbeitsplatzbezogene Einwanderung: Labor Certification" erläutert.

> Achtung: Ohne Labor Certification geht nichts!

4. Personen von „nationalem Interesse" (= EB-2 National Interest Waiver)

Während Inhaber von höheren akademischen Abschlüssen für ihre Einwanderung sowohl ein Stellenangebot als auch eine *Labor Certification* benötigen, wird auf beides verzichtet, falls die Arbeit des Antragstellers in den USA von „nationalem Interesse" ist. Dieser Begriff ist eher politisch zu verstehen, da es keine konkrete Definition dafür gibt. Im Allgemeinen kommt eine Ausnahme im nationalen Interesse nur dann in Frage, wenn die vorgesehene Arbeit des Antragstellers drei Kriterien erfüllt: (a) der Bereich, in dem die Person arbeiten wird, ist vom substanziellen, immanenten Wert, (b) die positiven Auswirkungen der Arbeit werden vom nationalen Umfang sein und (c) das Vermeiden des Labor Certification-Prozesses würde den nationalen Interessen der USA dienen. Die Bitte um eine Ausnahmeregelung aus nationalem Interesse muss auf dem Formular ETA 9089 (*Application for Alien Employment Certification*) zusammen mit einem Begründungsschreiben und dem Formular I-140 bei der USCIS eingereicht werden.

> Ausnahmen sind möglich, wenn die USA einen speziellen Nutzen davon haben

Das Formular ETA 9089 muss zusammen mit Dokumenten eingereicht werden, die nachweisen, dass die Arbeit des Antragstellers im „nationalen Interesse" liegt. Es muss beispielsweise ein detaillierter Plan vorgelegt werden, der angibt, was der Antragsteller in den USA machen will und wie seine/ihre Arbeit dem Land besonders nützlich ist.

Falls die USCIS ebenfalls der Meinung ist, dass die Vereinigten Staaten von der Einwanderung des Antragstellers profitieren, wird der Antrag (Formular I-140) bearbeitet. Dieser Vorgang kann dann mit der Einwanderung in die USA ohne besonderen Bürgen und ohne *Labor Certification* enden, ein Entscheid, der allerdings nur sehr selten ergeht.

5. Berufe, in denen allgemeine Arbeitnehmerknappheit bereits festgestellt wurde

Von einer umfangreichen Prüfung des US-Arbeitsmarktes kann auch dann abgesehen werden, wenn die Person mit einem höheren akademischen Abschluss einen Beruf ausüben möchte, der in der sogenannten „*Schedule A*" aufgelistet ist. Die Liste „*Schedule A*" wird von dem US-Arbeitsministerium veröffentlicht und beinhaltet zurzeit vier Kategorien von Arbeitnehmern (z. B. Krankenpfleger und Physiotherapeuten). „*Schedule A*" wird in Kapitel 11.6 „Voraussetzung für arbeitsplatzbezogene Einwanderung: Labor Certification" weiter erläutert. Die Bitte um eine Ausnahmeregelung unter „Schedule A" wird auf dem Formular ETA 9089 (*Application for Alien Employment Certification*) zusammen mit Nachweisen (z. B. die Zulassung als Krankenpfleger in dem Bundesstaat, wo die Stelle angeboten wird) sowie dem Formular I-140 eingereicht.

II. Personen mit besonderen Fähigkeiten in Wirtschaft, Wissenschaft oder Kunst

GreenCard für Personen mit langer und ausgezeichneter Karriere im Beruf

Eine Person mit besonderen Fähigkeiten (*Exceptional Ability*) in Wirtschaft, Wissenschaft oder Kunst kann im Rahmen dieser Kategorie in die USA einwandern. „Besondere Fähigkeiten" beziehen sich auf einen Grad an Fachwissen, der deutlich über dem Durchschnitt liegen muss, aber unter dem liegt, der bei außergewöhnlichen Fähigkeiten (*Extraordinary Ability*) gefordert wird (siehe Kapitel 11.1 „EB-1 Priority Workers: Personen von hohem nationalen Interesse für die USA").

Diese Kategorie zeigt, dass es ein neues Verständnis für den Bereich unternehmerischer Fähigkeiten im Einwanderungsrecht der USA gibt. Bis vor Kurzem wurde nicht anerkannt, dass Geschäftsleute ebenfalls „besondere Fähigkeiten" aufweisen müssen und können, wie das bei Wissenschaftlern und in anderen akademischen Berufen der Fall ist.

Zugangsberechtigung

Ein Antragsteller, der auf der Grundlage besonderer Fähigkeiten einwandern will, muss mindestens drei der nachfolgenden Kriterien erfüllen:

- Abschluss, Diplom oder Zeugnis in seinem Tätigkeitsbereich,
- Mindestens zehn Jahre Erfahrung im entsprechenden Berufsgebiet, nachgewiesen durch Bestätigungsschreiben von dem jetzigen und ehemaligen Arbeitgeber(n),
- Berufszulassung oder Bescheinigung für das Gebiet,
- Ein für eine Person mit besonderen Fähigkeiten angemessenes Gehalt,
- Mitgliedschaft in einer Berufsvereinigung oder
- Offizielle Anerkennung der Leistungen auf dem beruflichen Gebiet und eigene herausragende Beiträge zu diesem Gebiet.

Falls diese Kriterien nicht zutreffen, können vergleichbare Beweise eingereicht werden, die nach Meinung des Antragstellers die besonderen Fähigkeiten demonstrieren.

BEISPIEL

Beispiel: Gert aus Holland ist Generaldirektor einer Firma, die sich mit der Entwicklung, Herstellung und Vermarktung von pädagogischen Spielen für Kinder befasst. Gert hat diese Firma vor 15 Jahren gegründet, nachdem er sein Bachelor's Degree in Psychologie an der Universität von Den Haag absolviert hatte. Im Laufe der Jahre hat Gert einige Spiele entwickelt, die mit Preisen ausgezeichnet wurden, unter anderem das Brettspiel „Pik Pak", mit dem die Firma Einnahmen in Höhe

von US$ 2,5 Millionen erzielen konnte. Gert hat auch ein Buch über die pädagogische Spieltheorie verfasst. Auf der Grundlage dieses Erfolgs war Gert auch schon einige Male Redner auf internationalen Veranstaltungen zur Entwicklung der Spieltheorie. Er vertritt seine Firma jedes Jahr auf einer New Yorker Handelsmesse. Die Firma International Kid Inc., ein internationaler Produzent von Kinderspielzeug, hat Gert eine leitende Position in ihrer Zentrale in New York angeboten. Gert wird sich auf der Grundlage besonderer Fähigkeiten (exceptional ability) im wirtschaftlichen Bereich für eine Einwanderung qualifizieren.

Verfahrensweise

Auch in dieser Kategorie ist der offizielle Antragsteller (*Petitioner*) das US-Unternehmen für den potentiellen Einwanderer (*Beneficiary*). Kann der Nachweis des nationalen Interesses (*National Interest Waiver*) erbracht werden, ist ein Self-Petitioning durch den Einwanderer möglich.

VERFAHREN

1. Petition I-140

Ein Antrag auf Einwanderung als Person mit besonderen Fähigkeiten in Wirtschaft, Wissenschaft oder Kunst muss durch den US-amerikanischen Arbeitgeber auf dem Formular I-140 *(Petition for Immigration Workers)* eingereicht werden. Dieses Formular muss beim Service-Center der amerikanischen Einwanderungsbehörde USCIS eingereicht werden, die für das Gebiet zuständig ist, in dem sich der zukünftige Arbeitsplatz befindet. (In Kapitel 16 „Weitere Informationsquellen" und Kapitel 17 „Formulare" finden Sie weitere Informationen zur USCIS bzw. zu den Antragsformularen.)

2. Einzureichende Unterlagen

Zusammen mit dem Formular I-140 müssen Unterlagen eingereicht werden, die nachweisen, dass die Person besondere Fähigkeiten in Wirtschaft, Wissenschaft oder Kunst besitzt und mindestens drei der sechs oben genannten Kriterien erfüllt. Sollten die sechs Kriterien nicht anwendbar sein, darf eine entsprechende Erklärung abgegeben werden, zusammen mit vergleichbaren Nachweisen.

Im Fall von Gert aus Holland könnten das folgende Unterlagen sein: Bestätigung der Firma über seine berufliche Laufbahn und sein gegenwärtiges Einkommen, Kopie seines Universitätsabschlusses, Gutachten zu seinen Beiträgen im Bildungsbereich für Kinder und zur Herstellung der von Gert entwickelten Spiele sowie eine Kopie seines Lebenslaufes.

Zusätzlich muss zusammen mit dem Formular I-140 der Nachweis eingereicht werden, dass der Arbeitgeber in der Lage ist, das zukünftige Gehalt zu bezahlen. Das kann durch Kopien von Jahresberichten, Erklärungen des Finanzamtes oder Bilanzen erfolgen. Sollte der Arbeitgeber mehr als 100 Angestellte haben, genügt eine Erklärung durch einen Mitarbeiter der Finanzabteilung, die bestätigt, dass der Arbeitgeber zu dieser Zahlung in der Lage ist.

3. Labor Certification

In der Kategorie „besondere Fähigkeiten" ist eine Bescheinigung über die Prüfung des nationalen Arbeitsmarktes (*Labor Certification*) die Regel. Das bedeutet, dass Petition I-140 nur dann eingereicht werden kann, wenn eine solche Bescheinigung des US-Arbeitsministeriums vorliegt. Das Thema *Labor Certification* wird in Kapitel 11.6 „Voraussetzung für arbeitsplatzbezogene Einwanderung: Labor Certification" erläutert.

4. EB-2 National Interest Waiver

Personen mit besonderen Fähigkeiten benötigen für ihre Einwanderung sowohl ein Stellenangebot als auch eine *Labor Certification*. Es wird aber auf beides verzichtet, falls die Arbeit des Antragstellers in den USA von „nationalem Interesse" ist. Eine Beschreibung der Ausnahmeregelungen bei „nationalem Interesse" finden Sie im Abschnitt zu Personen mit höheren akademischen Abschlüssen.

Befürwortung des Antrags

Unabhängig davon, ob der EB-2 Antrag als Person mit „höheren akademischen Abschlüssen" oder „besonderen Fähigkeiten" eingereicht wurde, die Bewilligung durch die US-Einwanderungsbehörde ist nicht der letzte Schritt im Einwanderungsverfahren. Die Person muss sich beim zuständigen Konsulat im Heimatland für ein Einwanderungsvisum bewerben (=*Consular Processing*), oder, falls sie sich in den USA aufhält und dazu berechtigt ist, einen Antrag auf Anpassung des Status in den USA stellen (=*Adjustment of Status*). Dieses Verfahren wird in Kapitel 14.2 „Anpassung des Status in den USA" erläutert.

11.3 EB-3 Professionals, Skilled Workers or Other Workers: Akademiker, qualifizierte Fachkräfte und sonstige Arbeitnehmer

Personen, die keine besonderen wissenschaftlichen Fähigkeiten, höhere akademische Abschlüsse oder leitende Positionen in multinationalen Unternehmen haben, sollten sich im Rahmen der Kategorie „Akademiker, qualifizierte Fachkräfte und sonstige („unqualifizierte") Arbeitnehmer" für eine Einwanderung bewerben. Wie bereits der Titel aussagt, sind hier drei Untergruppen zusammengefasst, die nachfolgend beschrieben werden.
Die weitaus größte Anzahl von Bewerbern fällt in diese Kategorie.

I. Akademiker („Professionals")

Ein *„Professional"* besitzt laut amerikanischer Definition ein *Bachelor's Degree* in einem der freien Berufe. Um sich im Rahmen dieser Gruppe zu qualifizieren, muss die Vergleichbarkeit des Abschlusses, der an einer Universität erworben wurde, mit einem ähnlichen Abschluss in den USA nachgewiesen werden. Das erfolgt durch ein Büro eines *Academic Credential Evaluation Service* (siehe Kapitel 16.2 „Weitere Organisationen"). Zudem muss die Stelle in den USA einen U.S. Bachelorabschluss erfordern und eine Labor Certification (siehe Kapitel 11.6 „Voraussetzung für arbeitsplatzbezogene Einwanderung: Labor Certification") muss nachweisen, dass kein qualifizierter amerikanischer Arbeitnehmer gefunden werden konnte.

Beispiel: Enrique aus El Salvador hat ein Angebot für eine langfristige Stelle als Konstruktionsingenieur bei einem amerikanischen Hersteller von Schiffsfunkanlagen bekommen. Enrique hat ein Bachelor's Degree in Elektrotechnik der Universität Salvador. Angenommen sein Abschluss wird als gleichwertig gegenüber einem Undergraduate Degree für Elektrotechnik in den USA anerkannt, kann sich Enrique als EB-3 „Professional" qualifizieren.

BEISPIEL

Anmerkung zur Vergleichbarkeit der Ausbildung: Obwohl sich Enrique als Akademiker aufgrund seiner Vergleichbarkeit des Abschlusses qualifizieren kann, wäre es nicht möglich, einen fehlenden Abschluss durch Berufsausbildung wettzumachen. (Diese Vergleichbarkeit der Ausbildung ist aber eine mögliche Alternative z. B. in der zuvor geschilderten Kategorie EB-2 Advanced Degrees.) Nur Personen, die wirklich den Abschluss nachweisen können, werden sich als Akademiker für die Einwanderung qualifizieren können.

MERKE

Beispiel: Enrique erhält ein Angebot für einen langfristigen Arbeitsplatz als Konstruktionsingenieur auf dem Gebiet der Elektrotechnik in den USA. Diese Stelle erfordert einen Undergraduate-Abschluss als Ingenieur. Nehmen wir an, dass Enrique ein Associate Degree (zwei Jahre College-Ausbildung) in Elektrotechnik hat und zehn Jahre Berufserfahrung als leitender Konstruktionsingenieur bei einer Firma in San Salvador nachweisen kann. Enrique könnte dennoch keinen Antrag als „Akademiker" stellen, da ihm die Anerkennung eines Bachelor's Degree fehlt.

BEISPIEL

Welche Möglichkeiten hat Enrique mit einem Associate Degree und zehn Jahren Berufserfahrung?

1. Falls die Stelle in den USA weniger als einen Bachelorabschluss erfordert, kann Enrique sich als „Facharbeiter" bewerben (Näheres im nächsten Abschnitt).

2. Falls die Stelle nur befristet ist, kann Enrique seine Arbeit vielleicht mit einem H-1B Visum auf der Grundlage der Vergleichbarkeit der Ausbildung aufnehmen (siehe Kapitel 8.3 „H-1B Visum (Specialty Occupation Workers): Chance für hochqualifizierte Arbeitnehmer").

II. Fachkräfte („Skilled Workers")

Eine „qualifizierte Fachkraft" ist eine Person, die eine Arbeit ausführt, die mindestens zwei Jahre Ausbildung oder Berufserfahrung erfordert und für die kein qualifizierter amerikanischer Arbeitnehmer gefunden werden kann. Die „Ausbildung" bezieht sich auf Fach- und Berufsschulen nach Abschluss einer Oberschulausbildung. Ob ein bestimmter Beruf normalerweise eine zweijährige Ausbildung erfordert, wird vom *U.S. Department of Labor* aufgrund der regelmäßig aktualisierten „O*NET OnLine Datenbank" entschieden. Da die USA keine duale Ausbildung wie in Deutschland kennen, ist nicht immer zwingend eine deutsche Ausbildung Voraussetzung. Wie viele Jahre Training oder Berufsausbildung ein Beruf erfordert, ist der erwähnten Datenbank im Internet unter *http://onetcenter.org* zu entnehmen. Dort sind über 12.000 Berufsbezeichnungen archiviert, zusammen mit dem jeweils erforderlichen Ausbildungs- und Kenntnisstand.

O*Net OnLine Datenbank

INTERNET

Dass kein qualifizierter amerikanischer Arbeitnehmer verfügbar ist, muss durch eine Labor Certification nachgewiesen werden (siehe Kapitel 11.6 „Voraussetzung für arbeitsplatzbezogene Einwanderung: Labor Certification").

BEISPIEL

Beispiel: Enrique aus El Salvador hat das Angebot bekommen, bei einer anderen Firma, die Schiffsfunkanlagen herstellt, als Ingenieur zu arbeiten. Diese Stelle erfordert laut O*NET OnLine Datenbank lediglich einen Lehrabschluss nach zweijähriger Ausbildung. Enrique hat einen Associate Degree in Elektrotechnik. Falls keine qualifizierten amerikanischen Arbeiter im Rahmen des Verfahrens zur Prüfung des nationalen Arbeitsmarktes gefunden werden, wird sich Enrique für eine GreenCard qualifizieren können, um die angebotene Stelle anzutreten.

III. Sonstige „unqualifizierte" Arbeitnehmer („Other, Unskilled Workers")

„Sonstige Arbeitnehmer" ist ein allgemeiner Begriff für die Personen, die sich nicht im Rahmen anderer Kategorien für die arbeitsplatzbezogene Einwanderung in die Vereinigten Staaten qualifizieren können. Eine Person dieser Gruppe führt Arbeiten aus, die weniger als zwei Jahre Ausbildung oder Berufserfahrung erfordern und für die dennoch kein amerikanischer Arbeiter zur Verfügung steht.

BEISPIEL

Beispiel: Enrique hat ein Stellenangebot als Elektrotechniker in einer US-amerikanischen Firma bekommen. Die Aufgaben, die er dort zu erfüllen hat, erfordern nicht mehr als einen grundlegenden Abschluss im Bereich Elektrotechnik. Enrique hat ein solches Zeugnis, da er einen sechsmonatigen Lehrgang besucht hat. Falls im Rahmen der Ausstellung einer Arbeitsbescheinigung (Labor Certification) kein amerikanischer Arbeiter für die Stelle gefunden wird, wird man Enrique erlauben, auf dieser Grundlage in die Vereinigten Staaten einzuwandern. Allerdings ist eher unwahrscheinlich, dass sich kein qualifizierter Amerikaner auf diese Stelle hin melden wird.

MERKE

Merke: Je weniger qualifiziert der Antragsteller ist, desto unwahrscheinlicher ist es auch, dass sich kein Amerikaner findet, der die gleiche Arbeit verrichten könnte. Dieser Nachweis ist aber Bedingung für die Beantragung einer GreenCard auf diesem Wege.

Verfahrensweise

VERFAHREN

Obwohl sich die drei genannten Gruppen der EB-3 Kategorie stark unterscheiden, ist das Antragsverfahren identisch.

Petition I-140

Ein Antrag im Rahmen der oben genannten Gruppen muss vom Arbeitgeber in den USA auf dem Formular I-140 (*Petition for Immigration Workers*) eingereicht werden. Dieses Formular muss beim Service-Center der amerikanischen Einwanderungsbehörde USCIS eingereicht werden, die für das Gebiet zuständig ist, in dem sich der zukünftige Arbeitsplatz befindet. (In Kapitel 17 „Formulare" finden Sie weitere Informationen zu den Antragsformularen.)

Antragsunterstützende Unterlagen

Das Formular I-140 muss zusammen mit Unterlagen eingereicht werden, die die Voraussetzungen für eine der drei Gruppen nachweisen.

Beispiel: Als Akademiker muss Enrique aus El Salvador eine Kopie seines Abschlusses als Elektroingenieur zusammen mit einem Zeugnis über die Gleichwertigkeit der Ausbildung einreichen.

BEISPIEL

Beispiel: Als „qualifizierte Fachkraft" wird Enrique eine Kopie seines Associate Degree beifügen. Außerdem sollten Zeugnisse von früheren Arbeitgebern eingereicht werden, die die berufliche Erfahrung des Antragstellers nachweisen.

Beispiel: Als „sonstiger Arbeitnehmer" sollte Enrique Unterlagen einreichen, die seine Ausbildung und berufliche Entwicklung belegen.

Zusätzlich muss zusammen mit dem Formular I-140 der Nachweis eingereicht werden, dass der Arbeitgeber in der Lage ist, das zukünftige Gehalt zu bezahlen. Das kann durch Kopien von Jahresberichten, Erklärungen des Finanzamtes oder Bilanzen erfolgen. Sollte der Arbeitgeber mehr als 100 Angestellte haben, genügt eine Erklärung durch einen Mitarbeiter der Finanzabteilung, die bestätigt, dass der Arbeitgeber zu dieser Zahlung in der Lage ist.

Labor Certification

Für alle drei Gruppen muss eine Bescheinigung über die Prüfung des nationalen Arbeitsmarktes (*Labor Certification*) vorliegen. Das bedeutet, dass zuerst vom US-Unternehmen versucht werden muss, einheimische Arbeitnehmer für diesen Arbeitsplatz zu finden. Nur wenn das nicht möglich war, kommt der nicht-amerikanische Arbeitnehmer für die Stelle in Frage. Das bedeutet, dass Petition I-140 nur dann eingereicht werden kann, wenn eine solche Bescheinigung des Arbeitsministeriums vorliegt. Das Thema *Labor Certification* wird in Kapitel 11.6 „Voraussetzung für arbeitsplatzbezogene Einwanderung: Labor Certification" erläutert.

Achtung: Ohne Labor Certification geht nichts!

Befürwortung des des Antrags der Petition

Die Bewilligung des I-140 Antrags bedeutet, dass die USCIS die Berechtigung zur Einwanderung bestätigt hat. Die Befürwortung ist nicht die endgültige Bestätigung der Einwanderung und stellt auch keine Berechtigung zur Arbeit dar. Die Person muss noch einen Antrag auf ein Einwanderungsvisum beim US-Konsulat im Heimatland stellen (= *Consular Processing*) oder, falls sie sich bereits in den USA aufhält und dazu berechtigt ist, ihren Status in den USA anpassen lassen (= Adjustment of Status). Näheres dazu finden Sie im Kapitel, das sich mit dem abschließenden Prozess des Einwanderungsverfahrens beschäftigt (Kapitel 14 „Ausstellung des Einwanderungsvisums und Gültigkeit").

11.4 EB-4 Special Immigrants/Religious Workers: Spezielle Einwanderer, Mitarbeiter von Kirchen und Glaubensgemeinschaften

„Spezielle Einwanderer" bezieht sich auf eine kleine heterogene Gruppe von Personen, denen die Regierung der Vereinigten Staaten aus politischen oder moralischen Gründen die Gelegenheit zur Einwanderung gibt. Zu dieser Gruppe gehören z. B. im Ausland angestellte Mitarbeiter der amerikanischen Regie-

Einwanderung über religiöse Mitgliedschaft

rung, ehemalige Arbeitnehmer der *Panama Canal Company*, und Mitarbeiter von Kirchen und Glaubensgemeinschaften. Da zu den ersteren Personenkreisen jeweils nur sehr wenige Menschen gehören, wird in diesem Buch nur auf die Mitarbeiter kirchlicher Einrichtungen Bezug genommen.

Zugangsberechtigung

Zur Gruppe der Mitarbeiter von Kirchen und Glaubensgemeinschaften zählen Personen, die mindestens seit zwei Jahren (nach dem vierzehnten Lebensjahr und unmittelbar vor Antragstellung) geistliche Pflichten innerhalb einer ausländischen kirchlichen Organisation ausgeübt haben, die mit einer ähnlichen Organisation in den USA verbunden ist. Die zweijährige Ausübung geistlicher Pflichten kann außerhalb oder innerhalb der USA geleistet worden sein. Falls man den geistlichen Pflichten innerhalb der USA nachgekommen ist, muss die Person sich während dieser Zeit legal aufgehalten haben. Im Fall der Einwanderung in die USA muss diese Person einen ähnlichen Aufgabenbereich in der Partnerorganisation in Amerika übernehmen auf Vollzeitbasis (mindestens 35 Stunden).

Der Begriff „Glaubensgemeinschaft" hat eine breite Definition. Jede Gruppe, die die Merkmale einer Religion, wie z.B. geistliche Führung/kirchliche Verwaltung und jedwede Form des Gottesdienstes, aufweist, kann den speziellen Einwanderungsstatus beantragen. Die einzige Bedingung bei dieser Definition besteht darin, dass die Partnerorganisation in den USA eine Befreiung von der Steuer nachweisen kann, die von den amerikanischen Steuerbehörden erteilt wurde („*tax exempt*").

Als „Geistlicher" ganz einfach in die USA?

Es gibt vier Gruppen von Mitarbeitern der Kirchen und Glaubensgemeinschaften, die berechtigt sind, diesen besonderen Status der Einwanderung in Anspruch zu nehmen:

- *Geistlicher/Priester:* eine Person, die durch eine Glaubensgemeinschaft autorisiert ist, den Gottesdienst und die dazu gehörigen Pflichten auszuüben.
- *Geistlicher Akademiker:* eine Person, die geistliche Pflichten übernimmt, die ein Bachelor's Degree oder einen höheren Abschluss erfordern (z.B. Religionslehrer usw.). Ein geistlicher Akademiker muss auf jeden Fall den Abschluss nachweisen können. Berufliche Erfahrung als Ausgleichsmöglichkeit ist hier nicht möglich.
- *Geistliche Fachberufe:* Personen, die Funktionen in den Kirchen und Glaubensgemeinschaften innehaben, wie z.B. Religionslehrer, Kantoren, Missionare und geistliche Übersetzer.
- *Geistliche Berufung:* Personen, in jedweder Form von Tätigkeit, die eine religiöse Berufung voraussetzt, z.B. durch das Ablegen eines Gelübdes (z.B. Nonnen, Mönche und Ordensschwestern).

MERKE

Achtung: Zum Datum der Veröffentlichung der neuen Auflage dieses Buches wird es nur bis zum 30. September 2016 möglich sein als „Non-Minister" (d.h. als Angehöriger der letzten drei obengenannten Kategorien) eine GreenCard zu erhalten. Bis zu dieser Frist müssen Personen, die den letzten drei Kategorien angehören, entweder mit einem Einwanderungsvisum einwandern oder, falls sie sich dafür qualifizieren, ihren Status anpassen in den USA. Es kann sein, dass diese Frist verschoben wird durch ein neues Gesetz.

Beispiel: Rudi aus dem Rheinland ist seit vier Jahren praktizierender Rabbi in Köln. Während eines Treffens mit amerikanischen Touristen lernt er den Präsidenten einer Synagoge aus einem Vorort von Richmond kennen. Der Präsident fragt Rudi, ob er Interesse hat, in die USA zu ziehen, um dort als Rabbi in der Synagoge von Richmond zu arbeiten. Rudi nimmt dieses Angebot an, denn aufgrund der folgenden Faktoren wird er sich als spezieller Einwanderer qualifizieren:

1. Die Synagogen in Köln und Richmond sind miteinander verbunden, da beide Einrichtungen des jüdischen Glaubens sind.
2. Rudi hat in der Kölner Synagoge die geistlichen Pflichten eines Rabbis innegehabt, was ihn zu einem „Geistlichen" macht.
3. Rudi wird ähnliche Pflichten in der amerikanischen Synagoge übernehmen.

Ein weiteres Beispiel: Frau Boysen aus Ingolstadt ist Pfarrerin an einer evangelisch-lutherischen Freikirche und seit fünf Jahren dort als Pastorin tätig. Sie möchte gerne in der Nähe ihres Bruders wohnen, der seit Jahren als GreenCard-Inhaber in New Jersey lebt. Gleichzeitig wünscht sie sich, auch ihre kirchliche Arbeit in einem anderen kulturellen Umfeld fortzuführen. Durch enge Kontakte zu einer evangelischen US-Gemeinde derselben Freikirche ergibt sich dort eine bezahlte Stelle, die auf Dauer vergeben werden soll. Daher wird sich Frau Boysen vermutlich für eine EB-4 GreenCard qualifizieren können.

In den USA gibt es Dutzende anderer Freikirchen und nicht-kirchlich gebundener Vereinigungen, die nach US-Recht als religiöse Organisationen anerkannt sind. Daher sind nicht nur die großen Weltreligionen als Arbeitgeber im Sinne der EB-4 Kategorie anerkannt.

Obwohl die Kategorie wie oben beschrieben ein breites Spektrum an (geistlichen) Berufen umfasst, qualifizieren sich in der Praxis nur Personen, die in einem gelernten Religionsberuf tätig sind und eine solide Ausbildung haben, in der Regel wird ein *Bachelor's Degree* bzw. Äquivalent erwartet.

Ehrenamtlich tätige Personen und Personen ohne Ausbildung im religiösen Bereich können daher keine GreenCard erhalten.

Verfahrensweise

Petition I-360

Der erste Schritt ist das Einreichen des Antrags durch die amerikanische Glaubensgemeinschaft im Namen des Arbeitnehmers. Dieser Antrag wird mithilfe des Formulars I-360 gestellt (*Petition for Amerasian, Widow or Special Immigrant*). Wie der offizielle Titel schon zeigt, wird es für unterschiedliche Zwecke genutzt. Formular I-360 wird beim Service-Center der amerikanischen Einwanderungsbehörde USCIS eingereicht, das für das Gebiet des zukünftigen Arbeitsplatzes zuständig ist. (In Kapitel 16 „Weitere Informationsquellen" und Kapitel 17 „Formulare" finden Sie weitere Informationen zur USCIS bzw. zu den Antragsformularen.)

Einzureichende Unterlagen

Zusammen mit dem Formular I-360 müssen folgende Unterlagen eingereicht werden:

1. Nachweis, dass die Glaubensgemeinschaft in den USA entsprechend den Steuergesetzen der Vereinigten Staaten eine Einrichtung ist, die keinen Gewinn erwirtschaftet (z. B. *tax exemption certificate*).

2. Nachweis über die Kompensierung (Höhe und Art), die die Person erhalten wird.

3. Nachweis, dass die Person bereits mindestens zwei Jahre nach seinem vierzehnten Lebensjahr und unmittelbar vor Einreichen des I-360 Antrages geistliche Arbeiten verrichtet hat.

4. Nachweis, dass die Person sich auf der Grundlage der oben beschriebenen vier geistlichen Berufsgruppen qualifiziert. Um diese Qualifikation nachzuweisen, sollten ggf. die folgenden Unterlagen dem Schreiben beigefügt werden:
   a) für Geistliche: Bescheinigung über die Priesterweihe oder eine andere Genehmigung,
   b) für geistliche Akademiker: Kopie des jeweiligen Abschlusses und
   c) für geistliche Fachberufe oder Berufung: Nachweis, dass die Person die im Antrag angegebenen Pflichten ausübt.

5. Nachweis, dass die Bedingungen des Arbeitsvertrages in den USA erfüllt sind:

BEISPIEL

Beispiel: Die oben erwähnte Frau Boysen aus Ingolstadt erhält ein Schreiben der evangelisch-lutherischen Freikirche, das ihre Aufgaben als Pastorin in der Kirche beschreibt. Dieser Brief sollte dem Formular I-360 beigefügt werden, das von der amerikanischen Freikirche eingereicht wird. Damit wird bewiesen, dass Frau Boysen die Arbeit ausübte, die im US-Arbeitsvertrag als zwingende Voraussetzung aufgeführt wurde.

6. Die Bedingungen des Arbeitsvertrages in den Vereinigten Staaten:

Labor Certification – nicht notwendig!

Labor Certification ist bei religiös motivierter Einwanderung nicht nötig!

Wenn man als spezieller Einwanderer in die USA kommt, ist eine Bescheinigung über die Prüfung des nationalen Arbeitsmarktes (*Labor Certification*) nicht erforderlich. Das bedeutet, dass die Glaubensgemeinschaft in den USA nicht versuchen muss, einen einheimischen Arbeitnehmer zu finden, der die Position übernehmen könnte, die dem potentiellen Einwanderer angeboten wird. Petition I-360 und die zusätzlichen Unterlagen können direkt bei der USCIS eingereicht werden.

Befürwortung des EB-4 Antrags

Auch bei einer Bewilligung des Antrags durch die USCIS ist der Prozess der Einwanderung in die Vereinigten Staaten noch nicht abgeschlossen. Ein Mitarbeiter einer Kirche oder Glaubensgemeinschaft muss immer noch einen Antrag auf ein Einwanderungsvisum bei dem zuständigen Konsulat stellen (=*Consular Processing*) oder, falls möglich, seinen Status in den USA anpassen lassen(=*Adjustment of Status*). Beide Verfahren werden in Kapitel 14 „Ausstellung des Einwanderungsvisums und Gültigkeit" beschrieben.

11.5 EB-5 Immigrant Investor Program: Investoren-GreenCard

Eine Person, die ein neues geschäftliches Unternehmen aufbauen will, die notwendige Investitionssumme aufbringen kann und neue Vollzeitarbeitsplätze für mindestens zehn amerikanische Arbeitnehmer schaffen wird, kann sich als „Investor" für eine Einwanderung qualifizieren.

Die „1-Million-Dollar-GreenCard"

Beispiel: Ludwig aus Leipzig hofft „Leipziger Lager", ein deutsches Bier, auf dem amerikanischen Markt einführen zu können. Ludwig glaubt, dass der beste Weg eine Investition in eine kleine Brauerei in Milwaukee ist, die über ein Verteilersystem im gesamten Mittleren Westen verfügt. Um seine Investition überwachen zu können, beantragt Ludwig eine ständige Aufenthaltsgenehmigung. Falls er die Bedingungen erfüllt, wird sich Ludwig für eine EB-5 GreenCard qualifizieren.

BEISPIEL

Zugangsberechtigung

Die Kriterien für eine Einwanderung im Rahmen dieser Kategorie beziehen sich sowohl auf die Investition als auch auf das US-Unternehmen.

1. Die Investition

Investitionsarten: Eine Investition für diesen Zweck ist die Bereitstellung von Kapital für ein Geschäft. Investitionskapital kann die unterschiedlichsten Formen haben, kann sowohl Bargeld, Ausrüstung und Lagerbestand sein. Kapital kann außerdem die Form von Einlagenzertifikaten oder langfristigen Schatzanweisungen haben. Kredite können zu diesem Zweck ebenfalls als Investitionskapital fungieren, wenn sie durch Vermögenswerte im Besitz des Investors gesichert werden. Dabei wird vorausgesetzt, dass der Investor hauptsächlich haftbar ist und die Vermögenswerte des US-amerikanischen Geschäftes nicht zur Absicherung der Verschuldung genutzt werden. Bei allen Investitionsarten ist notwendig, dass die Investition tatsächlich „*at risk*" ist, um einen Gewinn zu erzielen und nicht problemlos zurückgezogen werden kann.

Bedingungen für die Investition

Investitionssumme: Der minimale Investitionsbetrag für die Einwanderung im Rahmen dieser Kategorie beträgt US$ 1.000.000. Dieser Betrag halbiert sich, falls die Investition in einem ländlichen Gebiet oder einer wirtschaftlich schwachen Region getätigt wird. US$ 500.000 sind also in manchen Regionen als Investition bereits ausreichend.

BEISPIEL

Beispiel: Ludwigs Investition in die Brauerei in Milwaukee (keine wirtschaftlich schwache Region) setzt sich folgendermaßen zusammen: US$ 275.000 *in bar,* US$ 525.000 *in Bankkrediten, die durch Ludwigs persönliche Vermögenswerte abgesichert werden, und* US$ 200.000 *in Form von Ausrüstungen, die aus Deutschland nach Milwaukee geschickt werden. Mit dieser Investition erfüllt Ludwig die Investitionsbedingungen für eine Einwanderung.*

Zehn Arbeitsplätze: Die Investition muss mindestens zehn Vollzeitarbeitsplätze für einheimische Arbeiter schaffen, d.h. für US-Staatsbürger oder für Inhaber einer GreenCard. Wenn die Investition in ein bestehendes Unternehmen getätigt wird, das in den vergangenen zwei Jahren einen zwanzigprozentigen Nettoverlust zu verzeichnen hatte, reicht auch der Erhalt von zehn Arbeitsplätzen aus.

Aktive Investitionen: Die Investition darf ihrer Art nach nicht passiv sein. Der Investor muss aktiv an der Leitung des neuen Wirtschaftsunternehmens teilnehmen. Ludwig muss daher an den täglichen Geschäftsvorgängen der Brauerei in Milwaukee zukünftig beteiligt sein.

Legal erworbenes Geld: Unabhängig von der Form des investierten Kapitals in ein neues Unternehmen, dürfen dabei keinerlei Vermögenswerte eingesetzt werden, die direkt oder indirekt durch ungesetzliche Mittel erworben wurden. Ein Nachweis über die Herkunft des Geldes muss also geführt werden. Wenn nun Ludwig nicht nur ein Bierliebhaber, sondern auch ein international tätiger Drogenboss sein sollte, werden ihn die USA verständlicherweise daran hindern wollen, dass er mithilfe seines illegal erworbenen Profits ein ständiger Einwohner der USA wird.

2. Das neue geschäftliche Unternehmen

Das Unternehmen kann jede Rechtsform haben, einschließlich Einzelinhaber, Partnerschaft, Kapitalgesellschaft oder Joint Venture. Aber das Unternehmen muss auf jeden Fall ein „neues geschäftliches Unternehmen„ sein.
Um als „neu" zu gelten, kann das Unternehmen auf der Grundlage einer der vier nachfolgend genannten Investitionsmethoden gegründet werden.

Schaffung eines neuartigen Unternehmens: Ludwig kann sich entschließen, ein neues Unternehmen in den USA zu gründen und seine Investition durch dieses neue Unternehmen zu tätigen.

Investition in ein nach 29.11.1990 gegründetes Unternehmen: Als „neuartig" gelten auch die Unternehmen, die nach 29. November 1990 etabliert worden sind. Falls die kleine Brauerei, die Ludwig kaufen möchte nach 29. November 1990 gegründet worden ist, kann Ludwig durch den Kauf dieser Brauerei eine Investition in ein „neues" Unternehmen nachweisen.

Kauf eines bestehenden, am 29.11.1990 oder früher gegründeten Unternehmens bei Veränderung der Organisation oder des Betriebs: Statt in eine Brauerei zu investieren, könnte Ludwigs Anwalt den Kauf und die Umstrukturierung oder Sanierung eines bestehenden Firmenmantels als beste Methode der

Investition empfehlen. Dadurch würde effektiv eine neue Firma entstehen, womit die Anforderungen erfüllt wären.

Erweiterung eines bestehenden, am 29.11.1990 oder früher gegründeten Geschäftes mit „erheblicher Steigerung" des Nettowertes oder der Beschäftigtenzahl: „Erhebliche Steigerung" bedeutet mindestens eine Steigerung um 40%. Wenn Ludwig also die Zahl der Mitarbeiter in der Brauerei in Milwaukee verdoppelt, hat er damit die Zugangsberechtigung erfüllt.

Sonderfall: Mehrere Investoren

Das gleiche Unternehmen kann von mehr als einem Investor als Grundlage für ein Einwanderungsvisum genutzt werden. Dabei wird vorausgesetzt, dass jede Person die erforderliche Mindestinvestition tätigt und jede Investition zur Schaffung von zehn neuen Vollzeitarbeitsplätzen führt.

BEISPIEL

Beispiel: *Ludwig aus Deutschland und Hans aus Österreich planen, gemeinsam mit der Produktion von „Leipziger Lager" in den USA zu beginnen. Dafür investiert Ludwig US$ 275.000 in bar, US$ 525.000 in Form von Bankkrediten, die durch persönliche Vermögenswerte abgesichert sind, und US$ 200.000 in Form von Firmenausrüstung. Hans investiert US$ 1.000.000, die er kürzlich von seiner Tante Hilde geerbt hat. Entsprechend ihrem Unternehmensplan werden bei der gemeinsamen Investition 23 neue Vollzeitarbeitsplätze für Bürger aus Milwaukee geschaffen. Ludwig und Hans werden sich beide auf der Grundlage ihrer gemeinsamen Investition für ein Einwanderungsvisum qualifizieren.*

Verfahrensweise

Wie bei allen anderen Verfahren, die mit einer Einwanderung in die USA zu tun haben, muss man auch für ein Einwanderungsvisum als Investor eine Menge Papiere vorbereiten. Der Investor muss ein Formular ausfüllen und die darin gemachten Angaben durch entsprechende Dokumente über die Investition und das Unternehmen belegen.

VERFAHREN

1. Formular I-526

Ein Antrag auf Einwanderung als Investor muss auf dem Formular I-526 (*Immigration Petition by Alien Entrepreneur*) beim zuständigen Service-Center der US-Einwanderungsbehörde (USCIS) erfolgen. Dieser Antrag kann nur vom Investor selbst eingereicht werden. In Kapitel 16 „Weitere Informationsquellen" finden Sie weitere Informationen zur USCIS.

2. Einzureichende Unterlagen

Zusammen mit dem Formular I-526 muss ein Nachweis eingereicht werden, der die getätigte Investition bestätigt oder beweist, dass die Person dabei ist, legal erworbenes Kapital in ein gewerbliches Unternehmen zu investieren, das mindestens zehn Vollzeitarbeitsplätze schafft. Zu diesen Unterlagen gehört:

A. **Gründung eines Unternehmens:** Um die Gründung eines kommerziellen Unternehmens in den USA zu beweisen, sollte man Unterlagen, wie z.B. Gründungsurkunden, Vertrag über Firmenzusammenschluss, Teilhaberschaft oder Joint Venture beifügen. Falls das Unternehmen durch die Erweiterung einer bereits bestehenden Firma gebildet wird, ist ein Nachweis erforderlich, dass der Schwellenbetrag an die bestehende Firma transferiert wurde, wodurch eine „beträchtliche Steigerung" (d.h. mehr als 40%) des Nettogeschäftswertes oder der Zahl der Arbeitsplätze erreicht wurde. Das kann durch Investitionsvereinbarungen, geprüfte Bilanzen und ähnliche Unterlagen geschehen.

B. **Tätigen der Investition:** Die Investition einer Kapitalsumme kann durch Kontoauszüge nachgewiesen werden, aus denen hervorgeht, dass entsprechende Beträge auf Firmenkonten bei US-amerikanischen Banken eingegangen sind. Außerdem können das Rechnungen, Verkaufsbelege oder andere Dokumente, die nachweisen, dass Vermögenswerte für die Nutzung in dem Unternehmen gekauft wurden, oder Zollpapiere, Frachtpapiere oder ähnliche Unterlagen sein, die beweisen, dass Gegenstände vom Ausland in die amerikanische Firma transportiert wurden. Das können auch Vereinbarungen zum Kauf von Aktien an der Firma oder Kreditvereinbarungen, Schuldscheine, Bürgschaftsvereinbarungen oder andere Schuldverschreibungen sein, die durch die Vermögenswerte des Antragstellers gesichert sind und für die er persönlich verantwortlich zeichnet.

C. **Schaffung neuer Arbeitsplätze:** Um zu belegen, dass das neue kommerzielle Unternehmen mindestens zehn Vollzeitbeschäftigungen für amerikanische Bürger oder GreenCard-Inhaber schafft, sollten eingereicht werden: (a) Steuerunterlagen oder ähnliche Dokumente, die sich auf das Personal beziehen, das bereits eingestellt wurde und (b) ein umfassender Unternehmensplan, der darlegt, dass das Minimum an geforderten Arbeitsplätzen innerhalb der kommenden zwei Jahre erreicht werden wird. Wie oben erwähnt kann auch der Erhalt von zehn Arbeitsplätzen bei einem „gefährdeten" Unternehmen ggf. ausreichen.

D. **Aktive Rolle des Investors:** Der Investor, der das Formular I-526 einreicht, sollte eine Beschreibung der Position vorlegen, die er in dem neuen Unternehmen innehaben wird, sei es als Manager, Direktor oder geschäftsführender Teilhaber.

E. **Legale Kapitalquelle:** Die legale Herkunft des investierten Kapitals wird durch Eintragungen von Unternehmen im Ausland, Steuerunterlagen der Person und des Unternehmens oder Offenlegung anderer Einkommensquellen für das Investitionskapital nachgewiesen.

Bewilligung des Antrags/Status unter Vorbehalt

Achtung: EB-5 GreenCard zunächst auf Probe

Wenn die USCIS der Meinung ist, dass die Bedingungen erfüllt sind, bekommt der Antragsteller ein Einwanderungsvisum, das durch das zuständige Konsulat im Ausland ausgestellt wird (oder, falls er die Bedingungen erfüllt, kann er seinen Status in den USA anpassen lassen) und erhält eine GreenCard unter Vorbehalt.

Um betrügerische Anträge auszuschließen, bzw. den Erfolg der Investition zu prüfen, gewährt die USCIS einem erfolgreichen Antragsteller eine GreenCard, die zwei Jahre unter Vorbehalt gültig ist. In den 90 Tagen unmittelbar vor Ablauf dieser Frist muss der Investor sich wieder mit neuen Formularen an die USCIS wenden, um eine unbefristet gültige GreenCard zu erhalten. Diesem Antrag wird stattgegeben werden, wenn die Unterlagen beweisen, dass die Firma tatsächlich gegründet wurde, der Investor die notwendigen Investitionen getätigt hat, er oder sie in den zwei Jahren aktiv am geschäftlichen Unternehmen beteiligt war und mindestens zehn amerikanische Arbeitnehmer eingestellt hat (bzw. zehn Arbeitsplätze erhalten geblieben sind). Falls dieser Antrag nicht gestellt oder abgelehnt wird, ist damit der Status der jeweiligen Person (sowie seiner Kinder und seines Ehepartners) ungültig und er oder sie kann aus den USA ausgewiesen werden.

11.6 Voraussetzung für arbeitsplatzbezogene Einwanderung: Labor Certification

Obwohl die USA talentierte Einzelpersonen dazu ermutigt, in das Land einzuwandern, sollen einheimische amerikanische Arbeitnehmer nicht durch den Zuzug von Einwandern benachteiligt werden. Daher müssen manche ausländische Arbeitnehmer, die auf der Grundlage eines Stellenangebotes einwandern wollen, zunächst einmal nachweisen, dass es keinen einheimischen Arbeitnehmer gibt, der für die angebotene Stelle qualifiziert ist. Diese Bestätigung wird als *Labor Certification* (eine Bestätigung über die Prüfung des nationalen Arbeitsmarktes) bezeichnet. Der Prozess, der durchlaufen werden muss, um die *Labor Certification* zu erhalten, wird auch oft als „*PERM*" bezeichnet. *PERM* ist die Abkürzung für das elektronische System, das für das Einreichen und die Bearbeitung des *Labor Certification*-Antrags verwendet wird: *Program Electronic Review Management*.

Die englische Bezeichnung *Labor Certification* ist natürlich etwas irreführend. Diese Bescheinigung ist keine Arbeitserlaubnis. Der Erhalt dieses Dokuments ermöglicht nur den nächsten Schritt in Richtung Einwanderung zu gehen, nämlich den Einwanderungsantrag (*Immigration Petition*) bei der amerikanischen Einwanderungsbehörde *U.S. Citizenship and Immigration Services (USCIS)* einzureichen.

Wer muss eine Labor Certification beantragen?

Nicht jeder potentielle Einwanderer muss eine derartige Bescheinigung beantragen bevor er/sie einen Antrag bei der USCIS stellen kann. Personen mit außergewöhnlichen Fähigkeiten in Wirtschaft oder Wissenschaft (*Priority Workers*) sind z. B. von dieser Forderung ausgenommen. Das Gleiche gilt für Personen, die hoffen, auf der Grundlage einer Familienzusammenführung einzuwandern.

Eine Arbeitsbescheinigung müssen folgende Personengruppen beantragen:

– **EB-2**: Personen mit höheren akademischen Abschlüssen (außer sie sind von der Regelung aufgrund „nationalen Interesses" ausgenommen)

- **EB-2**: Personen mit besonderen Fähigkeiten in Wissenschaft, Kunst und Wirtschaft (außer sie werden aufgrund des erwähnten „nationalen Interesses" von der Regelung befreit)
- **EB-3**: Personen in akademischen Berufen
- **EB-3**: Qualifizierte Fachkräfte
- **EB-3**: Sonstige Arbeitnehmer

Eine genaue Beschreibung dieser Einwanderungskategorien finden Sie am Anfang dieses Kapitels.

Wie erhält man eine Labor Certification? Eine Fallstudie

Gert aus Holland ist Generaldirektor einer Firma, die sich mit der Entwicklung von pädagogischen Spielen für Kinder befasst. Gert hat einen Hochschulabschluss in Psychologie. Im Laufe der Jahre hat Gert einige Spiele entwickelt, die mit Preisen ausgezeichnet wurden und ein Buch über die pädagogische Spieltheorie verfasst.
Die Firma *International Kid Inc.*, ein internationaler Produzent von Kinderspielzeug, hat Gert eine Stelle als Leiter der Forschungs- und Entwicklungsabteilung in ihrer neuen Zentrale in New York angeboten. Die Firma hofft, dass sie für Gert auf der Grundlage seiner besonderen Fähigkeiten im wirtschaftlichen Bereich mit ihrer Bürgschaft eine *Labor Certification* bzw. GreenCard erhält.

Erster Schritt: Feststellung des marktüblichen Lohns für die vorgesehene Arbeitstelle („Prevailing Wage Determination")

Der marktübliche Lohn wird festgestellt durch die *National Prevailing Wage Center*. Ein Antrag auf eine *Prevailing Wage Determination (PWD)* wird durch das sogenannte *iCERT Portal System* eingereicht (siehe ☛ *https://icert.doleta.gov*). Die *PWD* ist gültig zwischen 90 Tage und einem Jahr und muss, wie alle andere *Labor Certification*-Unterlagen, vom Arbeitgeber archiviert werden für den Fall, dass es zu einer Prüfung kommt. Zudem muss der Arbeitgeber sich dazu bereit erklären und dazu fähig sein 100% von dem *iCERT* ermittelten, marktüblichen Gehalt zu bezahlen.

MERKE

Achtung: Bei dem ersten Schritt und allen weiteren Labor Certification Schritten ist die Einhaltung von den gesetzlichen Bestimmungen besonders wichtig. Eine Abweichung von den Bestimmungen zur Rekrutierung, Aufhebung von Unterlagen, und Evaluierung von Kandidaten können bei einem Labor Certification Antrag fatal sein. Zudem wird, wie bei einer Steuererklärung, die Einhaltung von den gesetzlichen Bestimmungen zum Labor Certification-Prozess stichprobenartig geprüft. Wenn bei einer zusätzlichen Überprüfung (Audit) Verstöße festgestellt werden, kann es zu Verwarnungen oder sogar Freiheits- und Geldstrafen kommen.

Zweiter Schritt: Suche nach US-amerikanischen Arbeitnehmern

Um einen Antrag für eine *Labor Certification* einreichen zu können, muss der Arbeitgeber in den USA die neue Stelle bereits für mindestens 30 Tage öffentlich ausgeschrieben haben (gemäß gesetzlicher Vorgaben und unter Einhaltung der verschiedenen Fristen, Maßstäben und Zeitrahmen). Während des Anwerbungszeitraums muss der Arbeitgeber Einstellungsgespräche mit einheimischen amerikanischen Arbeitnehmern führen, die sich auf das Angebot melden. Die Personalabteilung von International Kid Inc. wird also die eingehenden Lebensläufe auswerten und potentielle Kandidaten für die Stelle zum Gespräch einladen. In einem Rekrutierungsbericht muss die Firma dann u.a. beschreiben wie viele Amerikaner sich beworben haben und warum sie diese abgelehnt hat. Obwohl *International Kid Inc.* nicht verpflichtet ist, einen amerikanischen Bewerber einzustellen, kann sie jedoch mit gravierenden Problemen rechnen, wenn das Arbeitsministerium in einem Prüfungsverfahren feststellt, dass sie qualifizierte amerikanische Bewerber ohne guten Grund abgelehnt hat.

International Kid Inc. ist auch verpflichtet, seine amerikanischen Mitarbeiter darüber zu informieren, dass es vorhat einen ausländischen Mitarbeiter im Rahmen eines Einwanderungsverfahrens einzustellen. Diese Mitteilung muss entweder über die Gewerkschaft, oder falls diese in der Firma nicht vertreten ist, durch Aushang an einer für alle gut sichtbaren Stelle am Arbeitsplatz für mindestens zehn Tage lang geschehen. Eine zusätzliche Veröffentlichung in allen elektronisch- und papierbasierten betriebsinternen Medien ist notwendig, wenn *International Kid Inc.* diese sonst zur Rekrutierung benutzt. *International Kid Inc.* kann zum Beispiel die Mitteilung in der Personalabteilung und an einer anderen gut sichtbaren Stelle, z.B. in der Betriebskantine, aushängen. Diese Mitteilung muss darauf hinweisen, dass sie erfolgt wegen des beabsichtigten Einreichens eines Antrags auf die Beschreibung der angebotenen Stelle und Gerts Qualifikationen enthalten. Jede Person, die der Meinung ist, dass die *Labor Certification* nicht ausgestellt werden sollte, kann sich mit seinen Einwänden an das US-Arbeitsministerium wenden.

Nehmen wir an, dass bis zum Ende des Bewerbungszeitraums kein geeigneter Amerikaner gefunden wurde, dann kann die Firma den dritten Schritt einleiten.

Dritter Schritt: Einreichung des Antrags auf Labor Certification

In der Regel unterliegen Personen mit besonderen Fähigkeiten in der Wirtschaft den Forderungen für eine Bescheinigung der Prüfung des nationalen Arbeitsmarktes. Gert aus Holland wird also abwarten müssen, bis International Kid Inc. die oben genannten Schritte 1–2 abgeschlossen hat. Danach muss beim US-Arbeitsministerium das Formular ETA 9089 eingereicht werden (*Application for Permanent Employment Certification*, zu Deutsch etwa Antrag auf Arbeitsbescheinigung für die Einstellung eines ausländischen Bürgers). Auf diesem Antrag werden Informationen zum Arbeitgeber, zur Arbeitsstelle, zu den Rekruitierungsmaßnahmen potentieller US-Amerikaner, zur Nationalität und zum beruflichen Werdegang von Gert aus Holland mitgeteilt.
Mit dem Einreichen des Antrags auf Arbeitsbescheinigung wird *International Kid Inc.* u.a. Folgendes attestieren:

VERFAHREN

- Die Arbeitsvergütung gleicht oder ist höher als das marktübliche Gehalt,
- *International Kid Inc.* kann die vorgesehene Arbeitsvergütung bezahlen,
- Die bereits abgeschlossene Arbeitsmarktprüfung ist gesetzestreu vorgenommen worden, und
- Kein geeigneter US-Arbeitnehmer ist gefunden worden.

Gert wird darum gebeten Angaben zu seiner Person zu machen, einschließlich seines Hochschulabschlusses, Gründung der Firma in Holland, Entwicklung von Spielen, die ausgezeichnet wurden und seinem Buch über die pädagogische Spieltheorie.

Abgesehen von Arbeitsstellen, die unter „*Schedule A*" fallen (siehe nächste Seite), müssen zusammen mit dem Formular ETA 9089 keine weiteren Unterlagen eingereicht werden. Bitte nehmen Sie diese Bestimmung des US-Arbeitsministeriums ernst. Auf ihre Webseite wird bestätigt, dass das ungebetene Einreichen von Unterlagen zu einer „automatischen" Überprüfung (*Audit*) des Antrags auf Bescheinigung führen wird (siehe ☛ *www.foreignlaborcert.doleta.gov/faqsanswers.cfm#Perm_Program*).

International Kid Inc. muss aber in jedem Fall sämtliche Unterlagen, die mit dem *Labor Certification*-Prozess zusammenhängen (z. B. Kopien von allen Stellenanzeigen, Bewerbungen, die eingegangen sind und die *Prevailing Wage Determination*) fünf Jahre lang ab Einreichungsdatum des ETA 9089 aufheben und dem US-Arbeitsministerium bei einem möglichen Audit zur Verfügung stellen.

Letztendlich soll das Formular ETA 9089 dem US-Arbeitsministerium ermöglichen zwei Fragen zu prüfen: Erstens, ob es qualifizierte Amerikaner gibt, die anstelle von Gert aus Holland als Leiter der Abteilung Forschung und Entwicklung arbeiten können. Zweitens, ob die Beschäftigung von Gert aus Holland eine negative Auswirkung haben wird auf die Gehälter und Arbeitsbedingungen von US-Arbeitern. In der Regel nimmt das US-Arbeitsministerium aber keine eigenständige, anschließende Prüfung des Arbeitsmarktes vor. Stattdessen verlässt sich das US-Arbeitsministerium im Normalfall auf die Angaben des Unternehmens, behält sich aber vor eine Prüfung vorzunehmen, bei der sämtliche Nachweise nachgefordert werden können und ggf. eine neue Arbeitsmarktüberprüfung angeordnet wird unter bestimmten Auflagen.

Der Antrag auf Ausstellung einer *Labor Certification* (Formular ETA 9089) sollte, um die Bearbeitungszeit zu beschleunigen, unbedingt online unter dem folgenden Link beantragt werden: ☛ *www.foreignlaborcert.doleta.gov*. Falls nicht anders möglich, kann der Antrag auch postalisch bei dem zentralen Bearbeitungszentrum des US-Arbeitsministeriums eingereicht werden.

Nach der Erstprüfung wählt der Computer anhand von bestimmten Kriterien kritische Anträge aus der Masse der Einsendungen aus, die dann einer Prüfung unterworfen werden. Andere werden zufällig aussortiert, auch wenn sie nicht unbedingt Besonderheiten aufweisen mögen. Bei den kritischen Anträgen wird der Arbeitgeber angeschrieben mit der Bitte, spezifische Nachweise einzureichen. Danach werden die Anträge einem regional zuständigen Büro (*Regional Certifying Officer, RCO*) übersandt. Der RCO kann den Antrag genehmigen, ihn unter Umständen ablehnen und sogar ein von ihm überwachtes Einstellungsverfahren des Arbeitgebers anordnen, wenn Zweifel an der Glaubwürdigkeit der Einstellungsbemühungen von US-Amerikanern bestehen.

Zusätzliche Prüfung (Audit) einer Labor Certification

Ungefähr 20–30 % aller *Labor Certification*-Anträge werden einer zusätzlichen Prüfung (*Audit*) unterzogen. Bei einem *Audit* müssen Arbeitgeber damit rechnen, dass genau evaluiert wird, ob sie ausreichend „Werbung" für ihre ausgeschriebene Stelle gemacht haben. Dies betrifft den Nachweis, dass alle denkbaren Medien, also auch die elektronischen, intensiv genutzt wurden, mindestens aber die gleichen, welche auch für andere Positionen, die keine Einstellung eines ausländischen Mitarbeiters erfordern, angewendet wurden.

Zudem, muss der Unternehmer bei einer Prüfung nachweisen können, dass er sich sehr intensiv um Stellenausschreibungen und um die Suche nach einem geeigneten Kandidaten bemüht hat. Dazu gehört auch, dass er solche Bewerber zu Einstellungsgesprächen einlädt, die nicht genau den formellen Anforderungen an den Arbeitsplatz entsprechen. Die Anforderung von Spezialkenntnissen alleine rechtfertigt nicht die Einstellung eines ausländischen Bewerbers. In diesem Rahmen kann der US-Arbeitgeber auch verpflichtet werden, US-Bürger auf die ausgeschriebene Position anzulernen, die er eigentlich mit geeigneten ausländischen Fachleuten besetzen möchte. Immer natürlich vorausgesetzt, dass diese Ausbildung für die Position tatsächlich in der Praxis umsetzbar ist.

Im Weiteren kann der US-Arbeitgeber nicht mit rein unternehmerischen Erwägungen argumentieren, wenn es um die Besetzung der Stelle durch einen Ausländer geht. Zum Beispiel können muttersprachliche Kenntnisse zwar in die Ausschreibung der Stelle aufgenommen werden, die zuständige Behörde wird aber immer prüfen, inwiefern diese für die Ausübung der Tätigkeit tatsächlich dringend notwendig sind. Das beträfe zumindest alle Sprachen in nichtanglophonen Ländern, wie z.B. Russland, Spanien oder Japan, wo man nicht automatisch davon ausgehen kann, dass der ausländische Gesprächspartner auch Englisch versteht.

Das Eingangsdatum des Antrags wird *priority date* (Prioritätsdatum) genannt. Dieses Datum ist besonders wichtig für den Einwanderungsvorgang, da der potenzielle Einwanderer sich von diesem Datum an in die Schlange der Personen einreiht, deren Anträge im Rahmen der jährlichen Einwanderungsquote bearbeitet werden.

priority date

Ein positiver Bescheid durch das Arbeitsministerium bedeutet, dass der Arbeitnehmer die nächste bürokratische Hürde in Angriff nehmen kann: Die Einreichung des I-140 Einwanderungsantrags an die USCIS – das muss allerdings innerhalb von 180 Tagen ab Bewilligung der *Labor Certification* geschehen, da diese sonst ihre Gültigkeit verliert.

Berufe mit Ausnahmeregelung: Schedule A

Schedule A ist eine Liste von Berufen, für die es dauerhaft zu wenig amerikanische Arbeitnehmer gibt. Darum wird für diese ein Antrag auf Prüfung des nationalen Arbeitsmarktes überflüssig. Die Berufe werden in zwei große Gruppen eingeteilt: Physiotherapeuten/Krankenschwestern (siehe hierzu auch Kapitel 11.3 „EB-3 Professionals, Skilled Workers or Other Workers: Akademiker, qualifizierte Fachkräfte und sonstige Arbeitnehmer") und Wissenschaftler/Künstler mit hervorragenden Fähigkeiten.

Anmerkung: Die Anforderungen an „herausragende Fähigkeiten" in Wissenschaft oder Kunst für die Schedule A sind höher als die geforderten „besonderen Fähigkei-

MERKE

ten" für die Einwanderung, die an anderer Stelle im Buch erläutert werden. Wenn Sie der Meinung sind, dass Sie oder Ihr potentieller Arbeitnehmer unter diese Schedule A fallen, sollten Sie einen Experten für Einwanderungsrecht konsultieren.

International Kid Inc. kann sich nicht auf eine Ausnahmeregelung laut *Schedule A* für Gert berufen, da seine besonderen Fähigkeiten im wirtschaftlichen Bereich und nicht in Wissenschaft oder Kunst liegen.

Ein Arbeitgeber, der der Meinung ist, dass der potentielle Arbeitnehmer zu der in der Liste A aufgeführten Personengruppen gehört, sollte einen Antrag direkt an die USCIS stellen, der aus dem Formular ETA 9089 und dem Einwanderungsantragsformular I-140 besteht. Folgende Dokumente müssen beigefügt werden:

- Für Physiotherapeuten – Schreiben einer zuständigen staatlichen Stelle, die bescheinigt, dass die Person qualifiziert ist, die schriftliche Prüfung für Physiotherapeuten in dem amerikanischen Bundesstaat abzulegen, in dem die Stelle angeboten wurde.
- Für Krankenschwestern – Ergebnis der Prüfung, die bei der *Commission Graduates of Foreign Nursing Schools* abgelegt wurde oder eine unbefristete Zulassung für den amerikanischen Bundesstaat, in dem die Stelle angeboten wurde.
- Für Wissenschaftler oder Künstler – Nachweis von mindestens zwei der folgenden sieben Kriterien:
  - International anerkannte Auszeichnungen für hervorragende Leistungen,
  - Mitgliedschaft in einer internationalen Vereinigung, die von ihren Mitgliedern ausgezeichnete Leistungen verlangt,
  - Veröffentlichungen über diese Person in Fachpublikationen,
  - Teilnahme als Juror bei der Beurteilung der Arbeit anderer,
  - Eigene bedeutende wissenschaftliche oder akademische Beiträge,
  - Autor von wissenschaftlichen Artikeln in internationalen Fachzeitschriften,
  - Ausstellung persönlicher Arbeiten auf Kunstausstellungen in mehr als einem Land.

Falls die USCIS den Antrag bewilligt, hat sich der Arbeitgeber die Beantragung der *Labor Certification* beim Arbeitsministerium gespart.

Besondere Verfahren für Lehrer und Dozenten

Dozenten von Fachschulen und Universitäten werden gesondert behandelt, obwohl auch sie der Forderung nach einer *Labor Certification* unterliegen. Arbeitgeber, die Ausländer für diesen Bereich einstellen wollen, müssen den Arbeitsmarkt in begrenzterem Maß auf qualifizierte Amerikaner prüfen, die für eine entsprechende Position zur Verfügung stehen. Die Verfügbarkeit eines auch nur minimal dafür qualifizierten amerikanischen Arbeitnehmers würde normalerweise bedeuten, dass keine Bescheinigung über die Prüfung des nationalen Arbeitsmarktes ausgestellt würde. Aufgrund der besonderen Behandlung dieser Gruppe wird hier dem zukünftigen Einwanderer diese Bescheinigung jedoch ausgestellt, wenn er/sie lediglich etwas besser qualifiziert ist als der amerikanische Arbeitnehmer.

Bewilligung des Antrags auf eine Labor Certification: Was nun?

Mit der Ausstellung der Bescheinigung können Personen bzw. Unternehmen, die diesen Forderungen unterliegen, den nächsten Schritt in Richtung arbeitsplatzbezogener Einwanderung gehen: Die Einreichung der Einwanderungspetition bei der USCIS. Einzelheiten zu diesem Verfahren wurden bereits ausführlich erörtert.

11.7 Visa Bulletin – Warteliste für Einwanderer

Wie oben erwähnt, stehen jedes Jahr lediglich 140.000 arbeitsbasierte Einwanderungsvisa zur Verfügung. Wenn mehr Anträge gestellt werden, als Visa zur Verfügung stehen, können sich „Schlangen" bilden. Zum Zeitpunkt der Veröffentlichung des Buches sind die Wartezeiten für arbeitsbasierte Einwanderungsvisa besonders kurz – solange man nicht chinesischer, indischer, mexikanischer oder philippinischer Staatsangehöriger ist. Zum Beispiel muss eine in Deutschland geborene Person, die in die EB-3 Kategorie fällt (Akademiker, qualifizierte Fachkräfte und sonstige Arbeitnehmer) und bereits eine *Labor Certification* und eine Genehmigung der I-140 Petition (siehe Kapitel 11.6 „Voraussetzung für arbeitsplatzbezogene Einwanderung: Labor Certification") erhalten hat, nur 2–3 Monate auf ein Einwanderungsvisum warten. Dagegen muss ein in China geborener Staatsbürger in der gleichen EB-3 Kategorie, welcher ebenfalls eine *Labor Certification* und Genehmigung der I-140 Petition erhalten hat, mehr als drei Jahre auf ein Visum warten. Sollte der in China geborene Antragsteller aber z.B. mit einer Schwedin verheiratet oder in Vietnam geboren sein, kann er ggf. durch „*cross chargeability*" in die „normale", weniger überzeichnete Spalte „Alle Länder außer den angegebenen" eingereiht werden. Siehe Tabelle weiter unten.

Vorzugskategorien und cut-off dates

Informationen zur Anzahl von familienbasierten Visa sowie die entsprechenden Vorzugskategorien und Wartezeiten finden Sie in Kapitel 12 „GreenCard durch Heirat oder Verwandtschaft" bzw. 12.5 „Vorzugskategorien der Familieneinwanderung/Visa Bulletin".

Das *Visa Bulletin* und die dazugehörigen Wartezeiten ändern sich von Monat zu Monat. Deswegen wird das *Visa Bulletin* monatlich am 11. oder 12. des jeweiligen Monats vom *U.S. Department of State* herausgegeben. Sie können die „*cut-off dates*" jeder Vorzugskategorie telefonisch beim *U.S. Department of State* abfragen unter +1 202-485-7699663-1541. Das *Visa Bulletin* finden Sie auch auf der *Consular Affair* Webseite unter: https://travel.state.gov/content/visas/en/law-and-policy/bulletin.html. Sie können sich das *Visa Bulletin* auch per E-Mail monatlich zusenden lassen. Hierzu ist lediglich eine E-Mail an die folgende E-Mail-Adresse notwendig (mit den Wörtern „*Subscribe Visa-Bulletin*" im Textfeld der E-Mail): *listserv@calist.state.gov*.

INTERNET

Um das Visa Bulletin anwenden zu können, müssen Sie wissen, in welche Vorzugskategorie („*Preference*") Sie eingeteilt sind. Ihre persönliche Einordnung in das System der Vorzugskategorien der Einwanderung über die Arbeitsstelle entnehmen Sie bitte der nachfolgend aufgeführten Tabelle.

Im nächsten Schritt schauen Sie in das Visa Bulletin, um zu sehen, ob ein Visum für Sie verfügbar ist. Ein Visum ist sofort für alle qualifizierten Antragsteller verfügbar, wenn in Ihrer Vorzugskategorie ein „C" für engl. „*current*" genannt ist, was sinngemäß mit laufend übersetzt werden kann. Ist ein Datum (*cut-off date*) angegeben, bedeutet dieses, dass in dieser Vorzugskategorie die Visa überzeichnet sind. Ist Ihr Prioritätsdatum (*priority date*) älter als die im Visa Bulletin angegebenen *cut-off dates* (die *cut-off dates* trennen die Petitionen in verfügbar und nicht verfügbar), dann ist für Sie ein Visum vorhanden. Das Prioritätsdatum (das Datum auf der Warteliste) ist das Datum, an dem die Petition bei der USCIS eingegangen ist oder der Antrag für eine *Labor Certification* beim Arbeitsministerium eingereicht wurde. Wenn ein Visum für Sie „vorhanden" ist (oder bald vorhanden sein wird), heißt das aber nicht, dass Sie ohne weiteres ein Visum erhalten. Wie in Kapitel 14 „Ausstellung des Einwanderungsvisums und Gültigkeit" näher beschrieben, müssen Sie beim Vorhandensein eines Visum entweder bei einem US-Konsulat im Ausland ein Einwanderungsvisum beantragen oder, wenn Sie sich dafür qualifizieren, Ihren Status in den USA anpassen.

Tabelle: Employment-Based Preferences
(arbeitsplatzbezogene Vorzugskategorien, Stand 04/2016)

Vorzugs-kategorie	Alle Länder außer den angegebenen (all chargeability)	China (auf chinesischem Festland geboren)	Indien	Mexiko	Philippinen
1st/EB-1	C	C	C	C	C
2nd/EB-2	C	01SEP12	08NOV08	C	C
3rd/EB-3	15FEB06	15AUG13	08AUG04	15FEB06	01MAY08
Other Workers	15FEB06	01MAR07	08AUG04	15FEB06	01MAY08
4th/EB-4	C	C	C	C	C
Certain Religious Workers	C	C	C	C	C
5th/EB-5 (Non-Regional Center)	C	C	C	C	C
5th/EB-5 (Regional Center)	C	C	C	C	C

12 GreenCard durch Heirat oder Verwandtschaft

Die Zusammenführung von Familien ist eine der traditionellsten Grundlagen für Einwanderungen in die Vereinigten Staaten. Der Ehepartner, unverheiratete Kinder unter 21 Jahre alt oder die Eltern eines amerikanischen Staatsbürgers haben absoluten Vorrang unter den potentiellen Einwanderern. Konkret heißt das, dass für diese Personengruppe (sogenannten *„Immediate Relatives"*) eine unbegrenzte Zahl von Einwanderungsvisa zur Verfügung steht. Enge Verwandte von GreenCard-Inhabern sind ebenfalls berechtigt einzuwandern, aber diese Personengruppe muss sich auf längere Wartezeiten einstellen, weil für nur sie eine begrenzte jährliche Zahl von Einwanderungsvisa erteilt wird.

Die Einwanderung über die Arbeitsstelle (*Employment-Based* GreenCard) wird in Kapitel 11 „GreenCard durch die Arbeitsstelle" näher erörtert.

Die Einwanderungsmöglichkeit durch Heirat eines amerikanischen Staatsbürgers oder GreenCard-Inhabers wird manchmal missbräuchlich genutzt. Die Einwanderungsbehörde schätzt, dass rund 8% der Antragsteller versuchen, mittels Scheinehen eine unbefristete Arbeits- und Aufenthaltsgenehmigung durch diese Hintertür zu erhalten. Wie diese Zahl errechnet worden ist oder ob und inwiefern sie zuverlässig ist, sei dahingestellt. Sicher aber ist, dass einige eine Scheinehe als die schnellere oder einzige Option betrachten, in die USA einzuwandern und nehmen deswegen die möglichen Geld- und Freiheitsstrafen in kauf, trotz ernstzunehmender Konsequenzen.

Die Einwanderungsbehörden gehen immer vehementer gegen solche Scheinehen vor. Beispielsweise wird die GreenCard bei Familienzusammenführung durch Heirat zunächst auf zwei Jahre erteilt (zumindest bei neu geschlossenen Ehen). Nach diesem Zeitraum werden die Anträge neu geprüft und erst dann wird bei immer noch vorliegender Ehe die GreenCard permanent ausgestellt. Es kann auch eingehende Interviews nach der Erteilung des Visums geben. Parallel hierzu sind in den letzten Jahren auch die Kontrollen bei den Konsulaten strenger geworden.

Natürlich sollen diese Ausführungen niemanden abschrecken, aufgrund einer echten Ehe ein Einwanderungsvisum zu beantragen. Viele tun genau das und erhalten ohne größere Probleme eine GreenCard. Allerdings muss man auch bei einer legitimen Ehe wissen, welche Unterlagen und Nachweise die US-Einwanderungsbehörde sehen möchten, um sicher zu stellen, dass eine Ehe echt ist. Siehe Kapitel 12.4 „Besondere Vorschriften für Ehepartner". Zunächst soll im Folgenden beschrieben werden, welche Verwandtschaftsgrade für die Einwanderung auf Familienbasis infrage kommen.

12.1 Familienbürgschaft durch einen US-Staatsbürger

„Unmittelbare" Verwandte amerikanischer Staatsbürger: höchste Priorität

Generell unterteilen die US-Behörden die Einwanderung aufgrund von Familienzusammenführung in zwei Gruppen: unmittelbare Verwandte von US-Staats-

Kapitel 12.1

bürgern und vier Vorzugskategorien von F1 bis F4 auf der Grundlage von nicht-unmittelbaren Familienbeziehungen.

Unmittelbare Verwandte eines US-Bürgers dürfen ohne Wartezeit einwandern!

Unmittelbare Verwandte von Staatsbürgern der Vereinigten Staaten gehören in die erste dieser insgesamt fünf Kategorien von Einwanderern, die auf der Grundlage von Familienbeziehungen einwandern können. Diese Verwandten haben vor allen anderen Vorrang. Sie gehören nicht zu denen, die im Rahmen der jährlichen Einwanderungsquote in das Land kommen, und es gibt für sie im Gegensatz zu den anderen Kategorien auch keine zahlenmäßige Begrenzung innerhalb eines Jahres.

Tabelle zur Familienbürgschaft durch einen US-Staatsbürger:

Welche Verwandte kann ein US-Staatsbürger in die USA nachholen?

Begünstigter	Handelt es sich um einen „unmittelbaren" Verwandten?	Vorzugskategorie	Derivativer (ableitender) Status für weitere Familienmitglieder möglich?	Kommentare
Ehepartner	Ja	Nicht zutreffend (Ohne Wartezeit)	Nein	Für Kinder der Ehe ist ein gesonderter Antrag nötig
Kind unter 21, ledig	Ja	Nicht zutreffend (Ohne Wartezeit)	Nein	Für jedes Kind muss ein gesonderter Antrag gestellt werden
Mutter oder Vater	Ja	Nicht zutreffend (Ohne Wartezeit)	Nein	Für Vater und Mutter muss ein gesonderter Antrag gestellt werden
Kind unter 21, ledig	Nein	F1 (Wartezeit s. Visa Bulletin)	Ja	Für die Familie des Kindes ist kein gesonderter Antrag nötig
Kind unter 21, verheiratet	Nein	F3 (Wartezeit s. Visa Bulletin)	Ja	Für die Familie des Kindes ist ein gesonderter Antrag nötig
Geschwister	Nein	F4 (Wartezeit s. Visa Bulletin)	Ja	Sehr lange Wartezeiten von 12 Jahren und mehr

Die folgenden Personen haben als unmittelbare Verwandte von US-Bürgern diese Berechtigung:

1. Ehefrau oder Ehemann

Die Ehefrau oder der Ehemann eines US-Bürgers ist zur Einwanderung berechtigt, wenn die folgenden Voraussetzungen erfüllt werden:

- Die Ehe war zum Zeitpunkt der Trauung rechtskräftig,
- die Ehe ist noch immer rechtskräftig und
- die Ehe wurde nicht lediglich deshalb geschlossen, damit eine Einwanderung in die USA erfolgen kann.

Beispiel: Karla aus Köln und Larry aus Las Vegas lernen sich in einem Café in München kennen und werden gute Freunde. Karla schlägt vor, dass sie beide heiraten, aber nur, damit sie eine GreenCard erhält. Diese Ehe ist eine Scheinehe, und daher ist Karla rechtlich nicht für eine Einwanderung als unmittelbare Verwandte qualifiziert.

Exkurs: Gleichgeschlechtliche Ehen jetzt anerkannt

Am 26. Juni 2013 erklärte der Oberste Gerichtshof der Vereinigten Staaten (*U.S. Supreme Court*) *Section 3* des *Defense of Marriage Acts (DOMA)* für verfassungswidrig. Dieser definiert die Ehe als Verbindung zwischen Mann und Frau. Dank des Urteils werden gleichgeschlechtlichen Ehepaaren fortan auf Bundesgesetzebene (*federal law*) die gleichen Rechte gewährt wie Partnern in „traditionellen" Ehen. Dies betrifft u. a. auch das Aufenthalts- und Staatsbürgerschaftsrecht.

Absolute Gleichstellung gleichgeschlechtlicher Ehen

Seit 2015 dürfen darüber hinaus gleichgeschlechtliche Partner in allen Bundesstaaten der USA heiraten. Vor dem Jahr 2015 war dies nur in 36 von 50 Bundesstaaten sowie im Hauptstadtbezirk Washington möglich. Demnach ist es nun auch gleichgeschlechtlichen Ehepartnern möglich, auf diesem Wege die GreenCard zu erhalten, sofern die Eheschließung außerhalb Amerikas von den US-Behörden anerkannt wird. Eingetragene Lebenspartnerschaften (wie in Deutschland) werden beispielsweise leider nicht als „Ehe" im Sinne des amerikanischen Rechts erachtet. Es würde aber dann auch die Möglichkeit bestehen, in einem Land (z. B. direkt in den USA oder aktuell in Dänemark) quasi „erneut" zu heiraten, um die Anerkennung der Ehe durchzusetzen.

2. Sohn oder Tochter

Das Kind eines US-Bürgers kann als unmittelbarer Verwandter in die USA einwandern, wenn er/sie nicht verheiratet ist und noch nicht das 21. Lebensjahr vollendet hat.

Beispiel: Andreas aus Innsbruck ist geschieden und 20 Jahre alt. Er lebt zu Hause bei seiner Mutter Mandy, die gebürtige Amerikanerin ist. Als außereheliches Kind hat Andreas keine US-Staatsbürgerschaft von seiner Mutter erlangt, weil Mandy sich weniger als ein Jahr in den USA aufgehalten hat vor seiner Geburt. Mandy ermutigt ihren Sohn, sein Glück in Amerika zu probieren. Andreas kann sich

dieser Herausforderung stellen und die GreenCard über seine Mutter beantragen, denn er ist nicht verheiratet, unter 21 Jahre alt und der Sohn einer US-Bürgerin. Allerdings müsste bei dieser Konstellation auch Mandy in die USA wieder umziehen. Hintergrund: Nur US-Bürger bzw. Antragsteller, die ihren persönlichen Wohnsitz in den USA haben oder dorthin unmittelbar verlegen wollen, können als finanzielle Bürgen auftreten. Um glaubhaft nachzuweisen, dass sie in die USA ziehen wird, würde Mandy wahrscheinlich ein Arbeitsangebot und Arbeitsvertrag eines US-Arbeitgebers einreichen müssen (ggf. auch einen US-Mietvertrag und Nachweise darüber, dass sie ihren Wohnsitz in Österreich aufgegeben hat). Zudem müsste Mandy vorab oder zusammen mit Andreas in die USA umziehen.*

3. Mutter oder Vater

Die Mutter oder der Vater eines US-Bürgers kann in die USA einwandern, wenn das Kind (der Bürge) über 21 Jahre ist. Auch eine Stiefmutter oder ein Stiefvater kann auf dieser Basis in die USA einwandern, aber nur wenn die Ehe, die die Stiefelternbeziehung zustande gebracht hat, vor dem 18. Geburtstag des Kindes geschlossen worden ist. Zudem muss beachtet werden, dass bei außerehelichen Eltern-Kind-Beziehungen eine Beziehung zur Mutter vom Gesetz her einfacher nachzuweisen ist als eine Beziehung zum Vater. Adoptiveltern gelten auch als „Mutter oder Vater eines US-Bürgers", aber nur wenn die Adoption vor dem 16. Geburtstag des Kindes stattgefunden hat.

BEISPIEL

Beispiel: Maria aus Mexiko erwartet in wenigen Tagen ein Kind. Da sie für sich und ihre Familie ein besseres Leben erreichen möchte, kämpft sie sich mitten in der Nacht durch den Rio Grande und bringt ihr Kind in einer Notfallstation des Krankenhauses in Brownsville, Texas, zur Welt. Das Baby, das in den USA geboren wurde, ist automatisch amerikanischer Staatsbürger. Es wird allerdings noch 21 Jahre dauern, bis die Mutter auf dieser Grundlage eine GreenCard durch ihren Sohn beantragen kann.

Was bedeutet derivativer Status?

Die drei oben genannten Gruppen der unmittelbaren Verwandten von US-Bürgern unterliegen zwar nicht einer zahlenmäßige Begrenzung, können aber auch nicht ihren „Status" an andere Familienmitglieder weitergeben.

BEISPIEL

Beispiel: Theresa aus Tijuana, Mexiko studierte Mathematik an der New York University als ihre Tochter, Silvia, geboren wurde. So wie das Baby von Maria, ist auch Silvia durch ihre Geburt in den USA automatisch amerikanischer Staatsbürger geworden. Silvia ist mittlerweile 21 Jahre alt, wohnt in New York, und stellt eine Petition, weil ihre Mutter eine GreenCard erhalten und in die USA ziehen soll. Theresa aus Tijuana hat aber vor einem Jahr geheiratet und ihr Ehemann, Manuel, möchte auch in die USA auswandern. Aber Theresa, eine unmittelbare Verwandte, kann ihren Status nicht an Manuel weitergeben. Und Manuel gilt nicht als Stiefvater (womit er unmittelbarer Verwandter von Silvia wäre), weil Theresa und Manuel nach Silvias 18. Geburtstag geheiratet haben. Somit werden Theresa und Manuel erstmal nicht gemeinsam in die USA auswandern können.

Personen, die nicht unmittelbare Verwandte von US-Staatsbürgern sind, aber aufgrund ihre Verwandtschaft eine GreenCard bekommen können (z.B. Geschwister von über 21 Jahre alten US-Bürgern), können den sogenannten derivativen (ableitenden) Status an ihre Familienmitglieder weitergeben. Derivativer Status erlaubt diesen, eine GreenCard zu bekommen, ohne dass für jeden separat eine Petition eingereicht werden muss.

Wenn z.B. ein eingebürgerter US-Amerikaner für seinen erwachsenen Sohn bürgt (Kategorie F3), dann bekommt nicht nur dieser eine GreenCard, sondern auch seine Frau sowie ihre gemeinsamen Kinder (sofern unter 21 und unverheiratet) und ggf. seine Stiefkinder (sofern unter 21, unverheiratet, und 17 Jahre alt oder jünger als der Stiefvater die leibliche Mutter geheiratet hat), und zwar alle aufgrund eines Antrags für den erwachsen Sohn des US-Bürgers.

Wie unten noch näher beschreiben, müssen manche „nicht unmittelbare" Verwandte von US-Staatsbürgern und GreenCard-Inhabern über zehn Jahre auf eine GreenCard (und die damit verbundene Möglichkeit, in die USA dauerhaft auszuwandern) warten. Das liegt daran, dass für „nicht unmittelbare" Verwandte eine begrenzte Zahl von Visa jährlich zur Verfügung stehen. Und, weil es mehr Personen gibt, die aufgrund von Verwandtschaft oder Ehe eine GreenCard beantragen, als Visa pro Jahr verfügbar sind, bilden sich „Schlangen". Für Staatsangehörige mancher Länder (China, Indien, Mexiko und Philippinen) können die Wartezeiten besonders lang sein, weil besonders viele Personen in diesen Ländern eine familienbasierte GreenCard beantragen. Zum Beispiel müsste die philippinische Schwester eines US-Bürgers geschätzte 23 Jahre warten, bis ihr ein Einwanderungsvisum zur Verfügung steht. Falls die Philippinin aber beispielsweise mit einem Japaner verheiratet ist oder in Dubai geboren wurde, kann sie ggf. durch *„cross chargeability"* in die „normale", weniger überzeichnete Kategorie fallen und damit schneller ein Einwanderungsvisum erhalten. Siehe Tabelle sowie Informationen zum *Visa Bulletin* und die Wartezeiten am Ende dieses Kapitels (12.5 „Vorzugskategorien der Familieneinwanderung/Visa Bulletin").

Erwachsene Kinder von US-Bürgern: Langes Warten auf die Einwanderung

Kinder von US-Bürgern, die über 21 Jahre alt sind und nicht durch Geburt in den USA oder Ableitung die US-Staatsbürgerschaft erhalten, werden nicht als unmittelbare Verwandte eingestuft und haben somit, zumindest bezüglich der Einwanderung, einen niedrigeren Status als ihre jüngeren Geschwister. Eine weitere Unterscheidung wird vollzogen zwischen unverheirateten und verheirateten Kinder über 21 Jahren von US-Staatsbürgern. Ein unverheiratetes, über 21 Jahre altes Kind eines US-Bürgers wird in die nachfolgend beschriebene Kategorie F1 eingeordnet. Ein verheiratetes, über 21 Jahre altes Kind eines US-Bürgers wird in der Hierarchie sogar noch weiter unten eingestuft, in die Kategorie F3 (siehe Tabelle zur Familienbürgschaft durch einen US-Staatsbürger in Kapitel 12.1 „Familienbürgschaft durch einen US-Staatsbürger"). Während eine 20 Jahre alte Tochter automatisch sofort einwandern kann, muss ihre 21 Jahre alte Schwester auf ein Einwanderungsvisum warten. Die jährliche Einwanderungsquote im Rahmen der Familienzusammenführung wird in Kapitel 12.5 „Vorzugskategorien der Familieneinwanderung/Visa Bulletin" näher erläutert.

Kapitel 12.1

BEISPIEL

Beispiel: *Mandy, die in Amerika geborene Mutter aus Innsbruck, sagt, dass Andreas sie immer an ihren früheren Ehemann erinnert. Sie seien beide eher faule Menschen. Andreas entschloss sich zwar schon vor einiger Zeit, in die USA zu gehen, hat es aber versäumt, das Antragsformular auszufüllen. Sein 21. Geburtstag ist nun bereits vorüber und das bedeutet für ihn, dass er sich in die Schlange derjenigen einreihen muss, die im Rahmen der jährlichen Einwanderungsquote in die Vereinigten Staaten einreisen können, statt seine Daueraufenthaltsgenehmigung innerhalb kürzester Zeit zu erhalten.*
(Stand April 2016: über sieben Jahre Wartezeit für Personen in der Kategorie F1 – unverheiratete, über 21 Jahre alte Kinder von US-Staatsbürgern)

Verheiratete Kinder von US-Staatsbürgern: Welche Wege der Einwanderung gibt es noch?

Der/die verheiratete Sohn/Tochter eines US-Bürgers kann ebenfalls von seinen/ihren Eltern bei der Einwanderung als Bürge unterstützt werden. Die Wartezeit kann aber im Rahmen der jährlichen Einwanderungsquote viele Jahre betragen (Stand April 2016: über elf Jahre Wartezeit für Personen in der Kategorie F3 – verheiratete, über 21 Jahre alte Kinder von US-Bürgern).

BEISPIEL

Beispiel: *Andreas aus Österreich heiratet wieder, bevor er eine GreenCard bekommt. Seine neue Braut Greta aus Deutschland möchte, dass er sie dabei unterstützt, eine GreenCard zu bekommen. Angenommen, Andreas stellt einen Antrag als verheiratetes Kind einer US-Bürgerin, dann wird es mehrere Jahre dauern, bevor er die GreenCard bekommt.*

Geschwister von US-Bürgern: Einwanderung nur in der weiten Zukunft

Dies ist die niedrigste Prioritätsstufe der Einwanderung (Kategorie F4). Sie ermöglicht den Geschwistern von US-Bürgern (nicht GreenCard-Inhabern!) in die USA einzuwandern. Um als Bürge für eine solche Form der Einwanderung infrage zu kommen, muss der amerikanische Bruder oder die amerikanische Schwester mindestens 21 Jahre alt sein. Die lange Wartezeit von derzeit fast dreizehn Jahren im Rahmen der jährlichen Einwanderungsquote macht diese Einwanderung über Geschwister zu einer schlechten Option, wenn man vorhat, sich möglichst bald dauerhaft in den USA niederzulassen. Wenn man aber bereit ist, so lange auf eine mögliche Einwanderung in die USA zu warten, kann man diese Option in Erwägung ziehen. Zudem ist es unwahrscheinlich, aber nicht auszuschließen, dass der US-Kongress irgendwann entscheidet, die Anzahl der Visa für die Geschwister von US-Staatsbürgern zu erhöhen – womit die Wartezeiten für die Kategorie F4 sich verkürzen würden (und zwar auch für die, die bereits in der Schlange warten).

12.2 Familienbürgschaft durch einen GreenCard-Inhaber

Verwandte von Permanent Residents (GreenCard-Inhabern): Die Wartezeit wird (zum Teil) länger

Ehefrau, Ehemann, Sohn und Tochter von GreenCard-Inhabern sind ebenfalls berechtigt, nach Amerika einzuwandern. Bei GreenCard-Inhabern gibt es allerdings nicht wie bei US-Bürgern die Unterscheidung zwischen „unmittelbaren" Verwandten und engen Verwandten. Das bedeutet, dass sich alle Familienangehörigen von GreenCard-Inhabern auf eine mehr oder weniger lange Wartezeit vorbereiten sollten, da sie entweder in die Vorzugskategorie F2A für Ehepartner und unverheiratet Kinder unter 21 oder in die Kategorie F2B für unverheiratet Kinder über 21 fallen. Die genauen Wartezeiten erfahren Sie in Kapitel 12.5 „Vorzugskategorien der Familieneinwanderung/Visa Bulletin".

Beispiel: Benny aus Luzern reist in die USA, um in einem Casino in Atlantic City zu spielen. Das Glück ist ihm hold, und er gewinnt den Jackpot mit einer Million Dollar. Benny beschließt dieses Geld dafür zu verwenden, eine Daueraufenthaltsgenehmigung für die USA zu bekommen, indem er in ein US-Unternehmen investiert (siehe dazu auch Kapitel 11.5 „EB-5 Immigrant Investor Program: Investoren-GreenCard"). Nachdem er eine Aufenthaltsgenehmigung erhalten hat, kehrt Benny nach Luzern zurück und heiratet Beatrice, seine Jugendliebe. Beatrice erfüllt nun als Ehefrau eines Permanent Residents der USA die Bedingungen für eine Einwanderung, muss sich aber „in der Schlange einreihen" und auf ein Visum warten wegen der begrenzten Anzahl von Visa für Ehepartner von GreenCard-Inhabern.

BEISPIEL

Tabelle zur Familienbürgschaft durch einen Permanent Resident (GreenCard-Inhaber)

Begünstigter	Vorzugskategorie (Wartezeit siehe Visa Bulletin)	Derivativer* (ableitender) Status für weitere Familienmitglieder möglich?	Kommentare	Welche Verwandte kann ein GreenCard-Inhaber in die USA nachholen?
Ehepartner	F2A	Ja		
Kind unter 21, ledig	F2A	Ja		
Kind über 21, ledig	F2B	Ja	Nein	
Kind, verheiratet	-/-	-/-	Keine Bürgschaft möglich! Geschwisterantrag kann evtl. gestellt werden, wenn nach 5 Jahren Staatsbürgerschaft beantragt wird.	
Mutter oder Vater	-/-	-/-		
Geschwister	-/-	-/-		

---

* Zum derivativen Status siehe Erklärung zu Beginn des Kapitels 12.1

BEISPIEL

Beispiel: Beatrice aus dem eben genannten Beispiel besitzt nun selber eine Daueraufenthaltsgenehmigung, hat sich aber von Benny scheiden lassen, nachdem sie ihn in flagranti mit einer Blackjack-Geberin erwischt hat. Einige Monate später heiratet Beatrice Bert, der ebenfalls aus Luzern stammt. Allerdings wird Beatrice nun wahrscheinlich kein Glück dabei haben, wenn sie versucht als Bürge für Bert aufzutreten, um für ihn eine Daueraufenthaltsgenehmigung zur Einwanderung in die USA zu bekommen. Eine Person, die ihre GreenCard durch Heirat erhalten hat, kann für einen neuen Ehepartner nur dann bürgen, wenn er/sie bereits länger als fünf Jahre selber Permanent Resident ist, oder überzeugend nachweisen kann, dass die erste Ehe eine „echte" war.

Anmerkung zu Kindern: Unverheiratete Kinder von GreenCard-Inhabern sind in die folgenden zwei Kategorien unterteilt:

- Minderjährige (unter 21 Jahre)
- Volljährige, d.h. Personen über 21 Jahre

Eine besondere Ausnahme wird für Babys von GreenCard-Inhabern gemacht, die nicht in den USA geboren wurden und somit nicht automatisch die US-Staatsbürgerschaft erhalten haben. Laut Gesetz ist ein im Ausland geborenes Kind, dessen Eltern GreenCard-Inhaber sind, automatisch ein *Permanent Resident*, wenn die folgenden Voraussetzungen erfüllt sind:

- Das Kind ist bei seiner ersten Einreise in die USA jünger als zwei Jahre.
- Es ist die erste Einreise der Eltern nach der Geburt des Kindes.
- Das Kind ist nach dem Erhalt der GreenCard der Eltern geboren.
- Die GreenCards der Eltern sind noch gültig.
- Die Eltern können belegen, dass sie ihren *Permanent Resident Status* aufrecht erhalten haben (siehe hierzu Kapitel 14.4 „Gültigkeit der GreenCard").
- Die Geburtsurkunde samt Übersetzung werden bei der Wiedereinreise vorgelegt.

MERKE

Anmerkung: Eltern, die GreenCard-Inhaber und noch keine US-Staatsbürger sind, können nicht als Bürgen für ihre verheirateten Kinder auftreten.

12.3 Einwanderungsverfahren

Antrag auf Einwanderung (Immigration Petition)

VERFAHREN

Der erste Schritt in Richtung Einwanderung eines Familienmitglieds ist das Einreichen des Formulars I-130 (*Immigration Petition for Alien Relative*) bei der amerikanischen Einwanderungsbehörde USCIS. Es ist zu beachten, dass der Antragsteller (*Petitioner*) der Bürge in den USA ist (US-Staatsbürger oder GreenCard-Inhaber). Der potentielle Einwanderer hingegen wird als *Beneficiary* (Begünstigter) bezeichnet. Das Formular I-130 wird beim zuständigen Service-Center der USCIS eingereicht.

Falls der Verwandte sich bereits in den USA aufhält und sich für die Statusanpassung qualifiziert, sollte dieser Antrag zusammen mit einem Antrag auf Anpassung des Status beim zuständigen Service-Center der USCIS eingereicht werden. Das Thema Statusanpassung wird gesondert in Kapitel 14.2 „Anpassung des Status in den USA" erläutert. Im Schwerpunkt dient das Formular I-130 dazu das Verwandtschaftsverhältnis darzulegen. In Teil 1 wird deshalb nach den konkreten verwandtschaftlichen Beziehungen gefragt. Teil 2 fordert grundlegenden Informationen zu dem jeweiligen US-Bürger/GreenCard-Inhaber. In Teil 3 müssen Angaben zum ausländischen Verwandten gemacht werden und in Teil 5 muss angegeben werden, ob der Bürge gleichzeitige oder vorherige Anträge für andere Verwandte gestellt hat.

Obwohl die im Formular I-130 gestellten Fragen eher grundlegender Natur sind, müssen trotzdem entsprechende Dokumente zum Nachweis beigefügt werden.

Das sollten folgende sein:

- Nachweis des staatsbürgerlichen Status des Bürgen: z.B. US-Geburtsurkunde, US-Einbürgerungsurkunde oder amerikanischer Pass,
- Nachweis des Status des Bürgen als Person mit unbefristeter Arbeits- und Aufenthaltserlaubnis: die GreenCard,
- Nachweis des Verwandtschaftsverhältnisses zwischen Bürgen und Familienangehörigen: Heiratsurkunde für Ehemann und Ehefrau (sowie Scheidungsurteile, falls man vorher schon einmal verheiratet war), Geburtsurkunde(n) im Fall von Eltern, Kindern oder Geschwistern.

Bearbeitung des Einwanderungsantrags

Die USCIS wird den Antrag prüfen und dann genehmigen, wenn es von der Existenz eines Verwandtschaftsverhältnisses ausreichend überzeugt wurde. Die Bewilligung der Petition I-130 ist aber nicht der letzte Schritt im Einwanderungsprozess. Es muss noch ein Einwanderungsvisum (oder, falls die Person sich in den USA befindet und sich dafür qualifiziert, Statusanpassung) beantragt werden. Bitte lesen Sie dazu auch das Kapitel 14 „Ausstellung des Einwanderungsvisums und Gültigkeit".
Der Antrag kann allerdings auch abgelehnt werden, wenn die Behörden nicht von dem angegebenen Verwandtschaftsverhältnis überzeugt sind, z.B. wenn davon ausgegangen wird, dass eine Ehe nur eingegangen wurde, weil einer der Ehepartner eine GreenCard bekommen will. Die USCIS wird aber vor einer Ablehnung erst eine Untersuchung des Falls vornehmen. Eine solche Untersuchung kann beinhalten, dass das Paar zu einer Befragung eingeladen wird. Aber auch unangemeldete Besuche zu Hause sind möglich, um festzustellen, ob das Paar als Mann und Frau zusammenlebt.
Gegen eine Ablehnung des Antrags kann beim *Board of Immigration Appeals* Einspruch eingelegt werden (Behörde, die Einsprüche bei Einwanderungsangelegenheiten bearbeitet).

12.4 Besondere Vorschriften für Ehepartner

Heirat in den USA

Wenn der Ehepartner sich schon in den USA aufhält, legal eingereist ist und einen US-Staatsbürger heiratet, dann ist eine Anpassung des Status normalerwei-

Bei schon bestehender Heiratsabsicht ist die Einreise problematisch

se möglich (*adjustment of status*). Die Person, für die gebürgt wird, kann sich dann bis zu der Genehmigung der Petition in den USA aufhalten. So umgeht man das Beantragen eines Einwanderungsvisums bei einem Konsulat außerhalb der USA. Probleme kann es allerdings bei der Einreise in die USA geben, wenn die Heiratsabsicht schon zum Zeitpunkt der Einreise besteht. Ist die Heiratsabsicht dem Konsularbeamten bekannt, dann ist es unwahrscheinlich, dass dieser Person ein Besuchervisum ausgestellt wird, da sie als intending immigrant (sie plant in den USA zu leben) angesehen wird und damit keinen Anspruch auf ein Besuchervisum (*Nonimmigrant Visa*) hat. Gleiches gilt auch für die Einreise unter dem *Visa Waiver Program*. Eine Einreise in die USA kann dem Besucher mit Heiratsabsicht von der *U.S. Customs and Border Protection* an der Grenze verweigert werden, er müsste dann im nächsten Flugzeug in sein Heimatland zurückfliegen.

Eine verheimlichte Heirats- oder Einwanderungsabsicht bei der Einreise kann natürlich auch im Nachhinein von der USCIS fest- oder unterstellt werden. Wenn man z. B. als Tourist einreist und kurz danach heiratet und einen Antrag auf Statusanpassung stellt, wird der zeitliche Ablauf vor der Antragstellung genau geprüft. Hierbei wird die sogenannte „*30/60 Day Rule*" angewendet: Stellt die US-Einwanderungsbehörde fest, dass man innerhalb von 30 Tagen nach Einreise Schritte unternommen hat, die mit einem Aufenthalt als Tourist nicht im Einklang stehen, wird grundsätzlich angenommen, dass man bei der Einreise falsche Angaben gemacht hat. Solche Schritte, die nach 30 Tagen vorgenommen werden, führen nicht automatisch zu einer solchen Annahme. Trotzdem wird der Fall sehr genau auf falsche Angaben geprüft. Nach 60 Tagen gilt diese Vermutung üblicherweise nicht mehr und der Zeitablauf wird auch weniger genau geprüft. Trotzdem können bei der Bearbeitung der Anträge auf Statusanpassung Tatsachen „auffliegen" (z. B. Facebook-Einträge oder Aufgabe einer Arbeitsstelle oder Wohnung vor der Einreise), die falsche Angaben bei dem Visa Interview oder bei der Einreise suggerieren. Um diese Problematik zu umgehen, kann man heiraten und dann ein Einwanderungsvisum beim US-Konsulat im Ausland beantragen.

Wenn der Ehepartner ein GreenCard-Inhaber ist, dann wird die Wartezeit bis zur Ausstellung der GreenCard mehrere Jahre dauern (jetzige Wartezeit ungefähr anderthalb Jahre). Der Ehepartner muss sich solange außerhalb der USA aufhalten, da er sich in den USA in nicht autorisiertem (also illegalem) Status befinden würde und auch keine Arbeitsgenehmigung erhalten könnte. Ausnahmen sind möglich, wenn beispielsweise ein V-Visum gestellt werden kann. Die Voraussetzungen für ein V-Visum werden aber selten, wenn überhaupt, für unsere Leser erfüllbar sein: Unter anderem muss das Formular I-130 vor dem 21. Dezember 2000 eingereicht worden sein. Die weiteren Bedingungen sind beim Absatz „Das V-Visum" im Folgenden erläutert.

Heirat außerhalb der USA

Wie sieht die Situation aus, wenn eine Person einen US-Staatsbürger oder einen *Permanent Resident* außerhalb der USA heiratet, dann aber in die USA kommen möchte? Falls die Heirat dem Konsularbeamten bekannt ist, dann wird dieser Person höchstwahrscheinlich kein Besuchervisum ausgestellt (s.o.: Heirat in den USA). Der Konsularbeamte erwartet dann, dass diese Person außerhalb der USA wartet, bis die Petition genehmigt und das Einwanderungsvisum ausgestellt wird (zurzeit 10–12 Monate Wartezeit für den Ehepartner eines US-Staatsbürgers und einige Jahre für den Ehepartner eines *Permanent Residents*). Ausnahmen sind auch hier in begrenzten Fällen möglich, bzw. sinnvoll, unter Umständen kann nämlich ein K- oder V-Visum beantragt werden.

Sonderfall: US-Staatsbürger lebt nicht in den USA

Ein US-Staatsbürger, der seinen momentanen Wohnsitz im Ausland (z.B. Studium, Arbeitsplatz) hat und plant mit seiner Familie zurück in die USA zu ziehen, muss den Antrag I-130 für seinen Ehepartner und ggf. Kinder nicht bei der USCIS in den USA einreichen. Er kann die Petition direkt bei dem Büro der USCIS bzw. bei dem zuständigen US-Konsulat in dem Land einreichen, in dem er gerade seinen Wohnsitz hat. Dies beschleunigt den Beantragungsprozess in der Regel drastisch.

Beispiel: Anthony ist US-Staatsbürger und lebt seit drei Jahren in München mit seiner deutschen Frau Bianca. Sein deutscher Arbeitgeber plant in den USA einen Standort zu eröffnen und würde Anthony gerne zum Produktionsleiter machen. Da Anthony und Bianca schon seit längerem planen, in die USA zu gehen, sagt Anthony zu. Anthony kann die Petition I-130 beim Büro der USCIS in Frankfurt einreichen. Die Bearbeitung durch die USCIS in Frankfurt dauert ca. 2–3 Monate. Nach knapp drei Monaten ist Bianca am Konsulat zum eigentlichen Interview, bei dem ihr der Beamte mitteilt, dass das Einwanderungsvisum erteilt wird. Nach Einreise in die USA, erhält Bianca ihre GreenCard per Post. Anthony ist begeistert über die schnelle Beantragung, speziell, da er gelesen hatte, dass allein die Bearbeitung der Petition I-130 bei der USCIS in den USA etwa sechs bis acht Monate in Anspruch nimmt.

BEISPIEL

Das K-3 und K-4 Visum

Das K-Visum hat den Zweck, Familien, die längere Wartezeiten bei der Bearbeitung ihrer Einwanderungsverfahren haben oder solche befürchten müssen, vorläufig in den USA zusammenzuführen. Inhaber dieses Visum können einreisen und bekommen dann eine Aufenthaltsgenehmigung, um das Verfahren in den USA abwarten zu können. Das Visum bezieht sich auf Ehepartner von US-Staatsbürgern, diese erhalten ein K-3 Visum, deren Kinder ein K-4 Visum. Nach Ausstellung sind K-3 und K-4 Visa in der Regel für zwei Jahre gültig. Dies lässt meist ausreichend Zeit, um die Wartezeiten des langwierigen Beantragungsprozesses der eigentlichen GreenCard bei der USCIS zu überbrücken. Darüber hinaus können K-3 Inhaber eine eigenständige Arbeitserlaubnis (*Employment Authorization Document, EAD*) erhalten.

Zugangsvoraussetzungen

Um sich für den K-3 Status (auch bekannt als K3 NIV) zu qualifizieren, müssen u.a. folgende Bedingungen erfüllt sein:

– die Ehe mit einem US-Bürger ist noch gültig,
– sie oder er ist als Ehefrau/-mann Begünstigte(r) eines Antrages auf dem Formular I-130, der bereits bei der US-Einwanderungsbehörde USCIS gestellt wurde, aber dessen Genehmigung noch aussteht *und*

– die betreffende Person möchte das Antragsverfahren vor Ort in den USA abwarten

Sollte das I-130 Verfahren bereits abgeschlossen sein, wird allerdings kein K-3 bzw. K-4 Visum mehr ausgestellt. Ein abgelehnter Antrag würde wiederum bedeuten, dass Ehepartner sich nicht mehr für einen K-3 Status qualifizieren können.

Antragstellung

Der Antrag für das K-3 oder K-4 Visum (Formular I-129F) wird gestellt nachdem die eigentliche Petition I-130 bei der USCIS eingereicht worden ist. Sobald die USCIS dem Antrag I-129F zustimmt, wird das zuständige US-Konsulat informiert. Für Antragsteller, die im Ausland geheiratet haben, ist das US-Konsulat in dem jeweiligen Land der Eheschließung zuständig. Haben die Antragsteller in den USA geheiratet, ist das US-Konsulat im Heimatland des ausländischen Ehepartners zuständig.

Das V-Visum

Für Ehepartner von GreenCard-Inhabern galten früher ähnliche Bestimmungen wie beim K-3/K-4. Heutzutage muss das Verfahren fast immer im Ausland abgewartet werden (siehe Einschränkung im folgenden Absatz).

V-1 und V-2

Eheleute und Kinder von GreenCard-Inhabern, die sich für den V-Status qualifizieren, können ihre nahen Angehörigen in den USA (längerfristig) besuchen bzw. bei ihnen solange verweilen, bis endgültig über das Einwanderungsverfahren entschieden wurde. Es gilt bei Erwachsenen insgesamt für zehn Jahre. Für Kinder unter elf Jahren werden die Visa für mehrfache Einreisen ausgestellt, für solche über elf Jahre gilt die Regelung sogar bis zum Erreichen des 21. Lebensjahres. Darüber hinaus können V-Inhaber eine eigenständige Arbeitserlaubnis (*Employment Authorization Document, EAD*) erhalten.

Einschränkung: Das V-1 Visum steht Ihnen nur zur Verfügung, wenn der GreenCard-Inhaber für seinen Ehepartner am oder vor dem 21. Dezember 2000 bereits einen Antrag auf Familienzusammenführung gestellt hatte und der ausländische Ehepartner seit mindestens drei Jahren auf eine Antwort seitens der US-Einwanderungsbehörde wartet und noch keinen Interviewtermin erhalten hat.

Visa für Verlobte (*Fiancé/Fiancée Visa*) – K-1

Besondere Regelung für Verlobte

Ein US-Staatsbürger kann ein Visum beantragen, das seiner oder seinem Verlobten erlaubt, in die USA zu kommen, um den US-Staatsbürger zu heiraten. Dieses Visum wird K-1 Visum genannt. Der US-Staatsbürger reicht eine Petition (Formular 1-29F) bei der USCIS ein, zusammen mit dem Beweis, dass beide heiraten möchten, dass sie legal verheiratet werden können, dass der Antragsteller ein US-Staatsbürger ist, dass alle vorherigen Ehen aufgelöst worden sind, und dass sich das Paar in den letzten beiden Jahren gesehen hat (außer wenn dies aus Gründen, die außerhalb ihrer Kontrolle liegen, verhindert wurde). Fotos, ein „biografisches" Formular und eine Gebühr sind auch notwendig.

Wie oben erwähnt werden Visa auch für gleichgeschlechtliche Verlobte erteilt. Mehr Information zur Anerkennung gleichgeschlechtlicher Verlobungen und Ehen finden Sie in Kapitel 12.1 „Familienbürgschaft durch einen US-Staatsbürger".

Die USCIS kann die Petition (I-129F) genehmigen und dann weiterleiten an das zuständige US-Konsulat zur abschließenden Bearbeitung. Der Konsul hat das Recht, die Person, für die gebürgt wird, zu interviewen. Ist alles in Ordnung, kann der oder die Verlobte in die USA einreisen und muss innerhalb von 90 Tagen den US-Staatsbürger heiraten. Nach der Heirat in den USA beantragt der neue Ehepartner bei der USCIS, das K-1 Visum in eine GreenCard umzuwandeln (*adjustment of status, siehe Kapitel 14.2 „Anpassung des Status in den USA"*).
Ein K-1 Visum kann nur an eine/n Verlobte/n eines US-Staatsbürgers vergeben werden, wenn diese/r sich außerhalb der USA aufhält. Die Kinder eines K-1 Visuminhabers erhalten K-2 Visa.

Echte Heirat im Gegensatz zur GreenCard-Heirat

Die Einwanderungsbehörden werden mit einem großen Problem konfrontiert: Jedes Jahr gehen zahlreiche Personen Scheinehen mit US-Staatsbürgern und GreenCard-Inhabern ein. Auf der Grundlage dieser Ehe wird ein Antrag auf eine GreenCard für den Ehepartner bei der USCIS gestellt.

Achtung: Wer beim Heiratsbetrug ertappt wird, kann nie wieder eine GreenCard beantragen!

Die USCIS wird eine Heirat nicht als *„bona fide"* oder echt anerkennen, wenn man nur heiratet, um eine GreenCard zu erhalten. Wenn Sie bzw. Ihr US-„Ehepartner" versuchen, durch eine Scheinehe eine GreenCard für sich selbst zu erhalten und dies von der US-Einwanderungsbehörde USCIS aufgedeckt wird, dann kann es Ihnen passieren, das Sie nicht nur für den Erhalt einer GreenCard oder für eine zeitlich befristete Arbeitsgenehmigung, sondern lebenslang für jeglichen Aufenthalt in den USA gesperrt werden.
Die Geschichte von Michael soll Ihnen zeigen was passieren kann, wenn Sie versuchen, durch eine Scheinheirat an eine GreenCard zu gelangen:

Beispiel: Michael lief mit 14 Jahren von zu Hause weg. Nachdem er sich einige Jahre in Berlin durchgeschlagen hatte, kam er in die Vereinigten Staaten. Er hoffte, in den USA einen Job zu bekommen. Er wohnte bei seinem Freund John in Chicago. Trotz seiner Fähigkeiten war es für Michael unmöglich, dort Arbeit zu finden, da er keine Arbeitserlaubnis der USCIS hatte. Mögliche Arbeitgeber hatten Angst vor den harten Sanktionen, die die US-Gesetze bei Beschäftigung von Personen ohne Arbeitsgenehmigung vorsehen.

BEISPIEL

Johns Freundin Tiffany bot Michael dann an, ihn zu heiraten, um ihm zu helfen, eine GreenCard zu bekommen.
Als die beiden zum GreenCard-Interview gingen, war Tiffany sehr nervös. Als der zuständige Beamte sie in harschen Worten über ihre Ehe befragte, brach Tiffany unter Tränen zusammen und gab zu, dass sie Michael nur geheiratet hatte, um ihm zu helfen eine GreenCard zu bekommen. Die USCIS lehnte Michaels GreenCard-Antrag daraufhin ab.

Einige Zeit später bekam Michael eine Nachricht, dass er zu einer Anhörung, betreffend seiner Ausweisung aus den USA, geladen wurde. Zu der Zeit war er schon mit Sharon, einer US-Staatsbürgerin verheiratet, die von ihm ein Kind erwartete. Michael liebte Sharon wirklich sehr, aber da ihn die USCIS bei einer Scheinheirat ertappt hatte, kann er in seinem gesamten Leben keine GreenCard durch Petition seiner (tatsächlichen) Ehefrau Sharon, eines anderen Verwandten oder eines Arbeitgebers mehr erhalten.

Mögliche Beweise der „Echtheit" der Heirat

Um sicherzugehen, dass die USCIS die Petition anerkennt, sollte Ihr Ehepartner beweisen können, dass die Heirat „bona fide" ist. Beweise einer „echten" Heirat beinhalten:

- Nachweis eines gemeinsamen Bankkontos
- den Mietvertrag Ihrer Wohnung, der auf Ihre beiden Namen ausgestellt ist
- Versicherungen, die auf Sie und Ihren Ehepartner ausgestellt sind
- Briefe von Dritten, die an Sie und Ihren Ehepartner an die gleiche Adresse adressiert sind
- gemeinsame Steuererklärung
- gemeinsame Kreditkarten
- eidesstattliche Erklärungen von Freunden, Nachbarn, Verwandten oder Kirchenoberen, die die Aufrichtigkeit Ihrer Heirat bestätigen
- persönliche Aufzeichnungen, die zeigen, dass Ihr Ehepartner Ihre Kontaktperson in Notsituationen ist
- eidesstattliche Versicherungen von Nachbarn, die Ihr Zusammenleben bezeugen können
- Telefonrechnungen oder sonstige Rechnungen, die Ihre beiden Namen zeigen
- Fotos; entweder von der Hochzeit, dem Hochzeitsempfang oder von Ihnen und Ihrem Ehepartner zusammen vor oder nach der Hochzeit
- Reisebestätigungen von gemeinsamen Urlauben
- Urlaubsfotos

Das Heiratsschwindler-Interview (marriage fraud interview)

Falls Sie und Ihr Ehepartner beide in den USA leben, kann die USCIS Sie über Ihr gemeinsames Leben befragen.

Dieses Interview kann im Rahmen Ihres *Adjustment of Status*-Interviews stattfinden oder als separates *marriage fraud interview*. Normalerweise genehmigt die USCIS viele Petitionen (Formular I-130) von US-Staatsbürgern oder Green-Card-Inhabern auch ohne ein solches Interview. Sie haben das Recht, einen Anwalt oder eine andere bevollmächtigte Person zu diesem Interview mitzubringen. Beim Interview kann der zuständige Beamte der USCIS Sie räumlich trennen und getrennt voneinander befragen. Er kann Sie z.B. fragen, ob Sie die Verwandten Ihres Ehepartners schon einmal besucht haben, welche Farbe die Wände in Ihrem Appartement haben, wann Sie sich getroffen haben, wann und wo Sie gemeinsam im Urlaub waren und ob Sie einen Fernseher oder PC besitzen. Der Zweck der Fragen ist zu sehen, ob Sie die gleichen Antworten auf

diese Fragen geben. Egal, wie gut Sie sich vorbereiten, bei einer Scheinheirat wird es Ihnen schwer fallen, dieses Interview zu bestehen.
Die folgende Geschichte von Simon und Linda soll Ihnen einen Eindruck geben, was bei einem *marriage fraud interview* geschieht.

Beispiel: Simon und Linda sind ein echtes Liebespaar. Simon ist ein US-Staatsbürger und Linda, eine Australierin, ist nur zu Besuch in die USA gekommen, entschied sich aber, nachdem sie Simon traf und sich in ihn verliebte, in den USA zu bleiben. Als Simon und Linda zu ihrem Interview erschienen, legten sie keine Beweise außer ihrer Heiratsurkunde vor, um zu beweisen, dass es sich um eine „richtige" Heirat handelte. Keine Fotos, keine Briefe, nichts dergleichen. Der USCIS-Beamte entschied sich, die beiden getrennt voneinander zu befragen, um sicherzugehen, dass es sich um keine Scheinheirat handelt. Der Beamte fragte Linda, was sie von Simon zu ihrem Geburtstag bekommen hatte. Die Wahrheit war, dass Simon ihren Geburtstag vergessen hatte und ihr nichts schenkte. Linda hatte aber Angst, dass, wenn sie dieses dem Beamten erzählen würde, dieser denken würde, dass sie kein „richtiges" Ehepaar wären. Daher antwortete Linda, dass sie ein rotes Kleid von ihm bekommen hatte. Später, als der Beamte Simon die gleiche Frage stellte, sagte dieser die Wahrheit. Er hätte ihren Geburtstag vergessen und ihr nichts geschenkt. Simon und Linda vergaßen den Zweck des Interviews, nämlich zu sehen, ob Ehemann und Ehefrau die gleichen Antworten geben.

BEISPIEL

Glücklicherweise hatten die beiden einen sehr netten Beamten. Er befragte Simon und Linda über die unterschiedlichen Antworten bezüglich des Geburtstagsgeschenkes und Linda erklärte ihm den Grund ihrer Antwort.

Da Simon und Linda die vielen Fragen gleich beantwortet hatten, gab der Beamte ihnen noch einen Tag, um weitere Beweise ihres Zusammenlebens vorzulegen, und als sie dieses den gleichen Tag noch taten, genehmigte der Prüfer der USCIS die Petition.

Falls der USCIS-Beamte glaubt, dass es sich um eine „echte" Heirat handelt, wird er die I-130 Petition genehmigen. Falls er aber davon ausgeht, dass die Heirat nicht „*bona fide*" ist, wird er die Petition ablehnen oder den Ehepartner auffordern, die Petition zurückzuziehen. In beiden Fällen wird der Ehepartner kein Permanent Resident.

Eine dritte Möglichkeit ist, dass der Beamte nicht gleich entscheidet, sondern eine weitergehende Untersuchung beantragt. Ein Beamter der USCIS kann Ihnen dann sogar mehrere Monate nach dem Interview zu Hause einen Besuch abstatten. Solche Untersuchungen sind zwar seltener als gemeinhin angenommen, aber sie kommen vor. Der Untersuchungsbeamte wird dann bei der Adresse erscheinen, die Sie in der Petition angegeben haben und in ihrer Wohnung nach Beweisen „suchen", dass Sie und ihr Ehepartner zusammenleben. Beweise können z. B. Männer- und Frauenkleider, zwei Zahnbürsten, Rasierschaum, Frauenschmuck oder Ähnliches sein. Der Beamte darf auch Nachbarn befragen.

Allerdings hat er natürlich kein Recht, Ihre Wohnung ohne Erlaubnis oder Bevollmächtigung zu betreten. Auf der anderen Seite liegt es an Ihnen beiden zu beweisen, dass Sie zusammenleben und sich damit für eine GreenCard qualifizieren. Wenn Sie den Beamten sich nicht in der Wohnung umsehen lassen, kann die USCIS Ihre Petition ablehnen.

GreenCard unter Vorbehalt

Bedingungen, die an eine GreenCard bei Frischvermählten geknüpft sind

Das zenrale Instrument, welches den Behörden gegen Scheinehen zur Verfügung steht, ist die *conditional permanent residence* – die Ausstellung einer GreenCard, die innerhalb von zwei Jahren wieder eingezogen werden kann, wenn bestimmte Ereignisse eintreten.

MERKE

Eine „unbefristete Arbeits- und Aufenthaltserlaubnis unter Vorbehalt" wird einem nichtamerikanischen Ehepartner ausgestellt, der vor Ablauf von zwei Jahren nach Eheschließung mit einem US-Staatsbürger oder einem GreenCard-Inhaber dafür einen Antrag gestellt und eine eigene GreenCard erhalten hat.

BEISPIEL

Beispiel: Manfred aus Berlin fährt in Brooklyn Taxi. Eines schönen Tages steigt Peter aus Kentucky in Manfreds Taxi und es ist Liebe auf den ersten Blick. Die zwei heiraten und stellen für Manfred sofort einen Antrag auf eine GreenCard, die Manfred neun Monate später erhält. Er erhält die GreenCard – allerdings zunächst unter Vorbehalt.

Der Zeitraum des Vorbehalts beträgt zwei Jahre vom Datum des Erhalts der GreenCard an. Während dieser Zeit hat der Inhaber dieser GreenCard „auf Probe", zumindest theoretisch, die gleichen Rechte bezüglich Arbeit, Wohnung und Reisen wie andere GreenCard-Inhaber.

Beispiel: Manfred aus Berlin, Inhaber einer GreenCard unter Vorbehalt, und Yasir, der eine uneingeschränkt gültige GreenCard hat, bewerben sich beide für die gleiche Stelle als Taxifahrer in New York. Der Arbeitgeber entscheidet sich für Yasir, weil der eine uneingeschränkt gültige GreenCard besitzt, er hätte aber selbstverständlich auch Manfred einstellen können.

Wie überwindet man den Vorbehalt?

Eine Person mit einer GreenCard unter Vorbehalt erhält nach zwei Jahren nicht automatisch eine uneingeschränkt gültige Arbeits- und Aufenthaltserlaubnis. Die Person mit dem vorbehaltlichen Status und der Ehepartner (US-Bürger oder GreenCard-Inhaber) müssen zusammen einen Antrag auf Aufhebung dieses Status stellen. Dieser Antrag, der auf dem Formular I-751 (*Petition to Remove the Conditions of Residence*) zu stellen ist, wird beim zuständigen Service-Center der USCIS innerhalb der letzten 90 Tage vor Ablauf der zwei Jahre gestellt.

Achtung: Nach 2 Jahren muss ein Antrag auf Aufhebung der Befristung gestellt werden!

Falls man versäumt, diesen Antrag einzureichen, oder ihn nicht in der vorgeschriebenen Zeit einreicht, führt das automatisch zur Aufhebung des Status als nichtamerikanischer Ehepartner mit Aufenthaltsgenehmigung für die USA, womit er/sie sich der Gefahr der Ausweisung aussetzt. Trotz gültiger Ehe könnte eine Abschiebung erfolgen.

BEISPIEL

Beispiel: Manfred und Peter sind sich nicht bewusst, dass sie das Formular I-751 einreichen müssen. Zwei Jahre sind seit dem Zeitpunkt vergangen, an dem Manfred von den Behörden als Person mit GreenCard unter Vorbehalt bestätigt wurde. Das entsprechende Formular für ihren Antrag haben sie aber nicht abgegeben. Nach dem Gesetz ist damit Manfreds aufenthaltsrechtlicher Status automatisch abgelaufen und er könnte nach Deutschland ausgewiesen werden. Die beiden erkennen ihren Fehler und reichen das Formular I-751 verspätet ein, mit einer Erklärung und Nachweisen zu den Umständen, die zur verzögerten Antragstellung führten. Manfred war nämlich lange Zeit arbeitssuchend, was zu einer schweren Depression führte und das Paar daran hinderte ihre persönlichen Akten in Ordnung zu halten. Sie legen einen Brief von Manfreds Psychiater bei und bekommen am Ende eine positive Entscheidung von der USCIS.

Zum Formular I-751 müssen zusätzliche Unterlagen eingereicht werden, die beweisen, dass die Ehe immer noch rechtskräftig ist. Diese Unterlagen sollten Folgendes beinhalten: Mietvertrag, Erklärung oder anderweitiger Nachweis, dass das Paar zusammenlebt, Geburtsurkunde(n) von Kindern, die in der Ehe geboren wurden, sowie Kontoauszüge, Kreditvereinbarungen, Autozulassung oder Nachweis anderen gemeinsamen Eigentums oder gemeinsamer Zahlungsverpflichtungen.

VERFAHREN

Wenn die oben angegebenen Unterlagen nicht verfügbar sind, sollte das Paar andere Dokumente vorlegen, die die Ernsthaftigkeit ihrer Ehe belegen, wie z.B. gemeinsame Steuererklärung, Kopien von Rechnungen, die an beide Ehepartner ausgestellt sind, Fotos, auf denen beide Ehepartner bei verschiedenen Anlässen zu sehen sind, Lebensversicherungen, in denen der Ehepartner als Begünstigter eingetragen ist, Briefe und Geburtstagskarten, die man sich gegenseitig geschickt hat, und Reisebestätigungen von gemeinsamen Urlauben.

Es wurde bereits erläutert, dass das Paar gemeinsam das Formular I-751 einreichen muss. Wenn das nicht geschieht, führt das zur Aufhebung des Aufenthaltsstatus in den USA für die Person, die eine GreenCard unter Vorbehalt hatte. Trotzdem ist den Behörden natürlich klar, dass es Gründe geben kann, warum dieser Antrag nicht gemeinsam gestellt werden kann: der US-Bürger oder der GreenCard-Inhaber kann verstorben sein; ist nicht bereit, den Antrag I-751 gemeinsam einzureichen, oder die Ehe wurde geschieden oder annulliert.

In diesem Fall wird der Person mit GreenCard unter Vorbehalt die Gelegenheit gegeben, einen Antrag auf eine Ausnahmeregelung zu stellen. Wenn eine derartige Ausnahme gewährt wird, ist damit der vorbehaltliche Status des betroffenen Ehepartners aufgehoben. Eine Bitte um eine Ausnahmeregelung kann auf dem Formular I-751 mit angegeben bzw. als Anhang eingereicht werden.

Hier einige typische Beispiele, wann ein Antrag auf Ausnahmeregelung gestellt werden kann:

Das Ehepaar wurde geschieden

Manfred aus Berlin und Peter aus Kentucky scheinen glücklich und zufrieden zusammenzuleben, bis Peter eines Tages nach Hause kommt und Manfred mit Thomas, seinem früheren Freund aus Berlin, im Bett findet. Am nächsten Tag reicht Peter die Scheidung wegen Ehebruchs ein. Die Scheidung wird einige Monate später ausgesprochen. Da Manfred eine GreenCard unter Vorbehalt hat, muss er innerhalb der letzten 90 Tage, bevor er zwei Jahre im Besitz dieser Genehmigung ist, einen Antrag auf Aufhebung des Vorbehalts stellen. Da er von Peter bereits geschieden ist, muss er eine Ausnahmegenehmigung auf dem Formular I-751 beantragen.

GreenCard-Verlängerung trotz Scheidung

Um diese Ausnahme bewilligt zu bekommen, muss Manfred darlegen, dass die Ehe in gutem Glauben eingegangen wurde, d. h. keine Scheinehe war, auch wenn sie letztendlich gescheitert ist. Das kann durch ähnliche Unterlagen nachgewiesen werden, wie er sie auch eingereicht haben würde, wenn er gemeinsam mit Peter einen Antrag I-751 gestellt hätte. Wie bereits gesagt, muss dabei deutlich werden, dass Manfred und Peter zusammen als Ehepaar gelebt haben.

Der US-Staatsbürger/GreenCard-Inhaber stirbt

GreenCard-Verlängerung trotz Tod des Ehepartners

Manfred und Peter reisen nach Berlin, um Manfreds Eltern zu besuchen. Während sie in Deutschland sind, machen sie eine Autoreise nach München. Dabei geraten sie in einen Autounfall und Peter verstirbt an den Folgen des Unfalls. Manfred kehrt später in die USA zurück.

Da Manfred eine GreenCard unter Vorbehalt hat, muss er innerhalb der letzten 90 Tage, bevor er zwei Jahre im Besitz dieser Genehmigung ist, einen Antrag auf Aufhebung des Vorbehalts stellen. Da Peter verstorben ist, muss er eine Ausnahmegenehmigung mithilfe des Formulars I-751 beantragen.

Um diese Ausnahmegenehmigung zu erhalten, muss Manfred Unterlagen über die Echtheit der Ehe sowie die Umstände von Peters Tod beifügen, z. B. eine Kopie des Polizeiberichts über den Unfall oder den Totenschein. Das ist natürlich eine schmerzliche Angelegenheit, aber die Behörden möchten sichergehen, dass die Person mit der GreenCard unter Vorbehalt nicht selbst in den Tod des Ehepartners verwickelt ist.

Wird diese Ausnahmegenehmigung erteilt, wird Manfreds vorbehaltlicher Status aufgehoben, und er ist Inhaber einer uneingeschränkt gültigen GreenCard.

Der Ehepartner mit GreenCard unter Vorbehalt ist Opfer von Misshandlung oder extremer Grausamkeit

GreenCard-Verlängerung aufgrund Missbrauchs durch den Ehepartner

Wenn ein Ehepartner mit GreenCard unter Vorbehalt in der Ehe misshandelt oder extremer Grausamkeit durch seinen Ehepartner (US-Staatsbürger oder GreenCard-Inhaber) ausgesetzt ist, wird dieser Person eine Ausnahmegenehmigung bewilligt werden. Sie wird unabhängig davon gewährt, ob die Ehe noch besteht. Opfer von Gewalt oder Grausamkeit in der Familie können so ihren vorbehaltlichen Status aufheben lassen, ohne dass sie dabei auf das Einverständnis oder die Unterstützung der Person angewiesen sind, die diese Gewalt gegen sie ausgeübt hat.

Nach dem Gesetz ist ein „misshandelter" oder „extremer Grausamkeit" ausgesetzter Ehepartner eine Person, die Opfer eines Gewaltaktes (oder angedrohten Gewaltaktes) war, der zu körperlichen oder seelischen Verletzungen (oder deren Androhung) geführt hat.

Zusammen mit dem einzureichenden Formular I-751 sollte das Opfer von tatsächlicher oder angedrohter körperlicher Misshandlung Kopien von Berichten, wie zum Beispiel der Polizei, dem Gericht oder von Sozialeinrichtungen, beifügen. Eidesstattliche Erklärungen von Personen, die persönlich von den tatsächlichen oder angedrohten Akten der Gewalt Kenntnis haben, sind ebenfalls nützlich. Sollte es sich um einen Fall handeln, bei dem es um seelische Grausamkeit geht, wird eine Ausnahmegenehmigung gewährt, wenn das Gutachten eines Spezialisten vorliegt, das den geistigen oder seelischen Zustand der entsprechenden Person einschätzt. Derartige Spezialisten können Sozialmediziner, Psychologen oder Psychiater sein.

Antrag auf eine GreenCard ohne Vorbehalt

Der Vorgang für die Bearbeitung des gemeinsamen Antrags und des Antrags auf Ausnahmeregelung ist gleich. In beiden Fällen müssen die Unterlagen beim Büro der USCIS eingereicht werden, das für das Gebiet zuständig ist, in dem das Ehepaar wohnt. (In Kapitel 16 „Weitere Informationsquellen" finden Sie weitere Informationen zur USCIS.)
Die USCIS kann das Ehepaar zu einem persönlichen Gespräch einladen (im Fall eines gemeinsamen Antrags) oder nur die Person mit vorbehaltlicher GreenCard (im Fall eines Antrags auf Ausnahmegenehmigung). Es ist verpflichtend, zu einer solchen Befragung zu erscheinen. Falls dieser Termin nicht wahrgenommen wird, führt das zur Aufhebung des legalen Status einer Person mit GreenCard unter Vorbehalt in den USA.

Wird I-751 mit Antrag auf Ausnahmeregelung von den Behörden abgelehnt, unterliegt die entsprechende Person der Ausweisung aus den Vereinigten Staaten. Bei einer Befürwortung des Antrags wird der Vorbehalt aufgehoben und er oder sie erhält eine uneingeschränkt gültige GreenCard.

12.5 Vorzugskategorien der Familieneinwanderung/Visa Bulletin

Wie schon in den vorherigen Kapiteln erläutert, unterliegen lediglich die Ehefrau/ der Ehemann, die Kinder (unter 21 Jahren und unverheiratet) und die Eltern eines US-Staatsbürgers als unmittelbare Verwandte keiner zahlenmäßigen Beschränkung. Das heißt, es gibt keine obere Grenze für die Zahl der Visa, die unmittelbaren Verwandten erteilt werden können. Sie erscheinen auch nicht in dem *Visa Bulletin*, da das Quotensystem der Vorzugskategorien bei unmittelbaren Verwandten keine Rolle spielt. Es wird ihnen jederzeit sofort nach der Bearbeitung des Antrags eine GreenCard ausgestellt ohne zahlenmäßige oder länderspezifische Begrenzungen.
Alle anderen Personen werden je nach Familienverhältnis zum Bürgen anhand der folgenden Tabelle in die jeweilige Vorzugskategorie der Familieneinwanderung eingeordnet. Die jeweilige Wartezeit kann man dann anhand der Vorzugskategorie des monatlich erscheinenden *Visa Bulletins* entnehmen.

Family-Sponsored Preferences:
(Vorzugskategorien der Familieneinwanderung – vereinfachte Darstellung)

Das Minimum der Einwanderungsvisa, die aufgrund von Familienbürgschaft pro Jahr vergeben werden, beläuft sich auf 226.000 GreenCards. Sofern unmittelbare Verwandte, die ja keiner zahlenmäßigen Beschränkung unterliegen, weniger als 480.000 Visa im Jahr in Anspruch nehmen, können Verwandte, die in die vier folgenden Vorzugskategorien fallen, zusätzlich die Visa erhalten, die nicht von direkten Verwandten in Anspruch genommen werden. Nicht in Anspruch genommene arbeitsbasierte Einwanderungsvisa stehen Verwandten dieser vier Vorzugskategorien ebenfalls zur Verfügung.

> *First Preference/Familiy 1 (F1):* Unverheiratete Söhne und Töchter (über 21) amerikanischer Staatsbürger (mind. 23.400 Visa werden erteilt)
>
> *Second Preference/Family 2 (F2):* Ehepartner und unverheiratete Söhne und Töchter von GreenCard-Inhabern (mind. 114.200)
>
> *F2A.* Ehegatten und Kinder unter 21 Jahren u. ledig (77% aller für die 2. Vorzugskategorie zu Verfügung stehenden Visa)
>
> *F2B.* Unverheiratete Söhne und Töchter im Alter von über 21 Jahren (23% aller Visa für die 2. Vorzugskategorie)
>
> *Third Preference/Family 3 (F3):* Verheiratete Söhne und Töchter von amerikanischen Staatsbürgern (mind. 23.400)
>
> *Fourth Preference/Family 4 (F4):* Geschwister von US-Staatsbürgern über 21 Jahren (65.000)

Visa Bulletin

Um das *Visa Bulletin* lesen zu können, müssen Sie wissen, in welche Vorzugskategorie (*Preference Category*) Sie eingeteilt sind. Ihre persönliche Einordnung in das System der Vorzugskategorien der Familieneinwanderung entnehmen Sie der oben aufgeführten Tabelle der Vorzugskategorien der Familieneinwanderung.

Sehen Sie selbst nach, wie lange Sie nach der Antragstellung auf die GreenCard warten müssen!

Im nächsten Schritt schauen Sie in das *Visa Bulletin*, um zu sehen, ob ein Visum für Sie verfügbar ist. Ein Visum ist sofort für alle qualifizierten Antragsteller verfügbar, wenn in Ihrer Vorzugskategorie ein „C" für englisch current genannt ist, was sinngemäß mit „laufend" übersetzt werden könnte. Ist ein Datum (*cut-off date*) angegeben, bedeutet dieses, dass in dieser Vorzugskategorie die Visa überzeichnet sind. Ist Ihr Prioritätsdatum älter als das im *Visa Bulletin* angegebene *cut-off date* (die *cut-off dates* trennen die Petitionen in verfügbar und nicht verfügbar), dann kann Ihnen das Visum ausgestellt werden. Das Prioritätsdatum (das Datum auf der Warteliste) ist das Datum, an dem Ihre Petition bei der USCIS oder außerhalb der USA beim US-Konsulat eingegangen ist. Verwandte, die von dem derivativen (abgeleiteten) Status der gesponserten Person profitieren, bekommen das gleiche Datum wie das gesponserte Familienmitglied.

Wenn sich die Vorzugskategorie ändert (der Bürge wird z.B. US-Staatsbürger), dann behält die Petition das gleiche Prioritätsdatum, rutscht aber in die neue Vorzugskategorie.

Die Vorzugskategorie ändert sich, wenn sich die aufenthaltsrechtliche Situation des Bürgen in den USA (der Bürge wird z.B. vom *Permanent Resident* zum US-Staatsbürger) oder wenn sich die persönliche Situation der gesponserten Person (das Kind eines Permanent Resident heiratet z.B.) ändert. Wenn ein *Permanent Resident*, der für ein Familienmitglied bürgt, die US-Staatsbürgerschaft erlangt, dann rücken die Familienmitglieder automatisch in die Kategorie für Familienmitglieder, die einen US-Staatsbürger als Bürgen haben. Also entweder in die Kategorie für unmittelbare Verwandte (ohne Wartezeit), in die *Family F1*, oder in die *Family F3* Vorzugskategorie. Wenn ein Kind eines Permanent Residents 21 Jahre alt wird, dann fällt es automatisch von der Vorzugskategorie F2A in die Vorzugskategorie F2B (die eine längere Wartezeit hat) zurück. Wenn ein Kind heiratet, dann fällt das Kind von der Vorzugskategorie F2A oder F2B in den Status eines „unqualifizierten", da ein *Permanent Resident* nicht für sein verheiratetes Kind bürgen kann.

Beispiel: *Eduardo, ein Staatsbürger Argentiniens, war Single als sein Vater, ein Permanent Resident der USA, für ihn eine Petition einreichte. Vier Jahre später wurde Eduardo zu seinem abschließenden GreenCard-Interview in das US-Konsulat von Buenos Aires geladen. Alles lief gut, der Konsul genehmigte den Antrag und gab Eduardo sein Einwanderungsvisum. Eduardo würde mit seinem ersten Besuch in den USA ein Permanent Resident werden. Als Eduardo dieses seiner Freundin Gabriela erzählte, freute sie sich sehr für ihn. Allerdings fürchtete sie ihren Eduardo zu verlieren, wenn er erst einmal in seinem neuen Zuhause in New York sein würde. Eduardo und Gabriela entschlossen sich daher, noch vor Eduardo's Abreise nach New York zu heiraten. Als Eduardo am JFK Flughafen ankam, fragte ihn der USCIS-Beamte ob er verheiratet sei und Eduardo bejahte dieses. Die USCIS verweigerte Eduardo daraufhin die Einreise in die USA und zwang ihn zurückzufliegen. Das hat seinen Grund darin, dass Eduardo sich durch die Heirat nicht mehr für die GreenCard als unverheirateter Sohn eines GreenCard-Inhabers qualifiziert, wie es der Antrag seines Vaters erforderte. Eduardo qualifiziert sich jetzt nur noch für eine GreenCard, wenn sein Vater US-Staatsbürger wird (dritte Vorzugskategorie der Familieneinwanderung).*

Wäre Eduardo zumindest einmal vor der Heirat in die USA eingereist, dann hätte ihn die Einreise zum Permanent Resident der USA gemacht. Er hätte gleich wieder nach Hause fliegen, Gabriela heiraten und dann in die USA zurückkehren können, um dort für Gabriela als Bürge eine Petition für eine GreenCard zu stellen.

BEISPIEL

Das *Visa Bulletin* wird monatlich am 11. oder 12. des jeweiligen Monats vom *U.S. Department of State* herausgegeben. Sie können die *cut-off dates* jeder Vorzugskategorie auch telefonisch beim *U.S. Department of State* abfragen unter +1 202-485-7699. Das *Visa Bulletin* können Sie sich darüber hinaus auf der *Consular Affair* Webseite unter ⇨ https://travel.state.gov/content/visas/en/law-and-policy/bulletin.html abrufen. Sie können auch eine automatisch E-Mail-Benachrichtigung anfordern. Hierzu ist lediglich eine E-Mail an die folgende E-Mail-Adresse notwendig (mit den Wörtern *„Subscribe Visa-Bulletin"* im Textfeld der E-Mail): *listserv@calist.state.gov.*

INTERNET

Lassen Sie uns nun einmal genau einen Blick auf die *cut-off dates* des Visa Bulletins für den April 2016 werfen, um zu sehen, wie man das *Visa Bulletin* liest. Antragsteller, deren Petition in eine der Vorzugskategorien eingeordnet ist und deren Prioritätsdatum vor dem in dem *Visa Bulletin* genannten Datum (*cut-off date*) liegt, qualifizieren sich im April 2016 für eine GreenCard. Das Prioritätsdatum ist das Datum, an dem die Petition bei der USCIS oder außerhalb der USA beim US-Konsulat eingegangen ist (*receipt date*). Das Datum des Abschickens bzw. der Poststempel ist nicht maßgeblich.

Angenommen, Sie hätten im März 2016 den Antrag durch Ihre/n Verwandten in den USA stellen lassen, dann wäre die Wartezeit z. B. in der Kategorie F1 ungefähr acht Jahre, in der Kategorie F4 wären es zirka 13 Jahre. Bitte beachten Sie, dass es sich hierbei nur um die ungefähren Wartezeiten bis zum Erreichen des *cut-off dates* handelt, da sich die Bearbeitungszeiten verändern können. Hinzuzuzählen sind anschließend bis zu sechs Monate Bearbeitungszeit für die Ausstellung Ihres Einwanderungsvisums durch das zuständige US-Generalkonsulat im Heimatland.

Zudem müssen Personen, die in China, Indien, Mexiko oder auf den Philippinen geboren worden sind, sich auf viel längere Wartezeiten einstellen, weil besonders viele Personen in diesen Ländern eine familienbasierte GreenCard beantragen. Zum Beispiel müsste die mexikanische Schwester eines US-Bürgers geschätzte 18 Jahre warten, bis ein Einwanderungsvisum ihr zur Verfügung steht. Falls die Mexikanerin aber zum Beispiel mit einem Engländer verheiratet ist oder in Chile geboren wurde, kann sie ggf. durch „*cross chargeability*" in die „normale", weniger überzeichnete Spalte „Alle Länder außer den angegebenen" eingereiht werden. Siehe Tabelle weiter unten.

Falls das *Visa Bulletin* Ihr Land nicht nennt, dann fallen Sie unter die *All Chargeability*-Kategorie. Ein „C" bedeutet *current*, was bedeutet, dass ein Visum für Sie sofort verfügbar ist. Allerdings ist dies zurzeit und wohl auch auf absehbare Zeit in keiner Kategorie der Fall. Ein „U" bedeutet *unavailable*, was bedeutet, dass bis zum Beginn des nächsten Finanzjahres (der 1. Oktober jeden Jahres) überhaupt keine Visa für die Region verfügbar sind.

Tabelle: Visa Bulletin-Family-Sponsored Preferences (Stand April 2016)

(siehe auch Tabelle zu Beginn des Kapitels 12.5)

Wartezeiten

Vorzugskategorie	Cut-off date für alle Länder außer den angegebenen (all chargeability)	China (auf chinesischem Festland geboren)	Indien	Mexiko	Philippinen
F1	22SEP08	22SEP08	22SEP08	22JAN95	01JUL04
F2A	22OCT14	22OCT14	22OCT14	22JUL14	22OCT14
F2B	15JUN09	15JUN09	15JUN09	08SEP95	01APR05
F3	22NOV04	22NOV04	22NOV04	01OCT94	22DEC93
F4	22JUL03	22JUL03	22JUL03	08APR97	01SEP92

BEISPIEL

Beispiel*: Romano, ein GreenCard-Inhaber aus Italien, der schon seit 2007 in New York/Little Italy lebt und dort ein italienisches Bistro übernommen hat, stellte im Oktober 2014 einen Antrag auf Familienzusammenführung für seine damals 18-jährige Tochter Ornella. Romano ließ nach dem schmerzlichen Verlust seiner geliebten Frau seine beiden Töchter bei der Verwandtschaft in Sizilien zurück mit dem festen Ziel, sie nach dem Aufbau einer Existenz in die USA zu nachzuholen.*

Der Antrag ging am 2. Oktober 2014 bei der USCIS in New York ein. Ornella wird als minderjähriges Kind (unter 21) eines Permanent Residents der USA in die Vorzugskategorie F2A eingestuft. Nach über zweieinhalbjähriger Wartezeit wird für Ornella im April 2016 endlich der Traum wahr, ein Einwanderungsvisum ist für sie verfügbar. Gerade noch rechtzeitig, da Ornella am 5. Oktober 2016 21 Jahre alt wird und dann in die Vorzugskategorie F2B zurückgefallen wäre, was ein weiteres vier- bis fünfjähriges Warten auf ein Visum bedeuten würde.

Ein weiteres Beispiel: *Romano stellte im Oktober 2014 noch einen zweiten Antrag für seine fünf Jahre ältere Tochter Paola. Der Antrag auf Familienzusammenführung für die mittlerweile volljährige (über 21-jährige) Paola ging zeitgleich mit dem Antrag für seine zweite Tochter Ornella bei der USCIS in New York ein. Ein Blick auf das Visa Bulletin im April 2016 trübte seine gute Laune über das baldige Wiedersehen mit seiner Tochter Ornella doch sehr, Romano stellte die gerade geöffnete Flasche Prosecco wieder in den Kühlschrank zurück. Hätte er doch nur früher für seine ältere Tochter Paola eine Petition eingereicht! Laut Visa Bulletin (Stand April 2016) wäre in der Paola betreffenden Vorzugskategorie F2B im April 2016 ein Visum nur dann verfügbar, wenn die Petition vor dem 15. Juni 2009 bei der USCIS eingegangen wäre. Da der Visa Bulletin sich nicht jeden Monat auch genau einen Monat vorwärts bewegt, ist es lediglich ungefähr vorherzusagen, wann auch für Romanos Tochter Paola ein Visum verfügbar sein wird. Voraussichtlich wird Romano noch mindestens sechs Jahre warten müssen.*

BEISPIEL

13 GreenCard-Lotterie

13.1 Überblick

Die GreenCard-Verlosung ist eine einzigartige Möglichkeit, durch die es fast jeder – mit ein bisschen Glück – schaffen kann, seinen amerikanischen Traum zu leben. Die GreenCard-Lotterie wurde mit dem *Immigration Act of 1990* ins Leben gerufen, um Personen aus Ländern mit geringer Einwanderungsrate die Möglichkeit zu geben, in die USA auszuwandern.

Viele werden sich jetzt sicherlich fragen, wie eine Verlosung von permanenten Aufenthalts- und Arbeitsgenehmigungen, zustande kam. In der Tat ist dieses eine weltweit einzigartige Prozedur, um für ein Land Einwanderer zu gewinnen. Zwei Punkte scheinen für das Auflegen dieses Programms entscheidend gewesen zu sein:

1. Eine multikulturelle Einwanderung wird sichergestellt, da Personen mit einer Mindestbildung aus Ländern/Regionen mit geringer Einwanderung bevorzugt werden.

2. Imagegewinn für die USA, da dieses Programm auch Chancen für Personen bietet, die keine besonders hohe fachliche Qualifikation oder Kontakte in die USA haben. Fast jeder kann somit den American Dream träumen.

Der Vorläufer des *Diversity Visa Program* war das *NP-5 Lottery Program*. Dieses startete schon im Jahr 1987 aufgrund des *Immigration and Control Acts 1986 (IRCA)*, stellte aber nur für zwei Jahre je 5.000 Visa zur Verfügung, die auch nur unter Angehörigen von insgesamt 36 Nationen verteilt wurden. Im Jahre 1988 wurde das Programm um zwei Jahre verlängert und auf 15.000 Visa erhöht. In den Jahren 1990 und 1991 wurden 10.000 GreenCards im Rahmen des neuen OP-1 Programms ausgegeben. Schon als Interimslösung gedacht, fand in den darauf folgenden zwei Jahren das AA-1 Programm statt, welches immerhin schon 40.000 Visa vergab. Allerdings waren nur 37 bislang in der Einwanderungsgeschichte unterrepräsentierte Nationen teilnahmeberechtigt, und ganze 16.000 Visa (40%) waren ausschließlich für Nordirland reserviert. Im Jahr 1994 kam es erstmals zur Durchführung des jetzigen *Diversity Visa Program*.

Vorgeschichte

Pro Fiskaljahr werden seither jeweils 55.000 GreenCards im Losverfahren vergeben. Der offizielle Name des Programms leitet sich von der Jahreszahl ab und hatte zum Beispiel im Jahr 2014 den Namen DV-2016 für das Steuerjahr, welches am 1. Oktober 2015 beginnt und am 30. September 2016 endet und den Zeitrahmen darstellt, in dem die GreenCards an die Gewinner dieses Programms ausgegeben werden. In den folgenden Jahren wird die Jahreszahl hochgezählt, sodass das 2015er GreenCard-Programm den Namen DV-2017, das 2016er Programm den Namen DV-2018 trägt usw. Die Abkürzung DV steht dabei für *Diversity Visa* und weist darauf hin, dass mit dieser Visakategorie eine Diversifizierung, also „Durchmischung", der Einwanderergruppen erreicht werden soll.

Das DV-Programm sichert die Einwanderungsvielfalt

445

Kapitel 13.1

Gute Chancen! Aufgrund der de facto Bevorzugung einiger Länder bei der Einwanderung in früheren Jahren und der hohen Einwanderungsraten bestimmter Länder (z. B. Mexiko und China) wurde ein System festgelegt, nachdem es ein bestimmtes Kontingent für die einzelnen Kontinente und auch eine Höchstgrenze zu vergebender GreenCards pro Land gibt. Dadurch, dass Europa in den letzten Jahren immer den „Löwenanteil" (ca. 23.000 der insgesamt zu vergebenen 55.000 GreenCards) erhielt, sind gerade hier die Chancen besonders gut. Auf fast 1:25 belaufen sich nach unseren eigenen Auswertungen die Chancen, als Europäer in der GreenCard-Lotterie den „Hauptgewinn" zu erhalten. Allerdings dürfen in keinem Land mehr als 3.850 GreenCards pro Jahr ausgegeben werden, auch wenn aufgrund des Zufallsprinzips vielleicht mehr als 3.850 in einem Land ausgelost wurden. In diesem Fall gehen die letztgezogenen im Zweifelsfall leer aus.

Ausgeschlossene Länder Einige Länder sind aber auch ganz von der Verlosung ausgeschlossen, das heißt, sie dürfen gar nicht erst teilnehmen. Neben den schon erwähnten Ländern Mexiko und China (Festland), sind dies im Jahr 2016 Bangladesch, Brasilien, Dominikanische Republik, El Salvador, Großbritannien (außer Nordirland) und die dazugehörigen Gebiete, Haiti, Indien, Jamaika, Kanada, Kolumbien, Nigeria, Pakistan, Peru, Philippinen, Südkorea und Vietnam. Die Ausschlussländer können sich allerdings, wie viele andere Bestimmungen im Rahmen dieser Lotterie auch, jederzeit ändern. Es ist allerdings wahrscheinlicher, dass weitere Länder der Ausschlussliste hinzugefügt werden, als dass ein Land nach erfolgter Disqualifikation wieder teilnehmen darf – wobei auch dies schon vorgekommen ist.

Nicht teilnahmeberechtigte Länder (Stand 06/2016)	
Bangladesch	Kanada
Brasilien	Kolumbien
China (nur Festland)	Mexiko
Dominikanische Republik	Nigeria
El Salvador	Pakistan
Großbritannien (außer Nordirland)	Peru
Haiti	Philippinen
Indien	Südkorea
Jamaika	Vietnam

Dabei handelt es sich nicht um eine willkürliche Diskriminierung einzelner Nationen, sondern um ein einfaches mathematisches Prinzip. Jedes Land, aus dem in den letzten fünf Jahren mehr als 50.000 Personen auf legalem Weg in die USA eingewandert sind, ist automatisch ausgeschlossen. Da z. B. aufgrund der Vielzahl der bereits legal in den USA lebenden Mexikaner, jedes Jahr Zigtausende von Anträgen für den Nachzug von Familienangehörigen gestellt werden, ist es ziemlich sicher, dass Mexiko auch in Zukunft niemals an der Lotterie teilnehmen werden kann.

Viele Personen, die über Ihre Familie einwandern (siehe Kapitel 12 „GreenCard durch Heirat oder Verwandtschaft"), verfügen dabei meist nur über ungenügende Ausbildung. Anders als bei der Beantragung einer GreenCard über die Arbeitsstelle, reicht es hierbei nämlich theoretisch bereits aus, ein naher Verwandter eines eingebürgerten Baumwollpflückers zu sein. Über weitere Qualifikationen muss man nicht verfügen. Um dieser „unqualifizierten Einwanderung" entgegenzuwirken, wurde für die GreenCard-Lotterie noch eine weitere Hürde eingebaut:

Man muss – allerdings erst im Gewinnfall – nachweisen, dass man über eine der Highschool entsprechende Schulausbildung verfügt (in Deutschland ist laut amerikanischen *Evaluation Services* (siehe Kapitel 16.2 „Weitere Organisationen") bereits ein Realschulabschluss ausreichend, sonst wird normalerweise eine zwölfjährige Schulbildung vorausgesetzt) *oder* dass man in den letzten fünf Jahren mindestens zwei Jahre in einem Beruf gearbeitet hat, für den eine zweijährige Ausbildungs- oder Einarbeitungszeit vorgeschrieben ist. Da die USA keine duale Ausbildung wie in Deutschland kennen, ist nicht unbedingt immer eine deutsche Ausbildung Voraussetzung. Wie viele Jahre Training oder Berufsausbildung ein Beruf erfordert, ist in der O*NET OnLine Datenbank des *U.S. Department of Labor* im Internet unter ⬈ *http://online.onetcenter.org* einzusehen.

Voraussetzung: gute Schul- oder Arbeitsausbildung!

INTERNET

Unter dieser Internetadresse können Sie (leider nur auf Englisch) recherchieren, ob Ihr derzeitiger Beruf den oben genannten Bestimmungen genügt (d. h. „Das Berufsbild benötigt mindestens eine zweijährige Ausbildung oder ein zweijähriges Training"). Suchen Sie einfach über die Suchmaske einen passenden Beruf aus und schauen Sie danach, ob für den ausgewählten Beruf ca. zwei Jahre Training erwartet werden. Ist dies der Fall, so können Sie sich über den ausgewählten Beruf für die Teilnahme qualifizieren.

Generell gilt: Um sich für ein *Diversity Visa* zu qualifizieren, muss der Job in der O*NET Datenbank in die Jobzone 4–5 eingeordnet sein bzw. einen Specific Vocational Preparation Rang von mindestens 7.0 oder höher besitzen!

BEISPIEL

Beispiel: Manfred ist in Deutschland geboren und verfügt über einen Hauptschulabschluss. Im Anschluss absolvierte er eine Lehre als Dachdecker und hat viele Jahre in diesem Beruf gearbeitet. Nach einigen Jahren ergab sich für Manfred der Sprung in die Selbstständigkeit und nach und nach konnte er Mitarbeiter einstellen. Die Firma existiert nun schon seit 15 Jahren, ist sehr erfolgreich und hat sich einen eigenen Kundenstamm aufgebaut.

*Um seine gewonnene GreenCard nun tatsächlich zu bekommen, muss Manfred sich über den Beruf qualifizieren (der Hauptschulabschluss alleine wäre nicht ausreichend!). Der Beruf des Dachdeckers (Roofer) befindet sich laut O*NET OnLine Datenbank „nur" in der Job Zone 2, daher muss Manfred eine höhere Qualifikation nachweisen. Da bei Selbständigen eine Einordnung oft etwas schwieriger ist bzw. der ausgeübte Fachberuf eventuell nicht direkt für die Qualifikation ausreichen würde, kann Manfred hier z. B. den Titel „regulatory affairs manager" oder „sales manager" angeben. Dieser Titel besagt, dass man eine leitende Position ausübt und auch wirtschaftliche Entscheidungen zu fällen hat, sowie Personal und alle operativen und finanziellen Angelegenheiten zu verantworten hat.*

Weitere Voraussetzungen sind lediglich ein sauberes Führungszeugnis, ein ärztliches Attest, aus dem hervorgeht, dass Sie nicht an offener Tuberkulose, Syphilis oder anderen gefährlichen oder ansteckenden Krankheiten erkrankt sind und der Nachweis, dass Sie bei Umzug in die USA nicht zum Sozialfall werden würden. Näheres dazu steht im Kapitel 13.5 „Das Visainterview", da erst dann diese Voraussetzungen nachgewiesen werden müssen.

Kapitel 13.1

> **Zusammenfassung: Voraussetzungen für die Teilnahme am GreenCard-Programm**
>
> Der Teilnehmer muss in einem teilnehmenden Land geboren sein. Die Nationalität spielt dabei keine Rolle, es zählt lediglich das Geburtsland in den heutigen Grenzen (Näheres siehe unten). Teilnehmen darf ferner, wer zwar in einem Ausschlussland geboren ist, dessen Ehepartner jedoch aus einem teilnehmenden Land stammt, oder wessen Eltern sich nur vorübergehend in dem Land seiner Geburt aufhielten, selbst aber aus einem teilnehmenden Land stammen.
>
> Der Teilnehmer muss außerdem über eine der Highschool entsprechende Schulausbildung verfügen (Realschulabschluss oder zwölfjährige Schulbildung) oder eine zweijährige Berufserfahrung innerhalb der letzten fünf Jahre in einem Beruf vorweisen, für den man laut O*NET OnLine Datenbank eine zweijährige Ausbildung benötigt.

MERKE

*Wichtig: Die Voraussetzungen sind erst im Gewinnfall nachzuweisen! Reichen Sie diese bitte **nicht** zusammen mit Ihrem ersten Antrag ein!*

Die „Geburtsland"-Regelung

Achten Sie auf die richtige Angabe Ihres Geburtslandes

In den letzten Jahren erreichten unsere GreenCard Consultants immer wieder E-Mails und Anrufe von Antragstellern, die nicht genau wussten, welches Land sie denn nun angeben sollten. Dieses kommt durch folgende, dem ersten Anschein nach merkwürdige, Regelung: Für die Antragstellung zählt nur das Geburtsland in den heutigen Grenzen, nicht aber zum Zeitpunkt der Geburt. Die gegenwärtige Nationalität spielt überhaupt keine Rolle.

BEISPIEL

Beispiel 1: Hans-Ulrich wurde 1940 in Danzig, also im früheren Ostpreußen, geboren. Auch seine Eltern stammen aus der Gegend. Selbstverständlich hat seine Familie seit jeher die deutsche Staatsbürgerschaft besessen. 1945 musste er nach Kriegsende mit seinen Eltern nach Köln ziehen. Nach vielen Jahrzehnten in Deutschland möchte er nun Europa den Rücken kehren und nach Amerika auswandern. Da sein Geburtsort nach den heutigen Grenzen in Polen liegt, muss Hans-Ulrich in seinem Antrag Polen als Geburtsland angeben. Noch bis vor fünf Jahren war Polen von der Lotterieteilnahme ausgeschlossen. Seit 2011 dürfen aber auch Antragsteller, die in Polen geboren sind, wieder teilnehmen. Daher muss Hans-Ulrich bei seiner Anmeldung zur Lotterie zwar Polen als Geburtsland nennen, dies hat jedoch keine Auswirkungen auf seine Teilnahme.

BEISPIEL

Beispiel 2: Maria ist in Mexiko geboren, hat jedoch vor einigen Jahren geheiratet. Ihr Mann ist gebürtiger Kölner. Unter diesen Voraussetzungen darf Maria das Geburtsland „Deutschland" ihres Mannes für sich beanspruchen und an der Lotterie teilnehmen.

BEISPIEL

Beispiel 3: Claus ist ledig und in Kolumbien geboren. Seine Eltern kommen beide aus Dortmund. Allerdings hielt sich seine Mutter zur Zeit seiner Geburt wegen eines zweijährigen Arbeitsaufenthaltes ihres Mannes in Cali, Kolumbien, auf. Claus wurde im dortigen Uni-Klinikum geboren, ging mit seiner Mutter aber schon nach 12

Monaten zurück nach Dortmund und hat Kolumbien seither nicht mehr besucht. Daher darf er, obwohl sein Geburtsland Kolumbien ausgeschlossen ist, an der Lotterie teilnehmen und Deutschland als Geburtsland angeben.

Da bei der Teilnahme immer das Geburtsland als wichtiges Detail angegeben werden muss, ist auch bei anderen Regionen die richtige Bezeichnung wichtig! So ist das ehemalige Sudetenland heute die Tschechische Republik, statt Jugoslawien muss sich der Antragsteller für Bosnien-Herzegowina, Kroatien, Mazedonien, Serbien, Montenegro oder Kosovo entscheiden.
Leicht sieht man dabei schon, was die US-Regierung zu dieser Vereinfachung bewogen hat: Es gab einfach zu viele Veränderungen der Staatsgrenzen in den letzten Jahrzehnten, als dass man allen Gebietsveränderungen bei einem weltweit durchgeführten Programm Rechnung tragen könnte. Um nun nicht bei vielen Tausend Personen jährlich eine Einzelfallprüfung durchführen zu müssen (die vom Aufwand her bei einem so umfangreichen Programm fast unmöglich wäre), wurde die Regel bewusst einfach gefasst: *Es gelten die heutigen Grenzen*. Dies muss so akzeptiert werden.

13.2 Die formalen Bestimmungen

Die Angaben zur Person, die bei der Antragstellung gemacht werden müssen, erscheinen zunächst einmal als sehr gering. Außer dem Familienstatus und der höchsten erreichten Schulbildung des Antragstellers müssen lediglich der Vor- und Nachname, Geburtsdatum, Ort und Geburtsland jedes Bewerbers sowie seiner gesamten Familie einschließlich der unverheirateten Kinder unter 21 Jahren angegeben werden. Dabei sind auch uneheliche Kinder und Kinder des Ehepartners anzugeben, egal ob ein Sorgerecht besteht oder nicht. Ferner muss eine gültige Kontaktanschrift angegeben und ein digitales biometrisches Passfoto aller gelisteten Personen eingereicht werden. Viele Bewerber vermuten daher, dass die Antragstellung sehr einfach und ein Gewinn reine Glückssache wäre. Gerade deshalb werden aber zahlreiche Fehler gemacht. In jedem Jahr werden eine Vielzahl von Bewerbern aufgrund formal falsch angegebener Daten bzw. unzureichender Fotos disqualifiziert.

Achtung Formfehler!

Dies ist vor allem auf die seit dem Jahr 2003 geforderte digitale Einreichung des Antrags zurückzuführen, die es vielen Menschen sehr schwierig macht, korrekt an der Lotterie teilzunehmen. Zuvor war stets eine schriftliche Einreichung des Antrags in einem vorgegebenen Zeitrahmen von 30 Tagen, meist im Oktober, an die zuständige US-Behörde vorgeschrieben. Mit Wirkung vom 18. August 2003 ist jedoch die Einreichung nur noch über eine Internetseite des *U.S. State Departments* erlaubt. Natürlich weiß auch die US-Regierung, dass mit dieser Änderung und den verschärften Regelungen etliche Bewerber kaum noch eine Chance auf eine eigenständige Bewerbung haben. Insbesondere betrifft dies Personen ohne gute Englischkenntnisse, ohne Internetzugang bzw. ohne die Möglichkeit einer digitalen Bildbearbeitung. Angesichts der komplexen Regelungen hat die US-Administration insofern die Inanspruchnahme professioneller Agenturen im Rahmen der *Public Notice 4446* explizit empfohlen. Näheres über die Inanspruchnahme von privaten Agenturen weiter unten.

GreenCard-Verlosung wird digital

Jedes Jahr nach den neuen Teilnahme-bedingungen erkundigen

Die formalen Bestimmungen für die Bewerbung sind also penibel einzuhalten. Schon bei der kleinsten Ungenauigkeit wird Ihr Antrag disqualifiziert, ohne dass Sie darüber je eine Benachrichtigung erhalten. Jedes Jahr wird etwa im August ein Zeitfenster von mehreren Wochen bekannt gegeben, innerhalb dessen die Anträge eingehen müssen. Eine Antragstellung ist nur in diesem Zeitfenster möglich. In den vielen Jahren ihres Bestehens fand die Lotterie bereits viermal im Februar oder März, meist jedoch im Zeitraum Oktober/November statt. Seit einiger Zeit gilt ein Einreichungszeitraum von 30 Tagen, der meist in den Monaten Oktober bis November eines Jahres liegt.

Da auch die aktuellen Teilnahmebestimmungen jedes Jahr neu festgelegt werden, kann in diesem Buch kaum eine verbindliche Bewerbungstechnik aufgezeigt werden. Gesetzlich ist lediglich vorgeschrieben, dass die Lotterie einmal im Jahr stattfinden soll. In den ersten Jahren war dazu eine formlose Bewerbung ohne Foto ausreichend, dann reichte einige Jahre ein einzelnes Foto des Hauptantragstellers in der Größe 37 x 37 mm, 2001 wurde ein Foto in der exakten Größe von 50 x 50 mm von allen gelisteten Personen gefordert. Mittlerweile verlangt die US-Behörde eine digitale Antragstellung, bei der insbesondere sehr restriktive Vorschriften bezüglich des hochzuladenden digitalen Farbfotos herrschen: Skalierung, Auflösung, Bildtiefe, Größe in Bytes etc. sind exakt vorgeschrieben. Weitere Details werden Jahr für Jahr bekannt gegeben. So muss seit dem Jahr 2006 zusätzlich der Bildungsgrad des Hauptbewerbers angegeben werden, selbst wenn dies keinen Einfluss auf die Chancen hat.

Auch die Liste der teilnehmenden Länder ändert sich jährlich, wenn auch geringfügig.

MERKE

In Ihrem eigenen Interesse wollen wir Ihnen daher keine Informationen geben, die schon in wenigen Wochen überholt sein könnten. In manchen Zeitungen und auch Büchern finden Sie solche allgemeinen Regeln, um an der Lotterie teilnehmen zu können. Verlassen Sie sich nie blind darauf! Vertrauen Sie auch nie ohne Kontrolle auf Anweisungen aus den vergangenen Jahren oder auf ältere Bücher. Anders als bei allen anderen Formen der Einwanderung ist nicht gesetzlich vorgeschrieben, welche Regeln für die Bewerbung gelten. Diese werden vom *U.S. State Department* festgelegt und können von diesem auch jederzeit umgestoßen oder geändert werden. Die vielen Änderungen in den letzten Jahren sprechen leider nicht für eine zukünftige einheitliche und konstante Regelung.

INTERNET

Aktuelle Informationen finden Sie im Internet unter *http://travel.state.gov*. Ganz sicher und bequem nehmen Sie über einen Lotterie-Service, wie auch The American Dream ihn anbietet, an diesem Programm teil. Sie haben oft nur diese eine Chance, vertrauen Sie also nur aktuellen Informationen des *U.S. State Departments,* der Konsulate oder einer zuverlässigen Agentur!

Gehen Sie auf Nummer sicher!

Kostenlose Informationen rund um das Thema GreenCard-Lotterie bekommen Sie bei The American Dream. Sie können sich unter *www.americandream.de* auch ganz einfach direkt online anmelden, so wird sichergestellt, dass ihr Antrag qualifiziert an der GreenCard-Verlosung teilnimmt und Sie die besten Chancen auf eine US-GreenCard haben. Die Lotterieteilnahme ist im Basis-Paket zurzeit für € 49,- möglich. Gerne informieren wir Sie auch telefonisch über die GreenCard-Verlosung, unter der bundesweit gültigen Servicenummer 030-511 0511 stehen Ihnen USA-Experten 7 Tage die Woche zu allen Fragen zur Verfügung. Ein Anruf kostet Sie lediglich die üblichen Telefongebühren. Aus dem Ausland wählen Sie bitte +49-30-511 0 511.

13.3 Beauftragung einer Agentur

Die Vorteile der Beanspruchung eines Services sind u.a.:

- Aktuelle Änderungen in den Bestimmungen werden aufgegriffen und Ihre Daten immer genauestens überprüft.
- Die Fristen können ganz genau eingehalten werden, Antragstellung ist das gesamte Jahr möglich.
- Die meisten GreenCard-Agenturen bieten Ihnen ein Zertifikat, welches Ihnen die rechtzeitige und korrekte Einreichung nachweist.
- Ihre *Confirmation Number*, die Sie zum Abrufen Ihres Ergebnisses bei der GreenCard-Verlosung benötigen, wird für Sie sicher gespeichert. Die Agentur ruft das Ergebnis zum richtigen Zeitpunkt online für Sie ab und teilt Ihnen Ihr Resultat schriftlich sowie telefonisch mit, Sie brauchen sich um nichts zu kümmern.
- Im Gewinnfall werden Sie von seriösen Agenturen auch weiterhin betreut, denn es ist mit der Gewinnbenachrichtigung noch lange nicht getan. Weiter unten lesen Sie, was im Gewinnfall noch alles auf Sie zukommt.
- Telefonische Betreuung: Bei einer guten Agentur können Sie kostenlos viele Auskünfte erhalten, die Ihnen die US-Konsulate oft vorenthalten.
- Sie werden normalerweise jedes Jahr wieder über die aktuellen Fristen informiert und können so niemals die Teilnahme verpassen.

Die Gebühren der GreenCard-Agenturen liegen überwiegend zwischen € 49,– und € 89,–, Vergleiche sind also angebracht.

Und warum The American Dream?

The American Dream bekam Anfang des Jahres 2000 als erstes GreenCard-Service-Unternehmen überhaupt die staatliche Zulassung als genehmigte Auswanderungsberatungsstelle für die USA. Im Jahr 2013 wurde das Auswanderungsschutzgesetz reformiert und ein erneutes Zulassungsverfahren sowie eine Prüfung durch das Bundesverwaltungsamt notwendig. Im Dezember 2013 erhielt das Team der The American Dream – US GreenCard Service GmbH sowie der The American Dream – US Visa Service GmbH die neue unbefristete Zulassung zur Auswanderungsberatung nach §1 AuswSG vom 12. März 2013. Die Zulassung wird vom Bundesverwaltungsamt geregelt.

Der Service von The American Dream

- Über 18.000 Personen gewannen in den letzten Jahren mit The American Dream. Jedes Jahr können mehr und mehr zufriedene Kunden betreut werden.
- Über qualifizierte Mitarbeiter und die hauseigene US-Visa-Agentur kann The American Dream Ihnen zu fast jedem Thema, welches einen länge-

INTERNET

ren USA-Aufenthalt betrifft, weiterhelfen (siehe dazu auch das Serviceangebot unter ⌨ *www.americandream.de* und ⌨ *www.usvisaservice.de*).
– Bereits seit 1996 ist das Unternehmen am deutschen und internationalen Markt vertreten, es verfügt damit über äußerst umfassende Erfahrungen in der USA-Beratung.
– Alle Unterlagen werden manuell bearbeitet, kein noch so kleiner Fehler entgeht der kritischen Kontrolle der geschulten Mitarbeiter.
– Es können weiterhin normale Fotos eingereicht werden und auch Anträge können weiterhin schriftlich eingesandt werden. Diese werden dann von The American Dream digitalisiert und dem *U.S. State Department* online übermittelt.
– Als derzeit einzige GreenCard-Agentur verfügt The American Dream über die bereits angesprochene staatliche Zulassung als Beratungsstelle für Auswanderer und Auslandstätige.
– Die Info Hotline (030-511 0 511) ist für alle Kunden 365 Tage im Jahr geschaltet, der Internet-Service versorgt Sie sogar rund um die Uhr mit aktuellen Informationen, kostenlosen Newslettern, Blogs, Neuigkeiten auf der Facebook Fanpage, Live Stories auf Snapchat, Twitter Tweets etc.
– Kunden können jederzeit online Ihre Daten einsehen, diese unkompliziert ändern und mit dem eigens von The American Dream programmierten Fototool ganz einfach und automatisch für die US-Behörden optimierte Fotos hochladen. Außerdem wird Ihre Rechnung, Ihr Zertifikat über die Einreichung Ihres Antrags sowie Ihre wichtige Confirmation Number zum Abrufen des Gewinns exklusiv für Sie online in Ihrem Kundenkonto hinterlegt. Stammkunden können sich bei der wiederholten Teilnahme mit nur wenigen Klicks erneut online anmelden, da die Daten in Ihrem Kundenkonto hinterlegt bleiben!
– Während den Konsulaten egal sein kann, ob Sie einen korrekten Antrag stellen oder nicht (wenn Ihr Antrag disqualifiziert wurde, kann die US-Behörde immer noch unter Millionen von anderen Anträgen wählen!), gilt dies nicht für The American Dream. So erhalten Sie im Gewinnfall umfangreiche deutsche Unterlagen, lebenslangen Zugang zu einem geschützten Gewinnerforum mit mehr als 48.000 Beiträgen von Gewinnern für Gewinner, persönliche telefonische Beratung zu Ihrem individuellen Interview im Konsulat (Näheres dazu siehe unten), ausführliche Beantwortung (fast) aller Fragen in Bezug auf Umzug, *Social Security*, Arbeitssuche, und vieles mehr. Jeder Kunde hat damit die gleichen guten Chancen.
– Weitere wesentliche Vorteile des Gewinnerservice von The American Dream sind: Zusendung der kostenlosen 56-seitigen Gewinnerunterlagen, mit der wir Sie mit vielen hilfreichen Tipps durch den weiteren Prozess leiten. Die Gewinnerunterlagen beinhalten auch detaillierte Hinweise zum Ausfüllen des bis zu 72-seitigen DS-260 Online-Formulars zur weiteren Bearbeitung Ihres GreenCard-Antrags durch die US-Behörden. Darüber hinaus bieten wir Ihnen die Bereitstellung einer notwendigen US-Adresse, an welche die GreenCard von Seiten der USA an Sie geschickt werden kann (GreenCard wird nur innerhalb der USA versandt). Die GreenCard leiten wir dann an Sie weiter (z. B. an eine deutsche Adresse). Seit einigen Jahren bieten wir unseren Gewinnern mit dem kostenpflichtigen Premium-Gewinnerservice auch ein umfassendes Rundum-Sorglos-Paket, bei dem unsere GreenCard-Experten sich um alle oben genannten Punkte exklusiv für Sie kümmern!

- Auch nach dem Gewinn der GreenCard betreut The American Dream seine Kunden umfangreich bei allen Formalitäten und eventuellen weiteren Vorhaben – in den meisten Fällen kostenlos!

13.4 Ergebnisse

Gewinnbenachrichtigung:

Die Ziehung der Gewinner des GreenCard-Programms DV-2017 war im Mai 2016 abgeschlossen. Die Gewinner mussten sich online auf der offiziellen Webseite des *U.S. Department of State* einloggen und den Termin selbst abrufen und ausdrucken. Seit der DV-2012 werden die Gewinner nicht mehr schriftlich vom *U.S. Department of State* über ihren Interviewtermin benachrichtigt. Die glücklichen Gewinner wurden für das Finanzjahr 2017 vorgesehen, welches am 1. Oktober 2016 beginnt und am 30. September 2017 endet. GreenCards, die bis zum 30. September 2017 nicht ausgestellt worden sind, verfallen. Wer nicht gewinnt, kann jedes Jahr einen neuen Antrag stellen.

Im Gewinnfall schnell reagieren!

An jede im Rahmen des DV-Programms ausgewählte Person wird eine Nummer vergeben, die sogenannte *case number* (auch als *rank number* bezeichnet). Die zuerst gezogenen Personen haben niedrigere Nummern. Es werden mehr Personen benachrichtigt, als GreenCards vergeben werden, da es sehr wahrscheinlich ist, dass nicht alle benachrichtigten Personen die Beantragung einer GreenCard weiterverfolgen werden oder überhaupt die nötige Qualifikation dafür besitzen. So wurden im Rahmen des DV-2017 Programms ca. 85.000 Personen benachrichtigt. Die größere Zahl der benachrichtigten Personen soll sicherstellen, dass auch alle 55.000 Visa im jeweiligen Finanzjahr aufgebraucht werden. Meist verfolgen nämlich viele Gewinner ihr Ziel dann doch nicht mehr weiter, bzw. es stellt sich erst im Nachhinein heraus, dass Disqualifikationsgründe existieren. Trotzdem wird ernsthaften Bewerbern empfohlen, die Anweisungen auf der Webseite des *U.S. Department of State* schnell zu befolgen und die bis zu 72-seitigen elektronischen Formulare im *U.S. Department of State Consular Application Center* unter ☛ *https://ceac.state.gov* innerhalb weniger Wochen online auszufüllen und an das *U.S. Department of State* abzuschicken. Einige Ausfüllhinweise zu diesen Formularen werden in Kapitel 14.1 „Bearbeitung durch das Konsulat: Erhalt des Einwanderungsvisums außerhalb der USA" gegeben (Kunden von The American Dream erhalten alle Informationen zum weiteren Vorgehen im Gewinnfall kompakt in den kostenlosen 56-seitigen Gewinnunterlagen zur Verfügung gestellt, inklusive wertvoller Tipps zum Ausfüllen und für das weitere Vorgehen.).

Im *Visa Bulletin* kann nachgeschaut werden, wann für die jeweilige *case number*, die Ihnen im Gewinneranschreiben mitgeteilt wird, Einwanderungsvisa zur Verfügung stehen. Die dort für die entsprechende Region jeweils genannte Nummer ist die sogenannte *cut-off number*. Visa sind im jeweiligen Monat nur für Personen mit einer niedrigeren *case number* als der *cut-off number* erhältlich. Das *Visa Bulletin* kann man im Internet unter ☛ *https://travel.state.gov/content/visas/en/law-and-policy/bulletin.html* oder als Bandansage unter 1-202-663-1541 abrufen.

INTERNET

Die Visa werden auf sechs verschiedene Regionen aufgeteilt, gemäß der nebenstehenden Übersicht mit der Aufteilung der Gewinner des Jahres 2016.

Kapitel 13.3

Ergebnisse: Gewinnverteilung des Programms DV-2017 nach Ländern.

AFRICA
ALGERIA 1,561
ANGOLA 80
BENIN 617
BOTSWANA 15
BURKINA FASO 217
BURUNDI 106
CABO VERDE 7
CAMEROON 2,096
CENTRAL AFRICAN REP. 9
CHAD 52
COMOROS 5
CONGO 94
CONGO, DEMOCRATIC
 REP. OF THE 3,835
COTE D'IVOIRE 891
DJIBOUTI 53
EGYPT 4,501
EQUATORIAL GUINEA 3
ERITREA 316
ETHIOPIA 4,500
GABON 26
GAMBIA, THE 46
GHANA 3,170
GUINEA 1,233
GUINEA-BISSAU 3
KENYA 2,090
LESOTHO 1
LIBERIA 3,105
LIBYA 274
MADAGASCAR 13
MALAWI 17
MALI 82
MAURITANIA 27
MAURITIUS 9
MOROCCO 1,905
MOZAMBIQUE 7
NAMIBIA 12
NIGER 34
RWANDA 277
SAO TOME
 AND PRINCIPE 0
SENEGAL 357
SEYCHELLES 1
SIERRA LEONE 2,065
SOMALIA 215
SOUTH AFRICA 427
SOUTH SUDAN 17
SUDAN 2,522
SWAZILAND 4
TANZANIA 89
TOGO 963
TUNISIA 169
UGANDA 240
ZAMBIA 79
ZIMBABWE 106

ASIA
AFGHANISTAN 285
BAHRAIN 12
BHUTAN 16
BRUNEI 0
BURMA 213
CAMBODIA 824
HONG KONG SPECIAL
 ADMIN. REGION 37
INDONESIA 115
IRAN 4,500
IRAQ 302
ISRAEL 127
JAPAN 204
JORDAN 259
KUWAIT 101
LAOS 0
LEBANON 183
MALAYSIA 39
MALDIVES 0
MONGOLIA 144
NEPAL 4,000
NORTH KOREA 0
OMAN 9
QATAR 33
SAUDI ARABIA 253
SINGAPORE 20
SRI LANKA 375
SYRIA 356
TAIWAN 260
THAILAND 41
TIMOR-LESTE 0
UNITED ARAB
 EMIRATES 97
YEMEN 694

EUROPE
ALBANIA 2,373
ANDORRA 0
ARMENIA 1,669
AUSTRIA 71
AZERBAIJAN 470
BELARUS 899
BELGIUM 95
BOSNIA & HERZEGOVINA 119
BULGARIA 666
CROATIA 36
CYPRUS 12
CZECH REPUBLIC 53
DENMARK 44
ESTONIA 34
FINLAND 51
FRANCE 467
 FRENCH POLYNESIA 1
 NEW CALEDONIA 1
GEORGIA 680
GERMANY 532
GREECE 86
HUNGARY 153
ICELAND 13
IRELAND 63
ITALY 443
KAZAKHSTAN 518
KOSOVO 348
KYRGYZSTAN 292
LATVIA 64
LIECHTENSTEIN 3
LITHUANIA 183
LUXEMBOURG 5
MACEDONIA 286
MALTA 3
MOLDOVA 1,762
MONACO 4
MONTENEGRO 25
NETHERLANDS 82
 ARUBA 2
 CURACAO 1
SINT MAARTEN 4
NORTHERN IRELAND 13
NORWAY 24
POLAND 517
PORTUGAL 36
ROMANIA 480
RUSSIA 2,290
SAN MARINO 0
SERBIA 376
SLOVAKIA 49
SLOVENIA 16
SPAIN 204
SWEDEN 94
SWITZERLAND 96
TAJIKISTAN 414
TURKEY 2,186
TURKMENISTAN 91
UKRAINE 4,500
UZBEKISTAN 4,501
VATICAN CITY 0

NORTH AMERICA
BAHAMAS, THE 10

OCEANIA
AUSTRALIA 748
 COCOS ISLANDS 3
FIJI 404
KIRIBATI 3
MARSHALL ISLANDS 0
MICRONESIA, FEDERATED
 STATES OF 2
NAURU 5
NEW ZEALAND 213
 COOK ISLANDS 8
PALAU 0
PAPUA NEW GUINEA 6
SAMOA 10
SOLOMON ISLANDS 0
TONGA 42
TUVALU 1
VANUATU 5

```
SOUTH AMERICA, CENTRAL AMERICA, AND THE CARIBBEAN
ANTIGUA AND BARBUDA 11    DOMINICA 8              SAINT LUCIA 9
ARGENTINA 53              GRENADA 7               SAINT VINCENT
BARBADOS 1                GUYANA 29                AND THE GRENADINES 4
BELIZE 3                  HONDURAS 44             SURINAME 0
BOLIVIA 30                NICARAGUA 9             TRINIDAD AND TOBAGO 34
CHILE 27                  PANAMA 12               URUGUAY 12
COSTA RICA 18             PARAGUAY 3              VENEZUELA 1,134
CUBA 493                  SAINT KITTS AND NEVIS 0
```

Nach dem Gewinn – wie geht es weiter?

Wenn Sie Ihre Online-Formulare vorschriftsmäßig ausgefüllt und elektronisch an die zuständige US-Behörde übermittelt haben, heißt es zunächst einmal abwarten. In welchem Monat Sie einen Interviewtermin erhalten, hängt mit Ihrer *case number* zusammen. Sie sollten also in regelmäßigen Abständen das *Visa Bulletin* überprüfen. Sobald Ihre *case number* dort *current* (aktuell) ist, können Sie sich online unter ☑ *www.dvlottery.state.gov/ESC/checkstatus.aspx* mit Ihrer *confirmation number*, Ihrem Nachnamen und Ihrem Geburtsjahr einloggen und den Interviewtermin abrufen. In Deutschland findet der Interviewtermin immer in Frankfurt am Main statt.

Bringen Sie bitte alle geforderten Dokumente mit, z.B. Führungszeugnis, Heiratsurkunde, Sorgerechtsregelung (besonders wichtig bei Alleinerziehenden), Geburtsurkunde, Impfpass, Nachweis der Schul- oder Berufsausbildung, die Bestätigung des Interviewtermins, zwei Passfotos und Geld oder Kreditkarte für die Entrichtung der Bearbeitungsgebühr in Höhe von US$ 330 (Stand Juni 2016).

Wichtig: Vollständige Unterlagen

Grundsätzlich gilt: Alle Dokumente, die auf Englisch oder der Landessprache ausgestellt sind, in der der Interviewtermin stattfindet, müssen nicht noch einmal übersetzt werden. In Deutschland werden deutschsprachige Dokumente anerkannt. Falls Sie Ihren Interviewtermin außerhalb Deutschlands haben, so fragen Sie am besten kurz bei dem jeweiligen Konsulat nach.

13.5 Das Visainterview

Sicherheitsvorkehrungen, Gebühren und nützliche Hinweise*

Beim Konsulatstermin sollte man sich der hohen Sicherheitsvorkehrungen bewusst sein. Alle Metall- und metallähnlichen Gegenstände sowie Mobiltelefone, Laptops und andere technische Geräte, dürfen nicht mit in das Konsulat genommen werden. Rechnen Sie mit äußerst strengen und peniblen Kontrollen von mitgebrachten Taschen etc., sie werden gründlich durchsucht. Bitte beachten Sie, dass nur für das Interview eingeladene Personen Zugang haben, die Konsularbeamten dürfen Personen, welche nicht auf ihrer Liste erscheinen, nicht in die Räumlichkeiten hineinlassen, es werden keine Ausnahmen gemacht.

Das Interview – nur halb so schlimm

---

* Lesen Sie zu diesem Thema bitte auch die Hinweise im Kapitel 14.

Erscheinen Sie möglichst rechtzeitig und mit allen Familienangehörigen, die Bestandteil Ihres Visumantrags sind. Die Interviews sind in der Regel in den Morgenstunden vorgesehen, können sich aber bis in den frühen Nachmittag hineinziehen. Auch wenn die momentane Bearbeitung recht zügig vonstattengeht, sollten längere Wartezeiten eingeplant werden.

Planen Sie auch den Besuch beim Vertragsarzt und die entsprechenden Gebühren hierfür ein. Bereits vor Ihrem Interviewtermin müssen Sie eine Untersuchung bei einem Vertragsarzt des US-Konsulats über sich ergehen lassen. Diese Untersuchung ist harmlos und dauert oft nur eine halbe Stunde. Dort wird vor allem Ihr Impfpass überprüft, Ihr Oberkörper einmal geröntgt (Ausschluss von Tuberkulose) und Sie werden anhand einer Blutuntersuchung auf Syphilis getestet. Ein HIV-Test ist seit einigen Jahren nicht mehr erforderlich. Die Gebühren für den Arzt fallen immer pro Person an und werden normalerweise nicht von der Krankenversicherung übernommen. Die Untersuchung kann nur bei den auf der Liste benannten Ärzten (Kapitel 16.1 „Konsulate und Vertretungen") durchgeführt werden, Dokumente von Hausärzten etc. werden nicht anerkannt. Machen Sie sich jedoch vor der Untersuchung auch nicht allzu große Sorgen – Ausschlussgrund für die Ausstellung einer GreenCard kann eigentlich in den meisten Fällen nur offene Tuberkulose, Syphilis oder eine Krankheit, die mit großer Sicherheit (durch nötige Operationen etc.) zu einer Belastung des amerikanischen Sozialsystems führen würde, sein. Ansonsten ist der Arzttermin eine reine Routineuntersuchung.

Vor dem Interviewtermin sollte man die Auflistung der mitzubringenden Dokumente sehr sorgfältig studieren und alle Hinweise zu diesen Dokumenten beachten. Das betrifft insbesondere auch zu erbringende Nachweise über Impfungen, welche immer unbedingt vollständig sein müssen. Das US-Recht hat strenge Maßstäbe an die Gesundheit einwandernder Personen, der Konsul kann daher selbst bei Erfüllung der einwanderungsrechtlichen Kriterien kein Visum ausstellen, wenn die oben genannte Dokumente nicht vollständig vorgelegt werden. In jedem Fall ist es empfehlenswert, von allen mitzubringenden Papieren eine Fotokopie anzufertigen, falls zu einem späteren Zeitpunkt Unklarheiten auftreten sollten. Die genauen Informationen über die Vorgehensweise, die Liste der mitzubringenden Dokumente und viele weitere Informationen finden Sie online unter *https://travel.state.gov/content/visas/en/immigrate/diversity-visa/entry.html*.

Vor dem dem eigentlichen Gespräch mit dem Konsul wird zunächst die Visumgebühr von US$ 330 (Stand Juni 2016) entrichtet. Sie kann nur in US-Dollar entrichtet werden. Kreditkarten werden ebenfalls anerkannt, fragen Sie aber bitte vorher sicherheitshalber noch einmal beim zuständigen US-Konsulat nach.

Das Gespräch mit dem Konsul

Ernsthafte Absichten in den USA werden erwartet

Das Interview selbst ist zumeist harmlos und stellt keine Schwierigkeit dar. Es wird normalerweise in Englisch gehalten, auch wenn die Konsularbeamten in Deutschland meist sehr gut deutsch sprechen. Das Gespräch dauert meist kaum mehr als fünf Minuten. Man will von Ihnen nur hören, dass Sie ernsthaft vorhaben, in den USA zu leben. Gerade bei Gewinnern dieser Lotterie ist dies nämlich oft nicht der Fall. So wollen die Konsularbeamten vor allem von Ihnen wissen, welches Vorhaben Sie in den USA verfolgen und wie Sie sich vorstellen, es umsetzen zu können. Sollten Sie nach Erhalt der GreenCard Ihre Meinung ändern, so kann Sie natürlich niemand dazu zwingen, in die USA auszuwandern. Die GreenCard bleibt im Allgemeinen auch bei regelmäßiger Einreise in die USA gültig. Lesen Sie dazu bitte auch das Kapitel 14.4 „Gültigkeit der GreenCard".

Natürlich ist es sinnvoll, Nachweise zu Ihrem Vorhaben mitzubringen, z. B. ein entsprechendes Jobangebot (*job offer*), parallel dazu Nachweise über Ihre privaten verfügbaren Vermögenswerte. Dazu zählen Dokumente über Ihre Giro- und Sparkonten, Anlagekapital, Zinsen und Dividenden aus Aktienkapital oder Immobilienbesitz etc., sonstige regelmäßige Einnahmen (bei Ruheständlern: Nachweis über Renten- oder Pensionsberechtigung). Nachgewiesen werden soll lediglich, dass man in den USA ein halbes Jahr auch ohne festes Einkommen auskommen könnte. Als Richtwert gilt dabei ein Vermögensnachweis von etwa € 5.000 bis € 10.000 pro Einzelperson, etwa € 1.500 zusätzlich pro weiteres Familienmitglied. Die genaue Höhe des geforderten Vermögens liegt aber im Ermessen des jeweiligen Konsularbeamten. Der Nachweis einer Kaskoversicherung eines bespielsweise teuren Autos wird nicht mehr als finanzieller Nachweis anerkannt.

Aus verlässlichen Konsularkreisen wurde uns mitgeteilt, dass so gut wie noch nie ein GreenCard-Gewinner allein wegen fehlender Finanzen abgelehnt wurde. Allerdings ist es möglich, dass man nach dem ersten Termin wieder nach Hause geschickt wird, um dann beim nächsten Mal ergänzende Unterlagen vorzulegen.

Bei Personen, welche diese Nachweise nicht zwingend erbringen können, kann es manchmal ausreichen, wenn man einer Berufsgruppe angehört, für die es derzeit eine hohe Nachfrage auf dem US-Arbeitsmarkt gibt (Computerindustrie, Finanz-/IT-Dienstleistungen, Hightech).

Achtung Ruheständler: Geben Sie beim Interviewtermin möglichst an, dass Sie vorhaben, in den USA noch einmal gewerblich tätig zu werden, z. B. durch selbstständige Tätigkeit in einem kleinen Betrieb oder Heimarbeit. Es wurde uns vereinzelt berichtet, dass Rentner abgewiesen wurden, weil vermutet wurde, dass diese keinen Beitrag zur Produktivität der Vereinigten Staaten mehr leisten wollten. Ob Sie nach Erhalt der GreenCard tatsächlich auch arbeiten wollen, liegt dann natürlich immer noch in Ihrem Ermessen. Zumindest der Wille dazu sollte beim Interview aber gezeigt werden.

MERKE

Sollte im Einzelfall Ihr Antrag abgelehnt werden, so besteht Ihre einzige Chance darin, an das *U.S. Department of State* zu schreiben und um eine *Advisory Opinion* zu bitten. Dieses kann dann in Einzelfällen die Entscheidung umkehren. Das ist insbesondere dann möglich, wenn es sich um eine rechtliche Frage handelt (z. B. wenn der Antragsteller geringfügig vorbestraft ist und der Einwanderungsbeamte im Konsulat deswegen den Antrag ablehnt). Das *U.S. State Department* kann dem Konsulat dann mitteilen, dass eine Ausnahme gewährt wird, und das Konsulat muss sich danach richten). Sollte es jedoch um eine Ermessensfrage gehen (z. B. falls der Antragsteller nicht genügend finanzielle Ressourcen nachweisen kann, um glaubhaft zu machen, dass er in den USA nicht zum Sozialfall würde), kann das *U.S. State Department* nicht weiterhelfen. Ob der Antragsteller zum Sozialfall werden könnte, entscheidet allein der Einwanderungsbeamte aufgrund der erhaltenen Informationen während des vertraulichen Interviews. In diesem Falle hat man aber, wie schon oben erwähnt, fast immer die Chance, durch Nachreichung weiterer Nachweise bzw. neuer Bürgen den Einwanderungsbeamten doch noch zu überzeugen.

Die Anschrift für die Einholung einer *Advisory Opinion* lautet:

KONTAKT

INA 212(e) Advisory Opinion Request
Waiver Review Division, CA/VOL/LW
U.S. State Department
Visa Office
SA-17, 11th Floor
600 19th Street, NW
Washington, D.C. 20522-1711
Tel.: +1-202-663-1225
E-Mail: *legalnet@state.gov*

Mitzug unverheirateter Lebenspartner

Personen, die mit dem Gewinner in fester Partnerschaft leben, aber nicht verheiratet sind, erhalten selbst *nicht* automatisch eine GreenCard. Wollen sie dennoch mit einwandern, können sie dies nur dann tun, wenn sie noch vor dem Interview eine entsprechende Heiratsurkunde bei der US-Behörde und beim Generalkonsulat einreichen. Eine Heirat müsste also, wenn nicht schon vor der Antragstellung geschehen, zumindest bis zum Interview, also etwa sechs Monate nach der Gewinnbenachrichtigung erfolgen.

Wird erst nach dem Interview geheiratet, kann die Einreise des nicht begünstigten Ehepartners erst nach einer gewissen Wartezeit (3–4 Jahre) erfolgen, weil die Ehepartner von Einwanderern (GreenCard-Inhabern) einer jährlichen Quote unterliegen und nur im Familiennachzug in die USA einwandern können. De-facto-Ehen ohne Trauschein werden nach US-Recht nicht anerkannt.

Zum näheren Prozedere hierzu (Visum im Ausland oder *adjustment of status*) lesen Sie bitte die jeweiligen Stellen in Kapitel 14 „Ausstellung des Einwanderungsvisums und Gültigkeit". Besonders der Statuswechsel in den USA birgt häufig genug immense Gefahren und muss daher sehr sorgfältig vorbereitet werden.

Ausstellung des Visums

Eine amerikanische Adresse muss angegeben werden

Das Visum wird in einem verschlossenen Umschlag an Ihre Heimatadresse versandt. Der Umschlag darf nicht geöffnet, sondern muss dem USCIS-Beamten an der Grenze in verschlossener Form vorgelegt werden. Dieser, aus mehreren Teilen bestehend, wird an der Grenze dann an verschiedene USCIS-Büros (u. a. *USCIS District Office*, USCIS Service-Center) und dem *processing center* für Ihre

Permanent Resident Card (GreenCard) versandt. Wichtig ist daher, dass stets eine US-Adresse angegeben wird, wo man diese entgegennehmen kann. Da Meldebehörden in den USA unbekannt sind, ist diese Adresse die einzige, an welche sich die Einwanderungsbehörden wenden können, sonst kann keine Auslieferung des sehr wichtigen Dokumentes erfolgen. Wo sich diese Adresse befindet, ist im Grunde genommen nicht von Bedeutung, Sie kann also auch in einem Bundesstaat liegen, indem Sie sich zum Zeitpunkt der Einreise nicht aufhalten. Sie können ohnehin unabhängig von Ihrer US-Adresse den Wohnort beliebig oft wechseln.

Sollten Sie keine Möglichkeit haben, über Freunde oder Verwandte eine amerikanische Adresse angeben zu können, so kann The American Dream Ihnen eventuell behilflich sein. Es gibt die Möglichkeit, sich einmalig die GreenCard weiterleiten zu lassen. Für weitere Informationen dazu wenden Sie sich bitte per E-Mail an The American Dream: *info@americandream.de*

Das Visum, welches zunächst durch einen Stempel nachgewiesen wird, berechtigt zur sofortigen Aufnahme einer Erwerbstätigkeit, auch wenn Ihre GreenCard noch nicht ausgestellt wurde. Die Wartezeiten für eine solche sind in der Vergangenheit länger geworden, allerdings können Sie Ihre vollen Rechte auch schon vorher wahrnehmen. Durch den Stempel in Ihrem Pass ist Ihr Status als Einwanderer bereits rechtswirksam dokumentiert.

Erhalt der GreenCard

Nach dem Interviewtermin müssen Sie spätestens innerhalb von sechs Monaten einmal in die USA einreisen. (Achtung: Die sechs Monate gelten ab dem durchgeführten Termin beim Vertragsarzt). Sie müssen sich nicht für längere Zeit dort aufhalten, Ihr Anspruch auf die GreenCard verfällt jedoch, wenn Sie sich länger als sechs Monate Zeit lassen. Etwa zwei bis sechs Monate nach Ihrer Einreise erhalten Sie die eigentliche GreenCard dann per Post an die amerikanische Adresse geschickt. Sollten Sie zu diesem Zeitpunkt bereits nicht mehr in den USA sein, so steht es Ihnen frei, sich die GreenCard von Freunden in den USA nach Deutschland nachschicken zu lassen. Die Behörden selbst stellen die GreenCard jedoch nicht an Adressen außerhalb Amerikas zu.

Wenn Sie die GreenCard erst einmal haben, so müssen Sie allerdings auch einige Regeln beachten. Beispielsweise müssen Sie mindestens einmal alle 365 Tage in die USA einreisen (oder auf vorherigen Antrag hin zumindest alle zwei Jahre) und auf Nachfrage glaubhaft versichern können, dass Sie noch immer Interesse haben, sich irgendwann dauerhaft in den USA niederzulassen. Die genauen Regelungen hierzu finden Sie im Kapitel 14.4 „Gültigkeit der GreenCard".

MERKE

Erfahrungsbericht 1 zum Interviewtermin in Frankfurt (leicht gekürzt)
April 2015, von Jessica F., GreenCard-Gewinnerin der DV-2015

Wir (das sind mein Mann und ich) sind einen Tag vorher aus Berlin nach Frankfurt angereist und haben eine Nacht im Ramada Messe Hotel verbracht. Dort haben wir zusammen 40 € für die eine Nacht gezahlt und hatten ein super schönes Zimmer, mit Wohnbereich und es war sehr sauber. Das Frühstück hätte extra gekostet, aber da unser Termin bereits um 8:30 Uhr war, wollten wir so früh los, dass das für uns eh nicht in Frage kam.

Hinweis 1 – Elektronische Geräte im Konsulat

Am Mittwoch früh sind wir dann eine Stunde vorher aus dem Hotel los und waren 15 Minuten später am Konsulat und konnten direkt gegenüber parken (kostenlos). Da wir bereits wussten, dass wir keine elektronischen Geräte usw. mit ins Konsulat nehmen dürfen, haben wir diese Sachen direkt im Kofferraum verschlossen.

Mir hat sich (sicherlich auch ein wenig vor Aufregung) nicht erschlossen, wo wir uns anstellen mussten. Aber es kam sofort jemand, der fragte: „Can I help you?". Das hat es leichter gemacht und schwupp durften wir uns an die kurze Schlange anstellen. :-D

Dann stellte sich heraus, dass es zwei Windows gibt die die Leute aufrufen. Nur nach welchem Prinzip die Leute an welches der Windows (1 oder 2) herangetreten sind, leuchtete uns nicht gleich ein. Aber nach dem zweiten Aufrufen war klar, wir müssen an Window 2. Da waren wir auch schnell dran. Die nette Dame wollte lediglich unsere Reisepässe und hat uns von einer Liste gestrichen. Dann bekamen wir eine Wartenummer (W602) und in meinen Reisepass (ich bin die Gewinnerin, also die Antragstellerin) kam ein kleines grünes Kärtchen mit einem A.

Dann an die rechte Schlange anstellen um durch die Sicherheitskontrolle zu kommen. Dort durften immer 5 Leute auf einmal hinein. Davor wurden wir jedoch von einem weiteren Mitarbeiter befragt, ob wir elektronische Geräte mitführen und er schaute auf unsere Wartenummer. Die Sicherheitskontrolle war wie am Flughafen: Jacken aus, Taschen aufs Band und durch den Scanner (heißt das so?).

Danach über das Gelände in eine Wartehalle. Ich war die ganze Zeit über total glücklich und leicht aufgeregt zugleich. Überall Flaggen, Bilder von Obama usw. Eben typisch amerikanisch. Das fand ich herrlich. Am Eingang der Wartehalle stand ein Mann an einem kleinen Tresen und gab allen vor uns einen Zettel in die Hand, mit dem Hinweis, die mitgebrachten Unterlagen in der dort aufgeführten Reihenfolge zu sortieren. Also dachten wir, das kommt auch gleich auf uns zu und freuten uns, dass wir die Unterlagen einzeln in Klarsichthüllen hatten. Aber er schaute nur auf unsere Wartenummer und sagte dann: „Ihr geht bitte direkt an Schalter 22."

Einmal zum Überblick: Der Wartebereich besteht aus zwei Seiten mit Schaltern und auf der anderen langen Seite gibt es einen Fotoautomaten, Briefmarkenautomat und einen Kopierer, sowie einen kleinen Stand an dem man sich etwas zu trinken und essen kaufen kann, wenn es länger dauert.

An Schalter 22 wartete niemand, sodass wir gleich dran waren. Der nette Herr dahinter sprach sofort deutsch mit uns und wollte die Pässe haben. Er grinste und teilte uns mit, dass wir die ab hier jetzt erst einmal nicht mehr wieder bekommen. Dann die Gebühren bezahlen (Anm. The American Dream: Visagebühren in Höhe von 330 US-Dollar pro Person, Stand Juni 2016), Fotos abgeben, Briefmarken auf einen Umschlag kleben und unsere Adresse auf den Umschlag schreiben. Dann sollten wir vor den Schaltern 19-21 Platz nehmen. Und dann durften wir auch schon an Schalter 19 treten. Die Dame sprach auch sofort deutsch mit uns und fing mit der Abnahme der Fingerabdrücke an. Dann ging sie in Rekordgeschwindigkeit mit uns die Angaben im Antrag durch und fragte danach alle Unterlagen ab. Immer Original plus Kopie und notierte auf der Kopie „original seen". Auch diese Mitarbeiterin war sehr nett und lächelte uns die ganze Zeit über an.

Hinweis 2 - Finanzieller Nachweis

Dann fragte sie nach dem finanziellen Nachweis. Mein Schwiegervater hatte uns zwei Tage vorher noch 10.000 € überwiesen und ein Schreiben ausgehändigt, indem er bestätige, uns diese Summe als Starthilfe zu schenken. Auch den Kontoauszug und den Überweisungsbeleg hatten wir dabei. Dies wollte ich ihr erklären und sie nickte nur und tackerte das alles zusammen und war dann damit schon durch. Das war also gar kein Thema. Alles in allem dauerte das vielleicht 5 Minuten und sie sagte, wir können uns wieder setzen und werden als nächstes von der Konsulin am Schalter 17 zum eigentlichen Interview aufgerufen.

Hinweis 3 - Ablauf des tatsächlichen Interviewgesprächs

Die Konsulin sprach englisch mit uns, was für uns kein Problem darstellte und war auch wieder sehr nett. Es war – wie ja schon andere berichteten – kein direktes Interview, sondern eher ein netter Smalltalk. Sie fragte nur, wann die Idee kam in die USA zu gehen und ich erzählte, dass ich das seit meiner Kindheit wollte und nach unserer Hochzeit auch mit meinen Mann in die USA geflogen bin und er sich Gott sei Dank auch verliebt hat. Da hat sie gelacht und zu ihm gesagt, dass es sonst jetzt sehr einsam für ihn werden würde.
Dann hat sie gefragt, was wir vorhaben und wann wir aktivieren. Und schon klappte sie die Akte zu und sagte: „Your Visa is approved!". Ich brachte etwas laut nur ein: „REALLY?" raus und grinste von einer Seite zur anderen. Sie sagte: „Yes, congratulations." Mein Mann grinste auch und hat auch was schönes gesagt, aber ich hab das vor lauter Aufregung vergessen und er weiß es einfach nicht mehr (typisch Mann eben :-)).

Sie teilte uns dann noch mit, dass uns die Visa, die Pässe und der versiegelte Umschlag in ca. 7–10 Tagen zugesandt werden und was wir alles beachten müssen.

Das war der Moment an dem ich am aufgeregtesten war, als alles gut war. Alles in allem hat es vom parken bis wieder ins Auto einsteigen eine Stunde gedauert. Der frühe Termin war dabei sicherlich hilfreich.

Nach 6 Tagen war dann auch alles da und wir haben den begehrten Aufkleber im Pass und die Umschläge erhalten.

Es brauch keiner Angst vor dem Termin zu haben. Wir hatten auch viel zu viele Unterlagen bei – wie sicherlich alle – und es war alles in Ordnung. Und vor allem waren alle sehr nett. Nach ein paar „Goodbye have a good day. Thx you, too." waren wir wieder raus.

Ich drücke allen die Daumen die den Termin noch vor sich haben.

Anm. The American Dream: Jessica F. wird zusammen mit ihrem Ehemann im Frühjahr 2017 nach Tampa, Florida auswandern.

Erfahrungsbericht 2 zum Interviewtermin in Frankfurt (leicht gekürzt)

Mai 2015, von Familie M., GreenCard-Gewinner der DV-2015

Nach 15 Jahren!!!!!!Interviewbericht vom 13.5.15

Stellt euch vor ihr wollt zum Interview, aber die Autobahn vor euch ist gesperrt. Seit 2 h und der Verkehrsfunk gibt und gibt keine Entwarnung.... So ging es mir auf dem Heimweg von meinem Job in Berlin, um die Familie, nämlich meinen Mann, die 3 Kinder und den Hund abzuholen.
Nach 2,5 h fingen weit hinter mir Autos an, auf der Autobahn umzudrehen und auf dem Standstreifen zur letzten Ausfahrt zurückzufahren. Denen habe ich mich angeschlossen und war so abends gegen 9 Uhr zu Hause.

WIR HATTEN ABER NOCH 4h FAHRT BIS NACH FFM VOR UNS!!!! (Bis ca. 23 Uhr war die Autobahn noch gesperrt). Also sind wir erst kurz vor 2 Uhr im Hotel Meininger in FFM angekommen. 2 Zimmer und Hund waren gebucht.

Aber die Nacht war kurz, denn unser Termin war schon 7:30 Uhr. So waren wir um 7:08 Uhr am Konsulat und haben auch fast direkt gegenüber einen Parkplatz bekommen.
Mit Kaffee und Croissant in der Hand und Ordner in der Tasche überquerten wir die Strasse und wurden gleich von einem Herren in Zivil im breitesten Südstaaten-Slang angesprochen, was unser Anliegen wäre.

Er hatte super Laune und wies uns gleich in die rechte, kurze Warteschlange ein (ca. 5 Personen vor uns, und das früh um 7:08 Uhr). Er meinte noch, dass wir den Kaffe langsam trinken sollen und uns nicht an den Croissants verschlucken mögen. :-D

Die Schlange ging zügig voran und so kamen wir nach max. 15 min ans Fenster. Die Dame begrüßte uns auch sehr freundlich. Wir teilten ihr unseren Status mit und sie erklärte ganz freundlich, wie wir in das erste Gebäude gelangen würden.
Also zum nächsten „Schalter", ein Rollwagen mit vielen Plastiktüten, in die man alle metallischen Gegenstände und die Gürtel geben sollte.
Mit dieser Plastiktüte dann in das Haus (die Tür wird erst freigegeben, wenn sich rechts von der Tür ein Officer durch ein vorgesetztes Fenster schauend sicher ist, dass er uns reinlassen wollte).

Hinweis 1 – Metallische Gegenstände im Konsulat

Drin dann durch den Metalldetektor, der bei mir voll ausgeschlagen hat da ich die CDs vom Medical in meinem Ordner hatte. Die musste ich abgeben und bekam eine Nummer, um sie mir nach dem Interview wieder abzuholen. Alle wurden abgetastet, auch die Kinder und dann konnte man seine 7 oder mehr Sachen wieder nehmen und ging über den Hof in das nächste Gebäude.

Und ab jetzt war fast alles so, wie es schon hunderte Male im Gewinnerforum beschrieben wurde. Das faszinierende ist, dass man das alles schon gelesen hat, aber nie wusste, wie es dann wirklich aussieht. Und nun steht man da und es beginnt das längste Déjà-vu, das man je erlebt hat.

Schalter 22 hinten in der Ecke, ah ja, da muss ich hin, ohne, dass es mir einer sagen muss. Mein Mann war völlig perplex und wollte noch einmal alles genau erklärt haben. Aber für mich begann hier ein Film, den ich nur von geschriebenen Worten kannte und nun live erleben durfte. ECHT EIN TOLLES GEFÜHL.

Am Schalter 22 sprach man dann deutsch und es ging nur um die Pässe und das Bezahlen (Anm. The American Dream: Visagebühren in Höhe von 330 US-Dollar pro Person, Stand Juni 2016).

Hinweis 2 – Finanzieller Nachweis

Am nächsten Schalter (war es 19 oder 21??? ich glaube es war 21!!!) wollte der nächste deutsch sprechende Mitarbeiter, natürlich nur die Hälfte meiner doppelt und 3-fach gesammelten Unterlagen (einfache online Kontoübersichten für 5 Personen mit insgesamt 32tsd Euro reichten, die wollten nicht sehen, wie lange das Geld auf den Konten war).

Und nun kam nur eine Sache, die ich bisher noch nie gelesen hatte:
Unsere große Tochter musste ein Formular unterschreiben, dass sie bis zur Aktivierung der GC nicht heiraten wird!!! :-D Das kommt uns natürlich sehr entgegen und wir scherzten, dass man diese Formular doch sicher auch nach der ersten Einreise halbjährlich aktivieren müsste, oder? :-D

Hinweis 3 – Ablauf des tatsächlichen Interviewgesprächs

Und dann durften wir auf das Interview warten. Unser mittlerer Sohn fragte, ob er schnell auf Toilette dürfe, was wir bejahten, da wir von einiger Wartezeit ausgingen. Aber wir mussten ihn unterbrechen, denn wir waren recht schnell dran. Erst wollte mein Mann ihn holen, die Konsulin meinte aber, dass das besser die große Tochter übernehme, denn so könnte sie uns schon den Schwur abnehmen.
Das war echt lustig, denn plötzlich war mein Mann ganz aufgeregt. Normalerweise bin ich immer die, die die Richtungen rechts und links durcheinander bringt und mein Mann dann sagt: Nein, das andere Links!!!! Und diesmal hatte er echt Schwierigkeiten sich für die RICHTIGE RECHTE Hand zu entscheiden.
Als wir fast mit dem Schwur fertig waren kamen die Kinder dazu und waren ganz enttäuscht, dass sie nicht auch schwören mussten.

Dann folgte die obligatorische Frage nach dem Grund der Einwanderung. Dann die Frage nach unseren Jobs in Germany und was in USA? Und, welcher Bundesstaat es sein solle?

Und zum Schluss, ob wir planen alle gemeinsam einzureisen/aktivieren?

Sie meinte, dass unsere Unterlagen sehr gut aussehen und sie deshalb unser Visa approved. MIR BLIEB DER ATEM STECKEN!!!!
Ich fragte meinen Mann und meine Kinder ob sie dass gehört hätten? Fragte noch einmal bei der Konsulin nach und bedankte mich. Dann musste ich mich auch schon wegdrehen, denn mir schossen direkt die Tränen der Freude in die Augen... :-)

Die Kinder bekamen noch jeder was von der Theke, an der es Getränke, Brötchen glaube ich, Süßes und Eis gab.

Und so waren wir nach ca. 50 min auch schon wieder draussen.

Und heute, ne reichliche Woche später, sind alle 5 Pässe mit den Visaaufklebern da!!! :-)

Ich bin stolz wie Bolle nach 15 Jahren die Dinger in den Händen zu halten!!!!!

Anm. The American Dream: Familie M. ist die Schulbildung ihrer Kinder sehr wichtig, weswegen die Auswanderung etwas mehr Zeit in Anspruch nimmt. Mit der erfolgreichen Beantragung des Re-entry Permits wird die Auswanderung nun im Sommer 2018 stattfinden und es wird nach Kalifornien gehen. Wer mehr über die Auswanderung der Familie M. wissen möchte, kann sich gerne auf deren Blog umschauen: *www.familyonwaves.wordpress.com*.

INTERNET

14 Ausstellung des Einwanderungsvisums und Gültigkeit

Wie ein exklusiver Country Club begrenzt die USA die Anzahl der Personen, denen es jedes Jahr erlaubt wird, dauerhaft in ihre Reihen aufgenommen zu werden. Da die Zahl der neuen „Mitglieder" bei weitem die Zahl der zur Verfügung stehenden Plätze übersteigt, gibt es oft eine lange Wartezeit zwischen der Genehmigung der Petition (Formular I-130, bzw. Formular I-140) und des Abschlusses der gesamten Bearbeitung durch den Antrag auf ein Einwanderungsvisum oder eine Anpassung des Status in den USA.

Die Beschränkung der „Mitgliedschaft" ist allgemein als Einwanderungsquote bekannt. Diese Quote bedeutet, dass die Bearbeitung bzw. Bewilligung der Petition durch die US-Einwanderungsbehörde zunächst nur sicherstellt, dass die jeweilige Person sich in die Schlange der Personen in der gleichen Einwanderungskategorie einreihen kann, deren USCIS Petition ebenfalls schon bestätigt worden sind.

Anmerkung: Nahe Verwandte von US-Bürgern und „spezielle Einwanderer" fallen nicht unter die jährliche Einwanderungsquote. Sie können ihren Einwanderungsvorgang gleich nach der Petitionsbewilligung durch die US-Einwanderungsbehörde abschließen. Siehe Kapitel 12 „GreenCard durch Heirat oder Verwandtschaft".

MERKE

Wenn man sich erst einmal in eine dieser Gruppen einreihen durfte (und nach einer ggf. mehrjährigen Wartezeit), beginnt die abschließende Phase des Einwanderungsvorgangs: Die Ausstellung des Einwanderungsvisums oder die Anpassung des Status in den USA. Nach Erteilung des Einwanderungsvisums und Einreise in die USA (bzw. erfolgreiche Anpassung des Status in den USA) erhält man den Status als *„Lawful Permanent Resident"* und die GreenCard wird einem per Post zugesandt. Wie Sie sehen, gibt es zwei unterschiedliche Verfahren, die zum gleichen Ziel (die GreenCard) führen: Entweder die Bearbeitung durch das Konsulat im Ausland oder durch Anpassung des Status in den Vereinigten Staaten.

14.1 Bearbeitung durch das Konsulat: Erhalt des Einwanderungsvisums außerhalb der USA

Die Bearbeitung durch das Konsulat bedeutet dreierlei. Erstens, dass die US-Einwanderungsbehörde USCIS bereits festgestellt hat, dass die Person den notwendigen Status oder Beziehung nachgewiesen hat (z.B. als Verwandter eines US-Bürgers oder GreenCard-Inhabers, als Arbeitnehmer eines US-Unternehmens oder einer US-Universität, oder als eine Person mit außergewöhnlichen Fähigkeiten auf dem Gebiet der Wissenschaft, Kunst, Bildung, Wirtschaft oder des Sports). Zweitens, dass ein Einwanderungsvisum sofort verfügbar ist. Die Visaverfügbarkeit hängt von der Einwanderungskategorie ab. Entweder handelt es sich um unmittelbare Verwandte (oder „spezielle" Einwanderer), für die eine unbegrenzte Zahl an Visa zur Verfügung steht. Oder die Person gehört einer Einwanderungs- bzw. Vorzugskategorie an, für die eine begrenzte Zahl von Visa zur Verfügung gestellt werden. Mehr hierzu in Kapitel 11 „GreenCard durch die Arbeitsstelle" und Kapitel 12 „GreenCard durch Heirat oder Verwandtschaft".

Gut auf den Interviewtermin vorbereiten!

Kapitel 14.1

Liegt also eine bewilligte I-140 oder I-130 Petition vor und steht eine Visumnummer zur Verfügung in der entsprechenden Kategorie, entscheidet das US-Konsulat im konsularischen Verfahren darüber, ob abschließend ein Einwanderungsvisum erteilt werden darf. Der Konsulatsbeamte hat in diesem Prozess u. a. die Aufgabe festzustellen, ob die Petition rechtmäßig von der USCIS genehmigt worden ist und ob der potenzielle Einwanderer eventuell aus folgenden Gründen von der Einreise ausgeschlossen werden sollte: Gesundheit, Kriminalität, ideologische Anschauung etc. Dazu Näheres im Kapitel 15.1 „Ausschlussgründe für eine Visumerteilung bzw. Einreise in die USA".

MERKE

Obwohl die amerikanische Einwanderungsbehörde (U.S. Citizenship and Immigration Services, USCIS) bereits die oben beschriebene Beziehung bzw. den Status geprüft und „genehmigt" haben mag, hat der Konsul die Befugnis, einen Antrag auf Einwanderung in dieser letzten Phase abzulehnen!

Die Bearbeitung durch das Konsulat, die verschiedene Vorgänge und eine Menge Papier umfasst, sollte nicht unterschätzt werden. Harmlose Fehler verzögern manchmal einen Antrag auf ein Einwanderungsvisum oder können ihn sogar zum Scheitern bringen. Darum sollten Sie die folgende goldene Regel beherzigen: Bereiten Sie Ihren Antrag gründlich vor!

Vorbereitung der Antragsdokumente:

Nachdem die Petition durch die US-Einwanderungsbehörde bewilligt wurde, übergibt die USCIS die Unterlagen an eine Zweigstelle des *U.S. State Departments* (Außenministerium), das *National Visa Center (NVC)* in *Portsmouth (New Hampshire)*. Das *NVC* fungiert als eine Art Schnittstelle zwischen der US-Einwanderungsbehörde und dem zuständigen US-Konsulat und bearbeitet alle durch die USCIS genehmigten Petitionen für Einwanderungsvisa. Die Behörde sammelt und überprüft die erforderlichen Unterlagen und setzt den Interviewtermin mit dem zuständigen US-Konsulat fest. Das *National Visa Center* wird die bewilligte Petition der USCIS so lange verwahren, bis eine Visanummer zur Verfügung steht. Durch die zahlenmäßige Limitierung von bestimmten GreenCard-Anträgen, kann es je nach Einwanderungskategorie und Geburtsland des Antragstellers mehrere Jahre dauern, bis der Antrag endlich abschließend bearbeitet werden kann. Es ist deshalb sehr wichtig, dass das *National Visa Center* zu jedem Zeitpunkt über die korrekte Anschrift des Antragstellers informiert ist.

Der Antragsteller wird vom *National Visa Center* schriftlich über die weiteren Schritte informiert, sobald eine Visanummer zur Verfügung steht oder es absehbar ist, dass dies bald eintrifft.

Falls, wie in Kapitel 12 „GreenCard durch Heirat oder Verwandtschaft" erwähnt, der Bürge außerhalb der USA wohnt und die I-130 Petition beim zuständigen USCIS-Büro einreichen darf (z. B. in Frankfurt am Main), ist der Ablauf differierend. Nachdem das zuständige ausländische USCIS-Büro (oder ggf. das Konsulat) das I-130 genehmigt hat, werden die Unterlagen übergeben an die Abteilung des Konsulats, die für Einwanderungsvisa zuständig ist (*Immigrant Visa Unit*). Nach der Übergabe erhalten Sie weitere Anweisungen zum Antragsprozess von Seiten des Konsulats. Nähere Informationen zu den notwendigen

Schritten erhält man auch auf der konsularischen Webseite des zuständigen Konsulats. Im Allgemeinen sind aber die Unterlagen und Formulare, die in diesem Fall direkt bei dem Konsulat eingereicht werden, identisch zu den Unterlagen, die dem NVC vorgelegt werden müssen.

Beim (üblichen) NVC-Verfahren werden folgende Schritte durchlaufen:

1. Zusendung der Informationen zum Formular DS-261 (Online Choice of Address and Agent)

Das NVC wird den Antragsteller anschreiben und ihn über das Online-Formular DS-261 informieren. Dort kann der Antragsteller vermerken, über welche Person die weitere Kommunikation erfolgen soll. Das kann beispielsweise der Antragsteller selbst sein, ein US-Anwalt oder der zukünftige GreenCard-Inhaber. Das Online-Formular können Sie hier finden: *https://ceac.state.gov/ceac*.

VERFAHREN

2. Bezahlung der Affidavit of Support-Gebühr

Sollte es sich bei Ihrem Antrag um ein I-130 Verfahren handeln (also einen Einwanderungsantrag auf Basis einer Familienzusammenführung), muss unter Umständen eine sogenannte *Affidavit of Support*-Gebühr im nächsten Schritt entrichtet werden. Das NVC teilt Ihnen schriftlich die Zahlungsmodalitäten mit. Die Gebühr beläuft sich derzeit auf US$ 120.

Affidavit of Support

Ob diese Gebühr entrichtet werden muss, ist von unterschiedlichen Faktoren abhängig.

3. Zusendung des Formulars I-864 (Affidavit of Support)

Das *National Visa Center* wird bei Anträgen auf Familienzusammenführung den Antragsteller dazu auffordern, eine eidesstattliche Verpflichtungserklärung in Form des Formulars I-864 abzugeben.

Die US-Behörde wird Ihnen kein Einwanderungsvisum ausstellen, wenn man nicht der Meinung ist, dass der zukünftige GreenCard-Inhaber nicht die erforderlichen finanziellen Mittel hat, um sich selbst in den USA zu finanzieren. Man möchte ausschließen, dass Personen nach Erhalt der GreenCard zur *public charge* werden. Das I-864 ist das amtliche Formblatt, meistens durch den eigentlichen Antragsteller (z. B. amerikanischen Ehepartner) in den Vereinigten Staaten unterzeichnet, auf dem dieser sich verpflichtet, die Person finanziell zu unterstützen und zu unterhalten, falls es notwendig werden sollte. Dafür sind Angaben über Einkommen notwendig, um festzustellen, ob der Bürge ein ausreichendes jährliches Einkommen hat, um den Verwandten im Härtefall finanziell zu unterstützen. Das Einkommen des Bürgen wird geprüft an Hand von den sogenannten „Poverty Guidelines" (Form I-864P), um festzustellen, ob das jährliche Einkommen des Bürgen mindestens 25 % über der Armutsgrenze liegt. Wenn das Einkommen des Bürgen nicht ausreichend ist, kann der Bürge durch das Auflisten und Nachweisen von möglichem (Grund-)Eigentum und anderen Vermögenswerten nachweisen, dass er in der Lage ist als Bürge aufzutreten. Mindestens eine Steuererklärung vom letzten Steuerjahr (und ggf. Eigentumsnachweise) muss zusammen mit dem Formular I-864 eingereicht werden. Informationen zum Einkommen in den letzten drei vorausgegangenen Jahren müssen auch angegeben werden. Falls der Bürge auch kein ausreichendes Einkommen (bzw. Vermögen) nachweisen kann, muss er eine andere Person finden, die bereit ist ein zweites Formular I-864 zu unterschreiben. Dieser „*joint sponsor*" muss nicht ein Verwandter sein, muss aber für sich alleine das notwendige Einkommen (bzw. Vermögenswerte) nachweisen. Diese eidesstattliche Versicherung sollte nicht unterschätzt werden. Die Person, welche dieses Dokument unterzeichnet, geht einen bindenden Vertrag mit der US-Behörde ein und muss den GreenCard-Inhaber bei finanziellen Schwierigkeiten zur Seite stehen.

Eine Person, die auf der Grundlage eines Arbeitsstellenangebots in die USA einwandern will (*Employment-based Immigrant Visa*), muss im Allgemeinen eine derartige eidesstattliche Erklärung nicht vorlegen. Es sei denn, die Petition wurde unterschrieben von einem Verwandten und der Verwandte ist auch US-Bürger oder GreenCard-Inhaber, oder aber, der Verwandte hat einen Anteilsbesitz von 5% oder mehr an dem Unternehmen, das die Petition gestellt hat.

4. Zahlung der Immigrant Visagebühr

In Schritt 4 wird man Sie bzw. den Antragsteller auffordern, die notwendigen Gebühren für den US-Einwanderungsvisumantrag zu begleichen. Die Gebühren unterscheiden sich je nach Einwanderungsvisakategorie: Familienzusammenführung (aktuell US$ 325), GreenCard über die Arbeitsstelle (aktuell US$ 345). Die Bezahlung kann derzeit über ein Online-Bezahlsystem veranlasst werden. Nähere Instruktionen erhält der Antragsteller im Schreiben des *National Visa Centers*.

Aktuell kann die Bezahlung unter folgender Webseite veranlasst werden: *https://ceac.state.gov/ceac* bzw. *https://ceac.state.gov/CTRAC/Invoice/signon.aspx*

5. Vorbereitung und Übermittlung des Antragsformulars DS-260

Nach Bezahlung der oben genannten Gebühr(en), wird das NVC den Antragsteller nunmehr auffordern, das Antragsformular DS-260 *(Application for Immigrant Visa and Alien Registration)* online auszufüllen und zu übermitteln. Nach erfolgreicher Übermittlung des Formulars, bekommt der Antragsteller eine DS-260 Übermittlungsbestätigung, die er oder sie zum Interview beim Konsulat mitbringen muss.

Das Online-Formular kann unter folgender Webseite aufgerufen werden: *https://ceac.state.gov/ceac* bzw. *https://ceac.state.gov/IV/Login.aspx*

Ungefähr die Hälfte der Fragen dient dazu, die Person, welche die spätere GreenCard erhalten soll, zu identifizieren, sei es durch Name, Geburtsdatum sowie Einzelheiten zu Familienangehörigen, Wohnorten, Arbeitgebern, Ausbildungen, bisherigen Einreisen in die USA etc.

Viele der anderen Fragen beziehen sich auf die sogenannten Ausschlussgründe, also solche, die die US-Behörden dazu veranlassen könnten, das US-Einwanderungsvisum abzulehnen. Diese Gründe schließen beispielsweise ansteckende körperliche Erkrankungen, mögliche Vorstrafen oder illegale Aktivitäten bzw. Aufenthalte in den USA mit ein.

Sie müssen auf jeden Fall auch eine amerikanische Adresse angeben, an die Ihnen offizielle Unterlagen, wie z.B. die spätere GreenCard, zugestellt werden können. Geben Sie dazu z.B. die Adresse Ihres Familienangehörigen in den USA (bei Familienzusammenführung) oder von Freunden in den USA an. Unabhängig vom Alter muss für jedes Familienmitglied, das in die USA einwandern will, ein gesondertes Antragsformular ausgefüllt werden.

Folglich erhalten Sie mit der Aufforderung zur Einreichung der beiden oben genannten Formulare auch die notwendigen Informationen, welche weiteren Dokumente ans National Visa Center geschickt werden müssen (*Instructions for Immigrant Visa Applicants*). Es handelt sich dabei um folgende Unterlagen, die am besten zusammen auf einmal eingereicht werden sollten, um Verzögerungen des Prozesses zu vermeiden:

- Adoptionsunterlagen (falls zutreffend)
- Geburtsurkunde
- Gerichts- und Gefängnisakten zu kriminellen Straftaten (falls zutreffend und auch wenn eine Amnestie, Begnadigung, Straferlass oder andere Art der Nachsicht vorliegt)
- Heiratsurkunde(n) bzw. Scheidungsurteil(e)
- Nachweise zu Militärdiensten (falls zutreffend)
- Unterlagen des Bürgen (falls es um eine Petition für die Eltern oder Geschwister eines US-Bürgers handelt, muss man auch eine Kopie der Geburtsurkunde des Bürgen einreichen)
- Kopie der Fotoseite des Reisepasses
- Passfotos
- Polizeiliches Führungszeugnis

Hinweis: Reichen Sie bitte keine Originale ein. Die Originale werden nur zum Zeitpunkt des konsularischen Interviews verlangt. Schicken Sie gut lesbare Kopien der Originaldokumente oder beglaubigte Kopien des Originals zum National Visa Center. Beglaubigte Übersetzungen von Dokumenten sind nur dann notwendig, wenn diese nicht englischsprachig oder nicht in der jeweiligen Amtssprache des Landes vorliegen, in dem das konsularische Interview stattfinden wird.

MERKE

Hilfreiche und länderspezifische Informationen zu den oben genannten Unterlagen (z.B. wo und wie man ein polizeiliches Führungszeugnis erhält) findet man im sogenannten „Reciprocity Schedule" des U.S. State Departments. Das Reciprocity Schedule für Deutschland findet man auf folgender Webseite: ➚ https://travel.state.gov/content/visas/en/fees/reciprocity-by-country/GM.html.

Abhängig vom Konsulat, bei dem das Einwanderungsvisum am Ende beantragt wird, werden manche Antragsteller dazu aufgefordert (oder Ihnen steht die Option zu), die obengenannten Unterlagen per E-Mail einzureichen. Zudem müssen die oben genannten Unterlagen teilweise nicht ans NVC direkt geschickt, sondern erst am Tag des Interviewtermins im Konsulat vorgelegt werden. Deswegen empfiehlt es sich, immer den entsprechenden Hinweisen des

National Visa Centers genau zu folgen. Die Antragsprozesse der US-Behörden sind nicht starr, sondern unterliegen regelmäßigen Veränderungen. Insbesondere hat jedes US-Konsulat weltweit leicht differierende Abläufe.

MERKE

Hinweis: Gewinner der GreenCard-Lotterie müssen dieses Verfahren in der beschriebenen Form nicht durchlaufen. Das National Visa Center hat hier keine Zuständigkeit, sondern die Abwicklung des Prozesses läuft im Gewinnfall über das Kentucky Consular Center (KCC) bzw. direkt über das zuständige US-Konsulat (siehe auch Kapitel 13 „GreenCard-Lotterie").

Wenn das NVC den Erhalt aller notwendigen Unterlagen bestätigt und den konsularischen Termin vereinbart und Ihnen mitgeteilt hat, müssen Sie anhand der Anleitungen (*Instruction Package*) des zuständigen Konsulats sich auf das Interview vorbereiten. Im Instruction Package des Konsulats finden sich auch noch Hinweise zur notwendigen medizinischen Untersuchung sowie ggf. die Hinweise zu begleitenden Kindern, die bald das 21. Lebensjahr erreichen.

Da die USA daran interessiert sind, die Einreise von Personen mit bestimmten Krankheiten zu verhindern, müssen alle Antragsteller für ein Einwanderungsvisum eine medizinische Untersuchung (*Medical Examination*) durchführen lassen. Diese Untersuchungen bestehen aus einer allgemeinen ärztlichen Untersuchung, Röntgenaufnahmen des Brustkorbs sowie einer Blutuntersuchung. Im Instruction Package des Konsulats finden Sie eine Liste der Ärzte im jeweiligen Zuständigkeitsbereich des Konsulats, die berechtigt sind, diese Untersuchungen durchzuführen und auch nähere Hinweise zu notwendigen Impfnachweisen. Der Antragsteller muss einen Termin mit einem dieser Ärzte vor dem konsluarischen Interviewtermin vereinbaren. Diese ärztliche Untersuchung ist ausschließlich bei den dort gelisteten Vertragsärzten möglich (nicht z. B. bei Ihrem Hausarzt). Bei der medizinischen Untersuchung müssen Sie auch bestimmte Unterlagen mitbringen, die sie dem Instruction Package oder der Webseite des zuständigen Konsulats entnehmen können. Der Vertragsarzt wird Ihre Ergebnisse dem Konsulat schriftlich mitteilen und im besten Fall attestieren, dass es aus medizinischer Sicht keinen Grund gibt, das Einwanderungsvisum nicht zu erteilen.

6. Einladung zum Interviewtermin im US-Konsulat

Üblicherweise erfolgt die Einladung zum konsularischen Interviewtermin (für Deutschland im US-Generalkonsulat Frankfurt/Main) ca. 4–6 Wochen vorher. Die Termine finden in der Regel am frühen Vormittag statt. Aus wichtigen Gründen kann der Termin in Abstimmung mit dem US-Konsulat verschoben werden. Vorstellig werden müssen alle Personen (auch Kleinkinder und Babys), die ein Einwanderungsvisum erhalten möchten.

Der Interviewtermin im US-Konsulat

Zum vereinbarten Interviewtermin muss der Antragsteller zusammen mit seinen Familienangehörigen, die ihn in die USA begleiten wollen, zu der Zeit am Konsulat eintreffen, die in dem Anschreiben genannt ist. Die strengen Sicherheitshinweise müssen beachtet werden. Im Normalfall dürfen keinerlei elektronische Geräte (z. B. Handys oder Laptops) oder Taschen mitgeführt werden. Es empfiehlt sich, nur die notwendigen Unterlagen am Tag des Termins bei sich zu haben.

Nach einer Sicherheitsüberprüfung am Eingang des US-Konsulats müssen die Antragsteller im Wartebereich Platz nehmen und abwarten, bis sie zum eigentlichen Interview aufgerufen werden. In der Regel werden vorab noch einmal die bereits eingereichten Antragsunterlagen überprüft. Das eigentliche Interview findet üblicherweise mit dem Konsul bzw. der Konsulin in englischer Sprache am Schalter statt und dauert häufig nicht länger als ca. 15 Minuten. Der Zweck des Interviews ist es, die Informationen, die Sie in den Formularen zu biografischen Daten (Formular DS-260) gemacht haben, sowie alle eingereichten Dokumente, zu prüfen. Und natürlich auch durch Abgabe Ihrer Fingerabdrücke zu verifizieren, dass es sich bei Ihnen auch tatsächlich um die Person aus dem GreenCard-Antrag handelt. So werden beispielsweise bei Familienzusammenführungsanträgen Fragen zu Ihren familiären und finanziellen Verhältnissen gestellt. Es steht dem Beamten frei, Sie auch zu möglichen Vor- oder Haftstrafen bzw. zu möglichen anderen Ausschlussgründen zum Erhalt der GreenCard eingehend zu befragen.

Am Abend vor dem Interview sollten Sie noch einmal alle Unterlagen durchsehen, um sich wichtige Fakten wieder ins Gedächtnis zu rufen und um zu überprüfen, ob alle Dokumente vorliegen. Der Konsul hat alleinige rechtliche Entscheidungsgewalt. Gegen eine Ablehnung kann kein rechtlicher Einspruch erhoben werden.

Falls der Konsul der Meinung ist, dass Ihre Papiere in Ordnung sind und keine Einwände gegen den Antrag bestehen, erhalten Sie das ausgestellte Visum mit Ihrem Reisepass (noch nicht die GreenCard) dann wenige Tage später per Post (bis zu zehn Werktagen) zusammen mit einem verschlossen Umschlag zugestellt. Dieses Einwanderungsvisum im Pass ist sechs Monate lang gültig und berechtigt den Antragsteller zunächst als Einwanderer in ein Flugzeug gen USA zu steigen und dort an der Grenze einen Antrag auf Zulassung in die USA als Person mit unbefristeter Aufenthaltsgenehmigung (*Lawful Permanent Resident*) zu stellen. Falls die Einreise nicht innerhalb von sechs Monaten nach Ausstellung erfolgt, kann unter Vorbedingungen ein neues Einwanderungsvisum ausgestellt werden (unter anderem müsste die Person nachweisen, dass sie nicht in die USA reisen konnte aus Gründen, die außerhalb ihrer Kontrolle lagen).

USCIS Immigrant Fee

Nach Erhalt das Einwanderungsvisum und vor Einreise in die USA muss seit Anfang 2013 eine zusätzliche Gebühr bezahlt werden: die *„USCIS Immigrant Fee"*. Diese Gebühr beträgt US$ 165 und wird von allen bezahlt, die ein Einwanderungsvisum erhalten. Ausgenommen von der Gebühr sind Personen, die in den folgenden Kategorien ein Einwanderungsvisum erhalten haben:

– Kinder, die als Waisen oder unter des Haager Adoptionsübereinkommens in die USA einreisen,
– Iraker und Afghanen, die als *„special immigrants"* gelten,

– Personen, die bereits eine GreenCard haben, aber eine besondere Genehmigung bekommen haben für die Wiedereinreise nach langem Aufenthalt außerhalb der USA.

INTERNET

Die Gebühr wird online bezahlt unter ✉ www.uscis.gov/file-online/how-pay-uscis-immigrant-fee bzw. ✉ https://www.uscis.gov/file-online/log-online-filing.

Wenn man die USCIS Immigrant Fee nicht zeitnah bezahlt, kann es zu Verzögerungen kommen bei der Ausstellung der GreenCard nach der Einreise in die USA.

Die erste Einreise in die USA

An der Grenze zeigen Sie Ihr Einwanderungsvisum im Pass vor, zusammen mit dem verschlossenen Umschlag (der an der Grenze geöffnet wird) und ggf. Ihre Röntgenbilder. Der Grenzbeamte prüft dann nochmals, ob es irgendwelche Gründe gibt, warum Ihnen die Einreise als *Lawful Permanent Resident* nicht gewährt werden sollte. Das soll nicht heißen, dass Personen mit Einwanderungsvisa ständig an der Grenze abgewiesen werden. Der Grenzbeamte hat aber das Recht, eine Person, die die Einreisebestimmungen nicht erfüllt (weil er z.B. zwischen Visumausstellung und versuchter Einreise straffällig geworden ist), abzuweisen. Wird Ihnen die Einreise als *Lawful Permanent Resident* gewährt, nimmt der Einwanderungsbeamte die Unterlagen entgegen und leitet diese weiter an die US-Einwanderungsbehörde.

Ausstellung der GreenCard

Wenn Sie die oben beschriebene *USCIS Immigrant Fee* bereits bezahlt haben, sollten Sie 2–6 Monate nach Ihrer Einreise die eigentliche GreenCard per Post an Ihre amerikanische Adresse erhalten. Sollten Sie sich zu diesem Zeitpunkt nicht mehr persönlich in den USA aufhalten, so steht es Ihnen frei, sich die GreenCard von Freunden oder Ihrer Familie in den USA nachschicken zu lassen. Die Behörden selbst stellen die GreenCard jedoch nicht an Adressen außerhalb der Vereinigten Staaten zu.

In der Zeit zwischen der ersten Einreise und dem Erhalt der GreenCard per Post, können Sie durch den „I-551 Stempel" in Ihrem Pass nachweisen, dass Sie ein *Lawful Permanent Resident* sind.

MERKE

Anmerkung: Der Status als Lawful Permanent Resident ist zu unterscheiden von dem Besitz einer GreenCard. Die GreenCard dient als Nachweis darüber, dass man den Status als Lawful Permanent Resident besitzt. Man kann aber durchaus den Status als Lawful Permanent Resident haben, ohne dass man eine gültige GreenCard besitzt. Zum Beispiel, wie oben erwähnt, erhält man bei der Einreise mit einem Einwanderungsvisum erstmal nur einen Stempel als Bestätigung des Status als Lawful Permanent Resident. Man ist aber durchaus unmittelbar nach Einreise mit dem Einwanderungsvisum ein Lawful Permanent Resident – GreenCard hin oder GreenCard her. Allerdings kann es auch vorkommen, dass das Ablaufdatum der GreenCard auf den gleichen Tag fällt wie der Ablauf des Status als Lawful Permanent Resident: zum Beispiel dann, wenn man den Status als Lawful Permanent Resident unter Vorbehalt bekommt. Siehe Kapitel 12.4 „Besondere Vorschriften für Ehepartner".

Nach Ausstellung der GreenCard, sind Sie nicht dazu verpflichtet, sich für eine bestimmte Zeit in den USA aufzuhalten.
Allerdings können längere Aufenthalte außerhalb der USA, die Beibehaltung von einem Lebensmittelpunkt außerhalb der USA, oder eine spätere Verlegung des Lebensmittelpunkts außerhalb der USA zum Verlust der GreenCard führen. Mehr Informationen zu den Konstellationen, die zum Verlust der GreenCard führen können, finden Sie in Kapitel 14.4 „Gültigkeit der GreenCard".

14.2 Anpassung des Status in den USA

Wer sich bereits in den USA aufhält, hat die Möglichkeit unter bestimmten Voraussetzungen eine GreenCard zu erhalten, ohne die USA zu verlassen. Diesen Prozess nennt man Statusanpassung (*adjustment of status*), d.h. der Wechsel eines Nichteinwanderungs- hin zu einem Einwanderungsstatus und wird erwirkt durch das Einreichen von Dokumenten an die US-Einwanderungsbehörde USCIS.

adjustment of status

Die im Anschluss beschriebenen Anforderungen für die Statusanpassung sind im Allgemeinen zwingend notwendig. Es gibt aber einige Ausnahmeregelungen, z.B. für Ehepartner von US-Bürgern. Einige dieser Ausnahmeregelungen werden unten näher beschrieben.

Es gibt aber auch Personen, die nur durch die Ausreise aus den USA und das Beantragen eines Einwanderungsvisums im Konsularverfahren (=*Consular Processing*) eine GreenCard erhalten können. Andere Personen, wiederum, haben sich illegal aufgehalten und dürfen nur durch eine Anpassung ihres Status versuchen, eine GreenCard zu erhalten. Diese Themen (illegaler Aufenthalt, Widereinreisesperren, usw.) sind weitläufig, komplex und hängen ganz stark vom Einzelfall ab. Falls Sie Rat zu diesen Themen suchen, sollten Sie sich an einen Rechtsanwalt wenden, der sich auf US-Einwanderungsrecht spezialisiert hat.

Voraussetzungen zur Statusanpassung

Die Anforderungen dafür sind folgende:

– Es muss im Rahmen der jährlichen Einwanderungsquote eine Visanummer zur Verfügung stehen.

Aufgrund der jährlichen Quote können viele Personen, deren Einwanderungsantrag bewilligt wurde, nicht gleich damit beginnen, diesen abschließend bearbeiten zu lassen. Die Anpassung des Status ist nur für diejenigen möglich, die berechtigt sind, diesen Vorgang sofort abschließen zu können. Unmittelbare Angehörige von US-amerikanischen Bürgern und „spezielle Einwanderer" haben diese Berechtigung immer – hier bestehen keine Wartezeiten. Der Antragsteller muss darüber hinaus legal in die USA eingereist sein.
Eine legale Einreise wird durch den Stempel dokumentiert, der Ihnen von einem Grenzbeamten an den Einreisestellen in den Pass gestempelt wird und dem I-94 Einreiseformular (abrufbar unter ⊠ *https://i94.cbp.dhs.gov/I94*). Jede Person, die diesen Stempel bzw. das I-94 nicht nachweisen kann, kann im Allgemeinen auch nicht beweisen, dass sie legal ins Land gekommen ist.

MERKE

BEISPIEL

– Der Antragsteller darf nicht ohne Genehmigung in den USA eine Arbeit angenommen haben.

Merke: Selbst wenn der potenzielle Einwanderer legal eingereist ist, darf er nicht ohne Genehmigung gearbeitet haben.

Beispiel: Tina reist als Touristin nach New York, verliebt sich sofort in die Weltmetropole und tritt ihren Rückflug gar nicht an. Anschließend arbeitet sie drei Jahre illegal als Kellnerin in Manhattan, bevor sie einen GreenCard-Inhaber kennenlernt und heiratet. Tina will jetzt eine GreenCard bekommen, damit sie legal arbeiten und ihre Familie in Nürnberg besuchen kann. Tina redet mit einem Freund, der gerade Medizin studiert bei der New York University. Er empfiehlt ihr, auszureisen und bei einem Konsulat in Deutschland ein Einwanderungsvisum zu beantragen. Er habe von einem Bekannten gehört, dass dies die richtige Vorgehensweise sei, wenn man eine GreenCard erhalten möchte. Zudem hat Tina irgendwo online gelesen, dass eine illegale Beschäftigung nicht notwendigerweise eine Einwanderungssperre – lediglich das Verbot der Statusanpassung bedeute. Tina möchte aber sicherstellen, dass alle diese Infos korrekt sind. Also trifft sie sich mit einem Anwalt, der ihr zweierlei mitteilt. Erstens darf sie keine Statusanpassung beantragen, weil sie sich illegal aufgehalten und illegal gearbeitet hat. Zweitens sollte sie nicht ausreisen, weil bei der freiwilligen Ausreise nach mehr als sechsmonatigem illegalen Aufenthalt, eine dreijährige Wiedereinreisesperre greift (siehe Kapitel 15.2 „Einreisesperren bei illegalem Aufenthalt in den USA"). Tina bricht in Tränen aus, bis der Anwalt sie mit dem Hinweis tröstet, dass ihr Ehemann ggf. die US-Staatsbürgerschaft beantragen dürfe, weil er seit weit über fünf Jahren eine GreenCard besitzt, und Tina nach seiner erfolgreichen Einbürgerung einen Antrag auf Statusanpassung stellen könnte, weil ein „Immediate Relative" Statusanpassung beantragen darf, trotz illegalem Aufenthalt oder illegaler Arbeit, solange sie legal eingereist ist. Siehe Ausnahmeregelungen unten.

– Der Antragsteller muss einen legalen Status in den USA haben.

„Legaler Status" bezieht sich auf die Länge eines genehmigten Aufenthaltes, der dem Antragsteller bei seiner letzten Einreise in die USA gewährt wurde. Die Dauer eines genehmigten Aufenthaltes wird in dem Online-Formular I-94 notiert (abrufbar unter *https://i94.cbp.dhs.gov/I94*). Eine Person, die die genehmigte Aufenthaltsdauer überzieht, befindet sich illegal in den USA und kann daher den Status nicht anpassen lassen.

– Der Antragsteller darf bestimmten Gruppen von Nichteinwanderungskategorien nicht angehören.

Sie können Ihren Status nicht anpassen, wenn Sie sich aktuell mit einem legalen Aufenthaltsstatus der folgenden Kategorien in den USA aufhalten:

– TWOV (Transit Without Visa),
– C (Transit),
– D (Crew Member),

- J (Exchange Visitor) (Aber bestimmte Ausnahmen sind vorgesehen, siehe Kapitel 9.1 „J-1 Visum (Exchange Visitor): Praktika, Forschungsaufenthalte und Austauschprogramme"),
- E-1 (Treaty Trader),
- E-2 (Treaty Investor),
- A (Diplomat or Foreign Government Official),
- G (Employee of a Designated International Organization),
- S (Aliens Assisting Law Enforcement/Witness or Informant).

Auch Personen, die unter dem *Visa Waiver Program* eingereist sind, können generell keine Statusanpassung vornehmen.

Personen, die mit einem Verlobtenvisum (K-1) eingereist sind, können nur aufgrund einer Ehe zu dem US-Bürger, der die entsprechende I-129F Petition eingereicht hat, ihren Status anpassen. Mehr Informationen zum Verlobtenvisum finden Sie in Kapitel 12.4 „Besondere Vorschriften für Ehepartner".

Ausnahmeregelungen

Wenn man die oben genannten Anforderungen nicht erfüllen kann, sollte geprüft werden, ob eine Ausnahmeregelung Abhilfe schaffen kann. Weil es eine Vielzahl von Ausnahmeregelungen gibt, die stark vom Einzelfall abhängen, sollen hier nur die gängigsten erläutert werden.

- Unmittelbare Verwandte (*Immediate Relatives*) von US-Bürgern

Personen, die legal eingereist sind und für die ein Antrag auf Familienzusammenführung auf Basis eines unmittelbaren Verwandtschaftsverhältnisses mit einem US-Staatsbürger gestellt wurde, können auf drei Ausnahmen zurückgreifen: Solche Personen dürfen eine Statusanpassung beantragen trotz (1) illegalem Aufenthalt, (2) illegaler Arbeit oder (3) einer visumfreien Einreise (mit ESTA).

Weitere Informationen zu den Beziehungen, die als unmittelbar gelten, finden Sie in Kapitel 12 „GreenCard durch Heirat oder Verwandtschaft".

- Personen mit dem Status E, A oder G

Personen mit dem Status E, A, oder G können ggf. einen Antrag auf Statusanpassung stellen wenn sie durch das Einreichen vom Formular I-508 auf ihre besonderen Rechten, Privilegien, Ausnahmen und Immunitäten verzichten. Weitere Voraussetzungen können zutreffen.

- Personen mit J

Ausnahmeregelungen für Besitzer eines J-Visums finden Sie in Kapitel 9.1 „J-1 Visum (Exchange Visitor): Praktika, Forschungsaufenthalte und Austauschprogramme".

Wie passt man den Status an?

VERFAHREN

Die Dokumente, die für den Antrag zur Statusanpassung eingereicht werden müssen, unterscheiden sich von denen für die Bearbeitung durch ein Konsulat. Der Antrag wird mit dem Formular I-485 (*Application to Register Permanent Residence or Adjust Status*) und den entsprechenden Gebühren bei der US-Einwanderungsbehörde eingereicht. Bitte beachten Sie nochmals, dass der Antrag auf Statusanpassung nicht losgelöst von einem offiziellen Einwanderungsantrag (also z.B. Antrag auf Familienzusammenführung oder durch den US-Arbeitgeber) gestellt werden kann. Wann der Antrag auf Anpassung des Status eingereicht wird, orientiert sich daran, ob eine Visanummer (zur abschließenden Bearbeitung durch die US-Behörden) bereits aufgrund des Einwanderungskontingents für Ihre Kategorie zur Verfügung steht.

So wird beispielsweise bei einer Einwanderungspetition für direkte Verwandte (Ehepartner oder minderjährige Kinder) von US-Staatsbürgern das I-485 Formular gleichzeitig mit dem Hauptantrag I-130 gestellt. Da für diese Einwanderungskategorie immer ausreichend Visanummern zur Verfügung stehen, besteht diese Möglichkeit des sogenannten *concurrent filings*. Selbiges gilt für einige *Employment-based*-Kategorien, die nicht überzeichnet sind. Siehe Kapitel 11.7 „Visa Bulletin – Warteliste für Einwanderer" und Kapitel 12.5 „Vorzugskategorien der Familieneinwanderung/Visa Bulletin".

Wenn keine Visanummer für Ihren Antrag laufend verfügbar ist, also mit längeren Wartezeiten bis zur abschließenden Bearbeitung der Petition gerechnet werden muss (z.B. bei Anträgen von US-Staatsbürgern für Geschwister oder bestimmte GreenCard-Anträge über die Arbeitsstelle), kann das I-485 nicht direkt mit dem eigentlichen Hauptantrag eingereicht werden. Hier muss zunächst die Bewilligung der Petition durch die US-Einwanderungsbehörde abgewartet werden sowie die Verfügbarkeit einer Visanummer, bevor eine Statusanpassung innerhalb der USA beantragt werden kann.

In der ersten Hälfte des Formulars I-485 werden Angaben zur Person (Name, Geburtsdatum usw.) verlangt. In der zweiten Hälfte beziehen sich die Fragen auf mögliche Gründe, warum man Ihren Antrag ablehnen könnte (z.B. Fragen zu möglichen Vorstrafen, terroristischen Aktivitäten etc.).

Folgende Unterlagen müssen dem Antrag (Formular I-485) beigefügt werden (variieren aber durchaus je nach Kategorie und der individuellen Antragssituation):

- Kopie der Geburtsurkunde
- Kopie des Reisepasses, US-Visums
- Zwei identische Farbfotos, die innerhalb der letzten 30 Tage vor der Antragstellung angefertigt wurden
- Formular zu biografischen Daten (Formular G-325A)
- Antragsscheck in Höhe der Antragsgebühr von aktuell US$ 1.070

In dem Formular G-325A werden der Hintergrund und persönliche Daten des Antragstellers erfragt, z.B. Familienstand, vorheriger Wohnsitz und berufliche

Entwicklung. In Kapitel 17 „Formulare" finden Sie weitere Informationen zu den Antragsformularen.

- Nachweis der legalen Einreise

Dieser Nachweis kann durch eine Kopie der Seite mit dem roten Stempel in Ihrem Pass und des Formulars I-94 erbracht werden.

- Heiratsurkunde und Scheidungsurteil, falls erforderlich
- Kopie des I-797 Bewilligungsschreibens der USCIS bezüglich einer I-140/I-526 bzw. I-130 Petition, falls zutreffend
- Form I-693, *Medical Examination* (medizinische Untersuchung durch einen von einem USCIS-Vertragsarzt), falls zutreffend
- Nachweis der finanziellen Unterstützung

Eine abschließende Genehmigung der Einwanderung wird nicht ausgesprochen werden, wenn die Behörden den Eindruck haben sollten, dass der Antragsteller nicht die finanziellen Mittel hat, sich selbst in den USA finanzieren zu können. Personen, für die eine arbeitsplatzbezogene Einwanderung beantragt wird, müssen eine Bestätigung durch den amerikanischen Arbeitgeber vorweisen, die aussagt, dass die angebotene Stelle immer noch verfügbar ist.

Diejenigen, die hoffen, auf der Grundlage einer Familienzusammenführung einwandern zu können, müssen eine eidesstattliche Verpflichtungserklärung durch einen US-Bürger (*Form I-864 Affidavit of Support*) einreichen. Eine nähere Beschreibung des Formulars I-864 finden Sie in Kapitel 14.1 „Bearbeitung durch das Konsulat: Erhalt des Einwanderungsvisums außerhalb der USA".

Es können durchaus noch weitere Antragsunterlagen von Nöten sein, das richtet sich nach der jeweiligen Einwanderungskategorie, dem derzeitigen Aufenthaltsstatus des zukünftigen GreenCard-Inhabers sowie weiteren individuellen Umständen.

- Einreichen des Anpassungsantrags

Nachdem die Papiere für die Anpassung des Status eingereicht wurden, erhält der Antragsteller von der USCIS zunächst eine Eingangsbestätigung *(Receipt Notice)* mit einer Vorgangsnummer (*Receipt Number*). Als nächstes erhält man eine Einladung zur Abgabe der Fingerabdrücke (*Biometrics*) bei einem der zuständigen *Application Support Center*. In einem weiteren Schritt erhalten Sie bzw. Ihr US-Familienangehöriger einen Termin für ein Interview durch einen USCIS-Beamten. Nicht alle Personen werden zwingend interviewt. Beim Interview soll festgestellt werden, ob der Antragsteller berechtigt ist, eine „Anpassung" des Status und der Einwanderung allgemein zu erhalten. Es werden dabei Fragen zu den Informationen, die in den verschiedenen Formularen auftauchen, und den beigefügten Unterlagen gestellt.

Die US-Einwanderungsbehörde wird dann über den Antrag entscheiden und dies dem Antragsteller postalisch in einem Bewilligungs- oder Ablehnungsschreiben mitteilen. Von diesem Zeitpunkt an sind Sie, bei Antragsbewilligung, rechtmäßig eine Person mit einer unbefristeten Arbeits- und Aufenthaltsgenehmigung (*Lawful Permanent Resident*) für die USA. Ihre eigentliche GreenCard bekommen Sie dann mit der Post.

– Auslandsreisen während der Statusanpassung

Auslandsreisen während der Statusanpassung sind nur dann zu empfehlen wenn: (1) die Ausreise von Seiten der USCIS nicht als eine Aufgabe (*abandonment*) des Antrags auf Statusanpassung betrachtet wird und (2) eine Ausreise aus den USA keine Einreiseverbot auslöst, die eine Wiedereinreise unmöglich macht.

Auslandsreisen als Aufgabe des Antrags auf Statusanpassung

Allgemein gilt: Eine Auslandsreise während der Bearbeitung eines Antrags auf Statusanpassung wird von Seiten der USCIS als Aufgabe dessen erachtet und führt direkt zur Ablehnung. Es gibt aber zwei generelle Ausnahmen: Erstens, können Inhaber des folgenden Status und eines noch gültigen Visums (H-1, H-4, L-1, L-2, K-3, K-4, V-1, V-2/V-3) während des laufenden Anpassungsverfahren ohne eine spezielle Genehmigung die USA verlassen und mit dem entsprechenden (gültigen) Visum wieder einreisen. Das hat bedeutende Vorteile, besonders in einer familiären Notfallsituation, denn die Bearbeitungszeiten (bis zu drei Monate) für die Ausstellung einer *Advance Parole* (siehe unten) können solche spontanen Reisen schwierig oder unmöglich machen. Wichtig ist, dass die entsprechenden Visa noch gültig sind, der damit verbundene Status auch und die Beschäftigung in den USA bei Wiedereinreise noch besteht. Personen, deren L-1 oder H-1B Status bereits ausgelaufen ist, sich aber wegen der Statusanpassung mit einer allgemeinen Arbeitserlaubnis (*Employment Authorization Document, EAD*) in den USA aufhalten, müssen nach wie vor eine *Advance Parole* beantragen.

Ebenfalls profitieren Inhaber von K-3 und K-4 Visa von dieser Regelung. Diese benötigen keine *Advance Parole*, sofern die Statusanpassung zum Zeitpunkt der Einreise sowie die erteilten US-Visa nach wie vor gültig sind.

Zweitens, können Personen im sonstigen Aufenthaltsstatus einen Antrag stellen auf *Advance Parole*. Dieser Antrag wird durch das Einreichen eines Formulars I-131 gestellt und kann gemeinsam mit dem Statusanpassungsantrag (Formular I-485) eingereicht oder nachgereicht werden. In Notfallsituationen kann man auch ggf. eine *Advance Parole* erhalten durch ein *District Office* der USCIS. Siehe ⌨ *www.uscis.gov/green-card/green-card-processes-and-procedures/travel-documents/emergency-travel.*

Abgesehen von der Vermeidung einer Aufgabe des Antrags auf Statusanpassung, muss auch sichergestellt werden, dass eine Ausreise kein Wiedereinreiseverbot auslösen wird. Wie in Kapitel 15.2 „Einreisesperren bei illegalem Aufenthalt in den USA" näher beschrieben, können Verstöße gegen das US-Einwanderungsrecht, insbesondere illegaler Aufenthalt, zu Wiedereinreisesperren führen. In einem Präzedenzfall aus dem Jahr 2012 wurde entschieden, dass zwei Personen, die *Advance Parole* beantragt und erhalten hatten, nicht aufgrund eines vorangegangenen illegalen Aufenthalts von der Wiedereinreise gesperrt hätten werden dürfen. Verlassen Sie sich in solchen Fällen besser nicht auf derartige Einzelfälle. Wenden Sie sich immer an einen spezialisierten Rechtsanwalt oder eine Visa-Agentur.

Und nach wie vor gilt: Ob und wie Sie problemlos während eines Statusanpassungsverfahrens reisen dürfen, muss im Einzelfall entschieden werden.

MERKE

14.3 Beantragung der US-Staatsbürgerschaft

Es ist jetzt deutlich attraktiver geworden, auf Dauer einen US-Pass zu beantragen. Durch das zum 1. Januar 2000 in Kraft getretene Gesetz zur Änderung des Staatsangehörigkeitsrechts besteht die Möglichkeit, durch einen erfolgreichen Antrag auf Beibehaltung, die deutsche Staatsangehörigkeit auch durch die Annahme einer fremden weiterhin zu erhalten. Davor galt, dass durch die Annahme der US-Staatsbürgerschaft, automatisch der deutsche Pass verloren ging. Berücksichtigt wird, ob fortbestehende Bindungen an Deutschland erkennbar sind. Diese können u.a. sein: Beziehungen zu nahen Verwandten, Eigentum an Immobilien und eigengenutzten Wohnungen, Renten- oder Versicherungsleistungen, Firmenanteile, Spar- und Girokonten, Schul- und Berufsausbildung in Deutschland, regelmäßige Reisen nach Deutschland, langjährige Inlandsaufenthalte.

Beantragung der US-Staatsbürgerschaft aufgrund doppelter Staatsangehörigkeit durchaus sinnvoll

Nach den Änderungen zum Staatsangehörigkeitsgesetz muss es aber einen plausiblen Grund für den angestrebten Erwerb der US-amerikanischen Staatsbürgerschaft geben. So z.B. die Vermeidung oder die Beseitigung von erheblichen Nachteilen, insbesondere wirtschaftlicher und vermögensrechtlicher Art. Allgemeine Nachteile, wie sie für Ausländer überall auf der Welt bestehen, z.B. das fehlende Wahlrecht, der Zwang, eine gültige Aufenthaltserlaubnis (Green-Card) zu besitzen oder der Ausschluss von hohen Regierungsämtern sind nicht geeignet, aus deutscher Sicht als Nachteil anerkannt zu werden.

Antragsverfahren für die Beibehaltung der deutschen Staatsbürgerschaft

Der Antrag muss, wenn sich der Antragsteller im Ausland aufhält, über die zuständige Auslandsvertretung gestellt werden. Von dort wird der Antrag mit einer Stellungnahme an das Bundesverwaltungsamt in Köln zur Entscheidung weitergeleitet. Es handelt sich hier nicht nur um ein reines Standardverfahren, sondern die Anträge werden sehr genau geprüft und es liegt im Ermessen des Bundesverwaltungsbeamten, wie über Ihren Antrag entschieden wird.

Anmerkung: Sowohl Antragstellung, als auch Erteilung der Beibehaltungsgenehmigung müssen vor dem Erwerb der ausländischen Staatsbürgerschaft erfolgen, da der Erwerb ohne vorherige Genehmigung den Verlust der deutschen Staatsangehörigkeit zur Folge hat.

MERKE

Die Gebühren für eine Beibehaltungsgenehmigung betragen derzeit € 255, minderjährige Kinder zahlen € 51. Die Bearbeitungszeiten liegen bei ca. 4–6 Monaten.

Sollte die Beibehaltungsgenehmigung erteilt werden, gibt es eine Frist von zwei Jahren, in der die fremde Staatsangehörigkeit ohne Verlust der deutschen erworben werden kann. Sollte die Frist nicht ausreichen, sollte vier Monaten vor Ablauf der Genehmigung ein formloser Antrag auf eine neue Beibehaltungsnehmigung gestellt werden.

INTERNET

Weitere Informationen zum Thema erhalten Sie u. a. im Internet:
↳ *www.bva.bund.de/DE/Themen/Staatsangehoerigkeit/Beibehaltung/ beibehaltung-node.html*
↳ *www.germany.info/Vertretung/usa/de/05__Dienstleistungen/02__ Staatsangehoerigkeit/02__Beibehaltung/__Beibehaltung.html.*

Vorteile der US-Staatsbürgerschaft

Mit der GreenCard haben Sie bereits sämtliche Vorteile eines dauerhaften Aufenthalts in den USA, ohne sich aber von Ihrer derzeitigen Staatsangehörigkeit trennen zu müssen. Folgende Gründe könnten jedoch für die Beantragung der amerikanischen Staatsbürgerschaft sprechen:

Vorteile

1. Das Recht zu wählen und öffentliche Ämter zu bekleiden: Als Permanent Resident dürfen Sie nicht an allgemeinen Wahlen teilnehmen. Als eingebürgerter US-Staatsangehöriger dürfen Sie dagegen (bis auf das Amt des Präsidenten und Vizepräsidenten) alle öffentlichen Ämter bekleiden.

2. Arbeit als Staatsangestellte: Viele Beamtentätigkeiten und einige Stellen auf Bundesstaats- und Regionalebenen stehen nur US-Bürgern offen (z. B. auch bei Polizei und Feuerwehr).

3. Längerer Aufenthalt außerhalb der USA, ohne die Aufenthaltsgenehmigung zu verlieren: Wie in Kapitel 14.4 „Gültigkeit der GreenCard" beschrieben, kann es passieren, dass Ihnen die GreenCard aufgrund zu langer Auslandsaufenthalte aberkannt wird. Paradoxerweise werden Sie, solange Sie „nur" GreenCard-Inhaber sind, gezwungen, sich jedes Jahr für längere Zeit in den USA aufzuhalten. Sobald Sie aber US-Bürger geworden sind, müssen Sie theoretisch nie wieder einen Fuß in die USA setzen. Sie können sich dann im Ausland aufhalten, so lange Sie wollen, ohne zu fürchten, je an der Grenze abgewiesen zu werden.

4. Keine Ausweisung bei Straftaten möglich: Als GreenCard-Inhaber können Sie unter bestimmten Voraussetzungen aus den USA ausgewiesen werden, falls Sie irgendwie straffällig werden. Sie verspielen dann oft die Chance, je wieder einreisen zu dürfen. Als US-Bürger können Sie für Vergehen, die nach Erhalt der Staatsbürgerschaft von Ihnen begangen werden, nicht mehr abgeschoben werden. Natürlich können Sie zu Gefängnisstrafen verurteilt, der Erhalt der Staatsbürgerschaft kann aber nicht mehr widerrufen werden.

5. US-Reisepass: Für Bürger einiger Nationen kann es von Vorteil sein, einen US-Pass zu besitzen, mit dem Sie freizügiger reisen können als mit dem Pass ihres Heimatlandes. Für Bürger der Europäischen Union trifft das in der Regel nicht zu.

6. Bezug von Sozialhilfe: Seit einer Reform der Sozialgesetzgebung im Jahr 1996 wurden die sozialen Leistungen an GreenCard-Inhaber stark eingeschränkt.

7. GreenCard-Anträge für Familienangehörige: Als US-Staatsbürger können Sie für Ehepartner und Kinder schneller die GreenCard beantragen, da keine Wartezeiten auf eine Visanummer bestehen, es also keine Limitierung der Einwanderungsanträge für diese Personengruppe gibt. Auch können Sie für Verwandte ein GreenCard-Verfahren anstreben, die Sie als „nur" *Lawful Permanent Resident* nicht sponsorn könnten (z. B. Geschwister).

Voraussetzungen für die Beantragung der US-Staatsbürgerschaft

1. Wartezeit: Sie müssen bereits seit mindestens fünf Jahren mit der GreenCard in den USA leben (bei Heirat mit einem US-Bürger reichen sogar schon drei Jahre).
Voraussetzungen

2. Mindestaufenthalt während der Wartezeit: Während dieser fünf (oder drei) Jahre müssen Sie die erforderliche *„physical"* und *„continuous presence"* nachweisen (Ausnahmen gelten z. B. für Ehepartner von US-Soldaten, die im Ausland stationiert sind). Die erforderliche *„physical presence"* ist erbracht, wenn man mindestens die Hälfte der Zeit in den Vereinigten Staaten physisch vor Ort war. Zudem dürfen Sie in der Drei- oder Fünfjahresfrist Ihre *„continuous presence"* nicht unterbrochen haben.
Wenn Sie sich bis zu sechs Monaten außerhalb der USA aufhalten, wird generell angenommen, dass Sie Ihre *„continuous residency"* in den USA nicht unterbrochen haben. Allerdings liegt es im Ermessensspielraum der Beamten, inwieweit mehrere Unterbrechungen von einer Dauer von bis zu sechs Monaten oder weniger implizieren, dass Ihr Lebensmittelpunkt nicht mehr in den USA liegt.
Die USCIS nimmt an, dass Aufenthalte außerhalb der USA von länger als sechs Monate die *„continous presence"* unterbrechen. Man kann aber durchaus diese Annahme durch geeignete Nachweise widerlegen, z. B., dass man die ganze Zeit eine Bleibe in den USA aufrechterhalten hat, unmittelbare Verwandte in den USA geblieben sind, und man eine US-Arbeitsstelle beibehalten hat (bzw. keine Arbeit außerhalb der USA aufgenommen hat). Aufenthalte außerhalb der USA von einem Jahr oder länger unterbrechen die *„continuous presence"* nur dann nicht, wenn man einen genehmigten Antrag auf Aufrechterhaltung des Wohnsitzes nachweisen kann (Formular N-470).
Wenn eine Unterbrechung der *„continuous residency"* vorliegt, beginnen die fünf oder drei Jahre *„continuous residency"* wieder von vorne. Aber bei einem Aufenthalt außerhalb der USA zwischen einem Jahr und zwei Jahren werden die letzten 364 Tage außerhalb der USA als Teil der notwendigen *„continuous residency"* angerechnet. Weitere Details hierzu finden Sie in dem Formular M-476 *(A Guide to Naturalization)*, ⌲ *www.uscis.gov/sites/default/files/files/article/M-476.pdf*. Antragsteller müssen auch mindestens drei Monate in einem Bundesstaat oder USCIS-Einzugsgebiet gewohnt haben, bevor der Antrag auf Staatsbürgerschaft gestellt werden kann.

3. **Sie müssen einen „guten moralischen Charakter" nachweisen:** Dies bedeutet nicht, dass Sie ein tadelloses Leben geführt haben müssen. Allerdings dürfen während der „Wartezeit" auf die US-Staatsbürgerschaft, also während der letzten drei oder fünf Jahre, keine schwerwiegenden Vergehen von Ihnen begangen worden sein. Dazu zählen beispielsweise Alkohol- und Drogenmissbrauch oder -handel, Betätigung im Bereich des illegalen Glücksspiels oder der Prostitution, versäumte Steuerzahlungen oder falsche Angaben bei Ihrer Einwanderung gegenüber der US-Einwanderungsbehörde. Dabei wird jedoch nur die Periode der letzten fünf Jahre betrachtet, andere Vergehen vor dieser Zeit zählen nur dann, wenn noch immer eine Bewährungsstrafe vorliegt oder Ihre älteren Vergehen Sie noch immer „moralisch beeinflussen" könnten. Natürlich liegt dies oft im Ermessen der Einwanderungsbeamten.

4. **Basiswissen über US-Politik und Geschichte der Vereinigten Staaten:** Dazu müssen lediglich einige simple Fragen („Welche Farben hat die US-Flagge? Wer war der erste Präsident Amerikas? Für welchen Zeitraum wird ein Kongressabgeordneter gewählt?") aus einer Liste von insgesamt 100 Fragen beantwortet werden (*Naturalization Test*). Diese Fragen können vorher eingesehen und auswendig gelernt werden (z. B. unter ☛ *www.uscis.gov/naturalization*). Von den bis zu zehn gestellten Fragen müssen mindestens sechs richtig beantwortet werden, um den Einbürgerungstest zu bestehen. Ein Antragsteller mit einer Krankheit (z. B. Alzheimer) oder einer Lernschwäche, die es ihm unmöglichen machen für den Test zu lernen, können von dem Test möglicherweise befreit werden. Hierzu ist das Formular N-648 notwendig, das von einem Arzt ausgefüllt und unterschrieben wird.

5. **Grundkenntnisse der englischen Sprache:** Jeder Antragsteller muss einen einfachen schriftlichen und mündlichen Englischtest ablegen. Wenn Sie einfache Fragen beantworten können, sollten Sie bereits keine Schwierigkeiten mit diesem Test haben. Ältere Personen (über 50 Jahre alt), die mindestens 20 Jahre in den USA gelebt haben, oder über 55-jährige mit 15-jährigem Aufenthalt in den USA sind vom Englischtest vollkommen befreit. In diesem Fall kann auch der Basistest über US-Politik und Geschichte in der Muttersprache abgelegt werden. Wenn man über 65 Jahre alt ist und 20 Jahre lang GreenCard-Inhaber ist, ist man befreit vom Englischtest und darf einen vereinfachten Basistest über US-Politik und Geschichte ablegen.

6. **Altersbegrenzung:** Sie müssen mindestens 18 Jahre alt und rechtlich in der Lage sein, auf die amerikanische Verfassung einen Eid zu schwören. Personen unter 18 Jahren können nur über die Eltern die US-Staatsbürgerschaft beantragen.

7. **Schwören eines Eides auf die Verfassung:** Um letztendlich die Staatsbürgerschaft anzunehmen, müssen Sie einen Eid auf die amerikanische Verfassung und den amerikanischen Staat als solchen schwören. Sie müssen sich damit auch willig zeigen, in Zeiten kriegerischer Auseinandersetzungen Dienst an der Waffe oder zumindest in irgendeiner militärischen oder zivilen Einrichtung zu leisten.

Darüber hinaus kann Ihnen die Einbürgerung verweigert werden, wenn Sie während der letzten zehn Jahre vor Antragstellung in einer kommunistischen Partei Mitglied waren oder mit irgendeiner terroristischen Partei in Verbindung gebracht werden können. Ausnahmen können gemacht werden, wenn Sie „unfreiwillig" Mitglied waren, z.B. auf Druck eines staatlichen Regimes. Es bestehen noch weitere mögliche Ausschlussgründe.

Verfahren

INTERNET

Die Einbürgerung wird mit dem Formular N-400 beantragt. Dieses Formular finden Sie unter der Internetadresse: ⌕ *www.uscis.gov/files/form/N-400.pdf*

VERFAHREN

Zusammen mit dem Antragsformular und Ihren Unterlagen muss aktuell eine Gebühr von US$ 680 entrichtet werden. Einige Zeit nach Eingang des Antrags werden Sie dann zu einem Interview bei der USCIS eingeladen. Dort werden auch der Einbürgerungs- und Englischtest durchgeführt. Generell kann beliebig oft ein Antrag auf Einbürgerung gestellt werden, falls der Antrag zunächst nicht bewilligt wird.

Wenn man in einem USCIS-Gebiet wohnt, wo die Einbürgerung durch einen Richter vorgenommen wird, kann man ggf. einen Namenswechsel durch den Richter beantragen; ansonsten kann man bei der Einbürgerung keine Namensänderung vornehmen. Namensänderungen, die vor der Einbürgerung vorgenommen worden sind (z.B. durch Heirat) können anerkannt und die neuen Namen in der Einbürgerungsurkunde mit aufgenommen werden. Nach der Genehmigung durch die US-Einwanderungsbehörde müssen Sie dann folgenden Eid leisten:

"I hereby declare, on oath, that I absolutely and entirely renounce and abjure all allegiance and fidelity to any foreign prince, potentate, state or sovereignty, of whom or which I have theretofore been a subject or citizen; that I will support and defend the Constitution and laws of the United States of America against all enemies, foreign and domestic; that I will bear true faith and allegiance to the same; that I will bear arms on behalf of the United States when required by the law; that I will perform work of national importance under civilian direction when required by the law; and that I take this obligation freely without any mental reservation or purpose of evasion; so help me God."

Der Eid auf die USA

Danach erhalten Sie ein *Certificate of Naturalization* als Beweis Ihrer neuen Staatsbürgerschaft. Einen Reisepass können Sie danach selbstverständlich auch beantragen.

Jede Person, die auf amerikanischem Boden geboren wird, ist übrigens automatisch US-Staatsbürger. Allerdings können sich die Eltern davon nur bedingt unmittelbare Vorteile erhoffen. Erst ein volljähriges Kind (mit Vollendung des 21. Lebensjahrs) kann einen Antrag auf GreenCard für die Eltern stellen (siehe Kapitel 12 „GreenCard durch Heirat oder Verwandtschaft").

14.4 Gültigkeit der GreenCard

Ein Wort zum Begriff der „GreenCard"

„GreenCard" kennt das US-Einwanderungsrecht als rechtlichen Terminus nicht. Der Begriff ist das Synonym für eine unbefristete Aufenthalts- und Arbeitserlaubnis (*Lawful Permanent Resident*) für die Vereinigten Staaten.
Die Intention der USA ist es nicht, über Einwanderungsvisa Personen einzuladen, sich in den USA flexibel oder nur zeitweise niederzulassen, auch wenn die GreenCard manchmal auf diese Weise genutzt wird. Von einem Einwanderer verlangt man vielmehr eine dauerhafte Präsenz, stattet ihn gleichzeitig aber mit umfassenden Rechten bis hin zum Erhalt der Staatsbürgerschaft aus.
Mit der GreenCard sind also gewisse Rechte, aber auch gewisse Pflichten für den Inhaber verbunden.

Begriffsklärung:

Die GreenCard stellt einen Status (*Permanent Residency*) zum Zweck des Daueraufenthalts in den USA dar, eingeschlossen ist eine dauerhafte Arbeitserlaubnis. Im Vordergrund steht die Gewinnung von (qualifizierten) Einwanderern oder der Zuzug von engen Familienangehörigen von US-Staatsbürgern.

MERKE

Wichtig: Die GreenCard ist auf lange Sicht kein Aufenthaltsstatus zum temporären Arbeiten oder Pendeln zwischen den USA und Europa.

Die Probleme an der Grenze für GreenCard-Inhaber, welche sich immer nur für einen bestimmten Zeitraum in den USA aufhalten, also noch nicht dauerhaft übergesiedelt sind, haben in den vergangenen Jahren deutlich zugenommen. Nicht selten gehen Inhaber von einer GreenCard fälscherweise davon aus, dass sie eine flexibel nutzbare Aufenthalts- und Arbeitserlaubnis in Händen halten, welche Ihnen

- die langfristige Nutzung von zwei Wohnsitzen in den USA und in Europa,
- den temporären Arbeitsaufenthalt oder
- eine Einreise in die USA erst viele Jahre nach der Visumerteilung nach eigenem Ermessen erlaubt.

Die US-Behörden gehen aber vielmehr davon aus, dass Sie nach Erhalt Ihrer GreenCard Ihren Lebensmittelpunkt dauerhaft in die Vereinigten Staaten verlegen. Andernfalls würde für die betreffende Person ein Nichteinwanderungsstatus (z. B. in Form eines temporären Arbeitsvisums) ausreichend sein.
Bei Beachtung untenstehender Empfehlungen ist es durchaus möglich, nach Erhalt der GreenCard zunächst noch einen gewissen Zeitraum im Heimatland zu verbringen, solange Sie weiterhin ernsthaft vorhaben, zeitnah in die USA überzusiedeln.

Gültigkeit der GreenCard

„Lebensmittelpunkt" USA

Normalerweise ist die GreenCard ein Leben lang gültig. Sie können den Status eines Permanent Residents allerdings auch wieder verlieren, wenn Sie zu viel Zeit außerhalb der USA verbringen. Wenn der Grenzbeamte bei der Einreise vermutet, dass Sie Ihre US-Residenz aufgegeben haben, kann die Behörde versuchen, Ihnen Ihre GreenCard abzunehmen. Nach einem nachweislich durchgängig im Ausland verbrachten Jahr, also ab dem 365. Tag außerhalb der USA, ist ihre GreenCard nicht mehr automatisch für die Wiedereinreise gültig.

Generell gibt es drei unterschiedliche Regelungen, gemessen an der verbrachten Aufenthaltsdauer außerhalb der USA.

Aufenthalt außerhalb der USA bis zu sechs Monaten

Bleiben Sie weniger als sechs Monate den USA fern, dann können Sie in der Regel ohne größere Probleme wieder in die USA einreisen. Auch wenn Sie jeweils nur kurz in den Staaten bleiben, sind die Grenzbeamten normalerweise nicht berechtigt, Ihren GreenCard-Status anzuzweifeln. Ob Sie dennoch mit Problemen zu rechnen haben, hängt von Ihrer persönlichen Situation ab. So wird beispielsweise ein GreenCard-Inhaber, der seit über 20 Jahren in den USA lebt und jetzt erstmalig einen längeren Zeitraum außerhalb der USA verbringt, kaum mit Nachfragen zu rechnen haben. Ein GreenCard-Lotteriegewinner, welcher bereits seit zwei Jahren immer nur temporär für wenige Wochen alle sechs Monate einreist, wird hingegen mit einer höheren Wahrscheinlichkeit mit Problemen konfrontiert werden.

Aufenthalt außerhalb der USA bis zu zwölf Monaten

Auch bei Abwesenheiten von 6–12 Monaten, also unter einem Jahr, bleibt die GreenCard zunächst gültig. Allerdings steigt die Wahrscheinlichkeit von unangenehmen Nachfragen und Problemen deutlich an. Sie sollten daher darauf vorbereitet sein, einem Beamten zu erklären, warum Sie sich so lange Zeit außerhalb der USA aufgehalten haben. Beweise, dass Sie Ihren Status als Permanent Resident in der Zwischenzeit aufrecht erhalten haben, können z.B. sein:

- Auszüge von einem Bankkonto in den USA
- eine Steuererklärung, die belegt, dass Sie in den USA Steuern bezahlt haben
- Nachweis einer Wohnung in den USA
- Gas-, Wasser- oder Stromrechnungen, adressiert auf Ihren Namen an Ihre amerikanische Anschrift
- ein US-Führerschein
- eine *Social Security Card*
- Clubmitgliedschaften, z.B. Golfclub, Tennisclub
- weitere Sachverhalte, die Ihre *close ties* (dauerhafte bzw. enge Bindung an die USA) belegen können

Selbstverständlich macht es auch hier einen Unterschied, ob es sich um eine Person handelt, die bereits seit mehreren Jahren in den USA gelebt hat oder aber um einen GreenCard-Inhaber, der die Übersiedlung grundsätzlich noch vor sich hat. Es gibt keine feste Formel, die Ihnen mit Sicherheit sagen kann, wie lange und wie häufig Sie den USA fernbleiben können, ohne mit Schwierigkeiten an der Grenze rechnen zu müssen.

Sollten die Behörden jedoch vermuten, dass Sie gar nicht mehr vorhaben, in die USA überzusiedeln, wird man Ihnen mit hoher Wahrscheinlichkeit den GreenCard-Status irgendwann entziehen.
In jedem Fall sollten Sie sich argumentativ und mit Dokumenten für die Einreise und mögliche Befragung an der Grenze gut vorbereiten!

Aufenthalt außerhalb der USA von über zwölf Monaten (365 Tagen)

Nach einem durchgängig im Ausland verbrachten Jahr, also nach 365 nachweisbar außerhalb der USA verbrachten Tagen, ist Ihre GreenCard nicht mehr für die Einreise gültig. Wenn Sie also vorhaben, sehr lange Zeit außerhalb der USA zu verbringen, dann müssen Sie vorher ein sogenanntes *Re-entry Permit* (Wiedereinreiseerlaubnis) beantragen.

Es gibt nur zwei Möglichkeiten, länger als ein Jahr den USA fernzubleiben und die GreenCard dennoch nicht zu verlieren.

1. Re-entry Permit

Lange Aufenthalte außerhalb der USA absichern

Das *Re-entry Permit*, auch *Travel Document* genannt, steht GreenCard-Inhabern zur Verfügung, die nachweislich für längere Zeit außerhalb der USA leben müssen, z. B. weil sie in ihrem Heimatland noch einer beruflichen Tätigkeit nachgehen, ihr Studium oder ihre Ausbildung zu Ende bringen wollen, sich ein Umzug in die USA wegen des notwendigen Verkaufs von Immobilien oder aus ähnlichen Gründen verzögert, sie für kranke Familienmitglieder sorgen müssen oder andere dringende familiäre Gründe nachweisen können, welche ihren Daueraufenthalt in den USA für eine bestimmte Zeit nicht ermöglichen. Weitere akzeptable Gründe stellen aber auch eine Auslandsentsendung oder andere firmenbedingte Abwesenheiten (z. B. bei Inhabern eines Unternehmens im Heimatland) dar.

Verfahren

VERFAHREN

Der Antrag wird auf dem Formular I-131 (*Application for Travel Document*) gestellt. Dort werden u. a. Angaben zu Ihrer Person, dem Grund und der Dauer Ihres Auslandsaufenthalts abgefragt. Das Formular und weitere Informationen zum *Re-entry Permit* finden Sie auch im Internet über die US-Einwanderungsbehörde USCIS unter *www.uscis.gov/i-131*.
Die Gebühren belaufen sich derzeit auf US$ 360 plus einer Zusatzgebühr für die Abgabe der Fingerabdrücke (*Biometric Fee*) in Höhe von aktuell US$ 85.

Fügen Sie diesem Antrag unbedingt Dokumente bei, welche die Gründe für den längerfristigen Aufenthalt außerhalb der USA dokumentieren. Ein Beispiel wäre ein Schreiben Ihres (US-)Arbeitgebers über Ihren Auslandseinsatz.

Bei Selbständigen ist die Begründung erfahrungsgemäß etwas schwieriger, weil niemand „Drittes" die Notwendigkeit des Aufenthalts im Heimatland begründen kann. Deswegen sollte dokumentiert werden, dass der Geschäftsinhaber z. B. dabei ist, sein Geschäft im Heimatland aufzugeben (Verkauf oder Auflösung) oder an eine Person zu übertragen.

Bei Auszubildenden oder Studenten sollte anhand der Dokumente erkennbar sein, dass das Ausbildungsende erst innerhalb einer gewissen Frist möglich sein wird und Sie sich innerhalb der Regelausbildungs- bzw. Studienzeit befinden.

Bei Familien mit Kindern, welche in Deutschland noch schulpflichtig sind und kurz vor dem Abschluss stehen, sollte ein Dokument der Schuldirektion beigefügt werden, das selbiges bestätigt.
Der Antrag auf *Re-entry Permit* sollte eingereicht werden, während Sie sich gerade in den USA aufhalten. Wir empfehlen einen Aufenthalt von mindestens vier Wochen und die Antragstellung bzw. den Versand des *Re-entry Permit* gleich am ersten Tag. Zum Absenden des Antrags auf ein *Re-entry Permit* ist die Erfassung biometrischer Daten notwendig. Es empfiehlt sich eine Antragstellung per vorausbezahltem Express-Mailer (zusätzliche Portokosten ca. US$ 85), sodass die biometrische Datenerfassung innerhalb von maximal 15 Tagen nach Eingang des Antrags persönlich beim örtlichen *USCIS Office* vorgenommen werden kann. Die Einladung zur Datenerfassung erfolgt schriftlich an Ihre US-Adresse, Sie sollten daher unbedingt (aus Zeitgründen) eine Adresse angeben, an der Sie sich tatsächlich aufhalten (unsere US-Adresse können Sie für den Versand Ihres *Re-entry Permits* leider nicht benutzen).

Achtung: Ein ohne Entschuldigung verpasster Termin zur Abgabe der Daten gilt als Grund zur Ablehnung des Re-entry Permits.

MERKE

Wenn die US-Einwanderungsbehörde mit Ihrem Antrag einverstanden ist, wird Ihnen das *Travel Document* postalisch an die US-Adresse zugesandt.
In bestimmten Ausnahmen wird es ermöglicht, sich das *Re-entry Permit* an das zuständige US-Konsulat in seinem Heimatland schicken zu lassen. Das Dokument können Sie ohne Termin und unter Vorlage des Schreibens der USCIS, das Sie darüber informiert, wohin das *Travel Document* geschickt wurde, abholen. Fragen Sie am Eingang des Konsulats die Sicherheitsbeamten oder einen Vertreter des Konsulats, dann wird man Ihnen das Dokument aushändigen. Bitte nehmen Sie als Identifikationsnachweis hierzu unbedingt Ihren Reisepass oder Personalausweis mit.

Dauer der genehmigten Abwesenheit

Das *Re-entry Permit* kann für zunächst maximal zwei Jahre genehmigt werden. Das bedeutet für Sie, dass Sie sich bis zu zwei Jahre außerhalb der USA am Stück aufhalten können, ohne den GreenCard-Status zu verlieren. Selbstverständlich können Sie aber in diesem Zeitraum auch in die USA reisen. Um eine Verlängerung zu beantragen, müssen Sie auf jeden Fall wieder in die USA einreisen und dort erneut ein I-131 beantragen.
Danach kann wieder für maximal zwei Jahre eine Genehmigung erteilt werden. Es ist allerdings unwahrscheinlich, dass Sie eine Genehmigung von mehr als vier oder sechs Jahren erhalten werden, weil mit der dauerhaften Verzögerung der endgültigen Einreise der begründete Verdacht aufkommen wird, dass Sie langfristig auf Ihren Einwanderungsstatus verzichten wollen.

Genehmigte Abwesenheit

Die Vorteile der Beantragung eines *Re-entry Permits* liegen darin, dass Ihre Rückkehr in die USA generell gesichert ist, und dass Sie das *Travel Document* beliebig oft auch während der genehmigten zwei Jahre für Besuche in den USA benutzen können. Dennoch sollten Sie auch bei Einreisen mit einem *Re-entry Permit* auf Fragen nach Ihren Einwanderungsabsichten gefasst sein und Ihr Interesse daran weiterhin bekräftigen.

Die Beantragung eines *Re-entry Permits* ist gleichzeitig auch viel kostengünstiger als das nachstehend beschriebene und riskante *Returning Resident Visa*-Verfahren.

Bisweilen muss man etwas Geduld haben, bis die Papiere in den USA zugestellt werden, zumal nicht immer ganz sicher ist, ob die US-Einwanderungsbehörde nach Bearbeitung Ihres Antrages nicht auch noch zusätzliche Dokumente von Ihnen anfordert. Deswegen ist es von besonderer Bedeutung, dass Sie Ihren Antrag möglichst glaubwürdig formulieren und insbesondere mit vielen Dokumenten untermauern. Unterlagen in deutscher Sprache müssen ins Englische übersetzt werden. Die Übersetzung muss vorgenommen werden von jemandem (ein Freund, professioneller Übersetzer, usw., aber nicht der Antragsteller selbst) der beider Sprachen mächtig ist, die Vollständigkeit und Korrektheit der Übersetzung bestätigt, unterschreibt, und seinen Namen und Kontaktinformationen angibt. Eine Vorlage für die Bestätigung, die der Übersetzer unterscheiben muss finden Sie bei der Webseite der USCIS: ⌕ *www.uscis.gov/forms/forms-and-fees/general-tips-assembling-applications-mailing* (siehe Überschrift „Certification by Translator").

2. Returning Resident Visa (SB-1)

Eine andere, wenn auch deutlich schwierigere und riskantere Möglichkeit nach längerer Abwesenheit (mehr als 365 Tage) in die USA wieder legal einreisen zu können, stellt das *Returning Resident Visa* dar.

Es kann beim zuständigen US-Konsulat Ihres Heimatlandes beantragt werden. Es soll normalerweise genutzt werden, wenn Sie von der Möglichkeit des *Re-entry Permits* keinen Gebrauch gemacht haben und sich länger als 365 Tage außerhalb der USA aufgehalten haben. Leider gilt für Sie dann zunächst die Annahme, dass Sie ihren aufenthaltsrechtlichen Einwanderungsstatus aufgegeben haben. D.h., es ist unwahrscheinlich, dass Ihre GreenCard zur Einreise in die USA ausreichen wird.

Die Antragstellung erfolgt über Formblatt DS-117 am zuständigen US-Konsulat Ihres derzeitigen Heimatlandes. Faktisch ist ein *Returning Resident Visa*-Verfahren wie ein erneuter Antrag auf ein Einwanderungsvisum beim Konsulat.

Sie müssen mit dem Antrag umfangreiche Dokumente darüber einreichen, dass Sie Ihre festen Bindungen an die USA nicht aufgegeben haben. Am besten weisen Sie dies über das Vorhandensein eines Arbeitsplatzes, einer Wohnung, einer *Social Security Card* sowie in Form von Steuerbescheinigungen nach. Es kann sein, dass der Konsul noch weitere Bescheinigungen und Nachweise anfordert, wenn er die Glaubwürdigkeit Ihrer Nachweise anzweifelt bzw. ergänzt sehen möchte. Hierzu können ggf. auch eidesstattliche Erklärungen von Freunden, Bekannten oder sonstigen Personen gehören, welche Ihre Angaben bestätigen.

Darüber hinaus müssen Sie belegen, dass Sie zum Zeitpunkt der Ausreise aus den USA noch über einen legalen GreenCard-Status verfügten sowie dorthin zurückkehren wollten, um weiterhin vor Ort dauerhaft zu leben. Als letzten Punkt müssen Sie glaubhaft machen, dass die Gründe für Ihre längere Abwesenheit „außerhalb Ihrer Kontrolle" lagen, so z.B. aus medizinischen, beruflichen oder privaten Gründen.

Sollte der Beamte dem SB-1 Antrag zustimmen, muss das gängige Antragsverfahren im US-Konsulat für Einwanderungsvisa noch einmal komplett durchlaufen werden (medizinische Untersuchung, Interview, Antragsgebühren, Formulare etc.). Das Verfahren ist also sehr zeit- und kostenaufwendig.

Leider ist es nicht ganz unwahrscheinlich, dass Sie neben dieser ersten Hürde noch eine weitere überstehen müssen: Die Einreise an der Grenze. Auch dort wird man Sie unter Umständen noch einmal einem Interview unterziehen, in dem Fragen zu Ihren festen Bindungen an die USA und den näheren Gründen Ihrer längeren Abwesenheit gestellt werden.

Hier sollten Sie mit den entsprechenden Dokumenten, welche Sie auch im US-Konsulat bereits eingereicht hatten, ausgestattet sein.

Zusammenfassung

Empfehlenswert ist es, als GreenCard-Inhaber innerhalb von sechs Monaten nach der letzten Ausreise wieder in die USA einzureisen, und sei es nur für eine kurze Zeitspanne. Auf diese Weise können Sie die GreenCard am ehesten aufrechterhalten, wenn Sie zunächst noch nicht in der Lage sind, dauerhaft in die USA überzusiedeln. Abwesenheiten von über zwölf Monaten sollten sehr gut geplant (Stichwort: *Re-entry Permit*) und, wenn irgendwie möglich, vermieden werden. Präparieren Sie sich bei längeren Abwesenheiten für mögliche Befragungen an der Grenze, auch mit Unterlagen, die belegen, dass Sie Ihren Einwanderungsstatus nicht aufgeben möchten. Machen Sie sich klar, dass die US-Behörden theoretisch auch schon nach ein bis drei Jahren darauf drängen können, dass Sie Ihren Lebensmittelpunkt in die USA verlegen.

Gerade in den ersten Jahren gibt es in der Regel aber selten Probleme bei der Einreise in die USA. Wir wissen auch von einigen GreenCard-Gewinnern, die seit mehr als 10 Jahren zwischen Deutschland und den USA pendeln. Eine pauschale Aussage, nach welcher Zeit man spätestens permanent in die USA übersiedeln sollte, kann es daher leider nicht geben!

Wenn es doch einmal Probleme gibt

Sollte Sie der Grenzbeamte nach längerer Abwesenheit einer intensiveren Befragung unterziehen, so bleiben Sie ruhig. In den allermeisten Fällen werden Sie mit guten Argumenten (und ggf. Unterlagen) die Zweifel des *Officers* zerstreuen können. Schwieriger wird es dann, wenn Sie bereits seit längerer Zeit immer nur kurz eingereist sind. Dann steht es im Ermessen des Beamten, Ihnen eine Art Verwarnung auszusprechen. Dazu wird Ihnen ein Vermerk in den Pass gestempelt, der zunächst harmlos aussieht. Es wird lediglich eingetragen, wie viele Monate Sie sich außerhalb der USA aufgehalten haben. Sie dürfen danach immer noch einreisen, sollten aber nach einer solchen Verwarnung in Zukunft entweder regelmäßig einreisen, tatsächlich bald umsiedeln, oder ein *Re-entry Permit* beantragen.

MERKE

Anmerkung: Im Gegensatz zu einer weit verbreiteten Annahme kann Ihnen bei regelmäßiger, bestimmungsgemäßer Einreise die GreenCard nicht einfach an der Grenze „abgenommen" werden, nur weil Sie längere Zeit im Ausland verbracht haben. Man mag versuchen, Ihnen ein Formular zur Unterschrift vorzulegen, mit welchem Sie selbst den GreenCard-Status aufgeben. Ein solches Formular sollten Sie aber nie ohne vorherige Konsultation mit einem Anwalt unterschreiben und Sie können dazu auch nicht gezwungen werden. Sollte man Ihnen dennoch die GreenCard entziehen, haben Sie aber noch das Recht auf Einreise und die Anhörung vor einem Immigration Judge.

14.5 Ablehnung eines Antrags auf ein Einwanderungsvisum

Warum werden Anträge auf Einwanderungsvisa vom Konsulat abgelehnt? Im Allgemeinen wird ein Konsularbeamter einen Antrag auf ein Einwanderungsvisum befürworten, wenn die Unterlagen in Ordnung und die Zugangsvoraussetzungen erfüllt sind. Fakten wie illegales Arbeiten in den USA oder die Tatsache, dass Sie keine ausreichend festen Bindungen ans Heimatland haben, können keine Grundlage für eine Ablehnung sein. Ein Antrag auf ein Einwanderungsvisum wird jedoch abgelehnt, wenn:

- die Unterlagen nicht vollständig sind,
- der Beamte annimmt, dass Ihr Antrag Lügen oder falsche Angaben enthält,
- der Antragsteller Ausschlussgründe erfüllt (siehe Kapitel 15.1 „Ausschlussgründe für eine Visumerteilung bzw. Einreise in die USA")

Genau wie bei Nichteinwanderungsvisa hat eine Person, deren Antrag abgelehnt wurde, kaum Möglichkeiten gegen diese Entscheidung vorzugehen.

Wie vermeidet man eine Ablehnung?

Prüfen Sie bei einem Aufenthalt unter Nichteinwanderungsstatus in den USA, ob Sie berechtigt sind, eine Statusanpassung (*adjustment of status*, siehe auch Kapitel 14.2 „Anpassung des Status in den USA") über die US-Einwanderungsbehörde zu beantragen, statt einen Antrag beim zuständigen Konsulat zu stellen. Selbst wenn ein Antrag auf Anpassung des Status abgelehnt wurde, gibt es in den USA rechtliche Wege, um Einspruch einzulegen. Derartige Möglichkeiten haben Antragsteller bei den US-Konsulaten nicht.
Übernehmen Sie (ggf. mit professioneller Hilfe) persönliche Verantwortung für Ihren Antrag. Überprüfen Sie alle Unterlagen, gemeinsam mit Ihrem Arbeitgeber oder Ihren Familienangehörigen und achten Sie darauf, dass es keine Diskrepanzen bei den Antworten auf gleiche Fragen in unterschiedlichen Formularen gibt. Ein Konsularbeamter, der skeptisch ist, ob Sie richtige Angaben bei der Einwanderungsbehörde in Bezug auf Ihre Berufserfahrung gemacht haben, wird beispielsweise Nachweise von Steuerbehörden einfordern, ob Sie tatsächlich in der beschriebenen Form beschäftigt waren.

Wenn der Konsul aus Ihrem polizeilichen Führungszeugnis entnimmt, dass Sie vorbestraft sind, wird er von Ihnen Kopien der Gerichtsurteile, einschließlich englischer Übersetzung, verlangen. Das ist ein zeitaufwendiger Vorgang, da manchmal die Unterlagen von den Gerichtsarchiven angefordert werden müssen. Antragsteller, die vorbestraft sind, sollten diese Unterlagen bereits vor dem Interviewtermin anfordern und vorbereiten.

Ablehnung von Einwanderungsvisa: Fälle aus der Praxis

Nachfolgend werden einige Fälle beschrieben, bei denen Anträge auf Einwanderungsvisa problematisch waren oder zum Teil abgelehnt wurden. Die Namen der Antragsteller wurden geändert.

Mareike – glückliche Gewinnerin aus Deutschland

Mareike aus Deutschland war eine der glücklichen Gewinnerinnen der Green-Card-Lotterie, die von der Einwanderungsbehörde der USA durchgeführt wird. Zum Zeitpunkt des Lotteriegewinns hielt sich Mareike schon seit einigen Jahren mit einem Arbeitsvisum in den USA auf. Sie hatte daher zwar ein Anrecht auf die Anpassung ihres Status, entschied sich aber für das konsularische Verfahren über das Generalkonsulat in Deutschland. Mareike verließ die Vereinigten Staaten, um zu ihrem Einwanderungsinterview nach Frankfurt/Main zu fahren.

BEISPIEL

Leider hatte Mareike vollkommen verdrängt, dass sie im Alter von 18 Jahren wegen eines Verstoßes gegen das Betäubungsmittelgesetz verurteilt wurde. Mareike wurde damals zu sechs Monaten auf Bewährung verurteilt. Diese Verurteilung fand sich auch auf Mareikes deutschem Führungszeugnis wieder. Leider hatte sie aber diese Vorstrafe bei ihrem ersten Arbeitsvisumantrag (ob bewusst oder unbewusst) verschwiegen. Der Konsul entschied sich deshalb, das Einwanderungsvisum nicht zu erteilen.

Sebastian – der große Bruder aus Salzburg

Sebastians Schwester Sabine war bereits vor vielen Jahren in die USA ausgewandert, heiratete dort einem Amerikaner und hatte zwischenzeitlich die amerikanische Staatsbürgerschaft angenommen. Mit dem Erhalt stellte sie unmittelbar einen Antrag auf Familienzusammenführung für ihren großen Bruder Sebastian. Aufgrund der langen Wartezeiten vergingen zehn Jahre, bis Sebastians Antrag endlich an der Reihe war bzw. eine Visanummer für die abschließende Bearbeitung beim Konsulat in Wien zur Verfügung stand.

BEISPIEL

Leider verlor Sebastian vor ca. zwei Jahren seine feste Arbeitsstelle und war seit diesem Zeitpunkt arbeitslos.
Auch seine Schwester Sabine verlor aufgrund der schlechten wirtschaftlichen Situation in Detroit ihren Arbeitsplatz. Sabines Mann verdiente in einer Autowerkstatt nur gerade so viel, dass er die Familie in Detroit ernähren konnte. Folglich konnte Sebastian im Konsulat keine finanziellen Nachweise erbringen, dass er in den USA für seinen Lebensunterhalt aufkommen kann oder ein Familienmitglied im Zweifelsfall für ihn bürgt. Der Konsularbeamte vermutete

deshalb, dass Sebastian in den USA zu einer *public charge* werden könnte (d. h. er wäre auf Sozialhilfe angewiesen) und lehnte den Antrag ab.

Isabel – eine glückliche Ehefrau

BEISPIEL

Isabel aus Saarbrücken

Isabel aus Saarbrücken lernte Ihren Mann Jeffrey im Urlaub in Las Vegas kennen. Es war Liebe auf den ersten Blick und beide beschlossen nach einigen Monaten auch zu heiraten. Jeffrey stellte im Anschluss an die Hochzeit einen Antrag auf Familienzusammenführung, dem zunächst förmlich durch die US-Einwanderungsbehörde stattgegeben wurde. Als Isabel endlich ihre Einladung zum Interviewtermin im US-Konsulat Frankfurt/Main erhielt, war sie sehr nervös. Ihr Mann reiste extra nach Deutschland an, um sie am Tag des Termins zu unterstützen.

Während des Gesprächs mit dem Konsul kamen diesem Zweifel an der Korrektheit der Ehe. Er befragte deshalb Isabel und Jeffrey genau, wann sich beide kennengelernt hätten, wo, wie lange sie bereits zusammenlebten etc. Isabel war so aufgeregt, dass sie sich nicht mehr an alle Details erinnerte, was die Zweifel des Konsularbeamten noch weiter verstärkte. Im Vorfeld hatte Jeffrey allerdings, wohl wissend um die Nervosität seiner Frau, eine Mappe mit Dokumenten zusammengestellt, die belegten, dass es sich nicht um eine Scheinehe handelte: Bestätigungsschreiben von Freunden/Familie, gemeinsame Verträge, Urlaubsfotos, Versicherungen etc.

Die Unterlagen konnten die Bedenken des Beamten entkräften und dieser stimmte dem Antrag auf Einwanderungsvisum doch noch zu.

Teil IV: Allgemeine Tipps, Adressen, Formulare

15 Schwierigkeiten mit US-Behörden vermeiden

15.1 Ausschlussgründe für eine Visumerteilung bzw. Einreise in die USA

Karl ist drogenabhängig. Dieter ist ein verurteilter Bankräuber. Katja hat bereits einmal illegal in den USA gearbeitet und wurde ausgewiesen. Diese drei haben eines gemeinsam: Alle drei werden mit hoher Wahrscheinlichkeit davon ausgeschlossen, in die USA einzureisen bzw. ein US-Visum zu erhalten.

Nicht jeder ist erwünscht

Wie viele andere Länder, so versuchen auch die USA Personen, die sie als „unerwünscht" erachten, von ihrem Territorium fernzuhalten. Im Schwerpunkt geht es dabei darum, Schaden von der eigenen Bevölkerung zu nehmen. Eine Liste der sogenannten *Grounds of Inadmissibility* findet sich im *Immigration and Nationality Act (INA)*. Diese Ausschlussgründe gelten für Nichteinwanderungs-, als auch für Einwanderungsvisa. Bevor ein Visum ausgestellt wird, liegt es beim jeweiligen Antragsteller nachzuweisen, dass bei ihm/ihr keine derartigen Gründe für einen Ausschluss vorliegen. Personen, die vom Gesetz bereits als „unerwünscht" eingestuft wurden, können aber unter bestimmten Voraussetzungen bei den amerikanischen Behörden um eine Art Aussetzung bzw. Ausnahmegenehmigung (*Waiver*) ersuchen, wie nachfolgend noch erläutert wird.

Welche Personen wollen die USA ausschließen?

Gesundheitliche Gründe

Folgende Personen sind aufgrund von gesundheitlichen Aspekten nicht berechtigt, ein Visum zu erhalten:

– Ansteckende Krankheiten

Jeder, der eine übertragbare Krankheit hat, die für die amerikanische „Volksgesundheit" von Bedeutung ist, ist nicht berechtigt, in die Vereinigten Staaten einzureisen. Selbstverständlich sind nicht alle ansteckenden Erkrankungen davon betroffen, sondern nur bestimmte, wie z.B. Gonorrhö, Syphilis oder offene Tuberkulose.

Hinweis: Seit dem 4. Januar 2010 sind HIV-Infizierte nicht mehr davon ausgeschlossen ein US-Visum zu beantragen. Darüber hinaus sind HIV-Tests auch nicht mehr Teil der medizinischen Untersuchungen für ein Einwanderungsvisum.

MERKE

– Geistige oder körperliche Erkrankungen

Jedem, der eine geistige oder körperliche Erkrankung hat, die eine Gefahr für Eigentum, Sicherheit und das Wohlergehen dieser oder anderer Personen darstellt, kann die Einreise in die USA verweigert werden. Ein Beispiel wäre eine schwere Psychose. Eine geistige Behinderung ist selbstverständlich nicht von vornherein ein Grund für einen derartigen Ausschluss.

– Drogenabhängigkeit

Wenn vermutet oder nachgewiesen wird, dass ein Antragsteller drogenabhängig ist, wird das Visum nicht erteilt werden. Marihuana wird hierbei ebenfalls als Droge betrachtet.

MERKE

Anmerkung: Ausschlussgründe im Zusammenhang mit gesundheitlichen Problemen wirken sich vor allem auf Antragsteller aus, die ein Einwanderungsvisum erhalten möchten. Sie müssen sich speziellen medizinischen Untersuchungen unterziehen (Medical Examination), bevor sie ein Einreisevisum erhalten. Die meisten Antragsteller eines Nichteinwanderungsvisums brauchen nur zu erklären, dass sie nicht unberechtigt sind, aufgrund von gesundheitlichen Gründen in die USA einzureisen. Nebenbei bemerkt, eine Person, die versucht einem Ausschluss durch falsche Angaben über seinen/ihren Gesundheitszustand zu entgehen, setzt sich damit einem anderen Grund für einen Ausschluss aus – falsche Angaben im Antrag. Die Konsularbeamten haben jedoch auch bei Nichteinwanderungsvisaanträgen die Möglichkeit, eine ärztliche Untersuchung anzuordnen. Das kommt häufig dann zum Tragen, wenn der Beamte vermutet, dass der Antragsteller beispielsweise ein Alkoholproblem hat (z.B. bei vorangegangenen Straftaten wie Trunkenheit am Steuer).

Vorstrafen

Folgenden Personen wird die Einreise in die USA bzw. die Visumerteilung aufgrund von kriminellen Vergehen verweigert:

– (Schwer-)Verbrecher

Jede Person, die eine schwerwiegende Straftat begangen hat, ist nicht berechtigt, ein Visum zu erhalten. Der Rechtsterminus im US-Einwanderungsrecht lautet *crime of moral turpitude* – etwa „moralisch verwerfliche Straftat". Straftaten dieser Art schließen schwere Brandstiftung, Erpressung, schwere Körperverletzung und Mord ein. Bestimmte Wirtschaftsverbrechen, wie z.B. vorsätzliche Steuervergehen, werden ebenfalls als moralisch verwerflich betrachtet.

– Wiederholungstäter

Jeder, der für zwei oder mehrere Straftaten gleichwelcher Art verurteilt wurde, für die das Strafmaß zusammengenommen fünf Jahre oder mehr betrug, kann kein Visum erhalten.

– Drogendealer

Jeder, der illegal Drogen verkauft oder eine andere Person beim illegalen Drogenverkauf unterstützt hat, hat keine Berechtigung, ein Visum zu erhalten.

– Prostituierte(r)

Jede Person, die in den zehn Jahren vor Antragstellung der Prostitution nachgegangen ist oder versucht in die USA einzureisen, um als Prostituierte(r) zu arbeiten, kann von den USA abgewiesen werden.

– Menschenhändler/Beteiligte am Menschenhandel

Personen, die am Menschenhandel weltweit oder in den USA beteiligt waren oder Menschenhandel in den USA nachgehen wollen, sind von der Visumerteilung ausgeschlossen.

– Geldwäscher

Personen, die Geldwäsche aktiv oder als Beteiligte betrieben haben oder der Geldwäsche in den USA nachgehen wollen, werden kein Visum erhalten.

Sicherheitsrisiken

Folgende Personen sind aus Sicherheitsgründen nicht berechtigt, ein Visum zu erhalten:

– Spione und Saboteure

Jede Person, von der die US-Behörden vermuten, dass er/sie in die USA einreisen will, um Spionage oder Sabotage zu betreiben, kann von den Beamten abgewiesen werden. Diese Bestimmung gilt auch für Industriespionage.

– Terroristen

Personen, bei welchen vermutet wird, dass sie sich möglicherweise an terroristischen Aktivitäten in den USA beteiligen wollen oder bereits beteiligt haben oder Mitglied einer terroristischen Organisation sind, wird kein Visum erteilt. Die Ereignisse des 11. September zeigen, dass diese Bestimmung leider nicht immer verhindert, dass Terroristen in die USA einreisen können.

– Mitglieder einer totalitären Partei (z.B. Kommunisten)

Selbst nach dem Fall der Mauer und der Beendigung des Kalten Krieges schließt die USA bei der Visumerteilung immer noch alle Personen aus, die in der Vergangenheit Mitglied der Kommunistischen Partei waren oder es heute noch sind. Bestimmte ehemalige Kommunisten sind aber trotzdem nicht von den USA ausgeschlossen: Personen, die vor ihrem 16. Lebensjahr in die Partei eingetreten sind, Personen, die beweisen können, dass sie nur eingetreten sind, um Nahrung oder eine Arbeit zu bekommen, gezwungen wurden und diejenigen, die schon mehrere Jahre vor dem Antrag auf Einwanderung aus der Partei ausgetreten sind.

Anmerkung: Dieser Grund für einen Ausschluss gilt nur für potenzielle Einwanderer. Er gilt nicht für Antragsteller auf ein Nichteinwanderungsvisum (z.B. Touristen, Studenten und zeitweilige Arbeitnehmer).

MERKE

– Beteiligte des Naziregimes/am Völkermord

Personen, welche in der Zeit von 1933–1945 in irgendeiner Form an Verfolgungsmaßnahmen im Zusammenhang mit dem Naziregime oder dessen Verbündeten beteiligt waren, sind von der Visumerteilung ausgeschlossen. Selbiges gilt für Antragsteller, denen eine Beteiligung am Völkermord nachgewiesen werden kann.

Armut

Jede Person, von der der Konsularbeamte glaubt, dass er/sie nicht über ausreichende finanzielle Mittel verfügt, um die Ausgaben in den USA zu bestreiten, und daher wahrscheinlich Unterstützung vom Staat, wie z. B. Sozialhilfe beantragen oder illegal arbeiten muss, wird kein Visum ausgestellt werden.

Verstöße gegen das Einwanderungsgesetz

Das betrifft insbesondere:

– Fernbleiben einer Abschiebungsanhörung bzw. Abschiebung

Jeder Person, die in den vorangegangenen fünf Jahren schon einmal aus den USA abgeschoben wurde oder einer Abschiebungsanhörung ferngeblieben ist, wird ein Visum verweigert werden.

– Betrug und Falschangaben

Jeder Person, die einen Fakt in Verbindung mit einem vorherigen Antrag auf ein Visum oder bei der Einreise falsch dargestellt oder falsche Angaben gemacht hat, wird kein Visum ausgestellt werden.

Die Liste ist nicht abschließend, stellt aber die wichtigsten Punkte dar.

Wie verhindert man eine solche Ablehnung?

Der drogenabhängige Karl muss dringend zu einer medizinischen Behandlung nach Cleveland. Der Bankräuber Dieter hat sein kriminelles Leben vor langer Zeit aufgegeben und möchte nun mit seinen Enkelkindern nach Disneyland reisen. Die „illegale" Katja hat einen amerikanischen Staatsbürger geheiratet und möchte gerne mit ihm in Colorado leben.

Waiver (Ausnahmegenehmigungen) können erteilt werden

Den amerikanischen Behörden ist klar, dass die Verweigerung eines Visums bzw. der Einreise in die USA zu bestimmten Härten führen kann, nicht nur für die betreffende Person selbst, sondern beispielsweise auch für US-Familienangehörige. Das US-Einwanderungsgesetz sieht deshalb in bestimmten Fällen eine Art Ausnahmeregelung (*Waivers of Inadmissibility*) vor. *Waiver* meint in diesem Zusammenhang die Aussetzung bzw. die Befreiung des Ausschlusses von einem US-Visum, auch wenn eigentlich ein Ausschlussgrund vorliegt.

Der Konsul ist rechtlich nicht verpflichtet eine Ausnahmegenehmigung zu erteilen und wird das nach eigenem Ermessen tun. Ggf. wird der US-Beamte aber eine Advisory Opinion (Gutachten) vom U.S. State Department in Washington anfordern und auf deren Basis eine Entscheidung fällen.

MERKE

Hier einige Beispiele für mögliche Ausnahmefälle:

- Der Bankräuber Dieter kann belegen, dass seine Strafe bereits 20 Jahre zurück liegt und es sich um eine Art „Jugendsünde" gehandelt hat. Er kann darüber hinaus darstellen, dass es sich um einen einmaligen Vorfall handelte, er seine Strafe verbüßte und seither nicht mehr mit dem Gesetz in Konflikt gekommen ist.
- Katja hat vor ca. zehn Jahren illegal mit einem Besuchervisum in den USA gearbeitet. Sie wurde bei einer Überprüfung festgenommen und aus den USA ausgewiesen. Seitdem lebt und arbeitet Katja in Deutschland und hat dort auch ihren amerikanischen Mann kennengelernt. Dieser hat einen Antrag auf GreenCard gestellt. Die Verweigerung des Einwanderungsvisums würde für Katja als auch für ihren Ehemann eine extreme Härte darstellen.

Ein *Waiver*-Antrag wird immer unter den folgenden Gesichtspunkten erörtert:

- Welches Risiko geht von der Person für die US-Gesellschaft aus, wenn man diese einreisen lässt?
- Schwere bzw. Bedeutung des einwanderungsrechtlichen bzw. strafrechtlichen Verstoßes?
- Weshalb möchte die Person in die USA einreisen?
- Handelt es sich um ein Nichteinwanderungs- oder Einwanderungsvisum?

Für eine solche Ausnahmegenehmigung müssen Sie bei Anträgen auf Einwanderungsstatus ein Formular ausfüllen (I-601), welches Sie zusammen mit Ihrem eigentlichen Hauptantrag bei der US-Behörde einreichen müssen. Dem Antrag muss ein Schreiben beigefügt werden, das darlegt, warum sie glauben, dass Ihnen ein Waiver ausgestellt werden sollte und warum Sie in die USA einreisen möchten. Darüber hinaus sollten so viele Belege wie möglich präsentiert werden, die den Antrag unterstützen. Die derzeitigen Kosten belaufen sich auf US$ 585.

Wenn Sie einen *Waiver*-Antrag im Rahmen eines konsularischen Verfahrens stellen, wird Sie das jeweilige US-Konsulat darüber informieren, welche Unterlagen im Detail benötigt werden.
Machen Sie sich aber in jedem Fall klar, dass Ihr Antrag von Seiten der US-Behörden streng überprüft wird.

15.2 Einreisesperren bei illegalem Aufenthalt in den USA

MERKE

Das Einwanderungsgesetz sorgt für strikte Sanktionen gegen Personen, die über den genehmigten Aufenthaltsstatus hinaus in den USA verbleiben, sich damit also außerhalb der Legalität bewegen.

Der „genehmigte Aufenthalt" bezieht sich bei den meisten Personen, die im Rahmen des *Visa Waiver Programs* oder mit einem Nichteinwanderungsvisum einreisen auf das Datum, welches auf dem Formular I-94 bzw. Stempel im Pass als Gültigkeitsdatum eingetragen ist. Die I-94 Einreisekarte erhält der Reisende nur noch bei Einreise auf dem Landweg in den Pass geheftet. Ansonsten kann das I-94 nur noch online unter ☞ *https://i94.cbp.dhs.gov* abgerufen werden. Bitte beachten Sie, dass der dort genehmigte Aufenthaltszeitraum häufig abweicht von der Gültigkeit des US-Visums. Wenn Sie also beispielsweise mit einem B-2 Visum als Tourist in die USA einreisen, in Ihrem I-94 das Datum „28. März 2016" vermerkt wurde und Sie erst am 15. Juli 2016 ausreisen, so haben Sie sich vom 29. März 2016 bis 15. Juli 2016 illegal in den USA (*overstay*) aufgehalten.

Auch andere Konstellationen sind denkbar. Dann beispielsweise, wenn ein Student mit einem F-1 Visum in die USA einreist, einen Aufenthaltsstatus von zwei Jahren erhält, das Studium aber nach bereits einem Jahr abbricht. Der eingetragene Zeitraum auf seinem I-94 Formular ist zwar noch nicht abgelaufen, aber der ursprünglich bei der Einreise angegebene Aufenthaltsgrund liegt nicht mehr vor. Folglich ist die aufenthaltsrechtliche Basis seines F-1 Status weggefallen – er hätte also das Land verlassen müssen. Trotz „noch laufendem" I-94 hält sich der Student illegal in den Vereinigten Staaten auf.

Mit welchen Konsequenzen haben Personen zu rechnen, die sich für einen bestimmten Zeitraum illegal in den USA aufgehalten haben? Das richtet sich hauptsächlich danach, wie lange man tatsächlich ohne Aufenthaltsgenehmigung vor Ort war. So können nach dem *Illegal Immigration Reform and Immigrant Responsibility Act (IIRIRA)* von 1996 entweder Einreisesperren von drei bzw. zehn Jahren oder sogar lebenslänglich verhängt werden.

Dreijahressperre:

Wer sich mehr als 180 Tage – aber weniger als ein Jahr – in den USA illegal, also über die genehmigte Aufenthaltsdauer hinaus, aufgehalten hat, wird mit einer Wiedereinreisesperre von drei Jahren belegt. Voraussetzung: Die betreffende Person hat die USA freiwillig verlassen.

Zehnjahressperre:

Wer sich länger als ein Jahr illegal in den USA aufhält und das Land freiwillig verlassen hat, wird mit einer Wiedereinreisesperre von zehn Jahren belegt.
Wenn die betreffende Person bereits vor Ablauf des I-94 (also des Aufenthaltsstatus) rechtzeitig einen Antrag auf eine Verlängerung des Status eingereicht hat, kann sie sich so lange in den USA aufhalten, bis der Bewilligungs- oder Ablehnungsbescheid der US-Einwanderungsbehörde vorliegt. Die nach Ablauf der Gültigkeit quasi „illegal" in den USA verbrachte Zeit wird nicht für die Festlegung der Wiedereinreisesperren angerechnet. Allerdings müssen dann folgende Voraussetzungen zutreffen:

1. Der Antrag wurde rechtzeitig (also noch vor Ablauf der Gültigkeit des alten Status) eingereicht.
2. Der Antrag wurde nicht absichtlich zu spät eingereicht.
3. Die Person hat niemals illegal in den USA gearbeitet.

Darüber hinaus sind drei Personengruppen von den Wiedereinreisesperren ausgenommen, egal wie lange sie sich illegal in den USA aufgehalten haben:

1. Personen, die sich vor Vollendung ihres 18. Lebensjahres illegal in den USA aufgehalten haben
2. Asylsuchende
3. Frauen und Kinder, die misshandelt worden sind

Für illegale Aufenthalte vom ersten Tag bis zu 180 Tagen sieht das Gesetz ebenfalls Sanktionen vor. Im Unterschied zu den oben angesprochenen Dreijahres- und Zehnjahressperren gelten diese allerdings nur für Inhaber eines Visums. Wer aufgrund des *Visa Waiver Programs* (siehe Kapitel 7.2 „Visumfreie Einreise im Rahmen des Visa Waiver Programs (VWP)") nur mit dem Pass eingereist ist, wird nicht direkt sanktioniert, allerdings ist die Person für weitere Besuche in den USA von der visumfreien Einreise ausgeschlossen. Sie muss also beim nächsten Mal ein (B) Visum beantragen, welches aufgrund des vorherigen illegalen Aufenthalts vom US-Konsulat leider (und nicht ganz unwahrscheinlich) auch verweigert werden kann.

Indirekte Sanktionen, wenn die Einreise über das Visa Waiver Program erfolgte

Zu den möglichen Sanktionen für Visuminhaber bei illegalen Aufenthalten bis zu 180 Tagen zählt die Entwertung des Visums, mit dem die betreffende Person das letzte Mal in die USA gereist ist (also z. B. ein B-2 Visum). Oft wird es dann aber auch im Heimatland sehr schwierig, überhaupt ein neues Visum zu erhalten. Die Entscheidung darüber liegt aber beim Konsulat.

Bevor Sie sich nach langem illegalem Aufenthalt in den USA also entschließen, Ihren Status irgendwie zu legalisieren, sollten Sie sich gut informieren und rechtlichen Beistand suchen. Meist ist dies erst der Zeitpunkt, an dem die Einwanderungsbehörde von Ihrem illegalen Aufenthalt überhaupt erfährt. *Waiver*-Anträge sind unter bestimmten Voraussetzungen möglich:

Beispiel: Robert kommt zur Hochzeit seiner Schwester in die USA. Er beantragt ein B-2 Visum, mit dem er sechs Monate in den USA bleiben darf. Allerdings fährt er danach nicht wieder nach Hause. Erst nach drei Jahren, er hat mittlerweile ein eigenes Apartment und eine nette Freundin, stirbt in Deutschland seine Mutter und er muss kurzfristig ausreisen, um sich um das Erbe zu kümmern. Bei der Ausreise wird sein seit langem illegaler Status festgestellt und ihm eine Wiedereinreisesperre auferlegt. Er muss nun also zehn Jahre warten, ehe er wieder in die USA einreisen darf.

BEISPIEL

Einreiseverweigerung an der Grenze

Jede Person, die in die Vereinigten Staaten einreist, sei es am Flughafen oder an irgendeiner Landesgrenze, muss sich einer ersten Kontrolle der Dokumente wie Pass oder Visum und seiner Person durch einen Grenzbeamten unterziehen. Sollte dieser nicht sofort feststellen, dass Sie zur Einreise berechtigt sind, wird ein zweiter Beamter eingeschaltet, der die Einreiseberechtigung noch genauer prüft (*Secondary Inspection*).

Wenn in der Vergangenheit (bis 1996) auch der zweite Beamte die Einreiseberechtigung nicht sicher feststellen konnte, war die betreffende Person dazu berechtigt, eine Anhörung vor einem Einwanderungsrichter zu erhalten, um ihre

Einreiseberechtigung feststellen zu lassen. Die Person konnte rechtliche Hilfe in Anspruch nehmen und Zeugen aufrufen lassen. Selbst wenn der Richter negativ entschied, konnte eine Revision beantragt werden.

Das Einwanderungsgesetz hat die zweite Kontrollinstanz an der Grenze zwischenzeitlich grundlegend reformiert, um Ausländer, die eindeutig kein Recht auf eine Einreise haben, schneller aus den USA abschieben zu können. Insofern kann nun der zweite Einwanderungsbeamte, der sich an der Grenze des Falles annimmt, ohne weitere Anhörung oder Revisionsmöglichkeit dem Reisenden die Einreise verweigern und ihn abschieben lassen. Eine Person, die auf diese Weise an der Grenze abgewiesen wurde, ist zunächst nicht mehr berechtigt, am Programm zum visumfreien Reisen (*Visa Waiver Program*) teilzunehmen. Darüber hinaus können die Beamten auch weitere Sanktionen bzw. Auflagen verhängen, wie z. B. Einreisesperren oder die Entwertung des Visums.
Davon sind nicht nur Asylsuchende betroffen, sondern auch Personen, die mit falschen oder unter falschen Angaben erworbenem Visum versuchen, in die USA einzureisen. Wer also beispielsweise mit einem B-Visum einreisen will, obwohl er eigentlich einen Au-pair-Aufenthalt plant oder einen Job in den USA annehmen will, muss mit solchen Konsequenzen rechnen, falls die Grenzbeamten diese Absicht mitbekommen.

15.3 Tipps zum Verhalten an der Grenze

Einreise

„Festung" USA

Die Grenzen in den USA gehören zweifelsohne zu den sensibelsten, weil am häufigsten genutzten, weltweit. Von den 30 größten Verkehrsflughäfen der Welt, gemessen an den Passagierzahlen, liegen 12 in den Vereinigten Staaten. Allein am *Los Angeles International Airport* reisen jährlich geschätzte 70 Millionen Personen ein und aus. Der größte Flughafen weltweit nach Passagieraufkommen ist der *Hartsfield-Jackson International Airport* in Atlanta: mehr als 100 Millionen Fluggäste starteten oder landeten dort im Jahr 2015.
Laut einer Statistik des *U.S. Department of Homeland Security (DHS)* werden an einem typischen Reisetag täglich mehr als 1 Millionen Reisende abgefertigt und kontrolliert.

Die Sicherheitsmaßnahmen – umstritten wie eh und je – sind besonders ausgefeilt und erinnern in ihrer Präzision nicht selten an eine Festung. Wie in anderen Kapiteln schon näher erläutert, zählt die US-amerikanische Grenze gleichzeitig zu den am besten bewachten und gesichertsten weltweit. Die Zahl der Grenzbeamten ist im Laufe der letzten Jahre ständig erhöht, in einigen Bereichen sogar verdreifacht worden.

Kontrollen werden strenger

Gleichzeitig wurden die Einreisekontrollen an sensiblen Punkten die letzten Jahre über weiter verschärft, wobei sich die Verschärfungen nicht mehr allein „nur" gegen beliebte Zielgruppen wie Mexikaner oder Personen aus armen Ländern Afrikas, Lateinamerikas oder Südostasiens richten. Offenbar hat auch die illegale Zuwanderung von Personen aus Herkunftsländern, welche man bisher nicht unbedingt auf der Liste der verdächtigen Personengruppen vermutet hätte, darunter inzwischen auch eine ganze Reihe aus westeuropäischen Ländern, signifikant zugenommen. So weiß man in Washington sehr wohl darum, dass z. B. auch Europäer überwiegend im Großraum Kalifornien und New York, zunehmend aber auch in Florida und Texas als Personen auffallen, die ihren Besuchsaufenthalt stark „ausreizen" oder durch (alte) Tricks, wie die erneute Einreise über Mexiko oder Kanada nach Ablauf der genehmigten Anwesenheitsdauer ihre Aufenthalte künstlich verlängern wollen, illegal zeitlich befristete Arbeiten annehmen oder aber bei Freunden oder Verwandten untertauchen.

Dies hat dazu geführt, dass die US-Einwanderungsbehörde verstärkt auch Personen aus Westeuropa ins Visier nimmt und zum Teil umfangreiche Kontrollen durchführt. Sie sollten sich daher bei jedem Besuch auf mögliche langwierige Interviews und ggf. auch Handgepäckkontrollen einrichten, welche die Beamten ohne jede weitere Begründung jederzeit durchführen können.

Wichtig ist, dass Sie alle Fragen wahrheitsgemäß beantworten. Die dortigen Angaben können, wenn sie nicht der Wahrheit entsprechen noch Jahre später auf Sie zurückfallen. Auch die Angaben in Ihrer ESTA-Genehmigung müssen unbedingt der Wahrheit entsprechen. „Spaßangaben", wie das Bejahen der Frage nach Ihren möglichen terroristischen Aktivitäten in den USA, werden Sie in der Regel schnell bereuen. Die Beamten verstehen hier keinen Spaß und werden Sie nach einem langen Verhör mit hoher Wahrscheinlichkeit abschieben.

Verhalten

Folgen Sie bei der Einreise unbedingt den Aufforderungen der Grenzbeamten. Stellen Sie sich vor allen Dingen in der richtigen Warteschlange an den Kontrollschaltern an, als Tourist, Geschäftsreisender immer bei *Nonimmigrant*, das gilt ebenso für Inhaber von Nichteinwanderungsvisa mit Arbeitszweck (also z. B. H-1B, H-2B, L, E oder H-3).

Bleiben Sie gelassen, auch bei unangenehmen Fragen

GreenCard-Inhaber mit gültigem Visum stellen sich immer bei *Immigrant Visa*, die meist mit *U.S. Citizens* und/oder *Residents* gekoppelt sind, an. Haben Sie unbedingt Ihre Papiere vollständig zur Hand! Legen Sie Ihren Reisepass und mögliche Visadokumente, die Sie extra bei sich führen (bei Einwanderern oder Arbeitsvisuminhabern auf zeitweiser Basis), zügig vor. Sollten Sie Visumumschläge vom Konsulat erhalten haben, dürfen Sie diese auf gar keinen Fall vor, während oder nach dem Flug öffnen, dies obliegt alleine den Beamten an der Grenze selbst. Geöffnete Umschläge können als manipuliert erachtet und eingezogen werden, was zu Ihrer Ablehnung an der Grenze führen kann.

Wenn Sie mit einem Nichteinwanderungsvisum bzw. im Rahmen des *Visa Waiver Programs* einreisen, überprüfen Sie unbedingt unmittelbar nach der Einreise den Einreisestempel im Pass – dort ist auch das Ausreisedatum vermerkt. Darüber hinaus überprüfen Sie bitte immer online das I-94 Formular unter https://i94.cbp.dhs.gov. Dort ist neben Ihrem Namen und dem Einreisedatum auch vermerkt, unter welchem Status Sie eingereist sind und insbesondere, wie lange Sie sich im Land aufhalten dürfen.

Sollten Sie einen Fehler beim Einreisestempel bemerken (also z. B., wenn der Grenzbeamte Ihnen anstelle eines F-1 einen J-1 Status eingetragen hat), so lassen Sie dies wenn möglich direkt am Schalter noch ändern. Sollten Sie das Flughafengelände verlassen haben, gestaltet sich eine Fehlerbehebung wesentlich kosten- und zeitaufwendiger.

Eine I-94 Einreisekarte erhalten Sie nur noch bei der Einreise über dem Landweg (also z. B. aus Kanada oder Mexiko in die USA). Denken Sie dann bitte bei der Ausreise daran, unbedingt den im Pass befindlichen Teilabschnitt des I-94 an der Grenze abzugeben (vor der Ausreise am US-Flughafen oder an der Landesgrenze). Nur damit wir dokumentiert, dass Sie die USA fristgerecht verlassen haben.

Fragen und Antworten

Hier zählen nur die Fakten

Konzentrieren Sie sich (soweit das nach langen Flügen eben möglich ist) auf die Fragen der Beamten und antworten Sie möglichst kurz und präzise. Manche Einreisende fangen an, aus Angst auf harmlose Nachfragen und in der verständlichen Aufregung manchmal ihre „halbe Lebensgeschichte" zu offenbaren. Das interessiert den Beamten sicherlich nicht und wird Sie eher in den Verdacht bringen, möglicherweise etwas verbergen zu wollen. Vergessen Sie nicht, dass die Beamten im Regelfall bei der Befragung aufgrund jahrelanger Erfahrung sehr geschult vorgehen, im Gegensatz zu Ihnen ausgeschlafen sind und je nach Diensterfahrung sicherlich schon fast jede (fantastische) Geschichte gehört haben dürften. Bleiben Sie also am besten bei den Fakten.

Deswegen: So banal es klingen mag, beantworten Sie nur Fragen, die Ihnen tatsächlich auch gestellt werden. Nicht selten ist es auch auf ein Sprach- und Übersetzungsproblem zurückzuführen, dass es zu Missverständnissen kommen kann. Obwohl viele USA-Reisende von ihren Englischkenntnissen (sicherlich oftmals zurecht) überzeugt sind, sollte man Eitelkeiten vermeiden, wenn die Konversation aufgrund fehlenden Vokabulars in die falsche Richtung gehen sollte.

Hoffen Sie lieber nicht zu sehr auf ein verständnisvolles Gegenüber. In einem solchen Fall kann man den Beamten bitten, eine geeignete Übersetzungsperson heranzuziehen, das kann sehr wohl der „Hintermann" in der Schlange oder eine andere geeignete Person sein, welcher Ihrer und der englischen Sprache für diesen Fall mächtiger sein sollte. Hilfreich kann auch ein bereits vorab entworfenes Schreiben sein, welches den genauen Aufenthaltszweck und die Aufenthaltsdauer näher erläutert. Bei geschäftlichen Einreisen wäre dies beispielsweise ein Schreiben des heimischen Arbeitgebers.

MERKE

Merke: Die meisten Reisenden in die USA dürften nicht wissen, dass jeder Grenzposten angehalten ist, eine tägliche Mindestquote an Einreiseablehnungen zu erfüllen, um die Effizienz der Kontrollen gegenüber den Behörden nachzuweisen. Eine Grenze, an der alle ohne Probleme einreisen können, hat offensichtlich ihr Ziel verfehlt. Gehen Sie immer davon aus, dass die Beamten in nicht wenigen Personen illegale Einwanderer sehen, völlig unabhängig davon, woher Sie kommen mögen. Vertrauen Sie daher auch besser nicht auf irgendeinen scheinbaren Herkunftsbonus.

Bereiten Sie sich auf die Fragen vor

Bei Einreisen als Tourist oder Geschäftsreisender antworten Sie auf die Frage zum Zweck Ihrer Reise *„pleasure"* bzw. *„business"*. Vermeiden Sie die Kombination von *„pleasure"* und *„business"*, obwohl das je nach Visumkategorie (z. B. B-1/B-2 oder *Visa Waiver Program*) durchaus zulässig wäre.

Bei Studenten- oder Ausbildungs-/Fortbildungsvisa (F-1, J-1 oder H-3) antworten Sie „*study*" bzw. „*trainee*".

Bei Nichteinwanderungsvisa mit Arbeitserlaubnis antworten Sie „*work*" oder „*temporary work*".

Bei Einwanderungsvisa antworten Sie bitte „*Immigrant*" bzw. „*Lawful Permanent Resident*", soweit der Beamte das nicht schon aus den Dokumenten erkennen konnte.

Bei der Frage nach der Aufenthaltsdauer muss natürlich die individuelle Visumkategorie berücksichtigt werden. Bei Besuchs- oder Geschäftsreisevisa (B-1/B-2) sollte man möglichst nur wenige Wochen als Dauer angeben, maximal aber 180 Tage.

Beim *Visa Waiver Program* sind theoretisch bis drei Monate zulässig, aber auch hier sollte man, insbesondere, wenn man schon häufiger in letzter Zeit vor Ort war, eher vorsichtig agieren und wenige Wochen, eben wie gerade maximal erforderlich sein werden, angeben.

Die Angaben müssen natürlich trotz allem der Wahrheit entsprechen.

Sollten Sie in Ihrem Reisepass einen Einreisestempel eines Landes haben, welches für die US-Behörden „als problematisch" eingestuft wird (so z.B. Iran, Afghanistan, Syrien), bereiten Sie sich bitte auf Fragen vor. Sollten Sie sich geschäftlich in einem dieser Länder aufgehalten haben, so lassen Sie sich das von Ihrem Arbeitgeber bestätigen.

Familiäre Bindungen

Oft wird in diesem Zusammenhang nach möglichen US-Familienangehörigen gefragt. Das kann unter Umständen eine Fangfrage sein, gerade wenn man davon ausgeht, dass Verwandte in den USA eher von Vorteil sein könnten.

Solch ein vermeintlicher Vorteil kann sich schnell in einen Nachteil umkehren, insbesondere, wenn es sich um nahe Verwandte (Ehepartner, Eltern, Geschwister) handelt, die je nach Status (Resident oder Citizen) dauerhaft als Bürgen für eine Einwanderung dienen können.
Das könnte im Zweifelsfall als eine mögliche Einwanderungsintention interpretiert werden, welcher Sie durch Ihren Besuch vorgreifen wollen. Es könnte dann im schlimmsten Fall sogar zur Ablehnung an der Grenze führen.

MERKE

Soweit Sie Ihre Verwandten auf dem z.B. Besuchsvisumantrag im Konsulatsverfahren nicht erwähnt haben sollten, es aber auf Nachfrage beim Interview an der Grenze tun, verwickeln Sie sich in Widersprüche, welche Ihnen zum Nachteil ausgelegt werden können. Einladungsschreiben von US-Verwandten, gerade für längere Zeiträume, sind eher nicht empfehlenswert. Stellen Sie eher Ihre festen Bindungen an Ihr Heimatland in den Fokus und nicht Ihre Bindungen in die USA. Bei Verwandten wiederum, welche nur schwer für ihre ausländischen Verwandten bürgen können (z.B. bei Geschwistern), scheint sich die Lage inzwischen etwas entspannter darzustellen; deren Adresse kann man daher im Einzelfall als Wohnort für die Dauer des Besuches getrost angeben, soweit auch hier der reine Besuchscharakter erkennbar bleibt und die Rückkehrabsicht für die Grenzbeamten offensichtlich ist.

Das gilt insbesondere auch für entfernte Verwandte (Onkel, Tante, Großvater oder Großmutter, Cousins etc.), die nach US-Recht keinerlei positiven Effekt auf eine mögliche spätere Einwanderungsintention haben können, hier ist im Regelfall mit keinen Problemen zu rechnen.

Aufenthaltsdauer

Bitte beachten Sie, dass Sie für alle Visa zwar eine Reisegenehmigung in der Hand halten, dennoch aber der Grenzbeamte über Einreise und die Aufenthaltsdauer an der Grenze entscheidet.
Ob und für wie lange man Sie einreisen lässt, hängt ab von der Visumkategorie, Ihrer bisherigen Einreisehistorie, dem Aufenthaltszweck und weiteren Faktoren.
Manche Visa, z.B. Arbeitsvisa, sind für die Einreise eher unproblematisch. Insbesondere B-Visa oder aber auch Reisen im Rahmen des *Visa Waiver Programs* bieten aber eine größere „Angriffsfläche". D.h., dort können eher Nachfragen entstehen, insbesondere dann, wenn häufige und lange Einreisen erfolgen. Wenn für den Grenzbeamten dann der Eindruck entsteht, dass sie Ihre festen Bindungen ans Heimatland aufgegeben haben oder sich die Aufenthaltszeiten mehr und mehr in Richtung USA bewegen, haben Sie mit Problemen bei der Einreise zu rechnen – bis hin zur Einreiseverweigerung.

Bei einem möglichen Interview an der Grenze sollten Sie trotz der theoretischen Möglichkeit einer Statusanpassung (z.B. bei H- oder L-Visa) vorsichtshalber immer auf Ihre Nichteinwanderungsintention hinweisen. Dem steht ein späterer Einwanderungsantrag in keinem Fall entgegen.
Bei Einreise mit einem Einwanderungsvisum (GreenCard) sollten Sie auf jeden Fall darauf hinweisen, dass Sie dauerhaft in den USA verbleiben wollen.

Ein Wort zu mitgeführten Dokumenten

Führen Sie besser keine übersetzten Dokumente mit sich

Bei Reisen zu Vorstellungsgesprächen oder zur Arbeitssuche in den USA führen viele Personen ins Englische übersetzte Dokumente mit sich. Das sollte man möglichst unterlassen, jedenfalls sofern die Einreise mit einem B-1/B-2 Visum oder unter dem *Visa Waiver Program* erfolgt. Die Grenzbeamten dürfen Ihr Handgepäck jederzeit und ohne weitere Begründung durchsuchen. Sollten Sie daher Dokumente wie Zeugnisse, Diplome, Referenzschreiben, Lebensläufe, Korrespondenz mit Arbeitgebern, Arbeitsvermittlern oder sonstige Unterlagen, welche auf eine spätere Arbeitsabsicht hinweisen könnten, bei sich führen, so haben die Beamten jederzeit die Möglichkeit, Sie – oft unangenehmen und langwierigen – Befragungen zu unterziehen. Sollten die Beamten zum Entschluss kommen, dass Sie eine (dann illegale) Arbeitsaufnahme unter B-Status oder VWP-Status planen, so kann Ihnen die Einreise verweigert werden.
Es gibt faktisch gesehen keine Möglichkeit mehr, an der Grenze der Entscheidung des Beamten zu widersprechen.

Besser erscheint es da schon, diese Dokumente einer Person Ihres Vertrauens, an eine Hoteladresse oder natürlich auch dem potentiellen Arbeitgeber direkt per Post oder E-Mail in die USA vorauszuschicken.

Die bisherigen Ausführungen sollen Reisende lediglich für die Einreisesituation sensibilisieren und nicht in Angst und Schrecken versetzen. Die meisten Reisenden dürften allerdings für reine Urlaubsreisen in die USA eher selten in die Verlegenheit einer intensiveren Befragung kommen.

16 Weitere Informationsquellen

16.1 Konsulate und Vertretungen

US-Konsulate im deutschsprachigen Raum:

Generelle Visa-Informationen erhalten Sie über den von der US-Botschaft und den US-Konsulaten autorisierten Visa-Dienstleister *CGI Federal*. Auch Termine in den Konsulaten, z. B. zur Visabeantragung, können ausschließlich über den Visa-Dienstleister online unter *www.ustraveldocs.com* oder telefonisch vereinbart werden:

- aus Deutschland: +49 322-2109-3243
- aus den Vereinigten Staaten: +1 (703) 520-2560

Die Mitarbeiter des Callcenters (englisch- und deutschsprachig) sind Montag bis Freitag von 8.00 Uhr bis 20.00 Uhr erreichbar, außer an deutschen und amerikanischen Feiertagen.
Bei schriftlichen Anfragen an die Konsulate legen Sie möglichst einen an sich selbst adressierten und frankierten Rückumschlag bei. Nur so können Sie sicher sein, auch Antwort zu bekommen. Den Visa-Dienstleister *CGI Federal* können Sie unter der folgenden E-Mail-Adresse erreichen:
support-germany@ustraveldocs.com.

Deutschland:

Embassy of the United States Berlin
Pariser Platz 2
10117 Berlin
Tel.: 030-8305-0
www.usembassy.de

Embassy of the United States Berlin
Consular Section
Clayallee 170
14191 Berlin
E-Mail: *consberlin@state.gov*

Zuständig für Nichteinwanderungsvisa (außer K, E-1 und E-2) für Personen aus dem gesamten Bundesgebiet

US-Generalkonsulat München
Königinstr. 5
80539 München
Tel.: 089-2888-0
E-Mail: *consmunich@state.gov*

Zuständig für Nichteinwanderungsvisa für Personen aus dem gesamten Bundesgebiet (außer K, E-1 und E-2)

US-Generalkonsulat Frankfurt
Gießener Str. 30
60435 Frankfurt am Main
Tel.: 069-7535-0
E-Mail: *frankfurtvisainquiries@state.gov*

Zuständig für alle Nichteinwanderungsvisa (auch K-, E-1 und E-2 Visa) sowie Einwanderungsvisa für Personen aus allen Bundesländern.

Österreich:

U.S. Embassy Austria
Boltzmanngasse 16
A-1090 Wien
Tel.: +43-1-31339-0
E-Mail: consulatevienna@state.gov
↗ http://austria.usembassy.gov

Schweiz:

U.S. Embassy Switzerland
Sulgeneckstr. 19
CH-3007 Bern
Tel.: +41-31-357-7011
E-Mail: bernniv@state.gov
↗ http://bern.usembassy.gov

US-Konsulat Zürich
Dufourstr. 101, 3. Stock
CH-8008 Zürich
Tel.: +41-43-499 29 60
E-Mail: zurich-ca@state.gov

US-Konsulat Genf
Tel.: +41-22-840-5160
Rue Versonnex 7
CH-1207 Genf
Tel.: +41-22-840-5160
E-Mail: geneva-ca@state.gov

Postanschrift:
c/o U.S. Mission
11, rte. de Pregny
1292 Chambésy/GE

Amerika-Häuser:

Die Amerika-Häuser arbeiten mit den Botschaften zusammen, haben in der Regel umfangreiche Bibliotheken und bieten nach Absprache auch persönliche Beratung an.

Stiftung Bayerisches Amerikahaus gGmbH
Bavarian Center for Transatlantic Relations
Barer Str. 19 a
80333 München
Tel.: 089-552537-0
E-Mail: info@amerikahaus.de
↗ www.amerikahaus.de

Deutsch-Amerikanisches Zentrum
James-F.-Byrnes-Institut e.V.
Charlottenplatz 17
70173 Stuttgart
Tel.: 0711-22818-0
E-Mail: info@daz.org
↗ www.daz.org

Amerika-Haus e.V. Nordrhein-Westfalen
Apostelnstr. 14–18
50667 Köln
Tel.: 0221-1692635-0
E-Mail: info@amerikahaus-nrw.de
↗ www.amerikahaus-nrw.de

Vertragsärzte der US-Konsulate in Deutschland

Dr. Ilka Knur
Dr. Heiko Zürcher
Im Ärztehaus am Europa-Center
Nürnberger Str. 67
10787 Berlin
Tel.: 030-212-8048-0
Fax: 030-212-8048-9
E-Mail: *service@ihr-aerztehaus.de*
www.ihr-aerztehaus.de

Dr. Felix Thuneke
Dr. Simone Henne
Oderfelder Str. 6
20149 Hamburg
Tel.: 040-476086
Fax: 040-4605092
E-Mail: *praxis@klosterstern.info*
www.internisten-am-klosterstern.de

Dr. Torsten Pollmann
Kreuzstr. 33
44139 Dortmund
Tel.: 0231-125336
E-Mail: *panelclinicdo@gmx.de*
www.dr-pollmann.de

Dr. Andreas Hahn
Hansastr. 136
81373 München
Tel.: 089-76996400
Fax: 089-52314103
www.hausarzt-hahn-schreiber.de

Dr. Johannes Abel
Dr. Harald Schulte
Dr. Kerstin Jahn
Ulmenstr. 43
60325 Frankfurt
Tel.: 069-722222
Fax: 069-173851
E-Mail: *anmeldung@abel-schulte.de*
www.internisten-im-westend.de

Dr. Konrad Rosset
Schwarzwaldstr. 1
79117 Freiburg
Tel: 0761-72851
Fax: 0761-702920
E-Mail: *praxis@rosset-freiburg.de*
www.rosset-freiburg.de

Bureau of U.S. Citizenship and Immigration Services (USCIS)

www.uscis.gov

National Customer Service Center (NCSC)

Unter der nachfolgenden Nummer können Sie sämtliche Fragen zu Ihrem laufenden Antragsverfahren für ein Visum oder eine GreenCard stellen, Adressänderungen abgeben, Nachforschungen bei zu langer Bearbeitungsdauer in Auftrag geben u.v.m. Der Anruf ist aus den USA gebührenfrei. Aus Deutschland werden normale Telefongebühren nach Nordamerika fällig:
+ 1-800-375-5283

(Vor allen amerikanischen Rufnummern wählen Sie aus Deutschland bitte „001", aus den USA nur die „1".)

USCIS Service Center

Insgesamt gibt es vier Service Center der US-Einwanderungsbehörde, die eine Vielzahl von einwanderungsrechtlichen Anträgen bearbeiten: California Service Center, Nebraska Service Center, Texas Service Center, Vermont Service Center

Das Potomac Service Center, welches im Schwerpunt als eine Art „Überlauf-Abteilung" fungiert, unterstützt die vier großen Service Center, wenn diese mit Anträgen überlastet sind.

Welches Service Center für Ihr Anliegen zuständig ist, resultiert im Normalfall aus dem einzureichenden Antragsformular und dem Stand- bzw. Wohnort des *Petitioners* (Antragstellers). Die Zuständigkeiten unterliegen bestimmten Veränderungen und müssen stets aktuell geprüft werden: Finden Sie zunächst heraus, welches Antragsformular für Ihr Anliegen erforderlich ist. Gehen Sie dann auf die Formular-Webseite der USCIS (☑ *www.uscis.gov/forms*) und wählen dort das entsprechende Formular aus. Sie finden dann entsprechende, weitere Informationen, an welche konkrete Adresse Ihr Antrag geschickt werden muss. Bitte beachten Sie in Ihrem eigenen Interesse die genauen Adresshinweise. Sollten Sie Ihren Antrag versehentlich an ein falsches Service-Center bzw. an eine falsche Adresse schicken, wird Ihr Antrag unbearbeitet zurückgesandt. Eine interne Weiterleitung findet nicht statt.

Häufig werden Anträge im Übrigen nicht direkt an die jeweiligen Service-Center adressiert, sondern zunächst an ein *Lockbox-Office*. Diese vorgeschalteten behördlichen Einrichtungen prüfen zunächst die eingereichten Petitionen auf Vollständigkeit und geben diese dann an die zuständigen Service-Center zur abschließenden Bearbeitung weiter. Sie finden hier eine Übersicht über die wichtigsten Anlaufstellen der USCIS: ☑ *www.uscis.gov/about-us/contact-us#USCIS%20Service%20Centers*

USCIS Field Offices/Local Offices

Aktuell gibt es mehr als 120 *USCIS Local Offices* (Stand April 2016), die jeweils für bestimmte amerikanische Bundesstaaten zuständig sind. Die genauen Adressen können Sie auf der offiziellen Webseite der US-Einwanderungsbehörde abrufen.

Um das für Sie zuständige *USCIS Field Office* zu ermitteln, klicken Sie entweder auf den Anfangsbuchstaben des US-Bundesstaates oder auf die interaktive USA Landkarte: ☑ *www.uscis.gov/about-us/find-uscis-office/field-offices*

Einen persönlichen Termin vor Ort bei einem für Sie zuständigen Office können Sie nur über das *InfoPass*-System der USCIS online vereinbaren: ☑ *https://my.uscis.gov/appointment*

U.S. Department of Labor

Unter ☑ *www.dol.gov* finden Sie das für Ihren Bundesstaat zuständige *State Labor Office*.

16.2 Weitere Organisationen

Credential Evaluation Services (für die Anerkennung deutscher Studien- und Ausbildungsgrade in den USA)

Josef Silny & Associates, Inc.
International Education Consultants
7101 SW 102 Avenue
Miami, FL 33173
USA
Tel.: +1-305-273-1616
E-Mail: *info@jsilny.com*
↗ *www.jsilny.com*

Foreign Academic Credential Service, Inc.
P.O. Box 400
Glen Carbon, IL 62034
USA
Tel.: +1-618-656-5291
E-Mail: *facs@aol.com*
↗ *www.facsusa.com*

World Education Services (WES)
Bowling Green Station
P.O. Box 5087
New York, NY 10274-5087
USA
Tel.: +1-212-966-6311
E-Mail: *info@wes.org*
↗ *www.wes.org*

Education Evaluators International
120-34 Queens Blvd, #300
Kew Gardens, NY 11415
USA
Tel.: +1-401-521-5340
E-Mail: *eval@educei.com*
↗ *www.educei.com*

Anlaufstellen für Ausbildungs- und Arbeitsprogramme:

DAAD – Deutscher Akademischer Austauschdienst e. V.
Kennedyallee 50
53175 Bonn
Tel.: 0228-882-0
Fax: 0228-882-444
E-Mail: *postmaster@daad.de*
↗ *www.daad.de*

CC CollegeCouncil gGmbH
Torstr. 178
10115 Berlin
Tel.: 030-2408697-0
Fax: 030-25762733
E-Mail: *info@college-council.de*
↗ *www.college-council.de*

EducationUSA Beratungsstellen
– deutschlandweit –
Tel.: 040-70383688
Fax: 040-43218780
E-Mail: *info@educationusa.de*
↗ *www.educationusa.de*

AIESEC – Deutsches Komitee der AIESEC e.V.
Bonner Talweg 8
53113 Bonn
Tel.: 0228-28980-0
E-Mail: *info@aiesec.de*
↗ *www.aiesec.de*

Deutsche Gesellschaft für Internationale Zusammenarbeit (GIZ) GmbH
Friedrich-Ebert-Allee 40
53113 Bonn
Tel.: 0228-4460-0
Fax: 0228-4460-1766
E-Mail: *info@giz.de*
↗ *www.giz.de*

PRAKTIKA GmbH
Petersstr. 28
04109 Leipzig
Tel.: 0341-22520-30
Fax: 0341-22520-59
E-Mail: *info@praktika.de*
↗ *www.praktika.de*

DASV – Deutsch-Amerikanische
Studienvermittlung
Alfred-Delp-Str. 3
61440 Oberursel
Tel.: 06171-52095

ZAV – Zentrale Auslands- und
Fachvermittlung der Bundesagentur
für Arbeit
Villemombler Str. 76
53123 Bonn
Tel.: 0228-713-1313
Fax: 0228-713-1111
E-Mail: *zav@arbeitsagentur.de*
◘ *www.ba-auslandsvermittlung.de*

Au-Pair-Vermittlungsstellen
(Bewerbung nur bis zum Alter von max. 25 Jahren möglich)

Ayusa-Intrax GmbH
Giesebrechtstr. 10
10629 Berlin
Tel.: 030-843939-0
Fax: 030-843939-39
E-Mail: *info@intrax.de*
◘ *www.intrax.de*

TravelWorks
Travelplus Group GmbH
Münsterstr. 111
48155 Münster
Tel.: 02506-8303-0
Fax. 02506-8303-230
E-Mail: *info@travelworks.de*
◘ *www.travelworks.de*

InterExchange, Inc.
100 Wall Street, Suite 301
New York, NY 10005
USA
Tel.: +1-212-924-0446
Fax: +1-212-924-0575
E-Mail: *info@interexchange.org*
◘ *www.interexchange.org*

EF Education (Deutschland) GmbH
Königsallee 92a
40212 Düsseldorf
Tel.: 0211-68857-0
Fax: 0211-68857-201
E-Mail: *ef.duesseldorf@ef.com*
◘ *www.ef.de*

iSt Internationale Sprach- und
Studienreisen GmbH
iSt Heidelberg
Stiftsmühle
69080 Heidelberg
Tel.: 06221-8900-0
Fax: 06221-8900-200
E-Mail: *ist@sprachreisen.de*
◘ *www.sprachreisen.de* oder
◘ *www.ist-highschool.de*

iSt Dresden
Bertolt-Brecht-Allee 24
01309 Dresden
Tel.: 0351-219430-00
Fax: 0351-219430-30
E-Mail: *info@aupair.de*
◘ *www.aupair.de* oder
◘ *www.ist-workandtravel.de*

Experiment e.V.
Gluckstr. 1
53115 Bonn
Tel.: 0228-95722-0
Fax: 0228-358282
E-Mail: *info@experiment-ev.de*
◘ *www.experiment-ev.de*

AIFS – American Institute for
Forgein Study (Deutschland) GmbH
Friedensplatz 1
53111 Bonn
Tel.: 0228-95730-0
Fax: 0228-95730-110
E-Mail: *info@aifs.de*
◘ *www.aifs.de*

GLS Sprachenzentrum
Kastanienallee 82
10435 Berlin
Tel.: 030-780089-30
Fax: 030-780089-894
E-Mail: *info@gls-sprachenzentrum.de*
↗ *www.gls-sprachenzentrum.de*

Verein für Internationale Jugendarbeit
Wagenburgstr. 26–28
70184 Stuttgart
Tel.: 0711-518858-75
E-Mail: *office@vij.de*
↗ *www.vij.de* oder
↗ *www.au-pair-vij.org*

Weitere Internetadressen:

↗ *www.au-pair-box.com*
↗ *www.au-pair.com*

Summer Camps an US-Universitäten:

Direkt von den US-Hochschulen Sommerprogramme anfordern:
z. B. **Berkeley Summer Sessions Office**
University of California
Berkeley, CA 94720
↗ *http://summer.berkeley.edu*

Vermittlung von Sozialarbeitern und Sozialpädagogen

NASW – National Association of Social Workers
750 First Street NE, Suite 800
Washington, D.C. 20002
USA
Tel.: +1-800-742-4089
E-Mail: *membership@socialworkers.org*
↗ *www.naswdc.org*

Pädagogischer Austauschdienst (PAD) des Sekretariats der Kultusministerkonferenz
Graurheindorfer Str. 157
53117 Bonn
Tel.: 0228-501-0
Fax: 0228-501-333
E-Mail: *pad@kmk.org*
↗ *www.kmk-pad.org*

Vermittlung von Lehrern

Amity Institute
5030 Camino de la Siesta, Suite 206
San Diego, CA 92108
USA
Tel.: +1-619-222-7000
Fax: +1-619-222-7016
E-Mail: *mail@amity.org*
↗ *www.amity.org*

Deutsch-Amerikanische Handelskammern:

German American Chamber of Commerce, Inc. –
80 Pine Street, 24th Floor
New York, NY 10005
USA
Tel.: +1-212-974-8830
Fax: +1-212-974-8867
E-Mail: *info@gaccny.com*
www.gaccny.com

German American Chamber of Commerce, Inc. – San Francisco
101 Montgomery Street, Suite 2050
San Francisco, CA 94104
USA
Tel.: +1-415-2481240
Fax: +1-415-2487800
E-Mail: *info@gaccwest.com*
www.gaccwest.com

German American Chamber of Commerce – Philadelphia
200 South Broad Street, Suite 910
Philadelphia, PA 19103
USA
Tel.: +1-215-501-7102
E-Mail: *info@gaccphiladelphia.com*
www.gaccphiladelphia.com

German American Chamber of Commerce of the Midwest – GACCoM
321 North Clark Street, Suite 1425
Chicago, IL 60654
USA
Tel.: +1-312-644-2662
Fax: +1-312-644-0738
E-Mail: *info@gaccmidwest.org*
www.gaccmidwest.org

German American Chamber of Commerce of the Southern United States, Inc.
1170 Howell Mill Rd, Suite 300
Atlanta, GA 30318
USA
Tel.: +1-404-586-6800
Fax: +1-404-586-6820
E-Mail: *info@gaccsouth.com*
www.gaccsouth.com

German American Chamber of Commerce of the Midwest – Michigan Chapter
P.O. Box 1448
Brighton, MI 48116
USA
Tel.: 248-826-8806
E-Mail: *info@gaccmi.org*
www.gaccmi.org

Seminare

Seminare für Geschäftsleute, die mit den USA Handel treiben, multinationale Firmen, Existenzgründer auf dem US-Markt etc. bietet das *„Global Competence Forum"*.

Global Competence Forum
acadas GmbH
Radlkoferstr. 2
81373 München
Tel.: 089-2000-208-0
Fax: 089-2000-208-800
E-Mail: *info@gcforum.com*
↗ *www.gcforum.com*

Auswanderungsberatung

Beratung für Auswanderer dürfen ausschließlich Stellen anbieten, die die Zulassung nach dem Auswandererschutzgesetz (AuswSG vom 12.03.2013) besitzen. Das Bundesverwaltungsamt in Köln regelt die Zulassung.

Bundesverwaltungsamt
Bundesstelle für Auswanderer und Auslandstätige
50728 Köln
Tel.: 0228-99-358-0
Fax: 0228-99-358-2823
E-Mail: *auswandern@bva.bund.de*
↗ *www.auswandern.bund.de*

The American Dream – US GreenCard Service GmbH
– Beratung für Privatkunden –
Danckelmannstr. 9
14059 Berlin
Tel.: 030-5110511
Fax: 030-61105338
E-Mail: *info@americandream.de*
↗ *www.americandream.de*

The American Dream – US Visa Service GmbH
– Beratung für Geschäftskunden –
Danckelmannstr. 9
14059 Berlin
Tel.: 030-417484-21
Fax: 030-417484-20
E-Mail: *info@usvisaservice.de*
↗ *www.usvisaservice.de*

16.3 Internet-Links

Zu den folgenden Themengebieten haben wir interessante Internetadressen für Sie recherchiert

- Einwanderungsfragen
- Offizielle US-Behördenseiten
- Jobangebote im Internet
- Allgemeine Informationen über die USA

Internetseiten zu Einwanderungsfragen

Die nachfolgenden Links behandeln Informationen über politische und wirtschaftliche Hintergründe der US-Einwanderungsgesetze:

Center for Immigration Studies
www.cis.org

International Center for Migration, Ethnicity and Citizenship (ICMEC)
www.newschool.edu/icmec

The Urban Institute
www.urban.org

U.S. Commission on Immigration Reform
www.lbj.utexas.edu/uscir

NumbersUSA
Achtung: Die Macher dieser Seite sind *gegen* weitere Einwanderung in die USA, stellen aber auf dieser Basis ständig umfangreiche Statistiken zusammen, die bei kritischer Lektüre durchaus hilfreich sein können.
www.numbersusa.com

Offizielle Seiten von US-Behörden

U.S. Department of State (DOS) – US-Außenministerium
www.state.gov

U.S. Citizenship and Immigration Services – US-Einwanderungsbehörde
www.uscis.gov

U.S. Department of Homeland Security (DHS) – US-Heimatschutzministerium
www.dhs.gov

U.S. Department of Justice (DOJ) – US-Justizministerium
www.justice.gov

U.S. Department of Labor (DOL) – US-Arbeitsministerium
www.dol.gov

Internet-Links   *Kapitel 16.3*

Elektronische Bücherei zum US-Einwanderungsrecht:
DOL Immigration Collection
- *www.oalj.dol.gov/libina.htm*

Alle Visaangelegenheiten inkl. Glossar der Visa-Fachbegriffe:
- *www.usvisas.state.gov*
- *www.usvisaservice.de/service/visa-glossar*

Social Security Administration – US-Sozialversicherungsbehörde
- *www.ssa.gov*

U.S. Customs and Border Protection (CBP) – US-Zoll- und Grenzschutzbehörde
- *www.cbp.gov*

Alles zum US-Zoll: Was darf man in die USA ein- oder ausführen?
- *http://de.usembassy.gov/de/faqs/zoll*

Einwanderungsstatistik
Updates zur Anzahl der neu zugelassenen GreenCard-Inhaber, Einbürgerungszahlen etc.
- *www.dhs.gov/immigration-statistics*

Jobangebote im Internet

Careerbuilder (Eins der größten Jobportale, welches aus über 340 amerikanischen Zeitungen sowie Webanzeigen das passende Jobangebot auswählt. Allerdings ist keine Spezialisierung auf für ausländische Arbeitnehmer angebotene Jobs möglich.)
- *www.careerbuilder.com*

LiveCareer (Große Jobdatenbank mit Tipps zur Bewerbung, einem Gehaltsrechner, etc.)
- *http://jobs.livecareer.com*

Jobstar (Umfangreiche Datenbank mit Tipps zum Lebenslauf, Bewerbungschreiben und Gehalt)
- *www.jobstar.org*

Weitere Jobseiten im Internet:

- *www.coolworks.com*
- *www.dice.com*
- *www.employmentguide.com*
- *www.experience.com*
- *www.jobbankusa.com*
- *www.monster.com*
- *www.vault.com*

Stellenmärkte in den wichtigsten US-amerikanischen Zeitungen:

Financial Times ☑ www.ft.com
Los Angeles Times ☑ www.latimes.com
New York Times ☑ www.nytimes.com
USA Today ☑ www.usatoday.com
Wall Street Journal ☑ www.careerjournal.com
Washington Post ☑ www.washingtonpost.com
Weitere, zum Teil auch regionale, Zeitungen finden Sie unter ☑ www.newslink.org

Allgemeine Informationen über die USA

Telefonauskunft

Hier erhalten Sie alle Informationen aus den amerikanischen Telefonbüchern und Gelben Seiten. Auch internationale Adressen können zum Teil recherchiert werden:

☑ www.anywho.com
☑ www.infousa.com
☑ www.switchboard.com
☑ www.whitepages.com

Übersetzungen

Zwar sollten Sie nicht versuchen, sich hierüber Fachtexte übersetzen zu lassen, aber bei einfachen Übersetzungen, wenn Sie z.B. Details einer englischsprachigen Webseite nicht verstehen, helfen diese Internetseiten weiter:

☑ www.dict.leo.org
☑ www.linguee.de
☑ www.systran.de

Währungsrechner

Wie steht der Dollarkurs heute? Gibt Ihnen die Bank genug Geld beim Umtausch für Ihren Karibik Urlaub? Antworten auf diese Fragen unter:
☑ www.xe.com

Stadtpläne

Alle amerikanischen Städte im Detail oder Wegbeschreibungen bei der Angabe von Start- und Zieladresse. So können Sie sich die beste Route für Ihre nächste USA-Rundreise zusammenstellen lassen.
☑ www.visitacity.com
☑ www.roadtrippers.com

Informationen für Exportunternehmen, die Güter in die USA exportieren möchten, bietet *Germany Trade & Invest*, die Gesellschaft der Bundesrepublik Deutschland für Außenwirtschaft und Standortmarketing:
☑ www.gtai.de

Informationen für Importunternehmen, die Güter aus den USA nach Deutschland importieren möchten, bietet der *U.S. Commercial Service (CS)*:
☑ www.buyusa.gov

Hotelführer für die USA
Recht umfangreiche Suche mit detaillierten Informationen zu Hotels in den meisten amerikanischen Städten:
- http://hotelguide.net/destinations_north_america.html

Günstige Hotelangebote: www.hipmunk.com/hotels
Für kleinere Hostels: www.hostelworld.com

Bed & Breakfast USA
Diese sehr umfangreiche Seite beinhaltet viele Informationen über B&B-Motels in den USA. Empfehlenswert für Reisende, die eine preiswerte Bleibe suchen.
- www.bedandbreakfast.com/usa.html

Nationalpark-Informationsseite
Informationen zu Nationalparks der USA, historischen Stätten, Monumente etc.:
- www.nps.gov

Stadtinformationssystem
Detaillierte Infos über beliebtesten Städte Amerikas für Reise, Urlaub und Auswanderung:
- www.usacitylink.com

Statistik-Atlas USA
Diese Webseite funktioniert wie ein virtueller, farbiger Atlas mit vielen Statistiken z.B. zu Einkommen, Arbeitslosenrate, Erdbeben, Niederschlägen oder Wahlergebnissen:
- www.nationalatlas.gov/mapmaker

German TV in den USA
Wer schon in den USA lebt und dennoch ab und zu ein bisschen Kontakt zur alten Heimat braucht, der kann sich online auf den deutschen TV-Sendern umschauen. Viele Sender bieten mittlerweile ihre Sendungen kostenfrei an. Einen guten Überblick über das Geschehen zu Hause bietet natürlich auch weiterhin die Deutsche Welle:
- www.dw.com

Online-Journal für die USA
Hier erfahren Sie wirklich alles, was auch in einem guten Printmagazin zu den USA zu finden sein sollte. Ständig aktualisierte News, Reiseberichte u.v.m. machen diese Seite zu einem interessanten USA-Portal:
- www.magazinusa.com

Kulinarische Reise durch die USA
Eine gelungene Webseite rund um die amerikanische Küche. Mit leckeren Rezepten zum Nachmachen:
- www.usa-kulinarisch.de

Fast-Food-Analysen
Englischsprachige Webseite, welche die Nährwerte und Kalorien zahlreicher Produkte amerikanischer Fast-Food-Ketten aufschlüsselt.
- www.fastfoodmarketing.org

Alle Zeitungen der Welt
Zumindest „fast" alle Zeitungen der Welt werden auf dieser Seite vorgestellt, durch Hyperlinks gelant man auch auf die Webseiten kleinster Regionalblätter in den USA (oder anderen Ländern der Welt):
- *www.allnewspapers.com*

USA-Bücher
Hier finden Sie ausgewählte Bücher rund ums Thema USA:
- *www.usabuch.com*

(Um)Rechnen leicht gemacht
Bequeme Umrechnung von Längen-, Flächen-, Volumeneinheiten und sogar des eigenen Benzinverbrauchs finden Sie bei:
- *www.volker-quaschning.de/datserv/us-rechner*

US-Geografietest
Wissen Sie, wo alle 50 Bundesstaaten genau liegen? Üben Sie Ihre Geografiekenntnisse mit diesem Familienquiz:
- *www.lizardpoint.com/fun/geoquiz/usaquiz.html*

USA-Reisetipps
Alles zum Thema Reisen in den USA. Zusammengetragen „von USA-Fans für USA-Fans". Eine empfehlenswerte Seite mit vielen Berichten, Fotos, digitalen Postkarten, einem Reiseforum, aktuellen Tipps und vielen interessanten Links:
- *www.usa-reise.de*

Spezial-Reiseanbieter für die USA
Mit immer aktuellen und günstigen Flugangeboten, US-Mietwagenkonditionen sowie speziellen Angeboten wie Wohnwagenvermietung, USA-Motorräder (Harley-Touren), Busrundreisen u. v. m.:
- *www.america-unlimited.de*
- *www.usa-reisen.de*

Auswanderer-Forum
Der Treffpunkt im Internet zum Thema „Auswandern in die USA":
- *www.amerika-forum.de*

US-Bundesstaaten
Links zu den offiziellen Webseiten aller 50 US-Bundesstaaten:
- *www.50states.com*

Viele weitere ständig aktualisierte Internetlinks finden Sie auch auf der Webseite von The American Dream:
- *www.americandream.de/linkempfehlungen*

17 Formulare

17.1 Einführung

Im Rahmen von Visumantragsverfahren gibt es zahlreiche Formulare je nach Visumkategorie und zuständiger US-Behörde. In den jeweligen Kapiteln dieses Buches finden Sie jeweils Hinweise auf die notwendigen Formulare für die jeweiligen Antragsverfahren. Zum Teil können diese ausschließlich in Papierform eingereicht werden, andere stehen nur noch online zur Verfügung. Viele Antragsdokumente sind mit festen Gebühren verbunden, die im Laufe des Verfahrens entrichtet werden müssen.

Die Formulare selbst unterliegen häufigen Überarbeitungen und Aktualisierungen. Die US-Behörden sind im Regelfall sehr streng: Verwenden Sie eine veraltete Form, wird Ihr Antrag unter Umständen nicht angenommen und unbearbeitet an Sie zurückgesandt oder schlimmstenfalls abgelehnt.
Um sicherzustellen, dass Sie immer auf dem aktuellen Stand sind, geben wir Ihnen hier Hinweise, wo Sie die Formulare für die gängigsten einwanderungsrechtlichen Anträge finden können:

Formulare im Rahmen von konsularischen Antragsprozessen (U.S. Department of State)

Die „DS" Formulare (für *Department of State*) für alle Antragsverfahren, welche über die amerikanischen Konsulate weltweit abgewickelt werden, finden Sie unter folgender Webseite:
↗ *https://travel.state.gov/content/visas/en/forms.html*

INTERNET

Dazu zählt insbesondere das DS-160 Formular (*Online Nonimmigrant Visa Application*), die alle Nichteinwanderungsvisumantragsteller weltweit online ausfüllen müssen. Einen exemplarisch ausgefüllten Antrag finden Sie im Anschluss. Die Online-Form finden Sie hier: ↗ *https://ceac.state.gov/genniv*

Des Weiteren finden Sie dort auch alle relevanten Formulare für konsularische Verfahren im Rahmen von Einwanderungsvisumanträgen, so beispielsweise das Formular DS-260 (*Online Immigrant Visa and Alien Registration Application*), welches mittlerweile auch nur noch online abrufbar ist unter:
↗ *https://ceac.state.gov/IV/Login.aspx*

Wichtig: Bestimmte Antragsformulare finden Sie nicht zum Ausfüllen im Internet, so beispielsweise das DS-2019 oder I-20 Formular im Rahmen von J-1 oder F-1 Visumanträgen. Diese Formulare erhalten Sie ausschließlich direkt von den Bildungseinrichtungen oder Austauschorganisationen.

MERKE

Kapitel 17.1

Formulare im Rahmen von Antragsprozessen bei der US-Einwanderungsbehörde (USCIS)

INTERNET

Alle relevanten Formulare, die Anwendung finden bei Anträgen, die über die US-Einwanderungsbehörde eingereicht werden müssen (egal ob *Nonimmigrant* oder *Immigrant*), finden Sie unter folgendem Link:
↗ *www.uscis.gov/forms*

Dort können Sie sich alle Formulare herunterladen, die insbesondere Verwendung finden bei Arbeitsgenehmigungsverfahren, Statuswechsel, Statusverlängerung und Einwanderung oder Einbürgerung (z.B. I-129, I-140, I-130, I-539, N-400 etc.).

Formulare im Rahmen von Antragsprozessen beim U.S. Department of Labor (DOL)

INTERNET

Für einige bestimmte Arbeitsvisakategorien (z.B. H-2B oder EB-3) sieht der Gesetzgeber eine *Labor Certification* (Arbeitsmarktüberprüfung) vor der eigentlichen Antragstellung vor. Alle relevanten (ETA-)Formulare in diesem Zusammenhang finden Sie hier:
↗ *www.foreignlaborcert.doleta.gov*

Auch für diese Anträge stehen mittlerweile Online-Verfahren zur Verfügung (diese sind derzeit noch optional in der Verwendung): ↗ *www.plc.doleta.gov/eta_start.cfm?actiontype=home&CFID=924121&CFTOKEN=58710391*

Im Rahmen von H-1B Anträgen wird eine *Labor Condition Application* erforderlich. Auch dieses Verfahren ist mittlerweile webbasiert und zu finden unter:
↗ *https://icert.doleta.gov*

Weitere wichtige Formularhinweise und Links

Den notwendigen ESTA-Antrag für Reisen im Rahmen des *Visa Waiver Programs* können Sie hier ausfüllen:
↗ *https://esta.cbp.dhs.gov/esta*

Das Einreiseformular I-94 können Sie sich online abrufen unter:
↗ *https://i94.cbp.dhs.gov/I94/consent.html*

Die Antragsformulare für die *Social Security Card* bzw. *Social Security Number* in den USA können Sie hier herunterladen:
↗ *www.ssa.gov/forms/ss-5.pdf (SS-5 – Application for a Social Security Card)*
↗ *www.ssa.gov/forms/ss-5fs.pdf (SS-5-FS – Application for a Social Security Card [Outside of the U.S.])* oder ↗ *www.ssa.gov*

17.2 Standard Nonimmigrant Visa Application (DS-160)

Das Formular DS-160 muss online unter ↗ *https://ceac.state.gov/genniv* ausgefüllt werden. Es wird standardmäßig für alle Nichteinwanderungsvisa für alle Antragsteller weltweit verwandt.

Bitte beachten Sie, dass das Formular nicht für alle Antragsteller gleich aufgebaut ist. Je nach Visumkategorie, Geschlecht, Staatsangehörigkeit, Geburtsland oder Alter gelangt der Antragsteller zu unterschiedlichen Fragen bzw. Abschnitten im Online-Formular.

Nachfolgend finden Sie exemplarisch den DS-160 Antrag für ein B-1/B-2 Visum (*Business/Tourist*) eines männlichen Antragtellers:

Online Nonimmigrant Visa Application (DS-160) Application ID **AA00**

Personal, Address, Phone, and Passport Information

Note: You have completed data entry for your NIV application. Before submitting the application, please review your entries below. To navigate to the next section to be reviewed, click the 'Next' button on the bottom of the page. If an entry is incorrect, click on the links on the right side of the page, which will direct you to the page where you entered the data. Once you have reviewed all sections, you will be directed to the Sign and Submit page to complete the application process.

Photo Provided: Upload New Photo

DO NOT BRING THIS TO YOUR INTERVIEW

Edit Personal Information

Name Provided:	MUSTERHAEUSER, MAX MARTIN
Full Name in Native Alphabet:	MAX MARTIN MUSTERHÄUSER
Other Names Used:	YES
Other Name (1):	MUSTERMANN, MAX
Telecode Name Used:	NO
Sex:	MALE
Marital Status:	MARRIED
Date of Birth:	01 NOVEMBER 1980
Country/Region of Birth:	BERLIN, BERLIN, GERMANY
Country/Region of Origin (Nationality):	GERMANY
Do you hold or have you held any nationality other than the one indicated above on nationality?"	YES
Other Country/Region of Origin (Nationality)(1):	AUSTRIA
Do you hold a passport for the other country/region of origin (nationality) above?	YES
Passport Number:	123456789
Are you a permanent resident of a country/region other than your country/region of origin (nationality) above?	YES
Other Permanent Resident Country/Region(1):	UNITED KINGDOM
National Identification Number:	1234567OP
U.S. Social Security Number:	DOES NOT APPLY
U.S. Taxpayer ID Number:	DOES NOT APPLY

Edit Address and Phone Information

Home Address:	MUSTERMANNSTRASSE 1
City:	BERLIN
State/Province:	BERLIN
Postal Zone/ZIP Code:	12345
Country/Region:	GERMANY
Same Mailing Address?	NO
Mailing Address:	CO MUSTERMANN GMBH

Kapitel 17.2

	BERLINER STRASSE 1
City:	BERLIN
State/Province:	BERLIN
Postal Zone/ZIP Code:	12345
Country/Region:	GERMANY
Primary Phone Number:	4912345678
Secondary Phone Number:	4912345678
Work Phone Number:	491711234567
Email Address:	musterhaeuser@mustermann.de
	Edit Passport/Travel Document Information
Passport/Travel Document Type:	REGULAR
Passport/Travel Document Number:	123456789
Passport Book Number:	DOES NOT APPLY
Country/Authority that Issued Passport/Travel Document:	GERMANY
City where issued:	BERLIN
Country/Region where issued:	GERMANY
Issuance Date:	01 JANUARY 2016
Expiration Date:	31 DECEMBER 2026
Have you ever lost a passport or had one stolen?	YES
Passport/Travel Document Number (1):	DO NOT KNOW
Country/Authority that Issued Passport/Travel Document:	GERMANY
Explain:	PASSPORT HAS BEEN STOLEN ON HOLIDAY. REPORTED TO THE POLICE. DOCUMENT ATTACHED

DO NOT BRING THIS TO YOUR INTERVIEW

Travel Information

DO NOT BRING THIS TO YOUR INTERVIEW

Edit Travel Information

The List of Purposes of Trip to the U.S.	
Purpose of Trip to the U.S. (1):	TEMP. BUSINESS PLEASURE VISITOR (B)
Specify:	BUSINESS & TOURISM (TEMPORARY VISITOR) (B1/B2)
Have you made specific travel plans?	NO
Intended Date of Arrival:	01 DECEMBER 2016
Intended Length of Stay in U.S.:	4 WEEK(S)
Address where you will stay in the U.S.:	NEW YORK MARRIOTT HOTEL
	1535 BROADWAY
	NEW YORK, NEW YORK 10036
Person/Entity Paying for Your Trip:	COMPANY/ORGANIZATION
Name of Company/Organization Paying for Trip:	MUSTERMANN GMBH
Telephone Number:	4912345678
Relationship to You:	EMPLOYER
Address of Company/Organization Paying:	BERLINER STRASSE 1
City:	BERLIN
State/Province:	BERLIN
Postal Zone/ZIP Code:	12345
Country/Region:	GERMANY

Edit Travel Companions Information

Other Persons Traveling with You:	YES
Are you traveling as part of a group or organization?	NO
Persons Traveling with You:	
Name (1):	MUSTERHAEUSER , MAXI
Relationship to You:	SPOUSE

Edit Previous U.S. Travel Information

Have you ever been in the U.S.?	YES
Date Arrived (1):	07 APRIL 2012
Length of Stay:	2 WEEK(S)
Date Arrived (2):	01 SEPTEMBER 2008
Length of Stay:	5 MONTH(S)
Do you or did you ever hold a U.S. Driver's License?	NO
Have you ever been issued a U.S. Visa?	YES
Date Last Visa was Issued:	01 AUGUST 2008
Visa Number:	DO NOT KNOW
Are you applying for the same type of visa?	NO
Are you applying in the same country or location where the visa above was issued, and is this country or location your place of principal of residence?	YES
Have you been ten-printed?	YES
Has your U.S. Visa ever been lost or stolen?	NO
Has your U.S. Visa ever been cancelled or revoked?	NO
Have you ever been refused a U.S. Visa, or been refused admission to the United States, or withdrawn your application for admission at the port of entry?	NO
Have you ever been denied travel authorization by the Department of Homeland Security through the Electronic System for Travel Authorization (ESTA)?	NO
Has anyone ever filed an immigrant petition on your behalf with the United States Citizenship and Immigration Services?	NO

DO NOT BRING THIS TO YOUR INTERVIEW

U.S. Contact Information

DO NOT BRING THIS TO YOUR INTERVIEW

	Edit U.S. Point of Contact Information
Contact Person Name in the U.S.:	MUSTERMAN, MATTHEW
Organization Name in the U.S.:	MUSTERMAN INC
Relationship to You:	BUSINESS ASSOCIATE
U.S. Contact Address:	5TH AVENUE
	NEW YORK, NEW YORK 10020
Phone Number:	2121234567
Email Address:	matthew.musterman@musterman.com

DO NOT BRING THIS TO YOUR INTERVIEW

Family Information

DO NOT BRING THIS TO YOUR INTERVIEW

	Edit Family Information: Relatives
Father's Surnames:	MUSTERHAEUSER
Father's Given Names:	MICHAEL
Father's Date of Birth:	01 FEBRUARY 1955
Is your father in the U.S.?	NO
Mother's Surnames:	MUSTERHAEUSER
Mother's Given Names:	MARTINA
Mother's Date of Birth:	24 JUNE 1957
Is your mother in the U.S.?	NO
Do you have any immediate relatives, not including parents in the U.S.?	YES
Relative Name (1):	MUSTERHAEUSER, MIRIAM
Relationship to you:	SIBLING
Status:	U.S. LEGAL PERMANENT RESIDENT (LPR)
	Edit Family Information: Spouse
Spouse's Full Name:	MUSTERHAEUSER NEE MEIER, MAXI
Spouse's Date of Birth:	04 JULY 1985
Spouse's Country/Region of Origin (Nationality):	SWITZERLAND
Spouse's City of Birth:	BERN
Spouse's Country/Region of Birth:	SWITZERLAND
Spouse's Address:	SAME AS HOME ADDRESS

DO NOT BRING THIS TO YOUR INTERVIEW

Work / Education / Training Information

DO NOT BRING THIS TO YOUR INTERVIEW

Edit Present Work Information

Primary Occupation:	ENGINEERING
Present Employer or School Name:	MUSTERMANN GMBH
Present Employer or School Address:	BERLINER STRASSE 1
City:	BERLIN
State/Province:	BERLIN
Postal Zone/Zip Code:	12345
Country/Region:	GERMANY
Work Phone Number:	4912345678
Monthly Salary in Local Currency (if employed):	3500
Briefly Describe your Duties:	PROJECT MANAGER

Edit Previous Work Information

Were you previously employed?	YES
Employer Name (1):	MUSTERHAUSER OHG
Employer Address:	BERLINER WEG 1
City:	BERLIN
State/Province:	BERLIN
Postal Zone/Zip Code:	12345
Country/Region:	GERMANY
Telephone Number:	4912345678
Job Title:	JUNIOR PROJECT MANAGER
Supervisor's Surname:	MUSTER
Supervisor's Given Name:	MARIO
Employment Date From:	01 AUGUST 2012
Employment Date To:	30 NOVEMBER 2014
Briefly describe your duties:	JUNIOR PROJECT MANAGER FOR ENGINEERING PROJECTS WORLDWIDE

Have you attended any educational institutions at a secondary level or above?	YES
Name of Institution (1):	MUSTERGYMNASIUM BERLIN
Address of Institution:	BERLINER ALLEE 1
City:	BERLIN
State/Province:	BERLIN
Postal Zone/ZIP Code:	12345
Country/Region:	GERMANY
Course of Study:	HIGH SCHOOL ABITUR
Date of Attendance From:	01 AUGUST 1990
Date of Attendance To:	01 JUNE 2003

Name of Institution (2):	UNIVERSITY BERLIN
Address of Institution:	BERLINER BILDUNGSSTRASSE 1
City:	BERLIN
State/Province:	BERLIN
Postal Zone/ZIP Code:	12345
Country/Region:	GERMANY
Course of Study:	ELECTRICAL ENGINEERING DIPLOMA
Date of Attendance From:	01 OCTOBER 2004
Date of Attendance To:	31 MARCH 2009

Edit Additional Information

Do you belong to a clan or tribe?	NO
Provide a List of Languages You Speak:	
Language Name (1):	GERMAN
Language Name (2):	ENGLISH
Language Name (3):	FRENCH
Have you traveled to any countries/regions within the last five years?	YES
Provide a List of Countries/Regions Visited	
Country/Region(1):	UNITED STATES OF AMERICA
Country/Region(2):	AUSTRIA
Country/Region(3):	UNITED KINGDOM
Country/Region(4):	IRAN
Country/Region(5):	ITALY
Have you belonged to, contributed to, or worked for any professional, social, or charitable organization?	NO
Do you have any specialized skills or training, such as firearms, explosives, nuclear, biological, or chemical experience?	NO
Have you ever served in the military?	YES
Service (1):	
Name of Country/Region:	GERMANY
Branch of Service:	BASIC MILITARY SERVICE
Rank/Position:	CORPORAL
Military Specialty:	NOT APPLICABLE
Date of Service From:	01 AUGUST 2003
Date of Service To:	31 JULY 2004
Have you ever served in, been a member of, or been involved with a paramilitary unit, vigilante unit, rebel group, guerrilla group, or insurgent organization?	NO

DO NOT BRING THIS TO YOUR INTERVIEW

Standard Nonimmigrant Visa Application (DS-160) — Kapitel 17.2

Security and Background Information

DO NOT BRING THIS TO YOUR INTERVIEW

	Edit Part 1
Do you have a communicable disease of public health significance? (Communicable diseases of public health significance include chancroid, gonorrhea, granuloma inguinale, infectious leprosy, lymphogranuloma venereum, infectious stage syphilis, active tuberculosis, and other diseases as determined by the Department of Health and Human Services.)	NO
Do you have a mental or physical disorder that poses or is likely to pose a threat to the safety or welfare of yourself or others?	NO
Are you or have you ever been a drug abuser or addict?	NO
	Edit Part 2
Have you ever been arrested or convicted for any offense or crime, even though subject of a pardon, amnesty, or other similar action?	NO
Have you ever violated, or engaged in a conspiracy to violate, any law relating to controlled substances?	NO
Are you coming to the United States to engage in prostitution or unlawful commercialized vice or have you been engaged in prostitution or procuring prostitutes within the past 10 years?	NO
Have you ever been involved in, or do you seek to engage in, money laundering?	NO
Have you ever committed or conspired to commit a human trafficking offense in the United States or outside the United States?	NO
Are you the spouse, son, or daughter of an individual who has committed or conspired to commit a human trafficking offense in the United States or outside the United States and have you within the last five years, knowingly benefited from the trafficking activities?	NO
Have you knowingly aided, abetted, assisted or colluded with an individual who has committed or conspired to commit a severe human trafficking offense in the United States or outside the United States?	NO
	Edit Part 3
Do you seek to engage in espionage, sabotage, export control violations, or any other illegal activity while in the United States?	NO
Do you seek to engage in terrorist activities while in the United States or have you ever engaged in terrorist activities?	NO
Have you ever or do you intend to provide financial assistance or other support to terrorists or terrorist organizations?	NO
Are you a member or representative of a terrorist organization?	NO
Have you ever ordered, incited, committed, assisted, or otherwise participated in genocide?	NO
Have you ever committed, ordered, incited, assisted, or otherwise participated in torture?	NO
Have you committed, ordered, incited, assisted, or otherwise participated in extrajudicial killings, political killings, or other acts of violence?	NO
Have you ever engaged in the recruitment or the use of the child soldiers?	NO
Have you, while serving as a government official, been responsible for or directly carried out, at any time, particularly severe violations of religious freedom?	NO
Have you ever been directly involved in the establishment or enforcement of the population controls forcing a woman to undergo an abortion against her free choice or a man or a woman to undergo sterilization against his or her free will?	NO
Have you ever been directly involved in the coercive transplantation of human organs or bodily tissue?	NO
	Edit Part 4
Have you ever been the subject of a removal or deportation hearing?	NO
	NO
Have you ever sought to obtain or assist others to obtain a visa, entry into the United States, or any other United States immigration benefit by fraud or willful misrepresentation or other unlawful means?	
Have you failed to attend a hearing on removability or inadmissibility within the last five years?	NO
Have you ever been unlawfully present, overstayed the amount of time granted by an immigration official or otherwise violated the terms of a U.S. visa?	NO
	Edit Part 5
Have you ever withheld custody of a U.S. citizen child outside the United States from a person granted legal custody by a U.S. court?	NO
Have you voted in the United States in violation of any law or regulation?	NO
Have you ever renounced United States citizenship for the purpose of avoiding taxation?	NO
Have you attended a public elementary school on student (F) status or a public secondary school after November 30, 1996 without reimbursing the school?	NO

DO NOT BRING THIS TO YOUR INTERVIEW

Kapitel 17.2

Location Information

DO NOT BRING THIS TO YOUR INTERVIEW

Edit Location Information

Location where you will be submitting your application	
Current Location:	BERLIN, GERMANY
Preparer of Application	
Did anyone assist you in filling out this application?	NO

DO NOT BRING THIS TO YOUR INTERVIEW

DS-160 Barcode-Blatt (Confirmation Page)

U.S. DEPARTMENT of STATE
CONSULAR ELECTRONIC APPLICATION CENTER

Online Nonimmigrant Visa Application (DS-160)

Confirmation

This confirms the submission of the Nonimmigrant visa application for:

Name Provided:	MUSTERHAEUSER, MAX MARTIN	Location Selected:
Date Of Birth:	01 NOV 1980	BRL
Place of Birth:	BERLIN, GERMANY	U.S. Embassy Berlin Clayallee 170 14195 Berlin
Gender:	Male	
Country/Region of Origin (Nationality):	GERMANY	
Passport Number:	123456789	
Purpose of Travel:	BUSINESS/PERSONAL (B1/B2)	Version 01.02.03
Completed On:	14 SEP 2016	
Confirmation No:	AA00	

Note: Electronically submitting your DS-160 online application is the FIRST STEP in the visa application process. The next step is to review the internet page of the embassy or consulate where you plan to apply for your visa. Most visa applicants will need to schedule a visa interview, though some applicants may qualify for visa renewal. The embassy or consulate information may include specific local instructions about scheduling interviews, submitting your visa application, and other frequently asked questions.

YOU MUST BRING the confirmation page and the following document(s) with you at all steps during the application process:
Passport

You may also provide any additional documents you feel will support your case.

532

Danksagung

Ein ganz besonderer Dank gilt all denjenigen Mitarbeitern des The American Dream Teams, die tatkräftig an der Umsetzung und Erweiterung dieser fünften Jubiläumsausgabe mitgewirkt haben.

Vor allem danken wir der Leiterin des US Visa Services, Frau **Sonja Pucher**, für die zentrale Gesamtkoordination und die umfassende Überarbeitung der einzelnen Kapitel zum Thema Nichteinwanderungsvisa und Einwanderungsvisa und deren struktureller Umgestaltung.

Gleichermaßen möchten wir Frau **Katarina Strehober** für die technische Umsetzung, Kapitelkorrektur und die Abstimmung von Layout und Satz danken. Ohne ihre unermüdliche Arbeit in diesen Bereichen wäre dieses Werk nicht zustande gekommen.

Folgenden Mitarbeitern gilt unser Dank für die Überarbeitung in den nachstehenden Bereichen:

Frau **Eva-Maria Noack** und Frau **Tanja Schimming**, E-Visa und Mitarbeiterentsendung/sämtliche Arbeitsvisa, Frau **Jessica Meier**, Visa Waiver Program und Global Entry Program, Frau **Ulrike Schulze** und Frau **Nadja Hofmann**, Visa für Studium und Praktikum, Frau **Najalla Roth**, Visa für Urlaubs- und Geschäftsreisen, Frau **Julia Podszun**, Aus- und Weiterbildung in Amerika, Frau **Katharina Zander**, Geschichte, Wirtschaft und Politik, Frau **Catherine Petriccione**, Kulturelles und Wissenswertes, sowie Frau **Denise Bey** für den allgemeinen Teil und das Kapitel zur GreenCard-Lotterie.

Die erste Auflage des Buches entstand unter Mitwirkung von Herrn Liam Schwartz, Herrn Georg Mehnert und Frau Iris Apostel, die damit einen wichtigen Grundstein zu dieser Auflage gelegt haben.

Unser Dank gilt auch allen langjährigen Kooperationspartnern, mit deren Recherche und Fachwissen wir einzelne Kapitel bereichern konnten. Namentlich hervorzuheben sind hier: Herr **Reinhold Räkers**, GATC GmbH German American Tax Consulting, Frau **Marlis Thiessen**, Expat Consult GmbH, Herr **Kai Blum**, Freischaffender Autor, Herr **Matthias Beier**, enviacon Dr. Bauer & Wiedemann Beratungsgesellschaft mbH.

Abschließend möchten wir uns auch bei allen Lesern der früheren Ausgaben bedanken, deren konstruktive Kritik in dieses Buch eingeflossen ist, bzw. deren Erfahrungen wir teilweise sogar in Auszügen verarbeiten durften.

Gern nehmen wir Anregungen und Tipps auch zu dem vorliegenden Werk unter *info@americandream.de* entgegen.

Stichwortverzeichnis

Adjustment of Status   475 ff.
Advisory Opinion   459
Affidavit of Support   469
Alien Registration Card   (siehe GreenCard)
Anschreiben   142 ff.
Arbeitslosenunterstützung   80
Arbeitssuche   143 ff.
Arbeitsvisa   259 ff.
Area Codes   104
Associate Degree   199 f.
Au-pair   337 f.
Ausbildungs- und Weiterbildungsvisa   (siehe H-3 Visum)
Auslands-BAföG   230 ff.
Ausschlussgründe   495 ff.
Ausschlussländer   446
Austauschprogramme   335 ff.
Auswanderungsberatung   517

B-1/B-2 Visum   241 ff.
Bachelor's Degree   200, 278
Bankkonto   48
Baseball   129 ff.
Bevölkerung   41
Bewerbung   150 ff.
Bureau of U.S. Citizenship and Immigration Services   (siehe USCIS)
Business Corporation   189 ff.

C-1/D Visum   259 ff.
College   198 ff.
Conditional Permanent Residence   148 ff.
Corporation   (siehe Business Corporation)
Cover Letter   150 ff.
Credential Evaluation Services   513 ff.
Credit History   48 f.
Credits   205 f.
Curricular Practical Training (CPT)   353
Cut-Off Date   419, 440

DAAD   232
Diversity Visa Program   (siehe GreenCard-Lotterie)
Doctor's Degree (Ph.D.)   202 f.
DS-160 Formular   362, 525 ff.

E-1 Visum   262 ff.
E-2 Visum   270 ff.
EB-1   388 ff.
EB-2   396 ff.
EB-3   402 ff.

EB-4   405 ff.
EB-5   409 ff.
Einreisesperren   499 ff.
ESTA   249 ff.

F-1 Visum   351 ff.
Familienangehörige   368 f.
Familienbürgschaft   421 ff.
Feiertage   116 ff.
Football   131 f.
Führerschein   46

General Partnership (GP)   184 f.
Geschäftsreisendenvisum   (siehe B-1/B-2 Visum)
Global Entry Program   255 ff.
GMAT   217 f.
Grade Point Average GPA   206
Graduate School   201
GRE   218
GreenCard-Lotterie   445 ff.
Gültigkeit der GreenCard   485 ff.

H-1B Visum   282 ff.
H-2B Visum   289 ff.
H-3 Visum   296 ff.
Heirat   429 ff.
Highschool   195 ff.

I-131 (Application for Travel Document)   488 ff.
I-Visum   301 ff.
Immobilienkauf   64 ff.
Immobilienmarkt   63 ff.
Interviewtermin   472 f.

J-1 Visum   335 ff.
Jobsuche   143 ff.

Kleidergrößen   115
Krankenversicherung   59 f.
Kreditkarten   102
K-Visum   432 f.

L-1 Visum   304 f.
L-Blanket Visum   312 f.
Labor Certification   309, 401 f., 405
Labor Condition Application (LCA)   282 ff.
Lebenslauf   153 ff.
Limited Liability Company (LLC)   187 ff.
Limited Liability Partnership (LLP)   186 f.
Limited Partnership (LP)   185 f.

Ltd. (siehe Business Corporation)

M-Visum 358ff.
Marketing 179ff.
Markteinstieg 175
Master's Degree 202
Mietverträge 70ff.

National Visa Center 468
Nichteinwanderungsvisa 239ff.

O-1 Visum 317ff.
Optional Practical Training (OPT) 354
Overstay 253, 499f.

Ph.D. (siehe Doctor's Degree)
Politik 26ff.
Post 109f.
Praktika 340f.
Premium Processing 285f., 292f., 298f., 309, 314, 328, 332
Priority Workers (siehe EB-1)
P-Visum 324ff.

R-1 Visum 330ff.
Re-entry Permit 488ff.
Religion 41f.
Rentensystem 86ff.
Returning Resident Visa 490ff.

SAT 217
Schulsystem 195ff.
Social Security Card 45f.
Sozialversicherung 79ff.
Spediteure 51
Sport 128f.
Staatsbürgerschaft (siehe US-Staatsbürgerschaft)
Statusanpassung (siehe Adjustment of Status)
Statusverlängerung 268f., 276f.
Statuswechsel 370ff.
Steuern 90ff.
Steuererklärung 92ff.
Stipendien 229ff.
Studiengebühren 227f.
Studentenvisum (siehe F-1 Visum)

TOEFL 215ff.
Touristenvisum (siehe B-1/B-2 Visum)
Trainee 296ff., 340f.
Tuition (siehe Studiengebühren)

Umsatzsteuer 97f.
Universität 198ff.
Unternehmensformen 181ff.
Unternehmensgründung 173ff.
US-Einwanderungsbehörde USCIS 511f.
US-Konsulat 363f., 509f.
US-Staatsbürgerschaft 481ff.

V-Visum 432
Verfassung 26f.
Verkehrsregeln 136ff.
Verlobtenvisum (siehe K-Visum)
Vertragsärzte 511
Visa Bulletin 419f., 440f.
Visa Waiver Program 249ff.
Visaberatung 143
Vorstellungsgespräch 165ff.
Vorzugskategorien 419, 439f.

Waiver 498f.
Wirtschaft 34ff.
Work & Travel 346f.

Zoll 56ff.

Notizen

Notizen

Notizen

Notizen

Notizen

Notizen